Αισθητισμός

Πίνακας εξωφύλλου: Πίνακας *Sponsa de Libano* (1891) του Βρετανού Προραφαηλίτη Edward Burne-Jones, Μουσείο του Liverpool, συλλογή Walker Art Gallery.
Η σκηνή βασίζεται στο βιβλικό Άσμα Ασμάτων. Δείχνει το βόρειο και το νότιο άνεμο να φυσάνε για τη νύφη του Λιβάνου, όπως το ζήτησε ο βασιλιάς Σολομών. Παρά το γεγονός της ηδυπάθειας του βιβλικού επεισοδίου, ο Burne-Jones δίνει έμφαση στη νωχελική, ονειρώδη και αγνή φύση της νύφης. Σύμβολο αγνότητας είναι τα κρίνα που την περιβάλλουν. Το στυλ των μορφών είναι εμπνευσμένο από τον Ιταλό Προραφαηλίτη Botticelli, ενώ η επίπεδη, διακοσμητική και γραμμική διαχείριση προσομοιάζει με βιτρώ ή επένδυση τοίχου.

Κατασκευή Εξωφύλλου: Εκδόσεις Μέθεξις
Επιμ. Έκδοσης: Εκδόσεις Μέθεξις

© Copyright Εκδόσεις Μέθεξις 2012
Κεραμοπούλου 5, Θεσσαλονίκη ΤΚ 546 22
Τηλ. - Fax: 2310-278301
e-mail: info@metheksis.gr
www.metheksis.gr

ISBN: 978-960-5796-35-7

Απαγορεύεται η ολική, μερική ή περιληπτική αναδημοσίευση, αναπαραγωγή ή διασκευή του περιεχομένου του παρόντος βιβλίου με οποιονδήποτε τρόπο χωρίς γραπτή άδεια του εκδότη.

Λένα Αραμπατζίδου

Αισθητισμός

Η νεοελληνική εκδοχή του κινήματος

Θεσσαλονίκη 2012

Αδελφιδός μου λευκός και πυρρός, εκλελοχισμένος από μυριάδων·
κεφαλή αυτού χρυσίον καιφάζ, βόστρυχοι αυτού ελάται, μέλανες ως κόραξ·

οφθαλμοί αυτού ως περιστεραί επί πληρώματα υδάτων λελουμέναι εν γάλακτι, καθήμεναι επί πληρώματα·

σιαγόνες αυτού ως φιάλαι του αρώματος φύουσαι μυρεψικά, χείλη αυτού κρίνα στάζοντα σμύρναν πλήρη·

χείρες αυτού τορευταί χρυσαί πεπληρωμέναι Θαρσείς· κοιλία αυτού πυξίον ελεφάντινον επί λίθου σαπφείρου·

κνήμαι αυτού στύλοι μαρμάρινοι, τεθεμελιωμέναι επί βάσεις χρυσάς· είδος αυτού ως Λίβανος, εκλεκτός ως κέδρος.

Φάρυγξ αυτού γλυκασμοί και όλος επιθυμία. Ούτος αδελφιδός μου και ούτος πλησίον μου, θυγατέρες Ιερουσαλήμ.

Άσμα των Ασμάτων, 5. 10-16

Περιεχόμενα

Πρόλογος   9

ΜΕΡΟΣ ΠΡΩΤΟ
1. Εισαγωγή στον αισθητισμό   17
2. Νεοελληνικός αισθητισμός   27
3. D'Annunzio, Nietzsche, Wagner:
   το ισχυρό διακείμενο του νεοελληνικού αισθητισμού   43
4. Κύρια θέματα του νεοελληνικού αισθητισμού   55
   α. Νοσηρότητα   55
   β. Αισθήσεις και αισθησιασμός   56
   γ. Αντιπαράθεση Φύσης-Τέχνης   59
   δ. Η φύση του Ωραίου   61

ΜΕΡΟΣ ΔΕΥΤΕΡΟ
Εκπρόσωποι και έργα   63
   1. Κ. Π. Καβάφης   65
   2. Νικόλαος Επισκοπόπουλος   79
   3. Κωνσταντίνος Θεοτόκης   127
   4. Κωστής Παλαμάς   135
   5. Παύλος Νιρβάνας   149

6. Σπήλιος Πασαγιάννης 159
7. Κωνσταντίνος Χρηστομάνος 183
8. Περικλής Γιαννόπουλος 227
9. Απόστολος Μελαχρινός 255
10. Νίκος Καζαντζάκης 261
11. Πλάτων Ροδοκανάκης 355
12. Γαλάτεια Καζαντζάκη 415
13. Σωτήρης Σκίπης 429
14. Κώστας Ουράνης 433
15. Ναπολέων Λαπαθιώτης 439
16. Μιχαήλ Μητσάκης, Άγγελος Σικελιανός, Ζαχαρίας Παπαντωνίου, Ίων Δραγούμης, Κώστας Βάρναλης: λογοτέχνες που συνδέθηκαν «οριακά» με τον αισθητισμό. 443

Επίλογος 457
Βιβλιογραφία 459
α. Ελληνόγλωσση 459
β. Ξενόγλωσση 471
Ευρετήριο 479

Πρόλογος

Γύρω στο 1893 και μέχρι το 1912 περίπου, εμφανίζονται στη νεοελληνική πεζογραφία κείμενα που διαφέρουν από την κυρίαρχη ηθογραφική και ρεαλιστική παραγωγή της εποχής. Η διαφοροποίηση αυτών των κειμένων εντοπίζεται τόσο στο ύφος όσο και στα θέματα, που παρουσιάζουν ισχυρές συγγένειες με το δυτικοευρωπαϊκό κίνημα του αισθητισμού ή της «παρακμής» (décadence). Οι συγγραφείς αυτών των λογοτεχνικών κειμένων αντιμετωπίστηκαν από τη σύγχρονη αλλά και την αρκετά μεταγενέστερη κριτική ως μεμονωμένες περιπτώσεις. Το αποτέλεσμα ήταν να επικρατεί μια σύγχυση ως προς το χαρακτήρα αυτής της λογοτεχνίας, για την οποία δεν αρθρώθηκε συγκροτημένος λόγος. Οι αναγνώσεις των κειμένων, ωστόσο, αποκαλύπτουν μια ενιαία προβληματική που προσλαμβάνει το μέγεθος κινήματος. Σε αυτό το συμπέρασμα καταλήγει κανείς κατά τη συστηματική διερεύνηση θεμάτων ή μοτίβων και της συμπλοκής τους μέσα στα κείμενα, έρευνα που αποτελεί το θέμα του παρόντος βιβλίου. Η κεντρική στόχευση του βιβλίου αποβλέπει στη γνωριμία του –μυημένου ή αμύητου– αναγνώστη με τα κείμενα του νεοελληνικού αισθητισμού, ο οποίος αναπτύχθηκε κατεξοχήν στο χώρο της πεζογραφίας. Η μέθοδος είναι κειμενοκεντρική και η προσέγγιση των κειμένων γίνεται τόσο πάνω στη βάση της θεματικής όσο και της ρητορικής τους. Μέσα από αναγνώσεις των κειμένων εκ του σύνεγγυς παρακολουθούνται τα θέματα και το ύφος, ενώ στη συνέχεια επιχειρείται η συνθετική ερμηνεία της ιδεολογίας του κινήματος. Στο πρώτο μέρος του βιβλίου παρουσιάζεται το θεωρητικό πλαίσιο του ευρωπαϊκού και νεοελληνικού αισθητισμού, ενώ στο δεύτερο μέρος ανιχνεύονται οι αρχές του κινήματος μέσα από την προσέγγιση συγκεκριμένων κειμένων του νεοελληνικού αισθητισμού που παρατίθενται κατά συγγραφέα.

Η ανίχνευση των γνωρισμάτων του αισθητισμού μέσα στη νεοελληνική πεζογραφία προϋποθέτει την κατανόησή τους στην ευρωπαϊκή εκδοχή του κινήματος, η οποία παρουσιάζεται στο εισαγωγικό κεφάλαιο μέσα από σημαντικά γνωρίσματα και αναφορές σε σημεία-αιχμές του κινήματος. Τέτοιο σημείο αιχμής είναι το ερώτημα αν ο διεθνής αισθητισμός υπήρξε τάση ή κίνημα με συγκεκριμένους εκπροσώπους και η συλλογιστική βάσει της οποίας συνάγεται το συμπέρασμα ότι υπήρξε κίνημα. Αντικείμενο αναφοράς αποτελεί επίσης η σύνδεση των ονομάτων «αισθητισμός», «παρακμή», «fin-de-siècle», που χρησιμοποιήθηκαν εναλλακτικά για τον προσδιορισμό του κινήματος. Μέσα στο πλαίσιο αυτών των αναζητήσεων ορίζονται δύο βασικά γνωρίσματα που συνέχουν την αισθητιστική ταυτότητα. Το πρώτο ειδοποιό γνώρισμα του αισθητισμού είναι η πίστη στο δόγμα της «τέχνης υπέρ της τέχνης», ενώ το δεύτερο είναι η εισαγωγή του τεχνητού ως ζητούμενου της νέας ποιητικής, η οποία σε επίπεδο θέματος σημειώνει την αποστροφή από τη Φύση προς την Τέχνη, ενώ σε επίπεδο ύφους βεβαιώνει την προτίμησή της για το τεχνουργημένο, το περίπλοκο και το σπάνιο.

Το επόμενο κεφάλαιο της θεωρητικής προσέγγισης του κινήματος αφιερώνεται στο νεοελληνικό αισθητισμό. Ως βασική αιτία εμφάνισης του αισθητισμού στην Ελλάδα ανακύπτει η αντίδραση στην κυρίαρχη ηθογραφική τάση της εποχής (τέλη 19ου-αρχές 20ού αι.). Ο ισχυρισμός ότι αιτία ανάπτυξης του κινήματος στην Ελλάδα υπήρξε η εκλεκτική συγγένεια με το διεθνή αισθητισμό αποδεικνύεται μάλλον ανεπαρκής, καθώς διαπιστώνεται ότι συνέτρεχαν στην Ελλάδα κοινωνικοπολιτικοί λόγοι παρόμοιοι με αυτούς που ευνόησαν την εμφάνιση του κινήματος στην Ευρώπη. Το πολυσύνθετο λυρικό ύφος θα αποτελέσει και για τους Νεοέλληνες αισθητιστές ρυθμιστικό παράγοντα και βασική εκλεκτική συγγένεια με τον διεθνή αισθητισμό. Μέσα από τις απόψεις της παλιότερης και νεότερης κριτικής, που διατυπώνονται, γίνεται εμφανές ότι στη συνείδηση των κριτικών το κίνημα κατακυρώθηκε μάλλον ή απλώς ως υφολογική ιδιορρυθμία.

Στο τρίτο κεφάλαιο εξετάζονται οι πιο ισχυρές εκλεκτικές συγγένειες που ανέπτυξε ο νεοελληνικός αισθητισμός και οι οποίες εντοπίζονται στο έργο του Ιταλού αισθητιστή λογοτέχνη D'Annunzio, του Γερμανού φιλοσόφου Nietzsche και του Γερμανού συνθέτη Wagner. Σε αυτό το κεφάλαιο αναδεικνύεται η αναγεννητική τροπή που δίνουν στις συλλήψεις τους οι Νεοέλληνες αισθητιστές διαφοροποιώντας τη θέση τους από τον πεσσιμισμό της ευρωπαϊκής décadence. Στο σημείο αυτό εντοπίζεται η καινοτομία του νεοελληνικού αισθητισμού που συνοψίζει μέσα στα συμφραζόμενά του τόσο τις αρχές του αγγλικού και γαλλικού αισθητισμού όσο και τη νιτσεϊκή φιλοσοφία, δυο αντιλήψεις που θεωρήθηκαν κατά βάση αντίρροπες.

Στο τέταρτο κεφάλαιο απαριθμούνται συνοπτικά τα θέματα του νεοελληνικού αισθητισμού και επισημαίνονται τα σημεία διαφοροποίησης των Νεοελλήνων από τους διεθνείς ομοτέχνους τους. Σε αυτό το κεφάλαιο γίνεται συνοπτική αναφορά Νεοελλήνων εκπροσώπων του κινήματος και έργων τους, των οποίων η αναλυτική πραγμάτευση καταλαμβάνει το δεύτερο τμήμα του βιβλίου. Σημείο αφετηρίας είναι η οριοθέτηση του κινήματος στην Ελλάδα. Η πρώτη εμφάνιση του κινήματος στην πεζογραφία εντοπίζεται στα 1893–1894 και το τέλος του ή, ορθότερα, η ολοκλήρωση του πραγματικού κύκλου του στα 1912. Το χρονικό διάστημα εστιάζει στο σκληρό πυρήνα του νεοελληνικού αισθητιστικού κινήματος, αφού αναβιώσεις αισθητιστικών τρόπων θα υπάρξουν και ύστερα από το 1912. Η πιο συμπαγής έκφραση του αισθητισμού φαίνεται να μορφώνεται τα συγκεκριμένα χρόνια, εποχή κατά την οποία οι συλλήψεις δημιουργών όπως ο Νίκος Καζαντζάκης, ο Πλάτων Ροδοκανάκης, ο Νικόλαος Επισκοπόπουλος και ο Περικλής Γιαννόπουλος, συγκλίνουν στην έκφραση όχι μόνο της λογοτεχνίας αλλά και ενός κοσμοθεωρητικού συστήματος. Από την πραγμάτευση της θεματικής των Νεοελλήνων αισθητιστών προκύπτει ότι ο αισθητισμός δεν υπήρξε απλή μίμηση δυτικών προτύπων ούτε υφολογική ιδιοτροπία εκλεκτικιστών αλλά κοσμοθεωρία με λογοτεχνική εκφορά. Ενώ δηλαδή ο νεοελληνικός αισθητισμός, όπως και ο ευρωπαϊκός, θεμελιώνει οργανική σχέση με τη θεματική της ασθένειας, ο τρόπος που επιλέγουν οι Νεοέλληνες, για να διαλεχθούν με το δίλημμα υγεία–αρρώστια απαλλάσσει τη λογοτεχνία τους από το άχθος της αλλοτρίωσης, φέρνοντας στη νεοελληνική λογοτεχνία την ανανεωτική ματιά που μελλοντικά θα ανοίξει τους ορίζοντες με τη λεγόμενη γενιά του τριάντα. Η καινοτομία των Νεολλήνων είναι ότι βλέπουν την αρχαία Ελλάδα ηδονολατρικά και την ελληνική φύση μέσα από το πρίσμα ενός οργιώδους, παγανιστικού αισθησιασμού. Ο διονυσιασμός, που διέπει αυτή την καινούρια λογοτεχνία, φέρει τη νιτσεϊκή χροιά της ένταξης του ανθρώπου στην κοινή γενετήσια ουσία των όντων. Αυτή η πανθεϊστική σύλληψη περικλείει εγγενώς την οικουμενικότητα που αναχωνεύει την ελληνολατρεία μέσα από ωσμώσεις ετερόκλητων πολιτισμικών στοιχείων, της κατακυρώνει το προνόμιο της ετερογένειας και της δίνει τον προσανατολισμό του κοσμοπολιτισμού.

Στο δεύτερο τμήμα του βιβλίου, που αφορά τους εκπροσώπους του νεοελληνικού αισθητισμού, η παρουσίαση γίνεται κατά τη χρονολογική σειρά εμφάνισης των πεζών κειμένων των λογοτεχνών. Κρίθηκε σκόπιμο η πραγμάτευση των θεμάτων να μην γίνεται συνοπτικά αλλά με παράλληλη συζήτηση παραθεμάτων από τα έργα, ώστε ο αναγνώστης να μπορεί να μετέχει στο κλίμα των κειμένων. Η έρευνα δεν περιέλαβε μόνο τους λογοτέχνες που διαδραμάτισαν σημαντικό ρόλο στον αισθητισμό αλλά και αυτούς που συνδέθηκαν «οριακά» με το κίνημα.

Κατά την εξέταση δεν συζητείται η γλώσσα των κειμένων (δημοτική-καθαρεύουσα) ούτε το γλωσσικό ζήτημα της εποχής. Στα έμμετρα ή «ρυθμικά» κείμενα δεν εξετάζεται το μέτρο ούτε η θεωρία γύρω από την κατασκευή και την πορεία του πεζού ποιήματος ή του πεζοτράγουδου, ζήτημα που υπήρξε αντικείμενο έρευνας άλλων μελετητών. Δεν αναπαράγεται η παραδοσιακή ορθογραφία και ο τονισμός αλλά ακολουθείται η τρέχουσα ορθογραφία της δημοτικής. Όπου δεν γίνεται παραπομπή στην πρώτη δημοσίευση του κειμένου αλλά σε μια χρηστική αναδημοσίευσή του, επιλέγεται για λόγους πρακτικούς, αφού πρώτα έχει ελεγχθεί η πιστότητα της αναδημοσίευσης. Όπου δεν δηλώνεται διαφορετικά, οι μεταφράσεις ξενόγλωσσων παραθεμάτων είναι δικές μου.

Η έκδοση αυτού του βιβλίου, που υπήρξε αποτέλεσμα μακρόχρονης εργασίας, μου δίνει την ευκαιρία να εκφράσω βαθύτατα αισθήματα ευγνωμοσύνης προς τον καθηγητή μου κ. Γιώργο Κεχαγιόγλου για την αμέριστη συμπαράσταση και την ανεκτίμητη συμβολή του σε όλη τη διαδρομή μου μέχρι σήμερα, για την πολύτιμη καθοδήγησή του στο επιστημονικό μου εγχείρημα και την ανεξάντλητη υπομονή του, που στάθηκε παράγοντας στήριξης για μένα, όχι μόνο κατά την εκπόνηση της έρευνας για το συγκεκριμένο βιβλίο αλλά και σε όλη τη διάρκεια της επιστημονικής μου πορείας. Του οφείλω επίσης θερμές ευχαριστίες για τις πολύτιμες προτάσεις και λεπτομερειακές υποδείξεις, που ενίσχυσαν το επιστημονικό μου επιχείρημα, αποκαλύπτοντάς μου άγνωστα πεζά ποιητών που θήτευσαν περιστασιακά στον αισθητισμό και εμπλουτίζοντας την έρευνά μου με νέα στοιχεία και άγνωστες πτυχές του λογοτεχνικού έργου των συγκεκριμένων δημιουργών. Ολόθερμες ευχαριστίες οφείλω στην καθηγήτριά μου κ. Γεωργία Φαρίνου-Μαλαματάρη για το μόχθο που κατέβαλε με τη διδακτορική μου διατριβή, τις συμβουλές της πάνω στη δομή του έργου μου, τη συμπλήρωσή του στο επίπεδο της αφηγηματολογίας αλλά κυρίως για το ενδιαφέρον που συνέχισε να δείχνει για την επιστημονική μου πρόοδο και μετά την ολοκλήρωση της διατριβής. Θερμές ευχαριστίες θα ήθελα να εκφράσω προς τον καθηγητή μου κ. Χαράλαμπο-Δημήτριο Γουνελά για τη στήριξη που παρείχε στις μελέτες μου σε όλα τα χρόνια των σπουδών μου, για τη συμπαράσταση σε κάθε προσπάθειά μου αλλά και επειδή με προσανατόλισε σοφά μέσα στο χώρο της νιτσεϊκής φιλοσοφίας, κατευθύνοντάς με σε κείμενα όπου αποκαλύπτεται η σημασία της αισθητικής του Γερμανού φιλοσόφου. Ολόψυχες ευχαριστίες οφείλω στον καθηγητή μου κ. Θόδωρο Παπαγγελή που με μύησε στον κόσμο της ρωμαϊκής και ελληνιστικής παρακμής και μου αποκάλυψε το πανόραμα του αισθητισμού θέτοντας στη διάθεσή μου μεγάλο μέρος από την προσωπική του βιβλιογραφία. Ολόψυχες ευχαριστίες οφείλω στον καθηγητή μου κ. Μιχάλη Χρυσανθόπουλο για τις πολύτιμες επισημάνσεις του πάνω στη διδακτορική διατριβή μου, οι οποίες ενίσχυσαν το επιχείρημα αυτού του βιβλίου και συνέβαλαν στην πληρέστερη παρουσίασή του. Βαθύτατα αισθήματα ευγνωμοσύνης θα ήθελα να εκφράσω στην καθηγήτριά μου κ. Σωτηρία Σταυρακοπούλου για την ουσιαστική και πολύτιμη συμπαράστασή της στο έργο μου, στην πορεία μου και στην πρόοδό μου. Ολόθερμες ευχαριστίες οφείλω στην καθηγήτριά μου κ. Φραγκίσκη Αμπατζοπούλου για τη φροντίδα που έδειξε για τον εμπλουτισμό της θεματικής και τη διεύρυνση της οπτικής μου μετά την υποστήριξη της διδακτορικής διατριβής, προσκαλώντας με στο μεταπτυχιακό της σεμινάριο για την πολιτισμική εικονολογία και μυώντας με στον κόσμο των σχέσεων λογοτεχνίας και ιατρικής. Βαθύτατη ευγνωμοσύνη οφείλω στις καθηγήτριές μου κ.κ. Λίζυ Τσιριμώκου και Άντεια Φραντζή, οι οποίες με τη θετική αντιμετώπιση του έργου μου με ενδυνάμωσαν ουσιαστικά στην πορεία μου. Θερμές ευχαριστίες, τέλος, οφείλω στο διευθυντή του εκδοτικού οίκου «Μέθεξις» κ. Ιωάννη Καραδέδο για το ενδιαφέρον και την ιδιαίτερη φροντίδα, με την οποία περιέβαλε την έκδοση αυτού του βιβλίου.

ΜΕΡΟΣ ΠΡΩΤΟ

1. Εισαγωγή στον αισθητισμό

Ο αισθητισμός είναι κίνημα[1] που κυριάρχησε στην Ευρώπη στα τέλη του 19ου αιώνα. Παρόλο που η αρχή του ανάγεται στις προηγούμενες δεκαετίες, η κορύφωσή του εντοπίζεται χρονικά στην τελευταία δεκαετία του 19ου αιώνα και, τοπικά, στη Βρετανία και τη Γαλλία. Το γεγονός ότι στον αισθητισμό εντάσσονται, από τους ερευνητές, λογοτέχνες με διαφορετικούς προσανατολισμούς δημιουργεί κάποια σύγχυση ως προς την περιγραφή και το χαρακτηρισμό του. Θα μπορούσαμε να τον αποκαλέσουμε τάση ή ρεύμα ή, γενικότερα, φαινόμενο, αν όλες οι επιμέρους ροπές των εκπροσώπων του δεν περιείχαν ένα κοινό συστατικό και δεν συνέκλιναν σε μία βασική αρχή, προϋπόθεση που συντελεί στο χαρακτηρισμό του ως «κινήματος».

Η βασική αρχή του αισθητισμού είναι το δόγμα της «τέχνης υπέρ της τέχνης» (l'art pour l'art). Σημειώνω εδώ ότι η γαλλική έκφραση, που αποδόθηκε κοινόχρηστα στα ελληνικά ως «τέχνη για την τέχνη», επιτρέπει και τις δύο αποδόσεις, αλλά ότι η πρώτη, «η τέχνη υπέρ της τέχνης», είναι η κυριότερη. Το θέμα είχε συζητηθεί και πα-

---

[1]. Ο Abrams ονομάζει τον αισθητισμό «ευρωπαϊκό φαινόμενο» (M. H. Abrams, *A Glossary of Literary Terms*, Orlando, Holt–Rinehart–Winston, Cornell University, 1988, 3), εμπεδώνοντας την πεποίθησή μας ότι στην ουσία του το κίνημα του αισθητισμού είναι μια πολυπολιτισμική οντότητα· στεγάζει, δηλαδή, κάτω από την αιγίδα του πληθώρα λογοτεχνών που, χωρίς να ταυτίζονται απόλυτα, συγκλίνουν σε κάποιες κοινές κατευθύνσεις. Έτσι ενσωματώνει τις ενδιάθετες τάσεις της εποχής διατηρώντας παράλληλα μια ευρύτητα καλλιτεχνικών ιδιοσυγκρασιών μαζί με τις ιδιαιτερότητές τους. Το γεγονός αυτό μας πείθει ότι ο αισθητισμός κινήθηκε μέσα από εκλεκτικές συγγένειες, καθώς το πνεύμα διαφορετικών καλλιτεχνών διέγραφε παράλληλες πορείες που θα συναντιούνταν τελικά σε κάποιους κοινούς σταθμούς.

λιότερα², τώρα όμως ο προβληματισμός έχει φτάσει στο σημείο της ολοκλήρωσής του, θέτοντας ώριμα πια και στην πληρότητά του το αίτημα μιας αυτόνομης τέχνης. Αυτό σημαίνει διεκδίκηση μιας τέχνης και, συνεπώς, μιας λογοτεχνίας ανεξάρτητης από ηθικούς κανόνες, άρα προκλητικής και ελεύθερης στην έκφραση του αισθησιακού, του περιθωριακού ή ακόμα και του ανόσιου. Μέσα στην καινού-

---

2. Βλέπε λ. χ. R. Wellek, *A History of Modern Criticism: 1750-1950. The Age of Transition*, London, Jonathan Cape, 1966, 30-31, όπου μας δίνει τις ακόλουθες λεπτομέρειες:
    Η ιδέα δεν ήταν καινούρια. Την ανιχνεύουμε παλιότερα στους Γερμανούς, στον Kant και τον Schiller, που όρισε και υπεράσπισε την αυτονομία της τέχνης. Η φράση «η τέχνη υπέρ της τέχνης και χωρίς σκοπό» βρίσκεται στο ημερολόγιο του Benjamin Constant το 1804, όταν αναφέρεται σε μια συζήτηση στη Βαϊμάρη με τον Henry Crabb Robinson για την αισθητική του Kant. Αλλά οι Γερμανοί ποτέ δεν ονειρεύτηκαν, φυσικά, να εγκαταλείψουν τα κοινωνικά και μεταφυσικά αιτήματα της τέχνης. Η αυτονομία της τέχνης δεν σήμαινε γι' αυτούς τίποτε παραπλήσιο με την απουσία χρησιμότητας που τόσο επιδεικτικά διακήρυσσε ο Gautier.
    Ο Théophile Gautier (1811-1872) δεν ήταν ο πρώτος στη Γαλλία που προβληματίστηκε σχετικά, είχε όμως έρθει σε επαφή με τις αισθητικές θεωρίες δύο Γάλλων που ασχολήθηκαν πρώτοι με το ζήτημα.
    Ο ένας ήταν ο Victor Cousin (1792-1867), ο οποίος με τις διαλέξεις του (1816-1819) και τα *Fragments philosophiques* (1826) διέδωσε στη Γαλλία τη γερμανική φιλοσοφία. Η ανάγκη για την οποία μίλησε ο Cousin ήταν «η θρησκεία υπέρ της θρησκείας, τα ήθη υπέρ των ηθών, η τέχνη υπέρ της τέχνης». Η αισθητική του διακήρυξε την τριπλή ενότητα «du vrai, du beau, du bien» και χαρακτηρίστηκε ως «πλατωνίζουσα γιορτή της καταληπτής, ιδεατής ομορφιάς» (Wellek, *A History of Modern Criticism*, ό. π., 30). Ήταν επόμενο μέσα σ' αυτές τις συνθήκες ο όρος «η τέχνη υπέρ / προς χάριν της τέχνης» να φορτιστεί με τον υπερβατικό ιδεαλισμό των Γερμανών φιλοσόφων (Kant, Hegel, Schopenhauer), βάρος από το οποίο δεν απαλλάχτηκε ούτε στη θεωρία του Jouffroy λίγα χρόνια αργότερα.
    Ο Théodore Jouffroy (1796-1842) αφιέρωσε το 1828 ένα ολόκληρο κεφάλαιο στη διάκριση ωραίου–χρήσιμου σε μάθημα κλειστού κύκλου φοιτητών μεταξύ των οποίων και ο Sainte-Beuve. Η διάλεξη τυπώθηκε μόλις το 1843 αλλά η εκδοχή του Jouffroy είχε ήδη γίνει γνωστή στους διανοούμενους που έμελλε σε λίγα χρόνια να εισαγάγουν τον αισθητισμό. Για τον Jouffroy η ομορφιά είναι αποτέλεσμα συμπάθειας, «μιας διαδικασίας συνειρμού ιδεών που μεταφέρονται με σημεία ή σύμβολα» (Wellek, *A History of Modern Criticism*, ό. π., 30).
    Γύρω στο 1830 ο Gautier με το μυθιστόρημα *Mademoiselle de Maupin* (1835) εισάγει στη λατρεία του Ωραίου μια αισθητική απόλαυση που καταργεί το ωφέλιμο και θέτει τις βάσεις για την ουσία του δόγματος «η τέχνη υπέρ της τέχνης». Το 1850 ο Edgar Allan Poe στο δοκίμιό του «The Poetic Principle» κατακυρώνει την «αίρεση του διδακτισμού» («The Heresy of the Didactic») ως οριστική ρήξη της τέχνης από την ηθική. Εδώ θα βασιστεί ο Baudelaire, μεταφράζοντας τον Poe, για να αναγάγει την ανηθικότητα ή α-ηθικότητα σε προαπαιτούμενο της ξεχωριστής, παρακμιακής τέχνης.

ρια λογική, το λογοτεχνικό έργο αποτελεί αυταξία και συνιστά έργο τέχνης *per se*, από μόνο του. Η ειδοποιός ουσία της τέχνης –στην προκειμένη περίπτωση της λογοτεχνίας– είναι η καλλιτεχνική της αξία, η οποία ορίζεται πέρα από το καλό και το κακό και νομιμοποιείται ως «εκλεκτή» στη συνείδηση των δημιουργών της.

Μέσα σε αυτό το πλαίσιο ορίζεται και το Ωραίο / η Ομορφιά, που θεωρήθηκε από τους κριτικούς κύρια επιδίωξη του κινήματος. Η τοποθέτηση της Ομορφιάς σε νέα συμφραζόμενα σημαίνει κατάργηση του μέτρου, της συμμετρίας, της αγνότητας, της συγκράτησης και άλλων αρετών που συνδυάζονταν παραδοσιακά με την έννοια, συμπλέει δηλαδή με μια γενική αναθεώρηση θεμελιωδών ζητημάτων που τόλμησε το κίνημα του αισθητισμού. Το Ωραίο είναι πλέον κυρίως το ασύμμετρο ή ασυγκράτητο, το κουρασμένο από τις ηδονές, το αυτάρεσκο στην ανία του, το λεπτουργημένο και εκλεκτό, το άρρωστο, το παρακμιακό. Κυρίως όμως το Ωραίο είναι το Τεχνητό, το αποτέλεσμα της ανθρώπινης δημιουργίας. Μέσα από τις παραπάνω εκφάνσεις προσδιορίζουν οι αισθητιστές την τέχνη τους. Η ωραιότητα του λογοτεχνήματος αποσυνδέεται από τις έννοιες του καλού κ' αγαθού, ενώ μπορεί να ενυπάρχει στις έννοιες του κακού ή αμαρτωλού. Αυτόν τον τύπο τέχνης θεωρούν «εκλεκτό» και του προσδίδουν ως χαρακτηριστικό τη διάσταση ή απομόνωση από το ευρύ κοινό –τον όχλο– διαφυλάσσοντας τον προορισμό της καλλιτεχνικής δημιουργίας για τους λίγους. Η τέχνη των αισθητιστών απευθύνεται στους μυημένους, εμπεδώνοντας έτσι τον εξαιρετικό προορισμό της. Μέσα στον εκλεκτικισμό και την αριστοκρατική απομάκρυνση από το πλήθος υπάρχουν, φυσικά, εγγενή τα στοιχεία του μυστικισμού και της παράβασης, που θα δούμε αναλυτικότερα κατά την επεξεργασία των αισθητιστικών θεμάτων.

Εκτός από θεωρία και τρόπος τέχνης ο αισθητισμός υπήρξε και τρόπος ζωής[3]. Πρόκειται για μια αντίληψη ζωής όπου ο αισθητιστής λογοτέχνης συμβαδίζει με τον αισθητή-φιλόσοφο της ζωής, αντίληψη που βρίσκει την ανταπόκριση και το ζωτικό της χώρο σε μια ανάλογου τύπου λογοτεχνία. Η λογοτεχνία του αισθητισμού φέρει το μετείκασμα μιας κοσμοθεωρίας. Μέσα στα έργα της απεικονίζεται η ζωή του

---

3. Ο Fowler (R. Fowler, *A Dictionary of Modern Critical Terms*, London, Routledge & Kegan Paul, 1987, 2) δίνοντας έναν εναλλακτικό ορισμό του αισθητισμού τον αποκαλεί: «ευαισθησία, φιλοσοφία ζωής και τέχνης». Αποδίδει με τον τρόπο αυτό ξεχωριστή σημασία σε αυτή τη δεύτερη διάσταση του αισθητισμού, τη βίωσή του ως τρόπου ζωής, τη σύνδεση της κοσμοθεωρίας με την πράξη.

αισθητή⁴, η οποία σκιαγραφείται ως ταξίδι χωρίς χρηστικό σκοπό, με μόνη επιδίωξη την εξερεύνηση της αίσθησης. Αγαπημένη ενασχόληση του αισθητή είναι να περνάει τα ερεθίσματα του έξω κόσμου από το πλέγμα των πέντε αισθήσεων και να δημιουργεί εμπειρίες, που τις βιώνει με ένταση εστιάζοντας κάθε φορά σε διαφορετικό αισθησιακό κέντρο. Το αισθησιακό έχει σε αυτή τη φάση την αρχική, οντολογική του διάσταση, αυτήν που αναφέρεται στη βιολογία του ανθρώπου και την πρωτογενή αντίδραση των αισθητηρίων στην πρόσληψη εξωτερικών μηνυμάτων. Όταν η μακροκοσμική αντίληψη στενεύει στο μικρόκοσμο του ατομικού σύμπαντος, συντελείται το πέρασμα από την αισθητηριακή ανταπόκριση στην ερωτική συγκίνηση και στο πεδίο της σάρκας, όπου ο αισθησιασμός συγκεκριμενοποιείται ως ηδονή. Σε αυτή τη φάση υπεισέρχεται η απαλλαγή από ηθικές συμβάσεις και η ηδονή του αισθητή αποκτά το χαρακτήρα του κρυμμένου και του παράνομου. Μέσα σε τέτοια περιβάλλοντα λαγνείας και ασέλγειας καθιερώνεται η αυτοσυνειδησία των επιλογών του αισθητή, απόδειξη και αυτή της ανεξάρτητης πνευματικότητας του αισθητισμού.

Το κίνημα του αισθητισμού χαρακτηρίζεται επίσης ως «παρακμή» (décadence) ή συνδέεται με αυτήν. Το ερώτημα που ανακύπτει είναι αν πρόκειται για δύο όψεις του ίδιου κινήματος ή για δύο κινήματα που τελικά συγχωνεύτηκαν κάτω από το βάρος μιας κοινής προβληματικής. Οι ορισμοί στα εγκυκλοπαιδικά λεξικά αφιερώνουν τις περισσότερες φορές ξεχωριστά λήμματα στους δύο όρους αποφεύγοντας την ταύτισή τους⁵. Κυρίως αποκομίζουμε την εντύπωση ότι έχουμε

---

4. Σχετικά με το νόημα του αισθητισμού ως τρόπου ζωής ο Στεργιόπουλος (Κ. Στεργιόπουλος, *Περιδιαβάζοντας* Α΄, Αθήνα, Κέδρος, 1982, 132) φιλοτεχνεί ένα ενδιαφέρον πορτρέτο του αισθητή:

> ο αισθητισμός έχει κατά βάθος πολύ άρνηση και απιστία. Ο εστέτ τα βρίσκει όλα ανούσια στη φυσική τους κατάσταση, όταν δεν περιβάλλονται από την αίγλη της ομορφιάς. Δεν βλέπει κανένα άλλο νόημα, κανένα σκοπό σε όλο αυτό που λέγεται ζωή. Η έννοια της ζωής ήταν κάποτε μέσα του ταυτόσημη με την έννοια του θαύματος, αλλά η σύγκριση με την πραγματικότητα εκμηδένισε το θαύμα. Έτσι έφτιαξε ένα υποκατάστατό του, την αισθητική συγκίνηση, για να εξακολουθήσει να το ζει με το να είναι αισθητικά συγκινημένος. Έγινε δηλαδή μια εκτροπή από πολύ νωρίς που διακυμαίνεται από την απλή απόκλιση ίσαμε τις ακρότατες συνέπειες: την ανεδαφικότητα.

5. Τα εγκυκλοπαιδικά λεξικά *The Princeton Encyclopedia of Poetry and Poetics* (επιμ. Α. Preminger), Princeton, N. J., Princeton University Press, 1965, 6-7 και 185-186, και *The New Princeton Encyclopedia of Poetry and Poetics* (επιμ. A. Preminger–T. V. F. Brogan), Princeton, N. J., Princeton University Press, 1993, 10-12 και 275-276, συνδέουν

δύο αυτούσια κινήματα, από τα οποία ο αισθητισμός, με κύριο χώρο ανάπτυξης τη Βρετανία, έδωσε έμφαση στο δόγμα της «τέχνης υπέρ / προς χάριν της τέχνης», ενώ η παρακμή, με κύριο χώρο ανάπτυξης τη Γαλλία, έδωσε έμφαση στην κατάρρευση του πολιτισμού. Από το σημείο αυτό και μετά, η σύνδεση των δύο κινημάτων, μέσω κάποιων κοινών εκπροσώπων, μένει στην κρίση του αναγνώστη[6].

τον αισθητισμό με το συμβολισμό και μιλούν για παρακμή (στον αισθητισμό τονίζουν την έμφαση στο «η τέχνη προς χάριν της τέχνης» με την πρόκληση εξαίρετων αισθήσεων). Μαζί με τον αισθητισμό αναφέρονται ως «θέματα» παρακμής και άλλα διακριτικά γνωρίσματα, κάποτε αμιγώς υφολογικά (εκκεντρικότητα περιεχομένου, υπερβολική έμφαση στη μορφή, έλλειψη ισορροπίας μεταξύ μορφής και περιεχομένου, ενδιαφέρον για διακοσμητικά στοιχεία με πολύτιμους λίθους, εξωτικό λεξιλόγιο, μορφικοί πειραματισμοί κτλ.), που μας πείθουν ότι ο αισθητισμός αντιμετωπίζεται ως η υφολογική πλευρά του παρακμιακού κινήματος. Το *The Concise Oxford Dictionary of Literary Terms* (επιμ. C. Baldick, Oxford-New York, Oxford University Press, 1990, 3 και 51) είναι πιο συντηρητικό στα στοιχεία που δίνει για τον αισθητισμό. Το λήμμα ξεκινάει, όπως και τα δύο προηγούμενα λεξικά, από τη γερμανική προϊστορία του κινήματος αλλά ύστερα από την αναφορά στους Γάλλους εκπροσώπους παραπέμπει στο λήμμα παρακμή· εκεί γίνεται αναφορά και σε Βρετανούς και Γάλλους εκπροσώπους του κινήματος.

6. Ο Read δίνει τα εξής για τον όρο «παρακμή» (H. Read, *Λεξικό Εικαστικών Τεχνών* (μτφρ. Α. Παππάς), Αθήνα, Υποδομή, 1986, 253-254):

Όρος που αναφέρεται γενικά σε κάθε περίοδο καλλιτεχνικής ή ηθικής κατάπτωσης αλλά και ειδικότερα σ' ένα συγκεκριμένο αισθητικό κίνημα που εκδηλώθηκε στη Γαλλία του τέλους του 19ου αι. Κύρια χαρακτηριστικά του κινήματος αυτού ήταν η έμφαση στην απομόνωση του καλλιτέχνη, η αντιπαλότητα προς την αστική κοινωνία και η προτίμηση προς καθετί το μακάβριο ή το διεστραμμένο. Όλα αυτά τα στοιχεία που αποτελούσαν σε μεγάλο βαθμό προέκταση των ιδεών του Ρομαντισμού και έγιναν για πρώτη φορά ορατά στα *Άνθη του Κακού* του Μπωντλαίρ έφτασαν στην κορύφωσή τους στις δύο τελευταίες δεκαετίες του 19ου αι. και συμπυκνώθηκαν στο βιβλίο του Huysmans *À rebours* και στο εφήμερο περιοδικό *Ο Παρακμιακός* (*Le Décadent*) του Bajou (1886).

Στο ίδιο λήμμα ορίζονται ο Wilde και ο Beardsley ως κύριοι εκπρόσωποι της παρακμής στην Αγγλία. Πάνω σε αυτή τη βάση μπορούμε να την συσχετίσουμε με τον αισθητισμό, ο οποίος, κατά τον Read πάλι, περιλαμβάνει τον Wilde ως πιο «θορυβώδη» και τον Pater ως «κυριότερο εκπρόσωπο». Ως προς το περιεχόμενο του όρου «αισθητισμός», γίνεται λόγος για ένα «αγγλικό λογοτεχνικό και καλλιτεχνικό κίνημα της δεκαετίας του 1880, ένα είδος διαμαρτυρίας κατά της ιδέας ότι η τέχνη πρέπει να υπηρετεί κάποιον ανώτερο σκοπό, καθώς επίσης και κατά του φιλισταϊκού γούστου της εποχής» (ό. π., 15· οι Βρετανοί διανοούμενοι ονόμαζαν περιπαιχτικά «φιλισταίους» τους εκπροσώπους της ανερχόμενης αστικής τάξης, η οποία επικέντρωνε τους στόχους της στην απόκτηση χρήματος με το εμπόριο ή τη βιομηχανία. Η ένδεια υπαρξιακού προβληματισμού δημιουργούσε ένα ρεύμα αντιποιητικό, που η ευαισθησία των διανοουμένων της εποχής το εκλάμβανε ως ευτελισμό του ανθρώπινου στοιχείου).

Ωστόσο, υπάρχει και η εκδοχή της διπλής όψης του ίδιου κινήματος· σύμφωνα με αυτή τη θεώρηση, παρατηρούμε ότι ο όρος «αισθητισμός» συνδέθηκε πιο πολύ με την αγγλική πλευρά του κινήματος, όπου τονίζεται η ειδική επεξεργασία της μορφής, ενώ ο όρος «παρακμή» συνδέθηκε περισσότερο με τη γαλλική πλευρά του κινήματος, όπου δόθηκε βάση στη θεματική επιλογή[7]. Η λέξη «αισθητισμός» χρησιμοποιήθηκε συχνά για να χαρακτηρίσει τη ρητορική, ενώ η λέξη «παρακμή» χρησιμοποιήθηκε για να ορίσει τη θεματική του κινήματος. Η παραπάνω διάκριση ισχύει βέβαια σε μεγάλο βαθμό, δεν είναι όμως απόλυτη, επειδή ο αισθητισμός σχετίζεται και με το περιεχόμενο, όπως η παρακμή σχετίζεται και με τη μορφή.

Πάντως, το κίνημα της «παρακμής» (décadence) εκκινεί χρονικά από τη Γαλλία, για να περάσει αργότερα στην Αγγλία μέσω των Βρετανών λογοτεχνών που είχαν μεταβεί στη Γαλλία και είχαν βιώσει εκεί το κίνημα. Κατά τη μετάβαση αυτή, η οποία ενοφθαλμίζει τη γαλλική παρακμιακή ποιητική με την αγγλική αισθητική, αναχωνεύονται οι όροι της παρακμής και του αισθητισμού, αποδίδοντας ένα ενιαίο μόρφωμα. Είτε αναγνωρίζουμε κινήματα με διαφορετικές απαρχές, που η υφή και η εξέλιξή τους τα οδήγησε στην ταύτιση, είτε δύο όψεις –την υφολογική και τη θεματική– του ίδιου νομίσματος, δεν μπορεί να κλονιστεί η διαπίστωση ότι αισθητισμός και παρακμή είναι έννοιες ομοούσιες και συγγενείς ως προς την απόδοσή τους, που μπορούν να εναλλάσσονται ως ισοδύναμες μέσα στα νοηματικά συμφραζόμενα.

Το κοινό έδαφος πάνω στο οποίο γίνεται η συνάντηση αισθητισμού και παρακμής είναι η αδιαφορία για τη χρηστικότητα και η πρόκληση των αισθήσεων. Ο αισθητής, που αναζητά διαρκώς την καινούρια αίσθηση, οδηγείται στην υπέρβαση της συνήθειας και κατά συνέπεια της κοινωνικής σύμβασης. Οι απολαύσεις που θεωρήθηκαν εξαιρετικές είναι αυτές που δεν είχαν εξερευνηθεί λόγω του μη συμβατικού χαρακτήρα τους (άνομη ηδονή, τεχνητοί παράδεισοι) και απωθήθηκαν κατά και-

---

7. Το ερώτημα απασχολεί και τον J. M. Munro (*The Decadent Poetry of the Eighteen Nineties*, Beirut 1970), ο οποίος θέτει τον προβληματισμό χωρίς να παίρνει τελικά θέση. Πάντως, ο Gerber (H. E. Gerber, «The Editor's Fence», *English Literature in Transition* 6, 1 (1963) 4) δηλώνει καθαρά πως «ο όρος "αισθητισμός" μπορεί να εφαρμοστεί για τα τεχνικά χαρακτηριστικά των έργων, ενώ ο όρος "παρακμή" μπορεί να χρησιμοποιηθεί καλύτερα για το περιεχόμενο, για τις διαθέσεις μέσα στα έργα. Ιστορικά τουλάχιστον, αυτοί που χρησιμοποιούσαν τη λέξη "αισθητισμός" ως επί το πλείστον συσχέτιζαν τον εαυτό τους με συγκεκριμένα στοιχεία ύφους, ενώ όσοι χρησιμοποιούσαν τη λέξη "παρακμή" συσχέτιζαν τον εαυτό τους με αξίες, ηθικές θέσεις, περιεχόμενο».

ρούς στο περιθώριο, χώρο κατεξοχήν ταυτισμένο με την παρακμή. Τη στιγμή που η παρακμή αδυνατεί να διατηρήσει την πίστη της στο ύψος οποιουδήποτε ιδανικού, ο αισθητισμός καλλιεργεί την εξεζητημένη έλξη προς το τεχνητό ως αμφισβήτηση του κοινωνικού δεδομένου.

Η απώλεια της πίστης σε αξίες καταστρέφει τους παράγοντες σταθερότητας και προαναγγέλλει την οριστική διάλυση του πολιτισμού. Ο όρος «décadence» δηλώνει την πτώση και έκπτωση, την οποία το συγκεκριμένο κίνημα συνέδεσε με την ελληνιστική εποχή και με την τελευταία περίοδο της ρωμαϊκής αυτοκρατορίας στη Δύση. Οι πολιτισμοί της παρακμής συνθέτουν με τις ιδιαιτερότητές τους (τεχνουργημένη πολυτέλεια, ηδονική τρυφή, υπερεκλέπτυνση, κορεσμός, νωχέλεια και ραθυμία) το σκηνικό του κινήματος του αισθητισμού. Ένα διαρκές αίσθημα των παρακμιακών είναι η επικείμενη καταστροφή του κόσμου· τοποθετούσαν μάλιστα το τέλος του κόσμου ή της οικουμένης (fin-du-globe) στο τέλος του αιώνα ή του χρόνου με την έννοια της εποχής (fin-de-siècle). Αυτό το όριο που έθεταν ως επισφράγισμα της παρακμής χρησιμοποιήθηκε επίσης ως ονομασία του κινήματος (fin-de-siècle). Το φαινόμενο πήρε διαστάσεις και εξαπλώθηκε με τη δυναμική επιδημίας, έτσι ώστε να ονομαστεί από τους συγχρόνους του «αρρώστια του τέλους του αιώνα» (maladie fin-de-siècle) ή «κακό του τέλους του αιώνα» (mal fin-de-siècle)[8], όπου η λέξη «αιώνας» προσέλαβε αποκλειστικά τη σημασία «19ος αιώνας».

---

8. Για το χαρακτήρα της ασθένειας που στιγματίζει τον αισθητισμό ο A. Symons έγραφε ήδη στα 1893 («The Decadent Movement in Literature», στον τόμο *Decadence and the 1890's* (επιμ. M. Bradbury–D. Palmer), London, Edward Arnold, 1979, 24):

> Η πιο αντιπροσωπευτική λογοτεχνία του καιρού –η γραφή που έχει απήχηση στη νέα γενιά και που την έχει τόσο διαμορφώσει– σίγουρα δεν είναι κλασική ούτε έχει καμία σχέση με εκείνο το παλιό αντίθετο του Κλασικού, το Ρομαντικό. Κατά κάποιο τρόπο είναι αναμφίβολα μια παρακμή· έχει όλες τις ιδιότητες που σημαδεύουν το τέλος των μεγάλων περιόδων, τις ιδιότητες που βρίσκουμε στην αρχαιοελληνική, στη λατινική παρακμή: μια έντονη αυτοσυνειδησία, μια ακόρεστη περιέργεια στην αναζήτηση, μια υπερραφινάτη εκλέπτυνση πάνω στην εκλέπτυνση, μια πνευματική και ηθική διαφθορά. Αν αυτό που αποκαλούμε κλασικό είναι πράγματι η υπέρτατη τέχνη –αυτές οι ιδιότητες της τέλειας απλότητας, τέλειας υγείας, τέλειας αναλογίας, οι υπέρτατες ιδιότητες–, τότε αυτή η αντιπροσωπευτική λογοτεχνία του σήμερα, έτσι όπως είναι ενδιαφέρουσα, ωραία, καινούρια, είναι πράγματι μια νέα και ωραία και ενδιαφέρουσα αρρώστια.

Χαρακτηριστικά του νέου ύφους είναι από τη μια η κατάλυση της κλασικιστικής φόρμας με όλες τις τέλειες ιδιότητες που την συγκροτούν στο αυστηρό περίγραμμά της και από την άλλη η αλλοίωση του αντίπαλου ιδεώδους, του ρομαντικού ιδεαλισμού.

Το κενό πίστης που ένιωθαν οι Γάλλοι παρακμιακοί οφειλόταν στον ορθολογισμό της θετικιστικής επιστήμης και της αστικής καθημερινότητας που τους περιέβαλε. Τη μεταφυσική διάσταση, η οποία είχε χαθεί και στην οποία ζητούσαν τη δικαίωση της φαντασίας, την αποκατέστησαν μέσα από την τέχνη τους. Ανύψωσαν την τέχνη στη θέση των –διαβρωμένων στη συνείδησή τους– αξιών και ζήτησαν με αυτήν να υποκαταστήσουν τη ζωή. Η καινούρια οπτική αντιθέτει την τέχνη στη φύση οργανώνοντας ένα διττό σύστημα εκφραστικότητας. Η ζωή που μιμείται την τέχνη επανακάμπτει σταθερά ως θέμα αρχής των αισθητιστών.

Έτσι εισάγεται το τεχνητό ως καίριος παράγοντας στον ορισμό του αισθητισμού. Το πρώτο σκέλος αφορά την έμφαση του αισθητισμού σε τεχνουργήματα που βγαίνουν από τα χέρια του ανθρώπου πια και όχι από τη φύση. Συναντούμε στα κείμενα πολυτελείς διακόσμους, όπου η αναζήτηση του σπάνιου και του εκλεκτού –με εξωτικές, συχνά, συνδηλώσεις– φτάνει στα όρια της εκζήτησης. Το ίδιο το ύφος των κειμένων είναι επίσης δουλεμένο με εξαιρετική λεπτότητα και προσεγμένο στη λεπτομέρεια[9]. Η δεύτερη εκδήλωση αποχής από το φυσικό είναι η αντίσταση στο φυσιολογικό και η απόσυρση του αισθητή σε ένα δικό του κατασκευασμένο κόσμο.

Μέσα από το Τεχνητό βλέπουμε την αισθητιστική άποψη της «τέχνης υπέρ της τέχνης» να λειτουργεί σε πολλαπλά επίπεδα. Στο θεωρητικό επίπεδο σημαίνει την απαλλαγή της τέχνης από συμβάσεις ηθικής και υποχρεώσεις συμμόρφωσης με το κατεστημένο σύστημα αξιών. Η μόνη συνέπεια που επιβάλλεται στο δημιουργό είναι η συνέπεια προς την τέχνη του, γεγονός που καθορίζει και την ποιότητα της τέχνης. Σημαίνει επίσης την ανατροπή των καθιερωμένων αξιών με την εισαγωγή μιας νέας αισθητικής, η οποία καταρρίπτει τα όρια ανάμεσα σε έννοιες που επιβλήθηκαν από το νεοκλασικισμό και αργότερα το ρομαντισμό ως αντίθετες, όπως το καλό και το κακό, το όμορφο και το άσχημο, το αγνό και το αμαρτωλό. Η αισθητική του νέου κινήματος ισοδυναμεί με πρόταση μιας νέας ηθικής στο πλαίσιο της οποίας μπορούν να συνυπάρχουν αυτές οι ετερογενείς έννοιες. Η αισθητική αυτή καταργεί την ομοιογένεια και νομιμοποιεί την ετερογένεια, τη συνύπαρξη μέσα στον ίδιο χώρο ιδιοτήτων που αποκλίνουν. Η δημιουργία μιας τέχνης που μπορεί

---

9. Το έργο τέχνης και εξωτικό τεχνούργημα υπήρχε βέβαια και στον παλιότερο παρνασισμό, τουλάχιστον στην ποίηση, από την εποχή του Th. Gautier (1852 κ. ε.) και ενμέρει του Ch.-M.-R. Leconte de Lisle (1852 κ. ε.), εδώ όμως τα πράγματα εκφράζονται με άλλη έμφαση.

να συνδυάζει το όμορφο με το νοσηρό ή να αναδεικνύει αισθησιασμό από τη συνύπαρξη των αντιθέτων είναι η δημιουργία των «εκλεκτών», όπου οριοθετούν τον εαυτό τους οι αισθητιστές.

Στο πρακτικό επίπεδο του κινήματος, το δόγμα «η τέχνη για την τέχνη» σημαίνει την επιθυμία για το Τεχνητό, για το ανθρώπινο δημιούργημα, που ζητά να υπερβεί τα δεδομένα της φύσης. Εμφαίνεται στο στάδιο αυτό η προσεκτική κατεργασία της ύλης, είτε πρόκειται για την ύλη που έχει στα χέρια του ο λογοτέχνης, είτε πρόκειται για την ύλη που έχει στα χέρια του ο ζωγράφος ή ο γλύπτης, είτε πρόκειται για την ύλη που έχει στα χέρια του κάθε άλλος τεχνίτης. Ο αισθητισμός στρέφει την προτίμησή του προς το περίτεχνο (λογοτεχνικό ύφος, έργο τέχνης ή αντικείμενο διακόσμησης και μικροτεχνίας), αυτό που ο δημιουργός του κατεργάζεται με λεπτότητα και προσήλωση. Και είναι πολύ συχνές στα έργα του αισθητισμού οι σκηνές που δείχνουν τον τεχνίτη κατά την ώρα της δουλειάς του.

Η προσήλωση στο τεχνητό συμβαδίζει με την προϋπόθεση της μη ρεαλιστικής απεικόνισης του κόσμου, σύνδεση από την οποία συνάγεται ότι οι καταστάσεις που αναπαρίστανται στα έργα του αισθητισμού, ακόμα και αν εφάπτονται ή ενεργοποιούνται μέσα στο νευρωτικό και το ψυχοπαθολογικό, θα μπορούσαν απλώς να διαδραματίζονται μέσα σε ένα μυαλό. Άλλωστε, η εγκεφαλική βίωση των εμπειριών υπήρξε μια από τις μεγαλύτερες κατακτήσεις του κινήματος, όπως θα δούμε και κατά την εξέταση των έργων. Τελικά, η επιλογή του τεχνητού, ως προθάλαμος της απανθρωποποίησης της τέχνης, με την έννοια της μοντερνιστικής αποσταθεροποίησης του υποκειμένου, γίνεται νευραλγικό σημείο που επικυρώνει την ένταξη του αισθητισμού στη νεοτερικότητα, δηλαδή στον προθάλαμο του μοντερνισμού.

Συμπερασματικά μπορούμε να πούμε ότι ο αισθητισμός είναι κίνημα που κορυφώθηκε στα τέλη του 19ου αιώνα και ιδιαίτερα κατά την τελευταία δεκαετία του. Οι κύριες χώρες ανάπτυξής του υπήρξαν η Γαλλία και η Βρετανία. Ο αισθητισμός συμπεριέλαβε στις τάξεις του ετερογενείς λογοτέχνες, διαμόρφωσε όμως ενιαίο χαρακτήρα χάρη στις εκλεκτικές συγγένειες που ανέπτυξαν μεταξύ τους αυτοί οι λογοτέχνες. Η συμμετοχή πολλών ετερόκλητων τάσεων στη δημιουργία του αισθητισμού προσδίδει κάποιες φορές στο κίνημα την εικόνα συμπτωματικού φαινομένου. Υπάρχει, ωστόσο, κάποια ενιαία βάση που διασφαλίζει τη συνοχή του αισθητισμού και τον κατατάσσει στην κατηγορία των κινημάτων. Αυτή η ενιαία βάση είναι το αίτημα για την ανεξαρτησία της τέχνης από το ωφέλιμο και την ηθική ή, με άλλα λόγια, το δόγμα της «τέχνης υπέρ ή προς χάριν της τέχνης».

Μέσα σε αυτό το γενικό διάγραμμα αναπτύσσονται τα κύρια θέματα του αισθητισμού που θα εξετάσουμε στη συνέχεια: ανία, κορεσμός των αισθήσεων από το συνηθισμένο, αδιάκοπη αναζήτηση της επόμενης αίσθησης, ανακάλυψη του Ωραίου μέσα στο Τεχνητό, φθορά του πολιτισμού και των ανθρώπων που τον απαρτίζουν και μια διάχυτη πεποίθηση για το επικείμενο τέλος του κόσμου. Η διάβρωση, ο πεσιμισμός, που αυτή προκαλεί, και οι συνακόλουθες νευρώσεις δίνουν στο κίνημα χαρακτήρα αρρώστιας δικαιώνοντας και άλλες ονομασίες, όπως «παρακμή», «fin-de-siècle» και «maladie fin-de-siècle».

2. Νεοελληνικός αισθητισμός

Η αρχή του νεοελληνικού αισθητισμού στην πεζογραφία μπορεί με ασφάλεια να τοποθετηθεί στα 1893, οπότε άρχισε να δημοσιεύει τα πρώτα αισθητιστικά πεζά του ο Νικόλαος Επισκοπόπουλος, και το τέλος του στα 1912, οπότε ο Πλάτων Ροδοκανάκης κλείνει τον πρώτο και κύριο κύκλο της νεοελληνικής παρακμής με τα έργα του *Το βυσσινί τριαντάφυλλο* και *Ο Θρίαμβος*. Από εκεί και ύστερα το χαρακτηριστικό ύφος του κινήματος, έχοντας ήδη κατακτήσει την ωριμότητα, δεν θα επαναληφθεί αυτούσιο αλλά θα επιβιώσει μεταλλαγμένο στη γενιά των συμβολιστών ή «μετασυμβολιστών» του '10 και του '20 και στον Ά. Σικελιανό. Ο Κ. Π. Καβάφης είχε κινηθεί, βέβαια, στο χώρο του αισθητισμού και πριν από το 1893 γράφοντας όμως ποιήματα. Τα πεζά του, που εντάσσονται στον αισθητισμό και παρουσιάζονται στα επόμενα κεφάλαια, τα έγραψε μεταξύ του 1894 και 1897. Ο Κωστής Παλαμάς το 1891 είχε γράψει βέβαια το διήγημα «Θάνατος παλικαριού», όπου μπορούμε να θεωρήσουμε πως λανθάνει αισθητισμός, αλλά αυτός εντοπίζεται στο θέμα χωρίς να ολοκληρώνεται μέσα από το ανάλογο ύφος. Το κείμενο παρατίθεται κατά τη μελέτη των εκπροσώπων του αισθητισμού αλλά δεν μπορεί να θεωρηθεί ορόσημο του κινήματος.

Κυριότεροι εκπρόσωποι του κινήματος είναι ο Νικόλαος Επισκοπόπουλος, ο Κωνσταντίνος Χρηστομάνος, ο Περικλής Γιαννόπουλος και ο Πλάτων Ροδοκανάκης. Αξίζει να αναφέρουμε ότι ο Ν. Επισκοπόπουλος θα κάνει στη συνέχεια συγγραφική καριέρα στη Γαλλία με το ψευδώνυμο Nicolas Ségur αλλά η λογοτεχνική παραγωγή του εκεί θα περιοριστεί κυρίως σε λαϊκά μυθιστορήματα ευρείας κατανάλωσης, που δεν θα επαναλάβουν την ποιότητα της αισθητιστικής δημιουργίας του στην Ελλάδα. Αυτό που κάνει τους παραπάνω συγγραφείς να ξεχωρίζουν από τους υπόλοιπους είναι ότι το λογοτεχνικό τους έργο εγγράφεται αποκλειστικά στο κίνημα του αισθητισμού. Άλλοι, όπως ο Νίκος Καζαντζάκης και ο Κ.Π. Καβάφης, αποτελούν βέβαια για ένα διάστημα ισχυρές φωνές του κινήματος αλλά ο αισθητισμός αποτελεί και για τους δύο πρώιμη φάση, την οποία ο Καζαντζάκης θα εγκαταλείψει στην ώριμη δημιουργία του, ενώ ο Καβάφης θα διατηρήσει τον αισθητισμό ως υποδόριο στρώμα κάτω από την ποιητική ρεαλισμού της ωριμότητάς του. Επισημαίνουμε, ωστόσο, ότι αυτή η φάση είναι σημαντική παρακαταθήκη για την κατοπινή τους παραγωγή. Από αυτή την περίοδο αφορμώνται θέματα και μοτίβα που θα τους συνοδέψουν στην υπόλοιπη πορεία τους.

Στο κίνημα προσχωρούν κατά καιρούς και λογοτέχνες, οι οποίοι πειραματίστηκαν με τον αισθητισμό ως δοκιμή ύφους ή θεμάτων, προτού θητεύσουν σε άλλα κινήματα. Ο Κωνσταντίνος Θεοτόκης, ο Κωστής Παλαμάς, ο Παύλος Νιρβάνας, ο Σπήλιος Πασαγιάννης, ο Απόστολος Μελαχρινός, η Γαλάτεια Καζαντζάκη, ο Κώστας Ουράνης και ο Ναπολέων Λαπαθιώτης προβληματίζονται μέσα στο κλίμα του αισθητισμού, σύντομα όμως αφήνουν πίσω τους το συγκεκριμένο προβληματισμό. Σε αυτή την κατηγορία δεν εγγράφονται ο Ζαχαρίας Παπαντωνίου και ο Ίων Δραγούμης, οι οποίοι θεωρήθηκαν αισθητιστές βάσει ορισμένων λυρικών και εικαστικών στοιχείων του έργου τους, που ωστόσο δεν προσοικειώνονται την ποιητική του κινήματος.

Η εκδήλωση του αισθητισμού στην Ελλάδα παρουσιάζει καθυστέρηση σε σχέση με τη Γαλλία, για παράδειγμα, όπου το κίνημα φαίνεται να τερματίζεται γύρω στα 1871, και με τη Βρετανία, όπου τερματίζεται γύρω στα 1895-1897. Στην Ιταλία όμως, ο D'Annunzio, με τον οποίο συμπορεύτηκαν κατά κύριο λόγο οι Νεοέλληνες αισθητιστές, όπως θα δούμε αμέσως παρακάτω, συνέχιζε να δημιουργεί τουλάχιστον μέχρι το 1910 (*Forse che si forse che no*). Ως δείκτης της χρονικής καθυστέρησης του νεοελληνικού αισθητισμού σε σχέση με τη Δύση αλλά και ως δείκτης ευαισθητοποίησης σε ζητήματα αισθητικής κατεύθυνσης μπορεί να θεωρηθεί η άνθιση νεοτερικότερων περιοδικών μετά τον ελληνοτουρκικό πόλεμο του 1897[10]. Υπενθυμίζουμε ότι τέτοια περιοδικά

---

10. Πολύτιμες πληροφορίες για τα περιοδικά και την εκδοτική κίνηση της περιόδου δίνει ο Χ.-Δ. Γουνελάς στο Επίμετρο «Τα Περιοδικά 1897-1910» του βιβλίου του *Η σοσιαλιστική συνείδηση στην ελληνική λογοτεχνία 1897-1912*, Αθήνα, Κέδρος, 1984, 294-300. Εκεί διαβάζουμε ότι «γύρω στα μέσα της πρώτης δεκαετίας του 20ού αι. η εκδοτική δραστηριό-

έπαιξαν σημαντικό ρόλο και στο βρετανικό αισθητισμό κατά τη δεκαετία του 1890, η κυκλοφορία τους όμως σταμάτησε πριν από το πέρασμα στον 20ό αι. Περιοδικά μέσα από τα οποία κινήθηκε ο νεοελληνικός αισθητισμός ήταν τα *Παναθήναια* (1900-1915), *Το Περιοδικόν μας* (1900-1902), η *Πινακοθήκη* (1901-1926), *Ο Νουμάς* (α΄ φάση 1903-1917) αλλά και *Η Τέχνη* του Χατζόπουλου (1898-1899) και εν μέρει *Ο Διόνυσος* (1901-1902). Η ύλη των περιοδικών αυτών εισάγει τη λογοτεχνία στο χώρο της φιλοσοφικής και εικαστικής αναζήτησης καινοτομώντας παράλληλα στην πρόσληψη της ευρωπαϊκής σκέψης και των ευρωπαϊκών εκφραστικών τρόπων. Για την κατανόηση του κινήματος έχει σημασία η μελέτη των αιτίων που οδήγησαν στη γένεσή του, ζήτημα που θα μας απασχολήσει στη συνέχεια.

Με δεδομένη τη σύντομη προσέγγιση του ευρωπαϊκού αισθητισμού, που επιχειρήθηκε στο προηγούμενο κεφάλαιο, ανακύπτει το ερώτημα για τα αίτια που δημιούργησαν το αντίστοιχο κίνημα στην Ελλάδα. Η εξέταση που ακολουθεί θα αναζητήσει αν το κίνημα το προκάλεσαν αποκλειστικά εξωτερικές μιμήσεις τρόπων, ατομικά αδιέξοδα και προσωπικές στιγμές ανησυχίας μεμονωμένων λογοτεχνών ή αν συνέβαλαν επιπλέον σε αυτά και πολιτικοκοινωνικές συνθήκες.

Μια πρώτη άποψη θα ήταν ότι ο νεοελληνικός αισθητισμός προήλθε από απλή αναπαραγωγή ευρωπαϊκών προτύπων και ότι Νεοέλληνες λογοτέχνες με ευρωπαϊκή παιδεία, πλήρη ή καλή εποπτεία των λογοτεχνικών κινημάτων της εποχής, περιστασιακή παραμονή στην Ευρώπη και ευαίσθητες ιδιοσυγκρασίες ανέπτυξαν μέσα από τα έργα τους εκλεκτικές συγγένειες με τον ευρωπαϊκό αισθητισμό. Ο Α. Σαχίνης ορίζει τον αισθητισμό ως «επίδραση ξένων ιδεών και ξένων εκφραστικών τρόπων: του δυτικοευρωπαϊκού αισθητισμού»[11]. Με τον τρόπο αυτό αποδίδει στο κίνημα το χαρακτήρα της επιρροής και της μίμησης, χωρίς να αναγνωρίζει τη διαφορετικότητα του νεοελληνικού αισθητισμού,

---

τητα είχε φτάσει στο αποκορύφωμά της, κάτι παρόμοιο με τη δραστηριότητα στη Δύση τη δεκαετία του 1890». Σύμφωνα με τον Χ.-Δ. Γουνελά η κυκλοφορία των περιοδικών αναζωπυρώθηκε μόνο μετά τον αποτυχημένο πόλεμο του 1897, επειδή «αναγνωρίστηκε γενικά πως οι εφημερίδες είχαν για ένα μεγάλο βαθμό συμβάλει στην ήττα με τις αυθαίρετες και ανεξέλεγκτες δημοσιεύσεις». Στο ίδιο βιβλίο διαβάζουμε ότι ήδη από τις αρχές του 1890 οι εφημερίδες είχαν αρχίσει να εκτοπίζουν τα περιοδικά λόγω του πολιτικού περιεχομένου τους που παλλόταν στους σφυγμούς της «τεταμένης πολιτικής ατμόσφαιρας της εποχής» αλλά και λόγω της προσήλωσης του πλατύτερου αναγνωστικού κοινού στην καθαρεύουσα.
11. Α. Σαχίνης, «Ο Νικόλαος Επισκοπόπουλος», *Η πεζογραφία του αισθητισμού*, Αθήνα, Εστία, 1981, 194.

η οποία εκτοπίζει τη νοσηρότητα και τον πεσσιμισμό προς χάρη μιας ανανεωτικής ορμής. Αυτή η διαφορετικότητα κατευθύνει την αναζήτηση των αιτίων ανάδυσης του νεοελληνικού αισθητισμού σε ενδογενείς παράγοντες της νεοελληνικής κοινωνικής πραγματικότητας.

Ο Στέλιος Ξεφλούδας αναγνωρίζει ότι ο νεοελληνικός αισθητισμός δέχτηκε ευρωπαϊκές επιρροές αλλά αποκαλύπτει εύστοχα ως αίτιο αισθητισμού την αντίδραση απέναντι στην ηθογραφία: «έφεραν στα ελληνικά Γράμματα, ο καθένας με τον τρόπο του, τα "φώτα της Ευρώπης", το πνεύμα και τις τεχνοτροπίες της Δύσης, απομακρύνθηκαν από τα στενά πλαίσια της ηθογραφίας και δημιούργησαν ένα ύφος πολιτισμένο και κομψό»[12]. Αυτή η κομψότητα και η λεπτότητα δεν παίρνουν για τον Ξεφλούδα την αρνητική έννοια της πόζας, αφού γι' αυτόν ο αισθητισμός «που έφερε στα ελληνικά Γράμματα […] το πνεύμα και τις τεχνοτροπίες της Ευρώπης» αποκτά «ιδιαίτερη σημασία σαν μια αντίδραση στην ηθογραφία και το τοπικό χρώμα»[13], φέρει δηλαδή ένα συγκεκριμένο ιδεολογικό βάρος. Μέσα σε αυτό το θεωρητικό πλαίσιο ο Ξεφλούδας δικαιώνει τις υφολογικές υπερβολές ως «διαμαρτυρία ενάντια στο ρεαλισμό και το νατουραλισμό»[14]. Τοποθετώντας τον αισθητισμό στον αντίποδα του ρεαλισμού και του νατουραλισμού, ο μελετητής διευρύνει το μέτωπο ενάντια στο οποίο αντέδρασε ο αισθητισμός, για να μορφώσει την ταυτότητά του ως νέου κινήματος.

Μπορεί κανείς να παρατηρήσει ότι οι πνευματικές ζυμώσεις στην Ελλάδα ακολουθούν πορεία ανάλογη με την ευρωπαϊκή εξέλιξη των ρευμάτων, έστω και με δεδομένη μικρή χρονική καθυστέρηση. Από το ρομαντισμό της δύναμης ως την «καθαρευουσιάνικη ασημαντολογία, τη ρηχή αισθηματολογία και την πεισιθάνατη απαισιοδοξία της παλιάς σχολής της Αθήνας»[15] γίνεται το πέρασμα σε μια «νέα [Αθηναϊκή] σχολή»[16], που ξεκίνησε από την επτανησιακή παράδοση, το δημοτικιστικό κίνημα του Ψυχάρη και τη στροφή στο δημοτικό τραγούδι, «έχοντας να παλέψει για τη γλώσσα, για περισσότερη ειλικρίνεια, για

---

12. (επιμ.) Στ. Ξεφλούδας, Νιρβάνας, Χρηστομάνος, Ροδοκανάκης και άλλοι [Βασική Βιβλιοθήκη, 30], Αθήνα, Ζαχαρόπουλος, 1957, 8.
13. Ό. π., 29.
14. Στ. Ξεφλούδας, ό. π.
15. Ι. Μ. Παναγιωτόπουλος, «Νεοελληνική πεζογραφία και θρησκευτικό συναίσθημα», Τα πρόσωπα και τα κείμενα, Αθήνα, Οι εκδόσεις των Φίλων, 1977, 172. Οι λέξεις στα εισαγωγικά ανήκουν στον Κλέωνα Παράσχο.
16. Ό. π.

μιαν αρτιότερη έκφραση»[17]. Ύστερα από την ύφεση του αισθήματος με τον παρνασισμό και μετά την ανάδειξη του βουκολικού προτύπου από τη λαογραφία, η ηθογραφία χαρτογράφησε με την εμφάνισή της μια άγνωστη εθνική περιοχή, την ελληνική ύπαιθρο της μικρόνοιας και της κακεντρέχειας.

Το 1899 ο Εμμανουήλ Ροΐδης καταγγέλλει την πληθώρα των ηθογραφικών διηγημάτων και πεζογραφημάτων με την «ειδυλλιακήν μονοχρωμίαν»[18]. Την αμφισβήτηση του ηθογραφικού διηγήματος είχε προωθήσει και σχετικό άρθρο του Μποέμ [=Δ. Χατζόπουλου] στην εφ. Σκριπ (31.12.1896):

> Η εφημεριδογραφία βεβαίως ηδύνατο να ενθαρρύνει το ελληνικόν διήγημα, δηλαδή το γραμμένον εις ελληνικήν γλώσσαν, ανεξαρτήτως παρακαλούμεν αν τούτο θα ονομασθεί υπό των στενοκεφάλων εθνικόν ή όχι, εάν είχε προθυμότερον τον κάλαθόν της προς τα άφθονα διηγήματα και προσιτότερον το ταμείον της προς τα εκλεκτά και τα ολίγα[19].

Η αμφισβήτηση του «εθνικού» πεζογραφήματος (αυτού που δομείται με εθνική θεματική) και η επιμονή στα «εκλεκτά» και στα «ολίγα» είναι σαφής ένδειξη για τη στροφή σε μια λογοτεχνία η οποία αναπτύσσεται στον αντίποδα της ηθογραφίας. Ο ίδιος, άλλωστε, στο περιοδικό Διόνυσος αποκαλεί την ηθογραφία «ευκολώτερον και ταπεινότερον φιλολογικόν είδος»[20]. Αυτές οι εμφατικές δηλώσεις θα οδηγήσουν τον Κ. Παλαμά να πει στα 1902: «Όσο για τον Μποέμ, από τότε που καβαλίκεψε αλά Νίτσε τη Μοίρα του, καταφρονεί ως ταπεινά βέβαια και ως πρόστυχα, κάθε τι που θα του θυμίζει και τη λέξη ακόμα ηθογραφία, πολύ δε περισσότερο τη χοντροκοπιά της Ρούμελης»[21].

Το σημαντικό μέσα σε όλα αυτά είναι πως έχει πια αρχίσει στην πεζογραφία, τουλάχιστον, μια αναθεώρηση προς την κατεύθυνση

---

17. Ό. π.
18. Εμμ. Ροΐδης, «Σκηναί της ερήμου του κ. Μεταξά Βοσπορίτου», Άπαντα (επιμ. Ά. Αγγέλου), τ. 5, Αθήνα, Ερμής, 1978, 288.
19. Μποέμ [=Δ. Χατζόπουλος], «Η φιλολογία μας κατά το 1896», στης Φ. Κεραμάρη, Ο Ζαχαρίας Παπαντωνίου ως πεζογράφος, αδημοσίευτη διδακτορική διατριβή, Θεσσαλονίκη, Α. Π. Θ., 1996, 8.
20. Μποέμ, «Παλιές αγάπες "παρά του κ. Ανδρέα Καρκαβίτσα"» Διόνυσος 1 (1901) 72-73.
21. Κ. Παλαμάς, «Η φιλολογία μας», Άπαντα, τ. 6, Αθήνα, Μπίρης, χ. χ. έ., 139.

της αποκάλυψης νέων όψεων στο πολύπτυχο της ελληνικής λογοτεχνικής παραγωγής. Και ενώ ένας ρεαλιστικός κλάδος της πεζογραφίας διεργάζεται τη μετεξέλιξή του σε κοινωνικό μυθιστόρημα μεταφέροντας την τοπιογραφία από το χωριό στην πόλη, μια άλλη αντίδραση στην ηθογραφία πήρε πιο ουσιαστική μορφή αναστρέφοντας τα συγκινησιακά της σημαινόμενα από έξω προς τα μέσα. Το πνεύμα που διέπει την τελευταία έχει στραφεί από το αντικείμενο στο υποκείμενο και από τα προσιτά και συνηθισμένα στα «εκλεκτά και ολίγα», κατά τη φράση του Δ. Χατζόπουλου.

Εδώ υπεισέρχεται ο αισθητισμός, που η ευαισθησία και η λεπτότητά του τον φέρνουν σε αντίθεση με τη ρεαλιστική συμμετρία και τη νατουραλιστική ένταση της ηθογραφίας και ο οποίος διεκδικεί έναν ξεχωριστό χαρακτήρα μέσα από γνωρίσματα δικά του, όπως η αφοσίωση στο σπάνιο και το εκλεκτό και η ανασημασιοδότηση του «εθνικού». Οδηγεί έτσι σε μια στιβαρή παρουσία, που έκανε αίσθηση, παρά το γεγονός ότι αναπτύχθηκε στο περιθώριο του «κύριου ρεύματος» της λογοτεχνικής δράσης της εποχής της. Μια νέα πρόταση ήθους και ύφους αναπτύσσεται μέσα από ασυνήθιστα έργα πεζογράφων.

Πρωταρχικό, λοιπόν, αίτιο εμφάνισης του αισθητισμού στην Ελλάδα φαίνεται να υπήρξε η διαπάλη με την κατεστημένη ηθογραφία. Ο αισθητισμός δεν ανήκει στα ρεύματα των πράξεων αλλά στα ρεύματα των ιδεών και των διαθέσεων, και σε αυτό το χώρο θα σημειώσει μια απόκεντρη διαδρομή, τη στιγμή που μνημειώδη έργα όπως *Ο Ζητιάνος* του Καρκαβίτσα (1896) ή αργότερα *Η Φόνισσα* (1903) του Παπαδιαμάντη συνεχίζουν να κερδίζουν τις εντυπώσεις. Η ολοκληρωμένη παρουσίαση του εργογραφικού χάρτη της εποχής δείχνει ότι ο αισθητισμός αναπτύσσεται παράλληλα με το κυρίως ρεύμα της ηθογραφίας. Ο Γιάννης Δάλλας μιλάει για την αντιπαλότητα δύο ρευμάτων: του συμβολισμού (και αισθητισμού) και του ρεαλισμού (και νατουραλισμού). Προσδιορίζει, μάλιστα, πιο συγκεκριμένα αυτή τη γενιά με βάση την ιδιότητα της «μεταβατικότητας»:

> Είναι μια μετάβαση ιστορικοκοινωνική: από την Ελλάδα και την ιστορία του 19ου προς την Ελλάδα και την κοινωνία του 20ού αιώνα. Αλλά πιο αξιοσπούδαστη είναι, εσωτερικότερα, μία δεύτερη –η ψυχολογική και ιδεολογική– μετάβαση, που αποτυπώνεται και πεζογραφικά[22].

---

22. Γ. Δάλλας, «Η ανταπόκριση προς την ιστορική και την κοινωνική κινητικότητα», στον τόμο *Η παλαιότερη πεζογραφία μας*, τ. 9, Αθήνα, Σοκόλης, 1997, 13.

Σύμφωνα με τη «δομική ανάλυση» που επιχειρεί ο Δάλλας «με τη βοήθεια του Μπαχτίν» πρόκειται για το άνοιγμα από «την πεζογραφία του κλειστού συστήματος αφήγησης»[23] σε μια αφηγηματική περιπέτεια που δοκιμάζει όλα τα ενδεχόμενα[24]. Η ανάλυση, βέβαια, που κάνει ο Δάλλας δεν εξαιρεί το συμβολισμό από τις παρατηρήσεις του και επομένως δεν αναφέρεται αποκλειστικά στον αισθητισμό· είναι όμως χρήσιμη, γιατί μιλά για την αφηγηματική στροφή της περιόδου ως παράμετρο ιστορικής και κοινωνικής αλλαγής. Πιο συγκεκριμένα αναφέρεται σε μια

> γενιά που αντανακλά ελεύθερα και τους ιστορικοκοινωνικούς μετασχηματισμούς της βάσης, όπως τους εκφράζει η ζύμωση που προηγήθηκε και προετοίμασε το κίνημα του 1909. Ζύμωση σε όλα τα πεδία: των αγώνων για την εθνική αποκατάσταση που ολοκληρώνεται με τους βαλκανικούς πολέμους, για την κοινωνικοπολιτική και θεσμική αναδιάταξη που ακολούθησε την επικράτηση επιτέλους και της αστικής τάξης στη

---

23. Ό. π., 19.
24. Ό. π.:

> Με το περιπετειώδες μυθιστόρημα (όρος που καλύπτει και τους δύο τύπους, του «ιστορικού» και του λεγόμενου «απόκρυφου») παρατηρείται η φυγή του αφηγητή σε άλλους χρόνους και περιοχές, η ροπή προς την ηρωοποίηση και η κλίση προς τη μυθοποίηση ή το μυστηριώδες. Με άλλα λόγια, τα γνωρίσματα και η ρομαντική υποκατάσταση του έπους. Περιορισμένος και κλειστός είναι και ο τύπος της αφήγησης στη δεύτερη περίπτωση, του ηθογραφικού πεζογραφήματος. Ένας κύκλος θρύλων, παραδόσεων, εθίμων που επαναλαμβάνονται απαράλλαχτα, μη επιδεχόμενα και αυτά άλλη ανάπτυξη. Είναι η γραφική αναδιήγηση από μια Τελετουργία που εκφυλίστηκε. Δύο κλειστά λοιπόν συστήματα αφήγησης του ηρωικού ή περιπετειώδους στη διαχρονία του και του τελετουργικού ή εθιμικού ή του τελεστικού της καθημερινότητας και του ενιαύσιου κύκλου της ζωής. Η πεζογραφία του αρχόμενου αιώνα βγαίνει έξω από τα κλειστά αυτά συστήματα. Ούτε ηρωισμούς και περιπέτειες, ούτε εθιμικές τελετουργίες έχει. Αλλά χωρίς έμφαση εγκαινιάζει μια αφήγηση ανοιχτή σε διαθεσιμότητα και σε δυνατότητα εξέλιξης του θέματος και ανάπτυξης των ιδεών και της γραφής. Δεν προκατατίθεται εδώ κανένα νόημα ούτε και επισφραγίζεται με νόημα ένας «μύθος». Η κοινή πραγματικότητα ανοίγει στην αφήγηση και είναι πρόσφορη σε όλα τα ενδεχόμενα. Και η αφήγηση την περιγράφει απροκατάληπτα, με μια γλώσσα που προσφέρεται από τα πράγματα. Δεν τα παρακολουθεί συντελεσμένα, αλλά τα αποδίδει στη ροή τους εν τω γίγνεσθαι.

χώρα μας και μαζί για την παράλληλη ανάπτυξη του πνεύματος και των γραμμάτων, ύστερα από μια σειρά μεταρρυθμίσεων στο εποικοδόμημα: μεταξύ αυτών και η μεταρρύθμιση του 1917, που πλαισιώθηκε από τους πρωτεργάτες του «Εκπαιδευτικού Ομίλου» (1910-1920)· μια ανάπτυξη που σπάζοντας την αυτοαπομόνωση της προηγούμενης γενιάς, με τη γενναία επανασύνδεση και πάλι προς την ευρωπαϊκή λογοτεχνία άρχισε να επιδρά και να πλουτίζει την κλειστή ελληνική παράδοση της πρόζας[25].

Αυτή η συσχέτιση με το ιστορικό και το κοινωνικό γίγνεσθαι είναι σημαντική, αφού, όσον αφορά την αρχή της αισθητιστικής προβληματικής, καταλυτικά έδρασαν οι οικονομικές και πολιτικές συνθήκες που επικρατούσαν. Βασικός παράγοντας που συνέτεινε στην καλλιέργεια της νέας προβληματικής ήταν η οικονομική κατάρρευση της χώρας στα 1892-1893. Η κρίση του Χρηματιστηρίου Αθηνών το Δεκέμβριο του 1892 και η επακόλουθη εκμηδένιση της αξίας των ελληνικών χρεωγράφων οφειλόταν στη σύγκρουση κεφαλαιοκρατικών συμφερόντων που απηχούσαν τη διαπλεκόμενη δραστηριότητα αγγλικών και γαλλικών συγκροτημάτων. Αλλά και η συμφωνία δανείου, που υπογράφτηκε με ξένους κύκλους, ήταν εξίσου ταπεινωτική, γιατί υπήρχε πάντα η επίγνωση ότι συνάφθηκε, παρά το γεγονός ότι η κρίση μπορούσε να είχε αποσοβηθεί στο εσωτερικό της χώρας. Η επακόλουθη φορολογία που επιβλήθηκε ήταν τόσο βαριά, ώστε, όπως παρατηρεί ο Τάσος Βουρνάς, «η Ελλάδα φερόταν πλέον στο βάραθρο, ο λαός γόγγυζε και ο ευρωπαϊκός τύπος περίλουε με ύβρεις τη χώρα»[26]. Από τον ίδιο πληροφορούμαστε ότι η λέξη Σκριπ[27] (προσωρινές αποδείξεις τίτλων του νέου δανείου) πολιτογραφήθηκε στη νεοελληνική γλώσσα ως συνώνυμη του σκανδάλου και της απάτης και χρησιμοποιήθηκε λόγω της δημοτικότητάς της ως τίτλος εφημερίδας.

Την οικονομική παράμετρο την είδαμε και ως αίτιο του ευρωπαϊκού αισθητισμού, όπου ειδική έμφαση δόθηκε στην αντίθεση προς

---
25. Ό.π., 13.
26. Τ. Βουρνάς, *Ιστορία της Νεώτερης Ελλάδας. Από την Επανάσταση του 1821 ως το κίνημα του Γουδί (1909)*, Αθήνα, Τολίδης, 1974, 536.
27. Έγραψαν σε αυτήν κατεξοχήν ο Μποέμ [=Δ. Χατζόπουλος] και ο Ζαχαρίας Παπαντωνίου.

την τάξη των φιλισταίων, των οικονομικά ισχυρών αλλά πεζών αστών. Κάτι παρόμοιο ακούμε στην Ελλάδα από τον Πέτρο Βασιλικό [=Κ. Χατζόπουλο] στο άρθρο του «Σοσιαλισμός και Τέχνη», που δημοσιεύτηκε στον *Νουμά* το 1909. Εκεί ο κριτικός χρησιμοποιεί το χαρακτηρισμό «αισθητιστές», για να παρουσιάσει τους υποστηρικτές της άποψης πως η τέχνη δεν είναι για τους πολλούς, αλλά για τους λίγους εκλεκτούς: «Μα η τέχνη δεν είναι για τους πολλούς θα μου πουν οι αισθητιστές. Είναι για τους λίγους τους εκλεχτούς»[28]. Και συμπληρώνει πως «η αισθητική των αγαθών αστών, τ' ανίδεο των αγοραίων και των χυδαίων αγαναχτούν την πένα και τα χείλη των εκλεχτών του πνεύματος στην εποχή μας»[29]. Είναι σαφές ότι οι κρίσεις του αρθρογράφου πλήττουν την κατεστημένη αστική τάξη, επειδή ο υλικός πλούτος αμβλύνει την ευαισθησία και την πνευματικότητά της. Αυτή η αναφορά δίνει μια εικόνα του αισθητισμού που συμβαδίζει με τα ευρωπαϊκά πρότυπα, όμως η παρουσία της σε μια ευρύτερη μελέτη –όπως αυτή του Χατζόπουλου– σημαίνει ότι παρόμοια συμπτώματα ενδημούσαν τότε και στον ελληνικό χώρο, έστω και αν αναγνωρίστηκαν αρκετά αργά, δηλαδή το 1909.

Εκτός από την οικονομική διάσταση που συνέβαλε στην εμφάνιση του αισθητισμού, βασικός ρόλος μπορεί να αναζητηθεί και σε συγκεκριμένα πολιτικά γεγονότα. Η ήττα της Ελλάδας στον ελληνοτουρκικό πόλεμο του 1897 είναι γνωστό ότι εμπέδωσε ένα αίσθημα αποτυχίας που μεταφράζονταν ως φθορά γοήτρου και αδυναμία πραγμάτωσης προσδοκιών, παράλληλα με μια αμφισβήτηση της αυλής και κατεστημένων πολιτικών θεσμών.

Το συμπέρασμα που ανακύπτει, λοιπόν, είναι ότι ο νεοελληνικός αισθητισμός δεν γεννήθηκε από ένα στείρο ή όχι μιμητισμό απέναντι σε ένα διεθνές κίνημα. Οι εκφραστικές φόρμες που χρησιμοποίησε ήταν, βέβαια, γνωστές από τους Ευρωπαίους συγγραφείς και εύκολα υιοθετήθηκαν από τους Νεοέλληνες συντεχνίτες τους. Η ανάγκη, όμως, που γέννησε την επιθυμία για μια αλλιώτικη έκφραση μπορεί να ανιχνευθεί στις οικονομικές, πολιτικές και ιδεολογικές συνθήκες της εποχής.

Μια κοινωνία, που την βάραιναν ενοχές στη δομή οργάνωσης, καθώς συγκλονιζόταν από την κρίση του οικονομικού και πολιτικού αδιεξόδου, ήταν φυσικό να προκαλεί τη μεταστροφή της προσδοκίας

---

28. Π. Βασιλικός [=Κ. Χατζόπουλος], «Σοσιαλισμός και τέχνη», *Ο Νουμάς* 7, 341 (1909) 3.
29. Ό. π.

των πνευματικών ανθρώπων προς έναν κόσμο που θα δημιουργούσαν οι ίδιοι μέσα στο μυαλό τους και μέσα στην τέχνη τους. Εδώ η λογοτεχνική πνοή ως ρυθμιστική εξουσία θα μπορούσε να επενδύσει ισχύ αναγέννησης. Κοσμοπολιτισμός με άποψη είναι η συμβολή του νέου ύφους, το οποίο ανοίγει την προσδοκία στην οικουμενικότητα της σκέψης. Αυτό, φυσικά, δεν επιτεύχθηκε μόνο μέσω του αισθητισμού. Μεγάλες συνθετικές προσπάθειες της πρώτης δεκαετίας του 20ού αι., όπως ο *Δωδεκάλογος του Γύφτου* και η *Φλογέρα του Βασιλιά* ή ο *Αλαφροΐσκιωτος* –του οποίου ανιχνεύουμε εκλεκτική συγγένεια με τον αισθητισμό– δείχνουν μια παράλληλη αντίδραση και σε άλλες περιοχές της νεοελληνικής γραμματείας. Πάντως χάρη στον ανατρεπτικό προσανατολισμό του αισθητισμού η αποτυχία του εθνικού προτύπου μετά την αποτυχία του 1897 μεταλλάσσεται σε πολιτισμική αυτοβεβαίωση, με έμφαση στον αναπροσδιορισμό της εθνικής ταυτότητας. Αυτή η μεταλλαγμένη μορφή, που λειτουργεί ως διαφορετικό εθνικό πρότυπο, έρχεται μέσα από την ανατροπή της υπάρχουσας λογοτεχνικής φόρμας.

Δίκαια ο Δάλλας υποστηρίζει πως «η γενιά του '80 (1880), ως γενιά του εθνοκεντρισμού και της αυτογνωσίας μας και η γενιά του '30 (1930), ως γενιά του εκσυγχρονισμού και του ευρωπαϊκού προσανατολισμού μας»[30] χωρίζονται από μία τουλάχιστον εξίσου αυτοδύναμη γενιά πεζογράφων που εμφανίζεται στο γύρισμα προς τον 20ό αι. και προσδιορίζεται από την έννοια του ομαλού μετασχηματισμού, αφού πετυχαίνει να νεοτερίσει προχωρώντας και μεταλλάσσοντας την παράδοση[31].

Μέσα στην ιδιομορφία των πεζογραφημάτων του αισθητισμού η άρρηκτη σύζευξη ύφους και θεμάτων είναι γεγονός. Τα θέματα είναι ασυνήθιστα και αξιοποιούν αφανείς πτυχές της φαντασίας· άλλοτε θα λέγαμε ότι αποσπώνται από το απαγορευμένο, για να καταξιώσουν έναν προχωρημένο αισθησιασμό. Τις περισσότερες φορές είναι καταγραφή της αισθητηριακής εμπειρίας, γεγονός που αναδεικνύει ως κύρια θεματική του αισθητισμού την αποτύπωση των αισθήσεων που συγκλονίζουν τους ήρωές του, πολλές φορές σε επίπεδα νεύρωσης. Αυτό σημαίνει ότι δεν υπάρχει υπόθεση αλλά κινητικότητα αισθήσεων. Όλα όσα συμβαίνουν εδώ παίρνουν απλώς ερεθίσματα από τον υπαρκτό χώρο, αφού η ουσιαστική δράση εκτυλίσσεται μέσα στο μυαλό αυτών

---

30. Γ. Δάλλας, ό. π., 11.
31. Ό. π.

που συμμετέχουν. Οι κινήσεις είναι πολύ περιορισμένες στον πραγματικό κόσμο και πολύ έντονες στο χώρο των αισθήσεων. Οι σχέσεις των ηρώων δεν διαπλέκονται στο επίπεδο της δράσης αλλά στο επίπεδο της αίσθησης.

Όλο αυτό το σχήμα της αισθησιακής περιπλάνησης πρέπει να αρθρωθεί σε μορφή δεκτική του θέματος. Προκύπτει έτσι το ζήτημα του ύφους που υιοθέτησε κατά την ανάπτυξη των θεμάτων του ο αισθητισμός. Αναγκαιότητα αυτής της πεζογραφίας, που έφερε στην επιφάνεια την αισθητηριακή δομή του ατόμου, είναι η προσωπική αφήγηση, η διήγηση που ανασυνθέτει το βίωμα της εμπειρίας. Η παρακολούθηση των μεταπτώσεων που συμβαίνουν εσωτερικά από το νευρικό σύστημα μέχρι τις νευρώσεις του εγκεφάλου απαιτεί εσωτερική καταγραφή. Η εσωτερική καταγραφή με τη σειρά της έχει ανάγκη από ελαστικές φόρμες που διευκολύνουν την ποιητική εκφορά μέσα από περισσότερο ή λιγότερο λυρικούς τόνους. Τα έργα του αισθητισμού, που εξετάζουμε, είναι πεζογραφήματα αλλά η λυρική τους ιδιαιτερότητα παραπέμπει στην ποίηση. Μέσα στο πεζογραφικό είδος, δηλαδή, συναντούμε διαφοροποιήσεις ενδεικτικές της ανήσυχης ιδιοσυστασίας του αισθητισμού. Ο λυρισμός είναι η κυρίαρχη υφολογική ποιότητα που ξεχωρίζει αυτά τα έργα, όπου ακόμη και σκηνές πλούσιες σε οπτική απόδοση συμπυκνώνουν μια εκλεπτυσμένη ποιητικότητα.

Το συμπέρασμα, που προκύπτει από τα παραπάνω, είναι ότι η συνάντηση ύφους και θεμάτων οριοθετεί ένα συγκεκριμένο ειδολογικό χώρο, όπου ανήκουν τα περισσότερα έργα του πεζογραφικού αισθητισμού: το χώρο του πεζού ποιήματος και του ημερολογίου. Το είδος αποτελεί στοιχείο ταυτότητας για τα έργα του αισθητισμού, καθώς βρίσκεται σε συστοιχία με τις απαιτήσεις δομής που υπαγόρευσε η καινούρια συνειδητοποίηση της ανθρώπινης υπόστασης. Η ευελιξία, με την οποία συνυπάρχουν στο πεζό ποίημα η ποίηση και η πεζογραφία, εξασφαλίζει ελευθερία κατά την ανάπτυξη των θεμάτων της εσωτερικής ζωής. Κατά δεύτερο λόγο, ο χαρακτήρας του αισθητισμού, που δεν συνίσταται στην αφήγηση προσωπικών στιγμών αλλά στη λυρική τους καταξίωση, αναδεικνύεται καλύτερα μέσα από τη γραφή του ημερολογίου, η οποία αξιοποιεί τη δυνατότητα ένωσης του ποιητικού (λυρικού) με τον πεζό λόγο. Όταν, λοιπόν, μιλούμε για τη συνύπαρξη πρόζας και ποιητικού λόγου εννοούμε την επιλογή της ενδιάμεσης, υβριδικής, νόθης ή νεοτερικής μορφής του πεζού ποιήματος ή του, πιο εκτεταμένου, ποιητικού αφηγήματος.

Η αμοιβαία ώσμωση πεζογραφίας και ποίησης προσδιορίζει ειδολογικά τα έργα του αισθητισμού, καθώς στην πλειονότητά τους εκφράστηκαν μέσα από μια μορφή ποίησης που διευρύνεται στην πεζογραφία ή μια μορφή πεζογραφίας που επεκτείνεται ως την ποίηση. Καταρχήν θα ασχοληθούμε με το ποίημα που γράφεται σε πεζό (για το οποίο χρησιμοποιήθηκε και ο όρος «πεζοτράγουδο») και με το σύντομο ποιητικό πεζό (για το οποίο χρησιμοποιήθηκε ο όρος «λυρική πρόζα»). Έπειτα θα μιλήσουμε για το εκτεταμένο ποιητικό πεζό, που πήρε τη μορφή ημερολογίου ή ποιητικής βιογραφίας.

Πεζοτράγουδο και λυρική πρόζα θα μπορούσαν να θεωρηθούν εναλλακτικοί όροι που χαρακτηρίζουν ένα λυρικό αφήγημα περιορισμένης έκτασης ή ένα μικρό διήγημα εκφρασμένο με ποιητικούς τρόπους. Στη μορφή αυτή συχνά αναφερόμαστε με τον ακριβέστερο, ίσως, όρο «πεζό ποίημα». Το πεζοτράγουδο υπήρξε είδος που κατεξοχήν χρησιμοποίησαν οι Έλληνες αισθητιστές, οι οποίοι λόγω της γλωσσομάθειας, της ευρωπαϊκής παιδείας τους και πνευματικών έλξεων ήταν ενημερωμένοι για τις εξελίξεις στην Ευρώπη. Πρώτος ο Ν. Επισκοπόπουλος μετέφρασε πεζοτράγουδα του Ch. Baudelaire το 1893-1894. Όλοι, όμως, οι αισθητιστές της Ελλάδας γνώριζαν την παραγωγή του Baudelaire και βασίστηκαν στον τρόπο με τον οποίο τεχνουργούσε τα πεζά ποιήματά του[32].

Ο ίδιος ο Επισκοπόπουλος έδωσε στα γραπτά του τη μορφή του πεζού ποιήματος. Η αισθητιστική δημιουργία του απαρτίζεται από μικρά διηγήματα με τη ροή ποιήματος, ενώ ακόμη και το *Άσμα Ασμάτων*, που έχει τη μορφή νουβέλας, δεν είναι παρά συνάρθρωση από πεζά ποιήματα ή μεγάλο «πεζοτράγουδο» που αρθρώνεται σπονδυλωτά σε πολλές μικρές ενότητες. Με δεδομένη τη λυρική ποιότητα του ερωτισμού τους θα μπορούσαμε να θεωρήσουμε το *Όφις και κρίνο* του Ν. Καζαντζάκη

---

32. Ενδιαφέρον παρουσιάζει η εκδοχή της Κατσιγιάννη (Ά. Κατσιγιάννη, *Το πεζό ποίημα στη νεοελληνική γραμματεία. Γενεαλογία, διαμόρφωση και εξέλιξη του είδους (από τις αρχές ως το 1930)*, αδημοσίευτη διδακτορική διατριβή, Θεσσαλονίκη, Α. Π. Θ., 2001, 180) η οποία, εκτός του Baudelaire, ανιχνεύει πρότυπα και στα πεζά ποιήματα του Nietzsche (πρβ. Nietzsche, *Poèmes 1858-1888*, Gallimard, Paris, 1997), όπου ο βιβλικός πεζός στίχος γίνεται φορέας φιλοσοφικού στοχασμού:

    Ο Nietzsche διαμορφώνει στο τέλος του 19ου αι. όχι μόνο το ιδεολογικό αλλά και το μορφικό πρότυπο ενός σημαντικού μέρους των Ελλήνων και Ευρωπαίων συμβολιστών. Ο Ζαρατούστρας, γραμμένος σε versets, σε ένα είδος δηλαδή πεζού εδαφίου, παραγραφικού ή περιοδολογικού λόγου, γίνεται μείζον μορφικό πρότυπο της ευρωπαϊκής ποιητικής πρόζας.

και *Το βυσσινί τριαντάφυλλο* του Πλ. Ροδοκανάκη εκτεταμένα «πεζοτράγουδα» ή συρραφή πολλών επιμέρους πεζών ποιημάτων, όπως το *Άσμα Ασμάτων* του Ν. Επισκοπόπουλου. Επειδή, όμως, είναι γραμμένα με τη μορφή ημερολογίου θα συζητηθούν και παρακάτω, στο πλαίσιο εξέτασης του ημερολογιακού μυθιστορήματος.

Ένα μεγάλο «πεζοτράγουδο», που ο ίδιος ο δημιουργός του το χαρακτήρισε «πεζό τραγούδι», είναι *Ο Θρίαμβος* του Πλ. Ροδοκανάκη. Στη συλλογή του με τίτλο *De Profundis* τα πεζά ποιήματα έχουν την πιο τυπική μορφή τους και εκτείνονται περίπου σε μια παράγραφο το καθένα. Σε σχέση με την έκταση επισημαίνουμε ότι στο *Θρίαμβο* το ενιαίο κείμενο έντεκα σελίδων γίνεται φορέας μιας ενιαίας κοσμοθεωρητικής ιδέας, ενώ στο *De Profundis* παρακολουθούμε ένα πανόραμα κοσμοπολιτισμού, το οποίο συντίθεται από επιμέρους ιδέες της κοσμοαντίληψης του συγγραφέα.

Η «Ταϋγέτα» του Σπήλιου Πασαγιάννη είναι ένα μεγάλο «πεζοτράγουδο» με προδιαγραφές σαν του *Θριάμβου*, ενώ μικρότερο σε έκταση είναι το «Μέτωπα». Τα υπόλοιπα πεζά ποιήματά του, με ενισχυμένη άλλοτε την ποιητική και άλλοτε την πεζογραφική φωνή, έχουν την αναμενόμενη έκταση.

Μιλώντας για μεγάλα σε έκταση «πεζοτράγουδα» επιβάλλεται να αναφέρουμε το «Πώς μεταμορφώθηκε ο Σάτυρος» του Κ. Παλαμά, που θυμίζει την «Ταϋγέτα» και το *Θρίαμβο*. Όσον αφορά τα υπόλοιπα πεζά κείμενά του, ο Κ. Παλαμάς έχει μια αρκετά σημαντική σε αριθμό παρουσία πεζών ποιημάτων, που θα μπορούσαμε να τα χαρακτηρίσουμε και ως «ποιητικά διηγήματα», επειδή η αφηγηματική διάσταση είναι σαφώς εντονότερη από τη λυρική.

Από την παραγωγή του Κ.Π. Καβάφη έχουν σωθεί τρία πεζά ποιήματα σε αμιγή μορφή: το «Σύνταγμα της Ηδονής», τα «Πλοία» και τα «Ενδύματα», τα οποία θα μελετηθούν στο δεύτερο μέρος του βιβλίου.

Ο Π. Γιαννόπουλος έχει ισχνή παραγωγή στο είδος του πεζού ποιήματος, είναι όμως δυνατό να εντοπίσει κανείς αυθεντικά «πεζοτράγουδα» μέσα στην πεζογραφία του, η οποία είναι στην ουσία αρθρογραφική.

Τα πεζά ποιήματα του Ν. Καζαντζάκη απαντούν μεμονωμένα στις σκόρπιες δημοσιεύσεις του αλλά και ως τμήματα των μεγαλύτερων έργων του, *Όφις και κρίνο* και *Σπασμένες Ψυχές*. Βρισκόμαστε ήδη στη δεύτερη μεγάλη κατηγορία αισθητιστικών κειμένων, στις εκτενέστερες δημιουργίες που ξεφεύγουν λόγω έκτασης από την κατηγορία του πεζού ποιήματος και προσφέρονται για ειδολογική διερεύνηση, αν και εντάσσονται κυρίως στην κατηγορία του ημερολογίου.

Τα ημερολόγια επιλέγονται από τους αισθητιστές ως υποδοχείς ιδιόμορφης ευαισθησίας που επιδέχεται το λυρισμό στο πλαίσιο της πεζολογικής αφήγησης. Ανατρέχοντας στη δυτική ιστορία του ημερολογιακού είδους, βλέπουμε ότι η ημερολογιακή μυθοπλασία αρχίζει ουσιαστικά το 18ο αι., έχει όμως ενισχυθεί από την προγενέστερη ύπαρξη του πραγματικού ατομικού και, μάλιστα, του ταξιδιωτικού ημερολογίου. «Αργότερα, το 19ο αι. το ενδόμυχο στοιχείο διαποτίζει πλέον την πλειονότητα των κοσμικών ημερολογίων, όπως διαπιστώνεται και από την επικράτηση του γαλλικού όρου journal intime»[33]. Ενδιαφέρουσα είναι η άποψη της Martens που βλέπει ως «δομικό πρόγονο» του πλασματικού ημερολογίου το επιστολικό μυθιστόρημα[34] αλλά οι αφηγηματικές τεχνικές δεν αποτελούν αντικείμενο της παρούσας έρευνας.

Οι Νεοέλληνες αισθητιστές έδειξαν ιδιαίτερη προσοχή στο είδος του ημερολογίου και αυτό φαίνεται από το ότι το επέλεξαν ως αντιπροσωπευτική μορφή πολλών έργων τους. Αν στο *Φλογισμένο ράσο* ο ημερολογιακός χαρακτήρας υπονοείται, υπάρχει ωστόσο μια μεγάλη κατηγορία πεζογραφικών κειμένων του αισθητισμού που είναι γραμμένα και τυπικά σε ημερολογιακή μορφή. *Το βυσσινί τριαντάφυλλο* του Πλ. Ροδοκανάκη, το *Βιβλίο της αυτοκράτειρας Ελισάβετ* του Κ. Χρηστομάνου, το *Όφις και κρίνο* του Ν. Καζαντζάκη είναι ή παρουσιάζονται ως ημερολόγια των αφηγητών τους. Πιο συγκεκριμένα, το *Όφις και κρίνο* του Καζαντζάκη, όπως και *Το βυσσινί τριαντάφυλλο* του Ροδοκανάκη θα μπορούσαμε να τα ονομάσουμε, ευρύτερα, «ποιητικά αφηγήματα», καθώς η έκτασή τους δεν δικαιολογεί τον όρο «ποιητικά μυθιστορήματα». Η μορφή συνοπτικού μυθιστορήματος που έχουν θα δικαιολογούσε επίσης το χαρακτηρισμό «νουβέλες», όρος που και πάλι δεν ευσταθεί απόλυτα, αν λάβουμε υπόψη ότι τα επιμέρους τμήματα είναι αυτούσια πεζά ποιήματα. Οι παραπάνω αντιφάσεις ή επιφυλάξεις μπορούν ίσως να αποτραπούν, αν υιοθετηθεί ο χαρακτηρισμός «ημερολόγια εσωτερικής ζωής».

---

33. Α. Σαμουήλ, «Η ιστορία του ημερολογιακού μυθιστορήματος», *Ο βυθός του καθρέφτη. Ο André Gide και η ημερολογιακή μυθοπλασία στην Ελλάδα*, Ηράκλειο, Πανεπιστημιακές Εκδόσεις Κρήτης, 1998, 114-115. Για όλες τις πληροφορίες που παραθέτουμε σχετικά με την ιστορία του είδους η Σαμουήλ αντλεί από την L. Martens, *The Diary Novel*, Cambridge, Cambridge University Press, 1985.

34. Ό. π., 116.

Το ερώτημα που προκύπτει είναι αν οι Νεοέλληνες αισθητιστές υιοθέτησαν την ημερολογιακή μυθοπλαστική ή μη αφήγηση, παρακολουθώντας την ευρωπαϊκή πρακτική ή επειδή αυτή εναρμονιζόταν με την ιδιαιτερότητα των θεμάτων τους. Καταρχήν αναγνωρίζουμε ότι η κυριαρχία των journaux intimes στη νεοελληνική πεζογραφία του αισθητισμού συνεχίζει την ευρωπαϊκή παράδοση του είδους, εντάσσεται δηλαδή στο κλίμα των μορφικών επιταγών του 19ου αι. Κατά δεύτερο λόγο επισημαίνουμε ότι η δυτικοευρωπαϊκή παράδοση του πλασματικού ημερολογίου μπόρεσε να παίξει το ρόλο που έπαιξε στον νεοελληνικό αισθητισμό, επειδή προσφερόταν για την έκφραση της ενδοσκόπησης που κυριάρχησε ως θέμα. Έπειτα, αυτή η τεχνοτροπία έγινε προσφιλής στον αισθητισμό, επειδή το εσωτερικό της μπορούσε να επιμερίζεται σε βιογραφία / αυτοβιογραφία ή εξομολογητικό αφήγημα, διατηρώντας παράλληλα το λυρικό χαρακτήρα της. Συνοψίζοντας, θα λέγαμε ότι ο ημερολογιακός χαρακτήρας των έργων του νεοελληνικού αισθητισμού οφείλεται λιγότερο σε εφαρμογή συγκεκριμένων ευρωπαϊκών προτύπων και περισσότερο στην αναζήτησή του για τη μορφή που θα μπορούσε να αποδώσει καλύτερα εσωτερικές καταστάσεις. Φυσικά δεν μπορούμε να αρνηθούμε και μια εκπρόθεσμη έλξη από το προγενέστερο νεοελληνικό ρομαντικό ημερολογιακό αφήγημα.

Ανακεφαλαιώνοντας σχετικά με το νεοελληνικό αισθητισμό, μπορούμε να επισημάνουμε ότι χαρακτηρίστηκε ως κίνημα ωραιολατρείας ή ωραιολογίας με βάση την κεντρική θέση που απέδωσε στο Ωραίο και την προσήλωσή του σε εξωτερικά χαρακτηριστικά, την επεξεργασία της μορφής και την καλλιέργεια του εξεζητημένου ύφους. Ωστόσο, η έμφαση στο Ωραίο λειτούργησε ως όχημα για την αναδιάταξη των αξιών που πρότεινε ο αισθητισμός. Σε αυτό το πλαίσιο επιδίωξε την κατάργηση των διακρίσεων ανάμεσα σε έννοιες που με βάση τον κοινωνικό και φιλοσοφικό κώδικα της εποχής θεωρούνταν αντίθετες. Καθιέρωσε τη συνύπαρξη αυτών των ετερογενών εννοιών μέσα στους ίδιους κειμενικούς χώρους, υιοθετώντας την αποδοχή του έτερου ή αλλότριου στοιχείου και με τον τρόπο αυτό κατέστησε ως βασικό χαρακτηριστικό του κινήματος την αμφισβήτηση της ομοιογένειας και την υποδοχή της ετερογένειας. Το διακείμενο του ευρωπαϊκού αισθητισμού αναγνωρίζεται ως αιτία ανάπτυξης του κινήματος στην Ελλάδα, δεν είναι ωστόσο η μοναδική. Σημαντικές αιτίες πρέπει να αναζητήσουμε επίσης στις οικονομικές, κοινωνικές, πολιτικές και ιδεολογικές συνθήκες της εποχής πριν από τους Βαλκανικούς πολέμους, οι οποίες δημιούργησαν γενικό προβληματισμό πάνω στην ιεράρχηση των κοινωνικών αξιών. Από το σημείο αυτό ίσως αφορμάται και μια κύρια διαφοροποίηση του νεοελληνικού από τον ευρωπαϊκό αισθητισμό. Ενώ δηλαδή στην ευρωπαϊκή εκδοχή του κινήματος επικράτησαν η νοσηρότητα και η εκζήτηση, στη νεοελληνική του εκδοχή ο αισθητισμός απελευθέρωσε αντισταθμιστικά την προσδοκία μιας αναγέννησης.

3. D'Annunzio, Nietzsche, Wagner: το ισχυρό διακείμενο του νεοελληνικού αισθητισμού

Η ενότητα αυτή αφιερώνεται σε τρεις δημιουργούς που αποτέλεσαν βασικό διακείμενο του νεοελληνικού αισθητισμού, τον λογοτέχνη Gabriele D'Annunzio, το φιλόσοφον Friedrich Wilhelm Nietzsche, και τον συνθέτη Richard Wagner[35]. Τους αναφέρουμε ξεχωριστά, επειδή παρά την ετερόκλητη προέλευση του έργου τους και τη διαφορά της κύριας ενασχόλησής τους (λογοτεχνική–φιλοσοφική–μουσική), προσδιόρισαν καταλυτικά τις αναζητήσεις και την ταυτότητα του νεοελληνικού αισθητισμού. Αξίζει να σημειωθεί ότι ο νεοελληνικός αισθητισμός παρά τη γνωριμία του με τη γαλλική και αγγλική εκδοχή του κινήματος, δεν δημιουργεί τις πρωταρχικές εκλεκτικές του συγγένειες μαζί τους αλλά με τους τρεις Ευρωπαίους δημιουργούς που προαναφέρθηκαν. Η σύνδεση των τριών διαφορετικών παραδειγμάτων σε ένα ενιαίο διακείμενο παρακμής, με το οποίο διαλέχθηκε ο νεοελληνικός αισθητισμός συνιστά πρωτοτυπία της νεοελληνικής εκδοχής του κινήματος.

Είναι γεγονός ότι ο αγγλικός και γαλλικός αισθητισμός αναπτύσσονται ανεξάρτητα από τη νιτσεϊκή φιλοσοφία, παρά τη συζήτηση που διεξάγεται από τους ερευνητές για το διάλογο ανάμεσα στη νιτσεϊκή

---

35. Θα μπορούσαμε συμπληρωματικά να αναφέρουμε άλλους δύο, εικαστικούς αυτή τη φορά καλλιτέχνες, που λειτούργησαν ως καταλύτες κατά την περίοδο απελευθέρωσης της δημιουργικής δύναμης του νεοελληνικού αισθητισμού: τον Βέλγο ζωγράφο, μακάβριο ηδονιστή, Felicien Ropps, τον οποίο θα δούμε σε σχέση με τον Κ. Χρηστομάνο και τον Π. Νιρβάνα, και τον «συμβολιστή» Γάλλο ζωγράφο Gustave Moreau, ο οποίος δεν φιλοτέχνησε απλώς αναπαραστάσεις αισθησιακών σκηνών γύρω από μοιραίες γυναίκες, όπως η Σαλώμη και η Πηνελόπη, αλλά έδωσε το ξεχωριστό στίγμα του στο θέμα του Ανδρόγυνου· θα τον δούμε κυρίως σε καζαντζακικά συμφραζόμενα.

θεωρία και τον αισθητισμό. Από την άλλη, η αντιπαράθεση του Nietzsche με τον Baudelaire και με την έννοια της παρακμής, γενικότερα, εμπεδώνει την πεποίθηση ότι η φιλοσοφία του αναπτύχθηκε στον αντίποδα του αισθητισμού. Αυτοί οι δύο αντικείμενοι πόλοι έρχονται να συνυπάρξουν στη διαμόρφωση της ταυτότητας του νεοελληνικού αισθητισμού. Σε αυτό ακριβώς το σημείο έγκειται η καινοτομία του νεοελληνικού αισθητισμού που κατά την ανάπτυξή του αναχωνεύει τις αρχές του αγγλικού και γαλλικού αισθητισμού με τη νιτσεϊκή θεωρία.

Ιδιαίτερο ενδιαφέρον αποκτά το γεγονός ότι η νιτσεϊκή θεωρία διαμεσολαβείται στο νεοελληνικό αισθητισμό από το έργο του Ιταλού αισθητιστή Gabriele D'Annunzio, στο οποίο δομικός παράγοντας υπήρξε η νιτσεϊκή κοσμοθεωρία.

Garbiele D'Annunzio (1863-1938)

Αν ο νεοελληνικός αισθητισμός θεμελίωσε ισχυρές λογοτεχνικές συνάφειες με τον Charles Baudelaire και τον Oscar Wilde, ακόμη πιο ισχυρή υπήρξε η ώσμωση με τον Ιταλό αισθητιστή Gabriele D'Annunzio. Ο πεζογράφος και θεατρικός συγγραφέας δρα μέσα στο κίνημα του αισθητισμού από το 1889, όταν δημοσιεύει το μυθιστόρημα *Il Piacere*, μέχρι το 1910, οπότε δημοσιεύει το μυθιστόρημα *Forse che si forse che no*. Στο μεταξύ δημοσιεύει μυθιστορήματα, όπως το *L'Innocente* (1892), το *Il Triomfo della morte* (1894) και το *Il fuoco* (1900), που αποτελούν, μαζί με τα δύο προηγούμενα, την κυριότερη αισθητιστική παραγωγή του[36].

Θεματικά κινούνται όλα σε ένα χώρο αισθησιακού νιτσεϊσμού. Προεξάρχει η μορφή του άντρα που επιβάλλεται στη γυναίκα ενσαρκώνοντας το υπερανθρωπικό πρότυπο σε μια διαμάχη των φύλων όπου τη λύση δίνει πολλές φορές ο θάνατος. Στο *Il Triomfo della morte*, για παράδειγμα, ένας άντρας και μια γυναίκα βιώνουν στιγμές ερωτικής έκστασης και σύγκρουσης απομονωμένοι σε μια βίλα στα παράλια της Αδριατικής. Όταν οι αντιπαραθέσεις τους καταλήγουν στη στειρότητα του αδιεξόδου, ο άντρας οδηγεί τη γυναίκα σε ένα ψηλό βράχο, όπου την αγκαλιάζει και την συμπαρασύρει μαζί του στο θάνατο. Το *Όφις και κρίνο* του Καζαντζάκη (1906) θυμίζει ακόμη και στις λεπτομέρειές

---

36. Ενδιαφέρον παρουσιάζει η προσέγγιση που ανιχνεύει συμβολισμό σε ποιήματα του D' Annunzio. Βλ. Sh. W. Vinall, «French Symbolism and Italian Poetry 1880-1920», στον τόμο *Symbolism, Decadence and the Fin-de-siècle. French and European Perspectives* (επιμ. P. McGuinness), Exeter, University of Exeter Press, 2000, 247-252.

του αυτό το μυθιστόρημα του D'Annunzio. Ένας άντρας απομονώνει την αγαπημένη του σε έναν απομακρυσμένο πύργο όπου ζει τις διαβαθμίσεις του έρωτά του από την ηδονή ως το θάνατο, ο οποίος αποκτά τη διπλή υπόσταση αυτοκτονίας και δολοφονίας.

Θα μπορούσαμε να πούμε ότι ο D'Annunzio είχε απήχηση στους Νεοέλληνες αισθητιστές, επειδή με τα έργα του κοινώνησε και τη θεματική ουσία του νιτσεϊκού φιλοσοφικού στοχασμού. Μέσα από τη μορφή του κυρίαρχου άντρα αναδύεται ο Υπεράνθρωπος ως πρότυπο ήρωα, ο οποίος ενσαρκώνει την αναλγησία του Υπερανθρώπου απέναντι στο συναίσθημα ή την αποστασιοποίηση του αισθητή από την παρωχημένη έννοια του αισθήματος. Η εκλεκτική συγγένεια των Νεοελλήνων αισθητιστών με τον D'Annunzio στη θεματική θα λέγαμε ότι ισοδυναμεί με έμμεση πρόσληψη του Nietzsche.

Πέρα από το θεματικό τομέα ιδιαίτερη σημειώνεται η παρουσία του Ιταλού αισθητιστή και στον τομέα του ύφους. Στον πρόλογο του *Il Triomfo della morte*, που αφιερώνεται στον Francesco Paolo Michetti, εκφράζεται η προτίμηση για το περίτεχνο και εκλεκτικό ύφος της παρακμής. Η περιγραφή του επιθυμητού βιβλίου θυμίζει το αντίστοιχο απόσπασμα με το οποίο ο O. Wilde μίλησε για το *À rebours* του J.-K. Huysmans:

> Είχαμε μιλήσει πολλές φορές μαζί για ένα ιδανικό βιβλίο νεότερου πεζού λόγου —που να 'ναι ποικίλος σε ήχους και ρυθμούς σαν ποίημα, που να σμίγει στο ύφος του τις πιο διάφορες αρετές του γραφτού λόγου —που να εναρμονίζει όλες τις ποικιλίες της γνώσεως και όλες τις σπουδές του μυστηρίου· να σμίγει τις ακριβολογίες της επιστήμης με τα ξεπλανέματα του ονείρου· να φαίνεται πως δε μιμείται μα πως συνεχίζει τη φύση· ελεύθερο από τους δεσμούς του μύθου να δημιουργεί τέλος μ' όλα τα μέσα της τέχνης του λόγου την ιδιαίτερη ζωή —αισθησιακή, συναισθηματική και διανοητική— ενός ανθρώπινου πλάσματος τοποθετημένου στο κέντρο της παγκόσμιας ζωής[37].

---

37. Γκ. Ντ' Ανούντσιο, *Η κοντέσσα ντ' Αμάλφι και άλλες νουβέλες (Ιστορίες της Πεσκάρας)* (μτφρ. Γ. Σπαταλάς), Αθήνα, Χαραυγή, χ. χ. έ., 7.

Ο πανθεϊσμός ως ένωση των όντων σε ενιαία υπόσταση αναπαράγεται στον αισθητισμό του Ν. Επισκοπόπουλου και του Ν. Καζαντζάκη μέσα από το αισθησιακό ύφος που εδώ επαγγέλλεται ο Ιταλός παρακμιακός, ενώ η κριτική ματιά του Κ. Παλαμά δεν το αφήνει να περάσει απαρατήρητο, με αφορμή π. χ. το *Άσμα Ασμάτων* του Επισκοπόπουλου: «Ο λυρισμός του *Άσματος των Ασμάτων* είναι θρεμμένος από τον καλλιτεχνικό λυρισμό του Δανούντσιο· του Δανούντσιο που κάθε φράση του μας παρουσιάζει, μέσα σε χρυσοσκάλιστο κρύσταλλο, το ηδύποτο της πλαστικής ομορφιάς, αποθεωμένης»[38]. Ένας άλλος κριτικός, αλλά και λογοτέχνης-δημιουργός του αισθητισμού, ο Παύλος Νιρβάνας, προσλαμβάνει το ύφος και το ήθος του D'Annunzio στο επίπεδο της κοσμοθεωρίας του αισθητή, όταν μιλά για τον Κ. Χρηστομάνο χαρακτηρίζοντάς τον D'Annunzio, «ο άσωτος αυτός των ωραιοτήτων»[39].

Συγκεφαλαιώνοντας θα λέγαμε ότι το ωραιολογικό ύφος του D'Annunzio, συνοψίζει διονυσιασμό και καλαισθησία. Σε σχέση με την καλαισθησία, προσθέτουμε τον εξωτικό τρόπο με τον οποίο συχνά διεκπεραιώνει περιγραφές μνημείων και τοπίων. Η διακοσμητική χροιά του λόγου του επισημαίνεται ως «αλεξανδρινών τέχνη, παρακμή» στο λήμμα του *Columbia Dictionary of Modern European Literature*, όπου επιπλέον αναφέρεται ότι «οι σκηνές ζουν τη δική τους ξεχωριστή ζωή μέσα στο σύνολο του έργου»[40].

Όλα τα παραπάνω δείχνουν πόσο έντονη ήταν η εμβέλεια του D'Annunzio στα ελληνικά γράμματα τα χρόνια αυτά. Πέρα από τις μεταφράσεις έργων του, που έγιναν σχεδόν ταυτόχρονα με τη δημοσίευση των έργων στην Ιταλία, σάλο είχε προκαλέσει η επίσκεψή του στην Αθήνα το 1899 μαζί με την ηθοποιό και σύντροφό του Eleonora Duse, την οποία ο Βρετανός αισθητιστής Arthur Symons είχε αναγάγει σε πρότυπο παρακμιακής γυναίκας. Ο Κ. Παλαμάς εκφώνησε προς τιμήν τους λόγο στον «Παρνασσό» και έγραψε ποίημα-χαιρετισμό προς τιμήν του Ιταλού συγγραφέα[41], ενώ ο Ξενόπουλος δημοσίευσε άρθρο με τίτλο «Το πέρασμα της Ντούζε» στην *Τέχνη* του Κ. Χατζόπουλου. Ο Νιρβάνας του αφιέρωσε κεφάλαιο στα *Φιλολογικά Απομνημονεύματά*

---

38. Κ. Παλαμάς, *Άπαντα*, τ. 12, Αθήνα, Γκοβόστης, 1962, 349.
39. *Παναθήναια* 3 (1901) 331.
40. (επιμ.) H. Smith, *Columbia Dictionary of Modern European Literature*, New York, Columbia University Press, 1963, 197.
41. Κ. Παλαμάς, «Χαιρετισμός προς τον Γαβριήλ Ντανούντσιο», *Η Τέχνη* 1 (1898-1899) 113 και *Άπαντα*, τ. 9, Αθήνα, Μπίρης, χ. χ. έ., 428.

του και έγραψε το πεζό ποίημα «Οι βάρβαροι» (1899). Ακόμη και ο νεότερος Σικελιανός, που δεν εγγράφεται άμεσα στον αισθητισμό αλλά τον υπηρέτησε ενμέρει, δημοσίευσε τον Ιανουάριο του 1910 στην εφ. *Το Σέλας Πατρών* άρθρο για τον D'Annunzio με τίτλο «Το νέον έργον του Γαβριήλ Δ'Αννούντσιο. *Ίσως ναι, ίσως όχι*», απόσπασμα του οποίου ξανατύπωσε στα *Παναθήναια* το 1910.

Γενικά θα λέγαμε ότι η παρουσία του D'Annunzio αποδείχτηκε σημαντική στο χώρο των εκλεκτικών συγγενειών του νεοελληνικού αισθητισμού, επειδή συνδύασε τα θέματα της αγγλικής και γαλλικής παρακμής, όπως η νοσηρότητα, η απομόνωση και η λατρεία του τεχνητού, με νιτσεϊκές αναζητήσεις δύναμης και υπεροχής. Πάνω στη σύζευξη αυτή ο νεοελληνικός αισθητισμός θα επιχειρήσει και θα κατορθώσει την υπέρβαση της συμβατικής παρακμής.

Friedrich Wilhelm Nietzsche (1844-1900)

Την πιο ισχυρή εκλεκτική συγγένεια του νεοελληνικού αισθητισμού την εντοπίζουμε στη συνάντησή του με το νιτσεϊκό στοχασμό. Το έδαφος πάνω στο οποίο θα προσδοκούσε κανείς την πραγματοποίηση αυτής της συνάντησης είναι η αντίληψη του Γερμανού φιλοσόφου για τη μετατροπή της ζωής σε έργο τέχνης. Θα μπορούσε κανείς να αναγνωρίσει μια τέτοιου τύπου συνάντηση στο τεχνητό ύφος του αισθητισμού και την αναπαράσταση του θέματος ως ύφους. Παρακολουθούμε τον αισθητισμό να δομεί την αναπαράσταση του τεχνητού εαυτού του μέσα από το περίτεχνο ύφος του και επομένως να αποδίδει τον εαυτό του ως έργο τέχνης. Αν αυτή η ανάγνωση διεκδικεί συγχρονική ισχύ, υπάρχουν ωστόσο πιο προφανείς συνδέσεις με τη νιτσεϊκή φιλοσοφία που ενσυνείδητα καλλιέργησαν οι αισθητιστές του τέλους του αιώνα.

Ο Ν. Καζαντζάκης στη διδακτορική διατριβή του για τον Nietzsche (1908) –που θα δούμε αναλυτικότερα στο κεφάλαιο για τον Καζαντζάκη– αναγνωρίζει στην προσωπικότητα του Γερμανού φιλοσόφου τη νοσηρότητα, όταν βλέπει να μετατρέπεται σε παρακμή η προσήλωσή του στον Wilhelm Richard Wagner, καθώς τα νεύρα του παροξύνονται από τη μουσική που κάποτε επιδρούσε ευεργετικά πάνω του. Αυτή η ανάγνωση του Nietzsche στοιχειοθετεί μια αντίφαση, αν λάβουμε υπόψη ότι ο Γερμανός διανοητής έθετε το έργο του –και τον ψυχισμό του επομένως– στον αντίποδα της παρακμής και του Baudelaire.

Αναφερόμαστε εδώ στην αρνητική άποψη του Nietzsche για τον Baudelaire, τον οποίο θεωρούσε ως «τυπικό παρακμιακό διαβρωμένο από τον Wagner»[42]. Για να ορίσει την παρακμή, ο Nietzsche αντλεί από τον Paul Bourget τον όρο «αναρχία των ατόμων»[43] και «αποσύνθεση της θέλησης»[44]. Θεωρεί ότι το «τέλος του 19ου αι. σημαδεύει ένα περαιτέρω στάδιο της ρομαντικής παρακμής»[45], του οποίου τα συμπτώματα περιγράφει κάτω από διαφορετικά ονόματα όπως σύγχρονη «παραχάραξη»[46] των τεχνών ή κίνημα του «μηδενισμού»[47], για το οποίο ο ρομαντισμός, η παρακμιακή τέχνη και ο Wagner ήταν μια προετοιμασία[48]. Καταιγιστική είναι η δήλωσή του ότι «αφού πολιτισμός είναι μια ενότητα καλλιτεχνικού ύφους σε όλες τις εκφράσεις της ζωής ενός έθνους, η έλλειψη ύφους, το μασκάρεμα του 19ου αι. είναι ένα σύμπτωμα παρακμής, απώλειας ζωτικότητας και δύναμης να αφομοιώσει το παρελθόν»[49]. Η «κριτική του [Nietzsche] για το 19ο αι., ως έκφραση του γενικού ιστορικού του σχεδίου»[50] περιλαμβάνει, σύμφωνα με τον R. Wellek, «ελαττώματα που ανάγονται συστηματικά στο ρομαντισμό, στο Μπαρόκ και στον παρακμιακό ελληνισμό της Αλεξάνδρειας»[51]. Στην αρνητική ενέργεια ο Nietzsche αντιτάσσει «την πρόκληση του δικού του ορμέμφυτου γούστου [...] της προσπάθειας, της θέλησης, της αυτοκυριαρχίας, ακριβώς όπως η φιλοσοφία του για το amor fati και την Αιώνια Επαναφορά είναι μια απελπισμένη επιβολή της τάξης πάνω στη ρευστότητα και την αναρχία»[52]. Σχετικά με τη συνύπαρξη αρρώστιας και υγείας μέσα στο νιτσεϊκό έργο ο M. Calinescu κάνει μια εύστοχη παρατήρηση:

> Για να καταλάβουμε επαρκώς την παθιασμένη κριτική του Νίτσε ενάντια στην décadence –και, μάλιστα, τη βαθιά διαλεκτική ποιότητα της φιλοσοφίας του ως συνόλου– πρέπει να έχουμε συνέχεια στο μυαλό μας ότι μιλά για décadence από *προσωπική εμπειρία*, ως άνθρωπος που ξέρει την αξία της υγείας γιατί υπήρξε άρρωστος και ο οποί-

---

42. R. Wellek, «Friedrich Nietzsche», *A History of Modern Criticism: 1750-1950. The Later Nineteenth Century*, London, Yale University Press, 1966, 350-351.
43. Ό. π.
44. Ό. π.
45. Ό. π.
46. Ό. π.
47. Ό. π.
48. Ό. π.
49. Ό. π., 352.
50. Ό. π.
51. Ό. π.
52. Ό. π., 352.

ος, επομένως, δεν είναι δυνατόν να μην αναγνωρίζει τη φιλοσοφική αξία της ίδιας της αρρώστιας, χωρίς την οποία η υγεία θα ήταν αδύνατο να πετύχει την αυτογνωσία[53].

Παρόμοιο σκεπτικό θα δούμε και στο νεοελληνικό αισθητισμό σχετικά με το δίλημμα αρρώστιας–υγείας. Η συγχώνευση δύο αντιθέτων στην ίδια ουσία και σε αμοιβαία υπονόμευση αποτελεί ειδοποιό γνώρισμα του αισθητισμού. Ο νεοελληνικός αισθητισμός, ωστόσο, θα ξεπεράσει τις επιφάσεις και θα επιλύσει το δίλημμα δίνοντας στην παρακμή την ταυτότητα της υγείας.

Ο νεοελληνικός αισθητισμός κινήθηκε μέσα στο κλίμα της νοσηρότητας του Baudelaire, αξιοποίησε όμως με ιδιαίτερη δεξιότητα την αναγεννητική πλευρά του Nietzsche. Αυτό σημαίνει ότι υιοθέτησε καταρχάς την αισθητική του Γερμανού φιλοσόφου και μέσω αυτής έναν αισθησιασμό αρχετύπων. Όταν μιλάμε για αισθητική[54], εννοούμε το δίπολο διονυσιακό–απολλώνιο, πάνω στο οποίο θα αρθρωθεί κυρίως ο αισθητισμός του Ν. Καζαντζάκη και του Π. Γιαννόπουλου. Και οι υπόλοιποι αισθητιστές, όμως, συμπεριλαμβανομένου ακόμη και του κατεξοχήν πεσσιμιστή Κ. Χρηστομάνου, θα περιστραφούν γύρω από αυτούς τους δύο θεματικούς άξονες.

Ο Γερμανός φιλόσοφος πιστεύει «στην ανάγκη της καταστροφής, για να επέλθει η αναγέννηση, σύμφωνα με τις αρχές της ιστορικής επανάληψης»[55], άποψη στην οποία παίζει ρόλο «η εξαιρετική γεωγραφική θέση της Ελλάδας στο πάντρεμα των Απολλωνικών και Διονυσιακών δυνάμεων»[56]. Στην ομώνυμη μελέτη του για τη γέννηση της αρχαίας ελληνικής τραγωδίας ο Nietzsche δίνει ξεχωριστή έμφαση στον προσδιορισμό του απολλώνιου και του διονυσιακού χαρακτήρα, εμφαίνει όμως και τον τρόπο με τον οποίο ο διονυσιασμός μέσα από τα αρχαία παγανιστικά δρώμενα αποτελεί κατάβαση των ανθρώπων στο κοινό επίπεδο των αρχέγονων ενστίκτων.

Πάνω σε αυτή τη βάση θα κινηθεί ο νεοελληνικός αισθητισμός δίνοντας στον αισθησιασμό της παρακμής τη δική του ανανεωτική χροιά.

---

53. M. Calinescu, *Five Faces of Modernity: Modernism, Avant-Garde, Decadence, Kitsch, Postmodernism*, Durham, Duke University Press, 1987, 179.
54. Πρβ. J. Young, *Nietzsche's Philosophy of Art*, Cambridge, Cambridge University Press, 1992.
55. Χ.-Δ. Γουνελάς, *Η σοσιαλιστική συνείδηση στην ελληνική λογοτεχνία 1897-1912*, Αθήνα, Κέδρος, 1984, 78.
56. Ό.π.

Ο Παλαμάς στην κριτική του για το *Άσμα Ασμάτων* του Επισκοπόπουλου παρατηρεί: «Και είναι ο λυρισμός του σαν μυρωμένος από το φιλοσοφικό λυρισμό του Νίτσε, από το διονυσιακό μεθύσι που φέρνει ο Υμέναιος του εγώ με την πλάση ολόκληρη, από τον αισιόδοξο λυρισμό της υπερανθρώπινης ζωής [...]»[57]. Ο *Διόνυσος* δεν υπήρξε κατεξοχήν περιοδικό του αισθητισμού, αρκεί όμως η μαρτυρία του, για να πιστοποιήσει την ενιαία ποιότητα της νιτσεϊκής αναζήτησης των λογοτεχνών της εποχής. Στο εισαγωγικό σημείωμα των εκδοτών, στο πρώτο τεύχος του περιοδικού το 1901, διαβάζουμε για τον ηδονικό συμβολισμό που απέδωσε ο Nietzsche στη μορφή του Διονύσου: «δεν εγνώρισα συμβολισμόν υψηλότερον από αυτόν τον *ελληνικόν συμβολισμόν*, τον των διονυσιακών οργίων. Δι' αυτού το βαθύτατον ένστικτον της ζωής, το της ζωής του μέλλοντος, της αιωνίου ζωής εξεφράσθη διά θρησκευτικού τρόπου – αυτή η οδός της ζωής, η γένεσις, ως η ιερά οδός [...]»[58]

Μέσα σε αυτό τον αισθησιασμό ο νεοελληνικός αισθητισμός θα εγγράψει και το καθαρά φιλοσοφικό θέμα του νιτσεϊκού Υπερανθρώπου. Αν ορισμένοι συμβολιστές, όπως ο Γιάννης Καμπύσης ή ο Κωνσταντίνος Χατζόπουλος, βλέπουν στο πρότυπο του Υπερανθρώπου την ενσάρκωση της προσδοκίας για ένα λογοτέχνη-αναμορφωτή της κοινωνίας[59], οι αισθητιστές θα δουν την ηδονική κυριαρχία του αρσενικού πάνω στο θηλυκό (Καζαντζάκης, Επισκοπόπουλος, Θεοτόκης). Θα δουν επίσης την κυριαρχία της νιότης πάνω στα γηρατειά και της δύναμης πάνω στην αρρώστια, όπως αυτή εκφράζεται μέσα από τυμπα-

---

57. Κ. Παλαμάς, *Άπαντα*, τ. 12, Αθήνα, Γκοβόστης, 1962, 349.
58. (επιμ.) Χ. Λ. Καράογλου, *Περιοδικά λόγου και τέχνης (1901-1940). Τόμος πρώτος: Αθηναϊκά περιοδικά (1901-1925)*, Θεσσαλονίκη, University Studio Press, 1996, 92.
59. Χ.-Δ. Γουνελάς, ό. π., 77:
> Η φιλοσοφία του Νίτσε βρήκε μια εξαιρετική ανταπόκριση στις ανάγκες της νεοελληνικής λογοτεχνίας, διότι ενέπνεε κι ενθάρρυνε το λογοτέχνη σε μια εποχή εθνικού μαρασμού ν' αναλάβει το έργο του αναμορφωτή. Επίσης ο Έλληνας ερμήνευσε αυτή τη φιλοσοφία από μια πραγματιστική σκοπιά. Είδε τον Υπεράνθρωπο του Νίτσε σαν πρακτικό εκτελεστή της φιλοσοφίας του (με άλλα λόγια, ανθρωπομορφοποίησε τη φιλοσοφική σκέψη) κι απέδωσε στη σύνθεση της «Ζωής», όπως περιγράφει ο Καμπύσης, τα συγκεκριμένα συστατικά της «θέλησης» και της «πράξης» – δυνάμεις που σύμφωνα με το Νίτσε οδηγούν το άτομο στην κυριαρχία της «Ροής του Γίγνεσθαι». Η έμφαση που δόθηκε στο συμβολισμό μέσον της νιτσεϊκής φιλοσοφίας εφοδιάζει το λογοτέχνη με το όργανο εκείνο, που τον καθιστά ικανό ν' αποφύγει τη νατουραλιστική περιγραφή, έστω για ένα μικρό χρονικό διάστημα αμέσως μετά το 1897. Η νατουραλιστική περιγραφή δεν μπορούσε παρά να απογοητεύσει, τονίζοντας το μαρασμό που ένιωθε ο Έλληνας.

νοκρουσίες και διθυράμβους, που ψάλλουν ομάδες νέων στα έργα του Καζαντζάκη, του Χρηστομάνου και του Ροδοκανάκη.

Έχουμε, λοιπόν, δύο κατά βάση αντίθετες δυνάμεις, τον πεσσιμισμό του Baudelaire και τη νιτσεϊκή δίψα για ζωή, τα οποία όμως οι Νεοέλληνες αισθητιστές κατορθώνουν να συγκεράσουν μέσα στη μέθη μιας λυτρωτικής διαλεκτικής. Βέβηλες εκστάσεις πέρα από το καλό και το κακό συνθέτουν, μέσω του απολυτρωτικού λόγου των αισθήσεων, ένα θρίαμβο αισθητικής τάξης και αναγεννητικής δύναμης, που αποτελεί εν τέλει την ειδική ουσία του νεοελληνικού αισθητισμού.

Wilhelm Richard Wagner (1813-1883)

Την ικανότητα του νεοελληνικού αισθητισμού να προσαρμόζει στη δική του συλλογιστική ετερόκλητες εκλεκτικές συγγένειες επιβεβαιώνει και η παρουσία του Γερμανού μουσουργού στα πεζογραφικά έργα της νεοελληνικής παρακμής. Αν και ο Wagner ως συνθέτης δημιούργησε μέσα στο πνεύμα του ρομαντισμού, οι Νεοέλληνες αισθητιστές τον υποδέχονται στα κείμενά τους ως αισθητή, ο οποίος διαστρέφει ή αναστρέφει το όραμα σε νεύρωση, πρωτοτυπεί με εικαστικές εφαρμογές των μουσικών μοτίβων και μεταφράζει σε συναισθησία το όραμα της ενιαίας τέχνης.

Η αναφορά στον Wagner επιχωριάζει σε όλα τα αισθητιστικά κείμενα της εποχής. Ο Χρηστομάνος στο *Βιβλίο της αυτοκράτειρας Ελισάβετ* συζητά με την θλιμμένη Αυστριακή αυτοκράτειρα για τον Wagner καθιστώντας τη βαγκνερική μουσική αντικείμενο του αισθητιστικού ναρκισσισμού. Η μητέρα της ηρωίδας στο *Βυσσινί τριαντάφυλλο* του Ροδοκανάκη (η οποία τελικά στοιχειώνει με την παρουσία της τη μοίρα των ηρώων) παίζει στο πιάνο κομμάτια του Wagner, που ερεθίζουν τα ήδη ταραγμένα νεύρα της, ώστε λιποθυμάει πάνω στο πιάνο, αφήνοντας στην κόρη της κληρονομιά νοσηρότητας, η οποία θα ολοκληρωθεί με την αυτοκτονία του τέλους. Στις *Σπασμένες Ψυχές* του Καζαντζάκη παρέες νέων τραγουδούν βαγκνερικά άσματα, ουσιαστικά θριαμβικούς ύμνους που αποθεώνουν τη ζωή. Τέλος, ο Π. Γιαννόπουλος, όταν θέλει να μιλήσει για τη σύγχρονη μουσική, βλέπει ολόγυρά του μόνο τον Wagner. Αν ο Γερμανός συνθέτης δίνει τους τόνους στις νευρώσεις που κατατρύχουν τους παρακμιακούς ήρωες και αν παράλληλα ρυθμίζει τονικότητες στη νιτσεϊκή χαρά των διονυσιακών νέων του αισθητισμού, τότε ασφαλώς κατέχει τη θέση του στη διαλεκτική ασθένειας–υγείας του νεοελληνικού αισθητισμού.

Ένα άλλο σημείο, όπου κρίνουμε σκόπιμο να σταθούμε, είναι η βαγκνερική θεωρία για το ενιαίο έργο τέχνης[60]. Πρόκειται για το όραμα μιας τέχνης ενοποιημένης σε όλες τις εκφάνσεις της. Ο Wagner αφορμάται στη θεωρία του από τη σκηνική πραγμάτωση της μουσικής, την διατυπώνει δηλαδή κυρίως σε σχέση με τις παραστάσεις της όπερας και θέλει τις τέχνες να κινούνται σε άξονα συνταγματικό και σε συσχέτιση παραπληρωματική. Ο χώρος δηλαδή που κατέχει η μία αφαιρείται από την άλλη και ο ανταγωνισμός, που επιβάλλεται, πρέπει αναγκαστικά να ανακηρύξει κάποια ως ισχυρότερη. Εδώ λαμβάνουμε σοβαρά υπόψη τη γνώμη του Calinescu, σύμφωνα με τον οποίο «ο Baudelaire δίνει ιδιαίτερη έμφαση στην *οπτική ποιότητα της βαγκνερικής μουσικής*»[61], γιατί θεωρούμε ότι προαναγγέλλει το φαινόμενο της συναισθησίας, το οποίο θα αποτελέσει για τους Νεοέλληνες αισθητιστές την ερμηνεία της βαγκνερικής θεωρίας.

---

60. Η «μίξη των ειδών» (D. Combe, «La synthèse des genres: La poésie romantique», *Les genres littéraires*, Paris, Hachette Supérieur, 1992, 62) αναφέρεται και από τον Hugo, άποψη που θα ισχυροποιηθεί αργότερα στην επιδίωξη των συμβολιστών για «Το Μεγάλο Έργο» ή «Το Βιβλίο» («La synthèse des genres: Le «Livre», l'«Oeuvre total» et la transgression des genres», ό. π., 65-66). Για τη συζήτηση στο νεοελληνικό χώρο σχετικά με το συγκεκριμένο θέμα πρβ. Α. Γκρέκου, *Η «καθαρή ποίηση» στην Ελλάδα. Από τον Σολωμό ως τον Σεφέρη: 1833-1933*, Αθήνα, Αλεξάνδρεια, 2000, 141-143.
61. M. Calinescu, ό. π.:
> Λαμβάνοντας υπόψη τη δέσμευση του Baudelaire στη νεοτερικότητα και ειδικότερα τη βαθιά του πεποίθηση όσον αφορά τη βασική ενότητα των τεχνών, αυτή η άποψη της παρακμής (décadence) δύσκολα θα θεωρούνταν αρνητική. Και η αποδοχή της παρακμής (décadence) από τον ποιητή –που γίνεται κατανοητή ως ελεύθερη ανταλλαγή μέσων και διαδικασιών ανάμεσα στις τέχνες– γίνεται ακόμα πιο ξεκάθαρη όταν σκεφτούμε τη σαφή υπεράσπιση εκ μέρους του της «ολιστικής» ή «συνθετικής» τέχνης και τον τρόπο με τον οποίο εφάρμοσε τις δύο αδελφικές αρχές της οικουμενικής αναλογίας και της συναισθησίας στη συζήτησή του για τον Richard Wagner. Μιλώντας για τον Wagner στα 1861, ο Baudelaire επαίνεσε τον Γερμανό συνθέτη ειδικά για τη σύλληψή του της «δραματικής τέχνης» ως «συνένωσης, σύμπτωσης αρκετών τεχνών», δηλαδή ως «της κατεξοχήν τέχνης, της πιο συνθετικής και της πιο τέλειας». Για να εξηγήσει με παράδειγμα την ώθηση του Wagner προς μια σύνθεση των τεχνών, ο Baudelaire δίνει ιδιαίτερη έμφαση στην *οπτική ποιότητα της βαγκνερικής μουσικής*: Κανένας μουσικός δεν υπερέχει του Βάγκνερ σε χρωματικό διάστημα και προοπτική [...] Στιγμές στιγμές φαίνεται, ακούγοντας αυτή τη φλογερή και δεσποτική μουσική, σαν κάποιος να ανακαλύπτει ιλιγγιώδεις συλλήψεις όπου ζωγραφισμένες πάνω σε φόντο χαμηλού φωτισμού, που σχίζεται από ονειροπόληση.

Οι Νεοέλληνες αισθητιστές αναστρέφουν τη βαγκνερική άποψη με το να εναλλάσσουν τις διάφορες μορφές της τέχνης σε παραδειγματικό άξονα. Αυτό δεν σημαίνει ότι η μία υποκαθιστά την άλλη αλλά ότι ενσαρκώνουν διαδοχικά το ίδιο σημαινόμενο με πρωτεϊκές αλλαγές του σημαίνοντος. Μέσα στο ίδιο κείμενο βλέπουμε συχνά να περνά η ίδια εικόνα με την ιδιαίτερη κάθε φορά αίσθηση που μεταδίδει η εναλλαγή ανάμεσα στις τέχνες. Το ίδιο υλικό εμφανίζεται με πολλές διαφορετικές μορφές, ανάλογα με την τέχνη που το επεξεργάζεται. Μιλάμε κυρίως για σκηνές από τον Επισκοπόπουλο («Ut dièse mineur»), όπου ο αισθητισμός υλοποιείται ως τρόπος τέχνης παραλλάσσοντας την αίσθηση της ακοής σε όραση και όσφρηση. Η όλη διαδικασία προσομοιάζει με εξονυχιστική διερεύνηση μεταλλασσόμενου όντος που τίθεται προς παρατήρηση από κάθε πλευρά, θεατή ή αθέατη, φανερή ή υπονοούμενη. Αυτό συνεπάγεται το ξάφνιασμα –από καινούρια αίσθηση κάθε φορά– και οδηγεί από σίγουρη οδό στη μεταβολή των ψυχικών διακυμάνσεων του αναγνώστη. Με δεδομένο λοιπόν τον κατακερματισμό των τεχνών, η επιθυμητή ενέργεια για την επανένωσή τους είναι να συνομιλήσουν σε μια αμοιβαιότητα που διαπερνά τα σύνορά τους. Η συναισθησία εκτός από τα δυνατά αισθητικά αποτελέσματα, ικανοποιεί και θεωρητικά την επιθυμία του αισθητή για ολοένα καινούριες αισθήσεις.

4. Κύρια θέματα του νεοελληνικού αισθητισμού

α. Νοσηρότητα

Η παρακμή διέπεται πρωταρχικά από την αυτογνωσία μιας διαπεραστικής φθοράς, η οποία υπεισέρχεται σε σώμα και μυαλό παίρνοντας τελικά τη μορφή διαφθοράς. Η ασθένεια αποκτά το χαρακτήρα επιδημίας και αποτυπώνεται ως εκφυλιστική λειτουργία που αγγίζει όλα τα ανθρώπινα επίπεδα. Στο βιολογικό επίπεδο αδυναμία και μαλθακότητα είναι τα συμπτώματα του κορεσμού και της υπερεκλέπτυνσης. Καθώς επεκτείνεται στο νοητικό και ψυχικό επίπεδο, η ασθένεια της παραίτησης εκδηλώνεται ως νεύρωση, ως εμμονή διαφθοράς και τελικά ως διαστροφή.

Στον ευρωπαϊκό αισθητισμό τα παραπάνω συμπτώματα συνδέθηκαν με την παθολογία οργανισμών όπως οι αυτοκρατορίες της αρχαιότητας, όπου ξεχωριστό ρόλο ως νοσηρός παράγοντας πιστεύεται ότι έπαιξε η ανία, το «spleen», το «ennui». Πρόκειται για τη διαβρωτική αίσθηση της χαλάρωσης και της δυσθυμίας, που θα κυριαρχήσει στο ποιητικό έργο του Κ.Π. Καβάφη, όχι όμως και στα πεζά ποιήματά του, με τα οποία ασχολούμαστε εδώ. Ο Κ. Χρηστομάνος με το *Βιβλίο της αυτοκράτειρας Ελισάβετ* ανάγει την ανία σε χαρακτηριστικό ύφους, ενώ ως θεματικό μοτίβο τής δίνει τη μορφή του ναρκισσισμού και της ενδοστρεφούς περισυλλογής. Δεν είναι τυχαίο για την ανάπλαση του θέματος της ανίας ότι ο Καβάφης και ο Χρηστομάνος υπήρξαν πιο κοντά στον ευρωπαϊκό αισθητισμό από τους υπόλοιπους Νεοέλληνες αισθητιστές, οι οποίοι εμμένουν κυρίως στη διαστροφική πλευρά της παρακμής.

Από τον παλαμικό «Θάνατο παλικαριού» μέχρι το καζαντζακικό *Όφις και κρίνο* και από τα πεζά του Επισκοπόπουλου μέχρι το *Φλογισμένο ράσο* ή *Το βυσσινί τριαντάφυλλο* του Ροδοκανάκη, παρακολουθούμε μια χορεία σωματικά αδύναμων ηρώων, στους οποίους η υπερδιέγερση του μυαλού καλλιεργεί νευρωτικές εμμονές προσανατολίζοντας προς την κατεύθυνση της διαστροφής. Μέσα σε αυτό το θεματικό πλαίσιο επισημαίνουμε τη μόνωση των πρωταγωνιστών σε κλειστούς χώρους, την ερωτική φθορά και το διαστροφικό θάνατο (αυτοκτονία ή έγκλημα) συχνά μέσα σε λουλούδια. Η διαστροφή ως ηδονική κατάσταση μεταπλάθει το φιλοσοφικό μοτίβο του Υπερανθρώπου σε μοτίβο διαπάλης των δύο φύλων, μοτίβο που δίνει τους τόνους κυρίως στα έργα του Νίκου και της Γαλάτειας Καζαντζάκη και, κατά δεύτερο λόγο, στους Ν. Επισκοπόπουλο και Κ. Θεοτόκη.

Αυτό που διαπιστώνουμε γενικά στο νεοελληνικό αισθητισμό είναι η αντιπαλότητα αρρώστιας–υγείας. Αν για τους Ευρωπαίους αισθητιστές παρακμή είναι το δίλημμα μεταξύ της απώθησης και της έλξης από τις ανέσεις ενός ώριμου πολιτισμού ή το δίλημμα μεταξύ ποίησης και πρόζας, για το νεοελληνικό αισθητισμό παρακμή είναι το δίλημμα μεταξύ ασθένειας–υγείας, κατάρρευσης–ευρωστίας. Αν ο Baudelaire αντιπροσωπεύει την κατάπτωση και τη διάλυση και ο Nietzsche αντιπροσωπεύει τη δύναμη και την ισχύ της ανασύνθεσης, ο κύριος κορμός του νεοελληνικού αισθητισμού, ο ελλαδικός, διαλέγεται και με τους δύο διανοητές, επιλύει όμως την αντίφαση καθιερώνοντας ένα συγκρητισμό, όπου αξιοποιεί τη γενικότερη λογική του αισθητισμού να συναιρεί ετερογενείς έννοιες.

Βλέποντας μέσα στα κείμενα του ελλαδικού αισθητισμού να συνυπάρχουν οι έννοιες της αρρώστιας και της υγείας, ξεχωρίζει κανείς την υπεροχή της υγείας. Θα μπορούσε, όμως, να θεωρήσει ότι πρόκειται για μια σαθρή υγεία, μια σχετική ή επώδυνη υγεία που υπονομεύεται σταθερά από την έννοια της αρρώστιας. Τον κίνδυνο μιας τέτοιας υπόθεσης ο νεοελληνικός αισθητισμός τον υπερβαίνει με τις πιο δυνατές λογοτεχνικές στιγμές του, όπου απαλλάσσεται πλήρως από την αίσθηση του πόνου. Πρόκειται για τις στιγμές όπου μιλά κοσμοθεωρητικά για έναν άρρηκτο σύνδεσμο με τη μητέρα-γη πάνω στη βάση της ηδονής καταξιώνοντας ένα καινούριο πρότυπο, το οποίο θα γονιμοποιήσει μακροχρόνια τους ανοιχτούς ορίζοντες της γενιάς του τριάντα, ιδιαίτερα στους υπερρεαλιστές.

β. Αισθήσεις και αισθησιασμός

Βασικό θέμα στη δεοντολογία του αισθητισμού υπήρξε η αίσθηση. Ο αισθητισμός πρωτοτυπεί σε σχέση με προγενέστερα κινήματα στο ότι ανασύρει την αίσθηση από το ασυνείδητο στο συνειδητό ανάγοντάς την σε ευταξία. Ο αισθητισμός ως τρόπος ζωής και ως τρόπος τέχνης είναι η συνειδητοποίηση του ατόμου μέσα από τις αισθήσεις που βιώνει. Επιδίωξη του αισθητή είναι η αμέσως επόμενη αίσθηση, σε μια αέναη αναζήτηση η οποία καταρχήν παίρνει το χαρακτήρα περιπέτειας ή ταξιδιού, σε προέκταση όμως θα πάρει το χαρακτήρα της ηδονής.

Το καβαφικό ταξίδι ως αλληγορία ζωής πλούσιας σε αισθητηριακές και αισθησιακές εμπειρίες αναπτύσσεται μέσα στις απηχήσεις των Ευρωπαίων αισθητιστών. Στον ευρωπαϊκό αισθητισμό τονίστηκε η άνευ όρων παράδοση στις αισθήσεις ως αντίδοτο στην πλήξη που επέβαλλε η υλιστική και αντιπνευματική κοινωνία. Στον Καβάφη απαντά αυτός ο χαρακτήρας αποκατάστασης της αισθησιακής δύναμης που έχει αμβλυνθεί από τη συνήθεια, ωστόσο στους Ελλαδίτες αισθητιστές η αισθησιακή πρόσληψη ανάγεται σε στοιχείο ταυτότητας μέσα από τη βίωση του χώρου και του χρόνου, που εγγυάται μια αναγέννηση της ελληνικότητας.

Οι Ελλαδίτες αισθητιστές αξιοποιούν κυρίως την οντολογική πλευρά της ανακάλυψης των αισθήσεων, μια πειραματική πλευρά που εμφαίνεται από τον J.-K. Huysmans. Μιλώντας για οντολογία της αίσθησης εννοούμε την ανταπόκριση του ανθρώπινου οργανισμού στα ερεθίσματα που δέχεται. Όσο πιο πληθωρική είναι αυτή η ανταπόκριση, τόσο πιο ουσιαστικά εκδηλώνεται η μέθεξη σε μια τελετουργία μύησης με καθεμιά ξεχωριστά από τις πέντε αισθήσεις. Πρόκειται για τη μύηση του ατόμου στον κόσμο του εκλεκτού, όπου εκλεκτό είναι το σπάνιο, το περίεργο, το παράξενο και κατ' επέκταση το τεχνητό. Η εγρήγορση και η οξύτητα της ευαισθησίας, που απαιτείται για την άμεση και έντονη συμμετοχή στη ζωή των αισθήσεων, είναι προϊόν μιας εξειδικευμένης παιδείας, της αυτοκαλλιέργειας του αισθητή. Αυτή η αναγωγή του ατόμου σε αισθησιακή οντότητα ισοδυναμεί κατά το σκεπτικό των αισθητιστών με τη μετατροπή του σε έργο τέχνης.

Ο Ν. Επισκοπόπουλος, ο Πλ. Ροδοκανάκης και ο Π. Γιαννόπουλος είναι λογοτέχνες που ψηλαφούν την αίσθηση οργανικά, την παρακολουθούν δηλαδή την ώρα ακριβώς που βιώνεται πάνω στο ανθρώπινο κορμί. Όραση, ακοή, αφή, όσφρηση και γεύση καταγράφονται προσεκτικά, ακόμη και στις πιο ανεπαίσθητες λειτουργίες τους. Με τον τρόπο αυτό, ο λυρισμός των παραπάνω δημιουργών ενσωματώνει μια ισχυρή αισθησιακή ποιότητα που συμπεριλαμβάνει όλα τα όντα. Ένας πανθεϊσμός παγανιστικής υφής είναι η επαγγελία τους, όπου καίριο ρόλο θα παίξει η καζαντζακική λογοτεχνική παρουσία. Η φύση, με έμφαση στην αρχαιοελληνική γη, αναπλάθεται ως χοϊκή σάρκα μέσα από την αρχέγονη ηδονή όπου διασταυρώνεται και ένας διονυσιασμός νιτσεϊκής υπόστασης. Αυτή είναι η κυριότερη αίσθηση που διατρέχει και προσδιορίζει ταυτόχρονα τα καλύτερα ή πιο αντιπροσωπευτικά κείμενα του κινήματος, όπως το «Φιλί του ήλιου» του Επισκοπόπουλου, το *Φλογισμένο ράσο* και το *Θρίαμβο* του Ροδοκανάκη, τις *Σπασμένες Ψυχές* και το *Όφις και κρίνο* του Καζαντζάκη.

Πολύ σημαντικό σημείο μέσα στο πλέγμα της ηδυπάθειας, όπου βιώνονται οι πέντε αισθήσεις είναι ο εκλεκτικισμός, η προσήλωση στη σπάνια και ξεχωριστή ουσία της απόλαυσης. Όταν πρόκειται για υλικό πλούτο, τα αντικείμενα είναι τεχνουργημένα και πολύτιμα, όπως για παράδειγμα ο φθαρτός πλούτος που περιβάλλει την παιδική ηλικία του πρωταγωνιστή στο *Φλογισμένο ράσο*. Όταν πρόκειται για ευωδιές και για ποτά, πρέπει να έχουν την αψιά και μεθυστική ποιότητα του μυστικοπαθούς εξωτισμού, ποιότητες που προέχουν στα καβαφικά «Πλοία», στο μεσογειακό και ανατολίτικο ταξίδεμα του αφηγητή του *Όφις και κρίνο* και του *Θριάμβου* ή στο ξύπνημα ενός πρωτόπλαστου εαυτού μέσα στον απαγορευμένο κήπο του «Φιλιού του ήλιου».

Βαριά αρώματα, δυνατά κρασιά και λεπτουργημένα μικροτεχνήματα ανακαλούν μια πλούσια αίσθηση Ανατολής, όπου ο εξωτισμός σμίγει με το μυστικισμό. Μέσα σε αυτό το πλάνο ο αισθητισμός εγγράφει τη θρησκευτικότητά του. Σημειώνουμε εδώ ότι το βιβλικό *Άσμα Ασμάτων* αποτέλεσε καίρια εκλεκτική συγγένεια όλων σχεδόν των αισθητιστών, Ευρωπαίων και Νεοελλήνων. Ένας πρώτος λόγος είναι ότι λαμβάνει χώρα σε ένα οριακό σημείο συνάντησης των λαών της Ευρώπης, της Μεσογείου και της Ανατολής. Ο ανατολισμός αυτός, φέροντας έντονη αύρα από εξωτικές ευωδιές, μεταφέρει τον αναγνώστη στον εκκλησιαστικό μυστικισμό με τις αναθυμιάσεις του λιβανωτού και τον περίτεχνο διάκοσμο, στον οποίο κάνει αναφορά ο Καβάφης αλλά και ο Ροδοκανάκης στο *Φλογισμένο ράσο*. Δημιουργείται έτσι ένα περιβάλλον που προσφέρεται για την πληρότητα της αίσθησης και για την έκφραση εγκωμίων, όπου τους τόνους δίνει ο λυρισμός. Ένας δεύτερος λόγος είναι ότι η ηδυπάθεια του βιβλικού κειμένου το εξαίρεσε καταρχήν ως σχεδόν απαγορευμένο από το κύριο μέρος της θρησκευτικής και της λειτουργικής γραμματείας, για να γίνει στη συνέχεια αποδεκτό με βάση τη μεταφυσική ερμηνεία του θείου έρωτος. Οι αισθητιστές τώρα αποσπούν το κείμενο από τα θρησκευτικά του συμφραζόμενα, για να το εντάξουν στο δικό τους κύκλο ηδυπάθειας, όπου αναβιώνει η διάπραξη του προπατορικού αμαρτήματος. Το *Άσμα Ασμάτων* του Επισκοπόπουλου, όπως και το καζαντζακικό *Όφις και κρίνο*, που ξαναγράφει αυτούσια κομμάτια του βιβλικού κειμένου, αναπαράγουν κυρίως την αισθησιακή πλευρά του πρωτοτύπου, την πλήρωση δηλαδή των αισθήσεων μέσα από το δέος του πρωτόγνωρου. Την ανταρσία του πρωτόπλαστου απέναντι στη θεία ευδαιμονία την αναβιώνει η πραγμάτευση του βέβηλου και του ανόσιου στο «Ερυθρούν κρίνον» και στο *Φλογισμένο ράσο*.

Γενικά, η ταλάντευση μεταξύ αμαρτίας και αρετής αποτέλεσε κεντρικό θέμα γύρω από το οποίο ο αισθητισμός περιέφερε συχνά τον προβληματισμό του. Άλλο βιβλικό θέμα που αγαπήθηκε πολύ ήταν το επεισόδιο του χορού της Σαλώμης, η οποία ανάγεται σε μοιραία γυναίκα του αισθητισμού. Ο χορός των εφτά πέπλων της θα γίνει χορός των εφτά αμαρτημάτων του αισθητισμού: της ερωτικής λαγνείας, της υπερανθρωπικής αλαζονείας, της αισθησιακής απληστίας, της ακόρεστης λαιμαργίας, της νωχελικής ραθυμίας, της βέβηλης οργής και του διαστροφικού φθόνου. Τα εφτά θανάσιμα αμαρτήματα θα γίνουν οι εφτά σφραγίδες με τις οποίες θα σφραγίσουν τη μοίρα τους οι καζαντζακικοί, κυρίως, ήρωες του αισθητισμού. Το μοτίβο της μοιραίας γυναίκας θα αναδιπλωθεί στον Νίκο και την Γαλάτεια Καζαντζάκη μέσα από διάφορες ειδωλολατρικές και μυθικές μορφές, όπως η Αστάρτη, η Πηνελόπη και η Ιοκάστη, για να παγιωθεί στη χωμάτινη σαρκική μορφή της πρωτόπλαστης γυναίκας. Κάτω από το νεοελληνικό αισθητιστικό μωσαϊκό της ηδονής διαγράφεται σταθερά η επανάληψη του προπατορικού αμαρτήματος, έννοια που στο δυτικό αισθητισμό εκφέρεται κυρίως μέσα από την αρχιτεκτόνηση του τεχνητού σε αντικατάσταση του ανθρώπινου.

γ. Αντιπαράθεση Φύσης – Τέχνης

Στον ευρωπαϊκό αισθητισμό η Φύση αντιμετωπίστηκε με εχθρότητα ως παράγοντας που κρατά τον άνθρωπο δέσμιο στη σύμβαση ενός ετεροκαθορισμού. Σε αντίποινα οι αισθητιστές αναζήτησαν το δημιούργημα που θα αντικαταστήσει την αμείλικτη φύση και το βρήκαν στο δημιούργημα των ανθρώπινων χεριών. Πρόκειται για το τεχνητό κατασκεύασμα, το ύστατο επίτευγμα ενός κορεσμένου πολιτισμού. Η έννοια του τεχνητού εκτείνεται σε μεγάλη γκάμα, όπου περιλαμβάνονται καταρχήν τα τεχνουργημένα αντικείμενα που είναι προϊόν των ανθρώπινων χεριών και οι πολύτιμοι λίθοι που αποτελούν αντικείμενο κατεργασίας. Το επόμενο επίπεδο είναι η περίτεχνη ενδυματολογία και κοσμετολογία που περιβάλλει το άτομο. Κεντρική επιδίωξη είναι η δόμηση του εαυτού ως έργου τέχνης, η δημιουργία του τεχνητού ανθρώπου, ο οποίος αναπαρίσταται ως δανδής, πλάνης ή flâneur. Η περιπλάνηση του δανδή χαρτογραφεί το άστυ ως άλλη εκφορά του τεχνητού. Μέσα σε αυτά τα συμφραζόμενα παρακολουθούμε τη δημιουργία των μεγαλουπόλεων, με τα τεχνητά φώτα της νυχτερινής ζωής και τα ογκώδη κτίρια που ανακαλούν τον πύργο της Βαβέλ. Στην αναπαράσταση του δανδή είναι δυνατόν να εναλλάσσονται μορφές όπως ο Νάρκισσος, ο Ανδρόγυνος ή τελικά ο πιερότος, ένα σκεύος δηλαδή κενό από ανθρώπινη ουσία, που αποδίδει την αλλοτρίωση του μοντέρνου ανθρώπου του 20ού αιώνα και προετοιμάζει για την απανθρωποποίηση της μοντερνιστικής τέχνης.

Αυτό το μοτίβο του ανδρείκελου θα το συναντήσουμε στον ελλαδικό αισθητισμό μέσα σε καζαντζακικά συμφραζόμενα σε σχέση με το θέμα του Υπερανθρώπου. Το μοτίβο του Ανδρόγυνου απαντά, επίσης, με τη διαφορά ότι στους Ευρωπαίους αισθητιστές η μικτή μορφή εξέφρασε τη στειρότητα, ενώ στους Νεοέλληνες το ανδρογυνικό πλάσμα εξέφρασε την αναγεννητική πνοή του ηδονισμού και της οικουμενικότητας, με πιο πλήρη την εμφάνισή του στο *Θρίαμβο* του Ροδοκανάκη. Η διαφοροποίηση δεν είναι άσχετη με το γεγονός ότι ο ελλαδικός αισθητισμός δεν απορρίπτει τη φύση αλλά την αναμορφώνει προβάλλοντας πάνω της αρχέτυπα σαρκικότητας και ηδονής. Αυτό είναι το θέμα που αποτέλεσε την καινοτομία του και το οποίο απαντά χωρίς εξαίρεση σε όλους τους εκπροσώπους του.

Χαρακτηριστικός είναι ο ηδονισμός στον Επισκοπόπουλο, που μεταφράζεται σε γενικότερη διέγερση της φύσης και κατευθύνεται εγκεφαλικά από τον αφηγητή. Στον Καζαντζάκη και τον Ροδοκανάκη ο ηδονισμός της φύσης κοινωνεί μια ιδιαίτερη ποιότητα αισθησιασμού, που μεταγράφει το χοϊκό σώμα της φύσης σε ηδυπαθή θηλυκότητα. Ο Γιαννόπουλος επικοινωνεί με τη φύση μέσα από τη γραμμή και το χρώμα και με τον τρόπο αυτό την φιλοτεχνεί σαν έργο τέχνης. Ενώ το έργο του Καζαντζάκη και του Ροδοκανάκη αναδεικνύουν τον αισθησιασμό στην οντότητα της φύσης, το έργο του Γιαννόπουλου αναδεικνύει την αισθητική ως προτεραιότητα στην αναπαράσταση της φύσης.

Έτσι εμπεδώνουμε την πεποίθηση ότι ο αισθητισμός πέρα από ζήτημα αισθησιασμού υπήρξε πρώτιστα ζήτημα αισθητικής, κάτι που θα εξετάσουμε στη συνέχεια. Η σύμπτωση των δύο επιπέδων, της αισθητικής και του αισθησιασμού, είναι αυτή που τελικά προσδιορίζει την εγγραφή ενός κειμένου στον αισθητισμό, πάντα σε συνάρτηση και με τη λυρική εκφορά.

δ. Η φύση του Ωραίου

Ο αισθητισμός υπήρξε πρωταρχικά ζήτημα αισθητικής, αφετηριακή ενασχόλησή του δηλαδή ήταν η έννοια του Ωραίου. Ωστόσο, η Ομορφιά δεν γίνεται πια κατανοητή με τους συμβατικούς όρους του παρελθόντος. Η ωραιότητα μέσα στο πλαίσιο του αισθητισμού εισάγει την καινούρια αισθητική αντίληψη του κόσμου, μια αντίληψη που συνοψίζει τα επιμέρους θέματα που εξετάσαμε παραπάνω. Η γοητεία της αυτοκράτειρας Ελισάβετ, της Βεργινίας στην *Κερένια κούκλα*, της Χρυσούλας των *Σπασμένων Ψυχών* και της Βέρας στο *Βυσσινί τριαντάφυλλο* είναι η νοσηρότητά τους. Η αγαπημένη του αφηγητή του *Όφις και κρίνο* είναι όμορφη, επειδή από κρίνο μπορεί να μετατραπεί σε όφις και επειδή η αγνότητα πάνω της μπορεί να μεταστραφεί σε δηλητηριώδη γοητεία. Γι' αυτό το λόγο είναι ανώνυμη και πολυώνυμη. Δεν έχει όνομα και ταυτόχρονα έχει πολλά ονόματα, ανάλογα με το πώς μεταμορφώνεται μέσα στη φαντασίωση του αφηγητή, από Σουλαμίτις και Γαλάτεια σε Αστάρτη, από κατευναστική παρουσία σε αισθησιακή απειλή. Ο ηδονισμός είναι αυτός που καταξιώνει σε ηρωίδα αισθητισμού την πρωταγωνίστρια του «Φιλιού του ήλιου» του Επισκοπόπουλου, αφού από την άγνοια την φέρνει στη σαρκική γνώση. Ο ηδονισμός είναι αυτός που θα εγγράψει στον κύκλο του αίματος και της νοσηρότητας την Λιόλια, τη δευτεραγωνίστρια της *Κερένιας κούκλας*.

Η ωραιότητα γίνεται συνδυασμός αισθησιασμού και νοσηρότητας. Ωραίος θάνατος είναι ο θάνατος από προσωπική επιλογή και γι' αυτό τεχνητός. Όλες οι παράμετροι ωραιότητας, που αναφέραμε παραπάνω, γίνονται φορείς της έννοιας του Εκλεκτού, το οποίο εκτείνεται από την εξωτική ηδυπάθεια μέχρι την επώδυνη νεύρωση και προσδιορίζει μια ολόκληρη λογοτεχνία, τη λογοτεχνία της παρακμής. Θα λέγαμε καταληκτικά ότι Ωραίο είναι το Τεχνητό, το Εκλεκτό, το Ηδονικό, σε τελική ανάλυση, το νοσηρό και διαστροφικό. Αυτές οι εσωτερικές ταυτίσεις δικαιώνουν το δόγμα της «τέχνης υπέρ της τέχνης», το θεμελιακό δόγμα του αισθητισμού, όπου η τέχνη του εκλεκτού υπήρξε η τέχνη στην οποία μπορούν να συνυπάρξουν ετερογενείς ταυτότητες, υπερβαίνοντας κατεστημένους κανόνες ομορφιάς και ηθικής.

ΜΕΡΟΣ ΔΕΥΤΕΡΟ

Εκπρόσωποι και έργα

1. Κ. Π. Καβάφης

Μια ισχυρή φωνή του νεοελληνικού αισθητισμού ακούστηκε από τη διασπορά· ήταν η φωνή του Κ. Π. Καβάφη (1863-1933). Εδώ ο αισθητισμός περνάει κυρίως μέσα από την ποίηση και αναπτύσσεται μέσα στον κοσμοπολιτισμό της Αλεξάνδρειας. Ο Καβάφης έχοντας πάρει δυτικοευρωπαϊκή παιδεία και έχοντας μαθητεύσει στη βρετανική μέση εκπαίδευση και στη βικτοριανή, κυρίως, λογοτεχνία, είχε την ευκαιρία να έρθει σε επαφή με το πνεύμα των αισθητιστών της Δύσης, τόσο του αγγλόγλωσσου όσο και του γαλλόγλωσσου χώρου. Εμπλουτίζοντας αυτή τη διανοητική εμπειρία με το ανατολίτικο κράμα της συγχρονίας, που βίωνε αλλά και της —κυρίως ελληνιστικής και ρωμαϊκής— διαχρονίας, που φαντασιωνόταν, έφτιαξε ένα στέρεο πυρήνα αισθητιστικής παραγωγής.

Η αρχή της καβαφικής παραγωγής εντοπίζεται γύρω στα 1877, όμως η στροφή του ποιητή προς τον αισθητισμό χρονολογείται από το 1890 και εξής. Ο αισθητισμός στην καβαφική δημιουργία είναι τρόπος τέχνης και τρόπος ζωής, πραγματώνει δηλαδή και τα δύο επίπεδα της ουσίας του· και είναι τόσο ουσιαστικός ως δομικό στοιχείο, ώστε θα εξακολουθήσει να ακούγεται στο βάθος των κειμένων του, ακόμη κι όταν ο ποιητής περάσει στη «ρεαλιστική» φάση της ωριμότητας[62]. Ο αισθητής ως έκφραση κοσμοθεωρίας έχει διαποτίσει δομές βάθους, που θα συνοδέψουν το καβαφικό έργο σ' όλη τη μετέπειτα διάρκειά του.

Παρά το γεγονός, λοιπόν, ότι ο Καβάφης δεν ανήκει στους Ελλαδίτες ποιητές ή πεζογράφους του αισθητισμού, η μοναδική συμβολή

---

62. Πρβ. Σ. Ιλίνσκαγια, *Κ. Π. Καβάφης. Οι δρόμοι προς το ρεαλισμό στην ποίηση του 20ού αι.*, Αθήνα, Κέδρος, ³1988.

του, στον τρόπο με τον οποίο αρθρώθηκε ο νεοελληνικός αισθητισμός, επιβάλλει την αναφορά του σε ξεχωριστό κεφάλαιο, καθώς μάλιστα το περιορισμένο πεζογραφικό τμήμα του έργου του εμπίπτει στο κύριο θέμα του παρόντος βιβλίου. Μέσα στο σύνολο της καβαφικής παραγωγής περιλαμβάνονται τα τρία σωζόμενα πεζά ποιήματά του, τα οποία χρονολογήθηκαν με επιφύλαξη από τον εκδότη τους, Γ. Π. Σαββίδη, μεταξύ του 1894 και του 1897, γράφτηκαν δηλαδή την ίδια στιγμή κατά την οποία στον ελλαδικό χώρο ο Επισκοπόπουλος δημοσίευε τα πιο αμιγή αισθητιστικά πεζά του. Θεωρούμε σκόπιμο να αναφερθούμε πρώτα στον Καβάφη, τόσο λόγω της διαχρονικής του δύναμης όσο και επειδή ο δικός του αισθητισμός βρίσκεται αμιγώς μέσα στο δυτικοευρωπαϊκό κλίμα, ενώ οι υπόλοιποι Ελλαδίτες λογοτέχνες –συμπεριλαμβανομένων και των Ν. και Γ. Καζαντζάκη, παρόλο που η Κρήτη δεν είχε ακόμη υπαχθεί επίσημα στο ελληνικό κράτος– βιώνουν το φαινόμενο με το δικό τους τρόπο.

Οι διαφορές του Καβάφη από τους αισθητιστές της Ελλάδας έχουν στο σημείο αυτό και κάποιο εισαγωγικό χαρακτήρα δεδομένου ότι, όταν ο ίδιος δημιουργεί αισθητιστικά στην ποίηση, δεν έχει παραχθεί ακόμα κανένα αισθητιστικό κείμενο στον ελλαδικό χώρο· είναι όμως και διαφωτιστικές ως προς το τι θα ακολουθήσει. Η ανία, η μονοτονία και η πτώση της αυτοκρατορίας είναι τα θέματα που κυρίως βαραίνουν στα πρώτα βήματα του αισθητισμού του Καβάφη, με όλα τα παρεπόμενά τους: η ατμόσφαιρα της πλήξης και η κούραση ενός πολιτισμού που έφτασε σε τέτοιο βαθμό εκλέπτυνσης, ώστε τελικά να φθίνει· η τρυφή και η πολυτέλεια του ώριμου πια πολιτισμού και η νωχέλεια των ηδονών του· η χαλάρωση και η υπνηλία του κορεσμού που αφήνεται στην αδυναμία, ενώ από μακριά ακούγονται οι απειλητικές ορδές των βαρβάρων.

Στον Καβάφη οι βάρβαροι θεωρούνται ελπίδα ενδυνάμωσης από τους παρακμασμένους υπηκόους της αυτοκρατορίας, οι οποίοι ακούν τους τριγμούς και αισθάνονται τους κραδασμούς της πτώσης της αλλά είναι παραιτημένοι από κάθε αντίδραση. Άλλωστε, το μόνο που δεν επιθυμούν είναι να αντιδράσουν, αφού περιμένουν με λαχτάρα τους βαρβάρους, ως νέο αίμα που θα τους ξανανιώσει· γι' αυτό και απογοητεύονται, όταν οι βάρβαροι τελικά δεν εμφανίζονται. Στον Verlaine οι λευκοί (δηλ. Βορειοευρωπαίοι) βάρβαροι κάνουν ανενόχλητοι την παρέλασή τους μπροστά στους αποσβολωμένους κατοίκους της μεσογειακής αυτοκρατορίας, η οποία αναπαύεται μέσα στο χρυσάφι της χλιδής και του ήλιου.

Η λογική της κατάκτησης, που θέλει τον ηττημένο να θλίβεται από τη συντριβή του, ανατρέπεται μέσα στη λογική του παρακμιακού, ο οποίος δεν έχει τη θέληση να αντισταθεί, καθώς η συνείδηση της ματαιότητας καθορίζει την οπτική του.

Βλέπουμε, λοιπόν, την ομοιότητα του Καβάφη με Δυτικοευρωπαίους συγγραφείς του αισθητισμού, μια ομοιότητα που επεκτείνεται ακόμα και στη χρονική στιγμή της συγκυρίας· ο Καβάφης πραγματεύεται ειδικά την ελληνιστική και ελληνορωμαϊκή εποχή με την πανσπερμία των εθνών της «λαγγεμένης» Ανατολής, κάτι ανάλογο περίπου με τη θεματολογία των εκπροσώπων του διεθνούς αισθητισμού, οι οποίοι μιλούν για την ελληνορωμαϊκή παρακμή με έμφαση στην ύστατη φάση της ρωμαϊκής αυτοκρατορίας. Εδώ έγκειται η διαφορά του Καβάφη με τους Ελλαδίτες, οι οποίοι ενσωματώνουν στον αισθητισμό τους την «élan vital» των βαρβάρων· οι κραδασμοί που ακούγονται σ' αυτούς έχουν την ορμή του καινούριου που ανατρέπει εκ βάθρων και όχι του παλιού που αμφισβητεί τον εαυτό του· η δική τους αρχαία Ελλάδα έχει μια γηγενή διονυσιακή λαγνεία και όχι τη λαγνεία της Ανατολής. Έπειτα, το μωσαϊκό των λαών που απαντά στην πολυπολιτισμική και πολυεθνική ποίηση του Καβάφη, στους Ελλαδίτες μετατρέπεται σε θύλακας οικουμενικής ελληνικότητας, με αποκορύφωμα το *Θρίαμβο* του Ροδοκανάκη, όπου τα διάφορα έθνη προσκυνούν τον Ανδρόγυνο συγκεντρώνοντας τις προσφορές τους στον ομφαλό του κόσμου, την κυρίως Ελλάδα.

Αυτό που δημιουργεί διαφορά είναι η παρουσία του Nietzsche στο στοχασμό των Ελλαδιτών και η παντελής, απ' ό,τι φαίνεται, απουσία του από τον Καβάφη. Η «ζωτική δύναμη», που συγκροτεί το αρχαιοελληνικό ιδεώδες του ελλαδικού αισθητισμού και θυμίζει τη μεταγενέστερη φράση του H. Bergson, έλκει σ' αυτή τη φάση την καταγωγή της από τη θεωρία του Nietzsche. Το σφρίγος της ύπαρξης, του ανθρώπου και του νεανικού κορμιού συνδέεται απαραίτητα με την επιθετική αρχέγονη ηδονή, άποψη που στον Καβάφη αναιρείται, ακόμα και όταν η ηδονική επιθυμία περιβάλλει το κορμί με τη νωθρότητα της παρακμής.

Μ' αυτή την παρατήρηση περνούμε στο πρώτο γνωστό πεζό ποίημα του Καβάφη που έχει τίτλο «Το Σύνταγμα της Ηδονής» (1894;-1897;). Πρόκειται για παραινετικό κείμενο, που καλεί τον αναγνώστη στη ζωή του αισθητή. Είναι γραμμένο σε δεύτερο πρόσωπο και δίνει το σύνολο των αρχών που καλείται να ακολουθεί στη ζωή του ο γνήσιος αισθητής. Η πρώτη περίοδος «μη ομιλείτε περί ενοχής, μη ομιλείτε περί ευθύνης»[63] σημαίνει έκκληση για απαλλαγή από ηθικούς κανόνες, η οποία αφορά, όπως επεξηγεί ο αφηγητής στη συνέχεια, την απόλαυση της ηδονής. Όλη αυτή η διαδικασία, κατά την οποία «ριγούν και τρέμουν οι αισθήσεις»[64], παρομοιάζεται με ένα «Σύνταγμα Ηδονής», το οποίο περνά επιβλητικό με μουσικές και σημαίες. Μια εκστρατεία διεξάγεται, με στόχο «την κατάκτηση των απολαύσεων και των παθών»[65], στην οποία είναι υποχρεωμένος να μετέχει ο αισθητής. Ο αφηγητής απευθύνει γενικό κάλεσμα χωρίς να το περιορίζει σε συγκεκριμένη μερίδα ατόμων. Είναι χαρακτηριστικό ότι πουθενά δεν αναφέρεται η λέξη «αισθητής», αναφέρεται μόνο η λέξη «στρατιώτης», που μας οδηγεί στο ζήτημα της δέσμευσης απέναντι σε ορισμένες αρχές. Ο αναγνώστης αναγνωρίζει πάντως μέσα στο κείμενο τα διδάγματα των αισθητών, τα οποία θα συνοψίσουμε λίγο αργότερα.

Τα λόγια του αφηγητή χρησιμοποιούν τη ρητορική του κηρύγματος με συχνές επαναφορές της λέξης «πρέπει». Η υπακοή στις αισθήσεις περιγράφεται ως χρέος και το να ενδίδει κανείς στις επιθυμίες ορίζεται ως επιτακτική ανάγκη, στο πλαίσιο μιας στρατιωτικής ορολογίας της πειθαρχίας. Η υπενθύμιση της ανεξαρτησίας από τους νόμους της ηθικής επανέρχεται ως διαρκές ορόσημο πορείας αλλά και με όρους εμπορικής ανταλλαγής, όταν η ηδονή παραβάλλεται με αμοιβή και κληρονομιά. Η προτροπή είναι να μην κλείσουν τα παράθυρα αλλά να κρατηθούν ανοιχτά, για να χυθούν μέσα οι μουσικές από το σύνταγμα που περνά απέξω με τα λάβαρά του.

Το επισφράγισμα είναι η σκηνή του τέλους της ζωής, η οποία και πάλι δεν αφήνει αδικαίωτο το συνεπή στρατιώτη της ηδονής. Όταν περάσει η κηδεία του, εμφανίζονται οι μορφές που έπλασαν οι επιθυμίες του και ρίχνουν κρίνα και λευκά τριαντάφυλλα πάνω στο φέρετρό του. Το φέρετρο το σηκώνουν οι έφηβοι θεοί του Ολύμπου και η ταφή γίνεται στο Κοιμητήριο του Ιδεώδους, όπου ασπρίζουν τα μαυσωλεία της ποιήσεως. Πρώτα σημειώνουμε το ότι αυτοί που σηκώνουν το φέρετρο είναι οι θεοί του Ολύμπου και μάλιστα έφηβοι. Αυτό σημαίνει κατά πρώτο λόγο χρήση μοτίβων αρχαιοπρέπειας και ειδωλολατρείας και, κατά δεύτερο λόγο, έμφαση στην εφηβική ηδονικότητα, που εδώ

---

63. Κ. Π. Καβάφης, «Το Σύνταγμα της Ηδονής», *Κρυμμένα Ποιήματα 1877;-1923* (επιμ. Γ. Π. Σαββίδης), Αθήνα, Ίκαρος, 1993, 113.
64. Ό. π.
65. Ό. π.

ακόμα λανθάνει αλλά σε κατοπινά κείμενα του Καβάφη θα βρει την πλήρη έκφρασή της. Σ' αυτόν τον πρώιμο και αδιαμόρφωτο ακόμα αισθησιασμό ταιριάζει ένα σχόλιο του Pater (*Αναγέννηση*, 1888) για τον Γερμανό αισθητικό Winckelmann: «ο αισθησιασμός των Ελλήνων δεν εξάπτει τη συνείδηση: είναι χωρίς αιδώ και μοιάζει με των παιδιών [...] αγγίζει τα μάρμαρα αυτά με άδολα χέρια, δίχως καμιά αίσθηση αιδούς ή απώλειας»[66].

Η όλη σκηνή, μέσα στη λευκότητα και την πλαστικότητα των μορφών, θα μπορούσε να θεωρηθεί παρνασιστική, έχει όμως ήδη εισχωρήσει στον προθάλαμο του αισθητισμού, αφού όλα ενορχηστρώνονται μέσα στην έννοια του ηδονικού Ιδεώδους· είναι ένα προστάδιο του πιο εξελιγμένου αισθητισμού που θα συναντήσουμε στο ποίημα «Επιθυμίες» (1904) αλλά ακόμη πιο πολύ στο «Αλεξανδρινοί βασιλείς» (1912)· στο πρώτο από τα δύο ποιήματα οι επιθυμίες, που δεν εκπληρώθηκαν, μοιάζουν με ωραία σώματα νεκρών που δεν γέρασαν αλλά κλείστηκαν σε λαμπρό μαυσωλείο, στεφανωμένες με λουλούδια (τριαντάφυλλα στο κεφάλι και στα πόδια γιασεμιά), ενώ στο δεύτερο η εφηβική ομορφιά του μελλοθάνατου Καισαρίωνα στολίζεται στα χέρια, τα πόδια και τη μέση με δέσμες λουλουδιών από πολύτιμους λίθους. Ο ώριμος αισθητισμός του Καβάφη περιβάλλει το νεανικό και το εφηβικό κορμί με την αύρα της ηδυπάθειας, πάντα όμως σε σχέση με την παθητικότητα, η οποία απουσιάζει από τον ελλαδικό ηδονισμό.

Είδαμε ότι το να υπηρετεί κανείς στο καβαφικό σύνταγμα της ηδονής, το να γίνει στρατιώτης στα προστάγματά της, είναι υπηρεσία στη «θεσπέσια μέθη»[67]. Οι λέξεις αυτές μας προϊδεάζουν για κατοπινότερα συμφραζόμενα ερωτικής μέθης και ζέστης, όπου θα κινηθεί η καβαφική έμπνευση. Στα «Πλοία», άλλο ένα πεζό ποίημα που θα εξετάσουμε εδώ, γίνεται λόγος για τις μεγάλες θερμοκρασίες όπου ωριμάζουν τα πιο μεστά κρασιά, ενώ στο ποίημα «Επήγα» (1913) γίνεται λόγος για τα «δυνατά κρασιά που πίνουν οι ανδρείοι της ηδονής»[68].

Το «Σύνταγμα της Ηδονής» είναι αλληγορικό. Πίσω από τις εντυπωσιακές εικόνες του με τις παρελάσεις και τις μεγαλόπρεπες πομπές αποκαλύπτεται η κοσμοθεωρία του αισθητή. Κύριο σημείο προσοχής είναι οι αισθήσεις. Η ικανοποίηση της αίσθησης μας πηγαίνει στον Ρα-

---

66. R. V. Johnson, *Αισθητισμός* (μτφρ. Ε. Μοσχονά), Αθήνα, Ερμής, 1984, 106.
67. Κ. Π. Καβάφης, «*Το Σύνταγμα της Ηδονής*» ό.π.
68. Κ. Π. Καβάφης, *Ποιήματα (1897-1933)* (επιμ. Γ. Π. Σαββίδης), Αθήνα, Ίκαρος, 1989, 61.

ter και στον Wilde, ενώ η άρση του στοιχείου της ενοχής έχει μπωντλαιρική καταγωγή και θα δώσει μακροπρόθεσμα το δόγμα της «τέχνης υπέρ της τέχνης». «Να ενδίδεις, να ενδίδεις πάντοτε εις τας Επιθυμίας»[69], λέει ο Καβάφης θέτοντας τις βάσεις του αισθησιασμού στην ποίησή του αλλά και τις βάσεις ενός αγώνα ηδονής και αρετής που θα διεξαχθεί στη διάρκειά της[70].

Αλληγορικό είναι και το δεύτερο γνωστό πεζό ποίημα, που θα εξετάσουμε και το οποίο τιτλοφορείται «Τα Πλοία» (1895-1896;)· είναι η αλληγορία της συγγραφικής / λογοτεχνικής δημιουργίας. Εξετάζονται οι διάφορες κατηγορίες των προϊόντων και οι απώλειες που υφίστανται από τη στιγμή που θα φύγουν από τις αγορές της Φαντασίας μέχρι τη στιγμή που θα φτάσουν στο λιμάνι απόληξης, και από τη στιγμή που θα φτάσουν στο λιμάνι μέχρι τη στιγμή που θα μπουν στα εκλεκτά συμπόσια. Άλλα προϊόντα είναι εύθραυστα και σπάζουν προκαλώντας ζημιά ανεπανόρθωτη, γιατί το πλοίο είναι αδύνατο να γυρίσει πίσω, αλλά και αν ακόμα γυρίσει και βρει το ίδιο κατάστημα, είναι απίθανο να βρει τα ίδια εμπορεύματα, γιατί η μόδα ή η σειρά (το σετ) τους θα έχουν αλλάξει.

Άλλη ζημιά προκαλείται από τη χωρητικότητα των πλοίων, η οποία επιβάλλει τη ρίψη φορτίου με αποτέλεσμα οι ναύτες, που δεν γνωρίζουν καλά τα πράγματα, να ρίχνουν και πολύτιμα αντικείμενα. Αλλά, ακόμη και αν το πλοίο φέρει το φορτίο του ακέραιο στο λιμάνι, υπάρχουν εκεί οι τελωνειακοί που δεν επιτρέπουν να αποβιβασθεί μέρος του φορτίου· ο λόγος είναι οι νόμοι που απαγορεύουν το λαθρεμπόριο αλλά και τα κρασιά από τις μακρινές ηπείρους με τη μεθυστική και βαριά γεύση τους, που θίγουν το μονοπώλιο της ντόπιας, αναγνωρισμένης εταιρείας· η αντίθεση είναι ισχυρή: από τη μια έχουμε «οίνους και οινοπνεύματα από σταφύλια τα οποία αναπτύσσει και ωριμάζει γενναιοτέρα θερμοκρασία.[...] Είναι πάρα πολύ μεθυστικά. Δεν είναι κατάλληλα δι' όλας τας κεφαλάς»· από την άλλη έχουμε «υγρά έχοντα το χρώμα του κρασιού και την γεύσιν του νερού και ημπορείς να πίνεις όλην την ημέρα από αυτά χωρίς να ζαλισθείς διόλου»[71].

Τελικά όσα από τα απαγορευμένα ποτά έχουν άλλη ετικέτα, εξαπατούν τους τελωνειακούς και εισάγονται στις εκλεκτές γιορτές. Το θλιβερό είναι όταν τα πιο μεγάλα και τεχνουργημένα πλοία, τα φορτω-

---

69. Κ. Π. Καβάφης, «Το Σύνταγμα της Ηδονής», ό.π.
70. Βλ. και Κ. Π. Καβάφης, «Τα Επικίνδυνα», Ποιήματα, ό. π., 48.
71. Κ. Π. Καβάφης, «Τα Πλοία», ό. π., 116.

μένα με θησαυρούς δεν μπαίνουν στα λιμάνια, είτε επειδή τα είδη τους είναι απαγορευμένα είτε επειδή το λιμάνι είναι πολύ ρηχό, για να τα δεχτεί. Η οπτασία αυτών των σπάνιων καραβιών περνά γρήγορα στη μνήμη και κατόπιν λήθη, όμως σε κάποια στιγμή εσωτερικής ησυχίας, όπου επανέρχεται νοερά στην ακοή ένα ξεχασμένο τραγούδι, η θύμηση θα πάει στο άσμα που έψαλλαν οι ναύτες, «ωραίοι ως ήρωες της Ιλιάδος», όταν περνούσαν τα «μεγάλα, τα θεσπέσια πλοία»[72]· το τέλος αποτελεί μια σαφή σύνδεση με το μεταγενέστερο ποίημα «Ιθάκη».

Έχουμε εδώ την ευκαιρία να παρακολουθήσουμε, σε εμβρυακή διαμόρφωσή τους μέσα στο καβαφικό πεζό έργο, βασικά θέματα και μοτίβα του αισθητισμού, τα οποία θα βρουν αργότερα πιο μεστές και εμπεριστατωμένες αναπτύξεις. Το μοτίβο του ταξιδιού σημαίνει εδώ το πέρασμα από τη Φαντασία στο Χαρτί και από το Χαρτί στον Αναγνώστη. Πρόκειται για την περιπέτεια της συγγραφικής δημιουργίας, η οποία μεταμορφώνεται, σύμφωνα με τα αισθητιστικά ζητούμενα, σε πορεία της ζωής του αισθητή.

Το θέμα του ταξιδιού ήταν προσφιλές στο διεθνή αισθητισμό ως αναζήτηση εμπειριών· ο Des Esseintes πραγματοποιεί μέσα στο σπίτι του ένα θαλασσινό ταξίδι ψηλαφώντας τις εμπειρίες του τεχνητού· ο Baudelaire ταξιδεύει στα κάλλη της αγαπημένης γυναίκας, την οποία ταυτίζει με «Τ' ωραίο καράβι» στο ομώνυμο ποίημα, ενώ στο ποίημά του «Κάλεσμα σε ταξίδι» η υπόσχεσή του στη λατρεμένη γυναίκα για ταξίδεμα σε μαγευτικούς κόσμους εντρυφά στα κλίματα και τα περιβάλλοντα της λάγνας Ανατολής: η πλούσια διακόσμηση, η λεπτομέρεια στη φιλοτέχνηση του βαρύτατου διάκοσμου, η πλήρωση των αισθήσεων από ευωδιές, το σπάνιο των πολύτιμων λίθων δημιουργεί ηδονικές συνιστώσες μέσα σε διάκοσμο χλιδής[73]. Και, οπωσδήποτε, «Το ταξίδι» του Baudelaire περικλείει την ανησυχία του παρακμιακού, που κάνει μυθολογικές αναφορές στο ταξίδι του Οδυσσέα (Κίρκη, Λωτός=Λωτοφάγοι), αλλά διαχέεται και στη συγχρονία του, με ταξίδια σε παλιές (Κίνα) και καινούριες (Αμερική) χώρες. Το ανερμάτιστο ύφος, που το υιοθετεί ο ποιητής ως απεικόνιση του φθοροποιού αδιεξόδου, πλουτίζεται με μωσαϊκό αναφορών σε οπτασιακά παράδοξα,

---

72. Ό. π., 117.
73. Ch. Baudelaire, «Κάλεσμα σε ταξίδι», *Τα Άνθη του Κακού* (μτφρ. Γ. Σημηριώτης), Αθήνα, Γράμματα, 1991, 74-75: «Την κάμαρά μας λαμπερά / από των χρόνων τη φθορά / έπιπλα θα στολίζουν· / λουλούδια σπάνια και λεπτές / κεχριμπαρένιες μυρωδιές / θε ν' αλαφρομυρίζουν».

θρησκευτικές αναφορές, μακάβρια θεάματα, και γενικά όλα εκείνα που συνθέτουν τον γκροτέσκο μικρόκοσμο της ποίησής του. Αυτό που έχει σημασία είναι η αξία της πείρας για τον ταξιδευτή, ανεξάρτητα αν προέρχεται από το καλό ή το κακό, από το φως ή το σκοτάδι: «Άδης; Εδέμ; Τι νοιάζει; Φτάνει στα βάθη του Άγνωστου κάτι το νέο να βρούμε!»[74].

Στην ποίηση του Καβάφη το ταξίδι αποκτά τη δική του διάσταση με την «Ιθάκη» (1911) ως αλληγορία, σύμβολο ή μεταφορά του ταξιδιού μέσα από τη ζωή και, μάλιστα, τη ζωή του αισθητή. Το ποίημα φαίνεται να καταγράφει τους διάφορους σταθμούς όχι του Οδυσσέα αλλά ενός νεότερου ανθρώπου που ζητά την αυτοκαλλιέργεια. Ο ποιητής βρίσκει επίσης την ευκαιρία να τοποθετήσει μεγάλο μέρος του ποιήματος στον αστικό χώρο της Ανατολής που τόσο αγαπά, για να μας εισαγάγει στο δικό του ηδονικό κοσμοπολιτισμό. Αξίζει να σημειωθεί εδώ πως το ποίημα στο πρώτο του σχεδίασμα έφερε τον τίτλο «Δευτέρα Οδύσσεια».

Η περιπλάνηση του αισθητή της «Ιθάκης» μέσα στην ανεξερεύνητη περιοχή των αισθήσεων έχει, λοιπόν, τρία σκέλη· το σκέλος του σπάνιου και του εκλεκτού, σε άμεση σύνδεση με την όραση, με κοράλλια, εβένους και κεχριμπάρια· το σκέλος του ηδονικού, σε άμεση σύνδεση με την όσφρηση («ηδονικά μυρωδικά κάθε λογής, όσο μπορείς πιο άφθονα ηδονικά μυρωδικά»[75])· το εξωτικό στοιχείο της Εγγύς Ανατολής, σε άμεση σύνδεση με την αφή, με την καλαισθησία και την ηδονική τρυφή της.

Τα παραπάνω στοιχεία τα συναντούμε πολύ νωρίτερα στο πεζό ποίημα «Τα Πλοία»· το στοιχείο του σπάνιου και του εκλεκτού υπάρχει στην περιγραφή των εμπορευμάτων, που δεν είναι συνηθισμένα αλλά λεπτά γυαλικά και διαφανή κεραμικά· τα πελώρια πλοία με τις εκλεκτές πραμάτειες τους είναι και τα ίδια φτιαγμένα με κοράλλινα κοσμήματα και ιστούς από έβενο[76]· τα κρασιά είναι δυνατά και προορισμένα για κάποιους εκλεκτούς[77], ενώ τα «δυνατά κρασιά» του «Επήγα» (1913) επαναλαμβάνονται και αναφέρονται ως «καλά κρασιά» στο «Εύνοια του Αλεξάνδρου Βάλα» (1921): «με τα καλά κρασιά και μες στα ωραία ρόδα τη νύχτα θα περάσω»[78]. Η γενναία θερμοκρασία θα έχει μια πιο ανατολίτικη συνέχεια στον «Πολυέλαιο» (1914), όπου η

---

74. Ό. π., 125.
75. Κ. Π. Καβάφης, ό. π., 27.
76. Πρβ. «Τα Βήματα» (1909), όπου το κρεβάτι του Νέρωνα είναι από έβενο και στολίζεται με κοραλλένιους αετούς.
77. Αργότερα (1913) θα ονομαστούν «ανδρείοι της ηδονής» στο «Επήγα».
78. Κ. Π. Καβάφης, ό. π., 113.

κλειστή άδεια κάμαρα επενδυμένη με πράσινα πανιά, που θυμίζει έτσι ισλαμικό τέμενος, φλέγεται από τη μοναδική παρουσία του πολυελαίου: «και μες στη φλόγα του την καθεμιά πυρώνει μια λάγνη πάθησις, μια λάγνη ορμή [...] γι' άτολμα σώματα δεν είναι καμωμένη αυτής της ζέστης η ηδονή»⁷⁹.

Συχνά στην κατοπινότερη δημιουργία του Καβάφη το δυνατό ποτό θα συνδυαστεί με το δυνατό άρωμα ως συνδήλωση του εκλεκτού ερωτισμού, που θα φανεί άμεσα· στα «Πλοία» γίνεται έμμεσος υπαινιγμός της σπάνιας ηδονής, όταν γίνεται αναφορά στους πολύτιμους αλλά απαγορευμένους και κρυμμένους θησαυρούς. Ο ίδιος υπαινιγμός γίνεται και στο «Του Μαγαζιού» (1913), όπου τα κοινότερα κοσμήματα (βραχιόλια, αλυσίδες, περιδέραια, δαχτυλίδια) προορίζονται για την ευρεία κατανάλωση, ενώ στο βάθος του συρταριού κρατάει ο κοσμηματοπώλης τα πιο περίφημα τεχνουργήματα της τολμηρής του εργασίας –με την τόλμη ως γνωστή συνιστώσα ηδονής–: «από ρουμπίνια ρόδα, από μαργαριτάρια κρίνοι, από αμεθύστους μενεξέδες»⁸⁰. Συμπερασματικά, θα λέγαμε ότι στα «Πλοία» υπάρχει διάχυτο το θέμα του απαγορευμένου έρωτα, όπου η ηδυπάθεια συνυπάρχει με τη λεπτότερη κατεργασία υλικών και νόησης, ως ορόσημο αισθητισμού.

Τελευταίο θα θίξουμε το θέμα της αισθητιστικής δημιουργίας, η οποία είναι το προϊόν που μεταφέρεται από τις χώρες της φαντασίας στο χάρτινο (συγγραφικό και εκδοτικό) λιμάνι· πρόκειται για δημιουργία εκλεκτή, τεχνουργημένη δηλαδή και προσεγμένη αλλά παράλληλα και απαγορευμένη. Ο Καβάφης έμμεσα μιλά και για το έργο του, γεγονός που κάνει «Τα Πλοία» και κείμενο ποιητικής. Η συγκάλυψη που χαρακτηρίζει το κείμενο δεν αρκεί για να κρύψει το κεντρικό του νόημα, που είναι η αποδοχή μιας ηδονικής ποίησης, η οποία κινείται στην περιοχή του ιδιαίτερου ερωτισμού.

Από την άποψη αυτή το θέμα της εκλεκτής τέχνης εμπίπτει στο δόγμα της «τέχνης υπέρ της τέχνης», στο βαθμό που την απεξαρτά από ηθικούς κανόνες. Πρέπει εδώ να επισημάνουμε τη διαφορά του Καβάφη από τους περισσότερους Ελλαδίτες αισθητιστές. Στον Καβάφη η καινούρια, αυτόνομη τέχνη ανακύπτει και ως βίωμα, όχι μόνο ως διακήρυξη αισθητή· ο Καβάφης αποκρύπτει την ιδιαιτερότητα της ποίησής του ή την ψιθυρίζει σαν υποβολέας μόνο στους μυημένους, που θα την αφουγκραστούν. Οι περισσότεροι Ελλαδίτες αισθητιστές, αντίθετα, αποκα-

---
79. Ό. π., 62.
80. Ό. π., 52.

λύπτουν την αντιλήψεις τους για τη νέα τέχνη γράφοντας κείμενα, όπου σκόπιμα υπονομεύουν καθιερωμένες διακρίσεις, με τη σαφή πρόθεση να τις διαβάλουν κηρύσσοντας την πίστη τους στο καινούριο δόγμα.

Ενδεικτικό για την ενασχόληση του Καβάφη με το πολύτιμο και το εκλεκτό, και στα πεζά του κείμενα, είναι η δημοσίευση ενός πρώιμου κειμένου με τίτλο «Το κοράλλιον υπό μυθολογικήν έποψιν», στην εφημερίδα *Κωνσταντινούπολις* (Κων/πολη, 3. 1. 1886)· το κείμενο δεν έχει λογοτεχνική πρόθεση ή αξία και θα το ονομάζαμε εγκυκλοπαιδικό άρθρο, επισημαίνουμε όμως το πόσο καλά κατέχει ο εικοσιτριάχρονος Καβάφης ακόμη και μικρές λεπτομέρειες σχετικά με την ιστορία και το μύθο που συνδέθηκε με τη χρήση αυτού του ημιπολύτιμου υλικού[81].

Το τρίτο πεζό του Καβάφη, που θα εξετάσουμε, έχει τίτλο «Ενδύματα» (1894-1897;). Μοιάζει με εκ βαθέων εξομολόγηση ενός αφηγητή ο οποίος θέλει να φυλάξει μέσα σ' ένα κιβώτιο τα ποικίλα ενδύματα της ζωής του· στην πραγματικότητα πρόκειται πάλι για αλληγορία, αφού τα ενδύματα συντονίζονται με περιόδους ζωής και, μάλιστα, περιόδους ζωής ενός αισθητή, όπως αποδεικνύεται στη συνέχεια. Ενώ, λοιπόν, με επιμέλεια και προσοχή ταξινομεί τα ενδύματα της ζωής του μέσα στο σεντούκι, στην πραγματικότητα κρατά καλά φυλαγμένες μέσα του τις εμπειρίες, που του έδωσε η ζωή, και τις σχολιάζει.

Πρώτα βάζει τα κυανά ρούχα, μετά τα κόκκινα που είναι και τα πιο ωραία, έπειτα βάζει τα κίτρινα και, τελευταία, βάζει τα πιο ξεθωριασμένα κυανά. Η πολυχρωμία αυτή έρχεται σε αντιδιαστολή με την εικόνα που ακολουθεί και που θέλει τον αφηγητή κλεισμένο μέσα στη σκοτεινή κάμαρα ενός «μαύρου σπιτιού»[82] να φοράει μαύρα ρούχα και να αναπολεί το παρελθόν, ανοίγοντας το σεντούκι με πόθο και απελπισία. Τότε θυμάται τη μεγάλη γιορτή που έχει πια ολωσδιόλου τελειώσει· τα πιάτα και τα ποτήρια σπασμένα κείτονται καταγής, τα έπιπλα έχουν σκορπιστεί άτακτα, τα κεριά έχουν καεί ως το τέλος, το κρασί είναι πιωμένο και οι καλεσμένοι φευγάτοι. Το τέλος δεν έχει εξάρσεις αλλά αφοπλίζει με την πικρία της παρακμής που εκπέμπει: «μερικοί κουρασμένοι θα κάθονται ολομόναχοι, σαν κι εμένα, μέσα σε σπίτια σκοτεινά – άλλοι πιο κουρασμένοι θα πήγαν να κοιμηθούν»[83]. Η παρουσία του

---

81. Για τους πολύτιμους λίθους στον Καβάφη βλ. τη διατριβή της D. Haas, *Le problème religieux dans l'oeuvre de Cavafy. Les années de formation (1882-1905)*, Paris, Université Paris IV-Sorbonne, 1987, 288-290.
82. Κ. Π. Καβάφης, «Ενδύματα», ό. π., 118.
83. Ό. π.

πολύτιμου είναι και εδώ καταλυτική, αφού τα ενδύματα τα κλείνει ο αφηγητής μέσα σ' ένα έπιπλο από σπάνιο ξύλο έβενου.

Τα διάφορα χρώματα σε μια πρώτη ανάγνωση σηματοδοτούν ενδεχομένως ηλικίες του αφηγητή – θα λέγαμε η γαλάζια, η κόκκινη, η κίτρινη και η ξεθωριασμένη κυανή περίοδός του, ξεκινώντας από την άγουρη ηλικία, προχωρώντας στην κορύφωση και καταλήγοντας στη σταδιακή πτώση, όπου βαθμιαία αρχίζουν να ξεφτίζουν τα χρώματα. Ουσιαστικά ο λόγος γίνεται για τις εμπειρίες που αποκόμισε στη ζωή του και τα χρώματα αποδίδουν την ένταση με την οποία βιώθηκαν αυτές οι εμπειρίες. Φυσικά υπάρχει άμεση σύνδεση ανάμεσα στην ηλικία και την ποιότητα του βιώματος. Η παιδική ή εφηβική ηλικία ακόμα δεν έχει μεστώσει και φέρει το ουρανί ή γαλάζιο χρώμα, σε αντίθεση με το έντονο κόκκινο, που το φέρει η ηλικία της νεότητας, η οποία κάνει την απόλαυση της ζωής πιο συνειδητή, επομένως πιο ισχυρή.

Η συνεκδοχή ρούχων και βιωματικών καταστάσεων συνεχίζεται με την κραυγαλέα αντίθεση πολύχρωμου και μονόχρωμου· το μονόχρωμο είναι το πένθιμο του μαύρου, το οποίο τονίζεται με πολλαπλή επανάληψη, ώστε να εμπεδώσει τη σκοτεινή ψυχολογική κατάσταση του παρόντος. Πρόκειται για μια ηλικία που θα την λέγαμε γεροντική και που νιώθει ανήμπορη για τη διεκδίκηση ζωηρών επιθυμιών αλλά ανακουφίζει τον πόθο της με τη μνήμη. Η σκηνή του εγκαταλειμμένου και απογοητευμένου αφηγητή που ανοίγει με ευλάβεια το σεντούκι του, για να φυλλομετρήσει το παρελθόν, αποκαλύπτει την ηδονικότητα μέσα στην κρυφή λαχτάρα του για αναμνήσεις.

Η μνήμη στο συγκεκριμένο πεζό μπορεί να διαθλάται μέσα από χρώματα σε ένα ουράνιο τόξο βιωμάτων, έχει όμως και μια πιο συμπαγή εικόνα που θυμίζει παραβολή. Είναι η εικόνα του μεγάλου συμποσίου της ζωής, όπου με όλη του τη δύναμη μετείχε στο παρελθόν ο αφηγητής και το οποίο άφησε ως κληροδότημα την ανεξίτηλη θύμηση. Η εικόνα της διάλυσης του συμποσίου παραπέμπει στη διάλυση του κόσμου, που οι παρακμιακοί την ζούσαν νοερά και ως απώλεια ενός κόσμου ή μιας αυτοκρατορίας. Είδαμε ότι ο Verlaine στο σονέτο του «Langueur», όπου απεικονίζει την κατάπτωση και την παραίτηση της αυτοκρατορίας –μάλλον της ρωμαϊκής, αν ακολουθήσουμε το θεματικό πλάνο των δυτικών παρακμιακών– σχολιάζει: «Όλα τα φάγαμε! Όλα τα ήπιαμε! Τίποτα πια να πεις!»[84]. Το ανιαρό τέλος ενός συμποσίου, στο οποίο

---

84. A. E. Carter, *The Idea of Decadence in French literature*, Toronto, University of Toronto Press, 1958, 107.

πλουσιοπάροχα ευωχήθηκαν οι θαμώνες, συστήνει το δίπτυχο της παρακμής, όπου η πίσω, είναι η όψη της ανίας και η μπροστινή, η όψη της αχαλίνωτης ορμής για απολαύσεις.

Παρόμοια σκηνή θα συναντήσουμε το 1909 στο πεζό ποίημα «Σαλώμη» της Γ. Αλεξίου, όπου η αφηγήτρια είναι προσκαλεσμένη στο συμπόσιο του μεγάλου αφέντη Πόνου στο κάστρο του. Υπάρχει και εκεί η αλληγορία της ψυχής, που απεικονίζεται ως ερωτική τσιγγάνα και που σαν καινούρια Σαλώμη θα χορέψει μέχρι την εξάντληση, μέχρι να ξαναπέσει στα νύχια του δυνάστη της. Η σκηνή του τέλους με τα σβησμένα κεριά, τα τελειωμένα ποτά και τους απόντες καλεσμένους είναι πανομοιότυπη με αυτήν του Καβάφη. Πρόκειται σαφώς για ομοιότητα στο πλαίσιο της αισθητιστικής ιδιοσυγκρασίας, αφού το γλέντι της ζωής με κάθε κόστος, υπήρξε πέρα από σταθερό θέμα της αισθητιστικής ποίησης, και σταθερός άξονας αναφοράς στη ζωή των αισθητών.

Τέλος, η αντίθεση του μαύρου με τα πολλά χρώματα, ως ξεπέρασμα της μανιχαϊστικής θεώρησης των πραγμάτων και της μονόδρομης σύγκρουσης άσπρου–μαύρου, επαναλαμβάνεται στο ανέκδοτο ποίημα του Καβάφη με τίτλο «Στο Σπίτι της Ψυχής» (1894), που είναι αφιερωμένο στον γαλλόφωνο συμβολιστή Rodenbach. Παρά το γεγονός ότι η εκφραστικότητα του ποιήματος δεν έχει καμιά σχέση με τα σιωπηλά φλαμανδικά τοπία του Βέλγου συμβολιστή, η αφορμή ωστόσο προέρχεται από μια φράση του. Αυτό που περιγράφει εκείνος λαμβάνει χώρα στο ποίημα του Καβάφη: στο σπίτι της Ψυχής τα Πάθη διασκεδάζουν. Τα Πάθη παρουσιάζονται ως εταίρες στολισμένες με φανταχτερά ρούχα και κοσμήματα στο πνεύμα του εκλεκτού και εξεζητημένου, ενώ η συμπεριφορά τους έχει την αύρα του τολμηρού, του προκλητικού και του ανεπίτρεπτου. Την ίδια στιγμή οι Αρετές κοιτάζουν απέξω κακοντυμένες, χλωμές και σκυθρωπές. Η αντιδιαστολή δεν έχει άμεση χρωματική αναφορά αλλά εστιάζει την προσοχή στην ενδυμασία και τη διάθεση. Η αντίστιξη γίνεται ανάμεσα στο άχαρο και στο εξεζητημένο· τα συμφραζόμενα του ξέφρενου γλεντιού, όπου οι ελκυστικές γυναίκες-Πάθη χορεύουν και πίνουν με τα μαλλιά τους λυτά, φορώντας μετάξια στο κορμί και ζαφείρια στο κεφάλι, είναι πρόκληση για τη σεμνότητα που παρακολουθεί συλλογισμένη απέξω και απεικονίζεται στα πρόσωπα των Αρετών.

Μιλούμε για τη βασική συνειδησιακή πάλη που γέννησε τον αισθητισμό, τη διαλεκτική του καλού με το κακό και του αμαρτωλού με το ενάρετο. Η χωρίς τύψεις παράδοση στις ηδονές της ζωής υπήρξε σημείο αιχμής τόσο για τους δυτικούς όσο και για τους Νεοέλληνες αισθητιστές. Βέβαια, στην προκειμένη περίπτωση ο καλαισθητικός διάκοσμος και η τρυφή, με την οποία περιβάλλονται οι εικόνες, δίνουν στο θέμα τη γοητεία του μοιραίου, έτσι ώστε να περνά απαρατήρητη η αντιπαλότητα των δύο καταστάσεων.

Οι χαμηλοί και αισθησιακοί τόνοι του Καβάφη συντελούν στο να μεταδίδει αθόρυβα στον αναγνώστη του το νόημα της αισθητιστικής ζωής. Εδώ έγκειται και η διαφορά του με τους Ελλαδίτες αισθητιστές, οι οποίοι θα χρησιμοποιήσουν πιο σκληρούς, μάλλον νιτσεϊκούς τόνους, για να κάνουν συνειδητή τη σύγκρουση της αμαρτίας με την ηθική. Τη μεγαλόφωνη υποστήριξη και θεωρητική κατοχύρωση των δογμάτων του αισθητισμού ο Καβάφης την εκχωρεί κατά μεγάλο μέρος στα *Ανέκδοτα Σημειώματα Ποιητικής και Ηθικής*, πεζά κείμενα με φιλοσοφικό-αυτοβιογραφικό-ποιητολογικό προσανατολισμό, που λόγω έλλειψης λογοτεχνικότητας δεν παρουσιάζονται εδώ. Οφείλουμε, ωστόσο, να επισημάνουμε ότι σε καμία από τις δύο παραπάνω περιπτώσεις η προτίμηση των λογοτεχνών του αισθητισμού δεν κερδήθηκε ανώδυνα ούτε χωρίς ενοχές.

Η σκηνή του μεγάλου ξεφαντώματος «Στο Σπίτι της Ψυχής» θα έχει, όπως είδαμε, τη συνέχειά της στη «Σαλώμη» της Γ. Αλεξίου, όπου έχουμε ήδη επισημάνει την ομοιότητα σκηνοθεσίας στα φώτα, τα διαμαντικά και τα λουλούδια του χορού. Υπάρχει επίσης η αλληγορία της ψυχής, η οποία ανοίγεται στα φλογερά πάθη παρέχοντάς τους ζωτικό χώρο, ώστε να αναπτυχθούν. Αυτό που υπάρχει επιπλέον εδώ ως δείγμα της όψιμης ελλαδικής αισθητιστικής τεχνοτροπίας είναι το στοιχείο του Υπερανθρώπου, ο οποίος τελικά θα καταβάλει την ηρωίδα με την πανίσχυρη μορφή του Πόνου. Η πεζογράφος αξιοποιεί στο κείμενό της νιτσεϊκά πρότυπα αλλά και την αισθησιακή μορφή της μοιραίας γυναίκας, όπου ο βιβλικός εξωτισμός της Σαλώμης μπορεί να συνυπάρχει με την πρωτόγονη θέρμη της τσιγγάνας.

Το ανέκδοτο καβαφικό πεζό διήγημα «Εις το φως της ημέρας» ο χαρακτήρας του φανταστικού το φέρει στην άμπωτη του ρομαντισμού, λόγος για τον οποίο δεν μελετάται εδώ. Αξίζει, ωστόσο να αναφερθεί ότι η υπόθεση εδώ είναι το επαναλαμβανόμενο όνειρο ενός ανθρώπου που μένει σε εκκρεμότητα, αφού μένουν αναπάντητες οι επισκέψεις που του κάνει μέσα στον ύπνο του αλλά και στον ξύπνιο του ένα φάντασμα, καθώς και οι προσκλήσεις του να ψάξουν μαζί για κάποιο θησαυρό· το θέμα θυμίζει τις αλλόκοτες ιστορίες του Ε. Α. Ροε, τον

«Εφιάλτη» του Επισκοπόπουλου και το «Βιο της Κυράς Κερκύρας» του Θεοτόκη, περισσότερο όμως τη γαλλόγλωσση και άλλη «λογοτεχνία του φανταστικού»[85].

Συνοψίζοντας για τα πεζά ποιήματα του Καβάφη θα λέγαμε ότι εκφράζουν σε πρωτογενή ακόμα φάση τις αισθητιστικές αρχές του ηδονισμού που δεν δεσμεύεται από συμβάσεις ηθικής, της χλιδής, της καλαισθησίας που λεπτουργεί εσωτερικά ως αυτοκαλλιέργεια των αισθητών και εξωτερικά ως επένδυση χώρων και σωμάτων, της κούρασης και του αισθησιασμού που κινούνται σε απαλούς –ακόμα– τόνους, και, τέλος, της εξωτικής, κοσμοπολίτικης γοητείας. Όλα αυτά περισσότερο λανθάνουν σε μυστικούς ηδονικούς ψιθύρους, σε αντίθεση με την ανοιχτή, διονυσιακή διακήρυξη ορισμένων Ελλαδιτών και Δυτικοευρωπαίων αισθητιστών και σε παντελή αποσύνδεση από τη νιτσεϊκή θεωρία. Ίσως δεν είναι από τα πιο πετυχημένα δημιουργήματα του Καβάφη σε δύναμη και ύφος, έχουν όμως μεγάλη θεωρητική και θεματική σημασία, γιατί προαναγγέλλουν μεγάλης αξίας κατοπινά του ποιήματα και δίνουν το στίγμα της εκλεκτικής του συγγένειας με τον, ή και της προσχώρησής του στον, αισθητισμό.

---

85. Τ. Τοντόροφ, *Εισαγωγή στη φανταστική λογοτεχνία* (μτφρ. Α. Παρίση), Αθήνα, Οδυσσέας, 1991.

2. Νικόλαος Επισκοπόπουλος

Ξεκινούμε την αναφορά στους Ελλαδίτες αισθητιστές από τον Νικόλαο Επισκοπόπουλο (1874-1944), ο οποίος δεν υπήρξε μόνο ο προγενέστερος από τους υπόλοιπους αισθητιστές της κυρίως Ελλάδας αλλά και αυτός που προσοικειώθηκε περισσότερο τον ευρωπαϊκό αισθητισμό. Η λογοτεχνική παρουσία του Επισκοπόπουλου στην Ελλάδα, αν και σύντομη, σηματοδοτεί την πιο ουσιαστική περίοδο της παραγωγής του. Παρόλο που κατά το μεγαλύτερο μέρος της λογοτεχνικής του πορείας, από το 1905 και μετά, ο Επισκοπόπουλος θα κινηθεί σε έναν καθαρά δυτικοευρωπαϊκό χώρο, τη Γαλλία, με επιτυχία μάλιστα, τα κατοπινά αυτά έργα του, γραμμένα με τη μορφή λαϊκών μυθιστορημάτων, δεν θα μπορέσουν να φτάσουν σε ποιότητα τα αισθητιστικά πεζά της πρώτης φάσης. Ο Επισκοπόπουλος διαλέγεται με το κίνημα του αισθητισμού παρουσιάζοντας ιδιαίτερες ομοιότητες σε θέματα και τρόπους. Στην περίπτωσή του θα μιλούσαμε για εκλεκτική συγγένεια πρώτου βαθμού, σε σχέση με τις πιο αυτόνομες προσεγγίσεις του ευρωπαϊκού αισθητισμού από τους υπόλοιπους Ελλαδίτες αισθητιστές. Αυτό που τον βοήθησε να εμβαθύνει στα έργα του διεθνούς αισθητισμού ήταν καταρχήν η γνώση ξένων γλωσσών, στις οποίες υπήρξε αυτοδίδακτος· εδώ πρέπει να συνεκτιμηθεί η καταγωγή του από τη Ζάκυνθο, την ευρύτερη δηλαδή περιοχή της Επτανήσου, της οποίας η πνευματική καλλιέργεια συνδέθηκε αναπόσπαστα με τη Δύση.

Η μύησή του στη θεματική και το ύφος του αισθητισμού έχει το χαρακτήρα του απόλυτου και του δογματικά απαρέγκλιτου. Εδώ συνίσταται ενμέρει η επιτυχία του ως αισθητιστή και η αίσθηση που προκάλεσε το έργο του. Αν και η λογοτεχνική του παραγωγή ήταν απρόσμένη για τον αρχικό ορίζοντα προσδοκιών της εποχής του, γνώρισε θετική πρόσληψη στους κύκλους των διανοουμένων από τα πρώτα κιόλας φανερώματά του· αυτό είναι άλλη μια απόδειξη της τεχνικής του δύναμης. Πρέπει να επισημάνουμε, πάντως, ότι δεν ανήκουν όλα τα αφηγήματά του στον αισθητισμό ούτε είναι όλα πετυχημένα.

Το αφήγημα που φέρεται ως πρώτο καθαυτό αισθητιστικό δημοσίευμα του συγγραφέα είναι το «Ut dièse mineur», δημοσιευμένο στην εφημερίδα Άστυ του Δ. Κακλαμάνου το 1893, όπου ο αισθητισμός αποκτά υπόσταση. Μιλούμε για το πρώτο αισθητιστικό αφήγημα που δημοσιεύθηκε στην ελλαδική επικράτεια. Ο τίτλος του («Ντο δίεσις ελάσσων») είναι τεχνικός όρος της μουσικής. Όπως υποδεικνύει ο τίτλος, το κείμενο πλάθεται σαν συγχορδία, την οποία μαεστρικά διευθύνει ο δημιουργός του διηγήματος καθοδηγώντας τα πάθη των ηρώων του σαν να ενορχηστρώνει μια συμφωνία. Αρχίζει με αυτόν τον τρόπο μια μουσική περιπέτεια γραμμένη σε ένα πεντάγραμμο, πραγματικό και εικαστικό μαζί. Η πραγματικότητα της μουσικής είναι αυτή που διαδραματίζεται πάνω στο πιάνο, ενώ η εικαστική πραγματικότητα είναι αυτή που διαδραματίζεται μπροστά στα μάτια του αναγνώστη, καθώς οι ήχοι ανοίγονται στην αίσθηση ή μάλλον την υπαγορεύουν. Αργότερα, θα δούμε το Όφις και κρίνο του Ν. Καζαντζάκη να αντλεί στην ανάπλαση της αίσθησης από μουσικούς τόνους, ενώ οι Σπασμένες Ψυχές (1909-1910), επίσης του Καζαντζάκη, αρθρώνονται σε μουσικά μέρη και παρακολουθούν με μια ανάλογη δική τους λογική την εξέλιξη της δράσης.

Το αφήγημα από την αρχή ως το τέλος κρατά αμείωτο το ενδιαφέρον του αναγνώστη, καθώς η αίσθηση γίνεται μουσικός τόνος, αντιστοιχεί σε ήχο ή ξεφεύγοντας από τις νότες μεταπίπτει, κατά δεύτερο λόγο, σε αρωματικές πνοές και χρωματικές αποχρώσεις. Πρόκειται για το φαινόμενο της συναισθησίας, κατά το οποίο η μία αίσθηση εκφέρεται με όρους της άλλης και το οποίο καθιστά γόνιμο το διάλογο μεταξύ των τεχνών. Το αφήγημα διεργάζεται αργά αλλά σταθερά την πρακτική εφαρμογή πάνω στη θεωρητική ανάπτυξη του όρου. Ο Επισκοπόπουλος, άλλωστε, σε άρθρο του έχει αναπτύξει θεωρητικά το σχήμα της συναισθησίας, που σε μικρογραφία κομίζει την έννοια του βαγκνερικού ολικού έργου με τη συναίρεση όλων των τεχνών. Άλλο χαρακτηριστικό του αισθητισμού είναι η χρήση σπάνιων λέξεων από εξειδικευμένα λεξιλόγια τεχνογνωσίας —εδώ της μουσικής—, η οποία προτιμήθηκε, επειδή διευρύνει την πολυμάθεια στο χώρο του ασυνήθιστου και του εκλεκτού, ενώ παράλληλα ερευνά και την άγνωστη ενδοχώρα της αίσθησης.

Η πρώτη παράγραφος του κειμένου είναι μια εισαγωγή στη συμπεριφορά της γυναίκας, όπως την βιώνει ο αφηγητής· η περιγραφή αυτή είναι μια συρραφή από στιγμές και μια αφηγηματική διαδρομή από τα μάτια και τα χείλη σ' όλο το πρόσωπο, κατόπιν στα χέρια και στο σώμα, για ν' αποτυπώσει εκφράσεις και κινήσεις. Η παρατήρηση είναι προσεκτική, ώστε οι εκφράσεις να είναι λεπτές και οι κινήσεις στιγμιαίες, σαν μικρές καίριες πινελιές πάνω σε καμβά. Αρχίζει να φιλοτεχνείται ένα εικαστικό έργο, που θυμίζει ίσως σκηνοθετική οδηγία θεατρικού έργου ή κοντινό πλάνο κινηματογραφικής ταινίας. Το βλέμμα που μας εισάγει στο μυστήριο της γυναίκας αυτής είναι απλανές και χαύνο, μια νύξη ηδονής που θα βρεθεί αργότερα σε ανταπόκριση με τα καυτά και ηδυπαθή φιλιά της, στα οποία ανίσχυρος θα αφεθεί ο αφηγητής στο τέλος της πρώτης παραγράφου. Τα άκρα των χειλιών της γυναίκας ανασηκώνονται σμίγοντας τους μυς του προσώπου σ' ένα χαμόγελο παιχνιδιάρικο και ειρωνικό μαζί, στοιχείο που παραπέμπει στο τέλος της παραγράφου, όπου μέσα στην ηδονή του αρωματισμένου σώματος και μέσα στην ευκινησία του και τη λεπτότητά του υφέρπει ο δόλος και η ψυχρότητα του ερπετού· η παρομοίωση είναι κάτι παραπάνω από εύγλωττη: «και όλον της το σώμα το αρωματώδες και ευκίνητον και λεπτόν ως ερπετού»[86].

Μέρος της νοσηρότητας, που θα καταλάβει το αφήγημα με τα μοτίβα της, είναι η διαστροφή της γυναικείας μορφής από αντικείμενο λατρείας σε αντικείμενο μίσους, όταν η αισθησιακή γυναίκα παίρνει τη μορφή απειλής στη φαντασίωση του εραστή της. Πρόκειται για το προσφιλές στον αισθητισμό μοτίβο της μοιραίας γυναίκας, η οποία μπορεί να διεγείρει πόθους και ταυτόχρονα φόβους και στην οποία συνυπάρχουν η ηδονική πρόκληση και ο επώδυνος θάνατος. Το παγερό άγγιγμα του φιδιού βρίσκεται σε παραπληρωματική σχέση με τη μεθυστική ηδονή, ταυτίζοντας αισθητιστικά το μίσος με την αγάπη, τον πόθο με τον πόνο και τον έρωτα με την αναρχία. Αυτά τα μοτίβα θα τα δούμε κυρίως στο καζαντζακικό Όφις και κρίνο.

Η ηδονή και η χαλάρωση δεν κρατούν πολύ· απότομα διακόπτονται από την καχυποψία, που εισάγει το διφορούμενο· όλα αυτά μέσα σε μία παράγραφο, που είναι ολόκληρη μία και μόνη περίοδος, όπου συνωστίζονται συνεχόμενα αισθήσεις και εντυπώσεις σε μακρόσυρτες διακλαδώσεις πραγματώνοντας το περίπλοκο ύφος της παρακμής. Το σύμπτωμα αυτό γίνεται εντονότερο στη συνέχεια του κειμένου, όταν ο μακροπερίο-

---

86. Ν. Επισκοπόπουλος, *Τα διηγήματα του δειλινού και Άσμα Ασμάτων* (επιμ. Α. Σαχίνης), Αθήνα, Εστία, 1992, 81.

δος λόγος συνεχίζεται και δίνει στον αναγνώστη την ευκαιρία να αισθάνεται με τη δύναμη της εντύπωσης, αφού τα λόγια τρέχουν πάντα τόσο γρήγορα, ώστε εμποδίζουν το σχηματισμό ενιαίας εικόνας. Αυτό ισχύει προπάντων από τη στιγμή που η ηρωίδα κάθεται στο πιάνο και αρχίζει να παίζει μια σονάτα του Μπετόβεν σε ut dièse mineur. Εκεί εκτυλίσσεται, όπως θα δούμε, μια ιμπρεσιονιστική πρωτοποριακή γραφή, η οποία βασίζεται στην καταγραφή εντυπώσεων και της οποίας η υφή παραλλάσσει από αισθήσεις σε ήχους και αντίστροφα. Αυτές οι παραλλαγές θυμίζουν τις φαινομενικά βιαστικές πινελιές των ιμπρεσιονιστικών πινάκων μέσα από τις οποίες σχηματίζεται η εικόνα, για να μεταφέρει στο θεατή την υποκειμενική ματιά του δημιουργού. Πρόκειται για μια συναισθησιακή γραφή, όπου μεγάλο μέρος της οπτικής δυναμικής μετατοπίζεται στον τρόπο με τον οποίο οι αισθήσεις διαπλέκονται μεταξύ τους. Οι ήχοι γίνονται οσμές και εικόνες, φτιάχνοντας, κατά τα πρότυπα των τεχνητών παραδείσων, ένα παραισθησιακό σύνδεσμο, του οποίου η ρήξη έρχεται πια με την τραγική κορύφωση.

Ήδη, μετά την εισαγωγή, μια υποψία ανησυχίας πλανιέται στην ατμόσφαιρα· όμως η αναφορά του ονόματος (Μύρρα) της ηρωίδας επιτείνει καταρχήν τις αρωματικές συνδηλώσεις λαγνείας: οσφρητικά, η εικόνα θυμίζει αρώματα (μύρα), ενώ ακουστικά (μοίρα) επιβαρύνει τους ζοφερούς τόνους με το μοιραίο που επικρέμεται. Έχουμε πια καθαρά ένα νυχτερινό σκοτεινό περιβάλλον μέσα σε κλειστό εσωτερικό χώρο, όπου το κόκκινο φως μιας λάμπας από λεπτό ατλάζι δημιουργεί σκιές παίζοντας με τη σιλουέτα της Μύρρας και αποτυπώνοντας, μέσα από αυτά τα φευγαλέα παιχνιδίσματα του φωτός με τη σκιά, για άλλη μία φορά το προφίλ της:

> το σώμα της το κομψόν με την λεπτοτάτην οσφύν και τα ευρέα ισχία [...] κατατομήν του παιδικού της προσώπου [...] τους οφθαλμούς της τόσον μεγάλους και υγρούς, σύμβολον της θελήσεως και της ισχύος της καλλονής της και τα χείλη της ερυθρά, ερυθρά, προτεταμένα ολίγον, σύμβολον της ηδονής, της σχεδόν οδυνηράς και οιονεί διυλισμένης, την οποίαν μοι παρείχεν – δεν τα έβλεπον[87].

Η λάμψη των κεριών γράφει ένα φωτεινό κύκλο γύρω από το πιάνο, η υπόλοιπη αίθουσα βρίσκεται βυθισμένη στο σκοτάδι και μέσα στις αό-

---

87. Ό. π., 82.

ρατες σκιές και τα αόρατα έπιπλα φωσφορίζει η σχεδόν σβησμένη φλόγα ενός μαύρου λαμπτήρα αναδίδοντας «φέγγος σελήνης παγεράς και ομιχλώδους»[88]. Η ατμόσφαιρα είναι τόσο απόκοσμη, ώστε μετέχει στην ουσία του σύμπαντος του Ε. Α. Poe. Σε συνέχεια αυτού του υστερορομαντικού υπόβαθρου θα προκύψει νευρωτικά, διαστροφικά ο αισθητισμός. Ήδη η οξύτητα των νεύρων καταγράφεται ως προστάδιο της παρακμιακής διαστροφής, όταν ξεχύνονται οι πρώτες συγχορδίες, «μακραί και πένθιμοι, με ποιάν τινα χροιάν μελαγχολίας ανέκφραστον, εκδηλουμένην δι' ήχων βαρέων, εμμόνων και άλλων οξέων, παιγνιωδών διαδεχομένων αλλήλους», οι οποίες, κατά τον αφηγητή, «μοι επροξένησαν φρικίασίν τινα εντεταμένην, ποιάν τινα συγκίνησιν ανεξήγητον [...] ήτις μου ετάραξε πολύ τα νεύρα, μου επέφερε αγωνίαν τινά και ταχύτητα της αναπνοής»[89]. Οι ήχοι καλλιεργούν διαθέσεις και καθοδηγούν τις αισθήσεις ακολουθώντας το αισθητιστικό πρότυπο που θέλει την Τέχνη να προηγείται της Ζωής και μάλιστα να την διαμορφώνει. Αυτή την άποψη, που την εξέφρασε κυρίως στα έργα του ο O. Wilde, την βλέπουμε εδώ στην πραγμάτωσή της, όταν οι μελαγχολικές νότες με τις πένθιμες εμμονές και την οξύτητά τους ταράζουν τα νεύρα του αφηγητή, του προκαλούν φρίκη και του μεταδίδουν αγωνία.

Όλες αυτές οι αρνητικές καταστάσεις αποσύρονται στην επόμενη παράγραφο «εις όνειρον οδυνηρώς γλυκύ, εις εφιάλτην ήσυχον», καθώς η καινούρια τροπή του μουσικού σκοπού είναι «κραυγαί άλγους ηρέμου, πλήρους εγκαρτερήσεως λυπηράς, γλυκείαι ως λυγμοί κλαίοντος εραστού»[90]. Έχουμε πια τη σιγουριά ότι τα δάχτυλα της Μύρρας δεν αγγίζουν το πιάνο αλλά τρέπουν το αισθησιακό είναι του εραστή της σε όργανο δεκτικό σε όλα τα ερεθίσματα. Αυτό θυμίζει τη φιλοδοξία του Wilde «να εξελιχθεί σε κυρίαρχο της αίσθησης, σε μια άρπα που να ανταποκρίνεται πληθωρικά στην κάθε αίσθηση».

Η παρουσία του αισθητισμού ως τρόπου ζωής συνεχίζεται, όταν το αρχικό θέμα κατεβαίνει με το ρυθμό της basse «εις βαρύτερον τόνον με διαμελώδησιν ωραίαν και ευφυά»[91], που μεταφράζεται εσωτερικά ως αμιγής χαρά. Έρχονται έπειτα μακριές κραυγές πόνου, που πληγώνουν τα νεύρα και, περνώντας μέσα από τις δυσαρμονίες της εβδόμης, φέρνουν στον αφηγητή «φρικίασιν επώδυνον»[92]. Η επόμενη παραλλαγή του μοτίβου «με

---

88. Ό. π., 83.
89. Ό. π.
90. Ό. π.
91. Ν. Επισκοπόπουλος, *Τα διηγήματα του δειλινού και Άσμα Ασμάτων*, ό. π., 83.
92. Ό. π., 84.

παλιρροίας και αμπώτιδας», άλλοτε με επιτάσεις και άλλοτε με καταπτώσεις, πάντοτε όμως μέσα στο λυπηρό και το πένθιμο ύφος, φέρνει στον ήρωα «μακρόν και άρρυθμον κλονισμόν συγκινήσεως», που τον βυθίζει τελικά «εις νάρκην μορφινομανούς», ώστε να του φαίνεται «ως οι ήχοι να ήρχοντο μακρόθεν και εξέπνεον προ των ώτων μου και μετεδίδοντο εις τον εγκέφαλόν μου ως οπτικαί και οσφραντικαί εικόνες»[93].

Τα χαμηλά φώτα έχουν ήδη δημιουργήσει μια ατμόσφαιρα, στην οποία ευδοκιμούν νοσηρές αισθαντικές συλλήψεις· η νεύρωση του αφηγητή έχει προχωρήσει πια, ενώ οι τόνοι αυτής της νεύρωσης βιώνονται εκ παραλλήλου και ως εικαστικά τεκταινόμενα, σαν εικόνες όρασης και όσφρησης. Θεματικά βρισκόμαστε στον παρακμιακό χώρο της νοσηρότητας· εκφραστικά βρισκόμαστε στο χώρο της συναισθησίας, που για τους Ελλαδίτες παραλλάσσει το βαγκνερικό όραμα της ενιαίας τέχνης, όπως είπαμε νωρίτερα.

Η ζωγραφική διάσταση είναι στον Επισκοπόπουλο μια από τις αναμφισβήτητες ποιότητες του ήχου, είτε αυτός προέρχεται μέσα από το κείμενο είτε ακούγεται από έξω. Η διείσδυση από το χώρο του ήχου στο χώρο της εικόνας γίνεται με την έννοια ότι οι νότες, που παίζονται στο πιάνο και στις ευαίσθητες χορδές του αφηγητή, επιτελούν λειτουργία παρόμοια με τις ακίδες στο καρδιογράφημα ή με τις απανωτές κοφτές πινελιές που συνθέτουν τους πίνακες των ιμπρεσιονιστών· μπορούν, με άλλα λόγια, να εκφράζονται μέσα από τις διαρκείς χρωματικές εναλλαγές ενός ζωγραφικού πίνακα, καθώς ο τυπικός ιμπρεσιονισμός ενός έργου τέχνης εγκιβωτίζεται μέσα στο μεταφορικό ιμπρεσιονισμό της γραφής:

> ανελίσσοντο τώρα προ των οφθαλμών μου τοπία ήρεμα και πένθιμα, δύσεις ηλίου πλήρεις πορτοκαλλεοχρόου και ιώδους και κροκοειδώς κιτρίνου με νέφη τραγικώς ερυθρά και τελευταίας ακτίνας ηλίου εσβεσμένας και παγεράς· και ανατολαί σελήνης εξέρυθροι ως αιματώδεις και οπτασίαι ποταμών σιγηλώς κυλιόντων τα πράσινα, τα θολά νερά των, στιλπνά και γοργά ως σώματα όφεων μελανωπών[94].

Και πάλι ο τρόπος παρουσίασης είναι καθοριστικός, αφού η περιγραφή ξεπερνά την ταχύτητα της αφομοίωσης, ώστε τελικά να μένει μια εντύ-

---

93. Ό.π.
94. Ό.π., 84.

πωση αλλαγής χρωμάτων από το πορτοκαλί στο μοβ και στο κίτρινο, το κόκκινο, το μενεξεδί και μετά το βαθύ κόκκινο, το πράσινο και το μελανί, αλλά και μια εντύπωση διαδοχής δύσεων και ανατολών ουρανίων σωμάτων, και ροών. Αυτή η ατμόσφαιρα των εικόνων προσβάλλει έπειτα την όσφρηση του αφηγητή, με «απόπνοια βανίλλης ξεθυμασμένης και ίου και ροδοδένδρου και μύρρας, όλων επικρατουμένων υπό αορίστου αναθυμιάσεως βενζόης και λιβάνου νεκρωσίμου»[95].

Η πληθώρα από μυρωδιές και το εξειδικευμένο λεξιλόγιο των αρωματικών φυτών, που έχουν πάντα και μια ευωδία Νέου Κόσμου ή Ανατολής, εντάσσουν το τμήμα στην αισθητιστική εξερεύνηση του σπάνιου. Η συνάντηση εικόνων, οσμών και ήχων σε επίπεδο αμοιβαίας πρόκλησης είναι και πάλι στοιχείο αισθητισμού, καθώς αναφέρεται στη διάθεση που καλλιεργείται σκόπιμα, στην ελεγχόμενη αίσθηση· πρόκειται για το κέντρο του αισθητισμού, όπου η εγκεφαλική παρέμβαση διαχωρίζει το αίσθημα από την αίσθηση και ρυθμίζει τις λειτουργίες της. Η αρχή αυτής της επιδίωξης, που κορυφώθηκε στο έργο του W. Pater *Marius the Epicurean* (1885), είχε γίνει μέσα από το *À rebours* του J.-K. Huysmans (1884) με τις εκκεντρικές εφαρμογές του ήρωά του, του Des Esseintes, που επιδιδόταν σε αλχημείες και μίξεις αρωμάτων, για να ζωντανέψει μπροστά του, τεχνητά, διάφορες παραστάσεις.

Στη συνέχεια, το allegretto, το δεύτερο μέρος της σονάτας συρρικνώνει μέσα στη νευρωτική χαρά και την πυρετική ανησυχία όλο το απεγνωσμένο πάθος του συνθέτη-αφηγητή. Η αγανάκτηση και η λύπη, που τον συνταράζουν, είναι το πρελούδιο του τελευταίου μέρους, το οποίο ανοίγει με το φοβερό τρίξιμο του ρολογιού. Η τελευταία πράξη είναι ένας «οξύς παραληρισμός του πάθους» που χαρακτηρίζεται από «μεγάλον νευρικόν υπερερεθισμόν»[96], καθώς η μανία και το μίσος του αφηγητή αποδίδονται από τα γρήγορα, ταραγμένα τριξίματα των πλήκτρων ως εξής:

ήσαν δάκρυα, δάκρυα φλογερά, απολήγοντα εις σπασμόν, δάκρυα εγκαταλείψεως, δάκρυα λύσσης, συνοδευόμενα υπό κραυγών απελπισίας, υπό φωνών εξεγέρσεως· παραφροσύνη ολόκληρος μανίας, κατάραι εξεμούμεναι από στόματος ψυχορραγούντος, φωναί διαμαρτυρίας υπερτάτης, συντριβόμεναι υπό βαρείας μελωδίας θορυβώδεις[97].

---

95. Ό. π., 85.
96. Ό. π., 87.
97. Ό. π., 86.

Η παράκρουση, που βιώνει ο αφηγητής, έχει ως αποτέλεσμα να χάνεται «εις μανιώδη τώρα όνειρα, τεταραγμένα μέθης, όνειρα χασισοπότου παράδοξα»⁹⁸, που τον συγκλονίζουν και τον οδηγούν στην τρέλα. Αυτός είναι ο επίλογος στο θέμα των τεχνητών παραδείσων, που είχε ξεκινήσει ως ευεργετική παραίσθηση αλλά κλείνει με τη διάσταση του εφιάλτη. Το υπόλοιπο κείμενο είναι μια διαστροφή της εικόνας της Μύρρας μέσα από την εφιαλτική παραίσθηση: «το μυσαρόν πρόσωπόν της [...] οι οξείς ως εχίδνης οδόντες της»⁹⁹. Η γοητεία συνδέεται με τη στρέβλωση και η ηδονή με το θάνατο, αφού τελικά οι νευρικές εξάρσεις της μουσικής καταιγίδας ωθούν τον αφηγητή πρώτα στο έγκλημα, με τον πνιγμό της Μύρρας και, έπειτα, στην παράνοια.

Ο Καζαντζάκης δημοσίευσε το 1907 στο περιοδικό *Πινακοθήκη* ένα διήγημα με τον τίτλο «Requiem», όπου και πάλι ένα μουσικό θέμα αποτυπώνεται με τη λογοτεχνική του μορφή, με μορφή μάλιστα που διαχέεται σε ζωγραφικές αναπλάσεις τοπίων. Η κεντρική ιδέα είναι η ερωτική λατρεία του αφηγητή προς την αιώνια αγαπημένη του, τη θάλασσα, πάνω στις όψεις της οποίας προβάλλει τη μορφή της γήινης αγαπημένης του. Εδώ το μοτίβο της αισθησιακής γυναίκας δεν έχει την ένταση που του δίνει ο Επισκοπόπουλος, ούτε την ένταση που του έδωσε και ο ίδιος ο Καζαντζάκης δυο χρόνια νωρίτερα στο *Όφις και κρίνο*· η διάχυση της αίσθησης, όμως, που συνδυάζεται με την εγγραφή στιγμών του γυναικείου κορμιού πάνω σε θαλάσσιες σκηνές, ένας ισχυρός βαθμός εικαστικότητας δηλαδή, αποτελεί το κοινό στοιχείο που μοιράζεται η τεχνική του Καζαντζάκη με την τεχνική του Επισκοπόπουλου και είναι εύστοχος ο σχετικός ορισμός του Α. Σαχίνη, με αφορμή το *Άσμα Ασμάτων*:

> Η πεζογραφική τέχνη του Επισκοπόπουλου εδώ είναι εμπρεσιονιστική –τέχνη εντυπώσεων, αισθήσεων, εσωτερικών αντιδράσεων· ο αναγνώστης καλείται να «μεθέξει» στις συγκινήσεις και τις εξάρσεις του συγγραφέα χωρίς τη βοήθεια του λογικού¹⁰⁰.

Μπορούμε, τελικά, να επισημάνουμε ως αρχικό αισθητιστικό θέμα του διηγήματος του Επισκοπόπουλου τη νοσηρότητα, η οποία ως νευ-

---
98. Ό. π., 87.
99. Ό. π., 88.
100. Ν. Επισκοπόπουλος, ό. π., 31.

ρωτική ταυτότητα του κεντρικού ήρωα καθοδηγεί στο κεντρικό θέμα, τη δόμηση του τεχνητού ανθρώπου, του «ανθρώπου-έργου τέχνης, μουσικού οργάνου, αισθησιακού όντος», πάνω στη βάση της διαστροφής, η οποία προσλαμβάνει την έννοια της διαφθοράς αλλά και της αναστροφής ρόλων. Η διαστροφή πληρεί καταρχήν τις προϋποθέσεις του ορισμού της σε ένα πρώτο, στερεοτυπικό επίπεδο μέσα από μοτίβα τεχνητών παραδείσων και νοσηρών παραισθήσεων ή αποτυπώνεται στο μοτίβο της μοιραίας γυναίκας, όπου η σαγήνη είναι η άλλη όψη του θανάτου, με άλλα λόγια θέτει ένα πλαίσιο συνάντησης της ηδονής με το θάνατο σε έναν πνιγηρό εναγκαλισμό. Σε ένα επόμενο επίπεδο υπέρβασης του πρωταρχικού ορισμού, η διαστροφή ανασημασιοδοτεί την αναστροφή ρόλων μέσα από ένα παιχνίδι του τεχνητού, όπου οι τέχνες ανταλλάσσουν ταυτότητες, όταν η λογοτεχνία παίζει μουσική εκτελώντας μια μουσική συμφωνία ή ζωγραφίζει φιλοτεχνώντας πίνακες, δύσεων επί το πλείστον. Μέσα σε αυτό το παιχνίδι του τεχνητού μπορεί να βρει τη θέση της και η αναπαράσταση του εγκλήματος ως έργου τέχνης, σε μια διασταύρωση εγκεφαλικής διεργασίας, καλλιτεχνικότητας και ελευθερίας που αποδεσμεύει την τέχνη από ιδανικές αντιλήψεις ανάτασης και τέρψης.

Το 1894 ο Ν. Επισκοπόπουλος δημοσιεύει στο περιοδικό *Εστία* το διήγημα «Καλιγόλας» με τον υπότιτλο «Ψυχογραφία». Η αρχή του διηγήματος φέρνει έναν αέρα ανατολίτικης χλιδής σε ρωμαϊκό αυτοκρατορικό περιβάλλον· μια περιπλάνηση του ματιού στο δωμάτιο εισάγει σταδιακά τον αναγνώστη στη χαύνωση και την πολυτέλεια. Η «θαυμασία κλίνη εξ αβορίου τετορνευμένου με πλάκας χρυσάς –υποβασταζομένη υπό πορφυρών πολυτίμων σκεπασμάτων με τους Μιλησίους κροσσούς»[101] προεξαγγέλλει την αίθουσα από αλάβαστρο και το εβένινο κρεβάτι του Νέρωνα με τους κοραλλένιους αετούς στο καβαφικό ποίημα «Τα βήματα» του 1909[102].

Καθώς ο αφηγητής περιφέρει αργά το βλέμμα του στο δωμάτιο, προσφέρει το χρόνο για να καταλάβει κανείς ότι η διακόσμηση είναι προϊόν ενός πολιτισμού που έχει φτάσει στην ύστατη εκλέπτυνση και έχει κορέσει την εξερεύνηση της αίσθησης: «κάλυξ λυχνίας βαστάζεται υπό κεφαλής λέοντος χρυσής» και εκεί «καίει αρωματώδες έλαιον Συρίας», ενώ «πλήμμυρα αγαλματιδίων»[103] πλαισιώνουν το χώρο:

---

101. Ν. Επισκοπόπουλος, «Καλιγόλας», *Εστία* 37 (1894) 417.
102. Κ. Π. Καβάφης, *Ποιήματα* (επιμ. Γ. Π. Σαββίδης), Αθήνα, Ίκαρος, 1989, 42.
103. Ν. Επισκοπόπουλος, ό. π.

δύο εξ εβένου τραπέζια κρατούμενα υπό δύο πτερωτών Νικών και κατάφορτα από πολύτιμα αγγεία, από χρυσούς κάλυκας, από αλάβαστρα. Στίλβων άργυρος μεγάλου καθρέπτου. Επί της πορφύρας του απέναντι τοίχου εκινούνται εις την αγωνίαν της σκιάς συγκεχυμέναι εξ ολοκλήρου αι μορφαί των εζωγραφισμένων Σατύρων με τα ωχρά ως ξεπλυμένα χρώματα και με τα πρόσωπα τα λάγνα και τας τερατώδεις κεφαλάς[104].

Αυτή η νυχτερινή σκηνοθετική περιήγηση στο χώρο προετοιμάζει τον αναγνώστη για τις ερωτικές αισθήσεις που θα διαπεράσουν σε λίγο την ατμόσφαιρα, όπως θα αρχίσουν να ξεχύνονται από τις αναμνήσεις του ξάγρυπνου αυτοκράτορα. Ένα βλέμμα στην εταίρα, που είναι ξαπλωμένη δίπλα του, πυροδοτεί αισθήματα του παρελθόντος, βασισμένα στην ομοιότητα της γυναίκας με την πεθαμένη αδελφή του Δρουσίλλα, με την οποία τον συνέδεαν αιμομικτικές ηδονές:

> το αυτό πρόσωπον της θερμής του αδελφής το οποίον μετά πάθους πάντοτε ανεμιμνήσκετο και ηδυπαθείας σφοδράς [...] και εις την ομοιότητα εκείνην την έκτακτον η καρδία του ήρχισε τώρα να πάλλει σφοδρότερον και ζωηρά, πλήρης πειρασμών εξύπνησε εις το πνεύμα του η ανάμνησις των ηδονικών περιπτύξεων της αδελφής του αι οποίαι του είχον αφήσει ευάρεστον, μη κορεσθείσαν δίψαν απολαύσεως[105].

Καθώς συνεχίζει ο αφηγητής, οι τόνοι γίνονται πιο οξείς:

> το προς τας άλλας δύο αδελφάς του, την Αγριπίναν και την Λιβίλλαν, πάθος του ήτο απλή ιδιοτροπία παιδικής ορέξεως διεστραμμένης, απλή ορμή της δεκαπενταετούς τότε σαρκός του, η οποία τάχιστα εκορέσθη εις τας αγκάλας των [...] είχε παραδοθεί [η Δρουσίλλα] αληθώς μετά πάθους εις τον αδελφόν της με σάρκα φρίσσουσαν, σπαίρουσαν όλην υπό θέρμης, με στόμα διψών φιλήματα, με όλον το σώμα και

---

104. Ό. π.
105. Ό. π.

τους βραχίονας και τα στήθη εναγκαλιζόμενα θερμώς, λιποψυχούντα και κατατρυχόμενα υπό αγρίας παραφοράς[106].

Η ασυνήθιστα προκλητική[107] εισαγωγή, που θα μπορούσε να ξενίσει το μη εξοικειωμένο αναγνώστη, διευρύνεται στη συνέχεια απλώνοντας και βαθαίνοντας την περιοχή της απαγορευμένης και διαστροφικής αίσθησης, η οποία μπορεί να εκφέρει παράλληλα ένα νιτσεϊκό, υπερανθρωπικό λόγο:

> μόνον ίσως εις τον ερωμένον του, τον Λεπίδιον, τον οποίον της έδωσε ως σύζυγον, ησθάνετο την αυτήν σαρκικήν αφοσίωσιν. Εις τας αγκάλας αμφοτέρων, εις τον απηγορευμένον εκείνον αιμόμικτον έρωτα, εις την άνομον ηδονήν, την μικτήν, την έκτροπον, παρά το ευγενές, το αρρενωπόν πρόσωπον και το εύστροφον σώμα του Λεπιδίου, παρά την περιπαθή και σπαίρουσαν καλλονήν της Δρουσίλλας εδοκίμασε παραφροσύνην τινά ηδονής [...] η ανάμνησίς της του επανήρχετο τώρα ως όνειρον ηδονής υπερανθρώπου, ενώ ησθάνετο το πάθος του το σαρκικόν αφυπνιζόμενον προ της μικράς θυγατρός του την οποίαν η Δρουσίλλα τού άφηκε αποθανούσα[108].

Τα θέματα, όλα μέσα στον κύκλο του ασελγούς, του ιδιόρρυθμου και του καταραμένου, είχαν ήδη γνωρίσει πραγμάτευση από το διεθνή αισθητισμό· το θέμα του Υπερανθρώπου ειδικότερα θα σημαδέψει τον ελλαδικό αισθητισμό, με εντονότερη την παρουσία στο έργο του Καζαντζάκη. Επίσης, υποφώσκει η συγγένεια με το μεταγενέστερο «Ερυθρούν κρίνον» ως προς την ειδωλολατρική μέθεξη του θείου, κάτι που δοκίμαζε ο Καλιγούλας όταν ντυνόταν θεός φορώντας το ακτινωτό στεφάνι του Απόλλωνα, τη χρυσή γενειάδα του Δία, τα

---

106. Ό. π., 418.
107. Ο Καζαντζάκης αναφερόμενος στο έργο του M. Barrès *Θάνατος, αίμα και ηδονή* παρουσιάζει μια ανάλογη σκηνή: «την ηνάγκασε (την ετεροθαλή αδελφήν του, σημειώσετε) να φορεί ασπρόρουχα από χοντρό ύφασμα, για να της προκαλεί η τραχεία επαφή των την ανάμνησίν του συνδεδεμένην με μίαν ενόχλησιν τόσον "intime"» (Γ. Κ. Κατσίμπαλης, «Ο άγνωστος Καζαντζάκης», *Νέα Εστία* 63 (1958) 1212).
108. Ν. Επισκοπόπουλος, ό. π., 418.

φτερωτά πέδιλα του Ερμή και την τρίαινα του Ποσειδώνα. Όλος αυτός ο βίος και η πολιτεία της διαστροφής, που συντηρείται από τη μνήμη, ευδοκιμεί μέσα στην έντονη θερμοκρασία ενός παρανοϊκού πυρετού. Η αποπνικτική ατμόσφαιρα, γεμάτη από εκτρωματικές συνάψεις και βαριά από την ένταση του δυσοίωνου, βρίσκει την εξήγησή της σε μια δικαιολογία, που αποτελεί ταυτόχρονα αιτιολογία για την ύπαρξη της κίνησης του αισθητισμού γενικότερα:

> Ήθελε νέα συναισθήματα, κάτι τι αδοκίμαστον και μέγα η φύσις εκείνη η παράδοξος την οποίαν εξόχως εχαρακτήριζεν η παλιντροπία και το αμφίρροπον της θελήσεως και το ασταθές της ιδιοτροπίας και το των ιδεών το ευμετάβλητον και η δίψα του πρωτοτύπου η χαρακτηρίζουσα τους μεγαλοφυείς και τους τρελούς – όλην την μεγάλην χορείαν των εκφύλων[109].

Είναι προφανής στο απόσπασμα η ουσία από την οποία είναι φτιαγμένες οι σκηνές που προηγήθηκαν και στην οποία η αναζήτηση της πρωτοτυπίας συνυφαίνεται με την αμφίρροπη θέληση, την αστάθεια της ιδιοτροπίας και το ευμετάβλητο των ιδεών, τις οποίες αντιλαμβάνεται κανείς σε προέκταση και ως προθέσεις. Το σύνολο αυτών των αρχών, που συμπλέκονται στο κέντρο του αισθητισμού, αναπτύσσεται πάνω σε ένα πλέγμα νεύρωσης, όπου συνέχονται οι έννοιες της μεγαλοφυΐας, της τρέλας και του εκφυλισμού. Με βάση αυτά τα γνωρίσματα ο Καλιγούλας εντάσσεται στον κύκλο των έκφυλων, των μεγαλοφυών και τρελών, ένας κύκλος που συχνά προσδιόρισε τους λογοτέχνες και καλλιτέχνες της παρακμής.

Έπειτα, οι παλμοί στο κείμενο χαμηλώνουν σιγά σιγά και η αφήγηση, παρόλο που συνεχίζει να μετέχει στη φρίκη με το περιεχόμενό της, χάνει τον παθιασμένο και αγχώδη καλπασμό της· οι ρυθμοί πέφτουν στο επίπεδο μιας ψυχρής, ιστορικής απαρίθμησης και η αφήγηση γίνεται αποστασιοποιημένη, αν όχι απρόσωπη. Διαβάζουμε ότι μετά το δείπνο ο Καλιγούλας ρίχνει τους συνδαιτυμόνες στη θάλασσα και, ενώ αυτοί παλεύουν με το νερό, αυτός τους καταδιώκει με διήρεις που είχαν έμβολα και αφανίζει τα κεφάλια τους, ώστε να τους πνίξει. Έχει ήδη δολοφονήσει τον πατέρα του, τον Τιβέριο, ενώ αυτούς που κατά την αρρώστια του είχαν τάξει τη ζωή τους στους θεούς, για να βρει την

---

109. Ό. π., 446.

υγεία του, τους έχει υποχρεώσει να κρατήσουν τον όρκο τους. Απαριθμούνται επεισόδια σκληρότητας και νοσηρού μυαλού, στα οποία αποδίδεται από τον αφηγητή μεγαλοφυΐα με το σκεπτικό σύνδεσης εγκλήματος-νεύρωσης-καλλιτεχνίας, που παρουσιάστηκε παραπάνω. Θολωμένος από κρίση παραφοράς, οδηγείται έξω και αντικρίζει πανοραμικά το λιμάνι των Βαΐων, όπου είχαν γίνει τα εγκαίνια της γέφυρας. Η περιγραφή του λιμανιού, που ακολουθεί και γίνεται βάσει ανεπίγραφης τοιχογραφίας που βρέθηκε στις ανασκαφές της Πομπηίας, είναι πολύ λεπτομερής και εντυπωσιακή αλλά δεν έχει καμιά σχέση με την αισθητιστική εκζήτηση της πρώτης περιγραφής. Την ώρα που ο αυτοκράτορας αγναντεύει, τα φαντάσματα των σπαραγμένων ψυχών και των προηγούμενων αυτοκρατόρων σμίγουν σ' ένα σκοτεινό εφιάλτη, που τον στοιχειώνει συναισθηματικά, ώστε στο τέλος λιποθυμά.

Βλέποντας συνολικά το αφήγημα, θα το χαρακτηρίζαμε ως εξωτερικά αδρανές και άνισο· δεν υπάρχει εμφανής πυρήνας ή έρμα, το ύφος κυμαίνεται και οι κυκλοθυμικοί τόνοι δεν το αφήνουν ν' αποκτήσει ένα συμπαγές πρόσωπο. Το δυνατό ξεκίνημα αντέχει μέχρι τη μέση σχεδόν, οπότε το κείμενο γίνεται πλαδαρό με μια μακρόσυρτη περιγραφή εγκυκλοπαιδικού τύπου· έπειτα, ο εφιάλτης, με την απόκοσμη σκοτεινιά του, ακροβατεί ίσως σ' ένα γοτθικό ρομαντισμό, για να έρθει, κατόπιν, το απότομο σβήσιμο τόσο του πραγματικού όσο και του φανταστικού, που αποδεικνύεται αναποτελεσματικό, καθώς αφήνει τον αναγνώστη σε εκκρεμότητα.

Ωστόσο, ακόμη και αν το αφήγημα δεν είναι πετυχημένο σ' όλη την έκτασή του, η συμβολή του στην εξέλιξη της πεζογραφίας του αισθητισμού είναι καίρια, χάρη στο συνδυασμό του πρώτου τμήματος, όπου αναπτύχθηκε μια τυπολογία της διαστροφής, με την ακόλουθη εισαγωγή που προτάσσει ο Επισκοπόπουλος:

> Φοβούμαι ότι ο τίτλος *Ψυχογραφία εις τον Καλιγόλαν* καθώς και η σχετική έλλειψις δράσεως δύνανται να σκανδαλίσοσι κανένα αναγνώστην σας. Δι' αυτό ήθελα να εκθέσω με δύο λέξεις τον σκοπόν μου όπως χρησιμεύσει εν τοιαύτη περιπτώσει ως δικαιολογία τουλάχιστον. Το μόνον που επεδίωξα είναι να δώσω μίαν πλήρη φρενολογικήν εικόνα –με όλας τας αντιθέσεις της και με όλας τας λεπτομερείας– του μεγάλου αυτού και παραδόξου τρελού όστις εκάθισε ως

τέταρτος Καίσαρ εις τον θρόνον της Ρώμης. Καλυτέραν στιγμήν διά μίαν τοιαύτην παρουσίασιν του Καλιγόλα δεν ηύρα παρά τας εορτάς της γεφύρας του. Εκεί εις το έργον του το μεγαλύτερον, εις το οικοδόμημα αυτό της φιλοδοξίας και της τρέλας και της ματαιότητός του, το οποίον εγκαινίασε και αυτό με αίμα, πλαισιούται εξαίρετα ο αιμοχαρής αλλά και ανεύθυνος μονάρχης. Διά να δώσει κανείς όμως εις ολίγας σελίδας μια οπωσούν πλήρη εικόνα ενός τοιούτου χαρακτήρος έπρεπε πολλά επεισόδια να θυσιάσει και με πολλά δοκουμέντα να παραγεμίσει το έργον του. Εξ ανάγκης δεν ημπόρεσα ν' αποφύγω εντελώς αυτούς τους σκοπέλους και δι' αυτό και το ύφος του διηγήματος θα φανεί εις πολλά μέρη ακτένιστον, πλημμυρούν από λέξεις [...][110].

Το γεγονός ότι υπάρχει αυτή η εισαγωγή, το γεγονός ότι ο συγγραφέας νιώθει την ανάγκη να απολογηθεί για το δημιούργημά του πετυχαίνει αποτέλεσμα αντίθετο από το επιδιωκόμενο και προδίδει τις πραγματικές προθέσεις του· αν το έργο χρειάζεται εξιλέωση, τότε ασφαλώς ο χαρακτήρας του είναι αμαρτωλός και όχι απλά πληροφοριακός. Από την άλλη, αυτή η εισαγωγή εξασφαλίζει τη βιωσιμότητα ενός έργου πολύ τολμηρού για τα δεδομένα της εποχής του, αφού το περνά στο απυρόβλητο της αυστηρής κριτικής ή αναμενόμενων αντιδράσεων. Έτσι, ο Επισκοπόπουλος κάνει και πάλι ένα κήρυγμα αισθητισμού με τη λογική της κεκτημένης ταχύτητας στο αρχικό τμήμα του διηγήματος, ενώ με μια έξυπνη κίνηση κλείνει το μάτι στους υποψιασμένους αδρανοποιώντας παράλληλα τυχόν αντίπαλες ενστάσεις.

Ο Επισκοπόπουλος δημοσιεύει το 1894 το διήγημα «Ζωή μετά θάνατον» στο *Εθνικόν Ημερολόγιον... Σκόκου*. Πρόκειται για φανταστικό, κατά βάση, αφήγημα με θέμα τις δυσάρεστες καταστάσεις μέσα από τις οποίες περνά ένας άνθρωπος μετά το θάνατό του. Σε ένα θέμα που ακροβατεί στο μεταίχμιο μεταρομαντισμού και αισθητισμού οι περιγραφές αποδίδουν τη φρίκη βασανιστηρίου με οριακές διατυπώσεις που δικαιώνουν την οριστική μετάβαση στον αισθητιστικό χαρακτήρα του αφηγήματος ως την τελευταία παράγραφο με τη μετενσάρκωση της ύπαρξης σε νέα ζωή. Κρίνουμε χρήσιμο να παραθέσουμε και

---

110. Ό. π., 417.

Αισθητισμός. Η νεοελληνική εκδοχή του κινήματος

να προσεγγίσουμε δύο αποσπάσματα, το πρώτο από το φανταστικό τμήμα του αφηγήματος και το δεύτερο από τμήμα της τελευταίας παραγράφου, τα οποία καταδεικνύουν ότι και στη φαντασιακή διάστασή του το αφήγημα εξυφαίνει τη γραφή του με αισθητιστικούς τρόπους:

> Βάσανος αισθήσεων σαν νευρικού ανθρώπου που τον γλείφουν έχιδνες. Δεν υπήρχε χρόνος. Χρόνος ήταν η αιωνιότητα και τόπος το άπειρον[111].

Η αναφορά στις αισθήσεις και τη νευρική διαταραχή βρίσκεται ήδη στο κέντρο του αισθητισμού αλλά θα κατακυρωθεί ακόμη περισσότερο στο αισθησιακό επίπεδο με την εμφάνιση της γενετήσιας μέθης στην κατακλείδα του αφηγήματος. Στο μεταξύ, το ον που νιώθει, ασώματο, να του συμβαίνουν οι αλλαγές «παρασύρεται, κατεβαίνει γρήγορα στον κόσμο ωθούμενος από άγνωστη δύναμη και απότομα, με μεγάλη βία, αισθάνεται στην άυλη του φύση πόνο, πόνο ανθρώπου κατασυντριβομένου. Ήθελε να σταθεί»[112]. Αποκομίζουμε την εντύπωση ότι ο αφηγητής βρίσκεται σ' ένα εργαστήριο φυσικών και χημικών επιστημών, όπου κάνει ανθρώπινα πειράματα δοκιμάζοντας αισθήσεις, όπως ο Des Esseintes· ο ήρωας στο À rebours του Huysmans είχε στα μπουκαλάκια του αρώματα και ποτά και τα αναμίγνυε, για να προκαλεί μια καινούρια αίσθηση κάθε φορά. Χώρια από το γεγονός ότι στη γενέτειρά του, τη Ζάκυνθο, προτού κατεβεί στην Αθήνα, ο Επισκοπόπουλος υπήρξε βοηθός φαρμακοποιού και πολύ εφευρετικός στο έργο του, διαπιστώνουμε μια αστείρευτη επιστημονική φαντασία. Ο Επισκοπόπουλος έχει το διεισδυτικό μάτι να παρατηρεί τις βιολογικές εκδηλώσεις του ανθρώπου, σαν να τον έχει περιορίσει μέσα σ' ένα γυάλινο μπουκαλάκι ή κάτω από το μικροσκόπιο, όχι ως βιολόγος νατουραλιστής αλλά ως διαστροφικός αισθητής.

Μέσα σ' αυτό το φαντασιακό πλαίσιο η ελαστικότητα παρουσιάζεται ως κύρια ιδιότητα ενός πλάσματος που σαπίζει, λιώνει, κατατρώγεται, εξαϋλώνεται, εξαερώνεται, χάνει την ιδιότητά του ως όντος με τις απανωτές σωματικές μετατροπές που υφίσταται, όμως τελικά βρίσκει τη δίοδό του προς τη ζωή:

---

111. (επιμ.) Στ. Ξεφλούδας, *Νιρβάνας, Χρηστομάνος, Ροδοκανάκης και άλλοι* [Βασική Βιβλιοθήκη, 30], Αθήνα, Ζαχαρόπουλος, 1957, 299.
112. Ό. π.

> Έπειτα εισήλθον. Εισήλθον διά μέσου σπασμών ηδονής, εναγκαλισμών παραφοράς, μέθης γενετησίου εν ωαρίω γονίμω μιάς γυναικός και ενεφύσησα αυτώ ψυχήν.
> Τις οίδε μιάς εταίρας ίσως, μιάς βασιλίσσης, μιάς αιμομίκτου. Μετά το σώμα και η ψυχή υπέκυπτεν εις τον αιώνιον της φύσεως νόμον της εναλλαγής, επανήρχετο να συγκροτήσει και πάλιν έν πλάσμα ζών, να σχηματίσει πάλιν έν άτομον δι' ολίγον και έπειτα άλλο και άλλο βραδύτερον[113].

Ο συνδυασμός των γυναικών από τις οποίες γίνεται η επιλογή της μητέρας είναι παρακμιακός συνδυάζοντας κατά πρώτο λόγο δύο άκρα αντίθετα, εταίρα ή βασίλισσα, που θυμίζουν τον μπωντλαιρικό δυισμό (άγγελος ή σφίγγα, αγία ή εταίρα) και κατά δεύτερο λόγο αναπαριστώντας μια γυναίκα που ανταποκρίνεται στο ασελγές πρότυπο. Η ελλαδική ανάπλαση του παρακμιακού θέματος της φθοράς έρχεται ως συνέχεια· το ολοκαίνουριο έμβιο ον ζει την ανθρώπινη δημιουργία από τη σύλληψη· αυτό γίνεται αφορμή, για να εξηγηθεί το πέρασμα στη νέα ζωή μέσα από τις γενετήσιες ορμές. Αυτό που έχει σημασία είναι η κοινή ανθρώπινη βάση, όπου άλλωστε στήριξε και τη θεωρία του ο Nietzsche. Ο αιώνιος παλμός της φύσης ξαναλειτούργησε ερωτικά, για να αναγεννήσει όχι μόνο την ανθρωπότητα αλλά και την αίσθησή της.

Αυτό που αποκτά τελικά τη μεγαλύτερη σημασία για τον Επισκοπόπουλο είναι η ανακάλυψη του ρίγους των αισθήσεων, εκείνων των στιγμών που βιώνονται από κάθε άνθρωπο, όπως και από όλα τα όντα και από ολόκληρο το σύμπαν. Έτσι καθιερώνεται ο άνθρωπος του κόσμου, που σηκώθηκε από το χώμα και, ακούγοντας στην αίσθησή του τα λόγια που του δίδαξε η Μάνα Γη, ανάγει σε κοσμοπολιτισμό τη χοϊκότητά του και την πρωτογενή προσχώρησή του στους κοινούς παλμούς όλων των πλασμάτων της δημιουργίας. Εδώ συντελείται το ξεπέρασμα του παρακμιακού αισθητισμού και η προσέγγιση του Nietzsche και από εδώ ξεκινά η μακρά συνέχεια, η οποία στη νεοελληνική λογοτεχνία θα φτάσει ως τον Ανδρέα Εμπειρίκο.

Αυτή τη θεώρηση μπορούμε σε πρώτο πλάνο να την δούμε στο αφήγημα του Επισκοπόπουλου «Το φιλί του ήλιου» (1894), που διακρίνεται μέσα στο σύνολο της αισθητιστικής παραγωγής του συγγρα-

---

113. Ό. π., 300.

φέα και συνιστά ένα από τα καλύτερα δείγματα του νεοελληνικού αισθητισμού. Το θέμα του αφηγήματος είναι η μύηση μιας νέας κοπέλας στον ερωτισμό, μύηση που τελείται μέσα στη φύση κατά τη διάρκεια ενός ευεργετικού ύπνου. Δεν υπάρχει τίποτε άλλο παρά η αποκάλυψη του μεγάλου αιώνιου μυστικού της ζωής· η φαινομενική ακινησία της κοπέλας, σε μια πιο προσεκτική παρατήρηση, καταλύεται μέσα σε κυματισμούς από ψιθύρους, ελαφρά ανατριχιάσματα, απαλές κινήσεις και ανεπαίσθητες μετατοπίσεις. Τίποτε το κραυγαλέο δεν υπάρχει, όλα έχουν την ήρεμη σταθερότητα ενός δυνατού πόθου που οι εκδηλώσεις του εντάσσονται στη ροή των μυστικών διεργασιών της ύπαρξης.

Κατά τη διάρκεια της ύπνωσης, αργά, νωχελικά και δραστικά ο ήλιος, τα δέντρα, τα λουλούδια και τα έμβια όντα ενός κήπου υπαγορεύουν στην κοιμωμένη, με τις κρυφές φωνές και τις κινήσεις τους, τον ερωτικό προορισμό της διαιώνισης του είδους και των ειδών. Το αφήγημα, που αφιερώνεται στον Εμμ. Ροΐδη, έναν εκλεκτικό και αντισυμβατικό διανοούμενο της κομψής καθαρεύουσας, ξεκινά με το στοιχείο του μεσημβρινού αποκαρώματος, «του μεσημβρινού δαιμονίου», που νικά την κοπέλα αφήνοντάς την εξουθενωμένη στη σκιά των ηλιοτροπίων.

Μια εισαγωγή στο κυρίως θέμα είναι η περιγραφή της ενδυμασίας της δεκαεφτάχρονης κοπέλας, όπως και της διάθεσης που είχε τις τελευταίες μέρες. Η περιβολή της είναι τόσο ελαφριά και ατημέλητη, ώστε μοιάζει να είναι γυμνή· επιπλέον, η θερμή επίδραση του ύπνου την ωθεί να ελευθερωθεί με ενστικτώδεις κινήσεις από την εσθήτα της, που ήδη ήταν αφρόντιστα προσαρμοσμένη επάνω της, έτσι ώστε να βρίσκεται ξαπλωμένη με ριγμένο πάνω της μόνο το διάφανο φόρεμά της[114]. Η δεκτικότητα στην ερωτική συνέχεια ενισχύεται και από την ευσυγκινησία που φέρεται να είχε καταλάβει την κοπέλα κατά τις τελευταίες μέρες, φέρνοντάς της νευρική ταραχή, ξαφνικά κοκκινίσματα και μια προσδοκία ακαθόριστη, σαν κάτι καινούριο να κυοφορείται μέσα της.

Αξίζει, βέβαια, να σημειωθεί ότι ο αφηγητής περιχαρακώνει απόλυτα το χώρο μέσα στον οποίο θα συντελεστεί η μεταμόρφωση της κοπέλας σε συνειδητοποιημένη γυναίκα, όταν εμμένει στον παραδοσιακό κοινό τόπο του locus amœnus, στην απομόνωση του κήπου, στην ερημιά και τον αποκλεισμό του από κάθε πλευρά σαν απρόσβλητου φρουρίου ή «ελεφάντινου πύργου». Καταρχήν είναι και πάλι ο επιστήμονας-ερευνητής που προστατεύει το αντικείμενο της μελέτης του

---

114. Ν. Επισκοπόπουλος, *Τα διηγήματα του δειλινού και Άσμα Ασμάτων*, ό. π., 63.

μέσα σε μια γυάλα, μακριά από τα μάτια των περίεργων· κατόπιν είναι ο άντρας που θα ξυπνήσει ηδονικά τη γυναίκα κινώντας το μηχανισμό της φύσης γύρω της. Τέλος, είναι ο καλλιτέχνης-ζωγράφος που θα φτιάξει έναν ολόκληρο ιμπρεσιονιστικό πίνακα συλλαμβάνοντας τη φευγαλέα κίνηση και αποτυπώνοντας στιγμιαίες εντυπώσεις.

Ενώ η ηρωίδα κοιμάται, το περιβάλλον γύρω της βγάζει θερμούς αναστεναγμούς κάτω από τα φλογισμένα αγκαλιάσματα του ήλιου, στα οποία παραδίνονταν άνθη και λουλούδια

> με εκπνοάς αρωματώδεις λιποψυχούσας [...] την γην ολόκληρον ανασκιρτώσαν σπασμωδικώς εν τη παραφορά εν τη εντάσει της εκνευριστικής, της οδυνηράς ηδονής. Χαύνωσις κατελάμβανε την φύσιν όλην. Αδελφωμένη με τον θάνατον η ζωή, η γονιμοποίησις συνεκίνει την φύσιν εις ένα σπασμόν δημιουργόν[115].

Μέσα στη χαύνωση ένας πόθος φαίνεται να μεταδίδεται σαν ρίγος που ηλεκτρίζει, φιλά και χαϊδεύει κάθε είδος φυτού και λουλουδιού, από τα πιο συνηθισμένα ως τα πιο σπάνια. Έχουμε πάλι την ευκαιρία να δούμε μια επιστημονική όσο και λαϊκή παρέλαση ονομάτων αντλημένων από το λεξιλόγιο της βοτανολογίας: γλυκίνες, κληματίδες, χρυσάνθεμα, κρίνοι, ανεμώνες, κίτρινα γεράνια (όχι κόκκινα ή ιώδη, το αιτούμενο είναι εδώ το σπάνιο), μυοσωτίδες, ία, ηλιοτρόπια, γαρδένιες, υάκινθοι, βανίλιες, τερατώδεις ασκληπιοί (μέσα στο κλίμα της διαστροφής απαιτείται πάντα και το εκτρωματικό, το δηλητηριώδες), λεβάντα, σαβίνα και θύμος, όπως και σπάνια πτηνά. Πρόκειται για μέθοδο έκφρασης πολύ συνηθισμένη και επιθυμητή στον αισθητισμό, στα έργα του οποίου, όπως είδαμε και αλλού, συχνά περιλαμβάνονται ολόκληροι κατάλογοι ειδικών λεξιλογίων.

Η ηρωίδα βρίσκεται τοποθετημένη μέσα στο κέντρο μιας παγκόσμιας ζωής, που εκφράζεται με τις φρικιάσεις των φύλλων, τη μέθη και το παραλήρημα του πάθους, μέσα στο οποίο τινάζεται σπασμωδικά από τους κάλυκες κάποια κίνηση ή κάποια «λιποψυχία οσμής»[116]. Τα έντομα ενώνονται σε ζευγάρια «θερμά, παράφορα εις την άπειρον αυτήν κλίνην των ερώτων, ενώ τα σπάνια πτηνά εξέβαλλον μικράς συνηνωμένας κραυγάς σπασμού [...] και τα κατοικίδια ζώα εις τας γωνίας

---

115. Ό. π., 64-65.
116. Ό. π., 65.

[...] εξέβαλλον διατόρους κραυγάς οδυνηράς εν τη γλυκεία αγωνία της παραγωγής»[117].

Η ατμόσφαιρα σε κάθε γωνιά του κήπου και σε κάθε είδος της δημιουργίας δονείται από ερωτισμό, καθώς ο ήλιος με τη ζέστη του ραντίζει παντού «το μέθυ της συλλήψεως»[118], μεταγγίζει τις φλόγες του με τη μορφή πάθους και συγκινεί με ανατριχιάσματα πόθου όλα τα σώματα. Μέσα σ' όλο αυτό το πανδαιμόνιο του «μεσημβρινού δαιμονίου» είναι εύκολο να ποτιστεί από επιθυμίες και το κοιμισμένο σώμα της νεαρής κοπέλας. Η γυμνότητά του το έχει κάνει ήδη δεκτικό σε ανάλογες προσκλήσεις, όταν μάλιστα από μόνο του αποτελεί πρόκληση.

Στην περιγραφή αυτής της πρόκλησης ο αφηγητής εντρυφά ιδιαίτερα, σαν να εισηγείται, παράλληλα, το καινούριο πρότυπο ομορφιάς του αισθητισμού· πρόκειται για μια ειδική ομορφιά που συνδυάζει τα νιάτα με την ηδονή, ιδιαίτερα την έντονη ή σπάνια. Μέσα από αυτό το πρίσμα, η ερευνητική ματιά του αφηγητή πάνω στο καλογραμμένο σώμα της κοπέλας, με τις σαρκικές υποσχέσεις που περικλείει, δείχνει δυνάμει προς την αισθητιστική κατανόηση της ομορφιάς, προς την κατεύθυνση δηλαδή της μοιραίας γοητείας, για τον ορισμό της οποίας ούτε η αγαλματένια ομορφιά ούτε και η γλυκύτητα του προσώπου είναι αρκετές: «Το σώμα το εξιδανικευμένον»[119] χρειάζεται επιπλέον «μίαν χροιάν επιθυμητής αγριότητος, έναν τόνον εξεγείροντα ορμάς φυλετικάς, ενστίκτους», έτσι ώστε και η ανύποπτη ανεμελιά της να παίρνει «ποιάν τινα ιδεώδη έκφρασιν μυστηρίου»[120].

Η ελκυστική ομορφιά, αυτή που θέλγει μέσα από το μυστήριο και από την ενστικτώδη απόδοση του εαυτού της στις ορμές, αυτή μόνο μπορεί να διεγείρει τις αισθήσεις και να ενδώσει σ' αυτές. Ύστερα απ' αυτό, συντρέχουν πια όλες οι προϋποθέσεις για το ξύπνημα του σαρκικού εαυτού της νεαρής κοπέλας. Αυτό ισοδυναμεί και με ξύπνημα του σαρκικού εαυτού μιας ομορφιάς που πριν από λίγο αναπαυόταν μέσα στο αέρινο περίβλημά της και την εύθραυστη λεπτότητα. Τώρα γίνεται πιο αδρή, πιο ανθεκτική και ανταποκρίνεται στο νιτσεϊκό όραμα ανθρώπου. Έπειτα η χειραγώγησή της από τον αφηγητή, ο οποίος σε δεύτερο επίπεδο, πίσω από την αυλαία, καθοδηγεί τις πράξεις και δίνει

---

117. Ό. π.
118. Ό. π., 66.
119. Ό. π.
120. Ό. π.

ψυχή στην οργιαστική Φύση και στον Ήλιο, θυμίζει τους κατοπινούς καζαντζακικούς συσχετισμούς άντρα–γυναίκας.

Σε πρώτο επίπεδο, πάντως, η μεταμόρφωση αρχίζει με την επενέργεια μιας ηλιαχτίδας, που κινείται αποφασιστικά πάνω στο νεανικό κορμί και ψηλαφεί, χαϊδεύει, ερεθίζει όλα τα μέλη με τρεμουλιάσματα, σαν τινάγματα από ηλεκτρικό ρεύμα. Η επαφή με τον αέρα δεν είναι απλώς μεθυστική αλλά απολύτως χαλαρωτική και αποχαυνωτική· είναι σαν να εξατμίζεται μέσα του η νεανική σάρκα και να βαραίνει αντίστοιχα και αυτός από τις αόρατες επιθυμίες της. Όσο πυκνώνουν τα ατμοσφαιρικά χάδια, τόσο η σάρκα αναλύεται μέσα τους, μέσα σε ηδονικά φιλιά και στεναγμούς που την περισφίγγουν στενά από παντού. Η αίσθηση περιβάλλει το κορμί από κάθε άποψη, το εκμηδενίζει μέσα στη λήθη της ηδυπάθειας και μεταδίδει όλο το «εξωτερικόν ρεύμα της ηδονής»[121] ως μέσα στα σπλάχνα. Έτσι ολοκληρώνεται η περιήγηση σ' όλη την κλίμακα των αισθήσεων, όταν χορτασμένες πια έχουν κατακτήσει την απόλαυση της αυτογνωσίας και του έρωτα, η οποία καλύπτεται από το κοινό και για τη γνώση και για την ερωτική πράξη ρήμα της Βίβλου, το «γιγνώσκω»:

> Εξύπνησε όχι κόρη πλέον, ούτε γυνή, σώμα τι μάλλον [...] το οποίον έμενε τώρα έδαφος παραγωγόν με τας χείρας τεταμένας, με τα σπλάχνα έτοιμα προς διαιώνισιν, γινώσκον πλέον εαυτό [...][122]

Επισημαίνουμε, με την ευκαιρία, την τολμηρή γλώσσα του Επισκοπόπουλου που αφηγείται, έστω και σε μια σεμνοπρεπή καθαρεύουσα κάθε σενσουαλιστική –εκμαυλιστική, θα λέγαμε– λεπτομέρεια. Ο αισθησιασμός του Επισκοπόπουλου περιλαμβάνει σταθερά εκτεταμένες περιγραφές ερωτικών σκηνών, σίγουρα πολύ προκλητικών για την εποχή του. Έχουμε δει στον πρόλογο του «Καλιγόλα» του τη γραπτή απολογία του για το απροκάλυπτο της γραφής του. Μιλά για την αισθητική της λογοτεχνίας που αψηφά την ηθική, στο πλαίσιο του «η τέχνη υπέρ της τέχνης», ως διεκδίκηση της αυτονομίας της από άλλες δεσμεύσεις πλην της ομορφιάς και της τέρψης.

Το «Φιλί του ήλιου» έχει ασυνήθιστο, για την ως τότε νεοελληνική πεζογραφία, θέμα και αποσύρεται σε ιδιωτική περιοχή όπου απαγορεύ-

---

121. Ν. Επισκοπόπουλος, *Τα διηγήματα του δειλινού και Άσμα Ασμάτων*, ό. π., 71.
122. Ό. π.

ονται οι παραβιάσεις από παρείσακτους· ο κήπος είναι το τέλειο άλλοθι μιας νέας Εδέμ, χαμένης μακριά από τα βλέμματα των πολλών και αρκετά δελεαστικής, ώστε να χαθεί μέσα της μια πρωτόπλαστη αθωότητα. Η πραγμάτευση του θέματος διαπλέκει μια σειρά από αισθησιακές σκηνές, που όλες περιστρέφονται γύρω από την κεντρική ερωτική περιγραφή ενισχύοντάς την. Όλα τα στάδια της ερωτικής διαδικασίας περνούν μπρος από τα μάτια του αφηγητή σ' αυτή την αντισυμβατική διδασκαλία. Τελικά θα λέγαμε ότι το σύνολο ύφους και θέματος ορίζει μια γκρίζα ζώνη, όπου συνυπάρχουν τόσο το απαγορευμένο περιθώριο των καταραμένων ποιητών όσο και η διονυσιακή έξαρση του Nietzsche.

Το 1895 ο Επισκοπόπουλος δημοσιεύει στο *Εθνικόν ημερολόγιον...* *Σκόκου* ένα μέτριο αφήγημα με τίτλο «Αιωνία γυνή», όπου ο αφηγητής ικανοποιεί τις επιθυμίες της αγαπημένης του και την ανεβάζει με τα χέρια ως την κορυφή του βουνού νιώθοντας πιασμένος μέσα σε μια παγίδα σαγήνης και μίσους. Η Μίρζα, η ερωμένη με το εξωτικό, ανατολίτικο όνομα που ίσως παραπέμπει και στην Μύρρα του «Ut dièse mineur», τον κρατά μέσα στον άρρηκτο κόσμο της γοητείας της, έναν κόσμο τον οποίο ο αφηγητής, κάτω από την πίεση που νιώθει, μετασχηματίζει με συνεχείς παρομοιώσεις σε θηριοτροφείο και αρένα θηριομαχίας:

> Και ησθανόμην τας χείρας της ως όνυχας θηρίου επί του σώματος μου και τα φιλήματα της μετανοίας της ως γλείψιμον τίγρεως και του προσώπου της, της κόμης της την επαφήν ως γλίστρημα σκορπίων, ως μύζημα όφεων και μου έδιδε τοιουτοτρόπως τας τελευταίας φρικιάσεις, τα τελευταία ρίγη του μαρτυρίου.
>
> Ησθανόμην όλην την λύσσαν της αδυναμίας μου εγώ και ούτε καν δι' ενός λακτίσματος δεν ηδυνάμην να την καταρρίψω, να την συντρίψω εις την άβυσσον, αλλ' απέθνησκον με φαντάσματα θηρίων, λάγνων, σιτοχρόων εις τα όμματα και με την ανάμνησιν των δύο κυανών οφθαλμών, οφθαλμών τίγρεως[123].

---

123. (επιμ.) Στ. Ξεφλούδας, *Νιρβάνας, Χρηστομάνος, Ροδοκανάκης και άλλοι* [Βασική Βιβλιοθήκη, 30], Αθήνα, Ζαχαρόπουλος, 1957, 304.

Ο πρωταγωνιστής μισεί τον εαυτό του για την αδυναμία του να αντιδράσει σ' αυτό που τον αναλώνει, αλλά αφήνεται στη γυναίκα. Το δίλημμα που τον βασανίζει αποτυπώνεται στο λεξιλόγιο, όπου η ερωτική διάθεση συγχέεται με το σπαραγμό από άγριο θηρίο. Φαινομενικά υπάρχει η γυναίκα του, η Μίρζα, που από το δικό του πρίσμα την βλέπει ως καταστροφή, ενώ κατά βάση πρόκειται για ένα αρχέτυπο που αναπαριστά τη μοιραία γυναίκα κάθε τόπου και χρόνου. Η υπαρξιακή ιδέα, που ενυπάρχει, είναι ο φόβος του άνδρα απέναντι στη γυναίκα ως απειλή στην ανεξαρτησία της θέλησής του· το θέμα θα το δούμε κατεξοχήν στον Ν. Καζαντζάκη αλλά και στην Γ. Καζαντζάκη, με την αντίστροφη φορά. Γενικά, το αφήγημα του Επισκοπόπουλου αναπαράγει παρακμιακά στερεότυπα χωρίς δική του πνοή, γεγονός που το κρατά στάσιμο από άποψη αποτελεσματικότητας.

Το διήγημα «Ο θρήνος του δειλινού» πρωτοδημοσιεύτηκε στην εφημερίδα Άστυ (1897) με τον τίτλο «Οι λιτανείες του λυκόφωτος». Πρόκειται για μια ερωτική αναπόληση του παρελθόντος, η οποία χάνεται μέσα σε ασαφείς μνήμες. Στο κέντρο της αφήγησης συναντούμε εδώ μια εικαστική δημιουργία, «μία μορφή σύνθετη σαν σπάνια μυρωδιά από μορφές πολλές, από χαρακτηριστικά διάφορα»[124]. Πρόκειται για τη μορφή της μίας και μοναδικής γυναίκας που σημάδεψε τη ζωή του αφηγητή και την οποία δεν μπορεί να θυμηθεί ακριβώς αλλά μόνο αμυδρά και αισθησιακά.

Αυτή τη μορφή ανασυνθέτει μέσα στη φαντασία του σε διαφορετικές περιστάσεις, μέσα σε διαφορετικούς φωτισμούς, όπου το χρώμα μεταλλάσσει τη μορφή της· εμφαίνοντας διαφορετικά χαρακτηριστικά στην κάθε ανάπλαση, ο αφηγητής καταλήγει στη διαυγή αποτύπωσή της μέσα στον εγκέφαλό του. Η ανεξίτηλη παρουσία της συνοδεύεται από τη διαπίστωση ότι η γυναίκα αυτή δεν υπήρξε ποτέ ως μία ακέραιη πραγμάτωση, αλλά ότι ισοδυναμεί με όλες τις γυναίκες της ζωής του, που επιβιώνουν συνολικά στις φαντασιώσεις του.

Το συνολικό σχήμα, στο οποίο κατασταλάζουν οι εντυπώσεις του αφηγητή, φιλοτεχνεί ένα ιμπρεσιονιστικό πορτρέτο γυναίκας, σαν αυτά που συναντούμε κατεξοχήν στον Επισκοπόπουλο και που θα ξαναδούμε ως αποτύπωση φύσης στον Π. Γιαννόπουλο. Η φιλοτέχνηση αυτού του πίνακα εκτυλίσσεται μέσα από ηδονικά όνειρα, όπου τον πρώτο ρόλο παίζουν η αίσθηση, η διάταξη των χρωμάτων, η αντίστιξη και η συγχώνευσή τους, τα παιχνίδια φωτός και σκιάς και το τρεμού-

---

124. Ν. Επισκοπόπουλος, Τα διηγήματα του δειλινού και Άσμα Ασμάτων, ό. π., 39.

λιασμα των εντυπώσεων. Η τεχνική είναι σαφώς ιμπρεσιονιστική, τόσο στο κέντρο όσο και στα περιθώρια.

Το πρώτο ηδονικό όνειρο το δίνει στον αφηγητή η «μορφή της στολισμένη από την φύσιν»[125]. Σ' αυτή την πρώτη φάση βλέπει τη μορφή της αγαπημένης σκυμμένη πάνω από ένα ρόδο και «ντυμένη ένα ολόκληρο κήπο, ένα φόρεμα ζωντανό με χρώματα χίλια, ευαίσθητη από χίλιες φρικιάσεις λουλουδιών»[126]. Η λεπτότητα έχει ήδη επιβάλει την παρουσία της, αφού ο ευαίσθητος ψυχισμός της νέας την κάνει δεκτική στις φρικιάσεις των λουλουδιών και στη μέθεξη της οντότητάς τους. Έτσι όπως σκύβει πάνω από την τριανταφυλλιά, συντελείται μπροστά στα μάτια του αφηγητή ένα κοσμικό αγκάλιασμα ψυχών που έχουν κάνει μεταξύ τους «μυστική συμφωνία» να «μεταλαβαίνουν η μία από την άλλη, [...] αδελφάδες, αιθεροπλασμένες»[127].

Το μοτίβο θα το συναντήσουμε στο *Βυσσινί τριαντάφυλλο* του Ροδοκανάκη χωρίς αισθησιακή χροιά· στον Επισκοπόπουλο η πραγμάτευσή του είναι πιο πλούσια, ποιητική και εικαστική συγχρόνως. Η φαντασίωση βρίθει από ρόδινη λάμψη και αρωματική θέρμη του φωτός, μέσα στο οποίο λάμπουν μαζί γυναίκα και λουλούδι. Οι ανταύγειες παίρνουν το χρώμα της σάρκας, διαγράφοντας μέσα τους την ύλη και αναδίδοντάς την σαν «λάμψι κοραλένιου αυτιού, [...] σαν να έκαιε ροδόχροη καντήλα»[128]. Το πρόσωπο που συνάγει αυτή την εντύπωση μοιάζει να φλογίζεται εσωτερικά από άυλο φως, ενώ παράλληλα αποκτά την εύθραυστη εικόνα του ροδοπέταλου: «λεπτό σαν ροδοπέταλο»[129] το προσδιορίζει ο γοητευμένος αφηγητής. Οι υποστάσεις χάνουν την οντολογική τους ταυτότητα μέσα σε μια συνένωση που καταδεικνύει τις δύο υπάρξεις «από μία ζύμη πλασμένες»[130]· η κατάλυση των ορίων δεν ισοδυναμεί με απώλεια αλλά αποκτά την ισχύ «πανθεϊστικής σκέψης»[131], καθώς προωθεί την ολοκλήρωση του όντος με την αναγωγή του αισθησιασμού σε κοσμοπολιτισμό.

Κατόπιν, η οντολογική διάσπαση, που ισοδυναμεί με πλουτισμό και ιμπρεσιονιστική διέγερση, σχηματίζει το παράστημα της νέας μέσα στα μνημεία και τα φυσικά φαινόμενα. Το πρόσωπό της «με

---

125. Ό. π., 42.
126. Ό. π., 43.
127. Ό. π.
128. Ό. π.
129. Ό. π.
130. Ό. π.
131. Ό. π.

την γαλήνην την ήρεμον και μυστικήν»[132] φαίνεται πάνω στα μάρμαρα της Ακρόπολης που οι κίονές τους εξαερώνονται μέσα στο ρόδινο χρώμα. Όταν κατά τη δύση του ήλιου ο Υμηττός θυμίζει «ένα άθυρμα τρισμέγιστον από μενεξεδένιο κερί διάφανο»[133], η νέα γίνεται ένα με το φως της δύσης. Παρόμοια διάχυση του γυναικείου προσώπου μέσα από μάρμαρα και αρχαιότητες, λιγότερο δυνατή όμως, βρίσκουμε στην τριλογία του Νιρβάνα «Μυκήναι–Ακρόπολις–Ολυμπία», γραμμένη μεταξύ του 1894 και του 1897.

Υπάρχουν ακόμη άλλες εικόνες που σβήνουν το χαμόγελο της αγαπημένης μέσα στο ψιθύρισμα ενός κυπαρισσιού είτε «στο χάος του ουρανού χωρίς καμπύλην»[134] ή σκορπούν το είναι της μέσα σε μια «ησυχία αδημιούργητη [...] ένα λήθαργο ανονείρευτο»[135]. Οι εικόνες απελευθερώνουν ποιητική δύναμη και ενεργοποιούν μια ανάγνωση του κειμένου μέσω των αισθήσεων. Η πρόθεση είναι σαφώς αισθησιακή, καθώς ο αναγνώστης δεν προλαβαίνει να αντιδράσει στον πυκνό ερωτικό λόγο και ο μόνος δυνατός αντίλογός του είναι να αφεθεί στη γοητεία αυτού του λόγου, στο συρμό των απανωτών λέξεων που εισβάλλουν στην απραγία του αισθησιακού του γίγνεσθαι.

Ενώ έχει ήδη θεμελιωθεί η λυρική πρόθεση, ο αφηγητής συνεχίζει προς τη δικαίωση της εικαστικής πρόθεσης. Πιο εντυπωσιακή είναι η εικόνα της νέας στο ηλιοβασίλεμα, όπου τα χρώματα λιώνουν μέσα σ' ένα πανόραμα και μέσα σ' αυτά λιώνει και η ίδια, φτιάχνοντας έναν πίνακα-πορτρέτο:

> και βάφεται δι' αγάπην της ιόχρους και περιβάλλεται
> με περιδέραια κυανά και στέφεται με ιριδοχρώμους
> ακτίνας και ανάβει σε ηφαίστεια και σύρει ατελείωτες πορφύρες και νικά σε αίματα πολλά και σπαταλά
> δώρα φωτεινά μενεξεδένια και δώρα ροδόχρυσα[136].

Η δοκιμασία της αίσθησης πετυχαίνεται μέσα από τη χρωματική πολλαπλότητα, όπου οι αποχρώσεις διαπλέκονται στενά και έρχονται στο προσκήνιο με τόση ταχύτητα, ώστε η όραση να πληρούται από την

---

132. Ό. π., 44.
133. Ό. π.
134. Ό. π.
135. Ό. π.
136. Ό. π., 45.

πανδαισία τους χωρίς πια να ξεχωρίζει πού ή πότε τελειώνει η μία και αρχίζει η άλλη. Πάνω στον καμβά ρίχνονται διάχυτες χρωματικές εντυπώσεις φωτός, σκιάς και ανθρώπινης σάρκας, μετουσιωμένες σε καλλιτεχνικό δημιούργημα. Είναι σαφές ότι η τέχνη βρήκε ήδη τη θέση της μέσα στην πεζογραφία του νεοελληνικού αισθητισμού, αφού η τεχνική του λόγου παρουσιάζεται ως καλλιτεχνική τεχνοτροπία. Πρόκειται για τη σύμπτωση αισθητικού και αισθησιακού επιπέδου, ως ειδοποιά γνωρίσματα του αισθητισμού.

Σημειώνω ότι ο Ν. Επισκοπόπουλος έχει γράψει στο περιοδικό *Τέχνη* άρθρο για τον A. France[137], όπου οι περιγραφές χαρακτηρίζουν ακριβώς το δικό του ύφος· στον ίδιο λοιπόν τον Επισκοπόπουλο μπορούμε έμμεσα να βρούμε αυτοσχόλια ποιητικής, όταν ο σχολιασμός του για γνωρίσματα του Γάλλου λογοτέχνη και μέντορά του θα μπορούσε να εφαρμοστεί πάνω στη δική του δημιουργία. Ο κριτικός κάνει λόγο για «εντύπωση της διαρκούς εκπλήξεως, της διαρκούς καλλιτεχνικής απολαύσεως [...] κάτιτι το μελισταγές, το δροσοβόλον, το επιτηδευμένον, αλλά άυλον το οποίον έχει το ύφος του»[138] εξειδικεύοντας ως εξής με τη σιγουριά του μυημένου:

> Είπε τα λεπτότερα αλλά μάλλον αφηρημένα των πραγμάτων [...] Συμβαίνει και εδώ ό,τι συμβαίνει με την ιριδόκονιν των χρυσαλλίδων, ό,τι συμβαίνει με όλα τα πράγματα τα φευγαλέα, με όλα τα πράγματα τα εξαρτώμενα από πολυπλόκους συνδυασμούς χρωμάτων, με όλας τας πολυσυνθέτους αποχρώσεις των ανθέων και τους ποικιλοσυνθέτους ήχους των δασών, διά τα οποία νομίζει κανείς ότι η φύσις εξαντλεί τους συνδυασμούς και την καλαισθησίαν της, βάζει όλα της τα δυνατά, καταναλίσκει όλην της την συνθετικήν δύναμιν όπως προσεγγίσει το υπερφυσικόν.
>
> Και τωόντι τα βιβλία του μάγου αυτού τα αισθανόμεθα μάλλον ως ναρκωτικόν ηδύ, ως άγνωστον

---

137. Ο A. France, μέντορας του Επισκοπόπουλου και ίσως αυτός που προσκάλεσε τον Επισκοπόπουλο στη Γαλλία και τον εισήγαγε στους λογοτεχνικούς της κύκλους, δεν ήταν αισθητιστής, είχε όμως ιμπρεσιονιστική συνείδηση της λογοτεχνίας, καθώς αποδεχόταν την αντιστοίχιση των φθόγγων με χρώματα.

138. Ν. Επισκοπόπουλος, «Ανατόλ Φρανς», *Η Τέχνη* 1 (1898-1899), ανατύπ. Αθήνα, Ε.Λ.Ι.Α., 1980, 119.

άρωμα, ως μακρινήν δύσιν της οποίας τα χρώματα φευγαλέα, αερώδη και όλα εις αποχρώσεις, αντανακλάσεις και σκιάς διαφεύγουν χρωστήρα και γραφίδα και είναι μολαταύτα υπέροχα και είναι μεθυστικά και είναι αλησμόνητα[139].

Αρκετές υπήρξαν οι φορές, κατά τις οποίες ο Επισκοπόπουλος πρόβαλε μια ηδονή αντίθετη στα καθιερωμένα· στο τέλος του 1899 γράφει το πεζό «Στον θάνατον» που θα δημοσιευτεί το 1900 στο *Εθνικόν Ημερολόγιον... Σκόκου*. Δύο εραστές, από τους οποίους η γυναίκα είναι παντρεμένη και εγκλωβισμένη μέσα σ' έναν ανούσιο γάμο, αυτοκτονούν με δηλητήριο ύστερα από κοινή απόφαση. Το έργο είναι άκρως ηδονικό στην περιγραφή ερωτικών σκηνών και στην επιδημική επίσκεψη του νοσηρού θανάτου. Όταν η ένωση των δύο εραστών φτάσει στην κορύφωσή της, τότε αυτοί θεωρούν πως είναι η καλύτερη στιγμή να τερματίσουν τη ζωή τους. Ο αφηγητής είναι αναλυτικός, όταν περιγράφει την τελευταία ένωση των δύο παράνομων εραστών προτού αυτοκτονήσουν πίνοντας δηλητήριο:

Αι λέξεις εσβήνοντο από την μηδένισιν της ευτυχίας από την νάρκην των υποσχέσεων της ηδονής.

Ο έρως ο άπειρος, η συνένωσις και η υποδούλωσις των ψυχών των συνεκεντρούτο εν παροξυσμώ αφώνου ευτυχίας εντός των.

Και έρρεον αι στιγμαί, ως σταγόνες ποτού μεθυστικού, αψινθίου ηπίου και ηδονικού.

Έπειτα, όταν η μικρά ροδωνιά, με την ηδυπαθή χροιάν των ανθέων της, διήγειρε την πρόκλησιν, μίαν ώθησιν υπέροχον προς ηδονήν μέσα εις εν κύμα ευώδες, εκείνη πρώτη, παραδίδουσα εν πλήρει γνώσει και εν πλήρει θελήσει ως δώρον υπέρτατον με λατρευτήν εξώθυραν το σώμα της, τον έσυρεν εις την μεγάλην κλίνην και του έκλεισε το στόμα δι' ενός ασπασμού, όστις ήτο η σφραγίς της παραδόσεώς της.

---

139. Ό. π.

Και τότε το δωμάτιον όλον αντήχησεν από σφαδασμούς υψίστης ευτυχίας, πλημμύρισε από κύματα ηδονής από κραυγάς πόθου ανεκλαλήτου.

Εζωογονήθησαν ήδη τα άψυχα υπό την πνοήν της σκορπιζομένης δυνάμεως και η ροδωνιά εις το παράθυρον εκλόνιζε τώρα τρελά με κινήσεις βιαίας φρίσσοντα τα φύλλα και συνεστέλλοντο ερυθροί οι κάλυκες και επιέζοντο υγρά τα μικρά ευτυχισμένα πέταλα.

Εκείνη ησθάνετο κάτι τι νέον αφυπνιζόμενον εν εαυτή, κάτι τι γενόμενον, αδοκίμαστον ακόμη...

Και εσβέσθησαν τώρα τα χρώματα της δύσεως και το πρώτον λευκόν ακόμη σκότος, κυριεύον το δωμάτιον, απεκόμιζεν ακόμη σπασμούς, λυγμούς και λιποψυχίας ηδονής[140].

Το φιλί, που υγραίνει τα χείλη των εραστών σταλάζει το δηλητήριο και από τις δύο πλευρές. Με «θρησκευτικό παραληρισμό μυστηρίου»[141] δέχονται το μεγάλο θάνατο, ο οποίος γέμιζε ήδη από καιρό το μυαλό τους και τώρα δηλητηριάζει και ηδονίζει τα κορμιά τους[142]:

Και έπειτα, όταν από την εκμηδένισιν των σωμάτων ανήλθε δεσπόζουσα η ιδέα του θανάτου, έθραυσεν εκείνος το πράσινον φιαλίδιον εις το μανδήλιόν του και ύγρανε με αυτό τα χείλη των. Τα φιλήματά των τώρα αντηλλάχθησαν ευώδη, με δηλητηριώδη οσμήν κυανίου, με γεύσιν δάκνουσαν ηδονικήν.

Και εκεραυνοβολήθησαν και οι δύο εις ύστατον σπασμόν δεδεμένοι, συμπεπλεγμένοι και η ενέργεια του δηλητηρίου η τιτανική τούς έδωκε τελευταίαν δύναμιν προς υψίστην απόλαυσιν και η Ηδονή τούς εξή-

---

140. (επιμ.) Στ. Ξεφλούδας, *Νιρβάνας, Χρηστομάνος, Ροδοκανάκης και άλλοι* [Βασική Βιβλιοθήκη, 30], Αθήνα, Ζαχαρόπουλος, 1957, 292.
141. Ό. π.
142. Ό. π.

πλωσε τώρα αχωρίστους, με έν μειδίαμα ευτυχίας διακεχυμένον επί της μορφής των και τους παρέδωκεν εις την αγκάλην την ακίνητον του αδελφού της θανάτου.

Εν τελευταίον σπασμωδικόν τίναγμα βιαίας οσμής, το οποίον έστειλεν από τας χιλίας ανθισμένας πληγάς της η τρελή ροδωνιά, εχάθη τώρα, απέθανεν εις την υπέροχον, την καταστρεπτικήν οσμήν του κρανίου[143].

Η στιγμή της ηδονής είναι και η στιγμή του πόνου· εκπληρώνεται έτσι ένα δίπτυχο αξίωμα της παρακμής, η αλγολαγνεία, η οποία είχε αρχίσει να απλώνεται στη λογοτεχνία από την εκπνοή του ρομαντισμού· τώρα, έχοντας πάρει την ολοκληρωμένη μορφή της διαστροφής, εγγράφεται στον αισθητισμό, και η διαστροφή οροθετείται ως ύψιστη απόλαυση που αιωρείται ανάμεσα στον έρωτα και τον πόνο της δηλητηρίασης. Ο σπασμός της ευδαιμονίας χτυπά με τα πλήγματά του και την τριανταφυλλιά που στέγασε με τ' αρώματά της το παράνομο ζευγάρι. Μέσα στο τίναγμα μιας βίαιας οσμής, η αισθητιστική εκτροπή δείχνει την ευωδιά να αναβλύζει από το καταστρεπτικό κρανίο. Η πρόσμιξη ευωδιάς και σαπίλας είναι ο δείκτης νοσηρότητας που στιγματίζει το κείμενο με την κηλίδα της décadence.

Στο *Βυσσινί τριαντάφυλλο* το θέμα είναι επίσης ο θάνατος δύο εραστών –νόμιμων όμως– που καλπάζουν μέσα στη θάλασσα, τρόπος με τον οποίο έδωσε τέλος στη ζωή του ο Π. Γιαννόπουλος. Στο *Βυσσινί τριαντάφυλλο*, όπως και στον Επισκοπόπουλο, υπάρχει συναίνεση μεταξύ των δύο ζωγράφων εραστών, ενώ στα «Ρόδα του Ηλιογάβαλου» του Καμπύση η μονόπλευρη ολοκλήρωση της ηδονής και του θανάτου μέσα από τη σκέψη του ενός (του άντρα) υποβιβάζει σε άψυχο ρόλο το άλλο μισό του Ανδρογύνου, αν και υστερεί σαφώς ως προς τη βαναυσότητα με την οποία γίνεται η χειραγώγηση του Άλλου στο *Όφις και κρίνο*· εκεί, ο Καζαντζάκης, επικοινωνώντας με τον D'Annunzio και μέσω αυτού με τον Nietzsche, φέρει τις διακηρύξεις για υποταγή του αδύναμου στην ανήλεη βούληση του ισχυρού. Κάτι αντίστοιχο συναντούμε και στον *Απελλή* του Θεοτόκη, όπου ο φημισμένος άντρας εξοντώνει και τη γυναίκα και το υποκατάστατο του άντρα, ευτελίζοντας την ύπαρξη του τελευταίου με την αιχμαλωσία και τον εν ψυχρώ φόνο.

---
143. Ό. π., 293.

Το λεξιλόγιο, που είδαμε στο «Φιλί του ήλιου», επαναλαμβάνεται στο διήγημα «Στον θάνατον» με ακρίβεια αντιγραφής. Οι φράσεις είναι πανομοιότυπες, όμως λιγότερο δηκτικές και υπαινικτικές. Ο ηδονισμός είναι ευθύγραμμος στην εξέλιξή του, χωρίς γνωσιολογικές προεκτάσεις, και ο αφηγητής αφιερώνεται στη διήγηση μιας μεμονωμένης περίπτωσης. Ο χώρος είναι εδώ μια «κάμαρα κλειστή αρωματισμένη και περασμένη ηδονή – τι τολμηρή ηδονή!»[144], κατά το καβαφικό ποίημα «Απ' τες εννιά». Η μετάβαση από το περιβόλι του «Φιλιού του ήλιου» στον κλειστό εσωτερικό χώρο του «Στον θάνατον» δεν ισοδυναμεί με αλλαγή, αφού στην ουσία του και το περιβόλι δεν αποτελεί ανοιχτό χώρο αλλά μια κλειστή περίμετρο πνιγμένη μέσα στα φυτά, τις λάγνες ματιές τους και τις βαριές οσμές τους.

Αυτά όλα δεν σημαίνουν, φυσικά, ότι σε άλλες εκφάνσεις του δεν θα δούμε τον ελλαδικό αισθητισμό να αναπτύσσεται έξω από πνιγηρές ατμόσφαιρες και να διεκδικεί μια δυναμική ανοιχτού χώρου στο άπλετο φως· θα το δούμε, για παράδειγμα, στο καζαντζακικό «Τι μου λένε οι παπαρούνες» και σποραδικά στο *Όφις και κρίνο*, το οποίο προσφέρεται για τη μελέτη του χωροταξικού ανοίγματος του αισθητισμού. Ο αισθητισμός μπορεί είτε να απλώνεται στη διονυσιακή ομολογία ενός αποχαυνωτικού απομεσήμερου τεράστιας γήινης ή υπαίθριας έκτασης είτε να συρρικνώνει το ερωτικό αποκάρωμά του στην εκλεκτική απομόνωση ενός κλειστού κήπου ή ενός μικρού δωματίου.

«Στον θάνατον» ισχύει το δεύτερο. Υπάρχει έντονος αισθησιασμός με διάχυτα αρώματα, σαν μεθυστικά ποτά, όλα συμφραζόμενα της εκλεκτής ηδονής. Το φαινόμενο της συναισθησίας παρεμβαίνει διαθλαστικά στην ερωτική παραφορά των κραυγών, των σπασμών και των λυγμών, αποτρέποντας ρομαντικές ροπές και εδραιώνοντας την προτίμηση στην αδοκίμαστη γεύση.

«Το φιλί του ήλιου» ήταν γραμμένο επίσης στην καθαρεύουσα, όμως εκεί ο Επισκοπόπουλος δημιούργησε ένα έργο τέχνης καίριο στις διατυπώσεις του με τη δύναμη της αυτοκάθαρσης και την πικρή γοητεία ενός δηλητηριώδους έργου. Εδώ, αντίθετα, οι τόνοι είναι πιο ήπιοι, αναμενόμενοι, το τέχνασμα της αποεξοικείωσης του αναγνώστη λιγότερο ενεργό, και η πικρή γεύση, που θα σπάσει τη λιγωμένη διάθεση, είναι το θεματικό εύρημα της αυτοκτονίας με δηλητήριο. Κοινό στοιχείο, ωστόσο, των δύο κειμένων είναι η συμμετοχή της φύσης στη λαγνεία των σκηνών. Στο «Φιλί του ήλιου», η ανθρώπινη ηδονή δι-

---

144. Κ. Π. Καβάφης, *Ποιήματα* (επιμ. Γ. Π. Σαββίδης), Αθήνα, Ίκαρος, 1989, 65.

εγείρεται κατ' αναλογία με την ηδονή της Φύσης δίνοντας στο συμβάν κοσμοθεωρητικό χαρακτήρα· «Στον θάνατον», η παραβολή της ηδονικής ανατριχίλας των σωμάτων με τα ρίγη μιας τριανταφυλλιάς γίνεται αποτελεσματικά και πιο ήρεμα.

Τα κύματα της ευωδιάς, τα υγρά πέταλα, οι κινήσεις, μικρές και μεγάλες, η δύναμη που σκορπάει σαν πνοή, όλα αποτελούν μεταφορές της ερωτικής πράξης, κάτι που προαναγγέλλει ανάλογους δομικούς μετασχηματισμούς των ποικίλων κινήσεων και ροών στον πολύ μεταγενέστερο Α. Εμπειρίκο. Τα νοήματα στο κείμενο του Επισκοπόπουλου δεν είναι τόσο άμεσα και κραυγαλέα, όπως στο «Φιλί του ήλιου», απλώς λανθάνουν σε νύξεις. Η έμμεση παρουσίαση κάποιων καταστάσεων δεν συνεπάγεται, ωστόσο, ανάλογη μεταχείριση του θέματος της ερωτικής φύσης. Η ενεργός αμοιβαιότητα ερωτισμού ανάμεσα στον άνθρωπο και την πατρίδα του, τη γη, περιορίζεται σε μια τριανταφυλλιά, κρατά όμως έναν πυρήνα ουσίας σε σχέση με το ολιστικό «Φιλί του ήλιου».

Το 1900 ο Επισκοπόπουλος δημοσιεύει το δικό του *Άσμα Ασμάτων*. Είναι ένα ερωτικό τραγούδι, όπως και το αφηγηματικό *Όφις και κρίνο* του Καζαντζάκη. Αποτελείται από πέντε μέρη, στην ουσία συνίσταται από πέντε πεζά ποιήματα, το καθένα με το δικό του ύφος και με τη δική του συνεισφορά στη διέγερση των αισθήσεων. Ίσως ο αριθμός των κεφαλαίων να είναι σκόπιμα ο ίδιος με τον αριθμό των αισθήσεων. Εμπνευσμένος από το μεγαλόπρεπο λυρισμό του βιβλικού «ποιητικού» *Άσματος Ασμάτων*, ο συγγραφέας αναζητά τη δική του λυρική ταυτότητα μέσα σ' ένα δημιούργημα που συντελείται παράλληλα με την κοσμογονία του έρωτα.

Ήδη από τον πρόλογο φαίνεται ότι το αφήγημα είναι ένα παλίμψηστο· η πρώτη εικόνα που έχουμε είναι η εικόνα του λυρικού αφηγητή, ο οποίος κρατά σημειώσεις με κόκκινο μελάνι στο περιθώριο μιας παλιάς χαλκογραφίας που παριστάνει τη σκηνή του εξώστη από το *Ρωμαίος και Ιουλιέτα* και κατόπιν έχουμε τη δήλωση ότι οι σημειώσεις συμπυκνώθηκαν στη λογοτεχική διαιώνιση αυτής της σκηνής. Έτσι γίνεται ο πρώτος χαρακτηρισμός του έργου μέσω του κόκκινου χρώματος, της έντονης διακειμενικότητας και του ερωτισμού. Στη συνέχεια του προλόγου μπορούμε να διαπιστώσουμε πως η διακειμενικότητα όχι απλώς υφίσταται αλλά πλέκεται από κατεξοχήν έργα του αισθητισμού: ο Beardsley είναι εδώ παρών με το έργο του *Tannhäuser*, αφού ο έρωτας στον Επισκοπόπουλο θυμίζει το σπήλαιο του Venusberg (Βουνού της Αφροδίτης), το οποίο υπήρξε ο χώρος δράσης του βρετανικού έργου με διάχυτη τη σαγήνη της Αφροδίτης και γενικότερα αγαπημένος τόπος του διεθνούς αισθητισμού· από το βάθος ακούγεται και η αυτοκράτειρα Ελισάβετ (το έργο του αισθητιστή Χρηστομάνου είχε ήδη πρωτοκυκλοφορήσει την προηγούμενη χρονιά στην Αυστρία) με «την φωνήν την εξαγνιστικήν και την φωνήν την καθαρτήριον»[145]· και, φυσικά, υπάρχει η έκσταση με την οποία ο Σολομών απευθύνεται στη Σουλαμίτιδα στο πρώτο κεφάλαιο του *Άσματος Ασμάτων*· μέσω του βιβλικού *Άσματος Ασμάτων* το έργο του Επισκοπόπουλου συνδέεται έμμεσα με το *Όφις και κρίνο* του Καζαντζάκη. Για το βιβλικό κείμενο θα μιλήσουμε και στο κεφάλαιο του Καζαντζάκη με αφορμή το *Όφις και κρίνο*, επειδή οι ομοιότητες των δύο κειμένων τα φέρνουν πολύ κοντά, ενώ η συνάντηση του Επισκοπόπουλου με το βιβλικό *Άσμα Ασμάτων* αποδεικνύεται πιο μονοδιάστατη και επιχειρείται στο επίπεδο του λυρισμού.

Το *Άσμα Ασμάτων* του Επισκοπόπουλου είναι ένα έργο αισθητισμού· δεν υπάρχει δράση φανερή, είναι το χρονικό των σκέψεων και των αισθήσεων που διαδραματίζονται μέσα στο μυαλό και στο κορμί ενός ανθρώπου· είναι η θεώρηση του έρωτα από το εσωτερικό ενός ανθρώπινου όντος. Η βίωση αυτή έχει τον αντίκτυπό της στον αναγνώστη, ο οποίος περνά μέσα από απανωτές φράσεις που έχουν το σχήμα των εντυπώσεων και ανήκουν στο ιμπρεσιονιστικό ύφος γραφής που καθιέρωσε ο Επισκοπόπουλος.

Η ενδιάθετη αυτή καταγραφή θα μπορούσε να θεωρηθεί ως ημερολόγιο μιας ερωτικής ιστορίας ή ως αναγνωριστικό ταξίδι στην αίσθηση. Ο λυρισμός της, όμως, την καθιστά κάτι περισσότερο από ψυχόγραμμα ή ημερολόγιο εσωτερικής ζωής· την καθιστά ποίημα μέσα σε πεζογραφία και ρηξικέλευθη δοκιμή ύφους. Πρόκειται για ένα έργο οικουμενικού αισθησιασμού, μάλλον για μια μελωδία αισθήσεων που κινούνται σ' όλη την κλίμακα της έντασης και χαλαρώνουν, τεντώνονται, διεγείρονται ή εκρήγνυνται, για να ξαναπέσουν στη χαύνωση, ανάλογα με την ενορχήστρωση του ομιλητή.

Τα πέντε μέρη, από τα οποία αποτελείται, αυτό το σύνθετο πεζοτράγουδο ή σπονδυλωτό πεζό ποίημα ονομάζονται: «Εκστατικόν», «Ερωτικόν», «Πορφύρεον», «Νύκτιον» και «Εωθινόν». Έτσι όπως δομούνται, μοιάζουν με διαφορετικά μέρη μιας συμφωνίας, η οποία ξεκινά από τη γνωριμία του ζευγαριού, τον εκστασιασμό μπρο-

---
145. Ν. Επισκοπόπουλος, *Τα διηγήματα του δειλινού και Άσμα Ασμάτων*, ό. π., 110.

στά στην ομορφιά, που φέρει το αντικείμενο του πόθου, και συνεχίζεται στον έρωτα, που με πάθος πραγματώνεται ως σαρκική ένωση και φτάνει στη δημιουργία μιας καινούριας ζωής. Αν και οι λέξεις-επιμέρους τίτλοι του Επισκοπόπουλου δεν αντιστοιχούν σε μουσικούς όρους, είναι βέβαιο πως η ιδέα που θέλει να καλλιεργήσει ο συγγραφέας είναι η μουσική. Κάτι αντίστοιχο θα βρούμε αργότερα στον Καζαντζάκη, ο οποίος δομεί αισθητιστικά έργα του κατά μουσικό τρόπο: το *Όφις και κρίνο* διαδραματίζεται μέσα από τις συγχορδίες των τεσσάρων εποχών του έτους, σαν τις *Τέσσερις εποχές* του Vivaldi, ενώ η πλοκή στις *Σπασμένες Ψυχές* αρθρώνεται μέσα από τέσσερις μουσικούς τόνους: «triomfale», «vibrato», «fouetté», «marche funèbre».

Όσον αφορά τα πέντε τμήματα του *Άσματος Ασμάτων* του Επισκοπόπουλου, μπορούμε σ' αυτά να δούμε τη συνόψιση όλης της λογοτεχνικής του παραγωγής. Βλέπουμε, δηλαδή, το σχηματισμό ενός είδους διακειμενικότητας με τα ίδια του τα έργα. Έτσι, υπάρχει ένα απόσπασμα που θυμίζει το διήγημά του «Η πρώτη καταιγίς», όπου οι δυο ερωτευμένοι βρίσκονται στο μάτι ενός κυκλώνα· είναι και αυτό μέρος της μύησης στην ερωτική διαδικασία. Ένα άλλο κομμάτι αφιερώνεται στα μαλλιά της αγαπημένης γυναίκας («Τα μαλλιά») και είχε εμφανιστεί ως αυτούσιο αφήγημα στο πρώτο τεύχος της *Τέχνης* του Κ. Χατζόπουλου[146].

Το θέμα των μαλλιών υπήρξε ιδιαίτερα προσφιλές στην παρακμιακή ποίηση, επειδή προσφέρεται για τη συνάντηση αγγίγματος και αρώματος· στο ποίημα «Η κόμη» του Baudelaire (*Άνθη του Κακού*) τα μαλλιά γίνονται τόπος ηδονών και αισθησιακής περιπλάνησης[147]· το ίδιο συμβαίνει και στον Επισκοπόπουλο: ο αφηγητής χάνεται μέσα σ' ένα εξαίσιο ταξίδι, όταν τα χέρια του, τα μάτια του, η όσφρησή του χορταίνουν με το να αγγίζουν το φως, να καταυγάζονται από φως και να ρουφούν τις ευωδιές· εδώ το φαινόμενο της συναισθησίας μεταφέρει μια θετική αύρα ηδονής —παρά κάποιες επιφυλάξεις απέναντι στη γυναίκα-μυστήριο— σε αντίθεση με το μπωντλαιρικό ποίημα όπου η ηδονή διαβρώνεται από εκφράσεις φόβου, όταν τα μαλλιά φαντάζουν στη συνείδηση του αφηγητή σαν εχθρικό ον. Το ότι τα μαλλιά αποκτούν υπόσταση αυθύπαρκτου όντος το υπέδειξε ο Παλαμάς σε σχετικό άρθρο

---

146. Κ. Χατζόπουλος, *Η Τέχνη* 1 (1898-1899), ανατύπωση Αθήνα, Ε.Λ.Ι.Α., 1980, 272-274.
147. Ο συμβολιστής St. Mallarmé θα πραγματευθεί επίσης το θέμα στο, ομότιτλο με το μπωντλαιρικό, ποίημα «La Chevelure».

του¹⁴⁸, στο οποίο διατρέχει την παγκόσμια λογοτεχνία χωρίς ωστόσο να διακρίνει ρεύματα αλλά συγγραφείς· περίοπτη θέση στις αναφορές του κατέχει ο Baudelaire. Αλλά και ο Κωνσταντινουπολίτης Ροδόφιλος [=Απόστολος Μελαχρινός] θα δημοσιεύσει το 1904 στον *Νουμά* άρθρο με τίτλο «Τα μαλλιά», το οποίο η νωθρότητα των εικόνων εγγράφει σ' έναν παρακμασμένο ρομαντισμό. Σκηνές, όπως το χάδι στα μαλλιά που μένει στα χέρια σαν σκόνη ή σαν χνούδι από πεταλούδες, χαρακτηρίζονται από μια παθητικότητα που τις κρατά μακριά από την αυτοσυνειδησία του αισθητισμού.

Ξαναγυρίζοντας στο *Άσμα Ασμάτων* του Επισκοπόπουλου παρατηρούμε ότι η αίσθηση κορυφώνεται σταδιακά αναμιγνύοντας τη λαγνεία με τη γεύση του πόνου και του θανάτου· αυτά τελικά θα ρίξουν την αγαπημένη σαν λευκό κρίνο πάνω στα σεντόνια, θυμίζοντάς μας το καζαντζακικό *Όφις και κρίνο*. Ο τάφος, που καραδοκεί στο τέρμα της συνουσίας, οι στιγμές αγωνίας και έκστασης του αφηγητή μπροστά στα πλοκάμια των μαλλιών της αγαπημένης, είναι όλα μοτίβα διαστροφής, που θα τα ξαναδούμε στο *Όφις και κρίνο*, αλλά και γενικότερα σ' όλη τη θεματολογία του αισθητισμού.

Η στιγμή της υπέρτατης ηδονής εντάσσεται με παγανιστικό τρόπο μέσα στη νυχτερινή βιολογία της φύσης θυμίζοντάς μας το «Φιλί του ήλιου»· μέσα σ' ένα πρωτόγονο και οργιαστικό γλέντι, ο συγκρητισμός των αισθήσεων παίρνει συμπαντική χροιά και συνεπάγεται την εκμηδένιση του άντρα και της γυναίκας μέσα στο ίδιο κοσμικό μόριο.

---

148. Κ. Παλαμάς, «Τα μαλλιά» (πρωτοδ. στον *Ελεύθερο Λόγο*, 19.1.1925), *Άπαντα*, τ. 12, Αθήνα, Γκοβόστης, χ. χ. έ, 326-330, απόσπασμα από το *Πηλέας και Μελισσάνθη* του Maeterlinck:

> σε μια μυστηριακή βρυσομάνα, που έκανε τους τυφλούς να βλέπουν, γερμένη, ήθελε μέσα εκεί να βυθίσει τα χέρια της: «Ω! ω! φυλάξου! φυλάξου! Μελιζάντα! Μελιζάντα! Ω τα μαλλιά σου! Τα μαλλιά σου βουτούνε μέσα στο νερό...» της έκραζε ο Πελλέας. Και αποκρίνονταν εκείνη: «Ω! Ναι! Ναι! Τα μαλλιά μου είναι πιο μακριά κι από τα χέρια μου... Είναι πιο μακριά κι από μένα!».

Στο ίδιο άρθρο, ό. π., 329, ο Παλαμάς σημειώνει:

> [...] Στην κόλαση των «Λουλουδιών του Κακού» που δαντικά, καθώς θέλουν οι θαυμαστές του, μας την υποβάλλει ο Μπωντελαίρ, τα μαλλιά της αγαπημένης του είναι: «Χαίτη ολόγουρη... βόστρυχοι αδροί... σμαλτοθάλασσα», κάτι βαρύ, ολόχυτο, ακλάδευτο, αψαλίδιστο, «δάσος αρωματικό», ένας κυμαινόμενος όγκος που τον προσφωνεί, ανάμεσα στ' άλλα του εκστατικά ανακράσματα, ο ποιητής, φερμένος στα νερά μας από τον κ. Κλέωνα Παράσχο [...]

Η σάρκα βγάζει μ' ένα αρχέγονο βογκητό κραυγές νυχτερινές όμοιες με του κατοπινότερου καζαντζακικού αφηγήματος «Τι μου λένε οι παπαρούνες». Η φύση απλώνει το προαιώνιο λάγγεμά της απελευθερώνοντας απωθημένη ηδονή που έρχεται πια και ενώνει όλους τους ανθρώπους σε μια κοινή ανθρώπινη υπόσταση, την υπόσταση των πρωτοπλάστων, σε εποχή κατά την οποία η σκέψη δεν είχε τη δύναμη να μολύνει την απόλαυση. Καθώς οι πόροι των υπάρξεων ανοίγουν, ώστε το άγγιγμα να περάσει κάτω από το δέρμα, η ηδονή εξαγνίζεται μέσα από τη σάρκα, την ώρα που πλησιάζει το πρωί και το πάθος γίνεται προανάκρουσμα μιας υπαρξιακής χαραυγής.

Κοιτάζοντας συνολικά το έργο, παρατηρούμε ότι η συνένωση διαφόρων μοτίβων του αισθητισμού με πολλαπλές συνδέσεις επιτρέπει στο συγγραφέα να ενσωματώσει με τη διακειμενική τεχνική του μικρές επιμέρους εμμονές του μέσα σ' ένα μεγάλο έργο. Υπάρχουν στιγμές μειωμένης έντασης αλλά κάθε τμήμα προωθεί την εξέλιξη του έργου, η οποία τελικά θα κλιμακωθεί ανοδικά ως την ώρα της αυγής. Καθώς το αφήγημα είναι χωρισμένο σε ενότητες, το ύφος κυμαίνεται και αυτό επηρεάζει τη δύναμη της συγκίνησης που μπορεί να προκαλέσει. «Το φιλί του ήλιου», ως πιο συμπαγές μορφολογικά, πετυχαίνει ισχυρότερο αισθητικό αποτέλεσμα αλλά και το *Άσμα Ασμάτων* μπορεί να θεωρηθεί στο σύνολό του εκφραστικό.

Το Νοέμβριο του 1900 δημοσιεύεται στην εφημερίδα *Άστυ* η κριτική του Παλαμά για το *Άσμα Ασμάτων*, η οποία είναι χαρακτηριστική καθώς πήρε την ίδια μέρα δύο μορφές, μια πρώτη μορφή αρνητική και ανώνυμη και μια δεύτερη μορφή θετική και επαινετική. Ο ίδιος γράφει ένα τρίτο άρθρο, εικοσιπέντε χρόνια κατόπιν, όπου αποκαλύπτει και εναλλάσσει τις μάσκες του με την αυταρέσκεια του επαρκούς διανοούμενου:

> Και τίτλος τιμής είναι για μένα η δίπτυχη κριτική μου για το έργο αυτό, η δημοσιευμένη στο *Άστυ* το Νοέμβρη του 1900. Δίπτυχη την ονομάζω, γιατί δυο άρθρα την αποτελούν· το ένα, με την ειρωνεία μιας καθαρεύουσας γλώσσας διερμηνεύει την αρνητική στάση του πνευματικού, αλλά συντηρητικού και στενοκέφαλου ανθρώπου, απέναντι του έργου. Στο δεύτερο είμ' εγώ, με τη γλώσσα μου ποιητική, με τους ενθουσιασμούς μου, συγκαταβατικούς ονομασμένους από όσους επι-

πόλαια με κοιτάζουν και μονόπλευρα, κριτικότερους
πάντα, καθώς τους αντιλαμβάνομαι, από τις αυστηρές
–τι λόγος!– ακρισίες άλλων[149].

Τον ηδονικό συγκλονισμό του ζευγαριού και την αιώνια έλξη της δημιουργίας τα συνοψίζει καλύτερα ο Επισκοπόπουλος στο διήγημά του «Η πρώτη καταιγίς», γραμμένο το 1900 και πρωτοδημοσιευμένο στο *Εθνικόν Ημερολόγιον... Σκόκου* του 1901:

νέον κέλευσμα, το κέλευσμα του κατακτητού, το κέλευσμα του ζεύγους του αιωνίου – ο λόγος ο ανθρώπινος, σύνθημα αιώνιον, σύμβολον σκοτεινόν από της δημιουργίας τα βάθη[150].

Στο αφήγημα γινόμαστε μάρτυρες της πρώτης αφύπνισης μιας εγγενούς προτροπής προς το ανθρώπινο γένος. Με το ξεκίνημα του διηγήματος, οι πρωτόπλαστοι ξυπνούν για πρώτη φορά έξω από τον Παράδεισο. Ξένοι μεταξύ τους, ανακαλύπτουν επιπλέον την αποξένωσή τους από τον κρύο κόσμο μέσα στον οποίο θα είναι αναγκασμένοι να ζήσουν. Η κατάσταση επιδεινώνεται τότε, καθώς τα στοιχεία της φύσης στρέφονται εναντίον τους, βάζοντάς τους γυμνούς και ανίσχυρους στο μέσο μιας πρωτοφανούς καταιγίδας.

Δεν θα σταθούμε στην καταστροφολογία του αφηγήματος, που τελείται μέσα από ανέμους, βροχή, αστραπές και βροντές, γιατί η περιγραφή τους έχει απλώς το χαρακτήρα του φανταστικού, εντάσσεται δηλαδή σ' εκείνη την κατηγορία των αφηγημάτων του Επισκοπόπουλου, όπου ο συγγραφέας δημιουργεί οπτικά αποτελέσματα που εμπνέουν φόβο χρησιμοποιώντας το λόγο σαν κινηματογραφικό εφέ. Οι διαστάσεις των φαινομένων στα αφηγήματα αυτά είναι τεράστιες και οι εντυπώσεις τρομάζουν. Ακόμη περισσότερο σ' αυτό το αφήγημα, που καλεί τη μεγέθυνση και τους γοτθικούς όγκους, για να δείξει πόσο μικροσκοπικοί και αδύναμοι τρέχουν οι πρωτόπλαστοι μέσα στην άγνωστη γι' αυτούς γη.

---

149. Κ. Παλαμάς, «Το μυστικό της Πηνελόπης» (πρωτοδ. στον *Ελεύθερο Λόγο*, 16.2.1925), *Άπαντα*, τ. 12, Αθήνα, Γκοβόστης, χ. χ. έ, 348.
150. Ν. Επισκοπόπουλος, «Η πρώτη καταιγίς», *Εθνικόν Ημερολόγιον... Σκόκου* 16 (1901) 415.

Το μόνο τμήμα του διηγήματος, που ανήκει στον αισθητισμό, είναι το τελικό, όταν οι τυπικοί / αρχέτυποι πρωταγωνιστές, κουρασμένοι από την ταλαιπωρία, σέρνονται σε μια γωνιά της γης, για να κρυφτούν και να προστατευτούν. Εκεί για πρώτη φορά αγκαλιάζονται τρέμοντας από τον τρόμο και το κρύο:

> Και τότε ηνωμένοι, ενώ τα χείλη και αι χείρες των και τα μέλη των εσύροντο κατ' αλλήλων και εψαύοντο και ελείχοντο και εκοινώνουν ησθάνθησαν εαυτούς δυνατούς και αδιασπάστους και ησθάνθησαν ότι εγίνωσκον. Και ανέγνωσαν το μέγα βιβλίον της φύσεως και ηδελφώθησαν με τα δένδρα και ηδελφώθησαν με τους κεραυνούς και ητένισαν φίλον τον ουρανόν. Ήτο το βιβλίον της γνώσεως το οποίον τα μόριά των ενούμενα είχον ανοίξει προ των χορτασμένων και υγρών των αισθήσεων, το μέγα βιβλίον του θανάτου και της αγάπης, το οποίον ο κεραυνός εκάλλυνε και η σαρξ εμύει[151].

Η σκηνή αυτή δεν διαφέρει από την τελευταία σκηνή της «Λαλιάς» του Πασαγιάννη, που θα δούμε παρακάτω, και όπου σφιχτοδεμένοι ο άντρας και η γυναίκα στο μυστήριο του έρωτα ανακαλύπτουν τη δύναμή τους, μια δύναμη ίση με το θάνατο. Ο Επισκοπόπουλος αποδίδει στις ερωτικές περιγραφές του «Η πρώτη καταιγίς» τη μεγαλοπρέπεια αλλά και το λυρισμό ενός αρχέγονου έπους. Όλα μπαίνουν στην αργή διαδικασία μιας λειτουργίας, όπου η γνώση κατακτιέται σαν βιβλίο και τα βιολογικά τεκταινόμενα, χωρίς να χάνουν τη σαρκική τους διάσταση, κοινωνούν κοσμογονικό χαρακτήρα στη μέθεξη του αισθησιακού. Ο Επισκοπόπουλος δεν διστάζει να πει την αλήθεια, δεν αποφεύγει την περιγραφή του τρόπου με τον οποίο στο πρώτο άγγιγμά τους οι άνθρωποι ψάχνουν ο ένας τον άλλον, πιάνοντας τα σώματά τους, γλείφοντάς τα και ανακαλύπτοντας τον άλλον άνθρωπο αλλά και την ως τότε περίεργη στα μάτια τους φύση. Το χόρτασμα της σάρκας και οι υγρές αισθήσεις είναι γι' αυτόν μέρος μιας τελετουργίας, που φέρνει τον πρωτόπλαστο σε επικοινωνία με τον ομόσαρκο άνθρωπο αλλά και με τον κόσμο όπου θα ζήσει. Ο άνθρωπος γνώρισε το φόβο, γνώρισε και το θάνατο και «μαζί με το θάνατο μια ακτίς αχώριστος αγάπης εισήλθεν»[152].

---

151. Ό.π.
152. Ό.π.

Το ανεξερεύνητο, που κυκλώνει τους πρωτόπλαστους ανθρώπους, έχει το μένος μιας κοσμογένεσης, όπως ακριβώς και στο διήγημα του Επισκοπόπουλου «Η μητέρα γη» (1894), με τη διαφορά ότι από το δεύτερο απουσιάζει εντελώς ο ανθρώπινος παράγοντας. Και τα δύο είναι φανταστικά αφηγήματα όπου μια εφιαλτική υστερία έρχεται να σείσει ανατριχίλες φρίκης. Η κυρίως έκταση των αφηγημάτων καλύπτεται από περιγραφές φυσικών φαινομένων που εμπνέουν δέος με τη μεγαλειώδη ισχύ τους· η ίδια η γραφή δεν συνιστά αισθητισμό αλλά μάλλον οριακό μεταρομαντισμό. Αυτό που συνιστά αισθητισμό είναι η τελευταία παράγραφος και των δύο αφηγημάτων, όπου η ηδονική τροπή, διαφορετική κάθε φορά, διασώζει την αλλότρια ροπή τους. Στην «Πρώτη καταιγίδα» ο ερωτικός σπασμός, με τον οποίο ανακαλύπτονται οι πρωτόπλαστοι, μοιάζει με τα καυτά αλλά άγονα αγκαλιάσματα που δέχεται από τον ήλιο η στείρα πια «Μητέρα γη», η οποία απαλλάχτηκε από το άχθος των ανθρώπων.

Μέσα στις υπόγειες διαδρομές όπου ο Ν. Επισκοπόπουλος διασταυρώνει το μεταφυσικό με το υποχθόνιο, κατασκευάζει μια πνευματική άσκηση αισθητιστικής έμπνευσης με το διήγημά του «Το ερυθρούν κρίνον», πρωτοδημοσιευμένο στο περ. *Παναθήναια* του 1902[153]. Η αφιέρωση του διηγήματος στον Α. France μάς θυμίζει τη γνωριμία του περίφημου Γάλλου συγγραφέα με τον Επισκοπόπουλο στην Αθήνα, την εντύπωση που προκάλεσε στον πρώτο ο νεαρός Έλληνας, ώστε ν' ανταλλάξει μαζί του στη συνέχεια επιστολές, και ίσως την καταλυτική πρόσκλησή του που έφερε τον Επισκοπόπουλο στο Παρίσι. Σύμφωνα, άλλωστε, με ένα κείμενο της φίλης του τελευταίου, Επτανήσιας Μαριέττας Ε. Γιαννοπούλου-Μινώτου, ο France ήταν εκείνος που σύστησε τον Επισκοπόπουλο «σαν φιλολογικό κριτικό στα πιο γνωστά περιοδικά της εποχής»[154]. Πέρα από το γεγονός ότι η αναφορά του ονόματος υποβάλλει την έννοια της εκλεκτικής συγγένειας, η οποία είναι εμφανής σε άλλα έργα του Επισκοπόπουλου μέσα από ιμπρεσιονιστικές υλοποιήσεις, το συγκεκριμένο αφήγημα μπορεί με μια αφαιρετική θέαση να διαβαστεί ως αυτοαναφορικό σχόλιο αισθητιστικών αναζητήσεων.

Το θέμα της ιστορίας είναι η φιλοτέχνηση της εικόνας του Ευαγγελισμού από τον αναγεννησιακό κληρικό Ιωάννη εκ Φιέζολε ή αλλιώς fra Angelico (αδελφός Αγγελικός). Η δυστοκία της έμπνευσής του τον καταβάλλει τόσο, ώστε σε κάποια στιγμή δέχεται τη μύηση σε

---

153. Ν. Επισκοπόπουλος, «Το ερυθρούν κρίνον», *Παναθήναια* 4 (1902) 297-300.
154. *Περίπλους*, 45 (Μάρτ.-Ιούν. 1998) 38.

μιαν άλλη, εντελώς διαφορετική τεχνοτροπία από τον ζωγράφο Μαζάτσιο (Masaccio). Το τέλος είναι οδυνηρό, ως επισφράγισμα μιας συγκλονιστικής σύγκρουσης, που εξελίσσεται δυνάμει και ενεργεία... Είναι η πάλη ανάμεσα σε δύο διαφορετικούς τρόπους ζωγραφικής, σε δύο διαφορετικούς τρόπους ζωής, εμφάνισης και σκέψης. Η διπολική αντιπαράθεση, που σε πρώτο επίπεδο αφορά την τεχνοτροπία, σε δεύτερο επίπεδο αφορά την ίδια την καλλιτεχνικότητα / λογοτεχνικότητα κατά την πραγμάτωσή της.

Ο μοναχός Ιωάννης επιχειρεί να ζωγραφίσει τον Ευαγγελισμό στην πόρτα του μοναστηριού του Αγίου Μάρκου της Φλωρεντίας ως δείγμα αποχαιρετισμού κατά την αποχώρησή του από εκεί. Η νηστεία, η αυτοσυγκέντρωση μέσα στη μόνωση και η προσευχή καθοδηγούν τη δημιουργία του έργου του, αποδίδοντας τόνους ευσέβειας, πνευματικότητας και καθαγιασμού. Έτσι, η Παναγία έχει «όλην την έκφρασιν της θλίψεως και της καταπλήξεως συγχρόνως»[155], ενώ ο Άγγελος, χωρίς ν' αγγίζει το έδαφος, φαίνεται σαν να κρατιέται με αόρατες ρίζες από τον ουρανό «άυλος μεθ' όλον του το σώμα, αόρατος σχεδόν υπό τα κυανά του φορέματα, συγχυσμένος με τον αιθέρα και τον ουρανόν»[156]· επίσης, «το πρόσωπόν του ηκτινοβόλει εν εκστάσει και ήδη το στόμα του εκαμπυλούτο παιδικόν και μυστηριώδες συγχρόνως ως να εκυλίοντο εξ αυτού σταγόνες γάλακτος και θεία ρήματα»[157].

Η εξαΰλωση των μορφών μέσα σε μια ατμόσφαιρα όπου η ουράνια γαλήνη απλώνεται σε μυστικιστική ακτινοβόλα έκσταση, ως ένδειξη υπερούσιας επικοινωνίας με το θείο, βρίσκεται σε απόλυτη αρμονία με το χαρακτήρα της προηγούμενης δημιουργίας του μοναχού Ιωάννη, χάρη στην οποία τον ονόμαζαν «αδελφό Αγγελικό». Ήδη στην αρχή του διηγήματος ο Επισκοπόπουλος κάνει μια εισαγωγή γι' αυτή την τέχνη του «υπεργήινου» που διαπνεόταν από «κάτι τι θείον, μιαν αγγελικήν πνοήν» και «είχεν ορθώσει» σε μια «ουρανίαν πινακοθήκην» θείες οπτασίες «μέσα εις αναλαμπάς χρυσού, ανταυγείας κυανού, λάμψεις πορφύρας, εκστάσεις οφθαλμών γλυκέων και αναπάλσεις πτερύγων αθορύβων»[158].

Ταυτόχρονα όμως «ένας νέος συνάδελφός του, ο Μαζάτσιο, ανέπτυσσεν εις μεγάλας τοιχογραφίας ζωηράς και φρισσούσας, μίαν άλλην,

---

155. Ν. Επισκοπόπουλος, «Το ερυθρούν κρίνον», *Παναθήναια* 4 (1902) 297.
156. Ό. π.
157. Ό. π.
158. Ό. π.

νέαν και τολμηράν τέχνην»[159]. Εδώ γίνεται λόγος για «σώματα χονδρά πλημμυρισμένα από μίαν κοινήν και γενναίαν ζωήν, λάμποντα από μίαν απεχθή πραγματικότητα»[160], έκφραση που μας θυμίζει τους «ανδρείους της ηδονής» του καβαφικού ποιήματος «Επήγα» και τις «γενναίες θερμοκρασίες όπου ωριμάζουν τα καλά κρασιά των εκλεκτών», τα οποία μεταφέρονται από «Τα Πλοία» στο ομώνυμο καβαφικό πεζό ποίημα· εμπεριέχεται, ωστόσο, έντονα η αμφισβήτηση της παράδοσης, ώστε να την νιώθει ο Αγγελικός ως «κλονιζόμενη τέχνη των πατέρων του»[161].

Άλλωστε, το οξύμωρο που συνδέει τη λάμψη με την απέχθεια των σωμάτων παραπέμπει στη «phosphorescence de la pourriture» του Baudelaire και συνιστά ουσιαστικό άξονα του αισθητισμού, καθώς η ηδονή εντοπίζεται στην αποσύνθεση· προσφέρει, έτσι, στο πανανθρώπινο ρίγος της αμφιβολίας μια νέα ταυτότητα, η οποία προκύπτει από τη συμπλοκή και τη γκροτέσκα αρμονία δύο τόσο άνισων στοιχείων. Εδώ ακριβώς βρίσκεται η αιχμή του νέου κοιτάγματος, που παραμορφώνει γράφοντας μια νέα τέχνη νοσηρή πάνω στην παλιά, την υγιή· αλλά κι αυτή τη νοσηρή τέχνη έχει κατόπιν το θάρρος να την διαλύσει στα εξ ών συνετέθη. Η παρακμή δεν διστάζει να συντρίψει η ίδια τον εαυτό της, ολοκληρώνοντας τον αυτοβασανισμό που χρειάστηκε για τη σύνθεσή της. Στην τελευταία πράξη, ό,τι απέμεινε όρθιο τσακίζεται, σαν κομμάτια που πέφτουν από ένα πρόσωπο ή σαν θρύψαλα ενός ειδώλου σε καθρέφτη, σύμφωνα και με την αίρεση της πλάνης ενός άλλου εικαστικού δημιουργήματος, του *Πορτρέτου* του *Dorian Gray* του Oscar Wilde.

Όταν ο μοναχός Ιωάννης εγκαταλείπεται από τις εμπνεύσεις του, εμφανίζεται ο Μαζάτσιο, για να δώσει με το παρουσιαστικό του άλλη μία συνέχεια στην αντίθεση που χωρίζει τους δύο ζωγράφους, από τη μια την αθωότητα και τη γλυκύτητα του μοναχού Αγγελικού και από την άλλη μια αθλιότητα, στο μέσο της οποίας περιθάλπεται αλλά και παραφωνεί η λάμψη μιας μεγαλοφυούς κακότητας. Σ' αυτό το ύφος κυμαίνεται και η διδασκαλία της καινούριας τέχνης, που ξεκινά από τεχνοτροπικές αλλαγές, εισάγει το μικρόβιο της ασέβειας και κορυφώνεται σε βδελυρές φαντασίες, όπου το πάθος γίνεται αίμα και ενοχή και βάφει το κρίνο κόκκινο. Η λαγνεία είναι αρρώστια που εισάγεται ως διαβρωτικό μικρόβιο· ο αποχωρισμός από το θείο και επουράνιο είναι

---

159. Ό. π., 298.
160. Ό. π., 298.
161. Ό. π.

η κατάρα, το κύριο Leitmotiv που αναλώνει όλους τους ήρωες του αισθητισμού μέσα στην καταστροφική του επήρεια.

Ο Μαζάτσιο οπτασιάζεται με όρους του γήινου, του αισθησιακού και του βέβηλου, όταν φέρνει παραδείγματα όπου αντιπαραβάλλει, σμίγοντάς τα, το χριστιανικό-αναγεννησιακό με το αρχαιοελληνικό[162]: «ο Δονατέλο μεταφέρει εις τους Χριστούς και τους αγίους Σεβαστιανούς του τας υπερόχους στάσεις του Ερμού και του Άρεως»[163]. Ο παγανισμός της αρχαιότητας γίνεται, σε τελική ανάλυση, ένας ελληνισμός που θάλλει αιώνια και που έρχεται να συγκλονίσει, να υπονομεύσει ή και να εμπλουτίσει την αποστειρωμένη δυτική δεοντολογία:

> Τώρα πλέον τα σώματα δεν έχουν την αφέλειαν αυτήν την αδεξίαν και τα σώματα ορθούνται και οι άνθρωποι συμπλέκονται και το αίμα ρέει εις τα σώματα και οι ζωγράφοι σέβονται τας σκιάς και τα φώτα και αποδίδουν τα χρώματα όλα και όλας τας ιδιοτροπίας των φώτων και συνθέτουν τους ανθρώπους εις συμπλέγματα [...] με επιθυμίας γιγαντιαίας, με σώματα φρικιώντα από ορμάς[164].

Ας σημειωθεί εδώ ότι, μετά το θάνατό του, ο fra Angelico θάφτηκε, όπως μας πληροφορεί ο αφηγητής του διηγήματος, στο φλωρεντινό ναό της Αγίας Μαρίας [=Παναγίας], όπου άλλοτε λατρευόταν η Αθηνά. Εμπεδώνεται εδώ η προβολή του διονυσιακού-παγανιστικού προτύπου με τάσεις πολιτισμικού και καλλιτεχνικού συγκρητισμού, όπου συνοψίζεται η πιο δυνατή παρουσία αισθητισμού στο διήγημα φέροντας την ελλαδική ταυτότητα που θα δούμε αργότερα στον Ροδοκανάκη αλλά και στον Καζαντζάκη.

«Το ερυθρούν κρίνον» θα μπορούσαμε να το διαβάσουμε ως δοκιμασία του αγνού μοναχού από θανάσιμο πειρασμό. Ο μοναχός Αγγελικός υφίσταται ψυχική ταλαιπωρία, όταν το φαινομενικά αδιατάρακτο θρησκευτικό του βίωμα διαβάλλεται από αλλότριες διεισδύσεις· το πονηρό βλέμμα του Μαζάτσιο αντικατοπτρίζεται στα λόγια του, μέσα

---

162. Παρόμοια αντίστιξη χριστιανικού-ελληνικού με θέμα ακριβώς τον Ευαγγελισμό θα συναντήσουμε και στον Καζαντζάκη (Ν. Καζαντζάκης, «Ιερουσαλήμ», *Ταξιδεύοντας... Ιταλία*, Αθήνα 1961, 161-162).
163. Ν. Επισκοπόπουλος, «Το ερυθρούν κρίνον», *Παναθήναια* 4 (1902) 298.
164. Ό. π.

από τα οποία εισέρχεται η αναστάτωση της γαλήνης και η βάσανος του Αγγελικού. Όλη του η λατρευτική και καλλιτεχνική ζωή, που μέχρι τότε εμπνέεται από τον αίνο και από τον ύμνο για τα θεία, κατακερματίζεται από την εισβολή του πειρασμού.

Την ουσία αυτής της πάλης την δίνει ο Luc Decaunes, με μπωντλαιρική αφορμή: «Η ασθένεια από την οποία υπέφερε [ο Baudelaire], μα που τον στήριξε συνάμα, σαν φτερούγες από φως, είναι η αρρώστια εκείνη που σημαδεύει με φωτιά και λεκιάζει με νύχτα το μέτωπο μερικών εξαιρετικών ανθρώπων [...] και αυτό είναι δίχως άλλο το ύψιστο μεγαλείο του Ανθρώπου, ικανού να συγχωνευθεί με τη φλόγα που τον κατακαίει»[165]. Το παράθεμα αυτό αποτελεί έναν ακόμη ορισμό του ανθρώπου του αισθητισμού, ο οποίος δεν διστάζει να γίνει ένα με τη φωτιά που τον βασανίζει· αυτό είναι συγχρόνως και ο εξαγνισμός του. Το ίδιο συμβαίνει και με τον μοναχό Αγγελικό, που δεν αποποιείται το ρύπο αλλά αποδέχεται το λοιμό που τον χτύπησε, βρίσκοντας την κάθαρση μέσα από τη διάβρωση. Η διαδικασία της κάθαρσης συντελείται με αμφίρροπες μεταγγίσεις ανάμεσα στις έννοιες της αρρώστιας, της φωτιάς, του καθαρτηρίου και της λύτρωσης. Θυμόμαστε εδώ τη ρήση του François Mauriac ότι «ο άγιος κι ο αμαρτωλός είναι οι θεμελιώδεις μορφές του συστήματος της χριστιανοσύνης» ή ότι «ο Sartre είδε στον Baudelaire μόνο τη δύναμη της αυτοκαταστροφής κι όχι της βλασφημίας» και, καταληκτικά, ότι «ο βλάσφημος είναι αμαρτωλός. Και ο αμαρτωλός που συναισθάνεται την αμαρτία του είναι ήδη χριστιανός»[166]· έπειτα έρχεται στο μυαλό η σύζευξη του θρησκευόμενου ρωμαιοκαθολικού και του έκλυτου κολασμένου, που είδε στο πρόσωπο του Maurice Barrès ο Καζαντζάκης[167].

Στο βαθμό που ο αισθητισμός επιχειρεί το ξεπέρασμα μανιχαϊστικών διακρίσεων, διακόπτει το διάλογο με το ρομαντισμό και με τον παρνασισμό. Η μεταφυσική αγωνία έχει τη δύναμη ενοχής που δίνει το στίγμα στο όλο κίνημα. Η εισδοχή του ανίερου βιώνεται ως κατάρα και μέσα από την ταλάντευση δικαιώνει μια προσδοκία εξιλέωσης. Ο Decaunes συμπληρώνει: «οι ακολασίες έχουν υποταχθεί σε μια νοητική σκληρότητα και επαγρύπνηση, που βρίσκονται πιο κοντά στον

---

165. *Μπωντλαίρ* (επιμ. L. Decaunes, μτφρ. Γ. Σπανός), Αθήνα, Πλέθρον, 1991, 16.
166. Ι. Μ. Παναγιωτόπουλος, *Τα γράμματα και η τέχνη, μελετήματα και προσωπογραφίες*, Αθήνα, Αστήρ, 1967, 288.
167. Γ. Κ. Κατσίμπαλης, «Ο άγνωστος Καζαντζάκης», *Νέα Εστία* 63 (1958) 1211-1212.

ασκητισμό παρά στη διαστροφή»[168]. Όσο για την ηθική της άρνησης του Baudelaire ο Decaunes παρατηρεί τα ακόλουθα:

> Ενσαρκώνοντας, ως το παράλογο, τους δύο όρους της απατηλής διαλεκτικής του Ουρανού και της Κόλασης, δεν κατάφερε να βρει μέσα του ή γύρω του κάτι που θα του επέτρεπε να την λύσει σε έναν τρίτο, θριαμβικό όρο, δηλαδή στην υπεροχή της ευτυχίας, θεωρούμενης όχι πια ως μιας αξιοθρήνητης απάτης [...] αλλά αντίθετα ως του σημείου εξαρσιωμένης συγχώνευσης των νυκτόβιων και ημερόβιων τάσεων ανθρώπου τις οποίες, αυθαίρετα, αντιπαραθέτουν[169].

Παρόμοιες απόψεις, που θεωρούν το κίνημα ως έκφραση της αδυναμίας επίλυσης των αντιθέσεων μεταξύ ψυχής και σάρκας, ιδεατού και πραγματικού, Παραδείσου και κόλασης, αποδίδουν ένα ειδοποιό γνώρισμα του ρομαντισμού, αφού ο αισθητισμός είναι το κίνημα, όπου η σύγκλιση των πιο σφοδρά αντίθετων εννοιών δεν σημαίνει συνειδησιακή αλλοίωση ούτε καταναγκασμό. Η παρακμιακή συνείδηση κινείται ανενόχλητη μέσα στο συγκρητισμό αποδίδοντας μέσα από μια τέτοια ελευθερία καινούρια δύναμη στην αίσθηση. Εδώ η λογοτεχνία ανάγεται πειραματικά σε χωνευτήρι του γήινου και του ουράνιου με την επίγεια πρόγευση παράδεισου και κόλασης, όπου έχει πια αναιρεθεί η αναγκαιότητα συμβιβασμού ή ρήξης.

Ο δράστης του κόκκινου κρίνου δεν αναφέρεται σε ρεαλισμό αλλά σε ηδονισμό και λαγνεία· ασχήμια εδώ είναι η αμαρτία που εξωραΐζεται με σαγηνευτικές εμφάσεις, για να πετύχει την πτώση. Μοιάζει να ζωντανεύει μπροστά στα μάτια του αναγνώστη εκ νέου με όλο της τον αρχέγονο τρόμο η ιστορία του απαγορευμένου καρπού· όπως θα δούμε παρακάτω, το συγκεκριμένο θέμα θα το πραγματευτεί ενσυνείδητα στα αισθητιστικά του έργα ο Καζαντζάκης. Έτσι ενεργοποιείται ένα παλίμψηστο, καθώς ο αναγνώστης σβήνει το θέμα που έχει μπροστά στα μάτια του και αναπαριστά με την ανάγνωσή του το θέμα της αμαρτίας του πρωτόπλαστου χωμάτινου ανθρώπου σαν άλλο στρώμα πάνω σε καμβά, φτιάχνοντας ένα έργο τέχνης. Η αφήγηση γίνεται η ίδια έργο τέχνης, επειδή αποτελεί μια καινούρια ανάγνωση, που ξαναγρά-

---

168. *Μπωντλαίρ* (επιμ. Luc Decaunes, μτφρ. Γ. Σπανός), Αθήνα, Πλέθρον, 1991, 11.
169. Ό. π., 14.

φει το παλιό έργο τέχνης. Τα λόγια του Μαζάτσιο γίνονται πινελιές και χαράζουν τις γραμμές της νέας τέχνης, που διαστρεβλώνει το υπάρχον προσχέδιο. Το μάτι οδηγείται σταδιακά στο σβήσιμο ενός πίνακα, καθώς πάνω του απλώνεται ένας άλλος –μια τέχνη αλλιώτικη με άλλα χρώματα και άλλα πρόσωπα, με άλλους τόνους και χροιές– που και αυτός θα αυτοκαταργηθεί με αποκατάσταση του πρώτου, μετά τη λιποθυμία του μοναχού και τον τερματισμό του θανατηφόρου πειρασμού. Πίνακες ζωγραφισμένοι ο ένας πάνω στον άλλο, πίνακες ξυμένοι και διαλυμένοι, για να ανασυντεθούν, εικόνες πάνω σ' έναν καμβά, σβησίματα του παλιού και προσθήκες του καινούριου με αυτοαναιρέσεις και επιφυλάξεις, σχήματα και χρώματα σε ακραίες, αλλόκοτες, προκλητικές διευθετήσεις που αναιρούν αλλοτινές επιταγές αλλά και ένδοξη αποτύπωση κατανυκτικής λάμψης συνθέτουν ένα αυτοαναφορικό κείμενο λογοτεχνικότητας εν τη γενέσει του.

Δημιουργείται, έτσι, ένα αισθητιστικό παλίμψηστο με διχαστικά σβησίματα και γραψίματα ανάμεσα στο ουράνιο και το σάρκινο, το πνευματώδες και το γήινο, το ιδεαλιστικό και το κοσμικό ή, σε τελική ανάλυση, ανάμεσα στο ρομαντικό ή το ιδανιστικό νεοκλασικιστικό και στο αισθητιστικό. Το χέρι του καλλιτέχνη τώρα πια σηματοδοτεί την υφή της λογοτεχνικότητας του αισθητισμού, καθώς η όλη ζωγραφική δημιουργία, έτσι όπως αποκαλύπτεται σταδιακά στις παρεμβάσεις της δεν είναι παρά ένας αναλυτικός ορισμός του αισθητισμού στη λογοτεχνία. Το ηδονικό και αρρωστημένο ανάγεται από ζωγραφική απεικόνιση σε δόγμα λογοτεχνίας, καθώς η μία τέχνη εκφράζεται με όρους της άλλης καταργώντας τα σύνορα μεταξύ των τεχνών και πετυχαίνοντας την οικουμενική ολότητα του καλλιτεχνικού μυαλού που οραματίζονταν οι αισθητιστές με πρότυπο τις απόψεις του Wagner και του Baudelaire. Η λογοτεχνία γίνεται εδώ ζωγραφική και η ζωγραφική λογοτεχνία, ενώ η όλη διεργασία κουβαλά μέσα της απηχήσεις συναισθησίας. Μιλούμε για τον εικαστικό χαρακτήρα του αισθητισμού, ο οποίος φανερώνεται αργότερα και στο *Όφις και κρίνο*, όπου κεντρικός ήρωας είναι ένας ζωγράφος, και στον *Απελλή* του Θεοτόκη, που δεν είναι τίποτε άλλο παρά η μέθεξη της εμπειρίας του καλλιτέχνη. Ο ίδιος εικαστικός χαρακτήρας σε άλλη επαφή έκφρασης των τεχνών είναι μουσικός («Ut dièse mineur», *Όφις και κρίνο*, *Σπασμένες Ψυχές*). Εδώ ο εικαστικός χαρακτήρας της αφήγησης είναι τόσο δυνατός, ώστε ο αναγνώστης αποκομίζει την εντύπωση ότι πρόκειται καταρχάς για μελέτη αισθητικής και κατόπιν για άσκηση αισθητιστικής δοκιμασίας στην τολμηρή σκέψη και την απροκάλυπτη αίσθηση. Συμπυκνώνονται όλα αυτά στην τολμηρή διεκδίκηση μιας τέχνης που γίνεται αυτοσκοπός. Η τέχνη που απελευθερώνεται από υποχρεώσεις του καλού κ' αγαθού και η οποία αποχωρίζει το ωραίο από το ωφέλιμο είναι η «τέχνη υπέρ της τέχνης».

Ακριβώς το ίδιο θέμα με το «Ερυθρούν κρίνον» πραγματεύεται και ο Ζαχαρίας Παπαντωνίου στο διήγημά του «Θεία τιμωρία», που περιλαμβάνεται στη συλλογή των *Διηγημάτων* του, η οποία δημοσιεύτηκε το 1927 (τα κείμενα είχαν αρχίσει να γράφονται και να δημοσιεύονται από το 1898). Η πραγμάτευση του θέματος στον Παπαντωνίου είναι εντελώς διαφορετική και οι ομοιότητες απλώς επιφανειακές, όπως θα δούμε αναλυτικότερα εξετάζοντας την περίπτωση του Παπαντωνίου στο σχετικό κεφάλαιο. Την ίδια χρονιά με το «Ερυθρούν κρίνον» (1902) ο Ξενόπουλος δημοσιεύει το διήγημα «Ο τρελός με τους κόκκινους κρίνους» στο *Εθνικόν ημερολόγιον... Σκόκου*, το οποίο δεν έχει καμία σχέση με το αισθητιστικό διήγημα του Επισκοπόπουλου· το κείμενο εγγράφεται στις απηχήσεις του ρομαντισμού και η ατμόσφαιρα θυμίζει Poe, καθώς οι κόκκινοι κρίνοι, που υπήρξαν το σύμβολο ενός αμφιλεγόμενου έρωτα, στεγάζουν τώρα μέσα στον κήπο του σπιτιού το μυστικό τάφο της αγαπημένης.

Θεωρώντας συνολικά την αισθητιστική παραγωγή του Επισκοπόπουλου επισημαίνουμε τη συμβολή του στη δημιουργία ενός καινούριου λογοτεχνικού ύφους, που έρχεται σε αντίθεση με την ηθογραφία. Το πώς κινήθηκε πάνω στο σχέδιο αυτού του νέου προτύπου μπορεί κανείς να το αναγνώσει στην κριτική εκείνης της εποχής, αρχίζοντας από τη συνολική επισκόπηση του ως τότε έργου του Επισκοπόπουλου που κάνει ο Παλαμάς στα 1899:

> με τη λάμψη όλη της ριζοσπαστικής νεότητος έστησε στη μέση το διήγημα που, αντίθετα προς το κοινωνικό, θα ημπορούσαμε *ποιητικό* να το πούμε [...] ξαλάφρωσε το διήγημα από τα φορτώματα των λαογραφικών και των τοπικών καθέκαστα, από τις πεζότητες του ανεκδότου, από τα κλισέ των λεγομένων τύπων, από όλες τις απλότητες και τις καθαρότητες της πεζογραφίας και ζωγράφισεν – όχι ζωγράφισε-γοργοάστραψε, με το διήγημα, όχι τη σάρκα, αλλά την ψυχή του κόσμου· όχι του κόσμου αλλά κάποιου

δικού του κόσμου, μαζί πλασμένου από κάποια σκληρή πραγματικότητα επιστημονική και από κάποια «ασύλληπτα ιδανικά», από κάθε τι περίπλοκο και άρρωστο και ονειρευτό και ξεχωριστό και ασυνήθιστο και δυσκολοέκφραστο και παραμέρισε την τοπιογραφία κι έδωκε πλέον ευρύχωρη θέση στη μουσική μονωδία κι άλλαξεν, έτσι, τη δυνατή και πλαστική κι εύρωστη πρόζα με την πλέον κυματιστή και πολυκίνητη και λιγοθυμισμένη ποίηση[170].

Κατά τον Παλαμά ο τοπικός αποχρωματισμός της πεζογραφίας του Επισκοπόπουλου είναι ο αρμός όπου συνείρονται ποιότητες του ασυνήθιστου και του ξεχωριστού, σμίγοντας το άρρωστο με το ποθητό, και το περίπλοκο με το πολυκίνητο και λιγοθυμισμένο. Αυτό το μίγμα αντιφατικών και ομοούσιων στοιχείων αυτοδίκαια καταξιώνεται στη σφαίρα της νέας πεζογραφικής αισθητικής, του αισθητισμού, που ανακαλεί την ευελιξία μέσα από το δυσκολοέκφραστο. Ο Παλαμάς χρησιμοποιεί μια πληθώρα επιθέτων, σαν αδρές πινελιές χειμαρρώδους σκέψης, για να προσδιορίσει το φαινόμενο, που χωρίς να ονοματίζεται, επιβάλλεται όμως με τρόπο δραματουργικού δρώμενου· τελετουργείται στο κέντρο, έλκει την προσοχή και αναχαιτίζει την κεντρική κατευθυντήρια ορμή της πεπατημένης.

Έπειτα, ο κριτικός, μακριά από το τοπικό και το κοινωνικό, βλέπει να ξεδιπλώνεται μια «ποίηση πεσσιμιστική και των νεύρων πειρακτική με μια πνοή φρίκης που την διαπερνά όσο που να σου θυμίζει λιγάκι Πόου και λιγάκι Βιλλιέρ Δελίλ Αδάμ στο "Ut dièse mineur" [...] η ποίηση αυτή [...] γίνεται [...] ηδονικότερη στο "Φιλί του Ήλιου" [...] όσο που φτάνει στο μουσικότατο και το συνθετικότατο finale της με το "Θρήνο του Δειλινού" [...] μιαν έκσταση Βαγνερογέννητη κι ένα μουσικό παραλήρημα στο Άσμα Ασμάτων, ένα "λυρικό μυθιστόρημα", όπου η λογοτεχνία πάει να βρει το δρόμο τον τετράπλατο και τον κοινό των πολιτισμένων λαών όλων που τον διαβαίνουν ενάμιλλα της σοφίας και της τέχνης οι αρματοδρόμοι»[171].

Διαβάζοντας τα παραπάνω αποσπάσματα συμπεραίνουμε ότι η στροφή που πέτυχε το λογοτεχνικό έργο του Επισκοπόπουλου ήταν

---

170. Κ. Παλαμάς, «Τα διηγήματα του δειλινού», Η Τέχνη 1 (1899), ανατύπωση Αθήνα, Ε. Λ. Ι. Α., 1980, 125-126 και Άπαντα, τ. 6, Αθήνα, Μπίρης, χ. χ. έ., 409-411.
171. Ό. π.

από την πρώτη στιγμή εμφανής στα μάτια της σύγχρονής του κριτικής. Αυτό που δεν ήταν προφανές ήταν τα όρια και η εξέλιξη αυτής της νέας λογοτεχνίας· ο Παλαμάς αποδίδει στο νέο ύφος το ονειρικό και το άφατο, που όμως υπήρξαν ειδοποιά γνωρίσματα κυρίως του συμβολισμού· επίσης η κύρια αναφορά του σε εκλεκτικές συγγένειες μιλά για τον υστερορομαντικό Poe και τον παρνασιστή Villiers de l'Isle Adam, ενώ κανονικά θα αναμενόταν να επικεντρωθεί στους παρακμιακούς (Baudelaire, Huysmans). Φυσικά, ο Επισκοπόπουλος δεν έγραψε μόνον αισθητιστικά πεζά· έγραψε και πολλά αφηγήματα του φανταστικού ή κείμενα που κινούνται οριακά μέσα στο ρομαντισμό· αυτό δικαιολογεί τη σύγχυση γύρω από τον νέο τύπο γραφής. Πρέπει, ωστόσο, να επισημάνουμε, ακόμα και για τα καθαρά αισθητιστικά πεζά του, ότι βρισκόμαστε στο αρχικό στάδιο διαμόρφωσης του νέου κινήματος, το οποίο υπολείπεται σε αυτοσυνειδησία.

Παρατηρούμε, επίσης, ότι ο Παλαμάς θεωρώντας σφαιρικά την ως τότε (1899) πεζογραφική δημιουργία του Επισκοπόπουλου, απομονώνει ως πιο καίρια τα αισθητιστικά του αφηγήματα και πάνω σ' αυτά μελετά τα προτερήματα του νέου συγγραφέα. Επομένως, ο αισθητισμός στον Επισκοπόπουλο δεν ορίζεται από τον Παλαμά άμεσα αλλά έμμεσα, μέσα από τρία κύρια τεχνοτροπικά γνωρίσματα· στο επίπεδο του είδους τονίζεται η χρήση της πεζόμορφης ποίησης· στο επίπεδο του ύφους εμφαίνεται η εξεζητημένη εκφορά του λόγου και, τέλος, στο επίπεδο του θέματος επισημαίνεται ότι κεντρική θέση κατέχει η νεύρωση με τα παρεπόμενά της, τα οποία διακλαδώνονται συνήθως προς την κατεύθυνση της ηδονής. Σ' αυτή τη θεματική προτίμηση στηρίζεται η ιδιαιτερότητα των προσώπων που παρουσιάζονται στα έργα του.

Όσον αφορά τη σκιαγράφηση των χαρακτήρων στα έργα του Επισκοπόπουλου, μπορούμε να λάβουμε υπόψη ένα χωρίο του Ξενόπουλου από το άρθρο με το οποίο ενθουσιαστικά χαιρέτησε το «Ut dièse mineur» του συντοπίτη του πεζογράφου στο *Εθνικόν Ημερολόγιον... Σκόκου* (1895):

> Η σύλληψις του Επισκοπόπουλου έχει πάντοτε κάτι τι το καινοφανές και ιδιόρρυθμον. Οι ήρωές του, ως επί το πλείστον, δεν είναι κοινοί, φυσιολογικοί άνθρωποι· είναι παθολογικοί, παράδοξοι, μυστηριώδεις, αλλ' όχι διά τούτο ολιγότερον αληθείς, ολιγότερον άνθρωποι. Τους λόγους των και τα έργα, τα αισθήματά των

και τα πάθη η νεύρωσις περιβάλλει διά νέφους, διά πέπλου μυστηρίου, προς το οποίον αισθάνεται ιδιαιτέραν κλίσιν ο συγγραφεύς, ο επιζητών τας σπανίας ψυχολογικάς περιπτώσεις[172].

Τα παραπάνω σχόλια αποκαλύπτουν τη θεματική έλξη από το τεχνητό, που σε δεύτερο πια επίπεδο περιθάλπει στις πνιγηρές ατμόσφαιρες και στα νοσηρά περιβάλλοντά του το ασυνήθιστο, το σπάνιο και το ιδιόρρυθμο ως αμοιβαία δοκιμασία για το φυσιολογικό και το προφανές.

Περνούμε έτσι στην επόμενη πτυχή του αισθητισμού, ο οποίος θεώρησε ότι όλα όσα περιγράφει θα μπορούσαν να μην αντιστοιχούν σε εμπειρίες πραγματικής ζωής αλλά σε νοητική άσκηση με χώρο αναφοράς τον εγκέφαλο του αισθητή. Σ' αυτή τη διάσταση μας μυεί ο Νιρβάνας με αφορμή τη συναναστροφή του με τον Επισκοπόπουλο:

> Βλέπαμε όλα τα πράγματα και αντικρίζαμε όλες τις ιδέες χωρίς προκατάληψη, με μια παρθενική σκέψη, σαν πρωτογενείς. Έτσι, φτάναμε κάποτε στην παραδοξολογία, κυνηγώντας μια καινούρια αλήθεια. Εννοείται ότι παρόμοια κυβιστήματα της σκέψεως ριψοκινδυνεύει κανείς μόνο μ' ένα σύντροφο απολύτως ελευθέρου πνεύματος [...] συχνά φτάναμε στην τέλεια αναρχία, στην άρνηση όλων των ηθικών αξιών, στην ανατροπή όλων των ειδώλων, για να επιστρέψουμε πάλι σε μια ωραία, παλιά πίστη [...] τα ακροβατικά αυτά γυμνάσια του λογισμού μας [...] δεν ήσαν παρά εύσχημες παρουσιάσεις επαναστατικών ιδεών [...][173]

Μακριά από την εικονική πραγματικότητα του επιφανειακού και του πλασματικού, συναντούμε την πραγματική ταυτότητα του αισθητισμού, όπου αποκτά δική της ζωή η δοκιμασία της σκέψης, το ξεπέρασμα των ορίων και η εξερεύνηση της αίσθησης· η αισθησιακή απόλαυ-

---

172. Γρ. Ξενόπουλος, «Νικόλαος Επισκοπόπουλος», Εθνικόν ημερολόγιον... Σκόκου 10 (1895) 86-88.
173. Π. Νιρβάνας, «Nicolas Ségur (Ν. Επισκοπόπουλος)», Φιλολογικά Απομνημονεύματα, Αθήνα, Οδυσσέας, 1988, 176-177.

ση είναι άποψη της πνευματικής εγρήγορσης και ο διανοητικός έλεγχος διέπει, αν δεν επιβάλλει κιόλας, την οργιαστική έκλυση.

Το τελικό συμπέρασμα είναι ότι ο Επισκοπόπουλος στάθηκε μοναδικός, καθώς υπήρξε ο πρώτος Ελλαδίτης συγγραφέας που μόρφωσε τον αισθητισμό στα γραπτά του· η παραγωγή του, βέβαια, περιλαμβάνει και άλλου τύπου γραφές, όμως τα κείμενα που ξεχωρίζουν είναι αυτά που ανήκουν στον αισθητισμό. Έτσι, παρά την ενδεχόμενη έλλειψη αυτοσυνειδησίας ότι εισάγει ένα καινούριο κίνημα και παρά κάποιες ατέλειές του, ο Επισκοπόπουλος εφαρμόζει τις αρχές του διεθνούς αισθητισμού με ένα δικό του, προσωπικό ύφος. Χωρίς να αντιγράφει, μεταπλάθει τον προβληματισμό των δυτικών μέσα από τη δική του αισθαντικότητα δίνοντας στο λυρισμό ιδιόκτητη φωνή· έτσι αποχωρίζεται από το κύριο ρεύμα της σύγχρονής του νεοελληνικής πεζογραφίας όπου κυριαρχούσε η ηθογραφία και ανοίγει ένα καινούριο κεφάλαιο, το νεοελληνικό αισθητισμό, όπου θα τον ακολουθήσουν αργότερα και άλλοι. Επίσης, αν και ο κύριος όγκος του έργου του βρίσκεται κοντά στο δυτικότροπο αισθητισμό, φαίνονται ωστόσο σ' αυτόν τα πρώτα σημάδια ενός αναγεννητικού νιτσεϊσμού, πάνω στον οποίο θα δουλέψουν αργότερα ο Καζαντζάκης και ο Ροδοκανάκης, για να ολοκληρώσουν την ταυτότητα του κινήματος και να του δώσουν την τελειωτική του μορφή.

3. Κωνσταντίνος Θεοτόκης

Το όνομα του Κερκυραίου Κωνσταντίνου Θεοτόκη (1872-1923) στη νεοελληνική πεζογραφία συνδέθηκε κυρίως με το κοινωνικό μυθιστόρημα. Κάποια πρώιμα έργα του θεωρήθηκαν[174] αισθητιστικά, με βάση κυρίως μορφικά και υφολογικά γνωρίσματα. Αντικείμενο μελέτης αυτού του κεφαλαίου είναι η αναζήτηση και ο εντοπισμός αυτών των συναφειών του με τον αισθητισμό. Τα κείμενα που θα εξετάσουμε είναι οι *Αντιφεγγίδες* (1895), «Το πάθος» (1895-8, δημοσιευμένο το 1899) και ο *Απελλής* (1904-5).

Η συλλογή *Αντιφεγγίδες*, που μάλλον είχε αρχίσει να γράφεται νωρίτερα αλλά ολοκληρώθηκε μέσα στο 1895, αποτελείται από μικρά πεζά εκτός από το «Κρουμένοι θησαυροί», που είναι αρκετά μεγάλο σε έκταση και από το οποίο θα προκύψει το αφήγημα *Το βιο της Κυράς Κερκύρας*[175] που θα δημοσιευτεί το 1898 στο περιοδικό *Η Τέχνη*. Πρό-

---

174. Σ. Ν. Φιλιππίδης, *Τόποι. Μελετήματα για τον αφηγηματικό λόγο επτά νεοελλήνων πεζογράφων*, Αθήνα, Καστανιώτης, 1997, 155: «η θεματική των διηγημάτων με μυθολογική ή ιστορική υπόθεση επιβάλλει να τα κατατάξουμε στο κίνημα του αισθητισμού, που κυριάρχησε στην Ευρώπη το τελευταίο τέταρτο του 19ου αιώνα [...] η διάταξη του αφηγηματικού υλικού γίνεται με ελλειπτικό τρόπο, οι διάλογοι απουσιάζουν και ο λόγος του αφηγητή είναι ποιητικά οργανωμένος. Η ρυθμική οργάνωση της φράσης αποτελεί το κύριο γνώρισμα του ύφους».

175. Το κύριο θέμα του αφηγήματος είναι ο πειρασμός του ιερέα από ένα μάγο με αφορμή υλικά δελέατα και θησαυρούς. Η πραγμάτευση απέχει πολύ από το χαρακτηριστικό ύφος το οποίο είναι αναπόσπαστα δεμένο με τα θέματα του αισθητισμού. Δεν υπάρχει λυρισμός ούτε έμφαση στο σπάνιο με αναλυτική περιγραφή των θησαυρών. Το αφήγημα θυμίζει τοπική παράδοση, η οποία αναπλάθεται μέσα από στοιχεία τρόμου. Θα λέγαμε ότι πρόκειται μάλλον για αφήγημα του φανταστικού, συνδυασμένο με την ηθογραφία, πράγμα το οποίο στην τοπική κερκυραϊκή παράδοση απαντά και στο διήγημα του Πολυλά «Τα τρία φλωριά».

σφατα η συλλογή θεωρήθηκε αισθητιστική[176], άποψη που χρήζει περαιτέρω διερεύνησης. Υπάρχουν ασφαλώς μοτίβα πολύ προσφιλή στον αισθητισμό, όπως το κυνηγητό της νύμφης από το σάτυρο που την οδηγεί να κατακρημνιστεί από το χείλος του γκρεμού ή το αγκάλιασμα του Απόλλωνα κάτω από το οποίο η Δάφνη μεταμορφώνεται σε δέντρο. Το ύφος όμως που περιγράφει αυτές τις σκηνές είναι απλώς κομψό και θυμίζει την παρνασιστική τεχνική του γλυπτού αγάλματος. Ο αισθητισμός θα αξιοποιούσε σαρκικά την παρουσία και τις κινήσεις των μορφών αποδίδοντας στην αρχαιολατρεία τη διάσταση της ηδονής. Από το ύφος των Αντιφεγγίδων θα παρατηρούσαμε ότι δεν απουσιάζει μόνο ο αισθησιασμός της αφής αλλά και ο λυρισμός, παρά κάποιες αντίθετες εκτιμήσεις[177]. Ο λυρισμός του αισθητισμού οφείλεται καταρχήν στο τεχνουργημένο ύφος, όπου συνδυάζονται σπάνιοι φθόγγοι και πλούσιες ηχητικά λέξεις. Οφείλεται, επίσης, στη δυνατή ένταση των αισθήσεων η οποία διασφαλίζεται από το απροσδόκητο, από την ακανόνιστη διαδοχή φράσεων, επομένως από την προμελετημένη έλλειψη ρυθμού. Στις Αντιφεγγίδες το λεξιλόγιο είναι απλό συντείνοντας σε μια γενική ουδετερότητα, όπου ακόμη και οι περιγραφές της φύσης διέπονται από αισθησιακή αχρωμία. Ρυθμός δεν υπάρχει, υπάρχει μάλλον ένας κανονικός βηματισμός της γραφής ο οποίος προωθεί την αισθητική του απλοϊκού. Σύμφωνα με τα παραπάνω στοιχεία, η συλλογή φαίνεται να αποκλείεται εξ ορισμού από το κίνημα του αισθητισμού.

Από το 1895 ως το 1898 ο Θεοτόκης γράφει «Το πάθος», ένα επικό αφήγημα που θα δημοσιευτεί το 1899 στο περιοδικό Η Τέχνη. Θεματολογικά και υφολογικά το κείμενο αντιγράφει το Τάδε έφη Ζαρατούστρα του Nietzsche. Αποτελεί με τον τρόπο αυτό άλλη μια μαρτυρία για τη διάδοση του νιτσεϊκού στοχασμού ανάμεσα στους Νεοέλληνες διανοητές της εποχής. Κεντρικός ήρωας είναι ο Αβουφέδης (=Abulfeda), που εκτείνει τη δράση του στο άχρονο της μακρινής ισλαμικής Ανατολής ενσαρκώνοντας τη μορφή του μεγαλεπήβολου ηγέτη-αναμορφωτή. Αν και η παρουσία του σχετικού αρχετύπου σημειώνει εδώ μια συμπτωματική εμφάνιση στον Θεοτόκη, θα σημαδέψει αργότερα αμετάκλητα την κα-

---

176. Η Ά. Κατσιγιάννη στην αδημοσίευτη διδακτορική διατριβή της (Ά. Κατσιγιάννη, Το πεζό ποίημα στη νεοελληνική γραμματεία. Γενεαλογία, διαμόρφωση και εξέλιξη του είδους (από τις αρχές ως το 1930, Θεσσαλονίκη, Α. Π. Θ., 2001, 175) θεωρεί τις Αντιφεγγίδες «υποδείγματα αρμονίας, ρυθμού και μουσικής υποβολής [...] όπου θεματοποιούνται οι ποιητικές αρχές του πεζού ποιήματος [...] μια από τις αντιπροσωπευτικότερες λογοτεχνικές πραγματώσεις του νεοελληνικού συμβολιστικού αισθητισμού».
177. Ό. π.

ζαντζακική παραγωγή. Η κίνηση του Αβουφέδη ανάμεσα στο μύθο και τη φιλοσοφία απέχει από τη ζωή των αισθητών, που είναι περιδιάβαση στην εμπειρία και περιπέτεια των αισθήσεων. Στο «Πάθος» κυριαρχεί ο υπερβατικός χαρακτήρας της ιδέας. Ο Αβουφέδης ανάγεται σε σύμβολο που δεν έχει καμία συγγένεια με τους έκλυτους παρακμιακούς ήρωες των γήινων απολαύσεων και των επιλεγμένων διαστροφών.

Η μορφή του αφηγήματος ακολουθεί επίσης το νιτσεϊκό πρότυπο. Το κείμενο είναι γραμμένο σε «versets, σε ένα είδος, δηλαδή, πεζού εδαφίου, παραγραφικού ή περιοδολογικού λόγου»[178], όπου παρατηρήθηκε[179] ότι η δομή και οι τόνοι αναπλάθονται εσωτερικά με βάση τρία έργα της κλασικής μουσικής, που είναι η *Παθητική σονάτα*, *Η άνοιξη της ζωής* και *Το άσμα του βασιλέματος* του Μπετόβεν. Η μουσική επιλογή ανακαλεί την εκτύλιξη της *Σονάτας του Σεληνόφωτος* του Μπετόβεν στο διακειμενικό υπόβαθρο του "Ut dièse mineur" του Επισκοπόπουλου. Δεν αρκεί ωστόσο αυτή η διάταξη, για να δώσει στο κείμενο τον αυθεντικό λυρισμό[180] του αισθητισμού με την έννοια που αναπτύχθηκε παραπάνω. Ο γνωμολογικός χαρακτήρας του κειμένου αποκλείει την αισθησιακή αξιοποίηση των ήχων. Συγκεντρώνεται στη διατύπωση φιλοσοφικών σκέψεων και επιβάλλει την προσήλωση στην έκφραση κάποιας αλήθειας αποτρέποντας κατά συνέπεια τους πειραματισμούς με τη γλώσσα. Αυτό καταργεί και το παιχνίδι με την αίσθηση, που επιχειρεί ο αισθητισμός μέσα από τους ήχους.

Ένα τελευταίο στοιχείο που συνηγορεί στον αποκλεισμό του «Πάθους» από το κίνημα του αισθητισμού είναι ότι η παρουσία του Nietzsche στον ελλαδικό αισθητισμό σχετίζεται περισσότερο με την αισθητική, μέσα από την αντίστιξη διονυσιακού–απολλώνιου, παρά με τη φιλοσοφία. Όπως θα δούμε παρακάτω, ακόμα και στις περιπτώσεις όπου εμφανίζεται το θέμα του Υπερανθρώπου, δεν είναι αυθύπαρκτο. Στον Καζαντζάκη (*Σπασμένες Ψυχές*, *Όφις και κρίνο*) ο Υπεράνθρωπος ελίσσει την οντότητά του μέσα από τη διαπάλη διονυσιακού και απολλώνιου, ενώ στην Γαλάτεια Καζαντζάκη ο Υπεράνθρωπος έχει σχέση με την κραιπάλη των αισθήσεων, όπως ορίστηκε από την «κλασική» παρακμή και το μπωντλαιρικό κόκκινο ιδεώδες.

---

178. Ό. π., 180.
179. Ό. π., 179.
180. Σ. Ν. Φιλιππίδης, ό. π., 157: «Στο "Πάθος" [...] η εντονότατη λυρικότητα του λόγου του αφηγητή και των λόγων των προσώπων μεταβάλλουν το αφήγημα σε λυρικό πεζογράφημα».

Το μόνο αφήγημα του Θεοτόκη που μπορεί να ενταχθεί μερικά στον αισθητισμό είναι ο *Απελλής*. Ο Θεοτόκης είχε γράψει 1893-4 το πεζό ποίημα «Ο δούλος του Παράση» που ανήκε στις *Αντιφεγγίδες* και βασιζόταν σε έναν από τους ρητορικούς αντιλόγους (Controversiae) του ρήτορα Σενέκα, πατέρα του γνωστού Ρωμαίου φιλοσόφου. Στο συγκεκριμένο κείμενο ο ζωγράφος Παράσιος συλλαμβάνει την ιδέα να ζωγραφίσει τον Προμηθέα Δεσμώτη και για το σκοπό αυτό χρησιμοποιεί ως μοντέλο ένα Θράκα δούλο, δώρο του Φιλίππου Β΄ μετά την καταστροφή της Ολύνθου. Βάζει να καρφώσουν στο συκώτι του ένα σίδερο και τον βασανίζει, μέχρι να ολοκληρωθεί ο πίνακας. Όταν τελειώνει το έργο τέχνης, ο δούλος είναι πια νεκρός.

Το θέμα, που πραγματεύεται το εκτενέστερο αφήγημα, το συναντούμε στο διήγημα «Ο Άνθρωπος με την πορφύρα» («L'homme de pourpre») του Pierre Louÿs. «Η υπόθεση βασίζεται σε στοιχεία που μας δίνει η ίδια Controversia του Σενέκα πρεσβύτερου στην οποία έκανε αναφορά και ο Θεοτόκης, αλλά και σε στοιχεία από τη *Φυσική ιστορία* (*Naturalis Historia*) του Πλίνιου όπου μαθαίνουμε για τη χλιδή με την οποία ζούσε ο Παράσιος και για τον άκρατο εγωισμό του»[181]. Το διήγημα του Γάλλου συγγραφέα μεταφράστηκε και δημοσιεύτηκε το 1904 στο περιοδικό *Παναθήναια* από τον Γρ. Ξενόπουλο με τον τίτλο «Παρράσιος». Ο Θεοτόκης, αντιδρώντας σε αυτή την εκδοχή, θα γράψει το δικό του μυθιστόρημα, που αρχικά ονομάστηκε *Καμπάσπη* (1904) αλλά αργότερα μετασχηματίστηκε σε *Απελλής*. Για το αφήγημά του ο Θεοτόκης αντλεί από τον Πλίνιο πληροφορίες για τον Απελλή, τον αποκλειστικό ζωγράφο του Μεγάλου Αλεξάνδρου, και για την Καμπάσπη ή Παγκάσπη, που υπήρξε αγαπημένη του μεγάλου στρατηλάτη. Οι συγκεκριμένες πληροφορίες που αντλεί ο Θεοτόκης από άλλο τμήμα της ιστορίας του Πλίνιου, για να τις αξιοποιήσει στο μυθιστόρημά του, είναι οι ακόλουθες: «ότι ο Απελλής ήταν ο αποκλειστικός ζωγράφος του μεγάλου Αλεξάνδρου· ότι, όταν ο Αλέξανδρος αντιλήφθηκε πως ο Απελλής είχε ερωτευθεί την ερωμένη του Παγκάσπη ή Καμπάσπη, ξεπερνώντας τις αδυναμίες του την παραχώρησε στο ζωγράφο· ότι η Καμπάσπη ήταν το μοντέλο για τον πίνακα *Αναδυομένη Αφροδίτη* του Απελλή, ότι κάποτε που ο Απελλής ζωγράφισε ένα άλογο κέρδισε το διαγωνισμό, διότι μόνο μπροστά στο δικό του πίνακα χρεμέτισαν άλογα που οδηγήθηκαν εκεί επί τούτου. Σε καμία όμως αρχαία πηγή δεν απαντώνται πληροφορίες για πίνακα

---

181. Σ. Ν. Φιλιππίδης, ό. π., 160.

του Απελλή που παρίστανε τον Προμηθέα Δεσμώτη, όπως αναφέρεται στο διήγημα του Θεοτόκη»[182].

Η υπόθεση του *Απελλή* είναι η εξής: Ο ομώνυμος ζωγράφος της αρχαιότητας φέρεται ως αφιερωμένος αποκλειστικά στη ζωγραφική του. Όταν τον επισκέπτεται ο Μέγας Αλέξανδρος, αναλαμβάνει την απεικόνισή του σε ζωγραφικό πίνακα. Η ζωγραφική απόδοση της προσωπογραφίας του είναι τόσο πετυχημένη, ώστε, όταν πλησιάζουν τον πίνακα κοντά σε άλογα, αυτά χλιμιντρίζουν νιώθοντας το Βουκεφάλα ζωντανό δίπλα τους.

Ο Αλέξανδρος ενθουσιάζεται τόσο, που ακόμη και όταν ο Απελλής τού ζητά την αγαπημένη του Θηβαία σκλάβα Καμπάσπη, για να την ζωγραφίσει, ο κατακτητής δέχεται προς χάριν της Τέχνης. Ακόμη και όταν ανάμεσα στον Απελλή και το μοντέλο του αναπτύσσεται έρωτας, ο Αλέξανδρος του την παραχωρεί εντελώς. Η Καμπάσπη (κατ' άλλους Παγκάσπη ή Παγκάστη ή Πακάτη) έχει όλη την αρχοντιά της μεγάλης γενιάς της από τη Θήβα, εκτός όμως από το βάρος της ομορφιάς και της σκλαβιάς της, κουβαλά και την έγνοια του σκλάβου αδελφού της, Αθηναγόρα, του οποίου την απελευθέρωση ζητά από τον Απελλή.

Ο Απελλής ικανοποιεί το αίτημά της, όταν όμως φέρνουν τον νέο αλυσοδεμένο μπροστά του, εμπνέεται τη δημιουργία ενός έργου που σκεφτόταν από καιρό, με θέμα τον Προμηθέα. Αρχίζει τη φιλοτέχνηση με μοντέλο τον ατίθασο και ανυπότακτο Θηβαίο, που η αντίδρασή του διεγείρει όλο και περισσότερο τη φαντασία του ζωγράφου, ώστε σιγά σιγά τον υποβάλλει σκόπιμα σε διαδικασία βασανισμού, για να αυξάνει ο πόνος του. Όσο επιτείνεται ο πόνος, τόσο ο Θηβαίος αντιστέκεται και τόσο δίνει τροφή στην άπληστη ματιά του Απελλή, που γυρεύει να φτάσει σε ένα πρότυπο εντελώς τσακισμένο, με τα χαρακτηριστικά του εντελώς παραμορφωμένα από τον αγώνα. Έτσι έχει ονειρευτεί τον ηρωικό ημίθεο και έτσι διαστροφικά πρέπει να υλοποιήσει το όνειρό του.

Η τελική πράξη της τραγωδίας διαδραματίζεται στα βουνά, όπου ο Απελλής έχει οραματιστεί το θάνατο του Προμηθέα, καθώς ένας μεταλλικός γύπας θα του τρυπά αργά το συκώτι. Εκεί τραβούν τον Θηβαίο αιχμάλωτο οι δούλοι του Απελλή, εξαντλημένο από τις ταλαιπωρίες τόσων ημερών. Έχει ήδη ετοιμαστεί το αφύσικο κατασκεύασμα, ένα γιγάντιο πουλί που κουνά τα δυσκίνητα φτερά του τρομακτικά και άχαρα και τυραννά με τα ραμφίσματά του τον εξουθενωμένο πια Αθηναγόρα, που είναι δεμένος στο βράχο.

---

182. Ό. π., 160.

Η ικανοποίηση του Απελλή έχει μετατραπεί σε έκσταση από την προοπτική της φυσιοκρατικής αναπαράστασης και ο παροξυσμός του έχει γίνει μανία και παραλογισμός. Η ανοσία του στα ανθρώπινα έχει γίνει αναλγησία στον πόνο του ανθρώπου. Είναι ακόμα απορροφημένος από τον ενθουσιασμό του, όταν βλέπει να γκρεμίζονται στο βάραθρο τόσο ο άτυχος αδελφός όσο και η Καμπάσπη, που αγκαλιασμένη τον συντροφεύει στο χαμό. Η πρώτη εμφάνιση της υπόθεσης στην αρχαιότητα θέλει τον Απελλή να σκοτώνει ένα δούλο, τον Παράσιο. Ο Θεοτόκης, για να εντείνει τις εντυπώσεις, τον παρουσιάζει ως αδελφό της αγαπημένης τού Απελλή.

Το αφήγημα εμμένει καταρχήν στην ιδέα της αυτεξούσιας τέχνης. Η Τέχνη προηγείται της Ζωής, την οποία έχει το ελεύθερο να υποδουλώνει στα προστάγματά της. Ο Απελλής, κατέχοντας τον εγωισμό που του δίνει η τέχνη του, λυγίζει τη θέληση του μεγαλειώδους κατακτητή, του Αλέξανδρου· σε αντάλλαγμα για τη φιλοτέχνηση ενός πίνακα αγοράζει την Καμπάσπη και, σε αντάλλαγμα για τη φιλοτέχνηση του πορτρέτου του Αλέξανδρου, κερδίζει άλλη μία ανθρώπινη ζωή, τον αδελφό της Καμπάσπης, τον οποίο ουσιαστικά δολοφονεί κατά τη διάρκεια της δημιουργίας ενός έργου τέχνης. Έτσι, εξουθενώνει μέχρι το θάνατο την ανθρώπινη υπόσταση, για να την διαιωνίσει, όπως ο ζωγράφος του Poe[183], που παίρνει και την τελευταία πνοή της νεαρής γυναίκας του, για ν' αντλήσει υλικό για την τέχνη του και, όπως ο αφηγητής του *Όφις και κρίνο*, που θα πνίξει την ερωμένη του μέσα στις αναθυμιάσεις των λουλουδιών, ανάγοντας και αυτός το έγκλημα σε μορφή τέχνης.

Η αδιάλλακτη διαπραγμάτευση αξιών, όπως η ζωή και η αγάπη, μετατρέπει τον Απελλή σε κλωνοποιημένο Υπεράνθρωπο. Ως μόνη αξία αναγορεύεται τελικά η τέχνη, που είναι τόσο σίγουρη για τον εαυτό της, ώστε να διαψεύδει την παραμικρή αντίρρηση για την ποιότητά της (σε ερώτηση του Αλέξανδρου για την πιστότητα των μορφών του Απελλή, ο τελευταίος διατάξει να φέρουν ζωντανές φοράδες δίπλα στο ζωγραφισμένο Βουκεφάλα, οι οποίες χλιμιντρίζουν σαν να βρίσκονται δίπλα σε ζωντανό άλογο, ως απόδειξη του ανόθευτου και αναλλοίωτου ταλέντου του ζωγράφου). Τέλος, η τέχνη εξισώνεται με το έγκλημα, που όχι μόνο δεν προκαλεί φρίκη και ντροπή, αλλά αποτελεί την επιθυμητή κατάληξη της αποστασιοποιημένης αγωγής του Υπερανθρώπου.

---

183. Το συγκεκριμένο διήγημα του Ε. Α. Poe θα το εξετάσουμε αναλυτικότερα στο κεφάλαιο για τον Καζαντζάκη.

Αισθητισμός. Η νεοελληνική εκδοχή του κινήματος

Το θέμα της ανεξάρτητης τέχνης, που νομιμοποιεί την αλλοτρίωση του ανθρώπινου προσώπου και θα οδηγήσει στην απανθρωποποίηση ως απώλεια του υποκειμένου στο μοντερνισμό, περνά εδώ μέσα από το θέμα του Υπερανθρώπου. Αυτό είναι το κύριο στοιχείο που θα αποσοβούσε τη νατουραλιστική ερμηνεία του έργου[184] και πιστοποιεί τις συνάφειές του με τον αισθητισμό. Ο Θεοτόκης, άλλωστε, την ίδια εποχή ασχολείται με το θέμα του απαγορευμένου μέσα από ρεαλιστικά κείμενά του (π. χ. το ανέκδοτο *Απαγορευμένη αγάπη*, που θα δημοσιευτεί μόλις το 1935 μέσα στις *Κορφιάτικες ιστορίες*)· επομένως, το απαγορευμένο δεν είναι αρκετό από μόνο του για να εγγράψει το κείμενο στον αισθητισμό· ο εγκιβωτισμός του απαγορευμένου μέσα στην κοσμοθεωρία του τεχνητού, όπου η τέχνη κατασκευάζει τη ζωή, είναι αυτό που τοποθετεί το έργο μέσα στην παρακμιακή προβληματική.

Το ύφος, πάντως, θα μπορούσαμε να το χαρακτηρίσουμε μάλλον ρεαλιστικό· η γλώσσα είναι απλή και η πορεία του κειμένου γραμμική με σύντομες φράσεις· η γνωστή εκζήτηση του αισθητισμού απουσιάζει εντελώς από το λεξιλόγιο, το οποίο κυριολεκτεί και ακριβολογεί. Η παρατήρηση του Φιλιππίδη για «διακοσμητικό σκηνικό και περιγραφές που κατατάσσουν το αφήγημα στην πεζογραφία του αισθητισμού»[185] δεν φαίνεται να ευσταθεί, αφού, ακόμη και οι εικόνες της υποτιθέμενης χλιδής δεν αφήνονται στο χαλαρό ύφος της νωθρότητας που προτίμησε η παρακμή· μια μικρή αναφορά σε πλούσια ασιατικά φορέματα ή ακόμη και η περιήγηση στο εργαστήριο του καλλιτέχνη, όπου τα χρώματα και οι πίνακες περιγράφονται αναλυτικά, δεν αρκούν για να δώσουν την ηδονική διάσταση που θα επένδυε ο αισθητισμός στο θέμα.

---

184. Διαβάζουμε στον Φιλιππίδη (ό. π., 163-164):
    μολονότι η δεσπόζουσα θεματική του *Απελλή* είναι η ανωτερότητα της τέχνης έναντι της ζωής, οι επιμέρους θεματικές της σχέσης πολιτικής και τέχνης και της εσωτερικής σύγκρουσης στην ψυχή των χαρακτήρων προσδίδουν στο διήγημα του Θεοτόκη διαφορετικό νόημα. Σύμφωνα με την ανάλυση του Απόστολου Μπενάτση ο Απελλής του Θεοτόκη κινείται πάνω σε δύο ισοτοπίες, μια γνωστική ισοτοπία και μια ισοτοπία των προσωπικών αισθημάτων. Θα μπορούσαμε να πούμε ότι το διήγημα του Λουίς κινείται μόνο στην ισοτοπία του αγώνα του ζωγράφου να αποκτήσει τη γνώση του αφάνταστου πόνου του προσώπου του Προμηθέα Δεσμώτη. Ο Κώστας Μπαλάσκας, (1993) αντίθετα με την άποψη που υποστηρίζεται εδώ, θεωρεί ότι ο Απελλής σημαδεύει τη στροφή του Θεοτόκη από το ρομαντισμό στο ρεαλισμό και το νατουραλισμό, στο δράμα ενός κόσμου σκλαβωμένου στην ανάγκη.

185. Ό. π., 159.

Όσον αφορά τα άψυχα, ο αφηγητής τα περιγράφει συγκρατημένα και στεγνά, όπως αντικρίζει τον κόσμο ένας ρεαλιστής συγγραφέας. Το ίδιο συμβαίνει και με τα έμψυχα, από όπου πάλι λείπει ο λυρισμός και ο αισθησιασμός. Βλέπουμε, για παράδειγμα, μέσα στο εργαστήριο νέους άντρες που ποζάρουν, για να γίνουν τα έργα τέχνης· ο αφηγητής του Θεοτόκη δηλώνει απλώς την παρουσία των ημίγυμνων κορμιών, ενώ ένας αισθητιστής θα αντιμετώπιζε τη σκηνή της δημιουργίας ως απόλαυση μιας καινούριας αίσθησης· αυτό κάνει, για παράδειγμα, ο Καζαντζάκης στις *Σπασμένες Ψυχές*, όταν απεικονίζει τον καλλιτέχνη να χειρίζεται την εύπλαστη μάζα του υλικού του: «Σκλαβωμένα κορμιά εφήβων και στήθια ορθά γυναικών αναταράζουνται και σαλεύουν και λαχταρώντας περιμένουν τα δάχτυλα τα θαματουργά να 'ρθουν να τα λυτρώσουν»[186]. Βέβαια σημαντική συνάφεια του *Απελλή* με τον αισθητισμό είναι και μόνο η παρουσίαση του καλλιτέχνη την ώρα που δημιουργεί ή η επιλογή ενός καλλιτέχνη ως κεντρικού ήρωα.

Συμπερασματικά, θα λέγαμε ότι η παρουσία του Θεοτόκη στο χώρο του αισθητισμού είναι περιορισμένη αλλά ενδεικτική των τάσεων (νιτσεϊκών και αρχαιολατρικών) που θα κυριαρχήσουν αργότερα στον αισθητισμό των Ελλαδιτών λογοτεχνών. Ο ίδιος βρίσκεται πιο κοντά στη νιτσεϊκή παρά στην παρακμιακή προβληματική, γεγονός που αποτυπώνεται στην εκφραστικότητά του· έχει συνείδηση του νοήματος που κοινωνεί, δεν το αποσυνδέει όμως από ιδεολογικές διαστάσεις, που προμηνύουν την οριστική στροφή της παραγωγής του προς το ρεαλισμό.

---

186. Ν. Καζαντζάκης, «Σπασμένες Ψυχές», *Ο Νουμάς* 7, 355 (1909) 7.

4. Κωστής Παλαμάς

Είδαμε σε προηγούμενα κεφάλαια αρκετές κριτικές του Παλαμά (1859-1943) για έργα του νεοελληνικού αισθητισμού. Ωστόσο, η παρουσία του σε σχέση με το ρεύμα δεν περιορίζεται στην κριτική του ματιά. Στο περιθώριο του κύριου ποιητικού του έργου ενεργοποιεί μέρος της δημιουργικής του δύναμης μέσα στην προβληματική του αισθητισμού.

Το 1891 γράφει και δημοσιεύει στο περιοδικό *Εστία* το ανεπτυγμένο διήγημα «Θάνατος παλικαριού», που θεματικά βρίσκεται στο κέντρο του αισθητισμού και θα μπορούσε, από μια άποψη, να θεωρηθεί το πρώτο ελλαδικό αισθητιστικό πεζό· όπως όμως θα δούμε, ο αισθητιστικός χαρακτήρας του θέματος λανθάνει πίσω από το ηθογραφικό ύφος και τα ονόματα των προσώπων, όπου κυριαρχούν σκηνές από εκδηλώσεις και έθιμα της ζωής του χωριού και όπου η απουσία λυρισμού περιορίζει τις αισθητιστικές συνάφειες του έργου. Θα μπορούσαμε, ίσως, να μιλάμε για «αφανές» κείμενο του αισθητισμού τόσο στα μάτια της κριτικής όσο και στη συνείδηση του δημιουργού του, αν λάβουμε υπόψη ότι ο Παλαμάς διαχωρίζει κάποια άλλα πεζά, που θα δούμε στη συνέχεια του κεφαλαίου και για τα οποία θεωρεί σημαντικό να επισημάνει την ιδιαιτερότητα του ύφους.

Στο «Θάνατο παλικαριού» η υπόθεση του έργου έχει ως κεντρικό πρόσωπο τον Μήτρο, έναν γεροδεμένο νέο του οποίου η παρουσία είναι υπόδειγμα λεβεντιάς στο χωριό του, μέχρι τη στιγμή που ένας τυχαίος τραυματισμός και η συνακόλουθη πρακτική των κομπογιαννιτών καταστρέφουν το πόδι του. Ο ήρωας θα μπορούσε να συνεχίσει τη ζωή του ως ανάπηρος, όμως η υπερηφάνεια του –που πληγώθηκε περισσότερο απ' ό,τι το σώμα του– δεν τον αφήνει. Θεωρεί μίζερη μια καινούρια ζωή μακριά από τις παλιές του δόξες και αρνείται να υποταχτεί στη μικρότητά της. Αντί γι' αυτό, μένει στο κρεβάτι του και αφήνεται να πεθάνει. Το τέλος του το υπαγορεύει ο ίδιος: βάζει τη μητέρα του να τον μοιρολογήσει και φωνάζει τους ανθρώπους του χωριού να έρθουν με τα λουλούδια τους στο νεκροκρέβατο, όπου κείτεται ζωντανός.

Αν και το έργο θεωρήθηκε ακόμη και ρομαντικό –όπως θα δούμε αμέσως μετά, με αφορμή την κριτική του Ξενόπουλου– στον τρόπο με τον οποίο εκφέρει τα ιδανικά του ήρωά του, στη βάση του ωστόσο μπορεί να διακρίνει κανείς τον αισθητισμό, που εδραιώνει μια υπόγεια αλλά πιο δυνατή παρουσία. Ο Ξενόπουλος (περιοδικό *Γράμματα*, επιμνημόσυνο τεύχος για τον Παλαμά, Δεκέμβριος 1943) το ξεχωρίζει για την «καθαυτό ελληνική σύλληψή του, την "ψυχή" του, την κεντρική ιδέα... » και συμπληρώνει ότι «ένα ποίημα του γένους είναι ο *Θάνατος Παλικαριού*. Αλλά μ' όλη την ποίηση που κλείνει μέσα του, δεν ξεφεύγει, δεν απομακρύνεται ούτε στιγμή από την πραγματικότητα, από την αλήθεια»[187]. Η εθνοκεντρική βάση, στην οποία στηρίζει την κριτική του ο Ξενόπουλος, εγγράφει το αφήγημα σ' έναν ιδεαλισμό ρομαντικής ή ακόμη και νεοκλασικιστικής υφής που θυμίζει Σολωμό ή Κάλβο. Η συμπλήρωση που προσθέτει –ότι, παρά την ποιητικότητά του, το έργο έχει ερείσματα στην πραγματικότητα– σηματοδοτεί απλώς ένα άνοιγμα προς τον ηθογραφικό ρεαλισμό, για να εξασφαλιστεί μ' αυτή τη σφαιρική θεώρηση ο εγκωμιαστικός χαρακτήρας της κριτικής του Ξενόπουλου.

Πίσω από το προπέτασμα της παραδοσιακής κριτικής, ωστόσο, δεν διαφεύγει την προσοχή η παρουσία ενός είδους αισθητισμού στο κεντρικό θέμα του αφηγήματος· είναι η άρνηση του παλικαριού να αποδεχτεί την αναπηρία του, η αποστροφή επομένως απέναντι στη δυσμορφία και, τελικά, η λατρεία της υγείας και της αρτιμέλειας, που εξισώνουν τη δύναμη με την ομορφιά σε μια σύζευξη του νιτσεϊκού με τον ωραιοπαθή αισθητισμό. Μπαίνει εδώ το ζήτημα της υγείας και της αρρώστιας με όλο τον προβληματισμό γύρω από τα όρια και τις αλληλοεπικαλύψεις τους· μπαίνει, έπειτα, το ζήτημα της νεανικής ομορφιάς, της πάντα επιθυμητής από τον αισθητισμό, που διακρίνεται από το αναλλοίωτο σφρίγος της· η υγεία ως σύμβολο του ισχυρού εισάγει τον απαραίτητο νιτσεϊσμό με τον οποίο εμπλούτισαν τα έργα τους οι

---

187. Κ. Παλαμάς, *Άπαντα*, τ.4, Αθήνα, Μπίρης, χ. χ. έ., 571.

Ελλαδίτες αισθητιστές· ο ακρωτηριασμός, που με αισθητιστική ενδοστρέφεια γυρίζει σε αυτοκαταστροφή, θα ήταν άλλος ένας σταθμός στην επιχειρηματολογία ότι υπάρχουν στο έργο παρακμιακές πτυχές.

Η απέχθεια της ασχήμιας και των γηρατειών ήταν ο πρωταρχικός πυρήνας και, επομένως, ειδοποιό στοιχείο αισθητισμού, κάτι που βλέπουμε διεξοδικά στους Δυτικοευρωπαίους (πρβ. το βασικό θέμα στο *Πορτρέτο του Dorian Gray·* πρβ. επίσης τη γιορτή της χαμένης αρρενωπότητας, επομένως της χαμένης νιότης και ικανότητας, που οργανώνει με την αισθητική κηδείας και την απόλυτη κυριαρχία, εκκεντρική ως επί το πλείστον, του μαύρου χρώματος ο Des Esseintes, ήρωας του αισθητιστικού μυθιστορήματος *A rebours*), που απαντά και στον Καβάφη –πρβ. «Μελαγχολία του Ιάσονος Κλεάνδρου· ποιητού εν Κομμαγηνή · 595 μ. Χ», ο οποίος θέλει να βρει γιατρειά από την ψυχική και τη σωματική διάβρωση στα γητέματα των Ελληνοσύρων μάγων–· αλλού η απώλεια της νιότης και της ομορφιάς ισοσταθμίζεται από το πέρασμα στον κόσμο της τέχνης, με κύριο χαρακτηριστικό τη διάρκεια, συνεπώς την αντίσταση στο χρόνο.

Η διατήρηση της νεότητας στον αισθητισμό συνδέεται πάντα με την ωραιολατρεία και την ηδυπάθεια που εμπνέει το νεανικό –ανδρικό κυρίως– σώμα· σ' αυτό το σημείο οι Ελλαδίτες αισθητιστές κάνουν τη δική τους τομή, προσθέτοντας στην ηδονική ομορφιά την έννοια της ισχύος, ως νύξη στη μορφή του Υπερανθρώπου. Ο αδύναμος άνθρωπος είναι αναλώσιμος, ενώ ο ισχυρός –και όμορφος, με αυτόματη αισθητιστική συνεπαγωγή– είναι αυτός που θα επικρατήσει της αλλοίωσης.

Το αν η αλλοίωση θα οριστεί σε επίπεδο φυσιολογίας ή ψυχολογίας είναι παράγοντας καθοριστικός του διλήμματος «αρρώστια–υγεία». Καταρχήν μπορεί κανείς να επισημάνει ότι ο σωματικός κατακερματισμός του παλαμικού Παλικαριού συμπορεύεται κατά κύριο λόγο με την ψυχική του κατάρρευση, η κατάπτωση του σώματος δηλαδή συμβαδίζει με την αλλοτρίωση της ψυχής, όπως συμβαίνει γενικά στην οντολογία της παρακμής· η αρρώστια εξαπλώνεται ραγδαία από το βιολογικό στο υπαρξιακό επίπεδο. Στο διεθνή αισθητισμό το ανθρώπινο κορμί γίνεται ερωτικό χάρη στην παραίτηση στην οποία έχει αφεθεί· στον ελλαδικό, όμως, αισθητισμό συντελείται μια κύρια στροφή, όπου ο κανόνας θέλει τον ηδονισμό να συνδέεται με το γερό σώμα. Εδώ η εγκατάλειψη των σωματικών δυνάμεων γίνεται επιτακτικά αισθητή ως ανάγκη για υγεία, η οποία καθίσταται το βασικό ζητούμενο, σημείο όπου η σύνδεση παρακμής και υγείας μάλλον ανατρέπει την ταύτιση του αισθητισμού με την παρακμή. Στο σημείο αυτό ο ελλαδικός αισθητισμός ξεπερνά τα μελανά χρώματα του δυτικού και δυτικότροπου αισθητισμού μέσα από τη λάμψη της προσδοκώμενης ευεξίας ή, για να μιλήσουμε με όρους του Π. Γιαννόπουλου, μέσα από την καθαρότητα του αττικού φωτός.

Στο «Θάνατο παλικαριού» υπάρχει καταρχήν η σαφής προτίμηση της υγείας, που φαίνεται να εξαλείφει τη νοσηρότητα του αισθητισμού· από την άλλη πλευρά, η πεισματική συναίσθηση της ασθένειας εργάζεται εκ των ένδον και θα οδηγήσει τον πρωταγωνιστή ουσιαστικά στην αυτοκτονία. Η αυθυποβολή, με την οποία προετοιμάζει το θάνατό του, δεν διαφέρει από το προμελετημένο σχέδιο της διπλής δολοφονίας, με την οποία υπογράφει την ερωτική του ιστορία ο πρωταγωνιστής του καζαντζακικού Όφις και κρίνο, που θα δούμε παρακάτω. Ο παλαμικός ήρωας βρίσκεται σε προγενέστερο στάδιο προμελέτης, λόγω και της χρονικής απόστασης των δύο έργων· η εκδικητικότητά του στρέφεται εναντίον του εαυτού του, φέροντας ακόμα τη σφραγίδα της προσήλωσης σε αξίες, ενώ στον Καζαντζάκη μια σαρκική εκδικητικότητα φτάνει ως το έγκλημα, όπου η παρακμιακή νοοτροπία δίνει τους τόνους της μετατροπής του σε έργο τέχνης. Έπειτα, ο Καζαντζάκης έχει καλλιεργήσει την εκλεκτική αυτοσυνειδησία του ήρωά του, ώστε να απολαμβάνει ηδονή μες στη δυστυχία ή ακόμη να τις κατασκευάζει και τις δύο νοερά. Στον Παλαμά η δυστυχία είναι πραγματική και μόνο ο τρόπος βίωσής της είναι αισθητιστικός, αυτοκαταστροφικός.

Μια σκηνή που παρουσιάζει ιδιαίτερο ενδιαφέρον είναι η σκηνή κατά την οποία ο Μήτρος εσωτερικεύει την απόγνωση σε τέτοιο βαθμό, ώστε να καλέσει ο ίδιος τις μοιρολογήτρες και τον κόσμο που θα τον στολίσει με λουλούδια και θα τον κλάψει ζωντανό· ζητά από τη μητέρα του να αρχίσει να τον κλαίει και να καλεί με το μοιρολόγι της τους ανθρώπους του χωριού, οι οποίοι σιγά σιγά περιστοιχίζουν τον ζωντανό νεκρό, για να τον νεκροστολίσουν και να τον μοιρολογήσουν. Όταν πια το ψυχορράγημά του τελειώνει, η τελετουργία έχει ήδη λάβει τέλος.

Η σκηνή του νεκροστολίσματος ζωντανού ανθρώπου θα επαναληφθεί στο Όφις και κρίνο, όπου ο πρωταγωνιστής πριν από το έγκλημα πλημμυρίζει με λουλούδια το κρεβάτι της αγαπημένης του, έτσι ώστε τελικά δίνεται η εντύπωση ότι πνίγηκε μέσα στα λουλούδια και τις αναθυμιάσεις τους. Πιο κοντά στην παλαμική εικόνα βρίσκεται μια σκηνή από την Κερένια κούκλα του Χρηστομάνου, όπου οι δύο εραστές γυρίζουν στο σπίτι ύστερα από έναν ερωτικό περίπατο κρατώντας λουλούδια και ο Νίκος, ο σύζυγος, τα σκορπάει πάνω στο κρεβάτι της ετοιμοθάνατης

Βεργινίας, η οποία όμως αντιδρά πετώντας τα μακριά, επειδή με την πυρετική διαίσθησή της ερμηνεύει σωστά το δώρο όχι ως μετάγγιση ζωής αλλά ως μήνυμα θανάτου. Με τον τρόπο αυτό αποδίδεται συχνά ο σαρκασμός με τον οποίο ο αισθητισμός συγκάλυψε τη νόσο όχι τόσο κάτω από την υγεία όσο κάτω από την ηδονή.

Περνώντας στην πιο ενσυνείδητη αισθητιστική παραγωγή του Παλαμά παρατηρούμε ότι κατά καιρούς δημοσίευσε μικρά πεζά που βρίσκονται συγκεντρωμένα στον τέταρτο τόμο των *Απάντων* του με τον τίτλο *Διηγήματα*. Στον πρόλογο (18.12.1919) ο Παλαμάς τα χαρακτηρίζει ως «Πατήματα... προς μονοπάτια κάπως ασυνήθιστα για τα πόδια του, χωρίς κανένα τέρμα, έτσι για ξεκούρασμα σταθμούς, ή, για κορφολογήματα απ' εδώ κι απ' εκεί, τριγυρίσματα»[188]. Χωρίζει τα διηγήματα σε δύο κατηγορίες: αυτά που είναι βγαλμένα «από την καθημερινή μας την πραγματική λεγόμενη ζωή» και αυτά που «είναι κάποιοι αντίλαλοι από το μυστικό το λάλημα του ονείρου»[189], χαρακτηρισμός που, καταρχήν, θα μας προσανατολίζε περισσότερο προς το συμβολισμό. Αυτά τα τελευταία τα χαρακτηρίζει «σαν παραστρατισμένα στον πεζό λόγο ποιήματα» που είναι έργα από «τους σμιλευτές της σκέψης ή του ωραίου λόγου τους στοχαστικούς δουλευτάδες»[190] (η αναφορά στον «ωραίο λόγο» προσανατολίζει καλύτερα προς τον αισθητισμό). Η δουλειά του τεχνίτη που εμψυχώνει τη λογοτεχνία, το ωραίο ως δουλεμένη ποιότητα στο λόγο, το πεζό που βγαίνει ως ποίημα, σε μια συνειδητή «διαστροφική» («παραστρατισμένα») διαδικασία, επιτρέπουν στα κείμενα αυτά να μπορούν να εξεταστούν ως αισθητιστικά· η αναφορά στο όνειρο, ωστόσο, παραπέμπει στο συμβολισμό δίνοντας στο σύνολο των συγκεκριμένων πεζών μικτή υπόσταση.

Το πώς προσλαμβάνει ο Παλαμάς την έννοια της παρακμής το βλέπουμε στην παρουσίαση μιας Αποκριάς· η χώρα (κωμόπολη ή επαρχιακή πρωτεύουσα) την τελευταία Κυριακή της Αποκριάς μοιάζει με γυναίκα παρακμιακή, που δεν είναι όμορφη αλλά σαγηνευτική και εκφυλισμένη, αφού από το στόμα της με τα χαλασμένα δόντια της βγαίνει ο αχνός του κρασιού ανάμικτος μ' ένα τραγούδι. Ο αφηγητής του «Φιλήμων και Βαύκις» δίνει την ακριβή περιγραφή: «Η τελευταία Κυριακή της αποκριάς. Η χώρα σαν μια γυναίκα που δε θα ήταν όμορφη μα θα ήταν γαργαλιστική και που θα 'βγανεν από στόμα διάπλατο με τα μισοτριμμένα

---

188. Κ Παλαμάς, ό. π., 44.
189. Κ Παλαμάς, ό. π., 44.
190. Ό. π., 45.

δόντια κρασοπότιστο βραχνό τραγούδι»[191]. Αργότερα ο Χρηστομάνος παραχωρεί στην Αποκριά το κεντρικό μέρος της *Κερένιας κούκλας*, ενώ ο Καζαντζάκης στις *Σπασμένες Ψυχές* μιλά για την κοινωνία της παρακμής σαν μια φθαρμένη (φθισική) γυναίκα που φτύνει αίμα στο μαντιλάκι της και ξανασηκώνει το ποτήρι της για να πιει αψέντι (εξελίσσοντας μέσα από την εικόνα το ρομαντισμό σε αισθητισμό). Ο Παλαμάς συνοψίζει και τις δυο εικόνες σε μία. Μια ύπαρξη, όπου συνταιριάζεται η ασωτία με τη διέγερση της αποσύνθεσης, βρίσκεται στα κίνητρα του αισθητισμού.

Άλλη μία γυναίκα της παρακμής είναι η μητριά του Ινδού Κουνάλα, που η σήψη δεν βρίσκεται στα δόντια της αλλά στον ψυχισμό της. Είναι η πλούσια βασίλισσα, η οποία ερωτεύεται τα μάτια του όμορφου βασιλόπουλου. Το διήγημα «Τα μάτια του Κουνάλα» (1897) ξεκινάει θαυμαστικά, καθώς ο αφηγητής αποθεώνει τα αγαπημένα μάτια που φέγγουν μέσα στο σκοτάδι και μέσα στην ψυχή της αγάπης και της αθανασίας· μέσα σ' αυτό το δοξαστικό ο αφηγητής εγγράφει και την πανάρχαια ιστορία που διάβασε σ' ένα βουδιστικό βιβλίο. Η Ανατολή είναι γνωστή τοποθεσία του αισθητισμού, και εδώ φτάνουμε πολύ ανατολικότερα από την Εγγύς και τη Μέση Ανατολή. Επίσης, ο απελπισμένος πόθος της μητριάς του Κουνάλα για την παρθενική νιότη του είναι γνωστό σημάδι «των ψυχών των κολασμένων»[192] του αισθητισμού.

Η αφήγηση αυτού του «παραμυθιού» έχει κάτι ονειρώδες που θυμίζει συμβολισμό, καθώς και το συμβολιστικό ανατολισμό των Επτανήσιων μεταφραστών της αρχαίας ινδικής γραμματείας, όμως η παρακμιακή ουσία βρίσκεται ήδη στο αμαρτωλό θέμα του. Η κολασμένη μητριά του Κουνάλα βρίσκεται στο πνεύμα των παρακμιακών γυναικών. Ο ακάθαρτος πόθος της, που επικεντρώνεται στα μάτια του θετού γιου της είναι η ασθένεια που την μαστίζει: «Κουνάλα, παιδί μου, σε βλέπω και λυγίζομαι και τρέμω και πεθαίνω κι απ' την κορφή ως τα νύχια το κορμί μου καίγεται σαν το ξερό το άχυρο στη φωτιά του δρυμού... Κουνάλα, παιδί μου, άφησε το χεράκι σου στο χέρι μου. Και τι είναι η καθαρή καρδιά μπρος στο φιλί σου και της νιρβάνας τ' όνειρο μπροστά στην αγκαλιά σου!»[193]. Η απάντηση του Κουνάλα στην «ντροπιασμένη αρρώστια»[194]

---

191. «Φιλήμων και Βαύκις» (1895), ό. π., 103. Το διήγημα παίρνει αφορμή από αρχαίο μύθο, που παραλλάσσει με παγανιστική προσδοκία, η οποία μάλλον δεν δικαιώνεται λόγω έλλειψης του αντίστοιχου ύφους.
192. Κ. Παλαμάς, ό. π., 70.
193. Κ. Παλαμάς, ό. π., 70.
194. Ό. π.

είναι η αποχή από τον πειρασμό και η πίστη του στο «λευκό φως»[195] των δικαίων. Τότε η βασίλισσα διατάζει να του βγάλουν τα δυο μάτια και να της τα φέρουν. Η βουδιστική μεγαλοψυχία, που δείχνει ο Κουνάλας στη συνέχεια και η συγχώρεση, που κάνει τα μάτια του να ξαναλάμψουν «με το πρώτο φέγγος τους»[196], δίνουν στο αφήγημα το ιδεαλιστικό τέλος του παραμυθιού, τροπή ασυμβίβαστη με τον αισθητισμό. Κατά τα άλλα, η υπόθεση του διηγήματος είναι μια επανάληψη της ιστορίας της Σαλώμης, θέμα που σταθερά επανέρχεται στα έργα του αισθητισμού[197]· η μορφή της Σαλώμης, συνοψίζοντας τη στερεοτυπική ηδονή της Ανατολής, με την ηθική αναλγησία, έγινε πρότυπο της μοιραίας γυναίκας της παρακμής και προδρομική μορφή στην απανθρωποποίηση της τέχνης. Η λατρεία εκφράζεται με λόγια λαγνείας, που αμέσως μπορεί να μετατραπούν σε λόγια ή πράξεις μίσους, συνιστώντας ένδειξη της ασθένειας που μαστίζει τους πρωταγωνιστές της παρακμής. Ο έρωτας της Σαλώμης καταλήγει στον αποκεφαλισμό του αγνού ερημίτη και η εκδίκηση της μητριάς του Κουνάλα στρέφεται ενάντια στη σταθερή αγνότητά του. Ο πόλεμος αμαρτίας και αρετής υπήρξε βασικό θέμα στην παραγωγή του αισθητισμού· εδώ επαναλαμβάνεται, καθώς η τοπιογραφία του κοσμοπολιτισμού γυρίζει για επανατροφοδότηση προς τη λαγγεμένη Ανατολή.

Τρία ακόμα μικρά πεζά του Παλαμά ανήκουν σε ξεχωριστό θεματικό κύκλο του αισθητισμού, τον κύκλο του Ωραίου και της Τέχνης· είναι τα «Ευφορίων» (1898), «Το σκάψιμο για το άγαλμα» (1900) και «Τα μάρμαρα» (1903). Ο «Ευφορίων» είναι ένας προβληματισμός πάνω στην έννοια του Ωραίου σε συνδυασμό με το Εκλεκτό. Η δημιουργία του Ωραίου είναι το μυστήριο που τελετουργείται μέσα στην απομόνωση και τη μεγαλοπρέπεια ενός πύργου, είναι η γέννηση ενός παιδιού με εκτρωματική εμφάνιση. Ήδη από την αρχή η αντίφαση δείχνει πόσο ανατρεπτικά συλλαμβάνει την ουσία του Ωραίου ο αισθητισμός. Από τη γένεσή του το Ωραίο έχει την απρόσιτη χάρη μιας ιδιαιτερότητας, η οποία συγκεκριμενοποιείται ως ασχήμια. Το καινούριο πλάσμα έρχεται στη ζωή από τα πανάρχαια μυθολογικά βάθη του γάμου μιας ομηρικής πριγκίπισσας με έναν ιππότη από τη σκοτεινή χώρα των Κιμμερίων:

---

195. Ό. π.
196. Ό. π., 73.
197. Έχουμε ήδη μιλήσει, σε πολλά σημεία, για το θέμα αυτό· εδώ περιοριζόμαστε στις Σαλώμες του Wilde και του Καβάφη, καθώς και του Ν. και της Γ. Καζαντζάκη, για τις οποίες θα κάνουμε διεξοδική αναφορά στα σχετικά κεφάλαια. Δεν ξεχνούμε, επίσης, ότι και οι απαιτήσεις που εγείρει στον εραστή της η Αφροδίτη του Pierre Louÿs στο ομώνυμο μυθιστόρημα μοιράζονται πολλά κοινά με το χαρακτήρα της Σαλώμης.

είναι το «υπέρκαλον Αγόρι»[198], που όμως είναι και η πιο ακραία μορφή ασχήμιας, ένας «σάτυρος γυμνός, όμως πνεύμα όλος»[199].

Τα παιχνίδια του αγοριού μέσα στη Φύση, τα «τινάγματα της ορμής» του[200], το ατίθασο τρέξιμό του, τα περίεργα φερσίματα προκαλούν την κοροϊδία των άλλων παιδιών. Καταδιωκόμενος από το χλευασμό ο σάτυρος καταλήγει σ' ένα γκρεμό όπου πέφτει, για να μείνει μόνο ένα στεφάνι από αχτίδες που θ' ανεβεί στον ουρανό. Η τελική δικαίωση έρχεται με τον ύμνο της πλάσης, που ακούγεται όταν ακόμα οι χλευασμοί συνεχίζουν να «πετροβολούν τον ίσκιο του Υπέρκαλου»[201]. Ομορφιά και φως είναι τα συστατικά της ύπαρξης του σατύρου. Το μίγμα είναι αισθησιακό, καθώς ο αφηγητής συμπλέκει στοργικά το στρεβλό με το εύγραμμο. Αυτό σημαίνει έναν τύπο δυσεξήγητης ομορφιάς, η οποία καταξιώνεται μακριά από τις κραυγές του χυδαίου όχλου και μακριά από τα γούστα των πολλών.

Με το θέμα είχε ασχοληθεί ο Goethe στον δεύτερο Φάουστ και είναι σαφές ότι ο Παλαμάς, που συχνά αναφέρει το έργο αυτό, το έχει διαβάσει καλά. Ο γάμος της ομηρικής πριγκίπισσας με τον βόρειο ιππότη, που αναφέρει ο Παλαμάς, παραπέμπει στην ένωση του Φάουστ με την Ελένη, ένωση πίσω από την οποία αναζητήθηκαν συσχετισμοί, τους οποίους αποκαλύπτει ο Παλαμάς μιλώντας για το ελληνοευρωπαϊκό πνεύμα σε κριτική του σχετικά με τον Π. Γιαννόπουλο: «Αδύνατο να μας ξανάρθει της ομορφιάς το θάμα, η Ελένη, παρά με το καινούριο της το ταίρι, από τα μεσαιωνικά τα χρόνια, παρά με τον ξένο, το Φάουστο»[202]. Ο κοσμοπολιτισμός, με τον οποίο ο Παλαμάς δηλώνει την παρουσία του στον αισθητισμό, συμπληρώνεται με τη μεταμόρφωση του παιδιού σε σάτυρο. Στο πρωτότυπο κείμενο του Goethe το παιδί που γεννιέται συγκεντρώνει μόνο προτερήματα ομορφιάς και λάμψης:

> Πετιέται ένα πεντάμορφο αγοράκι [...] ολόχαρο, ολόδροσο και πεταχτό κι ωραίο· χρυσή λύρα κρατούσε στα χέρια σαν το Φοίβο, με χάρη περπατούσε [...] Μα αυτό το φωτοστέφανο τι να 'ναι στο κεφάλι; Να 'ναι χρυσάφι τάχατες ή φέγγος απ' το νου του; Και μαρτυρούσαν όλα

---

198. Κ. Παλαμάς, ό. π., 121.
199. Ό. π.
200. Ό. π.
201. Ό. π., 123.
202. Κ. Παλαμάς, «Λίγα λόγια για τον Περικλή Γιαννόπουλο» (1906), Άπαντα, τ. 6, Αθήνα, Μπίρης, χ. χ. έ., 445-446.

πως τούτο το παιδάκι δάσκαλος θενά γίνει της ομορφιάς
και χάρης, αιώνιας μελωδίας σάρκωση ζωντανή[203].

Ο Παλαμάς βάζει στη θέση του χαρισματικού παιδιού ένα σάτυρο· αυτή η τροπή είναι καίρια και κατατάσσει το πεζό στον αισθητισμό, για τους ακόλουθους λόγους: η επιλογή ενός άσχημου πλάσματος που τοποθετείται στη θέση της κλασικής ομορφιάς ανατρέπει το πρότυπο της αναμενόμενης ομορφιάς και συνάδει με τις προσδοκίες του αισθητισμού για το ιδιόρρυθμα και ασύμμετρα ωραίο· έπειτα, ο σάτυρος περικλείει υπαρκτικά το ατίθασο της ηδονής με την οποία ο ελλαδικός αισθητισμός ζήτησε να αναβαπτίσει τη συμβατική αρχαιολατρεία. Έτσι, ο Παλαμάς μπορεί να υιοθετεί τη συγχώνευση ελληνικής ομορφιάς και ευρωπαϊκού πνεύματος, εισάγει όμως και το ανατρεπτικό στοιχείο του αρχετυπικού παγανισμού. Η μορφή του σατύρου επανέρχεται σταθερά στα κείμενα των Ελλαδιτών αισθητιστών, θα της αφιερώσει όμως και ο ίδιος ο Παλαμάς ένα ανεπτυγμένο πεζό ποίημα, όπου θα εντρυφήσει πάνω στο δίπολο διονυσιακού και απολλώνιου στοιχείου.

Πρόκειται για ένα πεζό, που δημοσιεύει ο Παλαμάς στα 1900 με θέμα πάλι ένα σάτυρο· ο τίτλος του αφηγήματος είναι «Πώς μεταμορφώθηκε ο σάτυρος» και σε γενικές γραμμές μοιάζει με την «Ταϋγέτα» του Σπήλιου Πασαγιάννη, που θα εξετάσουμε σε επόμενο κεφάλαιο. Είναι κείμενο μεσσιανικό, στο βαθμό που δομεί ένα καινούριο ανθρώπινο σύμπαν κατακρεουργώντας το παλιό. Η κοσμογονία συντελείται στην προκειμένη περίπτωση στο εσωτερικό του όντος που ονομάζεται σάτυρος. Το γέννημα που ονομάζεται σάτυρος είναι ένα κακοσχηματισμένο συνονθύλευμα ακολασίας και ασχήμιας. Το σιχαμερό σκεύος της σάρκας, όπου συνωθούνται άτακτα η λαγνεία με το μίασμα της κακίας, θα μετατραπεί σε ακτινοβόλο έκφραση ωραιότητας. Η συνομιλία ανάμεσα στις δύο αντιφατικές καταστάσεις γίνεται με καταλύτη τη φωτιά· ο σάτυρος την αντικρίζει σαν αιθέρια ύπαρξη που θέλει να την κατακτήσει, όμως το φιλί της του καίει το στόμα. Το κάψιμο τον συγκλονίζει στα έγκατα του «είναι» του σαν ένας κραδασμός γνώσης. Η τρικυμία, που ξεσπά μέσα του, τον σπρώχνει να γνωρίσει τον κόσμο και να κατακτήσει τη σοφία. Ψάχνει δασκάλους, συναντά προφήτες και ημίθεους, που σφραγίζουν μέσα του «με εφτασφράγιστα σφραγίσματα ρήματα θεϊκά και απόκρυφα»[204]· επανέρχεται εδώ ο αριθμός εφτά, που δείχνει όχι μόνο προς την κατεύθυνση

---

203. Goethe, Φάουστ, Β΄ (μτφρ. Ι. Παυλάκης), Αθήνα, Αστήρ, 1983, 204-205.
204. Κ. Παλαμάς, ό. π., 178.

της αρετής αλλά και προς την κατεύθυνση της αμαρτίας και σημαδεύει το κορμί με τον αισθητιστικό τρόπο της έκλυσης και της παρακμής. Μαθαίνοντας «όλα του κόσμου τα γραφτά κι όλα του Σύμπαντος τα άγραφτα»[205] διαγράφει μια πορεία που ανακαλεί τον Ζαρατούστρα του Νίτσε ή τον Αβουφέδη του Θεοτόκη, σε συμφραζόμενα αρχαιοελληνικά αυτή τη φορά. Παράλληλα, βλέπουμε το στοιχείο της φωτιάς, που παραπέμπει στο μύθο του Προμηθέα και μέσω της παρακοής του ημίθεου συνδέεται με το προπατορικό αμάρτημα και την περιέργεια της γνώσης, επίσης τόπο αισθητιστικό.

Υπάρχει το διονυσιακό και το απολλώνιο στοιχείο στην πρότερη και την ύστερη φάση της μεταμόρφωσης. Το πριν του σατύρου, με την αγριάδα και το οργιαστικό ξεσήκωμά του, είναι διονυσιακό, ενώ η ισορροπημένη ηρεμία και η λάμψη της ομορφιάς του στο τέλος έχουν κάτι απολλώνιο. Εδώ υπεισέρχεται και το μοτίβο του τεχνίτη, «του Αθηναίου Πλάστη»[206], ο οποίος ζητά να απαθανατίσει την ομορφιά του σατύρου σκαλίζοντάς την πάνω στο μάρμαρο. Απομακρύνοντας με τα λόγια του το σάτυρο από την πεποίθηση της ασχήμιας του τον φέρνει σε επίγνωση του πραγματικού, Ωραίου του εαυτού. Αξίζει εδώ να προσέξουμε τα λόγια με τα οποία ο τεχνίτης συνοψίζει τα στοιχεία αυτής της ωραιότητας:

> Τώρα σα να ορέγουμαι να πλάσω κάτι, όχι λαμπερότερο από το Χρυσοκόμη, κάτι πιο πονετικό, κάτι ευωδιαστό, που να μην το 'χει η λαμπυράδα του. Κάτι πιο διπρόσωπο, και πλουσιότερο από το νόημα που κλει των ταρταρωμένων η βασίλισσα. Ένα νέο Έρωτα ζωντανεμένο με όλων των Πλατώνων τις πνοές από τους κόσμους των αχάλαστων ιδεών. Πλάσμα ηδονικότερο κι από τη Φρύνη. Μια θεότητα που να είναι μια Αφροδίτη όλη από ουρανό. Κ' ένα Ερμή που να πιστέψεις πως φίλησε τη Σφίγγα, κι απόμεινε στα χείλια του μιαν άχνα από το άλαλο και αβασίλευτο χαμόγελο. Κ' ήθελα να πλάσω μια ομορφιά πέρα από τη γαλήνη των αθανάτων, εκείθε κι από των ανθρώπων το παράδαρμα· μια παρθενιά καινούρια συνθεμένη από όλες τις φλόγες, κι από τις σοφίες όλες, απ' όλα

---

205. Ό. π., 178.
206. Κ. Παλαμάς, ό. π., 180.

τα πάθη κι από τ' αναθεματίσματα ψυχής που βρίσκεται σε μιαν άκοπη προσπάθεια να σηκωθεί, να σηκωθεί, ανάερη, ν' ανταμωθεί με το χαμένο της γαμπρό, και δεν το κατορθώνει. Μια παρθενιά και μια ευτυχία και μιαν ανάπαψη καινούρια, σα μια ήπειρο από σεισμούς κοσμοχαλαστάδες. Για τούτο ήρθα σ' εσένα. Γιατί εσύ ωραίος είσαι από την ωραιότη που ονειρεύομαι, ω Σάτυρε![207]

Η ομορφιά που ονειρεύεται να πλάσει ο τεχνίτης είναι πολυσυλλεκτική και αρθρώνει λόγο ύπαρξης και μέσα στον αισθητισμό. Οι φλόγες και τα πάθη πυρακτώνουν μια νέα ήπειρο, την ήπειρο της ομορφιάς· υπάρχει εδώ τόσο το στοιχείο της θεότητας όσο και η σαρκολατρεία. Αυτή η έννοια του Ωραίου μοιράζεται την αίγλη και το σφρίγος της θέασης του Π. Γιαννόπουλου με τις καταραμένες επωδούς του Baudelaire. Η αρχαιολατρεία αποδίδει το Ωραίο με μια ηδονικότητα που θα την ξαναδούμε στον Γιαννόπουλο. Η συλλογή εμπειριών –αντιφατικών μάλιστα– στη διαμόρφωση του ονειρεμένου προσώπου έχει, επίσης, κάτι από τον κοσμοπολιτισμό του Καβάφη ή τον υπαρκτικό δυισμό του Baudelaire: η ομορφιά που αντλεί από σύμβολα ηδονής, όπως η Φρύνη, ομορφιάς, όπως η Αφροδίτη, και μοιραίων ερωτηματικών, όπως η Σφίγγα, συνδυάζει τη λάμψη με το σκοτάδι σε μια διπροσωπία. Σ' αυτό το πλάσμα υπάρχουν το θετικό και το αρνητικό, το θείο και το ανθρώπινο, η θέση και η άρση, ο άνδρας και η γυναίκα, καθώς μάλιστα η ανάταση προς τη λύτρωση τερατουργείται σαν προσδοκία ένωσης του αρσενικού με το θηλυκό ή της ψυχής με το χαμένο της ταίρι. Θυμόμαστε εδώ βιβλικούς τόνους από το *Άσμα Ασμάτων* αλλά και σκηνές από τον Καβάφη, τον Καζαντζάκη αλλά και τον ίδιο τον Παλαμά, όπου παρουσιάζεται ο καλλιτέχνης την ώρα της δημιουργίας του. Ο προβληματισμός γύρω από το Ωραίο και τη συμβολή της τέχνης στην ανάδειξή του φέρνει το πεζό στον κύκλο του αισθητισμού. Οι αισθητιστές αρέσκονται να καταγράφουν την εργασία του καλλιτέχνη ακριβώς πάνω στην ώρα της δημιουργίας, γιατί έτσι μπορούν να εστιάσουν την προσοχή σε λεπτομέρειες του έργου τέχνης εν τω γίγνεσθαι.

Επίσης αρέσκονται γενικά στην περιγραφή έργων τέχνης, πράγμα που βλέπουμε και στο παλαμικό πεζό «Το σκάψιμο για το άγαλμα»

---

207. Ό.π., 181.

(1900). Ο αρχαιολόγος που πρωταγωνιστεί σ' αυτό το πεζό έχει τον πόθο να σκάψει, για να βρει το «ναό της Μητέρας» όπου βρίσκεται το «άγαλμα το μέγα»[208]. Ο αισθητισμός στο αφήγημα αυτό εντοπίζεται στην αρχαιολατρική περιγραφή του αγάλματος:

> Και ήταν η Μητέρα, η θεά των θεών. Και καβαλίκευε λιοντάρι τόσο άγριο, όσο γαλήνια δείχνοταν εκείνη. Όμως ποτέ τρικυμία δεν ήτανε τόσο φοβερή σαν τη γαλήνη της. Και ήταν πύργος το στεφάνι της και στον πέπλο της απλωμένα συνταιριάζονταν ο ουρανός και η γη και η θάλασσα. Και λαός νύχτα και μέρα θαλασσόδαρτος από τα τετραπέρατα σκόρπιζε στερεάς και πελάου τ' αγαθά, έφερνε τάματα στα πόδια της θεάς, από τους θησαυρούς των θησαυρών. Εδώ ήταν ο ναός κυκλώπεια θέμελα, σεβάσμια χαλάσματα. Κι ο αρχαίος κοσμογυριστής με τραβούσε να σκάψω[209].

Στον Νιρβάνα θα δούμε την ίδια εποχή[210] μια πορεία από τα αρχαία χαλάσματα στην ανύψωση του Ανδρόγυνου, με άλλα λόγια στην ηδονική επιβίωση μιας αρχετυπικής κυριαρχίας. Εδώ η μεγαλοπρέπεια των αγαλμάτινων λειψάνων αναδεικνύει μια πληθωρική γυναικεία μορφή, όπου η μητρότητα γίνεται συνδήλωση της γονιμοποίησης και συγκεντρώνει στα πόδια της τα αγαθά του κόσμου. Το άγαλμα μοιάζει να αποκτά σάρκα μέσα από μακρινές απηχήσεις ηδονής και η κυριαρχία εδραιώνεται με την πανθεϊστική ένωση των στοιχείων της φύσης και των σημείων του ορίζοντα· μια τέτοιου τύπου οικουμενικότητα, πιο ολοκληρωμένη οντολογικά, θα βρούμε στο Θρίαμβο του Ροδοκανάκη (1912).

Η στιγμή της καλλιτεχνικής δημιουργίας αποτυπώνεται και στο παλαμικό πεζό «Τα μάρμαρα» (1903), όπου ο τεχνίτης μεταμορφώνει το ακατέργαστο υλικό σε «πλάσμα βαθυνόητο»[211]. Εδώ ο τεχνίτης παίρνει πράσινο μάρμαρο από την Τήνο, κόκκινο μάρμαρο από τη Μάνη, άσπρο μάρμαρο από την Αθήνα και σκαλίζει πάνω τους «τον τύπο τον υπέρτατο της καλλονής»[212]. Καλεί έπειτα στο εργαστήρι του

---

208. Ό. π., 171.
209. Κ. Παλαμάς, ό. π., 171.
210. Στα πεζά ποιήματα «Μυκήναι-Ακρόπολις-Ολυμπία», που θα εξετάσουμε στο επόμενο κεφάλαιο.
211. Κ. Παλαμάς, ό. π., 164.
212. Ό. π.

τους Τήνιους, τους Μανιάτες και τους Αθηναίους, για να καμαρώσουν το μετουσιωμένο μάρμαρο, όμως αυτοί ανυποψίαστοι δεν αναγνωρίζουν τίποτε και φεύγουν επικρίνοντάς τον για ξεπεσμό και εκφυλισμό, καίρια αισθητιστική αιχμή για τη σύνδεση της παρακμής με μια εκλεκτή ομορφιά, που τεχνουργεί ο καλλιτέχνης μακριά από την κατανόηση των πολλών. Σ' αυτή την ξεχωριστή τέχνη ανατίθεται η πρόκληση μιας μελλοντικής, ίσως, αισθησιακής πρωτοπορίας, αφού το μόνο που μένει στον καλλιτέχνη είναι η ελπίδα ότι κάποιοι μεταγενέστεροι, που μπορεί όμως και να μην έρθουν ποτέ, ίσως γνωρίσουν με τα μάτια και τα χέρια τους «κάποια χέρια που να τεντωθούνε σε μια δέηση θρησκευτική»[213].

Συνοψίζοντας, θα λέγαμε ότι το πέρασμα του Παλαμά από τον αισθητισμό υπήρξε συγκυριακό αλλά τόνισε το ενδιαφέρον, που προκάλεσε στο κέντρο της ελλαδικής λογοτεχνικής ζωής το κίνημα με την εμφάνισή του, ώστε να παρακινήσει πολλούς ετερόκλητους λογοτέχνες να πειραματιστούν με τον καινούριο τρόπο (ύφος και θέματα) γραφής.

---

213. Ό. π., 165.

5. Παύλος Νιρβάνας

Ο Νιρβάνας (1866-1937) κατά το μεγαλύτερο μέρος της δημιουργίας του δεν υπήρξε αισθητιστής· οι πνευματικές ανησυχίες του, όμως, καλλιέργησαν μέσα του τη δεκτικότητα απέναντι σε νέους τρόπους, ανάμεσα στους οποίους και ο αισθητισμός. Στο κεφάλαιο για τον Επισκοπόπουλο διαβάσαμε απόσπασμα από τα *Φιλολογικά απομνημονεύματα* του Νιρβάνα, όπου ομολογεί τις ασκήσεις στις οποίες υπέβαλλε το πνεύμα του μαζί με τον Επισκοπόπουλο τολμώντας παράξενες σκέψεις πέρα από συμβατικούς κώδικες και ηθικές αναστολές. Αυτή η νοοτροπία τον ώθησε να δοκιμάσει στα πρώιμα έργα του αφηγηματικούς τρόπους όπου θα επικρατούσε το ποιητικό ύφος και η ενάργεια της φαντασίας. Πρόκειται για πεζογραφική παραγωγή που εκτείνεται κυρίως από το 1898 μέχρι το 1903, με τον κύριο όγκο της να συγκεντρώνεται στο βιβλίο *Από την Φύσιν και από την Ζωήν* (1898)· ο Α. Σαχίνης εντάσσει όλα τα κείμενα αυτής της περιόδου στο ρεύμα του αισθητισμού[214]. Η ομαδική κατάταξη, που επιχειρεί ο μελετητής, βασίζεται μάλλον στη μορφή του πεζού ποιήματος που έχουν αυτά τα κείμενα· τα θέματά τους, όμως, βρίσκονται κατά κύριο λόγο στο χώρο ενός ρομαντισμού σε αποσύνθεση, που δεν μπορεί να αναλήψει από τους κοινούς τόπους των στάσιμων νερών, της ομίχλης, των αέρινων γυναικών, της σιωπής και των φασμάτων.

Ωστόσο, μέσα σε μια εποχή όπου τα όρια μεταξύ των κινημάτων δεν ήταν σαφή αλλά μορφώνονταν ακόμα, η κριτική συχνά συνέχεε την παραίτηση του αισθητισμού με την υποτονικότητα του ύστερου ρομαντισμού κάτω από την ετικέτα της ωραιολογίας· σ' αυτό το πλαίσιο

---

214. Α. Σαχίνης, *Η πεζογραφία του αισθητισμού*, Αθήνα, Εστία, 1981, 246-283.

εντάσσεται και η άποψη του Ξενόπουλου για τους «αισθητικούς» και τους «στιλίστες»[215], όπου συμπεριλαμβάνει τον Νιρβάνα μαζί με τον Επισκοπόπουλο και τον Π. Γιαννόπουλο. Όσον αφορά τον Νιρβάνα, δίνει στη σκέψη του γενικό και αόριστο χαρακτήρα: «Αυτό το "ύφος" ήταν και το κυριότερο χάρισμα στα λογοτεχνήματα του Νιρβάνα»[216].

Η απόσταση του Νιρβάνα από το ρεαλισμό τονίζεται σε μια βιβλιοκρισία που δημοσιεύθηκε το 1909 στη *Νέα Ζωή* της Αλεξάνδρειας[217], όπου γίνεται λόγος για την «αιώνια Ομορφαλήθεια» του· ωστόσο, η αυτονόμηση της ομορφιάς και η ανακήρυξή της σε απόλυτη αλήθεια σχετίζεται μάλλον με διάφορες θεωρητικές απόψεις, που διατύπωσε σχετικά ο Νιρβάνας, παρά με την πρακτική εφαρμογή τους. Τέλος, μπορούμε να ανατρέξουμε σε μια συγκεχυμένη μαρτυρία του ίδιου αλεξανδρινού περιοδικού (1908), όπου συμπλέκονται ο ιμπρεσιονισμός, ο γαλλικός συμβολισμός, ο ντανουντσιανισμός και ο γλωσσικός ψυχαρισμός, για να χαρακτηρίσουν το ύφος του Νιρβάνα[218]. Πέρα από την επιβεβαίωση της απροσδιοριστίας ρευμάτων και ειδών, η κριτική υπενθυμίζει συχνά ότι ο Νιρβάνας υπήρξε από τους λογοτέχνες που πρωτοστάτησαν στην πρόσληψη του D'Annunzio στην Ελλάδα. Το 1929 γράφει το άρθρο του «Πώς εγνώρισα τον Γκαμπριέλ Ντ' Αννούντζιο» που το περιέλα-

---

215. Γρ. Ξενόπουλος, «Το έργο του Νιρβάνα», *Άπαντα*, τ. 11, Αθήνα, Μπίρης, 1971, 227.
216. Ό. π., 228.
217. Ο κριτικός Μάνος Αρτάκης [=Μάνος Βατάλας] («Π. Νιρβάνα *Το Χελιδόνι*», *Νέα Ζωή* (Αλεξάνδρειας) 5 (1909) 234) σημειώνει ότι μοναδικό ενδιαφέρον της λογοτεχνίας του Νιρβάνα ως εκείνη τη στιγμή ήταν η ομορφιά και όχι η «αλήθεια», δηλαδή ο ρεαλισμός:
> Ζητώντας παντού την ευτυχία συχνά την βλέπει από μακριά μέσα από ένα πέπλο μιας θλίψης απέραντης και τη νοσταλγεί μεθώντας στα μύρα της ηδονής που σκορπίζει. Κι ως τα τώρα ο Νιρβάνας λαχτάρησε περισσότερο την αγκαλιά της Ομορφιάς παρά της Αλήθειας. Μα όταν κάθε τόσο μας δίνει την ευτυχία της απόλαυσής της νιώθουμε πως οι αδελφές αυτές που φαίνονται δύο χωριστές στους κοντόφθαλμους είναι μονάχα μία, η αιώνια Ομορφαλήθεια.

218. Στην ανώνυμη βιβλιοκριτική (*Νέα Ζωή* (Αλεξάνδρειας) 4 (1908) 753) αναφέρονται τα εξής:
> στο παράρτημα της επιθεωρήσεως των Παρισίων, *Roman et Vie*, δημοσιεύθηκαν κατά μετάφραση του Καρόλου Σιμών μερικές εικόνες από τον *Πόλεμον* του κ. Νιρβάνα με την εξής σημείωση:
> Ο Παύλος Νιρβάνας ανήκει, όπως και ο Επισκοπόπουλος, εις τον μικρόν όμιλον των νεο–ελληνιστών, εις τους οποίους επέδρασεν ο ιμπρεσιονισμός του Δαννούντσιο και ο γαλλικός συμβολισμός και οι οποίοι ακολουθούν τον νέον δρόμον που εχάραξεν ο Ψυχάρης..

βε αργότερα στα *Φιλολογικά απομνημονεύματά* του. Εκεί μιλά για εκλεκτική συγγένειά του με τον Ιταλό συγγραφέα, ενώ στο περιοδικό *Παναθήναια* του 1901 δημοσιεύει το πεζό ποίημα «Ία»[219], που το αφιερώνει στον Χρηστομάνο βάζοντας ως προμετωπίδα ιταλικούς στίχους του D'Annunzio· το συγκεκριμένο πεζό ποίημα έχει όλα τα χαρακτηριστικά του ύστερου ρομαντισμού που επισημάναμε παραπάνω, όπως και το πεζό ποίημα «Οι βάρβαροι» (εφ. *Το Άστυ*, 1899) που ο Νιρβάνας αφιέρωσε στον D'Annunzio και την E. Duse με αφορμή την επίσκεψή τους στην Ελλάδα. Βέβαια, αν και υφολογικά αδιάφορο, το κείμενο παρουσιάζει ενδιαφέρον ως προς την επαναφορά του θέματος των παρακμιακών πολιτισμών, με τη νύξη στο θέμα των βαρβάρων (Ιταλών) σε αντίθεση με τους πολιτισμένους (Έλληνες), κάτι, που εδώ αντιστρέφει το γνωστό σολωμικό μοτίβο, όπου ο ίδιος και οι σύγχρονοί του Νεοέλληνες ήταν οι βάρβαροι, στην πολιτισμένη γη της Ιταλίας· στο σημείο αυτό θυμόμαστε τη φράση του Ορατίου για την ηττημένη Ελλάδα που κατέκτησε το Λάτιο με τον πολιτισμό της[220]· θυμόμαστε, επίσης, την παρουσία του θέματος σε Δυτικοευρωπαίους αισθητιστές και στον Καβάφη: η ρωμαϊκή αυτοκρατορία αρχίζει να διαλύεται και περιμένει τους βαρβάρους. Φαίνεται ότι ο νεοελληνικός αισθητισμός θα αναλάβει μέσα στην παρακμή τον ρόλο των βαρβάρων.

Αν στους «Βαρβάρους» του Νιρβάνα δεν φαίνεται το στίγμα του νεοελληνικού αισθητισμού, ο αισθητισμός είναι ωστόσο η θριαμβευτική κατάληξη της τριλογίας «Μυκήναι-Ακρόπολις-Ολυμπία»· αυτός είναι και ο λόγος για τον οποίο η τριλογία, και μαζί ο συγγραφέας της, συμπεριλαμβάνεται στην παρούσα εργασία. Και τα τρία πεζά της τριλογίας ανήκουν στη συλλογή *Από την Φύσιν και από την Ζωήν* και έχουν τη μορφή του πεζού ποιήματος. Ενώ η συλλογή κρατά αρχικά το ύφος ενός ρομαντισμού που έχει πια εκπέσει, αναμορφώνει τελικά τις προσδοκίες με το να εγείρει μέσα από τον Ανδρόγυνο μια καινούρια αισθητική αναγέννησης.

Και τα τρία κείμενα έχουν προέλευση από το είδος των ταξιδιωτικών εντυπώσεων· ο λυρικός τρόπος, όμως, με τον οποίο εκφέρονται, τα κατατάσσει στην κατηγορία του πεζού ποιήματος. Και στα τρία η

---

219. *Παναθήναια* 1 (1900-1901) 384-385.
220. Στις Επιστολές του Ορατίου (Hor. Epist. 2.1.156) διαβάζουμε:
Graecia capta herum victorem cepit et artis intulit agresti Latio
(Η κατακτημένη Ελλάδα κατέκτησε το δεσπότη νικητή και με τις τέχνες υπέταξε το αγροτικό Λάτιο).

περιδιάβαση στους αντίστοιχους αρχαιολογικούς χώρους σκορπά την αύρα μιας γυναίκας, της Μιράντας (ίσως, εδώ, πηγή να είναι η αντίστοιχη σαιξπηρική αιθέρια ηρωίδα). Ουσιαστικά πρόκειται για έναν ύμνο στη γυναίκα αυτή, η οποία υπονοείται μέσα από την επιβίωση της αρχαιότητας, καθιστώντας την τριλογία ένα ερωτικό μέλος που τραγουδιέται σε τρεις φάσεις.

Η ερωτική τριλογία του Νιρβάνα θα μπορούσε να παραπέμπει στο *Άσμα Ασμάτων* του Επισκοπόπουλου· η βασικότερη διαφορά είναι ότι στο ερωτικό τραγούδι του Επισκοπόπουλου υπάρχει ο αισθησιακός λυρισμός που εκφέρει την αισθητιστική άποψη του πόθου και δεν εξαιρεί τη δυσοίωνη όψη της γυναίκας. Στο «Μυκήναι-Ακρόπολις-Ολυμπία», από την άλλη, θα δούμε τον έρωτα να αρθρώνεται μέσα από ερείπια, παγερές δύσεις ηλίου και μακάβριους στοχασμούς, μοτίβα που θα μπορούσαν να ανήκουν εξίσου στην προρομαντική και τη ρομαντική σφαίρα της ελεγείας, των κοιμητηρίων, της μελαγχολίας που εγείρει το σούρουπο και νυχτερινών σκέψεων τρόμου· υπάρχουν εδώ ενθυμήσεις από το *Night Thoughts* του Young (1742) ή από το *Elegy written in a Country ChurchYard* του Gray (1742-1751).

Στις «Μυκήνες» ο μύθος των Ατρειδών διεκτραγωδείται ως ιστορία αγάπης ενός άντρα προς μια γυναίκα· ο ομιλητής απευθύνεται παντού στην Μιράντα σε δεύτερο πρόσωπο και με επιφωνήματα θαυμασμού ξυπνάει μια γυναίκα και τη δική του αρχαία Ελλάδα από τα ίδια χώματα:

> Από την λαγνείαν των ενταφίων χωμάτων υψώθης ως βλάστημα προαιωνίων κυττάρων. Και ανεμύζησες από την γην τον ιχώρα των βασιλικών σωμάτων και οι ωραίοι χυμοί της ζωής εξύπνησαν πάλιν από τον βαθύτατον ύπνον μέσα εις το παρθενικόν ρεύμα των φλεβών σου. Από την λαγνείαν των ενταφίων χωμάτων υψώθης μέσα εις τον σκοτεινόν αέρα, τον κορεσμένον από την αναπνοήν του θανάτου, και τα όνειρα του αιωνίου ύπνου, όλαι αι νοσταλγίαι της ζωής και τ' ανατριχιάσματα των πόθων εφίλησαν με τ' αέρινα πτερά των την δροσιάν των πετάλων σου. Ω φαρμακευμένε κρίνε, μέσα εις το μοιρολόγι των ασφοδέλων εστεφάνωσες την θλίψιν της νεότητός μου[221].

---
221. Π. Νιρβάνας, *Άπαντα* (επιμ. Γ. Βαλέτας), τ. 2, Αθήνα, Γιοβάνης, 1968, 11.

Αισθητισμός. Η νεοελληνική εκδοχή του κινήματος

Το υποβλητικό βασίλειο των Ατρειδών σκεπάζει κάτω από την αιγίδα του θανάτου και αυτόν τον έρωτα. Ο ομιλητής τριγυρίζει τη μορφή της αγαπημένης του σε διάφορες τοποθεσίες της αρχαίας πόλης· την βλέπει σαν εξωτικό αλλά και φαρμακερό κρίνο κάτω από την πύλη, όπου ο «θρήνος της σκιάς» σμίγει με τα φιλιά που δίνουν οι «νυχτερίδες του θανάτου»²²²· ήδη ο βηματισμός έχει αρχίσει να κατευθύνεται προς το κέντρο του αισθητισμού. Μέσα απ' τις «χρυσές προσωπίδες, η λάμψις των κτερισμάτων» ακτινοβολεί το «θρίαμβο της ζωής»²²³ της· είναι ενδιαφέρον ότι οι πρώιμες αρχαιολογικές ανακαλύψεις των ενταφίων προσωπίδων είχαν τόσο μακρά παρουσία στη νεοελληνική ποίηση ως τον «Βασιλιά της Ασίνης» του Σεφέρη. Η υποβλητική σιωπή επιτρέπει στην ηδονή να μιλά τη γλώσσα μιας αρχαίας χορικής λαγνείας, όπου εμπλέκονται γυναίκες με πέπλα, χρυσάφια και ήρωες με τις ασπίδες και το αίμα τους.

Υπάρχει μια ατμόσφαιρα αρχαίας τραγωδίας, όπου η ομορφιά της ποθητής γυναίκας ζωοποιείται ως καλλιτεχνική αξία. Έχουμε δει τη γυναίκα να βγαίνει από τα χώματα που πότισε ο βασιλικός ιχώρ σαν εξωτικό λουλούδι· το λουλούδι αυτό μπορεί να φωσφορίζει μέσα στη νύχτα με πόθους που έρχονται από τους αρχαίους γυναικωνίτες ή αντανακλούν σε χρυσές ασπίδες· μπορεί να γίνεται χέρι ή σώμα, που η ακτίνα του ηλίου το λιώνει μέσα στο φως, μπορεί να είναι το κόκαλο ενός σκελετού που το αγκαλιάζουν βραχιόλια παραπέμποντας ίσως και στον πίνακα του Βέλγου ζωγράφου Felicien Ropps²²⁴ όπου ο χάρος-σκελετός χορεύει ντυμένος με στολή μπαλαρίνας.

Η λευκή σάρκα μπορεί να γίνει στάχτη που γκρεμίζεται μέσα στη φορά των ερειπίων, όπως και τα «αυτοκρατορικά λέκτρα του θανάτου»²²⁵ μπορούν να κλείσουν μέσα τους την αναμμένη ηδονή. Τα «προαιώνια κύτταρα»²²⁶ που ξαναζούν μέσα στη γυναίκα, οι χυμοί που περνούν μέσα από το αίμα της, η πυκνή από ηδονές ατμόσφαιρα όπου περνά ο σκοτεινός αέρας μαζί με την αναπνοή του θανάτου και τα όνειρα του αιωνίου ύπνου, είναι μοτίβα, που μαζί με το μοτίβο της γυναίκας-λουλούδι, παραπέμπουν καταρχήν στον Καζαντζάκη και κατόπιν στους υπόλοιπους εκπροσώπους του αισθητισμού. Ο αισθη-

---

222. Ό. π.
223. Ό. π.
224. Με τον οποίο ο Νιρβάνας φαίνεται να έχει κάποια ιδιαίτερη σχέση, αφού του αφιερώνει κεφάλαιο στα *Φιλολογικά Απομνημονεύματά* του.
225. Π. Νιρβάνας, ό. π., 12.
226. Ό. π., 11.

σιασμός συνυπάρχει με τη φρίκη και το θάνατο. Η φράση για «την ψυχή των κοκάλων τα οποία έπλεξαν τους εναγκαλισμούς του έρωτος»[227] και η «λαγνεία των σκελετών κάτω από το χώμα»[228] θυμίζουν τους αγκαλιασμένους σκελετούς που συναντούμε στο Όφις και κρίνο του Καζαντζάκη και στον «Ερωτικό Εσπερινό» του Ροδοκανάκη, που θα μελετήσουμε σε επόμενα κεφάλαια. Από τον Νιρβάνα απουσιάζει η ωμότητα και το λαϊκό θρησκευτικό στοιχείο που βρίσκουμε στους μεσαιωνικούς χορούς των σκελετών (dances macabres), όταν ακόμη και το μακάβριο του ρομαντισμού ξεπερνιέται προς τη διαστροφή με την παρέμβαση του αισθησιασμού.

Το δεύτερο πεζό ποίημα της τριλογίας, η «Ακρόπολις», είναι λιγότερο σφιχτοδεμένο ως κείμενο. Η συνοχή των λέξεων χαλαρώνει, όπως και η μορφή της Μιράντας, η οποία βουλιάζει μέσα στα «πεθαμένα νερά της Σαλαμίνος, επάνω εις τα πεθαμένα αγριολούλουδα»[229]. Το κείμενο καλύπτεται από μια εικόνα ηλιοβασιλέματος με ωχρότητα διάχυτη πάνω στα μάρμαρα του Παρθενώνα, καθώς «το φως λιγοθυμά και μαδούν, μαδούν οι μενεξέδες της δύσεως»[230]. Η λευκότητα εξαπλώνεται και πάνω στην Μιράντα· ο ψυχρός αέρας αρχίζει να φυσά και πάνω στην ωραιότητά της. Η πορεία προς το βράδυ είναι και πορεία της ομορφιάς που φθίνει. Τα παραπάνω μοτίβα συνιστούν εκφορές ρομαντισμού· τα αναφέρουμε, όμως, για να καταδειχθεί κατόπιν καλύτερα η ανατροπή τους μέσω μοτίβων του αισθητισμού.

Οι μόνοι ζωηροί τόνοι βγαίνουν στο πεζό αυτό από επιτόπιες αναφορές στην αττική γη. Θα δούμε στο Όφις και κρίνο τον αφηγητή να περπατά πάνω στα αττικά εδάφη, στα βήματα μιας αρχαίας πομπής Παναθηναίων, γνωρίζοντας στον αναγνώστη τη μορφή της αγαπημένης του μέσα από τις μυστικές γωνιές της αττικής γης. Το ίδιο κάνει εδώ και ο ομιλητής του Νιρβάνα· ακολουθεί τη βοή των Παναθηναίων στην αγορά του Κεραμεικού, στον Άρειο Πάγο, στα μυθικά όντα της Έχιδνας και του Τυφώνος πάνω στο ένδοξο κράνος της Παλλάδας, την οποία δοξάζει. Κοντά στο Ερεχθείο η αγαπημένη του γίνεται «πλάσμα του αττικού αιθέρος», κάνει όμως και μια κοσμοπολίτικη στροφή ως «λευκόν άνθος του Νείλου»[231].

---

227. Ό. π., 12.
228. Ό. π., 14.
229. Ό. π.
230. Π. Νιρβάνας, ό. π., 14.
231. Ό. π., 15.

Η αδυναμία, που προσδιορίζει το ύφος του δεύτερου πεζού ποιήματος, αίρεται στο τρίτο, την «Ολυμπία». Κάθε πτυχή της ερωτικής σύζευξης του άντρα με τη γυναίκα χτίζει τη λάμψη και το σφρίγος ενός νεανικού κορμιού, του Βάθυλλου. Μέσα από τις μυστικές ενώσεις της ουσίας των δύο σωμάτων αναδεικνύεται το Ωραίο, ανοίγοντας «θριαμβευτικόν υπό τον ήλιον το άνθος το ιερόν της ήβης»[232]. Τα βλέμματα και οι πόθοι της γυναίκας πλάθουν τα «κρίνα του μετώπου» της νέας μορφής, ενώ η «δύναμη της οργής» του άντρα θρέφει τους «μυώνες της ανδρείας του»[233].

Ως αυτουργός αυτής της καλλιτεχνικής δημιουργίας αναφέρεται ο Πραξιτέλης, κάτι που θα δούμε και στον Καζαντζάκη. Η αίσθηση της ομορφιάς ξεπερνά τα όρια του αγάλματος και αποκτά πιο σάρκινο περιεχόμενο: «αι μέλισσαι της αγάπης απέθεσαν εις τα χείλη του το μοσχοβολισμένον μέλι των πρώτων μας ασπασμών. Και η χρυσή πεταλούδα της νεότητάς μας τρομασμένη από τα χιόνια της ζωής επέταξε και εστάθη επάνω εις το λευκότατον άνθος των στέρνων του»[234]. Επανέρχεται η αισθητιστική εικόνα του τεχνίτη που δουλεύει με προσήλωση πάνω στο δημιούργημά του. Απαραίτητο συμπλήρωμα αισθητισμού σ' αυτή την ώρα του θριάμβου είναι μια αμφισβήτηση μπωντλαιρικής υφής, όπου ανάμεσα στις επιθυμίες και τα ηδονικά χάδια των μαλλιών, γίνεται λόγος για «δηλητήρια της σκέψεως [...] που φυτρώνουν νέα χρυσόλευκα πτερά στις κάμπιες της ζωής»[235].

Ο Βάθυλλος, ως νέο πλάσμα που δημιουργείται από τον άντρα και τη γυναίκα, ενσαρκώνει τον Ανδρόγυνο, την τελείωση του ανθρώπου. Στην αρχαία ελληνική μυθολογία και στο *Συμπόσιον* του Πλάτωνα το πρώτο ανθρώπινο πλάσμα, έστω και μέσω της σατιρικής διαμεσολάβησης του διαλεγόμενου Αριστοφάνη, ήταν ο Ανδρόγυνος, ο οποίος συγκέντρωνε αρχικά όλα τα χαρακτηριστικά του ανθρώπου στην τέλεια μορφή τους. Μετά σχίστηκε σε δύο κομμάτια, τον άντρα και τη γυναίκα, που έμειναν ατελή ως όντα και με την ένωσή τους γυρεύουν να βρουν αυτή την αρχική τελειότητα. Το μοτίβο του Ανδρόγυνου, που υπήρξε από τα αγαπημένα θέματα του αισθητισμού, όπως αναφέραμε σε προηγούμενο κεφάλαιο, το βλέπουμε και στους Νεοέλληνες αισθητιστές. Στους Ευρωπαίους αισθητιστές, όπως για παράδειγμα

---

232. Ό. π., 17.
233. Ό. π., 16.
234. Π. Νιρβάνας, ό. π., 16.
235. Ό. π., 17.

στον Beardsley, έχει μια παιγνιώδη χροιά και εμφανίζεται πάντα μέσα σε συμφραζόμενα εκκεντρικότητας και εκλεπτυσμένης διαστροφής, που θυμίζει, αργότερα, ανάλογα χιουμοριστικά παίγνια των Ευρωπαίων fantaisistes. Στους Νεοέλληνες αισθητιστές η μορφή του Ανδρόγυνου σηκώνεται μέσα από τα χώματα ως θριαμβική επάνοδος της αρχαιοελληνικής ηδονής· κάτι αντίστοιχο θα γίνει αργότερα στον Α. Εμπειρίκο με οικουμενικές μορφές ζωικού ανδρογυνισμού. Τη σύνδεση με το αρχαιοελληνικό στοιχείο επιχειρεί εδώ και ο Νιρβάνας, για τον οποίο ο Βάθυλλος αντιπροσωπεύει την πορεία του ήλιου από τα αρκαδικά βουνά ως τους ποταμούς Κλάδεο και Αλφειό, και τον οποίο ραίνει με φύλλα ελιάς σε υπενθύμιση της αιωνιότητας και της «χρυσελεφάντινης Νίκης»[236]. Άλλωστε στο «Ακρόπολις», ο Νιρβάνας είχε εκθειάσει με κραυγές θριάμβου τον Ανδρόγυνο, προβάλλοντας πάνω του καίρια σύμβολα της αρχαίας Ελλάδας: «Δόξα σοι, δόξα, ω Ανδρόγυνε, ω κόρη της Σκέψεως, ω Υγεία και ω Νίκη και ω Σώτειρα και ω Σάλπιγξ. Από την λάμψιν της γυμνότητός σου τυφλώνονται οι Τειρεσίαι και από την δύναμίν σου κυλά η Αίτνα επάνω εις τον Εγκέλαδον. Δόξα σοι, δόξα!»[237]

Μια παραλλαγή πολύ πιο ώριμη και ισχυρή εκφραστικά συνιστά ο αρωματισμένος θάνατος που βρίσκουμε στο διήγημα του Νιρβάνα «Οι κακές μυροφόρες» (1902). Η υπόθεση του διηγήματος διαπλέκεται πάντως μέσα από ηθογραφικές ρεαλιστικές παραμέτρους. Ένας πραγματικός καθημερινός κόσμος ζει την κοινότυπη ζωή του γύρω από την αξιοπερίεργη ιδιαιτερότητα ενός ανθρώπου.

Η αρρώστια του τελευταίου, η λέπρα, τρομαχτική από το φόβο της μεταδοτικότητας, υποβάλλεται μέσα από τους μυστικούς ψιθύρους των ανθρώπων. Όσο ασυνήθιστη όμως είναι η απομόνωση του λεπρού, τόσο ασυνήθιστη είναι και η δικαίωσή του μετά θάνατον. Ενώ εσωτερικά το σπίτι του λεπρού πνίγεται από την αρρώστια, εξωτερικά πνίγεται από τριαντάφυλλα. Στο τέλος, έτσι όπως ανοίγει η πόρτα του σπιτιού, για να βγάλουν έξω τον νεκρό, οι δυο οσμές ενώνονται και η μια κατασταλάζει μέσα στην άλλη.

Ένα περίεργο άρωμα βγαίνει από το αλλόκοτο μίγμα, το άρωμα της αρρώστιας που ευωδιάζει, της ευωδιάς που λερώνεται. Μέσα σ' όλα ανασαίνει η ηδονή. Άρρωστη, νεκρή, αρωματισμένη, ρυπαρή, όλοι μαζί οι προσδιορισμοί συγκροτούν την ηδονή του αισθητισμού, τη λα-

---
236. Π. Νιρβάνας, ό. π., 18.
237. Ό. π., 15.

τρεία του για την ομορφιά και τη νοσηρότητα συνάμα. Βαριές ευωδιές, που κλείνουν μέσα στην καρδιά του έργου την αποπνικτική τους αναθυμίαση, πληρούν την αίσθηση του αναγνώστη με ανάμικτη γεύση απέχθειας κι ευχαρίστησης.

Εδώ ο πρωταγωνιστής, που είναι λεπρός, βγαίνει στο φως μόνο μετά το θάνατό του. Πέρα, λοιπόν, από τον ηθογραφικό χαρακτήρα του, το διήγημα έχει κάτι το νοσηρό, καθώς και μια μυστικοπάθεια, που εντοπίζεται στους ψιθύρους των χωρικών για το τέρας της φύσης. Το τερατούργημα –μιλώντας πάντα με οντολογικούς όρους– μπαίνει στο κέντρο μιας ολόκληρης αποκρυφολογίας, όταν τα βράδια το ακούν να μιλά ερωτικά σε κάποιον – σε μια γυναίκα, συμπεραίνουν αυτοί, στη σελήνη, γνωρίζει ο αναγνώστης.

Ο αισθητισμός υπεισέρχεται, όταν η κρυψίνοια της αρχής γίνεται μυστικισμός μέσω του αισθησιασμού. Και ο αισθησιασμός ως κινητοποίηση των αισθήσεων έρχεται μαζί με μια ευωδιά από τριαντάφυλλα που ξεχύνεται την ώρα της κηδείας. Εκεί ο αισθησιασμός μεταφράζεται ως ηδονή: η μυρωδιά, που αναδίδουν τα τριαντάφυλλα του κήπου μια μέρα θανάτου, καθώς αναρριχάται και πλακώνει μεθυστικά όλο το σπίτι, αναμιγνύεται με την αρρώστια σε μια αναθυμίαση τυπικά παρακμιακή. Η στιγμή, κατά την οποία σηκώνουν το νεκρό, αποτελεί, επίσης, κορύφωση της αισθησιακής τέρψης, όταν η ζάλη από την ανάσα του σπιτιού, την «πηχτή και μολεμένη» –όπως θα πει ο Καζαντζάκης για την κάμαρα της Νόρας– φτάνει στα όρια της ευδαιμονίας.

Κλείνοντας το μικρό αυτό κεφάλαιο επισημαίνουμε ότι ο Νιρβάνας συνέβαλε στη λογοτεχνία του αισθητισμού μόνο με θραύσματα. Σε κατοπινά του έργα, όπως το θεατρικό *Ο Αρχιτέκτονας Μάρθας* (1906-1907) και το μυθιστόρημα *Το Αγριολούλουδο* (1924), φορείς αισθητιστικών απόψεων θα γίνουν τα πρόσωπα των έργων, μια πτυχή που δεν θα μας απασχολήσει εδώ, επειδή αφορά τη θεατρική του δημιουργία. Επίσης, αν λάβουμε υπόψη ότι ο Nietzsche έπαιξε βασικό ρόλο στη διαμόρφωση του νεοελληνικού αισθητισμού, τότε η πραγματική συμβολή του Νιρβάνα στο κίνημα ήταν η εισαγωγή της νιτσεϊκής φιλοσοφίας στην Ελλάδα με μεταφράσεις, που ξεκινούν από το περιοδικό *Η Τέχνη* του Κ. Χατζόπουλου (1898-1899) και συνεχίζονται περισσότερες και πιο διευρυμένες στο δημοτικιστικό περιοδικό *Ο Νουμάς* (1905-1909).

6. Σπήλιος Πασαγιάννης

Ο Σπ. Πασαγιάννης (1874-1909) είναι κυρίως γνωστός για τα ηθογραφικά πεζά και θεατρικά του· έτσι, η συνεισφορά του στο κίνημα του αισθητισμού μένει κατά μεγάλο μέρος δυσδιάκριτη[238]. Ακόμη και όταν του αναγνωρίζεται αισθητιστική ταυτότητα, αυτή εντοπίζεται σε πεζά ποιήματα όπως τα «Αχτιδόλογα»[239], που παραπέμπουν ηχητικά στις *Αντιφεγγίδες* του Θεοτόκη, ή η «Μαρμαρωμένη πολιτεία»[240]· στην ουσία πρόκειται για κείμενα που κινούνται στο χώρο ενός εξασθενημένου ρομαντισμού όπου πλεονάζουν κοινοί τόποι, όπως οι χλωμές αχτίδες φεγγαριού και αστεριών, τα ρεύματα από μύρα όπου λούζεται η ψυχή, τα λουλούδια και οι πόθοι που χάνονται μέσα στη λευκότητα, οι πα-

---

238. Ο Βαλέτας (Σπ. Πασαγιάννης, *Άπαντα* (επιμ. Γ. Βαλέτας), Αθήνα, Πηγή, 1965, 39) μιλώντας για τον Σπήλιο Πασαγιάννη τον χαρακτηρίζει ως «εισηγητή και έναν από τους καλύτερους διαμορφωτές της λυρικής πρόζας στη λογοτεχνία μας» συμπληρώνοντας στη συνέχεια πως «η νουβέλα, το αφηγηματικό διήγημα, το διαλογικό διήγημα που ο Πασαγιάννης το ονομάζει "Κουβέντες" και το πεζοτράγουδο, στην ουσία τους [...] συγκλίνουν στη λυρική πρόζα» (ό. π., 43-44). Πρέπει να επισημάνουμε πως στις «λυρικές πρόζες» του Πασαγιάννη εντάσσονται και κείμενα που δεν ανήκουν στον αισθητισμό. Ο Βαλέτας θεωρεί το «πεζοτράγουδο» ως υποκατηγορία της λυρικής πρόζας, θα μπορούσε όμως κατά κάποιο τρόπο να θεωρηθεί ότι η λυρική πρόζα βρίσκεται στον αντίποδα του πεζού ποιήματος, επειδή εμφαίνει τον πεζολογικό χαρακτήρα της γραφής κρατώντας το λυρισμό σε δεύτερο επίπεδο. Η άποψη του Καραντώνη (Α. Καραντώνης, «Σπήλιος Πασαγιάννης», *Ελληνική Δημιουργία* 8 (1951) 338-341), που θέλει τον Πασαγιάννη να μοιράζεται ανάμεσα στα είδη του λόγου χωρίς να τα έχει διαχωρίσει μέσα του, μας βρίσκει πιο σύμφωνους ως προς το ότι αποδέχεται την παράλληλη παρουσία ποίησης και πρόζας στην ίδια λογοτεχνική παραγωγή.
239. *Αι Μούσαι* (Ζακύνθου) 2 (1894) 189-190.
240. *Ίρις των Αθηνών* 14 (1899) 112–113.

ραδείσιοι κήποι, οι αγγελικές αρμονίες, οι απαλές σάρκες που εξαερώνονται και οι τριανταφυλλένιες αναπνοές χειλιών. Η υπερευαισθησία εδώ καθηλώνεται σε στάσιμη ρομαντική εκδοχή, καθώς αποδεικνύεται αδύναμη να περάσει στη σφαίρα του τεχνητού και, επομένως, να κατακυρωθεί στον αισθητισμό.

Την ίδια ατμόσφαιρα συναντούμε σε παρόμοια κείμενα, παραμύθια κυρίως, που δημοσίευσε ο Κώστας Πασαγιάννης, αδελφός του Σπήλιου· αναφέρουμε ενδεικτικά το πεζό ποίημα «Δόξα στη δειλινόχαρη» (περ. *Παναθήναια*, 1911), επειδή πραγματεύεται το μοτίβο των μαλλιών που είδαμε και στον Επισκοπόπουλο. Μπορούμε να δούμε εδώ τη διαφορά ανάμεσα στην αμφίθυμη πραγμάτευση του Επισκοπόπουλου –ενός αισθητιστή που δουλεύει το θέμα του στο μεταίχμιο αισθησιακού και απεχθούς– και τη ρομαντική αισθηματολογία του Κ. Πασαγιάννη, όπου τριανταφυλλένιες ανατριχίλες και λιγωμένα φιλιά σμίγουν με αραχνοϋφαντα διάφανα νεφελώματα και με τη βραδινή πάχνη, για να αποδώσουν αισθήματα αγαλλίασης.

Στον Σπ. Πασαγιάννη, όμως, υπάρχουν κείμενα όπου τα στερεότυπα του ρομαντισμού έχουν αναιρεθεί και ο συγγραφέας παρουσιάζει στοιχεία αισθητιστικής γραφής· τέτοια κείμενα είναι τα: «Άρρωστοι ανθοί», «Λαλιά», «Μέτωπα» και «Ταϋγέτα», όπου η βακχική ηδονή καθιστά γόνιμο το διάλογο μεταξύ της αρχέγονης ερωτικής λειτουργίας και της ελληνικής αισθαντικότητας.

Ξεκινούμε από το ιδιόρρυθμο, για την εποχή του, διήγημα «Άρρωστοι Ανθοί» (1899)[241]: Ένα σπίτι απομακρυσμένο από τα μάτια του κόσμου μαραζώνει μέσα στην εγκατάλειψη, όπως μαραζώνουν και οι ένοικοί του, δύο μοναχικές αδελφές. Η υπηρέτρια που φροντίζει αυτές και το σπίτι, η Ανθούλα, είναι ερωτευμένη με τον «Σάτυρο του χωριού». Τη νύχτα, το ιδιωτικό γλέντι που σχεδιάζει η Ανθούλα με τον Σάτυρο επεκτείνεται και μέσα στο σπίτι, σβήνοντας τη στέρηση μέσα σε μια νύχτα ευωχίας και ηδονής για όλους.

Η πρώτη παράγραφος είναι μια εξωτερική περιγραφή του σπιτιού με τη φύση που το περιστοιχίζει σε στιγμές αποσύνθεσης και θλίψης, με δυο παγώνια να κυκλοφορούν και με την πρώτη νύξη του μυστικού που φυλάσσει αυτός ο θύλακας: «έκρυβε κάποια ψυχή άγνωστη και

---

241. Πρωτοδημοσιεύτηκε στο περιοδικό *Αττική Ίρις* 2, 21-22 (1899) 167-168 με το ψευδώνυμο Δάφνης Μενάλκας· η ποιμενική προέλευση και σημασία του ψευδωνύμου (Θεόκριτος, Λόγγος κ. ε.) δεν είναι άσχετη με βουκολικά πρότυπα που λειτούργησαν μέσα στην παραγωγή του Πασαγιάννη.

κάποιο μυστικό αμάντευτης ζωής»[242]. Μια γενική περιήγηση του κήπου τοποθετεί χρονικά το αφήγημα στην αρχή του φθινοπώρου:

> Ήταν στον ερχομό του το χινόπωρο και ο κήπος είχε πολλά θανατικά και στρώνονταν τα πρώτα σάβανα των φύλλων στο υγρό χώμα. Κάποια σειρά από τριανταφυλλιές έπαιρνε τα πρώτα μοιρολόγια. Το θλιβερό κλάμα μυστικά χυνόταν απ' τα ρόδα που επεθαίναν. Τα δυο κυπαρίσσια κάτι θλιμμένα λόγια κρυφομιλούσαν. Γαζίες ήταν, μα δεν ξέρω, αν έπρεπε να 'χουν λουλούδια, και δεν ξέρω αν το σύμβολό τους ήταν και καλόβολο. Ωστόσο οι κρίνοι εκεί ποτέ δεν ανθούσαν. Ιτιές να πεις άφθονες κάτω από τα παράθυρα και κοντά στη βρύση του κήπου, άφηναν τα μαλλιά τους ξέπλεχα να κρέμουνται και θλιβερά σαν σε κοπετό να σαλεύουν. Δυο παγώνια ζούσαν εκεί και τα μεσημέρια ξάπλωναν υπερήφανα τις ουρές τους πολυπλούμιστες και χρυσοπράσινες να ανατριχιάζουν και τα δειλινά άφηναν στριγγιές ακούσιες κραυγές να ταράζουν τα περίγυρα[243].

Θλιβερή κατάντια κυκλώνει από παντού το σπίτι, με το μαράζωμα των ρόδων, με κλάματα, δυστυχισμένες κουβέντες, σάβανα από φύλλα, νεκρικές απολήξεις κρίνων και, παράλληλα, με το δυσάρεστο θράσεμα άλλων λουλουδιών και δέντρων (ιτιών). Ενώ φαίνεται να σκορπίζεται τριγύρω ένας ψίθυρος αρρώστιας, η παράταση των απαισιόδοξων σημαδιών δείχνει πια ότι πρόκειται για κάτι περισσότερο από την επίδραση του φθινοπώρου. Επιπλέον έρχεται να προστεθεί το συμπλήρωμα των παγωνιών· γίνεται ήδη αντιληπτή η πνοή του αισθητισμού, με το εξωτικό και περίπλοκο στην ομορφιά να συνυπάρχει με το απεχθές και εμφατικό του κακού, που πλανιέται στην ατμόσφαιρα.

Αν η υπερβολή της μελαγχολίας είχε αρχίσει να στρέφει το κείμενο προς έναν ύστερο ή αποτυχημένο ρομαντισμό, με κενολογίες και μελοδραματισμούς, το περίεργο εύρημα του παγωνιού διασώζει το ύφος από τους γλυκερούς τόνους. Η υπέρβαση της εύκολης θλίψης ενέχει μια επιφύλαξη, που αναμένεται να αξιοποιηθεί αργότερα.

---

242. Σπ. Πασαγιάννης, Άπαντα (επιμ. Γ. Βαλέτας), Αθήνα, Πηγή, 1965, 244.
243. Ό. π.

Πράγματι, η επόμενη παράγραφος αποκαλύπτει τη μεταφορική προέκταση της αρχικής παραγράφου:

> δυο μορφές γυναίκειες άνοιξαν το παράθυρο [...] η μια χλωμή και αρρωστημένη, ξανθή ναι και ομορφόπλαστη, και η άλλη μαραμένη από το χρόνο και το μαράζι, με τα πρόωρα γεράματα ζωγραφισμένα στο πρόσωπό της. Πικραμένες και αγέλαστες με θλιμμένες όψες στάθηκαν εκεί. Έβλεπαν αμίλητες τον κήπο και ο θάνατος των φύλλων κάτι επρομηνούσε στις άρρωστες ψυχές τους[244].

Μια σχέση ανταπόκρισης αναπτύσσεται ανάμεσα στα φαινόμενα της φύσης και τα φαινόμενα της ψυχής, φέρνοντας στην καρδιά των δύο γυναικών το μοιρολόγι από τους κρωγμούς των παγωνιών, από τον κομμένο ήχο της βρύσης και από το θρόισμα των κλαδιών. Η δύση του ηλίου βρίσκει τις δυο αδελφές στην αυλή παρέα με τους στοχασμούς τους που σαλεύουν μέσα στην απελπισία. Είναι πια προφανής η ταύτιση των άρρωστων λουλουδιών του κήπου με τις δυο τους:

> [...] βλέποντας την όψη της άλλης από τα χρόνια που πληθαίνουνταν απάνω της οι ζάρες και στεφάνωναν με ειρωνεία σκελέθρου την έκφραση της μορφής της. Και ωστόσο δεν της απόλειπε η ελπίδα πως μια μέρα ο πόθος της θα πάρει σάρκα [...] Σηκώθηκαν έπειτα να μαζέψουν απ' τα στερνά τα ρόδα. Μα μόλις τ' άγγιαζαν έρεβαν στα χέρια τους, ξεφύλλιζαν στο χώμα.
>
> –Αρρώστια, είπε. –Ναι, μαράζι τα βρήκε...[245]

Αρρώστια είναι εδώ ο αδικαίωτος πόθος, που έχει γίνει μαράζι και περνά από τα χέρια των δύο αδελφών στα λουλούδια. Στο άγγιγμά τους τα τριαντάφυλλα μαραίνονται και τα τελευταία πέταλα πέφτουν στο χώμα. Η κίνηση αυτή υπονοεί και τη δική τους φθίση μέσα στις ζαρωματιές του χρόνου που περνά. Συγχρόνως, ο συγγραφέας μάς συ-

---

244. Ό. π.
245. Ό. π., 245.

στήνει άλλα δύο πρόσωπα, την Ανθούλα, «μια όμορφη δουλίτσα των παρθένων», και τον «γιο της καψοχήρας, το Σάτυρο του χωριού που τα τραγούδια του χωριού έπαιρναν μαγικόν ηχό στις χορδές της λύρας του»[246]. Επίσης αναφέρεται πως η «Ανθούλα τρελαίνονταν για το Σάτυρο και την παράξενη ασκήμια του και πιο πολύ για τη γλυκιά του λύρα και την τέχνη του»[247].

Έχει ήδη αρχίσει η τροπή των δεδομένων προς μια πιστή αναπαράσταση διονυσιακού δρώμενου. Η ονομασία «Σάτυρος», χωρίς την καταγραφή του πραγματικού ονόματος του νέου, η μαγική εκτέλεση των λυρικών τραγουδιών και η ασχήμια της μορφής, που συνταιριάζεται με τη γλυκύτητα της λύρας του, όλα αναπλάθουν ένα σάτυρο της αρχαιότητας που ξαναζεί σ' ένα άχρονο παρόν. Άλλωστε, η δράση εκτυλίσσεται τυπικά αχρονικά και θεατρικά (μέσα σε μία μόνο μέρα) και τα πρόσωπα θα μπορούσαν να θεωρηθούν σκιώδεις αναβιώσεις αρχαίων διονυσιαστών.

Δεν έχουμε εδώ σκιαγράφηση χαρακτήρων αλλά μόνο ένα περιστατικό απροσδόκητης δικαίωσης μακροχρόνιων πόθων μέσα σ' ένα απόλυτα παγανιστικό σκηνικό. Εδώ εντάσσονται τα στεφάνια, που δεν είναι βέβαια από κισσό, το διονυσιακό σύμβολο, αλλά από πορτοκαλιά λουλούδια, εισάγουν όμως και πάλι στη διαδικασία του γλεντιού. Στην αρχή τα στεφάνια είναι δύο και προορίζονται για τους δύο νέους που ζητούν να στεφανωθούν· μετά γίνονται τέσσερα και τυλίγουν μέσα στο στεφάνωμα και τους τέσσερις πρωταγωνιστές. Αυτό που μεσολαβεί είναι ξεκαρδιστικά γέλια και χαρές απ' όλους, που τους οδηγούν στο αχαλίνωτο ξεφάντωμα και την ικανοποίηση της ανάγκης για ηδονή:

> Περίεργο ξεφάντωμα ακολούθησε. Η αρρώστια του σπιτιού πήρε απάνω της. Η απελπισιά τραβήχτη για κείνη τη νύχτα απ' το σπιτάκι. –Ένα τραγούδι, Ανθούλα, λεν οι κυράδες. Και η Ανθούλα τραγουδάει. Και βοηθούν όλοι μαζί. Ο Σάτυρος χορεύει, ορχιέται. Στριφογυρίζει, πηδάει σαν λυσσασμένος και τραβάει και τις κοπέλες στο χορό. Φωτιά στις ψυχές άναψε ο χορός και δυνάμεις ξέχυσε στα νεύρα. Χαρά και αγαλλίαση. Έπειτα κρασί ζήτησαν οι κυράδες και δώσ' του κρασί. Μεθύσι και ξεφάντωμα[248].

---
246. Ό. π.
247. Ό. π.
248. Σπ. Πασαγιάννης, ό. π, 246.

Η ανεξέλεγκτη παραφορά ισοδυναμεί με κατάλυση του συνειδητού, καθώς οι ήρωες αφήνονται στη γενετήσια θέρμη που τους εμπλέκει όλους σ' ένα όργιο· ένα όργιο που τους βουλιάζει μέσα στη στοιχειώδη σύσταση του ανθρώπου· το ασυνείδητο θα αγνοήσει τόσο την ασχήμια του σατύρου όσο και τις ρυτίδες της στερημένης γυναίκας: έτσι θα επέλθει και η διορθωτική λύτρωση.

Αν το αφήγημα κατά την εξέλιξή του δεν δημιουργεί έντονες συγκινήσεις, η τελική παράγραφος παρουσιάζει τέτοια συγκινησιακή συμπύκνωση, ώστε θα μπορούσε να αποτελέσει θεματική πύκνωση της κεντρικής ιδέας του αισθητισμού:

> Το στεφάνωμα άρχισε. Ο Σάτυρος και η Ανθούλα στεφανωμένοι, και οι δύο παρθένες. Υμέναιος και χορός. Ξάναψαν οι ψυχές, φούντωσαν τα κορμιά και το γέλιο αντιλαλούσε στο σπίτι από κάθε πράγμα και γωνιά. Ο Σάτυρος, βλέπεις, ο Σάτυρος. Η νύχτα όλη επέρασε με το μεθύσι των οργίων, όπου ο Σάτυρος δεν εβγήκε νικημένος. Και την αυγή ο ήλιος ηύρε και το Σάτυρο με ρόδα στη μορφή και τη γεροντοκόρη με σβησμένες ζάρες από το πρόσωπό της. Ωστόσο η παρθενιά ταξίδεψε από το σπιτάκι, παίρνοντας μαζί της και τις αρρώστιες και τα βάσανα[249].

Εδώ, βέβαια, έχουμε καταρχήν κάτι αντίθετο από τη γνωστή μορφή του αισθητισμού: ο πόθος και ο αισθησιασμός δεν λεκιάζονται με τη διαφθορά αλλά απολυτρώνουν από τις αρρώστιες και τα βάσανα. Η νοσηρότητα του δυτικού αισθητισμού μορφώνεται μέσω μιας νιτσεϊκής ζωώδους δύναμης, που δίνει στον ελλαδικό αισθητισμό τη δική του διαφορετική τροπή.

Συμπερασματικά, θα λέγαμε ότι οι μορφές εδώ δεν είναι χαρακτήρες, είναι ρόλοι. Δεν μιλάμε για σύμβολα, για ενσαρκώσεις εννοιών αλλά για προσωπεία. Τα πρόσωπα καλύπτονται πίσω από τις μάσκες τους, πίσω από το ένα και μόνο γνώρισμα που χαρακτηρίζει το καθένα, καθώς γίνεται μέλος ενός θιάσου που σκηνοθετεί προσεκτικά ο αφηγητής. Βάζει το σάτυρο να ορχείται πάνω στα χνάρια των αρχαίων τράγων και τον περίγυρο να τον παρακολουθεί στον τρελό χορό και το τραγούδι. Ο Σπ. Πασαγιάννης στήνει μια ατόφια διονυσιακή τελε-

---

249. Ό. π.

τουργία, φτιάχνει ένα αφήγημα με αισθητιστική αιτιολογία και κάνει τις ανθρώπινες μορφές προσχήματα με διονυσιακή τελεολογία, όπως θα κάνει αργότερα, μέσω της φροϋδικής και της κατοπινής της ψυχανάλυσης ο Α. Εμπειρίκος.

Την παρουσία του αισθητισμού διαπιστώνουμε και στο πεζό ποίημα του Σπ. Πασαγιάννη «Μέτωπα» (1909)[250]. Ο αφηγητής αρχίζει τα βήματά του από την αμμουδιά όπου το κύμα ζυμώνεται με το λειψό φεγγάρι, πλαταίνει και απλώνεται στο ράθυμο νανούρισμά του[251]. Η εισαγωγή προϊδεάζει για κάποια μεταρομαντική συνέχεια, όμως η ανατροπή έρχεται να αναιρέσει τις συμβατικές προσδοκίες. Καθώς περπατά πάνω στα χαλίκια, νιώθει τα πόδια του σαν να σαλεύουν πάνω σε άσπρα κόκαλα ή σε αφρούς που δεν πρόφτασαν να λιώσουν[252]. Οι μεταμορφώσεις της ύλης δημιουργούν το απρόοπτο και μπορούν να γίνουν παραίσθηση, συνοψίζουν δηλαδή θέματα όπως το παρακμιακό παράδοξο και οι τεχνητοί παράδεισοι· έπειτα, μπορεί να πρόκειται για άσκηση αισθητικής, που με οδηγό το χρώμα παίζει πάνω σε μορφές και σχήματα. Το λευκό είναι στερεό και υγρό και λαξεύεται σε βοϊδίσια κόκαλα· μνήμες από το ναυάγιο του καραβιού, που κουβαλούσε τα βόδια, κάνουν τον αφηγητή να φαντάζεται τις πλατιές βοϊδίσιες πλάτες, που τις βλέπει πελεκημένες στη σειρά, σαν απολιθωμένα φύλλα του πελάγους που τα έκοψαν Νεροκόρες, για να στολίσουν το βυθό με κεφάλια πνιγμένα ή σαν μια έκθεση γλυπτών από μάρμαρο[253]. Ο τρόπος γραφής καλλιεργεί την εντύπωση ότι ο ίδιος ο αφηγητής λαξεύει τα μάρμαρα· έτσι, ο λογοτέχνης ενσωματώνει ιδιότητες του τεχνίτη προωθώντας την αισθητιστική αντίληψη του λογοτεχνήματος ως έργου τέχνης.

Εκτός από τις Νεροκόρες θα ακολουθήσουν και άλλα πλάσματα –της αρχαιότητας ή του παραμυθιού αδιάφορο– τα οποία, ως τεχνίτης που είναι ο δημιουργός της αφήγησης, τα κατεργάζεται προσεχτικά, για να αποδώσει λεπτομέρειες που θα τα τραβήξουν μακριά από τον κλασικισμό: «γλυμένες σαΐτες και ραχοκοκαλιές σαν από τον αφρό της θάλασσας, αργασμένες άγραφες πλάκες από μέτωπα, ανοιχτά, πλατιά, ωσάν φεγγάρια. Και τα τοξάτα κέρατα, σπαθάτα κέρατα, σμιλεμένα, χιονόγλυφα σηκώνονται ωσάν σάλπιγγες. Τυρηνικές που Τρί-

---
250. Από το 1909 βρισκόταν ανέκδοτο στα χέρια του Απόστολου Μελαχρινού αλλά πρωτοδημοσιεύτηκε στο περιοδικό *Ζωή*, μόλις το Σεπτέμβριο του 1920 (γ΄ περίοδος, τεύχος 2, 49-52).
251. Σπ. Πασαγιάννης, ό. π., 368.
252. Ό. π., 368.
253. Ό. π.

τωνες σαλπίζανε τους σάλαγους στα κύματα ή στα βύθη»[254]. Η αρχαιολατρεία γίνεται πανθεϊσμός και διέπει με τη λογική της το επιφανειακό χάος, που χάνεται μέσα στους μαιάνδρους των κεράτων· το έργο τέχνης που δημιουργεί ο συγγραφικός λόγος, περιλαμβάνει ιερογλυφικά, εκτείνεται δηλαδή οριζόντια σε επίπεδο χώρου (Ελλάδα, Αίγυπτος) και κάθετα σε επίπεδο χρόνου (σήμερα, πρώιμες περίοδοι αρχαιότητας)· περιλαμβάνει έπειτα και το στοιχείο της σαϊτιάς, που μπορεί να παραπέμψει σε μυθολογικά συμφραζόμενα. Ο συγκρητισμός, που χαρακτήρισε τον ελλαδικό αισθητισμό υπάρχει, όχι όμως τόσο έντονος όσο στον Επισκοπόπουλο («Το φιλί του ήλιου») και τον Ροδοκανάκη (Ο Θρίαμβος).

Στη συνέχεια, ο παγανισμός αποσύρεται στο υποβλητικό στοιχείο, καθώς ο αφηγητής πηγαίνει δέκα κεφάλια στο μοναχικό σπίτι του στην άκρη της αμμουδιάς και εκεί, μέσα στη νύχτα, βιώνει μια εμπειρία πέρα από το φυσικό. Εδώ αξίζει να παρακολουθήσουμε πώς μια απόκοσμη μεταρομαντική ατμόσφαιρα μπορεί να μεταστραφεί αισθητιστικά με επιτυχία. Η ατμόσφαιρα της νύχτας φωτίζεται αμυδρά με ένα καντηλέρι. Το φως από το καντηλέρι φτιάχνει ανάμεσα από τις σκιές μια μυστηριακή ατμόσφαιρα, όπου «γλυκαίνει η ασπράδα των μετώπων και δυναμώνει το μεγάλο μυστικό χαμόγελο της αιώνιας γυναίκας που στα δάχτυλά της παίζει ζωντανή η δύναμη της αγάπης και αισθάνομαι να κάθεται στα χέρια της ο χαιρετισμός της αιωνιότητας και η γαλήνη του φεγγαρένιου στήθους της ανασαίνει με τη μουσική της γαληνεμένης θάλασσας και μου μιλούν τα χείλια της τον ανείπωτο της σιωπής λόγο»[255]. Πρόκειται για τον πίνακα-αντίγραφο της Τζοκόντας, που δίνει και αυτός τις λυρικές του αφορμές μέσα στο μισοσκόταδο και το κυνήγι της σκιάς και του φωτός. Δεν ξεχνούμε ότι την Τζοκόντα είχε ως πρότυπο ο Pater, όταν μιλούσε για την παράξενη ομορφιά· εδώ ένα ολόκληρο πεζό ποίημα αφιερώνεται στον πίνακα του Leonardo da Vinci.

Τίποτε δεν είναι χωρίς σημασία μέσα στο νυχτερινό περιβάλλον του δωματίου: τα βιβλία του αφηγητή φαίνονται σαν να πήραν ζωή και η μυρωδιά που χύνεται πάνω τους σαν να έρχεται από τα χώματα. Το χωμάτινο στοιχείο τόσο στον Π. Γιαννόπουλο όσο και στους υπόλοιπους αισθητιστές θα αξιοποιηθεί σε συνάρτηση με την ηδονή· εδώ απλώς μεταβιβάζει μια αίσθηση ευωδιάς και εκλεκτικισμού: τα μέτωπα είναι σαν βιβλία που καλούν σε εξιστόρηση και είναι από φίλντισι περιμένο-

---

254. Ό. π.
255. Σπ. Πασαγιάννης, ό. π., 369.

ντας τη χρυσή τους επικεφαλίδα, όπως ο τόμος «ο κλειστός, βαρύς, σαν πελεκητός, ο τόμος με την περγαμηνή σαν από κίτρινο σμάλτο δεμένος, νά που πλάι στα μέτωπα των βοδιών στέκει κι έχει χαραγμένη με χρυσά γράμματα γραφή στο μέτωπό του»[256].

Αυτό που έχουμε είναι ένα νυχτερινό περιβάλλον εσωτερικού χώρου όπου ο αφηγητής-συγγραφέας αφήνεται στην περισυλλογή. Η αίσθηση του περιβάλλοντος μας θυμίζει Poe ή Επισκοπόπουλο στο «Ut dièse mineur»· αν ο Poe μιλάει για το υπεραισθητό μέσα από νυχτερινές καταστάσεις και αν ο Επισκοπόπουλος δίνει στο απόκοσμο τη διαστροφή της νεύρωσης, ο Πασαγιάννης θα το ανοίξει στον ηδονιστικό ορίζοντα της ελληνικής φύσης. Ο διαλογισμός του αφηγητή του Πασαγιάννη αναπτύσσεται μέσα σ' ένα χώρο που βρίθει από εκλεκτά αντικείμενα. Περιτριγυρίζεται καταρχάς από βιβλία τεχνουργημένα σαν κοσμήματα πάνω στο μεγάλο μαύρο τραπέζι, πλάι στο μικρό αργαλειό για τις δαντέλες και στη μεγάλη εικόνα-αντίγραφο της *Τζοκόντας* και, για να συμπληρωθεί η εικόνα, οι τοίχοι ολόγυρα είναι βαμμένοι με σκούρο λιλά. Αυτός είναι ο πρώτος κύκλος του εκλεκτού, που εμπίπτει στην καθιερωμένη προσδοκία του αισθητισμού: υλική πολυτέλεια και ασυνήθιστη χλιδή κατά την περιχαράκωση ενός κόσμου ξένου προς την καθημερινότητα.

Μια άλλη ομοιότητα-κοινός τόπος που επισημαίνουμε με το κείμενο του Επισκοπόπουλου είναι η νυχτοπεταλούδα που πετάει γύρω από το καντηλέρι αλλάζοντας τη διάταξη των περιγραμμάτων :

> Τα αλαφριά φυσήματα των φτερών της που πάλλουνε κάνουν να τρέμει το φως στο κεφάλι της Τζοκόντας, ωσάν να πετούν γύρω του ανάερες ψυχές. Παίρνει τόσες κίνησες στο νου το χαμογέλιο που από τα μάτια της νιώθω το στοχασμό της σιωπής να μου μιλεί. Και σταματώ για ώρα στη μορφή και το μέτωπό της πλατύνεται, πλατύνεται κι έχω την αίσθηση του μετώπου της, που ωσάν φεγγάρι ανατέλλει εκεί και γιομίζει ένας κύκλος φωτεινός, ένας κύκλος από μαρμάρου και από φεγγαριού συντρίμμια πλασμένος. Και στο νου μου κυμαίνεται ο στοχασμός της θάλασσας τώρα και οι βυθοί φωτίζονται από το μέτωπό της· και θησαυρίζονται κοπαδιαστά τώρα τα μέτωπα των βοϊδιών και τα κοπάδια βοσκολογάνε

---

256. Ό. π.

στους άφταστους βυθούς, μουκανώνται στα γαληνά τα κύματα, θλιβερά, δεητικά, μητρικά. Άσπρα είναι τα κοπάδια, σαν από ελεφαντένιο κόκαλο τα κορμιά τους και σαν από αφρούς θαλασσένιους και από τα κέρατά τους σαλπίσματα αντηχούνε θανατερά[257].

Η παρέμβαση του εξωτερικού παράγοντα, του εντόμου στην προκειμένη περίπτωση, αλλοιώνει τα περιγράμματα, καθώς ιμπρεσιονιστικά διαμορφώνεται ένα καινούριο έργο τέχνης μέσα από τις τρεμάμενες σκιές. Το φως διακόπτεται στιγμιαία και εμφανίζεται ξανά πάνω στη μορφή σαν ένα πινέλο που δουλεύει τη φωτοσκίαση σβήνοντας την καθαρή γραμμή πραγματώνοντας την αμιγή ποιότητα του ιμπρεσιονισμού ως ζωγραφικού κινήματος.

Έτσι εμφανίζονται οι ανάερες ψυχές να πεταρίζουν γύρω από το κεφάλι της Τζοκόντας εκεί που τρεμοπαίζει το φως και έτσι το χαμογελό της βάζει σε στοχασμό με τις αινιγματικές σιωπές του. Τότε έρχεται ένας νέος πειραματισμός του αφηγητή με την αίσθηση, καθώς η μορφή και το μέτωπο πάλι, σαν μια εμμονή του αφηγήματος που επανέρχεται, πλαταίνει διαρκώς σαν φεγγάρι και σχηματίζει κατόπιν ένα φωτεινό κύκλο που γεμίζει από συντρίμμια μαρμάρου και φεγγαριού. Η εξέλιξη του ύφους είναι καίρια, καθώς, ύστερα από τον ιμπρεσιονισμό, περνά σ' ένα είδος ραγδαίου προϋπερρεαλισμού, όπου όλα συγκλίνουν σε μια ένωση των όντων που συμβατικά θεωρείται παράλογη.

Φυσικά το δημιούργημα από κομμάτια μαρμάρου και φεγγαριού είναι ίσως ένα γλυπτό που κατασκευάζει η τέχνη της πεζογραφίας, όμως κατόπιν ακολουθούν ενσωματώσεις όντων που προεικονίζουν τις τερατογενέσεις του Ολλανδού ζωγράφου Ιερώνυμου Bosch και του μεταπολεμικού ποιητή Μ. Σαχτούρη. Ο στοχασμός της θάλασσας έπεται του στοχασμού της Τζοκόντας και θησαυρίζει και αυτός μιαν αλλοπαρμένη τέχνη της ξηράς μες στους βυθούς της θάλασσας, εκεί όπου κοπάδια βοδιών βρίσκουν τον τόπο των μητρικών τους δεήσεων. Και πάλι τα κορμιά τους φαντάζουν σαν αγάλματα από ελεφαντοκόκαλο ή από θαλάσσιους αφρούς και μέσα σ' αυτά τα συμπλέγματα αγαλμάτων φωτίζεται το μέτωπο σαν βάση στοχασμού ή εστία επανατροφοδότησης.

Η μετάλλαξη μέσα στο ζωικό βασίλειο, ώστε τα βόδια να εναρμονίζονται με τη ζωή του βυθού πράγμα που τα εξισώνει με ψάρια, είναι κάτι που θα το δούμε σε πολλά ζωγραφικά έργα του μεσοπολεμικού

---

257. Ό. π., 369-370.

υπερρεαλισμού και, αρκετά αργότερα, θα βρει την έκφρασή του στον κόσμο του Σαχτούρη, σ' έναν αειθαλή υπερρεαλισμό που συγκολλάει κομμάτια από υλικές υπάρξεις στο ενιαίο είναι της γήινης ζωής. Στο ποίημά του «Τα πρόβατα», η θάλασσα μαζεύει τα άγρια άσπρα πρόβατά της, για να τα κοιμίσει στην πικρή αγκαλιά της, στο ποίημα «Η κακή εικόνα», όντα της θάλασσας είναι τα πουλιά και της ξηράς τα ψάρια, που κλαίνε στο βουνό, το φεγγάρι είναι λυσσασμένο και ουρλιάζει δεμένο σαν σφαγμένο βόδι. Αλλού «ματωμένο μοσχάρι φράζει τον ουρανό» («Τα στίγματα») ή ο σκύλος «γίνηκε φωτιά–έκλαιγε σαν κακό πουλί» («Ο σκύλος») ή:

κάτι κεφάλια σαν άγρια φεγγάρια επιληπτικά
και κόκκινα τριαντάφυλλα ξάφνου
φυτρώνανε
για στόματα
που ορμούσαν και τα ξέσκιζαν
οι πεταλούδες–σκύλοι. («Ο κήπος»).

Σε άλλο ποίημα ο λαγός γίνεται έντομο («Ο τρελός λαγός») και, τέλος, πάνω στην εισχώρηση του φεγγαριού:

κι ύστερα ο τρίτος και ο πιο μικρός
που έλεγε πως είναι νυχτερίδα
γι' αυτό αγαπούσε τα φεγγάρια
και τα φεγγάρια μια νύχτα τον εζώσανε
κόλλησαν γύρω–γύρω και τον έκλεισαν
κόλλησαν γύρω–γύρω και τον έπνιξαν
τον έλιωσαν γύρω–γύρω τα φεγγάρια («Τ' αδέρφια μου»).

Μιλούμε πια για τις γνωστές παραμορφώσεις του υπερρεαλισμού στην πλούσια εικονολογία του, όπου η γοργόνα είναι πια ψάρι από τη μέση και πάνω και γυναίκα από τη μέση και κάτω, κ. ο. κ.

Ο Σπ. Πασαγιάννης, με βάση όσα ειπώθηκαν προηγουμένως, παρουσιάζει σημάδια μιας πρωτοπορίας του 20ού αι. στις πρώτες υποψίες της. Το γεγονός και μόνο ότι σε ένα κείμενο έχει την τέχνη να ενσωματώσει τόσο διαφορετικές μανιέρες είναι ίσως ένα πρόσθετο κριτήριο της ανανεωτικής φύσης του αισθητισμού, που δεν είναι συγκεκριμένη αλλά ψάχνει με τόλμη τον εκφραστικό εαυτό της και οπωσδήποτε ορίζει έναν προμοντερνιστικό θάλαμο νεοτερικότητας.

Το αφήγημα «Μέτωπα» έχει υπερκεράσει τις διακρίσεις των ρευμάτων και βαδίζει προς την κατάκτηση ενός λογισμού συναδέλφωσης, όπου πραγματώνεται η οικουμενική ουσία του απελευθερωτικού συγκρητισμού. Είναι πεζό ποίημα, προηγείται όμως πολύ της εποχής του, ώστε να μπορεί να ενταχθεί στις μοντερνιστικές πρωτοπορίες του 20ού αι. Φυσικά, ο όρος πεζό ποίημα χρησιμοποιείται εδώ καταχρηστικά, για να αποδώσει τις ποιητικές δομές του πεζού λόγου, γιατί ο λυρισμός, όπως τον γνωρίσαμε θερμό και αισθησιακό στον αισθητισμό, απουσιάζει. Ο λόγος δεν ρέει ομαλά αλλά δύσκολα.

Η ιδεολογική αφετηρία είναι εδώ ένας ελληνοκεντρισμός που υφέρπει, μεταμφιέζεται όμως σκληραίνοντας τα μοτίβα, ώστε να αποκλείονται αέρινες ή άυλες υποστάσεις. Το κεντρικό μοτίβο είναι τα βόδια που μεταλλάσσονται σε κάθε απίθανη μορφή, προεκτάσεις συμπαντικής ουσίας που παραπέμπουν σε πεζά ποιήματα άλλων κόσμων, του Χρηστομάνου και του Ροδοκανάκη. Επιχειρώντας μια τολμηρή ανάγνωση, θα λέγαμε πως, αν ο Ν. Εγγονόπουλος διάβαζε δημιουργικά τον «Αιγαίου Εσπερινό» του Π. Γιαννόπουλου, θα φαντασιώνονταν τα «Μέτωπα» του Σπ. Πασαγιάννη.

Επιστρέφουμε στο σημείο του κειμένου του Σπ. Πασαγιάννη, όπου ο αφηγητής γίνεται συγγραφέας που προσπαθεί να αρθρώσει μέσα από τα γραπτά του κάποια «εντάφια μεγάλα μυστικά»[258], καθώς τα μέτωπα των βοδιών απλώνονται μπροστά του: «σαν από πάγο, σαν πλάκες τάφων μου φαντάζουνε, που εγώ είμαι ο εκλεχτός να τους ανοίξω, με την αγωνία της γνώσης και της αποκάλυψης»[259]. Είδαμε έναν πρώτο κύκλο του εκλεκτού μέσα από υλικά αντικείμενα που αποτελούσαν τον περίτεχνο διάκοσμο του δωματίου. Από τη φράση αυτή, όμως, αναδύεται ένας δεύτερος κύκλος του εξαιρετικού στοιχείου, αυτός που δίνει στο εκλεκτό μεσσιανικό χαρακτήρα: εδώ βρίσκεται η ξεχωριστή συμβολή των Ελλαδιτών πεζογράφων στον εμπλουτισμό του διεθνούς αισθητισμού. Ανάμεσα απ' όλα τα λεπτοδουλεμένα έργα τέχνης προέχει η ατομική περισυλλογή, απ' όπου ο διανοούμενος αντλεί την αίσθηση του εκλεκτού προορισμού του. Αυτομάτως η προσωπικότητά του ανάγεται σε σφαίρες πανοραμικής θεώρησης, όπου ο πέλεκυς χτυπά πάνω στα μέτωπα, «ένας ρυθμικός σφυγμός που τον νιώθω ως το βάθος του μυαλού μου»[260] και σαν πλάκες άγραφες καλούν τα χρυσαφένια γράμματα να χυθούν μέσα από τα νύχια στην αποτύπωση της αλήθειας τους[261].

---

258. Σπ. Πασαγιάννης, ό. π., 370.
259. Ό. π.
260. Ό. π.
261. Ό. π.

Έρχεται, τέλος, η συνείδηση της μοίρας του να αποκαλυφθεί στον εκλεκτό σαν «βαθιός παλμός στον πλατυόφυλλον ανθό, που μέσα του πάλλεται ένα φως»[262] με το αίμα των βοδιών να τρέχει στο μέτωπό του «μια μουσική από νους, μιαν αρμονία από σκέψες που σμίγουνε όλες σαν μύριες πεταλούδες στον ίδιον πλατόφυλλον μυριόφυλλον ανθό και βυζαίνουν, βυζαίνουν το μυαλό»[263]. Τα μέτωπα, τα χαραγμένα γράμματα από χρυσό ή από αίμα που κυλά στο άγραφο λευκό χαρτί, τα σπασμένα φεγγάρια ή τα πελεκητά μάρμαρα, οι πεταλούδες και το φως, ανοίγουν όλα σ' ένα δυνατό λουλούδι μουσικής ή στον παλμό της αλήθειας των βοδιών.

Διότι η τελευταία σελίδα του αφηγήματος είναι το κύκνειο άσμα μιας βασάνου, της δημιουργικής μοίρας του ήρωα. Το τραγούδι, που αφιερώνεται στα βόδια, έχει 15 περιόδους, καθεμιά από τις οποίες είναι ξεχωριστή παράγραφος. Αυτό το κομμάτι δεν έχει τίποτε το ιδιαίτερο, είναι υφολογικά ουδέτερο, με ρίζες σε βουκολικά ποιήματα, κάποτε όμως ολισθαίνει σε πιο μεταφορικές προτάσεις:

> Και ροβολώντας αργοβήματα τις κοτρονάτες πλαγιές αντίλαλα αναμουκανώνταν τα δειλινά, ωσάν θλιβερά ρωτήματα στη μάνα Γη και στη Μοίρα.
>
> Ψυχές θρεμμένες πουρναριά, κορμιά πελεκητά στα στουρναριά, στόματα ωσάν τις λιθαριές χορτόσκεπες της βρύσης, ένα έχουν θρήνο δασικό ν' αναβοάνε.
>
> Κι όπως πατούνε τη Γη απιθώνουν στο χώμα σφραγίδες με βούληση στέρεα κι ακρουμάζονται ν' ακούνε τα μυστικά λαχταρίσματα της ζωής, να τ' αναδίνουν θρηνερά και να φαίνονται πάντα σαν εγνοιασμένα από φοβέρα θανατερή[264].

Ο αποχαιρετιστήριος ύμνος, που αφιερώνει ο Σπ. Πασαγιάννης στη χαρά και στο θρήνο της ζωής των βοδιών, υστερεί σαφώς σε σχέση με το υπόλοιπο κείμενο ως προς τις παραμέτρους του αισθητισμού. Προοικονομεί, όμως, ως προς τον τρόπο γραφής ένα άλλο πεζό ποίημα

---

262. Ό. π., 370.
263. Ό. π.
264. Ό. π., 371.

του Πασαγιάννη, εκτεταμένο και αυτό, την «Ταϋγέτα» (1910)[265]. Η πρώτη γνώμη του Γ. Βαλέτα[266] ήταν ότι η «Ταϋγέτα» γράφτηκε το 1905. Έπειτα διαπίστωσε ότι ανήκει στην τελευταία περίοδο του Πασαγιάννη και είναι σύγχρονη του «Πέτρακα» (1908-1909).

Ο μεσσιανικός χαρακτήρας, που είχε αρχίσει να διαφαίνεται στα «Μέτωπα», αποκτά εδώ την πληρέστερη εκφορά του. Στα «Μέτωπα», ο αφηγητής είχε αφιερώσει έναν ύμνο στα ζωντανά που πνίγηκαν και στη ζωή της υπαίθρου, έναν ύμνο αρκετά δύσκαμπτο αν και απόλυτα αρχιτεκτονημένο. Στην «Ταϋγέτα» ολόκληρο το κείμενο είναι ένας ύμνος, μόνο που εδώ το κείμενο γίνεται λυρικό, καθώς μια διονυσιακή χαρά καζαντζακικού τύπου σμίγει με τη «χοϊκή ελληνικότητα»[267] του Π. Γιαννόπουλου – για να χρησιμοποιήσουμε μια φράση του Δ. Τζιόβα.

Ο τόνος του αφηγήματος μεταφέρει την ανανεωτική πνοή του καβαφικού ποιήματος «Ιωνικόν» (1911, αλλά γραμμένο σε πρώτη μορφή πολύ νωρίτερα)[268] στην πεζογραφία. Ο παραλληλισμός μας αναφέρεται στην κοινή αίσθηση που μεταφέρουν τα δύο δημιουργήματα και όχι σε εκλεκτική συγγένεια, αφού είναι προφανής η χρονολογική ασυμφωνία τους: πρόκειται για το πνεύμα μιας ευέλικτης αρχαιολατρείας. Μια άλλη ζωντάνια του αρχαίου κόσμου αποκαλύπτεται πέρα από κλασικιστικές φόρμες. Και ο Καβάφης, βέβαια, μιλάει για σπασμένα παγανιστικά αγάλματα του τέλους μιας εποχής, της ειδωλολατρείας, όμως εμείς μπορούμε, ακόμη παραπέρα, να δούμε στα σπασμένα μάρμαρα τη ρήξη της αποστεωμένης αντίληψης για το παρελθόν και την απελευθέρωση ενός νεανικού σφρίγους κατά τη θεώρηση του αρχαίου κόσμου.

Η αρχαιότητα δεν βρίσκεται πια στα μνημεία αλλά στην ηδονική αισθαντικότητα της φύσης. Αυτές οι χοϊκές έλξεις με το πρωτόγονο λάγγεμά τους συνοψίζονται σε μια αέρινη πνοή που διαπερνά τα ελληνικά χώματα και τις οπτασίες των αισθητιστών. Η σφριγηλή, αιθέρια μορφή που γλίστρησε μες από τα παλιά αγάλματα, για να ενσαρκώσει διαφορετικά το αρχαίο πνεύμα, περνάει γρήγορα και αδιόρατα πάνω από τους λόφους της Ιωνίας (στην αρχική μορφή του ποιήματος του Καβάφη: της Θεσσαλίας). Η αντίστοιχη μορφή στο πεζοτράγουδο

---

265. Πρωτοδημοσιεύτηκε στο περιοδικό *Αι Μούσαι* (Ζακύνθου), τεύχ. 413-414 (1.6.1910, 8-11) που ήταν αφιερωμένο στο θάνατο του ποιητή.
266. Σπ. Πασαγιάννης, ό. π., 463.
267. Δ. Τζιόβας, *Οι μεταμορφώσεις του εθνισμού και το ιδεολόγημα της ελληνικότητας στο μεσοπόλεμο*, Αθήνα, Οδυσσέας, 1989, 87.
268. Κ. Π. Καβάφης, *Ποιήματα* (1897-1933) (επιμ. Γ. Π. Σαββίδης), Αθήνα, Ίκαρος, 1989, 55.

του Πασαγιάννη είναι η Ταϋγέτα, που μυθολογικά αναφέρεται ως μία από τις Ατλαντίδες, αλλά στο κείμενο είναι το προγονικό σφρίγος που ζωοποιείται μέσα στα δάση και στα βουνά της ίδιας αρχαίας πατρίδας.

Εκεί βρίσκει ο αφηγητής την ανάταση του εαυτού του ακολουθώντας το οδοιπορικό ενός δυναμικού γεωπολιτικού παλμού. Ο μεσσιανισμός αυτού του αφηγήματος δεν σχετίζεται με «Το Πάθος» που δημοσίευσε ο Θεοτόκης στην *Τέχνη* του Κ. Χατζόπουλου, αφήγημα που, όπως είδαμε παραπάνω, αποτέλεσε απλώς μια αντιγραφή του νιτσεϊκού *Τάδε έφη Ζαρατούστρα*, όπως υποδεικνύει και το motto που προέρχεται απευθείας από το γερμανικό πρωτότυπο και προέταξε ο Νεοέλληνας συγγραφέας. Εκεί είχαμε μια μιμητική απόπειρα μέσα στο αναμενόμενο περιβάλλον της νιτσεϊκής αναπαραγωγής: ανατολικά συμφραζόμενα, ανάλογο όνομα πρωταγωνιστή (Αβουφέδης), ομοιότροπη αφήγηση πάνω σε προφητικά πρότυπα και ανέλιξη ενός δρόμου μέσα από φιλοσοφικές εμπειρίες.

Στην «Ταϋγέτα» υπάρχει ασφαλώς αυτό που ο Δ. Τζιόβας, με αφορμή τον Π. Γιαννόπουλο, ονομάζει «μυστηριακή ιδεοποίηση της φύσης και ειδωλολατρική λατρεία του τοπίου και του ελληνικού φωτός»[269]. Η «Ταϋγέτα» διέπεται από ένα μυστηριακό ξύπνημα του δέους, καθώς ο αφηγητής γίνεται μύστης του διακτινίζοντάς το από το συμβολικό όνομα στη διαυγή ατμόσφαιρα και στις λεπτομέρειες του τοπίου. Πρέπει, πάντως, να λάβουμε συμπληρωματικά υπόψη ότι η συγγένεια του ονόματος της μυθολογικής ηρωίδας με τον Ταΰγετο και η ιστορία που την θέλει γενέτειρα της Λακωνίας δίνει πιο έντονη χροιά στην παρουσία της, την οποία ο αφηγητής διαχέει στην ευρύτερη περιοχή.

Το αφήγημα αρχίζει μέσα στην ησυχία του δειλινού με την προσφώνηση του αφηγητή προς την «αγαθή Ταϋγέτα» που «γνωστικά ρυθμίζει τα βήματά του»[270]. Έτσι αρχίζει ο βηματισμός του, που, όπως μας ειδοποιεί, θα φτάσει ως την κορυφή[271]. Ο δρόμος ακολουθεί τα κινήματα των κοπαδιών όπου αρμονικά η Ταϋγέτα συγκαλεί γαλήνιες πνοές και εργάζεται την πλαστική ομορφιά με τη θέληση της σοφίας της, εξασφαλίζοντας μέσα στα οράματα της αποκάλυψής της μια ζωή αθανασίας[272].

Ο ίδιος ο αφηγητής γεννήθηκε από μάνα Λάκαινα εκεί όπου η ορμή της Ταϋγέτας ομορφαίνει τα πλάσματα και το φιλί, που του έδωσε στο μέτωπο, το ένιωσε σαν σφραγίδα που χαράχτηκε στο μέτωπό του. Σε

---

269. Δ. Τζιόβας, ό. π., 82.
270. Σπ. Πασαγιάννης, ό. π., 372.
271. Ό. π.
272. Ό.π.

άλλες στιγμές του αισθητισμού, καζαντζακικοί και καβαφικοί ήρωες σφραγίζουν τα κορμιά τους με τις σφραγίδες των εφτά αμαρτημάτων. Εδώ, μια μυθολογική κοσμογονία εντάσσει στο πλάνο της τον αφηγητή που ανυψωτικά αλλά και μυστηριακά βιώνει την εμπειρία. Το κείμενο θα μπορούσε να είναι νιτσεϊκό, αν δεν ήταν ήδη σαρκικά ελληνικό. Δεν μπορεί κανείς να καταλάβει από τα λεγόμενα αν η αύρα που εμφυσά μέσα στον αφηγητή η μάνα του προέρχεται από πλάσμα γήινο ή αιθέριο, αν η μάνα του είναι γυναίκα ή η ίδια η Ταΰγέτα. Τελικά, η αύρα που του προσδίδει σφριγηλότητα είναι η απορρόφηση των αισθησιακών ερεθισμάτων που εκπέμπει ο τόπος.

Μια επαλληλία από σκηνές που σηματοδοτούν την πορεία της ωρίμανσης μοιάζει βγαλμένη από αρχαίους ελληνορωμαϊκούς μύθους. Η εικόνα της Λάκαινας που συλλέγει τα πιο πλούσια βάλσαμα για την τροφή του παιδιού και του τα παρέχει με το χυμό των μαστών της θυμίζει το κέρας της Αμάλθειας ή ακόμα και τη λύκαινα-μάνα του Ρωμύλου και Ρέμου. Από τα ίδια κοσμογονικά βάθη έρχεται και η νύχτα κρατώντας τα πολυκέφαλα φίδια στα χέρια της και διαγράφοντας γλυφές στον αέρα, όταν, με το σπόρο της θέλησης ώριμο μέσα του, ο ήρωας αδράχνει τα φίδια και τα πλέκει γύρω από το λαιμό του σαν πλοκάμια[273], θυμίζοντάς μας τώρα το μύθο του Ηρακλή. Τα μάτια του ανοίγουν έπειτα στο στοιχείο της φωτιάς που ανάβει από περιούσιο κορμό ελάτου και σημαίνει το φωτεινό του ξύπνημα σε νέες αυγές, δίνοντας έναυσμα σε μια περιπέτεια εμπνευσμένη από το μύθο του Προμηθέα· εκεί τα οράματά του μορφώνονται σαν προσδοκία, σαν αρχή κάποιου χαρούμενου ονείρου[274]. Οι κινήσεις της γυναίκας είναι τελετουργικές και λειτουργούν ως υπαγόρευση. Το ξύπνημα από τα μύρα του κόρφου της είναι η επιταγή μιας πορείας, όπου ο αφηγητής υψώνεται ωραίος και μοιραίος στο «πλαστικό κύμα της σκέψεως, ωσάν βάφτισμα των ανοιγμένων ματιών στα κρεμάμενα μέσα νερά»[275].

Προτού φτάσει στο μεγάλο κατόρθωμα, ο αφηγητής αθλείται πάνω στο στόχο της κατάκτησης και δουλεύει πάνω στον εαυτό του, όχι πια με την αυτοπειθαρχία του ημίθεου αλλά με την επιμέλεια του αισθητή. Τις δυνάμεις που αισθάνεται ότι δουλεύουν γύρω από το κορμί του τις θερίζει ακέραιες για τη ζωή του[276]:

---

273. Σπ. Πασαγιάννης, ό. π., 372.
274. Ό. π., 373.
275. Ό. π., 374.
276. Ό. π.

Διαλογιζόμουν στο βήμα το σταθερό· εχαιρόμουν στο γλήγορο. Αρμονιζόμουν στο κίνημα του σκαθαριού· ισοζύγιαζα το κορμί στους ανέμους· και όταν έβγαινα από τα νερά, εκαθόμουν στον κορμό σύρριζα δένδρου και όμοια με φύλλωμα φωτεινό το αστέρωμα ετρεμόλαμπε εντός μου. Το μανδύα του ονείρου μού έφερε τότε η γαλήνη να με καλύψει, μετά τον αγώνα. Από βλεφάρου ως ψυχής κι από πνοής ως το αίμα, κερδισμένο και τ' όνειρο, μου άνοιγε του ήρωα την ακοίμητη φλόγα. Και τότε, σε δροσισμένα κλαδιά πεύκου ή ελάτου το κεφάλι θ' απίθωνα, όπως σε δίσκο σκαλισμένον από τις Νύμφες, υπερούσιο δώρο να το προσφέρω στη θεά Ταϋγέτα[277].

Έρχονται κατόπιν με δύναμη πλαστικότητας οι αναφορές στις πολύμορφες ώρες, όταν συντελούνταν η μύησή του στα «πελεκήματα» και τα «αναξυπνήματα» μέσα «στα κρεμάμενα νερά των εγκρεμών»[278]. Ακόμη και ο αέρας, η βροχή και το χαλάζι μες στα δάση, βρίσκοντας το κορμί του έτοιμο, το περιχύνουν με τα καλά που η μάνα του τού σύναξε από τα στοιχεία[279]. Και εκεί μέσα στα δύσκολα συνεχίζεται ο αγώνας του. Μαθαίνει να γυρεύει νέα μονοπάτια μες στα δάση, να σφεντονίζει με επιτυχία και να ευφραίνεται με τη χαρά της επιτυχίας, να γεύεται ζητώντας πάντα νέα δοκιμή στη γεύση, ακολουθεί την εσώτερη γνώση του, κυριεύει τη δύναμη ν' απολαμβάνει τον κίνδυνο χωρίς φόβο αλλά με χαρά σε κάθε έκφραση της ζωής[280]. Στη συνέχεια, ο αφηγητής της «Ταϋγέτας» ανακεφαλαιώνει τα επιτεύγματά του, το πώς τιθάσευσε τους ανέμους και τη βοή των νερών και των δασών προτάσσοντας τα στήθη του ή πώς ανέβηκε τις άφταστες σκάλες της Ταϋγέτας αφήνοντας γαλάζιες αστραπές να του χαϊδέψουν τα ωραία μαλλιά της νιότης του[281]. Προσέχουμε την έμφαση στην ωραία νεότητα, όπου ο αισθητισμός δικαιώνεται μέσα από το όμορφο, που είναι, ωστόσο, παράλληλα και ακμαίο και αειθαλές και ζητά συνδέσεις με νιτσεϊκά οράματα μέσω της αλύγιστης ανθεκτικότητας στις συνθήκες των καιρών.

---

277. Σπ. Πασαγιάννης, ό. π., 374.
278. Ό. π.
279. Ό. π., 375.
280. Ό. π.
281. Ό. π.

Όλα τα παραπάνω δεν είναι τίποτε άλλο από την καλλιέργεια του αισθητιστικού φρονήματος, της πολύπλευρης ευαισθησίας του αισθητή που λαχταρά το άγνωστο, ανοίγεται άφοβα σε κάθε αίσθηση και δοκιμάζει νέες γεύσεις ή αφουγκράζεται τον ήχο σε κάθε λεπτό τίναγμα χορδής. Πρόκειται, άλλωστε, για την εκ βαθέων εξομολόγηση που δεν φείδεται ο θηρευτής της αυτοκαλλιέργειας: «Γιατί και κυβερνούσα με μύριες τέχνες τις αισθήσεις μου [...] και σε νέες δοκιμές ύψωσα την ψυχή μου»[282]. Δεν ακούμε παρά τη βιοθεωρία ενός αισθητή που θυμίζει Wilde αλλά και Pater με την απόλυτη κυριαρχία πάνω στην αίσθηση.

Ο αφηγητής καλύπτει όλες τις πλευρές του πεντάπτυχου των αισθήσεων, προτού ανεβάσει τους τόνους της ανθρώπινης ανατροφής στη νιτσεϊκή διάσταση του αδάμαστου ηρωισμού, όταν ο ήρωας παίρνει τη φωτιά στα χέρια του και την διαδίδει. Η μεταμόρφωση του αισθητή σε Προμηθέα εγγράφει την όλη προσπάθεια στη σφυρηλάτηση της προσωπικότητας ενός εκλεκτού. Άλλωστε, κατά την εποχή που εξετάζουμε, ο Προμηθέας χρησιμοποιήθηκε αρκετά συχνά στη λογοτεχνία σε σύνδεση με αιτήματα του Υπερανθρώπου ή του ενός ατόμου-λυτρωτή των πολλών είτε σε πολιτικό είτε σε κοινωνικό επίπεδο. Δεν είναι τυχαίο ότι ο *Απελλής* του Θεοτόκη δομείται πάνω σ' αυτή τη σημασιοδότηση ή ότι ο Καμπύσης δημοσιεύει σχετικό άρθρο στο περιοδικό *Ο Διόνυσος*[283]. Έπειτα, η ανυπακοή στο θείο ως πεμπτουσία της πράξης του Προμηθέα εναρμονίζεται πλήρως με το εικονοκλαστικό φρόνημα του αισθητισμού, που διεκδίκησε το θρίαμβο μέσα στην αμαρτία.

Το ότι η όλη διαπαιδαγώγηση καθοδηγείται από τη συνείδηση ενός πεπρωμένου είναι το εύκολο συμπέρασμα που εξάγεται από τη θριαμβευτική αναφώνηση του αφηγητή:

> Είμαι ο εργάτης μιας εκλεχτής φυλής. Εφώτισες ευγενικά κινήματα στην ψυχήν μου και η ομορφιά σου κυριαρχεί ρυθμός απόλυτος στη ζωή μου, ότι είναι πολύμορφη και πολυέκφραστη ως οι κρατήρες και ως οι μύθοι λαών ηρωικών και αγαθών[284].

---

282. Σπ. Πασαγιάννης, ό. π., 375.
283. Γ. Καμπύσης, «Ο Προμηθέας του Γκαίτε», *Ο Διόνυσος* 1 (1901) 4-11 και *Άπαντα* (επιμ. Γ. Βαλέτας), Αθήνα, Πηγή, 1972, 499-506.
284. Ό. π., 377.

Αισθητισμός. Η νεοελληνική εκδοχή του κινήματος

Η αφοσίωση του αισθητή στην ομορφιά έρχεται πάντοτε ως διαρκής υπενθύμιση και απόλυτος κανόνας στη ζωή αλλά και ως προσδιορισμός της εκλεκτής του αποστολής. Εδώ φαίνεται καθαρά πως η εκλεκτή φύση του ατόμου είναι επίκτητη, κάτι για το οποίο πρέπει να δουλέψει συνειδητά και αποφασιστικά σαν εργάτης. Στοχαστικές κινήσεις αυτοσυνειδησίας συγχωνεύουν την ομορφιά με την έννοια του εκλεκτού ως προτεραιότητες στην κατοχύρωση της πολύμορφης επιβίωσης.

Η επιμονή με την οποία ο αισθητής αγωνίζεται για την εξασφάλιση αυτής της επιβίωσης εγγράφει τον ελλαδικό αισθητισμό σε μια καινούρια διάσταση, η οποία δίνει τους τόνους στο τελευταίο κομμάτι του ποιήματος, ένα διονυσιακό διθύραμβο όπου συνοψίζονται όλα τα προηγούμενα και όπου εμφαίνεται το αγέρωχο φρόνημα. Οι τόνοι είναι πολύ υψηλοί, όμως ουσιαστικοί στο να αποδώσουν μια μεσσιανική νοηματοδότηση στα σημαινόμενα.

Ο αφηγητής προσφωνεί την Ταϋγέτα με το δέος μιας λατρείας, που θα ξανασυναντήσουμε στην ερωτική εξομολόγηση του καζαντζακικού ζωγράφου προς την Γαλάτεια ή Σουλαμίτιδα (*Όφις και κρίνο*), όταν απαριθμεί τις ευγνωμοσύνες του: «μου άνοιξες ως ρείθρα ποταμών τις πηγές των νοημάτων σου και τη γαλήνη των μυστηρίων σου μου έφερες μέσα στο νου μου, ωσάν η μελισσομάνα τις ιερές μέλισσες στο δένδρον ανθόβολον. Από το δένδρον ανθόβολο νέες επήρα φωνές και νέον εσκάλισα όργανον για να αρμονίσω»[285]. Οι εκφράσεις έχουν τη βαρύτητα προφητικού κειμένου και την αισθαντική μεστότητα εκκλησιαστικής υμνωδίας[286], μεταφέρουν δηλαδή αισθήσεις που αναβιώνουν στο καζαντζακικό *Όφις και κρίνο* με αποσπάσματα από το βιβλικό *Άσμα Ασμάτων*. Το δέντρο με τα άνθη, που δίνει τις νέες φωνές, και οι μέλισσες, που συνάζονται γύρω από το δέντρο, μιλούν για ευλογία και για μια γαλήνη μυστηριακής υφής. Η ευεργετική ενέργεια, που εισπράττει ο αναγνώστης εδώ, προέρχεται κατά κύριο λόγο από τη λυρική εκφορά των νοημάτων.

Φαίνεται πως κύρια συμβολή της «Ταϋγέτας» είναι ότι έδωσε σχήμα σε αποκαλύψεις οδηγώντας στα γητέματα των μυστηρίων, όπου η ζωή πλάθεται «ωσάν πολύστομη μυθική λαγήνα, όπου στα

---

285. Ό. π.
286. Άλλωστε, η σειρά των λέξεων (επίταξη επιθέτου κτλ.) συνηγορεί υπέρ της ερμηνείας για εκκλησιαστική προέλευση.

γλυφτά της ανάγλυφα το μυστικό χείλος τεχνικά έχει κρυμμένον, όθε τα μυημένα χείλη γνωρίζουν το αθάνατο νερό για να πίνουν»[287]. Από την παραγνωρισμένη, χωμάτινη πλευρά της ζωοποιείται και πάλι η αρχαιότητα στη φόρμα του λαγηνιού, που τα χοϊκά μυστικά του το προορίζουν για χείλη εκλεκτών· καθαρά αισθητιστική κατεύθυνση με διονυσιακές αποφύσεις.

Η καίρια εικόνα της Ταϋγέτας, γυναίκας-αιθέριας θεότητας ή συμβόλου, συνδυάζεται με τον ήρωα που είναι όμοιος με Σάτυρο ή με δρυαδικό θεό[288]. Ο αφηγητής εισχωρώντας ακόμη περισσότερο στο διονυσιασμό παρουσιάζει τον εαυτό του να αγκαλιάζει προσεκτικά ένα κλαδί, όπως η Μαινάδα τον ερωτικό καρπό μέσα στο δάσος ή να ξαπλώνει σε κλίνη από πέτρες, στεφανωμένη με δάδες, αρώματα και ήχους, την ίδια ώρα που τα δάση τρέμουν σαν νυφικός θάλαμος στον επιθαλάμιο ύμνο των Νυμφών[289]. Αυτή είναι η μία πλευρά του αφηγητή, η οργιαστική και παγανιστική, ενώ προηγουμένως είδαμε και τον απολλώνιο ορισμό του με την εξύψωσή του ως ωραίου εφήβου προς τη μεγάλη κορυφή, όταν η γαλήνη μετέωρη και φωτεινή επικαθόταν στο πνεύμα του[290]. Ο ακμαίος έφηβος, με το δυνατό κορμί και την καινούρια ομορφιά του, όσο κοντά μας φέρνει στον Καβάφη άλλο τόσο χάνεται μακριά του, μέσα στις διακηρύξεις του Nietzsche ή στην άγρια βλάστηση των δασών και στα γλέντια των Σατύρων και των Μαινάδων. Η αναφορά στο απολλώνιο στοιχείο είναι περιορισμένη, ενώ αυτό που υπερισχύει είναι το βακχικό στοιχείο, ο διθύραμβος, η θριαμβευτική κραυγή και οι εκκωφαντικές μουσικές μιας τυμπανοκρουσίας.

Κάτι παρόμοιο είχαμε δει στα «Μέτωπα»· καμιά σύγκριση ποιότητας, ωστόσο, δεν μπορεί να υπάρξει ανάμεσα στα δυο κείμενα. Το μετρημένο ύφος των «Μετώπων» δημιουργεί πολύ διαφορετικό αισθητικό αποτέλεσμα από τη χειμαρρώδη γραφή του ύμνου της «Ταϋγέτας», όπου τα ξεσπάσματα και οι αισθησιακοί μαίανδροι της συλλογιστικής αφήνονται χωρίς ενδοιασμό στη χάραξη μεσσιανικών υποσχέσεων.

Αν ο ηδονισμός της «Ταϋγέτας» αναδεικνύει το πρότυπο του ήρωα–αναμορφωτή, στο διήγημα με τίτλο «Λαλιά»[291] το ίδιο θέμα

---

287. Ό. π., 378.
288. Ό. π.
289. Ό. π.
290. Ό. π.
291. Πρωτοδημοσιευμένο στο περ. Ζωή (Κωνσταντινούπολης), 2, 7-8 (1921) 205-208. Η πετυχημένη πραγμάτευση του θέματος και η αμφιβολία για την πραγματική χρονολογία συγγραφής του, που, κατά τη γνώμη μου, πρέπει να ανάγεται στα χρόνια

ενεργοποιεί μια άλλη πλευρά της νιτσεϊκής φιλοσοφίας, τη σαρκική ένωση ως αρχετυπικό διάλογο του άντρα και της γυναίκας. Σ' αυτό το πεζό παρουσιάζεται να έχει πεθάνει ένα παιδάκι, ενώ τέσσερις ζωές πλέκουν την παρουσία τους γύρω από το γεγονός· πρώτα, οι δυο νεαροί γονείς του παιδιού, που «εφαίνονταν ωσάν να λησμονήσανε για μια στιγμή τον αποχωρισμό της Ψυχούλας, όπου ευώδιαζεν ακόμη εκεί σιμά τους και κυριευτήκανε από το φριχτό ξαφνικό μιας ζωής, οπού σκελεθρώθηκε»[292]· η ζωή που σκελεθρώθηκε συμβαδίζει όμως και με την τρίτη «ζωή», τη γιαγιά – «στη νεκροκεφαλή της ήτανε ακόμη το πετσί για να τεντώνεται στα σαγόνια με σπασμό, σ' ένα κίνημα στο στόμα, σε χαμογέλιο»[293]· τέλος, τέταρτη «ζωή» είναι το πουλάκι που βρίσκεται σε κλουβί δίπλα στο κρεβατάκι του παιδιού:

> Το πουλάκι ανήσυχο εσάλευε μέσα στο κλουβί και τους μετάδινε ένα παράξενο συναίσθημα κείνη η ζωή, όπου ελάγγευε πλάι στο νεκρό κορμάκι του παιδιού που έπαιζε λίγες μέρες πριν μαζί του. Και συλλογιστήκανε βέβαια τη λαλιά σαν γνώρισμα ανταμωμένη με τη φωνή του παιδιού. Τώρα απόμεινε ξαφνικό θυμητικό μιας ραγισμένης πλάκας; Περιμένανε με αγωνία στο σάλεμα των φτερών του πουλιού να ιδούνε ακόμη και το σάλεμα των χεριών του παιδιού και δοκιμάζανε μέσα στη βασανιστική τους γαλήνη τον τρόμο της φαντασίας που περιμένει μη και δεν είναι αληθινή η συφορά, ακόμη και όταν είναι ολάκερη στο τέλος της[294].

Στο απόσπασμα είναι ευδιάκριτος ο θρηνητικός τόνος, ο οποίος ωστόσο ως λόγος της φθοράς αρθρώνεται παρακμιακά, με τις ευωδιές που συνοδεύουν τη μικρή ψυχή στο φριχτό αποχωρισμό της αλλά και με το λάγγεμα του μικρού, ζεστού από ζωή, πουλιού πλάι στο νεκρό παιδικό κορμάκι. Η σκελετωμένη γιαγιά είναι και αυτή προσωποποίηση της φθοράς και υπόμνηση θανάτου, με το χαμόγελό της «σαν μπαλσα-

---
πριν από το 1912, είναι οι λόγοι για τους οποίους το συγκεκριμένο κείμενο περιλήφθηκε στο βιβλίο
292. Σπ. Πασαγιάννης, ό. π., 277.
293. Ό.π.
294. Ό. π., 278.

μωμένο δέρμα από χιλιόχρονο τάφο», τα χείλια της «κρεμασμένα σε φριχτό μορφασμό» και τη μορφή της σαν «ένα θλιβερό σπασμό»[295].

Σύμφωνα, πάντως, με τη λογική του αισθητισμού το σύμπλεγμα εξακολουθεί να είναι ελλιπές. Αυτό που προσλαμβάνει ο αναγνώστης μέχρι στιγμής είναι μόνον η φυσική ασχήμια, τα ζαρωμένα γηρατειά και η θλίψη του θανάτου. Όπως, όμως, η ευτυχία στην Κερένια κούκλα του Χρηστομάνου δείχνει σαν σιρόπι πασαλειμμένο στα πρόσωπα, έτσι και εδώ ο θάνατος και η γέρικη ασχήμια απαιτούν συμπλήρωση. Το συμπλήρωμα που λείπει είναι η ηδονή, η οποία αρχίζει σιγά σιγά να εγείρεται από τις αναμνήσεις του παρελθόντος, για να σπάσει ένα παρόν σιωπής, κατά την οποία ο άντρας αποσύρεται στον κόσμο του και η γυναίκα μαραζώνει απαρατήρητη: «Όλο τον περασμένο καιρό είχαν βυθιστεί στο δεσμό της αγάπης των και δεν εχωρίζονταν από την αγκαλιά του πόθου παρά με σπασμό ηδονικό»[296].

Η σκηνή είναι ιδιαίτερα αισθησιακή και η ιδέα πως η ηδονή της σάρκας μπορεί να αναιρέσει το δέος απέναντι στο θάνατο δεν μπορεί παρά να ανήκει στην ανατρεπτική συλλογιστική που εισήγαγε ο αισθητισμός. Ακόμη και η σκέψη της σάρκας ενός παιδιού που «αναδίνεται σε χούφτα γης»[297] περικλείει κάτι αισθησιακό μέσα της, σαν να μιλά για την αποκατάσταση του ανθρώπου στην αρχική μορφή της χοϊκής του υπόστασης· προσέχουμε ότι το ρήμα δεν είναι το «καταδύεται» αλλά το «αναδίδεται», το οποίο εμπεριέχει, στην παράλληλη χρήση του, και μια αίσθηση ευωδίας.

Μέσα σ' αυτό το κλίμα η σιωπή των δύο γονέων-πρωταγωνιστών αποκτά «κάποιο βαθύτερο μυστήριο»[298], που επιλύεται με την ικανοποίηση των καταπιεσμένων πόθων. Κάποιο βράδυ η γυναίκα κάθεται στο παράθυρο βυθισμένη στη σκέψη ερωτικών στιγμών του παρελθόντος, όταν «ανάσα των δέντρων τής έφερε στην ψυχή ποθερές ανατριχίλες»[299]· ακόμη και όταν την παίρνει ο ύπνος, ηδονικά μηνύματα διαπερνούν την κάμαρα και φτάνουν ως τον άντρα της, ο οποίος:

Σηκώθηκε ξαφνικά σαν να τον έσερνε κάτι προς την άλλη κάμαρα. Επήγε κι έφτασε στο παράθυρο όπου η

---

295. Ό. π., 279.
296. Ό. π.
297. Ό. π., 278.
298. Ό. π., 279.
299. Ό. π.

γυναίκα κοιμόταν βαθιά. Εστάθη κι εκοίταξε το κορμί της [...] σαν σε όνειρο του εφάνηκε και αναλύθηκε η ψυχή του σε καλοσύνη, σ' ένα τρεμάμενο πόθο, που λύγισε τα γόνατα κι ήθελε να πέσει εμπρός, στα πόδια της γυναίκας του, να της φιλήσει τα χέρια και να της ειπεί πως η ζωή δεν είναι ένας αιώνιος χωρισμός [...] θα 'θελε να την πάρει στην αγκαλιά του, έτσι σιγά σιγά να την φέρει σ' ένα ευωδιασμένο κρεβάτι, να την αποθέσει εκεί και να την ξυπνήσει μιλώντας της με την αγάπη, τη νιότη και τη ζωή. Ψιθύρισε σιγά κάποια λόγια, τ' όνομά της. Αλλά βαρύς ήτανε ο ύπνος της, γιατί οι πνοές της άνοιξης την αποκοιμίσανε, ποτίζοντάς την βαθιά στα σπλάχνα[300].

Ο ερωτισμός που εκπέμπει η σκηνή είναι πυκνός, ώριμος και κατασταλαγμένος, καθώς συντονίζει όλα τα προηγούμενα ερωτικά μηνύματα με τρόπο που αναστατώνει την αίσθηση. Η δυναμική της αφήγησης δεν έχει καμιά σχέση με διονυσιακές κραυγές και διθυράμβους· είναι ένας αδιόρατος ψίθυρος που διογκώνεται σε αναστεναγμό και εδραιώνει χαμηλόφωνα μια ισχύ που κυριεύει και λαγγεύει. Ο εκστασιασμός της σκηνής συμπυκνώνει σαρκική ηδονή, όταν ο άντρας σφίγγει τη γυναίκα στην αγκαλιά του και την φιλά με λαχτάρα. Οι αισθήσεις έχουν πια λυθεί, μακριά από έγνοιες του κόσμου και μέσα στη λήθη της αρχετυπικής ηδονής. Αν η αρχή του κειμένου ήταν συνταρακτική με το θάνατο του μικρού παιδιού, το τέλος του, με την αναπαραγωγική υπόσχεση που περικλείει, είναι εξίσου συνταρακτικό: η κοσμογονία ολοκληρώνει τον κύκλο της μέσα από τα ένστικτα και το σεβασμό προς αυτά. Το σεβασμό των ενστίκτων θα διακηρύξει, όπως θα διαπιστώσουμε, ο Καζαντζάκης στο άρθρο του «Η αρρώστια του αιώνος», ενώ ήδη το έχουμε δει πολλές φορές στον Επισκοπόπουλο και θα το δούμε με μεγάλη δύναμη και στον Ροδοκανάκη. Άλλωστε, η ερωτική πράξη, που λαμβάνει χώρα παράλληλα με το γεγονός του θανάτου, παραπέμπει στο μεγαλύτερο θέμα «αρρώστια–υγεία»· εδώ υπενθυμίζουμε τις «Κακές μυροφόρες» του Νιρβάνα, όπου αναδύεται η μεθυστική ευωδιά της λέπρας, και τον έρωτα δίπλα στο σαρκίο μιας σχεδόν πεθαμένης συζύγου, θέμα που, όπως θα δούμε, θα απασχολήσει τον Χρηστομάνο στην *Κερένια κούκλα*.

---

300. Ό.π., 280.

Συνοψίζοντας βλέπουμε τον Σπ. Πασαγιάννη ως δυναμική παρουσία στο χώρο του ελλαδικού αισθητισμού, που, χωρίς να διακηρύσσει απερίφραστα νιτσεϊκές συγγένειες και χωρίς να έχει συναίσθηση μιας ταξινόμησης του έργου του, δίνει μια πολύ σφριγηλή εκδοχή ελλαδικού αισθητισμού.

7. Κωνσταντίνος Χρηστομάνος

Ένας από τους δύο Νεοέλληνες πεζογράφους ύστερα από τον Επισκοπόπουλο, που χαρακτήρισαν το νεοελληνικό αισθητισμό, ήταν ο Χρηστομάνος (1867-1911)· ο άλλος ήταν ο Ροδοκανάκης. Ευαίσθητες ιδιοσυγκρασίες και οι δύο αποτέλεσαν έναν ξεχωριστό πυρήνα μέσα στα λογοτεχνικά πράγματα της εποχής. Δεκτικοί στα ερεθίσματα της Δύσης λόγω προσωπικών συγκυριών –ο Χρηστομάνος έζησε αρκετά στη Βιέννη, ο Ροδοκανάκης είχε επαφές από την παιδική του ηλικία με το ρωμαιοκαθολικισμό–, έδωσαν μια λογοτεχνία απόλυτα ενταγμένη στον αισθητισμό. Η θεματική και υφολογική συγγένεια των έργων τους υπήρξε μάλιστα και αιτία δικαστικής διαμάχης, η οποία ξέσπασε μεταξύ τους και για την οποία θα κάνουμε λόγο στο κεφάλαιο που συζητά τον Ροδοκανάκη. Θα λέγαμε πάντως ότι, γενικά, οι ομοιότητες ανάμεσά τους υπερτιμήθηκαν· αν κοιτάξει κανείς ερευνητικά, μπορεί να επισημάνει ότι ο Χρηστομάνος εκφέρει έναν πολύ πιο ασθενικό αισθητισμό από το ρωμαλέο αισθητισμό του Ροδοκανάκη, ο οποίος έχει και νιτσεϊκά στοιχεία αλλά προπάντων τον πιο μεστό λυρισμό από όλους τους Ελλαδίτες αισθητιστές.

Ο Χρηστομάνος επέστρεψε στην Ελλάδα το 1901 μετά από μακρόχρονη παραμονή στην Αυστρία, όπου συντελέστηκε η διαμόρφωσή του ως λογοτέχνη[301]. Εκείνη την εποχή, οι λογοτεχνικοί κύκλοι της Βι-

---

301. Σύμφωνα με την παρατήρηση του Πούχνερ (Β. Πούχνερ, *Ο Κωνσταντίνος Χρηστομάνος ως δραματογράφος. Ο αισθητισμός και ο αισθησιασμός στο νεοελληνικό θέατρο των αρχών του αιώνα μας*, Αθήνα, Καστανιώτης, 1997, 21): «ήταν και πολύγλωσσος εστέτ, στον οποίον οι μηχανισμοί της πρόσληψης του μοντερνισμού στην Ελλάδα από το 1880 και πέρα δεν μπορούν να εφαρμοστούν, γιατί ως το 1900 είναι περισσότερο εγκλιματισμένος στον πνευματικό κόσμο της ανήσυχης τότε Βιέννης του fin-de-siècle».

έννης είχαν αρχίσει να κινούνται στο κλίμα του συμβολισμού, το οποίο άφησε κάποια ίχνη στο έργο του Χρηστομάνου· η παρουσία του όμως εκεί είχε ως πιο σημαντική συμβολή τη γνωριμία του με την «τέχνη των νεύρων», την «Nervenkunst» του Hermann Bahr[302]· ο μελετητής αυτός χωρίζει την «Nervenkunst» σε «Nervenromantik» και «Nervensymbolik», όμως ο Χρηστομάνος θα εντάξει τη νεύρωση στο δικό του προσωπικό σύστημα αισθητισμού, τρέποντάς την σε χώρο ναρκισσισμού και περισυλλογής.

Αυτό το βλέπουμε καλύτερα στα έργα του, πιο αντιπροσωπευτικό από τα οποία θεωρείται *Το βιβλίο της αυτοκράτειρας Ελισάβετ*· γράφτηκε το 1898 λίγους μήνες μετά τη δολοφονία της αυτοκράτειρας και κυκλοφόρησε την ίδια χρονιά στη Βιέννη στα γερμανικά με τίτλο *Tagebuchblätter* (*Φύλλα ημερολογίου*)· το 1900 μεταφράστηκε και κυκλοφόρησε στα γαλλικά με πρόλογο του Maurice Barrès. Το βιβλίο είναι πλήρως ενταγμένο στη λογική των journaux intimes, αν και δεν γράφτηκε σε πρώτο πρόσωπο αλλά εκτυλίσσεται ολόκληρο ως αφήγηση που περιστρέφεται γύρω από το πρόσωπο της αυτοκράτειρας της Αυστρίας και βασίλισσας της Ουγγαρίας, Ελισάβετ-Αμαλίας-Ευγενίας (1837-1898), συζύγου του αψβούργου αυτοκράτορα Φραγκίσκου Ιωσήφ Α΄, της γνωστής με το χαϊδευτικό Σίσσυ. Μέσα από μια σειρά χρονικών και τοπικών σταθμών παρουσιάζεται το πορτρέτο μιας από τις πιο γνωστές και ελκυστικές στα νιάτα της εστεμμένες της εποχής, όπως εκθαμβωτικά σχηματίστηκε στην αντίληψη του νεαρού, τότε, Έλληνα φοιτητή και συνοδού της Χρηστομάνου.

Ο Χρηστομάνος, που υπήρξε δάσκαλος της αυτοκράτειρας στα νέα ελληνικά (1891-1892) και αναγνώστης κειμένων για χάρη της, είχε την ευκαιρία να περάσει αρκετό χρόνο μαζί της, συνοδεύοντάς την και σε ταξίδια, από τα οποία το ένα στην Κέρκυρα, όπου η Ελισάβετ είχε χτίσει για αναψυχή της το γνωστό ανάκτορο Αχίλλειον. Το γεγονός ότι μια ώριμη γυναίκα με τόση λάμψη και χάρη έκανε την τιμή σ' έναν παραμορφωμένο σωματικά (καμπούρη) νέο να τον καλέσει ως συνοδό της και να τον εντάξει στη ζωή της ήταν μια εμπειρία που συγκλόνισε το στερημένο νεαρό Χρηστομάνο. Τα έντονα αισθήματα εντυπωσιασμού, που του ενέπνευσε η παρουσία μιας τόσο χαρισματικής γυναίκας, οδήγησαν στη δημιουργία αυτού του έργου, όπου τυπικά σκιαγραφείται αλλά ουσιαστικά εξυμνείται στο σύνολο το άτομο και η προσωπικότητά της.

---

302. Ό. π., 45-46.

Σε πρώτο επίπεδο, βλέπουμε την εξιδανικευμένη μορφή μιας γυναίκας η οποία περιγράφεται ως αντικείμενο ερωτικού πόθου, όπως γίνεται στην ερωτική εξομολόγηση του Επισκοπόπουλου στο *Άσμα Ασμάτων* ή στο ερωτικό παραλήρημα του αφηγητή που θα δούμε στο καζαντζακικό *Όφις και κρίνο*. Στον Χρηστομάνο η γραφή δεν είναι απλώς ρομαντικής καταγωγής αλλά φέρει το εγγενές στίγμα ενός ύστερου εξαντλημένου ρομαντισμού, που ακροβατεί στα όρια του σύμπαντος του E. A. Poe. Ο αφηγητής πλάθει αρχικά μια σωματική εικόνα του ιδεώδους της ομορφιάς, «την ιδανική κι αληθινήν εικόνα του είναι της»[303], όπως ο ίδιος ομολογεί. Στη συνείδησή του, αυτή αποτελεί την ενσάρκωση του Ωραίου, ενός ιδανικού δηλαδή που υπήρξε πρωτογενές κέντρο αφόρμησης των αισθητιστικών πραγματώσεων. Το πώς συλλαμβάνει αυτή την έννοια αποκαλύπτεται σε μακρόσυρτες περιγραφές κάλλους, τις οποίες δεν φείδεται σ' όλη την έκταση της αφήγησης.

Ενώ, κατά γενικό κανόνα, οι επιμέρους ενότητες του αφηγήματος έχουν ως επικεφαλίδα κάποια χρονολογία ή κάποια τοποθεσία, υπάρχει μία και μόνη ενότητα, η οποία έχει τον τίτλο «Χαιρετισμοί» και η οποία αποτελεί την εισαγωγική περιγραφή της αυτοκράτειρας. Σ' αυτή την ενότητα, ενώνονται πολλές μικρότερες περιγραφές, για να εξάρουν την Ομορφιά ως έννοια που ξεφεύγει από το σωματικό βρίσκοντας δικαίωση και στο διαισθητικό. Ο τίτλος «Χαιρετισμοί» είναι καίριος, γιατί φέρνει στο νου μια τελετουργία αγάπης και σεβασμού, όπου η λατρεία συνδυάζεται με απόδοση τιμής μέσα σε κλίμα δέους, προσήλωσης και μεταφυσικής προσοχής, αν σκεφτούμε τη χριστιανική υμνογραφία των «Χαιρετισμών».

Παρατηρούμε αρχικά την αμοιβαία απόσβεση φυσικής και ενδιάθετης ουσίας, η οποία πλαστουργεί το πρόσωπο μέσα σε ανταποκρίσεις αρμονίας και μουσικής. Τα καλογραμμένα χαρακτηριστικά της φυσικής ομορφιάς δένουν με έναν εύθραυστο ψυχισμό και, σε συνδυασμό με τις γραμμές του σώματος, εξαϋλώνονται μέσα στο φως και στη μουσική[304]. Πρόκειται για την άποψη κάποιου «κλασικού»

---

303. Κ. Χρηστομάνος, *Το βιβλίο της αυτοκράτειρας Ελισάβετ. Φύλλα ημερολογίου*, Αθήνα, Ερμείας, χ. χ. έ., 182.
304. Ό. π., 24: Η παρουσίαση της ηλικιωμένης πια αυτοκράτειρας ξεκινά από το κεφάλι, που με την εύθραυστη χάρη του παρομοιάζεται με «τα μακριά τα κλώνια», ενώ στη συνέχεια χαρακτηρίζεται ως το «στεφάνωμα και η τελική συνήχησις των μουσικών γραμμών του σώματός της», με έμφαση στο πρόσωπο και τον τράχηλο που φαίνεται να θέλει «ν' ανασηκωθεί ψηλότερα από κάποιο επίπεδο»· καταλήγει με τις «γραμμές της κεφαλής

αισθητισμού, που απορρέει από ρομαντικές αντιλήψεις, ως προς την αιθέρια υπόσταση της ομορφιάς, θα σημειώσει όμως βήματα διάβρωσης προς την κατεύθυνση μιας αυτοκαταστροφικής θλίψης που υφέρπει διαρκώς. Αυτή η ζοφερή πλευρά αφορά την ψυχοσύνθεση της –ηλικιωμένης και χτυπημένης από οικογενειακά πλήγματα και θανάτους– ηρωίδας, η οποία ξεδιπλώνεται παράλληλα με την προσωπογραφία της. Στο επίπεδο αυτό, προσωπικά χαρακτηριστικά επενδύονται με αισθησιακή ή νοητική έμφαση εγγράφοντας το κείμενο στην ηδονική ή εγκεφαλική περιοχή του αισθητισμού αντίστοιχα.

Η ευαισθησία, που αποπνέει η όλη παρουσία της Ελισάβετ, καθοδηγεί την υποψιασμένη σκέψη σ' ένα δεύτερο, λιγότερο προφανές αλλά πιο ουσιαστικό επίπεδο, όπου λανθάνει μεταμφιεσμένη η ευαισθησία του ίδιου του συγγραφέα. Όλα αυτά είναι απλώς νύξεις στην αρχή μιας περιγραφικής αφήγησης, που θα αναδιπλωθεί στη συνέχεια σε πολλές παραγράφους και στην οποία μικρές λεπτομέρειες όψης, ύφους και διάθεσης βρίσκουν προεκτάσεις σε επίπεδο βάθους, εκεί όπου ο αφηγητής αγωνιά σχεδόν να αναδείξει μια προσωπικότητα.

Στην πραγματικότητα, ακούμε τους υπόγειους ήχους μιας σφυρηλάτησης, κατά την οποία ο τεχνίτης του λόγου μορφώνει στο υπαρκτό πρόσωπο μια άποψη τέχνης. Έτσι, περνούμε στο τελευταίο, το ουσιώδες επίπεδο μιας αυτοβιογραφικής αντανάκλασης όπου ο συγγραφέας-αφηγητής γίνεται το alter ego της αυτοκράτειρας. Ένα ατύχημα της παιδικής του ηλικίας όχι μόνο στιγμάτισε το σώμα του με μόνιμη παραμόρφωση αλλά και πλήγωσε την ψυχή του με ανίατη υπαρξιακή απόγνωση. Φτιάχνοντας, λοιπόν, ένα έργο τέχνης με αντικείμενο τον άλλο, ζωοποιεί μέσα στην ομορφιά το χαμένο του Εαυτό και, στο πορτρέτο που φιλοτεχνεί, βλέπει, σαν μέσα σε καθρέφτη, το δικό του είδωλο, όπως θα το επιθυμούσε ή όπως το αναγνωρίζει τη στιγμή εκείνη. Όλα αυτά παραπέμπουν, βέβαια, στο *Πορτρέτο του Dorian Gray* και στο παιχνίδι Τέχνης–Φύσης του Wilde, όπου η Φύση ακολουθεί ή μιμείται την Τέχνη, πράγμα που συμβαίνει και εδώ, καθώς ο συγγραφέας σκηνοθετεί τον εαυτό του μέσα απ' τα λόγια της πρωταγωνίστριάς του. Ο Νιρβάνας στα *Φιλολογικά απομνημονεύματά* του αναφέρει το ακόλουθο εύγλωττο περιστατικό για τον Χρηστομάνο:

της» να «εξαϋλώνονται σ' ένα μεγάλο φέγγος μέσα στις ακτίνες του ήλιου, όπως σε μιαν ουσία ομοιογενή».

Θυμούμαι στα 1910, την επιγραμματική στιχομυθία του Κωνσταντίνου Χρηστομάνου με έναν ξένον ανταποκριτή.

-Τι θα κάμετε στα 1911;

-Θα πεθάνω. Αυτό θα ήταν το έργο του για το 1911. Το υποσχέθηκε και -αλίμονο- μας το 'δωκε. Έργο τέχνης. Γιατί όχι; Ή πρέπει να κάνει κανείς τον εαυτό του καλλιτέχνημα, είπε ο Όσκαρ Ουάιλδ, ή να το φέρνει. Ο Χρηστομάνος πάσχισε πάντα να πλάσει απ' τη ζωή του ένα αριστούργημα. Ακολουθούσε ίσως ασυναίσθητα το δόγμα του ποιητή του Ντόριαν Γκρέυ: «Τεχνητοί να είμαστε είναι το πρώτο μας χρέος· το δεύτερο δεν το ξέρουμε». Κι αν ονειρεύτηκε τη ζωή του σαν καλλιτέχνημα, σαν αυτοτελείωμα δηλαδή του εαυτού μας, γιατί να μην ονειρευθεί και το θάνατο σαν το ανώτερο τελείωμα του εαυτού του, σαν το οριστικό και μεγάλο του έργο; Προνόμιο είτε φαντασιοπληξία των δημιουργών, είναι όμως κάτι τι αυτό, που φαίνεται σαν παιγνίδι λέξεων και που το νιώθει βαθιά κάθε δημιουργός. Γιατί αυτός, που δημιουργεί το έργο της τέχνης, δημιουργεί μαζί και τον εαυτό του, τη ζωή και το πέραν της ζωής. Τεχνίτης μαζί και Μοίρα του εαυτού του[305].

Η τολμηρή ανάγνωση του Νιρβάνα είναι απόλυτα αισθητιστική, έστω και μέσα στο γραμματειακό είδος της κριτικής· φέρνει την αποκάλυψη μιας νέας ερμηνείας, που εντάσσει το έργο του Χρηστομάνου στο σωστό του πλαίσιο. Πρόκειται για έναν δημιουργό που σκηνοθετεί τον εαυτό του μέσα στα έργα του και βρίσκει ανακούφιση από τη ζωή μέσα στους τεχνητούς παραδείσους της τέχνης του, εκεί όπου η φαντασία ως αξεπέραστη δύναμη ανάπλασης τελειοποιεί το φυσικό μέσα από το τεχνητό στοιχείο. Όσο περισσότερο αποτραβιέται από την επώδυνη πραγματικότητα της σωματικής και –κάποτε– ψυχικής παραμόρφωσης, τόσο πιο ευεργετικά ενεργοποιούνται οι δυνάμεις αναίρεσης του ρεαλιστικού και εμπέδωσης του αισθητιστικού.

Η διόρθωση, μέσα στην τέχνη και μέσω της τέχνης, της φυσικής ατέλειας που καταπιέζει με οδύνη, σημαίνει επανόρθωση του Ωραίου και θρίαμβο του Τεχνητού, ιδανικά που η πραγμάτωσή τους εγγράφει

---

305. Π. Νιρβάνας, *Φιλολογικά Απομνημονεύματα* (επιμ. Κ. Καφαντάρης), Αθήνα, Οδυσσέας, 1988, 131.

τον Χρηστομάνο στη χορεία των αισθητιστών. Αλλά, αν αυτή η επενέργεια ηρεμεί τον ψυχισμό αποσύροντάς τον στην κατευναστική λήθη ενός άλλου κόσμου, δεν καταφέρνει να τον απαλλάξει από το βάρος του στίγματος που τον σημάδεψε. Αυτό υφίσταται πάντα, υποδόριο, ύστατος καταλύτης αισθητισμού, για να διαψεύσει την πιθανή ελπίδα οριστικής λύτρωσης και να υπονομεύσει υποψίες ευφορίας. Η παραμόρφωση διαπερνά το εσωτερικό του αφηγητή και γίνεται η ψυχική αρρώστια που κατατρύχει τον αισθητή παντού, είναι γι' αυτόν η αρχή και το τέλος, αφετηρία και προορισμός, το σημείο όπου αγωνίζεται να φτάσει, ενώ το έχει κιόλας κατακτήσει.

Αυτή είναι η πεμπτουσία της ασθένειας που μεταφέρουν τα γραπτά του Χρηστομάνου, το ότι δηλαδή βρίσκεται κιόλας σε σημείο που θα μπορούσε να ξεπεράσει αλλά, αντί να προχωρήσει μπροστά, επανέρχεται στην εμμονή που τον βασανίζει, σ' αυτό που τον πλήγωσε. Το 1898, ενώ βρίσκεται ακόμα στη Βιέννη, γράφει στα γερμανικά το θεατρικό έργο *Η Σταχτιά Γυναίκα*, όπου μια γκουβερνάντα με σταχτιά ρούχα έρχεται στο σπίτι κουβαλώντας ήδη ένα βεβαρυμένο ιστορικό που φαίνεται να υπαγορεύει εξαρχής ένα προδιαγεγραμμένο τέλος:

> Φαντάσου, η φτωχή! Έχασε τον άντρα της κι εδώ και λίγους μήνες και το μονάκριβό της παιδί! Αυτή η ίδια τ' άφηκε να πέσει από το παράθυρο, ενώ το κρατούσε στην αγκαλιά... από το τέταρτο πάτωμα... Φριχτό! ...[306]

Το μοτίβο αποκτά ιδιαίτερη σημασία, από τη στιγμή που γνωρίζουμε ότι ο ίδιος ο Χρηστομάνος καλλιεργούσε μια μυθολογία της σωματικής του δυσμορφίας αφήνοντας να υφέρπει ως αιτιολογία το λάθος της παραμάνας του, που τον άφησε να της πέσει από τα χέρια, όταν ήταν μωρό. Αλλά, όπως θα δούμε, και η κερένια κούκλα στο ομώνυμο μυθιστόρημά του είναι ένα αδύναμο μωρό, που πεθαίνει στο τέλος, κουβαλώντας την αμαρτία ενός παράνομου έρωτα και ενσαρκώνοντας το φάντασμα της φυματικής συζύγου, που στοιχειώνει με την υπερκόσμια παρουσία της το παράνομο ζευγάρι. Συμπληρωματικά αναφέρουμε ότι, εκτός από την Βεργινία που πεθαίνει από φυματίωση στην *Κερένια κούκλα*, την ίδια τύχη έχει και η Δόρα στο θεατρικό έργο *Τα τρία φιλιά*

---
306. Β. Πούχνερ, ό. π., 62.

(1909)³⁰⁷· και αυτό, βέβαια, δεν οφείλεται μόνο στην πανευρωπαϊκή έξαρση της φυματίωσης στα χρόνια της Belle époque.

Με τον τρόπο αυτό, ο Χρηστομάνος υποβάλλεται εσκεμμένα στο βασανιστήριο να βλέπει τον εαυτό του να πεθαίνει, άλλοτε βίαια και απότομα και άλλοτε φθίνοντας αργά μέσα στην αρρώστια, άλλοτε ως παιδί και άλλοτε ως μεγάλος. Πέρα όμως από το γεγονός ενός αισθητιστή που σκηνοθετεί θεματικά τον εαυτό του παίζοντας επώδυνα με την έκβαση της ζωής του, βλέπουμε και την πτυχή του αισθητιστή ο οποίος πρώτιστα ανάγει το ύφος της γραφής του σε αυτόνομο θέμα σμίγοντας γενικά το θάνατο με τον αισθησιασμό και, ειδικότερα, αφήνοντας το λόγο του να παρασύρεται στη διάβρωση μιας πικρής ανίας. Αν η ανία υπήρξε βάση του ευρωπαϊκού παρακμιακού κινήματος, ο Χρηστομάνος την οικειοποιείται μέσα από το ύφος του.

Αυτό το ύφος εναρμονίζεται απόλυτα με τους αργούς ρυθμούς του είδους του προσωπικού ημερολογίου, που ήταν της μόδας και εκείνη την εποχή. Ο Χρηστομάνος τοποθετεί ο ίδιος το μυθιστόρημά του στο είδος του ημερολογίου επιγράφοντάς το «Φύλλα Ημερολογίου». Θυμόμαστε εδώ ότι και ο Ελβετός Amiel έγραψε *Ημερολόγιον* (1883-1884) με θέμα την αυτοκράτειρα Ελισάβετ· τις «affinités électives», τις οποίες νιώθει μεταξύ των δύο κειμένων, ο Δ. Κακλαμάνος, τις αποτύπωσε στο άρθρο του για το βιβλίο του Χρηστομάνου: «το λεπτεπίλεπτον αυτό ευαγγέλιον του νεοτέρου πεσσιμισμού και της συναισθήσεως του μηδενός της ζωής, ήτις αποτελεί τον πικρόν φόρον, αλλά και την υπεροχήν των σπανίων πνευμάτων και των επιλέκτων ψυχών [...] Πρόκειται περί πνευμάτων συγγενών [...]»³⁰⁸

Η εκλεκτική συγγένεια του έργου με το ομώνυμο και διασημότερο προγενέστερο ημερολόγιο του Amiel μάς οδηγεί αβίαστα σε συμπεράσματα που συγκλίνουν με την εξής παρατήρηση της Lora Martens: «Το ημερολόγιο του Amiel αποτέλεσε (και εξακολουθεί να αποτελεί) το κατεξοχήν journal intime, καθώς η ενδοσκόπηση, η αυτοανάλυση και η έκφραση του mal de siècle, στοιχεία που συναντώνται, σε διαφορετικό βαθμό σε όλα τα προσωπικά ημερολόγια του 19ου αιώνα, αποτυπώνονται στις σελίδες του με τη μεγαλύτερη δυνατή ενάργεια»³⁰⁹.

---

307. Δεν θα μας απασχολήσει εδώ, επειδή ανήκει στο γραμματειακό είδος του θεάτρου· επισημαίνουμε, ωστόσο, ότι στο κείμενο, εκτός από θέματα του αισθητισμού, υπάρχουν και ανάλογοι υφολογικοί τρόποι.
308. Δ. Κακλαμάνος, «Η αυτοκράτειρα Ελισάβετ», *Παναθήναια* 1 (1901) 241.
309. Α. Σαμουήλ, *Ο βυθός του καθρέφτη. Ο André Gide και η ημερολογιακή μυθοπλασία στην Ελλάδα*, Ηράκλειο, Πανεπιστημιακές Εκδόσεις Κρήτης, 1998, 127.

Θα προχωρήσουμε, όμως, παραπέρα από τις διαπιστώσεις αυτές θέτοντας και τον προβληματισμό της βιογραφικής διάστασης του έργου.

Η Α. Σαμουήλ θεωρεί ότι το έργο του Χρηστομάνου «μετέχει ταυτόχρονα της βιογραφίας και του ημερολογίου· επιπλέον, καθώς τα στοιχεία της λογοτεχνικότητας είναι σ' αυτό έντονα, το έργο σε ορισμένα τουλάχιστον σημεία του θυμίζει και τις αντίστοιχες μυθοπλασιακές εκδοχές των δύο ειδών, δηλαδή τη μυθιστορηματική βιογραφία και το πλασματικό ημερολόγιο»[310]. Από τη μια δηλαδή βλέπει *Το βιβλίο της αυτοκράτειρας Ελισάβετ* ως «βιογραφία της εσωτερικής κυρίως ζωής της αυτοκράτειρας Ελισάβετ» και από την άλλη ως «προσωπικό ημερολόγιο του ίδιου του συγγραφέα»[311].

Σε συνέχεια των παραπάνω απόψεων κατεβάζουμε τον προβληματισμό σε επίπεδα βάθους, όπου ανακύπτει το ερώτημα ποιος είναι αυτός που στην πραγματικότητα βιογραφείται. Αν βιογραφείται στην πραγματικότητα η αυτοκράτειρα Ελισάβετ, τότε αυτοδίκαια αρμόζει στο έργο ο χαρακτηρισμός «βιογραφία». Δεν θα την λέγαμε, όμως, αυτή τη βιογραφία μυθιστορηματική, γιατί το κείμενο διέπεται από μια αναντίρρητη ποιητικότητα. Ωστόσο, με ασφάλεια θα μπορούσαμε να την ονομάσουμε λυρική ή «ποιητική βιογραφία» –κατ' αναλογία και με το «ποιητικό μυθιστόρημα» για το οποίο μίλησε ο Rémy de Gourmont[312]– γραμμένη με τους εξωτερικούς τύπους ενός ημερολογίου· η ποιητικότητα εδώ αναφέρεται στο λυρισμό και όχι στη μουσική υποβολή που υπήρξε ζητούμενο του συμβολισμού· δεν αποκλείουμε φυσικά την εκδοχή της προδρομικότητας του έργου, που κάποτε χρησιμοποιεί συμβολιστικούς τρόπους, όπως και η *Κερένια κούκλα*. Έτσι καλύπτουμε το πρώτο σκέλος, την οπτική που εστιάζει την προσοχή στην αυτοκράτειρα.

Περνώντας σ' ένα δεύτερο σκέλος, με κέντρο τον αφηγητή, παρατηρούμε ότι το έργο θα μπορούσε να αποτελεί την κρυφή αυτοβιογραφία

---

310. Ό.π., 199.
311. Ό.π.
312. Ο όρος «ποιητικό μυθιστόρημα» («roman poétique» ή «roman lyrique») χαρακτηρίζει το ενδιάμεσο είδος για το οποίο ο συμβολιστής Rémy de Gourmont δήλωνε ότι «το μυθιστόρημα είναι ένα ποίημα» και ότι «όποιο μυθιστόρημα δεν είναι ποίημα δεν υπάρχει» (M. Raimond, *La Crise du roman, du lendemain du naturalisme aux années vingt*, Paris, José Corti, 1966, και D. Combe, *Les genres littéraires*, Paris, Hachette Supérieur, 1992, 68)· πέρα από το γεγονός ότι η ποιητικότητα εδώ σίγουρα σχετίζεται και με τη μουσικότητα ως αίτημα του συμβολισμού, η άποψη αυτή ανήκει στη θεωρία του οικουμενικού έργου τέχνης, θεωρία για την οποία γίνεται λόγος σε άλλο σημείο της εργασίας.

του συγγραφέα, βασισμένη όχι σε γεγονότα της εξωτερικής αλλά της εσωτερικής του ζωής. Σ' αυτή την περίπτωση μιλούμε για πλασματική βιογραφία της αυτοκράτειρας και πραγματική βιογραφία του Χρηστομάνου. Από τη στιγμή που το προσωπικό ημερολόγιο γίνεται βιογραφία και τίθεται το θέμα τού ποιος βιογραφείται, η κατάβαση στα κειμενικά δεδομένα αποκαλύπτει ότι η προσωπική ζωή του συγγραφέα είναι εκείνη που αποτυπώνεται στο βιβλίο κάτω από τις σκέψεις και τα λόγια της αυτοκράτειρας. Καταλήγουμε, λοιπόν, στην αντιστροφή των όρων που χρησιμοποιεί η Σαμουήλ· δεν μιλούμε για ημερολόγιο εσωτερικής ζωής του συγγραφέα αλλά της αυτοκράτειρας και δεν μιλούμε για βιογραφία της αυτοκράτειρας αλλά του συγγραφέα.

Το γραμματειακό είδος του ημερολογίου περιορίζει κάθε ενέργεια στον τομέα της σκέψης· προδιαγράφει, επομένως, την απουσία συγκεκριμένης υπόθεσης και αποκλείει εντελώς τη δράση. Όμως και μέσα σ' αυτόν το συρρικνωμένο εγκεφαλικό πυρήνα, το σαράκι της ρημαγμένης ζωής τρέφει τόσο γερά τα νοήματα, ώστε οι παλινδρομήσεις και οι επαναφορές να γίνονται πάντα στο ίδιο σημείο: όχι μιας ορατής αρρώστιας αλλά μιας αόριστης ασθένειας, ενός «κακού» που πλανιέται στην ατμόσφαιρα απειλητικά. Οι λειτουργίες που λαμβάνουν χώρα σε μυστικές περιοχές του μυαλού παραπέμπουν στη λειτουργία του θερμοκηπίου και στην ανάπτυξη του τεχνητού, που αποτέλεσε καίριο θεματικό πυρήνα του αισθητισμού. Πάνω σ' αυτή τη βάση ο Δ. Κακλαμάνος παρομοιάζει το *Βιβλίο της αυτοκράτειρας Ελισάβετ* με τα άνθη εσωτερικού χώρου σε ομότιτλο άρθρο του στα *Παναθήναια* του 1901:

> Έχει δίκιο ο Βαρρές λέγων ότι η τόλμη και η πικρά ειρωνεία, η ακατανίκητος αηδία των πάντων, το διαρκώς επανερχόμενον αίσθημα του θανάτου, αι αισθηματικαί ακόμη παιδιαί της μελαγχόλου, της ζητούσης την διασκέδασιν της μελαγχολίας της, καθιστώσι το βιβλίον, το αποθησαυρίζον αυτάς, το παραδοξότερον νιχιλιστικόν ποίημα, το οποίον ποτέ ανθρωπίνη ύπαρξις έζησεν, αν όχι εις τον κόσμον, τουλάχιστον εις την νοτιωτέραν Ευρώπην, όπου αι ιδέαι ενός Τολστόι, ενός Ίψεν, ενός Μπγιέρνσον ζώσι μάλλον ως σπάνια άνθη θερμοκηπίου ή ως αυτοφυή βλαστήματα[313].

---

313. Δ. Κακλαμάνος, ό. π., 244.

Μιλώντας για εκλεκτικές συγγένειες πρέπει να αναφέρουμε ότι αργότερα και ο Παλαμάς θα ονομάσει άνθος θερμοκηπίου το *Βυσσινί τριαντάφυλλο* του Ροδοκανάκη.

Έτσι, ολοκληρώσαμε μια πρώτη ματιά στα τρία επίπεδα μέσα από τα οποία λειτουργεί το αφήγημα. Στο πρώτο επίπεδο φωτίζεται η ομορφιά της αυτοκράτειρας, μέσω της οποίας, στο δεύτερο επίπεδο, ζωοποιείται ένας ολόκληρος κόσμος, ο εσωτερικός της κόσμος· παράλληλα, στο τρίτο επίπεδο, διακρίνεται ένας άλλος κόσμος, πιο μακρινός και υπόκωφος, ο κόσμος του αφηγητή.

Καθώς επιμερίζεται η περιγραφή της ομορφιάς, οι αντανακλάσεις του ψυχισμού έρχονται κομματιαστά από κάθε μικρή λεπτομέρεια του σώματος:

> στην κόμη της έχει χυθεί της νύχτας το σκοτάδι και κάθε τόσο μια λάμψη ξεπετιέται, όπως η αυγή ξεπετιέται από τη νύχτα: ίσως να 'ναι σκέψεις -σκέψεις που δεν τις λέει, που μαντεύουν τα όσα έρχονται και γι' αυτό ξεχύνονται προς τις πνοές των λουλουδιών[314].

Η ποιητική περιγραφή των μαλλιών, όπου το σκοτάδι και το φως πλέκονται με λάμψεις, σκέψεις και πνοές λουλουδιών, συνεχίζεται μέσα από αναμνήσεις Νύμφης, Αμαδρυάδας ή Οφηλίας και, τελικά, της αρχαίας Βερενίκης –που παραπέμπει όμως και στη Βερενίκη του Poe–, με την κόμη που «λαμποκοπά στον ουρανό ανάμεσα στ' άστρα»[315]. Στα κύματα του ίδιου λυρισμού κινείται και η περιγραφή της όψης, όπου τα μάτια, τα χείλη και τα φρύδια βρίσκουν την έκφρασή τους μέσα από ρομαντικούς κοινούς τόπους φυσικών φαινομένων, λουλουδιών ή ζωγραφικών παραστάσεων, οι οποίες, όμως, εκλεπτύνονται με τόση επιμέλεια, ώστε τελικά δίνουν την αισθητιστική σφραγίδα στο κείμενο.

Διαβάζουμε, για παράδειγμα, ότι η «ολόφεγγη χλωμάδα»[316] της όψης της Ελισάβετ δεν σβήστηκε από τις «φθονερές αχτίδες των ήλιων του Νοτιά»[317] και ότι

---

314. Κ. Χρηστομάνος, *Το βιβλίο της αυτοκράτειρας Ελισάβετ*, ό. π., 24.
315. Ό. π., 24.
316. Ό. π., 25.
317. Ό. π.

σ' αυτήνα μέσα ξεχωρίζουν ακόμα πιο βαθύσκιες, κάτω από τα μάτια της, οι κρυσταλλωμένες πύρες απ' τα τριαντάφυλλα που μαραθήκανε στα μάγουλά της, στα ξεραμένα μποστάνια των δακρύων της. Σ' αυτήν τη μαργαριταρένια λάμψη, γλυκιάν αυγή αβασίλευτη, αποφεγγιά ποιος ξέρει ποιων χαμόγελων που μέσα της έζησαν και πέθαναν ανίδωτα, φανερώνεται ανονείρευτη η άνθιση του στόματός της μ' ένα τόσο λεπτό σχέδιο στα χείλη της, με μιαν τόσο απίθανη πορφυράδα σαν το σκάσιμο ενός μυστικού ροϊδιού. Και κυρτώνονται τα χείλη της (ω ανείπωτη μελαγχολία!) σ' ένα τόξο που πάει να σπάσει από τη γνώση του κάθε πένθους. Σα να 'τον το ίδιο το γεφύρι που κάθε λύπη πέρασ' από πάνω του, που σείνεται ολόκληρο από την αγωνία μήπως βαστάξει ακόμα πιο αβάσταχτες και ακατάπαυτ' ανερωτά τη Μοίρα. Όταν τα χείλη της ξεσμίγουν, η καμπύλη αυτή της οδύνης αβυσσώνεται στα τρίσβαθα του είναι της, αλλά ξαναγεννιέται πάλι μόλις η σιωπή τα σφραγίσει· και στα δυο βουβά λιμάνια του στόματος αυτού μαζεύονται τότε, σαν καράβια το χειμώνα, οι πίκρες όλων των δακρύων που δεν τα 'χει κλάψει ακόμα. Τότε, βυθισμένη στη σοφία της σιωπής της, είναι η στυγνή θεά Αθήνη[318].

Τα μαραμένα τριαντάφυλλα και οι ξεραμένοι κήποι («μποστάνια»)[319] των δακρύων, το γεφύρι απ' όπου πέρασε κάθε λύπη και τα βουβά λιμάνια του στόματος, όπου σαν καράβια του χειμώνα σταθμεύουν οι πίκρες όλων των δακρύων, ενδέχεται να θυμίζουν με τη μοιρολατρική μελαγχολία τους τον Δ. Παπαρρηγόπουλο και τον Σπ. Βασιλειάδη στην εκπνοή της αθηναϊκής ρομαντικής Σχολής, ενώ η ολόφεγγη χλωμάδα, που δεν την μόλυναν ηλιαχτίδες, θα μπορούσε να παραπέμπει στον Αχ. Παράσχο, στον οποίο η νεκρική χλωμάδα διακηρύσσεται ως πρότυπο γυναικείας ομορφιάς. Θυμίζουμε, όμως, ότι και ο Καβάφης είχε γράψει ένα πρωτόλειο (πιθανόν διασκευή ξένου προτύπου) για τη «λευκή νεότητα», με τη διαφορά ότι εκεί το λευκό χρώμα απλώνεται

---
318. Ό. π., 25.
319. «μποστάνια»: η λέξη «μποστάνια», ίσως για να θυμίσει το πολύ της μόδας, τότε, Bustan του Πέρση ποιητή Sa'adi.

από τη νιότη στις έννοιες, στο ποίημα και, φασματικά, σ' ένα λευκό σεντόνι, που ανοίγεται μεταξύ δηλώσεων και συνδηλώσεων, για να ισορροπήσει τα περιεχόμενα σε μια ήσυχη αφαίρεση[320].

Αντίθετα, σφριγηλά στοιχεία ρομαντισμού διαπερνούν τα υπόλοιπα τμήματα της περιγραφής· τα μάτια της βασίλισσας «φεγγερά και ερευνητικά»[321] έχουν «συχνά βλέμματα σαν των λουλουδιών που ολάνοιχτα ατενίζουν ένα θαυμάσιο μυστικό, έπειτα πέπλος από μεταξένια σκιά τα ματόκλαδα πέφτουν πάνω τους και τ' απαλοσκεπάζουν όπως ένα σύννεφο ελαφρό κάποια σκεπάζει άστρα»[322]. Η τρυφερότητα και οι μαλακοί τόνοι αυτής της εικόνας συμπληρώνονται στη συνέχεια από αγέρωχες διατυπώσεις της ίδιας μεγαλόπνοης ουσίας:

> η κυριαρχία στα ωραία τα σχήματα, ο ηρωισμός των μεγαλοφάνταστων σκέψεων, η λαχτάρα των κυμάτων [...] η ειρωνική περιφρόνησις για κάθε στερεοθέμελη πραγματικότητα [...] η πάναγνη μεγαλοπρέπεια των κύκνων, το άφθαστο αναέρωμα των σύννεφων πάνω απ' τα χαμηλώματα -όλ' αυτά μες στων φρυδιών της κοιμούνται τις φεγγόβολες φιδογραμμές, τις γλυμμένες σαν ίσκιοι μέσα σ' έβενο[323].

Τα χέρια είναι «λιγνόχυτα, εύθραυστα»[324]· ξεψυχώντας στα «κρίνα των δαχτύλων» μοιάζουν «άνθη που κρυώνουν»[325] και, όταν αγγίζουν κάτι, μετουσιώνονται μαζί του. Περνώντας στην κορμοστασιά και την ομιλία της Ελισάβετ ο αφηγητής αφήνεται να περιπλανηθεί στην πεμπτουσία του αισθητισμού αποσύροντας την προσοχή του από τα ρομαντικά κέντρα. Αφήνοντας τα ζωηρά τινάγματα του ρομαντισμού τραβιέται στην αποκλειστικότητα της δικής του απόμακρης περιοχής. Εκεί η υπερευαισθησία δίνει τους τόνους λεπταίνοντας την υφή του αφηγηματικού ιστού αλλά και του ανθρώπινου ιστού των ηρωίδων.

---

320. Κ. Π. Καβάφης, «[La jeunesse blanche]», *Ανέκδοτα ποιήματα (1882-1923)* (επιμ. Γ. Π. Σαββίδης), Αθήνα, Ίκαρος, 1968, 77.
321. Κ. Χρηστομάνος, ό. π., 26.
322. Ό. π.
323. Ό. π.
324. Ό. π.
325. Ό. π.

Σ' αυτό το σημείο πρέπει να επισημάνουμε ότι οι περιγραφές της αυτοκράτειρας Ελισάβετ ταιριάζουν με τις περιγραφές της Χρυσούλας στις *Σπασμένες Ψυχές* (1909-1910) του Καζαντζάκη:

> ένα φόρεμα κάτασπρο, μια τουαλετίτσα απλή [...] πιο πολύ την έκανε γλυκιά το πλατύγυρό της καπέλο με την βυσσινιά εσάρπα που οι άκρες της έτσι που έπεφταν στο ζερβί της ώμο σκιάζανε ακόμα πιο πολύ τα νερά τα ήρεμα των ματιώνε της. Από το ίδιο χρώμα μια στενή κορδελίτσα σφιχτοφιλούσε το λαιμό της σαν αυλάκι αίμα. Και στα στηθάκια της απάνω ανθούσε ένα μεγάλο βυσσινί τριαντάφυλλο. Κάποιο μυστήριο ανοιγόταν και φυλλοροούσε στην κάθε της κίνηση [...] Μακρόκορμο λουλούδι που αναστενάζει και σαλεύει [...] τα μάτια της ήσανε λυπημένα σαν ισκιοπλανταγμένες λιμνούλες, όπου βαριοπέφτουνε και πνίγουνται οι ίσκιοι θλιμμένων στοχασμών [...] στο πιγουνάκι της το σεντεφένιο ένα λακκουδάκι ήτανε ανοιγμένο και γελούσε και μέσα του σα σε λιμάνι απάνεμο τρέχανε να σωθούνε απ' όλο της το θλιμμένο κορμί οι τρυφερότητες και τα χάδια και τα φιλιά τ' αμέτρητα και πάλι ήτανε αδύνατο κι όλο γελούσε και ποτέ του δε γέμιζε[326].

Αυτή είναι η πρώτη περιγραφή της Χρυσούλας μέσα στο μυθιστόρημα, η οποία είναι και καταλυτική. Εδώ εισάγονται τα στοιχεία που αργότερα θα τα επεξεργαστεί ο συγγραφέας ακόμα περισσότερο προς την κατεύθυνση του αισθητισμού. Ιδιαίτερη προσοχή δίνεται στα ρούχα που φοράει, τα οποία της δίνουν την εμφάνιση λουλουδιού. Προσέχουμε ότι το τριαντάφυλλο που φοράει η Χρυσούλα στο στήθος της είναι βυσσινί και σκεφτόμαστε ότι το 1912 ο Ροδοκανάκης θα δημοσιεύσει το ημερολόγιο ενός παρακμιακού έρωτα με τίτλο, ακριβώς, *Το βυσσινί τριαντάφυλλο*. Παρακάτω το λουλούδι γίνεται γαλάζιο, καθώς το σώμα της Χρυσούλας βυθίζεται μέσα σε διάφανα, αέρινα υφάσματα:

---

326. Π. Ψηλορείτης [=Ν. Καζαντζάκης], «Σπασμένες Ψυχές», *Ο Νουμάς* 7, 355 (1909) 6.

Τα χείλια της είχαν γίνει μια γραμμή ωχρότατη -ένα σκίσιμο που δε βγάζει αίμα. Τα χέρια της τα τρυπούσε το φως σα να 'σανε καμωμένα από διάφανο σεντέφι. Φορούσε μαβιά φορέματα καλοκαιρινά κι ένα καπέλο πλατύγυρο με φαρδιές γύρω μαβιές ταντέλες και περπατούσε κουνώντας ανάερα το κορμί της κι η καρδιά του ανθρώπου πιανότανε μην τύχει μια στιγμή και σπάσει και γίνει χίλια κομμάτια σκοντάφτοντας σε κανένα του δρόμου πετραδάκι[327].

Παρατηρούμε πόσο πολύ έχει ξεθωριάσει η αρχική εικόνα· τα χαρακτηριστικά έχουν χλωμιάσει σβήνοντας τις σωματικές υπόνοιες. Η Χρυσούλα δεν είναι πια άνθρωπος, είναι λουλούδι. Το ανθρώπινο δέρμα μοιάζει εδώ με λεπτό ύφασμα· το σωματικό μέρος έχει αναιρεθεί σε τέτοιο βαθμό, ώστε το κορμί να φαίνεται πλασμένο από μια απαλή μεμβράνη, πηγαίνοντάς μας σε συλλήψεις των Δυτικοευρωπαίων αισθητιστών, που ένιωθαν το απαλό μετάξι να λεκιάζει το κορμί σαν σεπτή αρρώστια ή φαντασιώνονταν βεντάλιες από ζωντανές πεταλούδες[328]. Ακόμα και το λουλούδι έχει γίνει ένα διάφανο φως, που θα κρυσταλλωθεί σε πολύτιμο λίθο, όπως τα λουλουδένια κοσμήματα του Καισαρίωνα στους «Αλεξανδρινούς βασιλείς» του Καβάφη. Τα φορέματα, οι κορδέλες, οι δαντέλες, το καπέλο είναι ενδυματολογικές λεπτομέρειες που δουλεύουν πάνω στην έννοια της λεπτότητας ως πολιτισμικής κατάκτησης. Η εκλέπτυνση σημαίνει υπερβολή χλιδής και εκκεντρικότητας, είναι δηλαδή καταρχήν δείγμα κορεσμού· στο επόμενο επίπεδο η λεπτομερής κατεργασία γίνεται υπαινιγμός για τον άνθρωπο που φθίνει: το τεχνητό δεν σταματά στο τεχνουργημένο αλλά προχωρά στην υποκατάσταση της ανθρώπινης ουσίας, δείγμα της νεοτερικής πλευράς του αισθητισμού.

Η Χρυσούλα μπορεί να είναι ντελικάτο στολίδι ή ντελικάτο λουλούδι. Η αυτοκράτειρα Ελισάβετ, λόγω ηλικίας ίσως, είναι ώριμο, χυμώδες φρούτο:

---

327. *Ο Νουμάς* 8, 375 (1910), 4.
328. Τέτοιες εκκεντρικές συλλήψεις θα επηρεάσουν αργότερα ακόμη και τους υπερρεαλιστές (πρβ., π. χ., πίνακες του Salvador Dalí ή το σχέδιο του Α. Εμπειρίκου για το «υμενοπαρθένιον» = μουσικό όργανο που οι χορδές του θα αποτελούνταν από πραγματικούς παρθενικούς υμένες).

Όταν αγγίζει το φρούτο στα χείλη της είναι σάμπως Εκείνη και το φρούτο να πηγαίνανε ν' αναλυθούνε ο ένας μες στον άλλον, σάμπως οι κρύφιες ουσίες και των δυονώνε να θέλανε να συνδυασθούν και να συμπληρωθούν αμοιβαία[329].

Η επαφή αποκτά κι εδώ μυστηριακή σημασία θέτοντας σε λειτουργία μηχανισμούς αισθησιακής θεώρησης του υποκειμένου, σύμφωνα με τις αισθητιστικές προσδοκίες. Ένα συμπόσιο των αισθήσεων διεγείρεται μέσα από τους χυμούς που μεθυστικά πηγαίνουν από το ένα σώμα στο άλλο, που στέκονται στα χείλη της γυναίκας και που συγκοινωνούν με τα αισθητήρια του υπονοούμενου αναγνώστη. Στο *Βυσσινί τριαντάφυλλο* του Ροδοκανάκη αλλά και στο «Θρήνο του δειλινού» του Επισκοπόπουλου οι πρωταγωνίστριες, καθώς σκύβουν πάνω στο λουλούδι, ανταλλάσσουν ουσία σε μια μυστική ένωση μαζί του.

Βρισκόμαστε στην άκρη μιας ευθείας όπου το ξεψύχισμα του τέλους (με τον αισθητισμό στο τέρμα του ρομαντισμού) συναιρείται με τους τριγμούς μιας αρχής (με τον αισθητισμό στην αφετηρία του μοντερνισμού). Στο *Βιβλίο της αυτοκράτειρας Ελισάβετ* υπάρχουν οι λιγοθυμισμένες αύρες μέσα στις οποίες αισθητοποιείται το όραμα και η πραγματικότητα ενός κόσμου της παρακμής, υπάρχει όμως και η παροδική λάμψη ιδιαίτερων στιγμών, όπου η μεταφορά υπαινίσσεται αμυδρά την ανατολή του μοντερνισμού. Αυτό σημαίνει ότι έχουμε μπροστά μας την αιθέρια παρουσία μιας αυτοκράτειρας, την οποία ο αφηγητής λειαίνει οπτικά, σε βαθμό που να την κάνει σχεδόν διάφανη, δεν αγνοούμε όμως παράλληλα και μια καίρια εικόνα της μεταξύ πουλιού και ερπετού, εκεί που γυμνάζεται ντυμένη στα μαύρα, εικόνα που λίγο απέχει από τις πρωτοπορίες του 20ού αι.:

> Την ηύρα ίσα ίσα τη στιγμή που γυμναζότανε στους κρίκους. Φορούσε ένα φόρεμα μαύρο μεταξωτό με μακριάν ουρά, στολισμένο στα κράσπεδα με θαυμάσια φτερά στρουθοκαμήλου, μαύρα κι αυτά [...] Κρεμασμένη απ' τα σχοινιά έκανε μια φανταστικήν εντύπωση σαν ένα πλάσμα ανάμεσα πουλιού και ερπετού[330].

---

329. Κ. Χρηστομάνος, ό. π., 170.
330. Ό. π., 60.

Ο άνθρωπος μεταξύ πουλιού και ερπετού μάς οδηγεί ως τη *Μεταμόρφωση* (1912) του Kafka (εκεί ο άνθρωπος γίνεται κατσαρίδα), που παραπέμπει σε μια ανάλογη στρέβλωση του κόσμου· έντονα τοπία περνούν από το πρίσμα μιας πυρετικής φαντασίας:

> Η σελήνη είχε προβάλει: ο δίσκος που σκότωσε τον Υάκινθο ανέβαινε αργοκυλώντας πίσω από τα μαύρα τα βουνά. Λεκέδες από μελανιασμένο αίμα ξανοίγονταν επάνω στη φεγγερή γυαλάδα του. Ή μήπως ήτον η ίδια η όψη του νεκρού; Μια φλόγα γλαυκή έχυνε το φέγγος της έξω από το χρύσωχρό του γύρο και όλα όσα φώτιζε αποναρκώνονταν όπως μέσα σ' αφιονιού αχνόν, ενώ ακόμα κατά το γέρμα πέρα ξεψυχούσε ρόδινη μια θύμηση αγαπημένη...
>
> Τι νύχτα εξαίσια, όλο διαφάνειες ενός κόσμου φανταστικού και κρυσταλλένιου![331]

Η αρχή του παραθέματος, που φαίνεται συμβατική, εξελίσσεται μπωντλαιρικά θυμίζοντάς μας τον «ήλιο που πνίγηκε στο αίμα του»[332], για να έρθει κατόπιν η παγερή πνοή θανάτου που θα ξεπεράσει το απόκοσμο σύμπαν του Poe με την εναλλαγή πληγωμένου φεγγαριού-νεκρικής όψης και θα χαθεί μέσα στη νάρκη των τεχνητών παραδείσων. Εδώ το εξαίσιο, ως βάση της αισθητιστικής δεοντολογίας, μπορεί ακόμη να εξισώνεται με έννοιες λεπταίσθητες, όπως το κρυστάλλινο και το φανταστικό, όμως μια πιο προωθημένη άποψη μετατρέπει το διάφανο υπερκόσμιο σύμπαν σε μακάβριο πίνακα επιστημονικής φαντασίας· την αλλαγή την φιλτράρουν τα λόγια της Ελισάβετ:

> Το λοιπόν κι εσάς σας φαίνεται πως η γη είναι κιόλας πεθαμένη και πως εμείς είμαστε τα τελευταία ανθρώπινα πλάσματα μέσα σε μιαν ερημιά από γυαλί και πως κοιτάζουμε με μάτια από γυαλί τους κήπους της σελήνης που κι αυτή έχει πεθάνει πρώτη. Βλέπετε τώρα κυλούμε απάνω σε λείψανο νεκρού μ' ένα άλλο λείψανο για συντροφιά μέσα στο αιθέριο πέλαγος· και τ' άστρα, μη νομίζετε, δεν είναι άλλο παρά απόμακρα λείψανα κι αυτά που γυαλοφέγγουν απ' αλάργα[333].

---

331. Ό. π., 166.
332. «[...] κι ο ήλιος μες στο αίμα του πνίγηκε, το πηγμένο» (Μπωντλαίρ, «Βραδινή αρμονία», *Άνθη του Κακού* (μτφρ. Γ. Σημηριώτης), Αθήνα, Γράμματα, 1991, 68).
333. Κ. Χρηστομάνος, ό. π., 167.

Η διάχυτη ιδέα του θανάτου φέρει μέσα της την παρακμιακή εμμονή για το τέλος του κόσμου, που δεν μεταφέρεται εδώ ως βασίλεμα των ήλιων, κατά τον πολέμιο της παρακμής M. Nordau, ούτε ως νεκροταφείο των εθνών, κατά τον παρακμιακό Baudelaire, αλλά εμφανίζεται ως συνολική πτωματική κατάσταση, που αρχίζει από τα ερείπια του γήινου κόσμου και φτάνει στην πλατωνική θεωρία των ιδεών με είδωλα ενός άλλου, μακρινού κόσμου. Τη συγκλονιστική σκηνή των λειψάνων που αγκαλιασμένα κυλούν μέσα στο αιθέριο πέλαγος θα την βρούμε ως ταυτόσημη εικόνα του καζαντζακικού *Όφις και κρίνο*, όπου οι δύο ερωτευμένοι πλέουν αγκαλιασμένοι πάνω σ' ένα φέρετρο, αντί για βάρκα ή για κρεβάτι, σμίγοντας έτσι τον πόθο με το θάνατο.

Στο συγκεκριμένο απόσπασμα του *Βιβλίου της αυτοκράτειρας Ελισάβετ* παραίτηση είναι ο απτός θάνατος που ελλοχεύει μέσα στα ζωντανά ανθρώπινα σχήματα, τα κρυσταλλωμένα μακριά πια και απ' τον εαυτό τους μέσα στην αλλοτρίωση, όπως οι σαστισμένες γεροντικές ψυχές του Καβάφη μέσα στα παλιά κορμιά, τα φθαρμένα και αφανισμένα («Οι ψυχές των γερόντων», 1901). Η αλλοτρίωση είναι μετάσταση της μελαγχολίας, μιας μελαγχολίας που υπάρχει απλώς χωρίς να εξηγείται. Στον Χρηστομάνο η οδύνη είναι πανταχού παρούσα:

> Δεν έχω ανάγκη να κοιτάξω μες στην καρδιά της, για ν' αγναντέψω ολοζώντανες τις οδύνες που κλώθουν εκεί μέσα τη μυστική ζωή τους [...] Συχνά λέει μια λέξη κι έπειτα σωπαίνει, αλλά της λέξεως το νόημα και η μελωδία του ήχου ανοίγουν πορφυρά πανιά και ταξιδεύουνε μέσα στη σιγαλιά προς το άπειρο [...] και η σιωπή της με κάνει να μαντεύω τα όσα δε λέγονται με λόγια [...] από τα βάθη των μυστικών της φαίνεται ν' αντλεί θαυμάσιες αγωνίες. Μέσ' απ' τα μάτια της συχνά περνούν απελπισίες που τίποτε δε θα μπορέσει τη φρίκη τους να πει [...]. Σε τι αβύσσους η ζήση της κυλά – η ζήση που μόνη της τη σκάβει τόσο βαθιά μες στ' ορθολίθι της μοναξιάς;[334]

Διαβάζοντας το κείμενο ο αναγνώστης αποκομίζει την εντύπωση πως η απελπισία είναι το απαραίτητο συμπλήρωμα που προσγειώνει καθετί ελπιδοφόρο και θετικό· επίσης αυτό είναι που το εμποδίζει να αφεθεί στην ευτυχία. Ένα συνεχές αρραγούς θλίψης συνιστά την κοσμοθεωρία της αυτοκράτειρας, η οποία όμως ψιθυρίζει από ένα κρυμμένο αντηχείο την απο-

---

334. Κ. Χρηστομάνος, ό. π., 76.

ψη του αφηγητή για τα πράγματα του κόσμου· πρόκειται για μια συνεχιζόμενη διάθεση πτώσης και συναισθηματικής χαλάρωσης, που θα μπορούσε να παραπέμπει στο ρομαντικό αδικαίωτο· έτσι, όμως, όπως έρπει μονότονα σ' όλο το κείμενο, του δίνει το στίγμα της αρρώστιας και το καθιστά αισθητιστικό. Γιατί εδώ η ανία-πλήξη ποτίζει τις δομές βάθους και είναι εγγενές στοιχείο δημιουργίας και τρόπος αφήγησης. Η δράση λείπει όχι απλώς ως θεματικός άξονας αλλά και ως ενεργητικότητα αφήγησης.

Οι παρατάσεις της αργής και επίμονης περιπλάνησης, ο μακρόσυρτος λόγος με τις εμμονές ανάτασης και καταβαράθρωσης που τον κυνηγούν, αποτελούν επίπονη αναγνωστική διάβαση και μεταδοτική εμπειρία φθοράς. Η πλήξη είναι αυτοφαγία και υπόδειξη, είναι δηλαδή απόπειρα να χαθούν αφηγητής και αναγνώστης μέσα στους δαιδάλους του αγνώστου, ενώ στην ουσία μένουν αναγκαστικά καρφωμένοι στο ίδιο σημείο. Η ψευδαισθητική βίωση του πρωτόγνωρου δημιουργεί ένα εσωτερικό σταμάτημα κινητικότητας που υπαγορεύεται από αισθητιστικές φωνές.

Η περιγραφή της ομορφιάς είναι σταθερά προσανατολισμένη σε μια παθητικότητα, που θα μπορούσε να χαρακτηριστεί ως ανία. Οι αύρες που πάντα συνοδεύουν την αυτοκράτειρα, το γαλήνεμα των βημάτων της, οι γραμμές του σώματός της που «κυλούνε σε μια σκάλα μεταπτώσεων μουσικών που ψυχή δεν τις ακούει και που αποτελούν αυτές το ρυθμό της αόρατης υπάρξεώς της»[335], όλα συνενώνονται σε μια οντότητα υπερευαισθησίας. Νιώθει κανείς πως συγκροτείται ένα σύμπαν, το οποίο ο αφηγητής δομεί αργά και προσεκτικά κομμάτι κομμάτι· ο πρώτος και ο δεύτερος εαυτός του αφυπνίζονται, καθώς εκφέρουν τη γυναικεία εικόνα ως συνόψιση ενός ανάερου κόσμου[336]. Απαλές κινήσεις, ανάλαφρες χειρονομίες, εύθραυστα όλα, μαλακά και αέρινα —πλάσματα, έννοιες, σάρκα και πνεύμα— φτιάχνουν ένα κλίμα σαν αυτό που διαμορφώνεται στους πίνακες του Βρετανού ζωγράφου Charles Conder[337]:

335. Κ. Χρηστομάνος, ό. π., 27.
336. Ό. π., 27, 29: Μετά την «καμπυλόγραμμη απαλοσύνη των κινήσεων» έρχεται η «καθαρή και διαυγής και συνάμα σιγαλή κι αργόηχη μιλιά», που είναι σαν να ξεχνιέται σε μουσικές «φούγες» και που δεν ξεχνιέται στο ευχάριστο μέρος αλλά βαραίνει από μιαν «άυλη πνοή νιάτων απελπισμένων και γλυκιάς τραγουδιστής μελαγχολίας»· κατόπιν έρχεται το χαμόγελο ως «άνθισμα βραδινών λουλουδιών», τ' ανάερο βάστηγμα του «κεφαλιού του αέρινου κι ισκιοστεφανωμένου», «ολόκληρη η στάσις του αβρού κορμιού μιας βασίλισσας που φαινόταν έτοιμο να σπάσει σαν από γυαλί» και η «ολόφωτη απαλοσύνη των χειρονομιών, το διάφανο μύρο της φωνής, των λέξεων η μουσική σαν κάποι' ανθάδα ορατή μυστικών αρμονιών».
337. Charles Conder (1869-1909): Βρετανός ζωγράφος και λιθογράφος, γνωστός κυρίως για τα επηρεασμένα από τον Watteau και την ανατολική τέχνη κομψά σχέδιά του πάνω σε μετάξι, που συχνά προορίζονταν για βεντάλιες.

Η υπνηλία ενός κορεσμένου πολιτισμού πλανιέται στους πίνακές του και, στην έμφυτη πολυτέλεια των θεμάτων του προσθέτει την υλική πολυτέλεια με μεταξένια ταμπλό και βεντάλιες που αγαπούσε να διακοσμεί [...] Ο κόσμος του είναι χαυνωμένος και ονειρώδης και δεν υπάρχει καμιά κίνηση εκτός από τον περιστασιακό περίπατο ή χορό μεγαλοπρεπών ή ντελικάτων ανθρώπων και το λίκνισμα της βεντάλιας· κανένας ήχος εκτός από το θρόισμα του μεταξιού ή τη μουσική από το ανεπαίσθητο άγγιγμα της άρπας ή της βιόλας· χωρίς οσμές εκτός από εκείνες των λουλουδιών και των αρωματισμένων σωμάτων[338].

Μέσα σ' αυτή τη ράθυμη κινησιολογία με τα χαλαρά αγγίγματα και τις νωχελικές συνδηλώσεις κυριαρχεί η παρηχητική σύνδεση οδύνης-ηδονής, σύνδεση που θα μπορούσε βέβαια κάποιος να την χαρακτηρίσει ως ρομαντική επιβίωση μέσα στη θεματολογία της «παρακμής»· στον Μ. Praz και το βιβλίο του *The Romantic Agony* η σχετική σύζευξη παρουσιάζεται ως προοίμιο της «παρακμής» ήδη μέσα στα έργα της ρομαντικής περιόδου.

Έχουμε κιόλας δει τις «θαυμάσιες αγωνίες»[339] που ο αφηγητής διακρίνει να δονούν το είναι της αυτοκράτειρας. Η απόλαυση, σχεδόν σαδιστική, που αντλεί από τη χειροπιαστή απόδειξη του πόνου, έχει τις αυτοβασανιστικές λυτρωτικές επιδράσεις που θα δούμε στο καζαντζακικό *Όφις και κρίνο* αλλά σε ηπιότερο βαθμό. Η φωνή «μεθά στου ίδιου ήχου της τη γλύκα και στου καημού της την πίκρα»[340], ενώ το μπουκέτο των λουλουδιών που ανοίγει στα χείλη της δεν είναι παρά

> λύπες ανονόμαστες που ανοίγουν τους κάλυκές τους κάτω από μίαν αχτίδα του μαύρου ήλιου της Ειμαρμένης· και τέτοιοι κάλυκες ανθίζουν στην ψυχή όλων των πλασμάτων όσα βρίσκουν την αληθινή τους υπόσταση στις σπάνιες εκστάσεις [...] η θλιμμένη για πάντα καμπύλη του σώματος, το επίμονο ατένισμα των ματιών σαν να 'θελε το αστρικό τους φέγγος να βυθιστεί σε κάποια έγκατα [...] των γραμμών του προσώπου το μπρόγερμα που 'δειχνε μιαν κούραση συναισθαμένη[341].

---

338. H. Jackson, «British Impressionists», *The Eighteen Nineties*, New York, Capricorn, 1966, 273.
339. Κ. Χρηστομάνος, ό. π., 76.
340. Ό. π., 28.
341. Ό. π., 29.

Ο ναρκισσισμός που διέπει τη στροφή προς τον εσωτερικό κόσμο είναι στοιχείο αισθητισμού, όπως και η ένταξή του στη διάθεση θλίψης και κούρασης, που προσδιορίζουν την παρακμιακή ομορφιά της παραίτησης. Αν το θέμα της λύπης φέρει ανάμικτα και ρομαντικές απηχήσεις, η μεγάλη καταληκτική ομολογία με σκηνές μαρασμού βρίσκεται πιο κοντά στην παρακμιακή αίσθηση αδιεξόδου:

> όλ' αυτά μου φανέρωναν έναν εσωτερικό κόσμο από θλίψεις οργανωμένες που ζούσε τη δική του ζήση και δεν ήτονε λιγότερο μαγευτικός, λιγότερο απέραντος, λιγότερο μυστηριώδης από τον κόσμο τον εξωτερικό που καθημερινώς πολιορκεί τα μάτια μας μ' αινίγματα. Ω γλυκύτατη θύμηση αυτών των εντυπώσεων που σαν λουλούδια ξεραμένα ανάμεσα στις σελίδες ενός βιβλίου δεν αφήνουν παρά μόνο να μαντεύει κανείς τα νιάτα και τις χάρες που μαράθηκαν και τη λάμψη που 'χει σβήσει…[342]

Η έκσταση της θλίψης, που ανοίγει ως οπτική της εκλεκτής ομορφιάς, απορροφά καταρχάς μια ηλικιακή ανία καβαφικής χροιάς και ενσωματώνει μαραμένες αναμνήσεις, σαν αυτές που φυλακίζει αρωματικά ο Baudelaire μέσα σε μπουκαλάκι και παλιά ερμάρια («Ένα φάντασμα», «Το μπουκαλάκι», Άνθη του Κακού). Η ταύτιση του θεσπέσιου με το μελαγχολικό και η αναγωγή της σε πρωταρχική παράμετρο ομορφιάς παραπέμπει καταρχήν στον Poe, είναι όμως και μια άποψη πεσιμισμού, έστω και αν δεν αγγίζει τα μπωντλαιρικά όρια της αυτοκαταστροφής.

Ένα άλλο χαρακτηριστικό αυτής της ομορφιάς είναι ότι αρθρώνεται μέσα από τους ήχους μιας σωματικής μουσικής:

> η φωνή της δεν είναι παρά των γραμμών της η λαλιά μεταφερμένη σε μουσική. Τι είναι τα δάκρυα της άρπας μπροστά σ' αυτούς τους ασύγκριτους ήχους που ελεύθερα αναβρύζουνε μεσ' απ' το μυστικό το κύμα του ανθρώπινου κορμιού!… Κι αυτά τα συναισθήματα που ζητώ να τ' αγγίξω τώρα με βαριά δάχτυλα σαν πράγματα χεροπιαστά, με σώμα και υπόσταση

---
342. Ό. π.

δικά τους τότε κιόλας στο πάρκο του Λάιντς είχαν αναβρύσει από τις αιφνίδιες μεταμορφώσεις του προσώπου της, απ' τις γραμμές του σώματός της που κυμάτιζαν αργά σα νερά πονεμένα κι είχαν τότε σκορπιστεί στην κάθε μου λέξη, στο κάθε περίλυπο γύρισμα του δρόμου των μακρινών μας περιπάτων. Ίσως γι' αυτό δε μου 'μεινε τίποτα αισθητό από τις οδοιπορίες αυτές[343].

Η όλη περιγραφή θυμίζει τη φιλοτέχνηση ενός πίνακα με θέμα τη γυναικεία μορφή που διαστέλλει τη γοητεία της έξω από τα όρια του είναι της. Το να παραγράφεται το σωματικό περιοριστικό όριο το έχουμε ξανασυναντήσει στο «Ελιξίριον της ζωής» του Επισκοπόπουλου, όπου η εξαΰλωση της γυναίκας γίνεται με ιμπρεσιονιστικές γρήγορες πινελιές φωτός και χρώματος. Σε άλλο σημείο, ο Χρηστομάνος φιλοτεχνεί ένα διαφορετικό πίνακα μέσα από το αντικαθρέφτισμα γυναίκας και θάλασσας, εικόνα που μας πηγαίνει μέχρι το «Requiem» του Καζαντζάκη:

Σήμερα πάλιν είδα τη μορφή της ν' αντιφέγγει απ' την ασάλευτη θάλασσα. Πόσο μου φάνηκε αυτή η εικόνα ταιριαστή κι ευκολόνιωστη μέσα σ' αυτό το στοιχείο της αιωνιότητος! Η ρευστότης των γραμμών της απάνω στα κύματα, η σκοτεινιά της, η ρουφηγμένη από το φεγγερό νερό που και το ίδιο του το φέγγος στέρευε μες στο δικό του βάθος![344]

Αυτές οι αναιρέσεις των τυπικών ορίων ανοίγουν τη γνωστική δύναμη σ' ένα πεδίο όπου διαφορετικές ουσίες ενοποιούνται διαπερνώντας αμοιβαία τα σώματα που τις περικλείνουν. «Πάντα αισθάνομαι μια σχέση ενδόμυχη μεταξύ Εκείνης και του ήλιου που πεθαίνει»[345], λέει ο αφηγητής ναρκωμένος. Έχουμε δει παραπάνω την αντιμετάθεση ουσίας ανάμεσα στη γυναίκα και το λουλούδι. Θα λέγαμε ότι δεν πρόκειται απλώς για συμβολισμό αλλά για πράξεις μετάλλαξης όπου νιώθουμε το σώμα να προσφέρεται, για να σαρκωθούν μέσα του η θάλασσα, ο ήλιος, το φρούτο,

---

343. Ό. π.
344. Κ. Χρηστομάνος, ό. π., 163.
345. Ό. π., 181.

οι φυσικές μορφές κάθε σημασίας, «όλες οι δυνάμεις κι όλα τα μυστήρια του σύμπαντος»[346] · αυτή η οικουμενικότητα υπάρξεων είναι μορφή του πανθεϊσμού που χαρακτηρίζει τον αισθητισμό. Ο αισθητισμός επιλύει τις διαφορές των όντων με την αμοιβαία απορρόφησή τους αλλά έχει και την τόλμη να λύσει αυτό το δεσμό δίνοντας απρόοπτη έκβαση:

> Μα τα όνειρά της, μα οι ευχές της, μα οι βεβαιότητές της, σαν κάποιες δυνάμεις κοσμογονικές και άστρινες πνοές που δίνουνε δρόμο στα ηλιοκάραβα απάνω στα κύματα του αθέρα, φτέρωσαν τους ψυχικούς της κόσμους κι έτσι έγινεν εκείνη η αιώνια Περιπλανώμενη σε δρόμους που περικλείνουν όλο το παρελθόν, όλο το παρόν και όλο το μέλλον. Και γι' αυτό είναι η ψυχή των ανθρώπων που θα 'ρθουν, που με τη γνώση που θα 'χουν του κόσμου και της ζωής θα ξαναγυρίσουνε στη βρεφοζωή των φυτικών όντων[347].

Η «βρεφοζωή των φυτικών όντων» είναι η επιστημονική απόληξη που δεν θα περιμέναμε, ύστερα από το κάλεσμα των αισθήσεων που απευθύνει ο αφηγητής γυρεύοντας να «βάλει το τραγούδι της εσωτερικής ζωής» της βασίλισσας σε «ομοφωνία με τη μεγάλη μελοποιία του κόσμου, που απηχεί σ' αιώνια σιγή»[348]· και αυτά τα μικρά ξαφνιάσματα, όμως, είναι ξυπνήματα άλλων αισθήσεων και, επομένως, μέρος της παρακμιακής αισθαντικότητας, εφόσον η κύρια γκάμα των αισθήσεων που διεγείρει το κείμενο σχετίζεται με μουσικές και εικαστικές πραγματώσεις, όπου το κείμενο αποπειράται τη διάλυση, την αποσύνθεση και, καταληκτικά, την ανασύνθεση του προσώπου σε έργο τέχνης.

Ο ίδιος ο αφηγητής χαρακτηρίζει έμμεσα την εικαστική του πολιτεία, όταν αισθάνεται εκλεκτικά την πνευματική οικειότητα που τον συνδέει με τον προραφαηλίτη ζωγράφο και ποιητή D. G. Rossetti: «Η θωριά της Αυτοκρατείρας, όταν την χτενίζανε σήμερα, μ' έκαμε να συλλογισθώ έξαφνα την Ελίζαμπετ Σίδδαλ "the beloved" -την "αγαπημένη" εκείνη του Ροσσέττη και την αλησμόνητη»[349]. Αυτό δίνει στον

---

346. Ό. π., 183.
347. Ό. π.
348. Κ. Χρηστομάνος, ό. π., 182.
349. Ό. π., 62.

αφηγητή την αφορμή να βυθιστεί και πάλι στην αισθησιακή έκσταση μιας ωραιότητας, που τον κινεί σε καλλιτεχνική δημιουργία. Γίνεται και ο ίδιος ζωγράφος της δικής του αγαπημένης, με μια περιγραφή που διεκδικεί τη δύναμη πίνακα ζωγραφικής:

> Η κόμη της, που συνήθως βαριά και μουντόλαμπη, ίδια ένα στεφάνι νυχτερινής μελαγχολίας, αναπαύεται στο μέτωπό της, σκόρπισε σήμερα το πρωί, καθώς την έλυνε, μιαν πορφυρή φεγγοβολιά δόξας και αγιοσύνης κι έπειτα περιχύθηκε στην κρινένια της ύπαρξη ωσάν κάποιος ίσκιος πηχτός και καμωμένος σώμα που μέσα του έπνιγε μια λάμψη. Για μια στιγμή ανασήκωσε ένα κύμα των μαλλιών της στο ένα χέρι, κρατώντας στ' άλλο έναν ασημένιο καθρέφτη του χεριού που πάνω του κοιτούσε πέρα στα μακρινά, ως να καθρεφτιζότανε στο κενό σ' έναν άλλον αόρατο καθρέφτη όπου ξάνοιγε τις τύχες της[350].

Πυκνός ο λόγος κινείται δραστικά πάνω στον καμβά ρυθμίζοντας όγκους, βάρος, λάμψεις και σκιές. Ρέουν όλα τόσο γρήγορα, που ο αναγνώστης δεν προλαβαίνει να καταλάβει διακρίσεις αλλά μόνο την εικαστική πραγμάτωση εννοιών (δόξα, αγιοσύνη) φωτοχρωμάτων (πορφυρή φεγγοβολιά) και ενδοτικών διαθέσεων. Υπάρχουν λέξεις που με τη δυναμική πυροτεχνήματος θέτουν ορόσημα, ανάμεσα στα οποία κυλά ο μακροπερίοδος λόγος. Δεν πρόκειται απλώς για πρακτική, αλλά για τεχνική γραφής που σηματοδοτεί την παρουσία του αισθητισμού στο έργο.

Αν δεν σταματήσει κανείς σκόπιμα για να μελετήσει τα νοήματα, για να ξαναγυρίσει πίσω και να ξαναπροχωρήσει μπροστά και να κατασταλάξει μέσα του, αν ακολουθήσει απλώς το ρυθμό μιας ανάγνωσης, τότε μόνο συνειδητοποιεί ότι οι φράσεις δεν στερεοποιούν νοήματα αλλά καθοδηγούν τις αισθήσεις. Κάποιες λέξεις, που ξεχωρίζουν, δημιουργούν αστραπιαία εντυπώσεις, για να έρθουν κατόπιν ρεύματα λέξεων που δυναμώνουν, εξασθενούν ή διευρύνουν τις αρχικές εντυπώσεις, ανοίγοντάς τες στη διάσταση της αίσθησης. Με τον τρόπο αυτό ο αναγνώστης αφήνεται να νιώσει το κείμενο. Τα σχεδόν αόρατα σταματήματα είναι το πρόσχημα σ' ένα λόγο που θα μπορούσε αέναα να εξερευνά τις πιθανό-

---

350. Ό. π.

τητες καινούριων αισθήσεων, να χάνεται μέσα σε απόκοσμες αύρες και να απομακρύνεται από το κέντρο της διήγησης με τρόπους της ηδονικής ανίας. Η αίσθηση ανακηρύσσεται κυρίαρχη κατάκτηση του έργου, όταν μέσα στις δικές της διαχύσεις αναλύεται μια προσωπικότητα και η πεμπτουσία του έργου.

Το εικαστικό μοτίβο στην αφήγηση το έχουμε βρει ήδη στον Επισκοπόπουλο: γρήγορες περιφερειακές πινελιές, που σβήνουν τα συμπαγή περιγράμματα, δομώντας ένα ύφος όπου οι εντυπώσεις παίζουν το βασικότερο ρόλο. Σε αντίθεση, όμως, με τις κοφτές προτάσεις του Επισκοπόπουλου, ο Χρηστομάνος έχει πιο αναλυτική έκφραση, η οποία ισοδυναμεί με αισθησιακό ιστό, αν και επενδύει πάλι σε εικαστικά πρότυπα. Στον Επισκοπόπουλο οι μορφές χάνονται, καθώς αναλύονται μέσα στα χρώματα, ενώ στον Χρηστομάνο η μορφή μένει ακέραια και τα χρώματα απλώς και μόνο την πλαισιώνουν. Σε σχέση με τη διεξοδική περιγραφή των μαλλιών της αυτοκράτειρας Ελισάβετ, που καμία επιφύλαξη δεν την διαβάλλει, μπορούμε να αντιπαραβάλουμε το αφήγημα «Μαλλιά» του Επισκοπόπουλου, όπου τα μαλλιά γίνονται τόπος –επικίνδυνων συχνά– εμπειριών για τον ερωτευμένο αφηγητή.

Η περιγραφή της αυτοκράτειρας Ελισάβετ σε ιδιωτικές, μάλιστα, στιγμές, προσομοιάζει με έργο τέχνης· πέρα απ' αυτό, ο αφηγητής κάνει τα αποκαλυπτήρια ενός αληθινού πίνακα ζωγραφικής. Έτσι έχουμε την ευκαιρία να τον δούμε να διαβάζει ένα έργο τέχνης ξαναγράφοντάς το μέσα από τη δική του αισθητική. Αυτό είναι κάτι που παρατηρούμε συχνά στο έργο· «αναγνώσεις» ποιητών, συγγραφέων, μουσικών και ζωγράφων, που λαμβάνουν χώρα κατά τις μακροσκελείς συζητήσεις του Χρηστομάνου με την αυτοκράτειρα Ελισάβετ (οι Swinburne, Ruskin, Burne Jones, Ibsen, Nietzsche, Wagner, Shakespeare, Boechlin, Baudelaire, ανάμεσα σε πολλούς αρχαίους Έλληνες, είναι κάποιοι από τους καλλιτέχνες και λογοτέχνες που ερμηνεύονται, με ευεξήγητη προτίμηση στον προραφαηλιτικό και παρακμιακό καλλιτεχνικό περίγυρο).

Οι συζητήσεις αυτές, που γράφουν τη δική τους ανάγνωση πάνω στο κείμενο των έργων, μοιάζουν με σημειώσεις περιθωρίου και αποτελούν αποδείξεις αισθητισμού, επειδή απαιτούν μεγάλη καλλιέργεια, το βασικό χαρακτηριστικό του αισθητή, που είναι και «σοφιστής» με την καβαφική έννοια του όρου. Μπορούμε εδώ να μιλήσουμε για πυκνή διακειμενική συγκρότηση του αφηγήματος· η περισυλλογή πάνω σε έργα άλλων ισοδυναμεί, σε τελική ανάλυση, με ενατένιση του ίδιου του εαυτού, με μια φόρμα ναρκισσισμού, η οποία δικαιώνεται απόλυτα μέσα στο πλαίσιο της εσωτερικής καταγραφής ενός ψυχ(ολογ)ικού ημερολογίου.

Η πιο ενδιαφέρουσα μνεία αφορά τον προραφαηλίτη Burne Jones· γίνεται λόγος για τα «intérieurs που 'χει στις ζωγραφιές του, αισθητικά και υπερλεπτυσμένα ίσαμ' εκεί που αρχίζει η οδύνη»[351]. Πρώτα απ' όλα, είναι σημαντικό το ότι ο αφηγητής γνωρίζει καλά έναν προραφαηλίτη ζωγράφο· κατά δεύτερο λόγο, το ότι απομονώνει ακριβώς εκείνα τα στοιχεία της δημιουργίας του που τον βάζουν στον κύκλο του αισθητισμού· τέλος, το ότι συνδυάζει την αισθητική, την υπερεκλέπτυνση και την οδύνη σε μια επιλεκτική σύνοψη του νοήματος του αισθητισμού.

Δεν μπορούμε να αγνοήσουμε ούτε το εικαστικό μέρος του παραθέματος, που δίνει ξεχωριστή έμφαση στην εσωτερική διακόσμηση. Όλο το *Βιβλίο της αυτοκράτειρας Ελισάβετ*, άλλωστε, διαδραματίζεται μέσα σε εσωτερικούς χώρους, που είτε υλοποιούνται σε διάκοσμο χλιδής, είτε, αποστεγνωμένοι από τον υλικό πλούτο, βρίσκουν στην αφαίρεση μια υπέρβαση του φθαρτού, ώστε να αφεθούν στην αυτάρεσκη περισυλλογή· όλα δηλαδή γίνονται είτε μέσα σε ανάκτορα είτε μέσα στους απόμακρους χώρους της ψυχής.

Η εκλεκτική αφαίρεση αποτελεί σίγουρα και διεκδίκηση ενός συγκεκριμένου τρόπου ζωής. Μιλούμε για τη ζωή των εκλεκτών, τη σπάνια, ξεχωριστή ζωή, η οποία διαδραματίζεται χωρίς έγνοιες της καθημερινότητας, μέσα σε ήσυχα και πολυτελή δωμάτια, μακριά από τα βλέμματα των πολλών. Η αριστοκρατικότητα αυτής της μοναχικής ζωής μεταφέρεται μέσα από τα φύλλα αυτού του ημερολογίου και ως άποψη για την τέχνη:

> Γι' αυτό ίσα ίσα πρέπει το κατά δύναμη να προσπαθούμε να σώσομε μερικές σπάνιες στιγμές, για να μπορούμε σ' αυτές, ο καθένας μας με τον τρόπο του, να βυθιζόμαστε στην ξεχωριστή μας τη ζωή. Εγώ ξαναβρίσκω τον εαυτό μου καινούργιον, άμα θα μπω σε μιαν ατμόσφαιρα που άλλος ακόμα δεν την έχει αναπνεύσει, που κανείς δεν την έχει χαλάσει [...] Η ζωή αναμεταξύ των ανθρώπων μάς κάνει όλους ένα μαύρο σωρό, όλους ομοιόμορφους σαν τα τούβλα, που το μόνο κοινό στοιχείο τους είναι η προστυχιά[352].

---

351. Ό. π., 108.
352. Ό. π., 67.

Τα λόγια αυτά βγαίνουν από το στόμα της αυτοκράτειρας Ελισάβετ. Η ιδέα της ζωής που ευτελίζεται από τη συναναστροφή με τους πολλούς έχει διατυπωθεί πολλές φορές και από διαφορετικούς εκπροσώπους του αισθητισμού. Η μονοτονία, η ρουτίνα και η ανία υπήρξαν λέξεις συνώνυμες με την ισοπέδωση του ανθρώπου μέσα στο πλήθος. Το να γίνει κάποιος ένας από τους πολλούς θεωρήθηκε, την εποχή εκείνη, στέρηση της ατομικής του ελευθερίας και περιορισμός των επιλογών του στη ζωή· θεωρήθηκε, συνεπώς, ως κατάργηση των ευκαιριών για το μοναδικό, το σπάνιο, το εκλεκτό. Αυτές τις αξίες, που φαίνονταν πια χαμένες στην ακμή του αστικού κόσμου, ήρθε να αποκαταστήσει στη συνείδηση και στη διεκδίκηση ο αισθητισμός.

Αν η επικοινωνία με τους πολλούς και τους άλλους σημαίνει αποξένωση από το εγώ, ο Χρηστομάνος την συναισθάνεται ακόμη περισσότερο ως αλλοτρίωση της πιο μύχιας προσωπικής ουσίας. Στην περίπτωση της αυτοκράτειρας Ελισάβετ αυτό θα ήταν καταστροφικό, γιατί δεν θα αλλοτρίωνε μόνο την ειδοποιό διαφορά της ως ατόμου αλλά, φθείροντας τον εαυτό της, θα επέφερε και τη φθορά του εκλεκτού:

> Η ατμοσφαίρα που μέσα ζει είναι άλλη απ' αυτήν που αναπνέομ' εμείς. Από τη δική μας άποψη, η ζωή της είναι κάτι σαν όχι-ζωή [...] Αυτό το μυστήριο που την περικυκλώνει, που την κάνει ένα αίνιγμα για τον κόσμο, είναι γι' αυτήν την ίδια μια πηγή κατανοήσεως [...], για να προφυλάξει την ψυχική της την ουσία από κάθε εξαέρωση κι από κάθε πληγή που ήθελε της κάνουν οι εξωτερικές σχέσεις με τους ανθρώπους[353].

Το ιδιαίτερο ως κύριο γνώρισμα της εκλεκτικής κοσμοθεωρίας παίρνει εδώ και τη διάσταση του μυστηριώδους, του αινιγματικού, που συνάπτεται με την ανεξιχνίαστη αυτοκράτειρα, την εντάσσει και αυτή μέσα στη χορεία των μοιραίων γυναικών του αισθητισμού.

Το 1911, λίγους μήνες ύστερα από το θάνατο του Χρηστομάνου, εκδίδεται *Η κερένια κούκλα*, «αθηναϊκό μυθιστόρημα», όπως το χαρακτηρίζει ο συγγραφέας στον υπότιτλο, ίσως κατά μίμηση των «αθηναϊκών διηγημάτων» του Παπαδιαμάντη, που μόλις είχε αποβιώσει, ή των αντίστοιχων του Μητσάκη. Το μυθιστόρημα πρωτοδημοσιεύτηκε ολόκληρο σε συνέχειες στην εφημερίδα *Νέον Άστυ* από τις 29 Φεβρουαρίου ως τις 28 Μαρ-

---

353. Κ. Χρηστομάνος, ό. π., 148.

τίου του 1908. Ήδη από τις 7.2.1908 είχε αρχίσει να δημοσιεύεται στην εφημερίδα *Πατρίς*, η οποία, ωστόσο, διέκοψε τη δημοσίευση του έργου έπειτα από την 11η συνέχεια για λόγους γλωσσικούς (πολλοί αναγνώστες διαμαρτυρήθηκαν για τη δημοτική γλώσσα του μυθιστορήματος).

Η πλοκή του έργου είναι η εξής: Η Βεργινία, μια ασθενική νέα, είναι παντρεμένη με το νεότερό της άντρα και γεροδεμένο ξυλογλύπτη Νίκο. Ζουν σε μια λαϊκή γειτονιά, όπου κάθε γεγονός της ζωής γενικότερα, και της δικής τους ειδικότερα, περιβάλλεται από το κουτσομπολιό. Ύστερα από μια αποβολή, η κατάσταση της υγείας της Βεργινίας χειροτερεύει, οπότε φέρνουν στο σπίτι, για να την βοηθήσει, ένα νεαρό κορίτσι, την Λιόλια. Ένα δυνατό πάθος αναπτύσσεται ανάμεσα στην Λιόλια και στον Νίκο, ενώ η υγεία της άρρωστης επιδεινώνεται. Η Βεργινία φτάνει στο θάνατο με την απροκάλυπτη συνειδητοποίηση της παράνομης σχέσης. Μετά το θάνατο της Βεργινίας ο Νίκος νιώθει τόσο δυνατό τον έρωτά του για την Λιόλια, ώστε την φέρνει στο σπίτι. Εκεί, μέσα στη σκιά της νεκρής, μαραζώνει η ζωντάνια της νέας κοπέλας και μαζί η φλόγα του πάθους. Η αρρώστια της Βεργινίας συνεχίζει να ζει μέσα στο παιδί των εραστών και, τελικά, καλεί και αυτό στο θάνατο, όπως και τον Νίκο, ύστερα από μια αιματηρή συμπλοκή μ' ένα φίλο του.

Το μυθιστόρημα αρθρώνεται μέσα από τρεις τεχνοτροπίες: του ρεαλισμού, του συμβολισμού και του αισθητισμού. Θα μπορούσε κάποιος να ισχυριστεί ότι η κύμανση του ύφους αποτυπώνει την ανησυχία του αισθητισμού, αναζητώντας μέσα από αλλεπάλληλες αλλαγές την πρόκληση καινούριων αισθήσεων. Θα επρόκειτο, όμως, μάλλον για συγκυριακό επιχείρημα, αφού η προσαρμογή του αναγνώστη στο καινούριο κάθε φορά ύφος συντελείται κάπως άβολα και μάλλον τον εμποδίζει παρά τον διευκολύνει στην πρόσληψη της αίσθησης.

Από τη στιγμή που το μικτό ύφος αποδυναμώνει την αποτελεσματικότητα του κειμένου, μπορούμε να θεωρήσουμε ότι αποτελεί αρνητικό στοιχείο του μυθιστορήματος· ως θετικό στοιχείο βλέπουμε την εσωτερική επεξεργασία του ύφους, τουλάχιστον όσον αφορά το αισθητιστικό τμήμα, η οποία καταξιώνει το μυθιστόρημα στην πρωτοπορία του νεοελληνικού αισθητισμού. Ο Α. Σαχίνης, υπερβάλλοντας στην κριτική του, θεωρεί αποτυχία του Χρηστομάνου το ότι επέλεξε να πραγματευθεί ένα λαϊκό θέμα, ένα θέμα ξένο προς την ιδιοσυγκρασία του, στην οποία θα ταίριαζε μάλλον μια ιστορία του σαλονιού[354]· από αυτή την άποψη θεωρεί πιο επιτυχημένο το *Βιβλίο της αυτοκράτειρας Ελισάβετ*, επειδή το

---

354. Α. Σαχίνης, *Η πεζογραφία του αισθητισμού*, Αθήνα, Εστία, 1981, 396.

ψυχικό κλίμα, όπου κινείται, προσιδιάζει περισσότερο στον συγγραφέα. Νομίζουμε ότι η άποψη αυτή θα μπορούσε να αναστραφεί υπέρ της *Κερένιας κούκλας*, αφού αρκετά σημεία του μυθιστορήματος πιστοποιούν την έλευση του νέου πνεύματος στο νεοελληνικό αισθητισμό, κάτι που απουσίαζε ολότελα από το *Βιβλίο της αυτοκράτειρας Ελισάβετ*.

Προχωρώντας στην παρουσίαση των διαφορετικών μερών της αφήγησης επισημαίνουμε ότι το ρεαλιστικό τμήμα του έργου αφορά την απεικόνιση της ζωής εκείνης της εποχής με λεπτομέρειες από την τότε Αθήνα, τα σοκάκια της, τις γειτονιές της, τον κόσμο της, τα στέκια της διασκέδασης και της δουλειάς, τις διάφορες επετειακές εκδηλώσεις (όπως το Καρναβάλι και η παρέλαση στο κέντρο)· θα λέγαμε ότι πρόκειται για μικροαστική ηθογραφία που καταγράφει την καθημερινότητα μιας μικρής κοινωνίας, της γειτονιάς, από την εργασία και τη διασκέδαση μέχρι τα κουτσομπολιά και τις μικροπρέπειες. Ο Χρηστομάνος υιοθετεί την αντικειμενική ματιά του ρεαλιστή ή, κάποτε, και του νατουραλιστή κατά την αποτύπωση της πραγματικότητας.

Η ιδιαιτερότητα του συγκεκριμένου αφηγήματος είναι, ωστόσο, ότι η πραγματικότητα του ρεαλισμού διακόπτεται κατά κανόνα από την παρεμβολή ενός άλλου ύφους, του λυρικού· ο κύριος κορμός της αφήγησης διασπάται από ολόκληρα τμήματα που θα μπορούσαν να αποτελούν αυτόνομα πεζά ποιήματα. Οι ρυθμοί στα τμήματα αυτά υπαγορεύονται από τη φαντασία και γίνονται διαφορετικοί, πιο αργοί, πιο υποκειμενικοί, πιο ονειρικοί. Αυτή η πλευρά του έργου υπάγεται στα κινήματα των διαθέσεων πια, όχι των πράξεων, υπάγεται στο συμβολισμό και τον αισθητισμό, η διάκριση των οποίων θα μας απασχολήσει αργότερα.

Η κριτική ασχολήθηκε με τη διττή φύση του μυθιστορήματος επισημαίνοντας ένα ρεαλιστικό και ένα μη ρεαλιστικό τρόπο γραφής· μπαίνοντας όμως στην περιοχή του μη ρεαλιστικού τρόπου αρκέστηκε σε γενικά συμπεράσματα χωρίς να μιλά με ακρίβεια για κάποιο κίνημα. Ο Μ. Αναγνωστάκης, για παράδειγμα, σημειώνει: «ανάμεσα στην πρόθεση του Κ. Χρηστομάνου να ξεφύγει από τον υποκειμενισμό του και να αντικρίσει αντικειμενικότερα τη ζωή [...] και τη βαθιά λυρική του ιδιοσυγκρασία και την αθεράπευτη ωραιοπάθειά του κινείται ο κόσμος της *Κερένιας κούκλας* [...] υπάρξεις γήινες και ταυτόχρονα απογειωμένες, τύποι δραματικοί από την ίδια τη συγκυρία των γεγονότων και μαζί φάσματα ονείρου και υποβολής»[355]. Η «ωραιοπάθεια», για την οποία

---

355. Κ. Χρηστομάνος, *Η κερένια κούκλα* (επιμ. Μ. Αναγνωστάκης), Αθήνα, Νεφέλη, 1988, οπισθόφυλλο.

Αισθητισμός. Η νεοελληνική εκδοχή του κινήματος

κάνει λόγο ο κριτικός, ίσως παραπέμπει στον αισθητισμό με βάση κάποιο στερεοτυπικό ορισμό του κινήματος· από την άλλη, το ονειρώδες και υποβλητικό στοιχείο, για το οποίο κάνει λόγο, θα μπορούσε να παραπέμπει στο συμβολισμό. Αυτό σημαίνει ότι το αισθητήριο του κριτικού διακρίνει σωστά τα στοιχεία που συνυπάρχουν στην περιοχή του μη ρεαλιστικού τρόπου γραφής, έστω και αν δεν προσπαθεί να τα συσχετίσει με κάποιο κίνημα.

Στο παρόν βιβλίο, ταξινομώντας τα στοιχεία αυτά, είναι ευκολότερο να τα κατατάξουμε σε δύο επιμέρους περιοχές: στο συμβολισμό και στον αισθητισμό. Συμβολισμό παρατηρούμε στα κομμάτια εκείνα όπου το αισθητό ξεφεύγει προς το υπεραισθητό λύοντας τους δεσμούς με το γήινο. Σ' αυτές τις περιπτώσεις, όπου δεν μιλάμε πια για αφήγηση, ακόμη και το πεζό ποίημα θα το ονομάζαμε σωστότερα «ονειροφαντασία». Η αίσθηση του απτού καταργείται, όταν για παράδειγμα περιγράφεται το φεγγάρι σαν μαγική σκόνη ή πνοή που κυλά παντού:

> στρογγυλοπρόσωπο, άσπρο σαν το γάλα, ολοένα ανέβαινε πιο αψηλά και ξεδίπλωνε την αχτιδένια κόμη του που ολόγυρα στο πρόσωπό του ήτονε σαν κόκκινο χρυσάφι, μα καθώς άνοιγε κι έπεφτε πιο ανάρια και πιο ψηλά, γινόταν ένα πέπλο, μυριοξέδιπλο, υφασμένο απ' ασημένια σιγαλιά και θλίψη γλυκιά γλαυκή, που τύλιγε όλον τον ουρανό και τη γης μαζί σ' ένα σβήσιμο ευτυχίας αλάλητο. Και το φεγγάρι ακούμπησε τα γιασεμένια του τα μάγουλα στο τζάμι της Βεργινίας [...] και χύθηκε ένα φωτοπόταμο αργυρόγλαυκο απάνω στο κρεβάτι της[356].

Μεταξένια υφή, σιωπή και μυστικές αύρες συνθέτουν ένα πλάσμα από άλλο κόσμο· μέσα στις συνδέσεις αυτού του άλλου κόσμου κυλά το ποτάμι από αχνό φως, που γλείφει τους τοίχους και τα τσιμέντα του σπιτιού και αργοσταλάζει μέχρι κάτω από το κρεβάτι της άρρωστης. Μέσα στο σκοτάδι το πρόσωπο της Βεργινίας φαντάζει και αυτό χλωμό «σαν κάποιο άλλο φεγγάρι πεθαμένο»[357]. Το φεγγάρι της άρρωστης με τις ασημένιες και γαλάζιες αποχρώσεις, που στάζει σαν γάλα, σαν πνοή και σαν πηχτό απαλό ποτάμι θα αποτελέσει σύμβολο του εαυτού της μέσα στο έργο· τα όρια φαντασίας και πραγματικότητας θα συγχωνευτούν μέσα

---

356. Ό. π., 108.
357. Ό. π.

στην υποβλητική αχλύ του. Η Βεργινία είναι πια φάσμα, ένα σώμα τόσο διάφανο και άυλο, που μοιάζει ουράνιο. Είναι σχεδόν μια φωτεινή σκιά μακριά από καθετί σαρκικό· έτσι είναι και οι φαντασιώσεις της, απόμακρες και διαυγείς: μια άσπρη λουρίδα από φως σελήνης φέρνει τον Νίκο και την Λιόλια στην κορυφή ενός βουνού από όπου ατενίζουν τη λάμψη της και διαπιστώνουν πως το φεγγάρι είναι άσπρο και λυπημένο «σαν τη Βεργινία»[358]· η επιστροφή τους στην αυλή συμπίπτει με τη συνειδητοποίηση του δεσμού τους από μέρους της Βεργινίας, μια συνειδητοποίηση που την ρίχνει στο κατώφλι εξισώνοντάς την και πάλι με το φεγγάρι σε συμφραζόμενα θανάσιμης πια ωχρότητας: «[...] το φεγγάρι ήτον πεσμένο στο κατώφλι. Μα μες στην άσπρη λουρίδα του φεγγαριού φάνταζε κάτι πιο άσπρο ακόμα: ήτον η Βεργινία [...] Σα να 'χε πέσει το ίδιο το φεγγάρι απ' τον ουρανό και να 'χε ξεψυχήσει εκεί δα τυλιγμένο μες στα πέπλα των αχτίδων του»[359]. Σ' αυτό το επίπεδο οι ποιητικές εικόνες εγγράφουν τα πρόσωπα μέσα στην υποβλητικότητα του ονείρου και της οπτασίας, ανάγοντάς τα σε πλάσματα ονειροδράματος, τεχνοτροπία που παραπέμπει κυρίως στον Βέλγο συμβολιστή Maeterlinck[360].

358. Ό. π., 111.
359. Ό. π., 111-112.
360. Ο Παναγιωτόπουλος (Ι. Μ. Παναγιωτόπουλος, «Άνθος της σιωπής. Η μνήμη του Μαίτερλινγκ», *Τα γράμματα και η τέχνη. Μελετήματα και προσωπογραφίες*, Αθήνα, Αστήρ, 1967, 304) αποκαλεί τον Βέλγο δραματουργό «συλλέκτη μυστικών φωνών και εξερευνητή του αγνώστου». Μιλά για μια πορεία «από το ορατό στο αόρατο και από το λυρικό συμβολισμό στο μεταφυσικό στοχασμό» ενός λογοτέχνη «πλασμένου από τη λεπτότατη ύλη που δημιουργεί τους μυστικούς» (ό. π., 302). Μέσα από την τρυφερή μελαγχολία του ευρωπαϊκού βορρά ο Maeterlinck αντλεί τα παραμύθια που δραματοποιεί σε θεατρικά έργα, όπου «απομένει πάντα ένας ποιητής που κατέχεται από το "μυστήριο", που ζει τη διπλή ή και την πολλαπλή πραγματικότητα και που ακοίμητος μπροστά στην πύλη του αγνώστου αναρωτιέται χωρίς ουσιαστικά να προσμένει απόκριση και συμμαζώνει με περίσκεψη τους αντίλαλους» (ό. π., 308). Άλλωστε και ο Παλαμάς (Αριήλ) (Κ. Παλαμάς, «Ο Μαίτερλινγκ και το δράμα», *Η Τέχνη* Χατζόπουλου 1 (1898-1899) 40-41 και *Άπαντα*, τ. 16, Αθήνα, Μπίρης, χ. χ. έ., 257-262) είχε κάνει λόγο για:
> πλαστικά έργα [...] όπου τα άυλα φορούν σάρκα, που όσο και αν είναι αιθερόπλαστη κι εκείνη τα στεφανώνει με κάλλος πρωτόφαντον άφθαρτο και τα κάνει αντικείμενα σεβασμού και είδωλα λατρείας [...] Ο Βέλγος αριστοτέχνης είναι ο ποιητής του αγνώστου, του μυστηριώδους, του φοβερού, του απίστευτα τραγικού [...] βλέπουμε στο έργο του όχι πλέον την εξαιρετική στιγμή αλλ' αυτή την ουσία της υπάρξεως [...] Με σύμβολα τόσο απλά όσο και βαθιά, παρμένα πότε από τον κόσμο των παραμυθιών, πότε από τα συνηθισμένα της ζωής, με γλώσσα μόλις κάτι περισσότερον από ψιθύρισμα και κάτι λιγότερον από τη σιωπή, με μια μονάχα νότα, αλλά τονισμένη απαράμιλλα, έφερε με μιας τη δραματική τέχνη ύστερ' από τον Ίψεν σε κά-

Βασισμένο σε ανάλογους εκφραστικούς τρόπους είναι το κομμάτι του κειμένου που περιγράφει την ένωση των δύο εραστών μέσα στη φύση· εδώ ο λυρικός στοχασμός πολιτογραφείται στην περιοχή του συμβολισμού μέσω του αιθέριου, όταν, για παράδειγμα, η Λιόλια βλέπει μπρος στα μάτια της να φαντάζει «ένα φέγγος, σαν από χιόνι σταματημένο ανάερο, ακίνητο, με μίαν αχνή ρόδινη γλύκα στην ασπράδα του και σα μέσα σ' ένα αθώρητο δίχτυ από χρυσές αχτίδες»[361]· πρόκειται για τις αμυγδαλιές που σέρνουν την θαμπωμένη Λιόλια κάτω από το «γλυκό τους φέγγος, κάτω από τ' ουρανού τους το λουλουδένιο μεθύσι»[362]. Η διάλυση του πραγματικού κόσμου πετυχαίνεται μέσα από τα απαλογραμμένα φόντα μιας υποβλητικής ευαισθησίας, που άλλοτε φέρει μακρινές απηχήσεις από την αυτοκράτειρα Ελισάβετ και άλλοτε παραπέμπει στην παραμυθική θεατρικότητα του Maeterlinck· άλλωστε, οι προτροπές του αφηγητή στην Λιόλια[363] και το μάντεμα της μοίρας έχουν έντονες συνάφειες με το παραμύθι, που αποτέλεσε κύρια έμπνευση του Βέλγου δραματουργού για τα θεατρικά του έργα.

ποιο νέον ύψος που κανείς δεν το περίμενε [...] Οι ξένοι ρουτινιέρηδες από καιρό έπαψαν να γελούν με τους λεγόμενους décadents και symbolistes – ανόητες ετικέτες του όχλου.

361. Κ. Χρηστομάνος, *Η κερένια κούκλα*, ό. π., 97.
362. Ό. π., 98.
363. Ό. π., 94-95:
Τρέχε, κοριτσάκι, τρέχε! Και σκύβε βαθιά στο χώμα και μάζευε τα λουλούδια της χαράς, μήπως και σου μαραθούν και δεν τα προφθάσεις! Και πάλι τρέξε! Σε κυνηγά η μοίρα σου· κ' εκεί που πας τρέχοντας πάλι θα τηνε βρεις να σε περιμένει.
Αχ η μοίρα των κοριτσιών! Αλάλητη ευτυχία είναι ή χαλασμός; Ή και τα δυο μαζί!
Κόβε λουλούδια, κοριτσάκι, κόκκινα λουλούδια σαν το αίμα των παρθένων και σαν χείλια που τα ματώνουν τα φιλιά! Μάζευε κίτρινα άστρα σαν τ' ουρανού, γιατί σε λίγο η ψυχή σου θα γίνει ουρανός κι αυτά θα την φωτίσουνε! Γέμιζε την ποδιά σου άσπρους ανθούς για στεφάνι στ' αθώο μέτωπό σου, μα ξεφύλλισέ τους πάλι, γιατί δεν θα προκάμεις να το φορέσεις. Και τ' άνθινα γαλανά ματάκια, σκύβε και παίρνε τα στην αγκαλιά σου προτού σε ιδούν και κλάψουν. Μα σαν αγναντέψεις από μακριά ανθισμένες μυγδαλιές, στάσου και κρύψε το πρόσωπό σου μες στα χέρια σου, γιατί δεν πρέπει να τις ιδούν τα μάτια σου.
Και συ που 'ρχεσαι το κατόπι, αγόρι ολόλαμπο από νιάτα και λαχτάρα, δεν ξέρεις πως είσαι ο ήλιος που τρέχει να πιάσει το σύννεφο τ' απαλό και που σαν το φτάσει πέρα στις βουνοκορφές και τ' αγκαλιάσει, φλογοκαίγετ' όλος ο ζαφειρένιος κάμπος κι ο ήλιος γίνετ' ο Βασιλιάς τ' ουρανού και πέφτει και πνίγεται στη μεγάλη θάλασσα του πόθου του;

Την αισθητική του δυτικού παραμυθιού θα την ξαναβρούμε στο Θρίαμβο του Ροδοκανάκη, μόνο που εκεί το μοτίβο τίθεται για να αναιρεθεί, προωθώντας την ανατροπή του δυτικού προτύπου από τον ισχυρό ελληνισμό της αρχετυπικής χοϊκότητας και ηδονής. Και στον Χρηστομάνο, ωστόσο, υπάρχουν στιγμές όπου η συμβολιστική τεχνοτροπία διασπάται από σαρκικότητα· σ' αυτή την παρέκβαση νομίζουμε πως βρίσκεται το στοιχείο του αισθητισμού, έστω και αν δεν στοιχειοθετεί συγκεκριμένη πρόθεση. Από τη μια υπάρχει ο άνθινος θόλος από αμυγδαλιές, που μοιάζει με νυφικό κρεβάτι ή με κούνια[364], υπάρχουν τα «ανθισμένα χιόνια»[365] και η «βροχή από ανθόφυλλα» σαν «μυρωμένο χιόνι»[366], εκφραστικοί τρόποι που διχάζονται στο μεταίχμιο συμβολισμού–ρομαντισμού· από την άλλη υπάρχει ένας πηχτός τοίχος φτιαγμένος από μύρο ευδαιμονίας, μοτίβο που περικλείει μέσα στη λέξη «πηχτός» τη συμπαγή ουσία της σάρκας και μάλιστα της αρωματισμένης σάρκας, που σημάδεψε τον αισθητισμό· υπάρχει, επίσης, η δύναμη η οποία βγαίνει από τα έγκατα του ανδρικού κορμιού και ωθεί ακαταμάχητη σε οδυνηρό λίγωμα, υπάρχει δηλαδή η αρχέγονη ηδονή την οποία προσέλαβε ως ειδοποιό γνώρισμα ο ελλαδικός αισθητισμός. Τέλος, μπορεί γύρω από το κεφάλι της Λιόλιας να συγκεντρώνονται πεταλούδες που εξαϋλώνονται σε φλόγες φωτιάς, υπάρχει όμως και μία μεγάλη κόκκινη «με κάτι σαν μάτια παγωνιού στα φτερά της»[367], που κρατά τη βελούδινη σάρκα της και την υπόσταση εκλεκτού μικροτεχνήματος, καθώς ο Νίκος την τρυπώνει σαν στολίδι μέσα στα μαλλιά στης Λιόλιας. Η μεταβολή ενός φυσικού οργανισμού σε λεπτουργημένο κόσμημα εμπίπτει στα ζητούμενα του αισθητισμού και θα επαναληφθεί τόσο στις Σπασμένες Ψυχές του Καζαντζάκη όσο και στο Βυσσινί τριαντάφυλλο του Ροδοκανάκη· όπως θα δούμε, στις Σπασμένες Ψυχές η ενέργεια του πρωταγωνιστή να αφαιρεί τη ζωή από τις πεταλούδες φέρει ιδιότητες του αφύσικου αλλά και της σκληρότητας του Υπερανθρώπου, ενώ στο Βυσσινί τριαντάφυλλο η επιθυμία της πρωταγωνίστριας να συρρικνωθεί σε έντομο και να γίνει καρφίτσα στο στήθος του αγαπημένου της είναι μέρος του εξομολογητικού τόνου που ενσωμάτωσε ο αισθησιασμός της παρακμής.

Ο χώρος, μέσα στον οποίο πραγματοποιείται η ένωση του Νίκου και της Λιόλιας, είναι κλεισμένος ολόγυρα, μοτίβο που θυμίζει «Το

---

364. Ό. π., 98.
365. Ό. π., 99.
366. Ό. π., 100.
367. Ό. π, 97.

φιλί του ήλιου» του Επισκοπόπουλου. Στον Επισκοπόπουλο, βέβαια, ο εγκλεισμός ενέχει το στοιχείο του τεχνητού, ακόμη και όταν μπορεί να διαβαστεί ως αλληγορία της Εδέμ. Στον Χρηστομάνο ο επίγειος παράδεισος στεγάζει την ιστορία δύο νέων πρωτοπλάστων που θα τους συνδέσει η αμαρτία· ο Νίκος και η Λιόλια είναι ο άντρας και η γυναίκα που γεννιούνται μετά την αρρώστια· υπό μία έννοια πλάθονται από την αρχή χάρη στο ξύπνημα μιας καινούριας ζωής μέσα από την ηδονική επιθυμία. Το προπατορικό αμάρτημα θα αναβιώσει εδώ σε ανταπόκριση με τη συγκινησιακή –όχι την εγκεφαλική– διάσταση του πόθου, προσδίδοντας στην ανάκτηση του Χαμένου Παραδείσου ιδιότητες της νιτσεϊκής χαράς.

Κεντρικό σημείο της αφήγησης είναι η εικόνα της Λιόλιας μέσα σε «λίμνες από ανεμώνες κόκκινες σαν αίμα –γιατί είχανε γεννηθεί απ' του Άδωνι το αίμα– [...] και σαν χείλια ματωμένα από τα φιλιά»[368], μια εικόνα που μπορεί να εκληφθεί κυριολεκτικά και μεταφορικά. Η αναφορά στον Άδωνη δίνει αέρα αρχαιοελληνικής λαγνείας εισάγοντας συνδηλώσεις νεανικού ερωτικού σώματος, ενώ το συνδυασμό κόκκινων πετάλων, φιλιών και αίματος θα τον δούμε να επανέρχεται στο καζαντζακικό Όφις και κρίνο ή να μεταλλάσσεται με την παπαρούνα στη θέση του ερωτικού λουλουδιού στο επίσης καζαντζακικό «Τι μου λένε οι παπαρούνες»· στον «Ερωτικό Εσπερινό» του Ροδοκανάκη οι ανατριχιαστικές εκστάσεις έρωτα και θανάτου δυο εραστών μέσα στο δειλινό θα δημιουργήσουν τελικά από την τέφρα τους δύο κόκκινα κρίνα.

Με παρόμοιο τρόπο θα κλείσει αισθητιστικά άλλος ένας κύκλος έρωτα, ο κύκλος έρωτα της Κερένιας κούκλας: μέσα στις δύο κόκκινες φλόγες των κεριών που θα ανάψει η Λιόλια στον τάφο της Βεργινίας παρακαλώντας να της χαρίσει το παιδί και τον άντρα της, και μέσα στο μαυροκόκκινο φεγγάρι που θα πέσει πάνω στη Λιόλια και θα την σωριάσει κάτω με το χαμό του άντρα της. Τα μοτίβα ανακυκλώνονται σε μια δυνατή επαναφορά· οι κόκκινες φλόγες από τα κεριά, το αίμα από το χτυπημένο κορμί του Νίκου θυμίζουν τις φλογάτες ανεμώνες του πάθους που μοιράστηκαν ο Νίκος και η Λιόλια, ανεμώνες σαν το αίμα που έτρεξε από τα χείλη τους και σαν τα φιλιά που αντάλλαξαν· δεν μιλούμε για σύμβολα αλλά για τη σαρκική διάσταση της αμαρτίας.

Αν ο κλειστός κήπος στο «Φιλί του ήλιου» ήταν μια αλληγορία θερμοκηπίου σε σχέση με το τεχνητό και με τη διανοητική καλλιέργεια της αίσθησης, ο κλειστός χώρος του απλόχωρου κάμπου, όπου ο Νίκος και

---

368. Ό.π, 95.

η Λιόλια διαλέγονται με τις έννοιες του απαγορευμένου, είναι ο νιτσεϊκός θύλακας όπου εκτονώνεται η αρρώστια του έργου. Εδώ βρίσκεται ο ελλαδικός αισθητισμός, γιατί εδώ η εκπλήρωση της ερωτικής επιθυμίας δεν είναι απλώς χαρά· είναι νιτσεϊκή χαρά, αποτελεί δηλαδή την άλλη όψη της λύπης. Μιλάμε για ένα είδος χαράς που θα την ονομάζαμε «παρακμιακή», όπου είναι σύμφυτη η απόγνωση και η αίσθηση αδιεξόδου. Εδώ χαρά και θλίψη εναλλάσσονται και εξισώνονται με την υγεία και την αρρώστια· αναλογικά, λοιπόν, μπορούμε να διαπιστώσουμε ότι η υγεία έχει καταβολές στην αρρώστια, επειδή η κατάσταση της αρρώστιας επιβάλλει την επιθυμία της υγείας αλλά κυρίως επειδή αρρώστια και υγεία δεν μπορούν να υπάρξουν ως αμιγείς ποιότητες· και η πιο στέρεη υγεία φέρει εγγενές το στίγμα της νοσηρότητας. Η ευδαιμονία, που νιώθουν οι δύο εραστές μέσα στο δικό τους χώρο, είναι η εκδίκηση που παίρνουν από τη μιζέρια της αρρώστιας που τους έχει επιβληθεί· είναι όμως και από μόνη της αρρώστια η αγαλλίαση που νιώθουν, αφού η νοσηρότητα σοβεί πια σε πιο εσωτερικούς χώρους. Σ' όλη τη διάρκεια του μυθιστορήματος παρακολουθούμε να διογκώνεται ένας καταπιεσμένος πόθος, που από τη μια αλλοιώνει σαν αρρώστια και από την άλλη αναστατώνει σαν ηδονή. Δύο αισθήσεις, που αναπτύσσονται πλάι πλάι και φαίνονται αρχικά αντίπαλες, αποδεικνύονται τελικά ως μία αίσθηση που χωρίστηκε στα δύο. Το πώς μεταλλάσσεται αυτό το δίπολο, που αποτελεί το αισθητιστικό κέντρο του μυθιστορήματος, θα το παρακολουθήσουμε στη συνέχεια.

Τη μέρα που ο Νίκος με την Λιόλια βγαίνουν στους αγρούς, ο αφηγητής μιλά για τη φύση με τρόπο διονυσιακό, ηδονικό και θανάσιμο:

> Πώς μύριζαν οι πέτρες και το χώμα χαρούμενο στον ήλιο, με μια μυρουδιά δυνατή, βαθιά, μυστηριώδικη που αναδεύει τ' ανθρώπινο κορμί απ' τα σπλάχνα του και σηκώνει ηδονικά έξω απ' τον εαυτό του, το κάνει χώμα και πέτρα και χόρτο και το μεθάει με τη χαρά του Χάρου[369].

Θα δούμε πολλές φορές, στον Καζαντζάκη κυρίως, το θέμα του φιλήδονου απλώματος της Φύσης με τις πανάρχαιες, νωχελικές κινήσεις, σαν ανθρώπινου κορμιού που αναδεύει από τα σπλάχνα του τη βαθιά και δυνατή μυρωδιά του εαυτού του. Εδώ βλέπουμε επιπλέον την εν-

---

369. Κ. Χρηστομάνος, *Η κερένια κούκλα*, ό. π., 86.

σωμάτωση του Χάρου στη χαρά και το μεθύσι της δημιουργίας, κάτι που μας οδηγεί στον αντίθετο πόλο του δημοτικού τραγουδιού. Πάγια τακτική του ελλαδικού πεζογραφικού αισθητισμού φαίνεται να είναι αυτή η παράδοξη φαινομενικά αλλά λογική εσωτερικά συνύπαρξη. Μέσα στους συνειρμούς των παρακμιακών της αίσθησης όλα αποκτούν τη δική τους λογική· προπάντων η ηδονή που ευδοκιμεί δίπλα στην ασθένεια και δίπλα στο θάνατο, μάλλον σαν ένα κάλεσμα, για να καλύψει τα κενά.

Τελικά όλες οι τροπές του αισθητισμού στο έργο έχουν αφετηρία τη φθαρτική αρρώστια ή αδυναμία. Αν στο *Βιβλίο της αυτοκράτειρας Ελισάβετ* η αρρώστια ήταν κυρίως χαρακτηριστικό του ύφους, εδώ βρίσκεται στη βάση της θεματικής δομής. Η αρρώστια της Βεργινίας απλώνεται σε πρώτο επίπεδο σαν στρώμα απ' όπου πάντα θα αναδύονται αναθυμιάσεις νοσηρότητας, για να μολύνουν τελικά κάθε υγιές στοιχείο στο έργο. Η υγεία και η χαρά αποδεικνύονται στο τέλος ψευδαισθήσεις, που θα πνιγούν ολοκληρωτικά μέσα στον πανίσχυρο ζόφο της αποσύνθεσης.

Η ασθένεια δεν είναι μοτίβο που επανέρχεται αλλά μοναδικό θέμα του έργου, μια σαρκοβόρα οργή που αναλώνει στο τέλος και τους τρεις ήρωες: πρώτα την Βεργινία, που από ευτυχισμένη νιόπαντρη την μεταβάλλει σε σάρκινο κουρέλι· είναι μια βασανιστική διεργασία απώλειας, που η αφήγηση την κατεργάζεται αργά σαν τελετουργία, ενώ οι παρατάσεις αυξάνουν απλώς την τραγικότητά της.

Έπειτα είναι η αντίζηλός της, η Λιόλια, μια κοπέλα ανυποψίαστη από ζωή, που αφήνεται στα συναισθήματά της για τον Νίκο, επιτρέποντας έτσι την επαφή με την αρρώστια. Αυτή η επαφή ανοίγει τη δίοδο του μιάσματος, που θα βαρύνει πάνω στην αρχική ανυποψίαστη χαρά, με την οποία η Λιόλια ανακάλυπτε και ζούσε τη ζωή. Το πρωτογενές αίσθημα ευτυχίας το μολύνει η πίκρα και το στίγμα του θανάτου, για να μην το αφήσει ν' ανανήψει ποτέ πια. Τέλος, ο Νίκος, ο σύνδεσμος και η ρήξη των δύο γυναικών, γίνεται στη ζωή του αποδέκτης μιας εξωτερικής μιζέριας, στην ουσία όμως ενός εσωτερικού λοιμού που διαιωνίζεται μεταδοτικά στην ψυχοσύνθεση και τη συμπεριφορά των γυναικών του.

Ο Χρηστομάνος σκηνοθετεί ένα επώδυνο παιχνίδι αισθητισμού, με την ανεμελιά πάνω σε φόντο θανάτου. Πρόκειται για ένα επικίνδυνο παιχνίδι νεύρωσης και ισορροπίας με συγκρούσεις και πάλη αισθήσεων. Πυρετός και κυνήγι σκέψεων συνθέτουν την κύρια δράση του έργου. Η νεκρική ακινησία της Βεργινίας δημιουργεί στο σπίτι αποπνικτική ατμόσφαιρα, η οποία μετά το θάνατό της βαραίνει ανυπόφορα. Ο πόνος βρίσκεται στο γεγονός ότι η λειτουργία του μυαλού της άρρωστης είναι δυσανάλογα αντίστροφη με την κατάσταση του κορμιού της. Η εγρήγορση με την οποία αντιλαμβάνεται και επεξεργάζεται τα γεγονότα την κάνει να βασανίζεται ακόμη περισσότερο. Η οικειότητα που αναπτύσσεται ανάμεσα στον Νίκο και την Λιόλια, το σφρίγος του νέου κοριτσιού που έλκει πια τον πόθο, το ερωτικό ενδιαφέρον του νέου άντρα, που τραβιέται μακριά από την άρρωστη, είναι για την Βεργινία τυραννία, καθώς μάλιστα αναγκάζεται να τα παρακολουθεί όλα καθηλωμένη στο κρεβάτι.

Η κατάσταση γίνεται αφόρητη με τα κουτσομπολιά της γειτονιάς. Πιο τραγικό είναι το βράδυ της Αποκριάς, που η Βεργινία αναγκάζεται να το περάσει με φαρμακόγλωσσες γειτόνισσες, οι οποίες δήθεν την προσέχουν αλλά ουσιαστικά επιβαρύνουν τον ήδη ταραγμένο ψυχισμό της με την κακία και τα καχύποπτα λόγια τους. Αυτό το βράδυ είναι καίριο για την εξέλιξη της δράσης, γιατί ο Νίκος και η Λιόλια βγαίνουν μαζί να διασκεδάσουν για τις Απόκριες. Μετά την παρέλαση του Καρναβαλιού πηγαίνουν με φίλους σ' ένα χορό, όπου η ερωτική έλξη γίνεται πια ακατανίκητη και σφραγίζεται στην επιστροφή μ' ένα φιλί.

Έτσι έχουμε δύο σκηνές: από τη μια την ισοπεδωμένη Βεργινία που πληγώνεται θανάσιμα μέσα στη θλιβερή και σιωπηλή κάμαρα και από την άλλη τα γέλια, τα τραγούδια, το θόρυβο και το χορό της διασκέδασης σ' ένα σπίτι μακρινό. Υπάρχει η εντύπωση μιας ύβρεως που διαπράττει η ζωή προς το θάνατο, μια εντύπωση ότι ο χορός γίνεται πάνω σ' έναν τάφο. Το τίμημα της ανεμελιάς θα είναι μακάβριο: έτσι όπως παγώνει την εικόνα ο αφηγητής, βλέπει πάνω στα πρόσωπα την ταύτιση ηδονής και πόνου:

> ολονών τα πρόσωπα, γύρω τους και στο δρόμο κάτω, δείχνανε σαν σουρωμένα από την ηδονή που 'χαν αισθανθεί, σαν να 'χαν κρυσταλλώσει απάνω στα χαρακτηριστικά τους τ' αυλάκια απ' τα γέλια κι απ' τη χαρά που πέρασαν, κι έφυγαν, έτοιμα και γι' άλλη χαρά, μα και για πόνο ακόμα – γιατί τ' αχνάρια τους δεν παραλλάζουν ολότελα[370].

---

370. Κ. Χρηστομάνος, *Η κερένια κούκλα*, ό. π., 49.

Μια αλλόκοτη εξίσωση σχεδιάζεται, όταν η έκφραση του προσώπου χαράζει πάνω στα ίδια αυλάκια δύο αντίθετα, τη χαρά και τη λύπη. Η συγκεκριμένη παρομοίωση είναι εγχείρημα αισθητιστικό, αφού οι ίδιοι δρόμοι που παίρνει, όπως και να 'χει, η ζωή δεν είναι παρά άρνηση ιδανικών και ελπίδας. Στο βάθος διακρίνει κανείς έναν αμφίδρομο σαδισμό: όπως η ευτυχία αγνοεί στο διάβα της τη δυστυχία, έτσι και η δυστυχία θα πάρει τη σιωπηλή της εκδίκηση βαδίζοντας στα ίδια χνάρια.

Η έκφραση, που παγιώνεται πάνω στα πρόσωπα, μοιάζει με μάσκα· το μοτίβο της μάσκας το έχουμε ξαναδεί στο διεθνή αισθητισμό ως ενδυματολογικό συμπλήρωμα, ως έκφραση της λεπτότητας και της εκκεντρικότητας ενός πολιτισμού ή μιας τάξης, αλλά και ως υφολογικό εύρημα μετάβασης του αισθητισμού προς το συμβολισμό· εδώ έχει τον καθαρά διονυσιακό χαρακτήρα του προσωπείου, που εναρμονίζεται με την αποκριάτικη ατμόσφαιρα του κειμένου αλλά προπάντων με τον αρχαιολατρικό παγανισμό του ελλαδικού αισθητισμού. Δεν είναι τυχαίο ότι τα καίρια σημεία του αισθητιστικού τμήματος της *Κερένιας κούκλας* τοποθετούνται μέσα στην περίοδο της Αποκριάς· ούτε είναι τυχαίο ότι ο Παλαμάς στο «Φιλήμων και Βαύκις» επιλέγει, όπως είδαμε, ως αλληγορία της παρακμιακής γυναίκας μια πόλη κατά τη νύχτα του γλεντιού της Αποκριάς· στη συνέχεια θα δούμε και στον Καζαντζάκη το στοιχείο της μάσκας να συνδυάζεται με τον παρακμιακό πολιτισμό, την παρακμιακή γυναίκα και τη μοιραία πόλη.

Αυτή τη νύχτα του αποκριάτικου ξεφαντώματος, τα αλλοπαρμένα μάτια της Βεργινίας καθορίζουν το αμφίρροπο της αίσθησης, ενώ μπροστά τους ξετυλίγεται ένα προπέτασμα από γέλια και χαρές: «Τσιριχτές φωνές έβγαζαν τα νέα παιδιά, γιατ' οι καρδιές τους πνίγονταν από ηδονή, αχ, από ένα μεγάλο κύμα ηδονής»[371]. Στη διάρκεια του χορού ο φακός του αφηγητή κινηματογραφεί στιγμιότυπα νεανικής ορμής μέσα σε μια θάλασσα από σάρκα, που ακτινοβολεί το φως του πόθου:

> ήτον ο θρίαμβος της Χαράς και της Ζωής: Α! Νά τις που περνούν κι οι δυο αγκαλιασμένες (τι σπάνιο πράμα!) μέσα από μια θάλασσα ανθρώπινη, πολύβουη απ' τ' άσπρα χέρια που χτυπιούντ' αναμεταξύ τους σαν αφρισμένες κυματοκορφές, απάνω σ' ολόχρυσο άρμα ζεμένο σε λευκό τέθριππο σαν από φως γενάμενο κρέας και με την ίδια τη θεά Ήβη πίσωθ' ορθή για Νίκη που κρατάει τα χρυσά στεφάνια[372].

---

371. Κ. Χρηστομάνος, *Η κερένια κούκλα*, ό. π., 66.
372. Ό. π, 68.

Το φως, η αναφορά σε αρχαίες θεότητες και στη Νίκη, όλα αναμοχλεύονται μέσα σε μια σάρκινη αλυσίδα, που άλλοτε δεμένη και άλλοτε λυτή περνά σαν κομπολόι ανθρώπινο από τα «αόρατα χέρια της συλλογισμένης Μοίρας»[373]· εδώ παρατηρούμε τροπή του πεσσιμιστικού θέματος προς τη γήινη αρχαιολατρεία και τη νιτσεϊκή κατάβαση του ατόμου μέσα στην πλατιά συνείδηση του ανθρώπινου είδους. Ένας πρωτογενής λυρισμός ενδυναμώνει το θέμα και το απομακρύνει από τη νοσηρότητα προς την άλλη όψη της, τη νιτσεϊκή χαρά της υγείας και της ηδονής[374]. Πρόκειται, όπως είπαμε επανειλημμένα και αλλού, για την κύρια συμβολή του ελλαδικού αισθητισμού στην εξέλιξη του κινήματος· απόδειξη της καινοτομίας των Νεοελλήνων αισθητιστών είναι ότι την υιοθετεί ακόμη και ο Χρηστομάνος, που υπήρξε ίσως ο πιο πεσσιμιστής μέσα στον κύκλο του ελλαδικού αισθητισμού.

Η πλάση ερμηνεύεται ως «ο κύκλος της ζωής ο χορευτής»[375], όπου «τα γητεμένα πλάσματα»[376] σκιρτούν «απάνω στο λιβάδι της αιώνιας νεότητος. Και περιχυμένο ήτον το λιβάδι απ' τον απαλόφλογο ήλιο της χαράς – κι ήτον αυτός η σύνθεση ενός τραγουδιού αναβρυσμένου απ' όλα τ' ανθρώπινα κορμιά που τώρα ζούσανε βαθιά σαν άνθη και σαν ζώα»[377]. Η σιωπηλή επιταγή των ενστίκτων, που ενοποιεί κάτω από τον ίδιο πόθο όλη τη ζωή, στοιχειοθετεί έναν πανθεϊσμό όπου προεξάρχει η χωμάτινη ουσία των όντων· έτσι αναδεικνύονται τα οικουμενικά πλάσματα που ασυνείδητα κινούνται στο ρυθμό βιολιών με χορδές «βγαλμένες απ' τα ωραία ζώα» και «γλυκοποτισμένες με της ζωής την όμορφη θλίψη»[378].

Η θλίψη και πάλι είναι όμορφη, όπως είναι και για τον Ροε· επίσης, μεταμφιέζεται σε αισθησιακή χαρά, που ανασαίνει μέσα από τα νεανικά σώματα και τις σαρκικές πνοές τους· είναι οι πνοές που φτιάχνουν τα λόγια ενός ακόμη πανηγυρικού διθυράμβου, ο οποίος θα επαναληφθεί στις *Σπασμένες Ψυχές* του Καζαντζάκη:

---

373. Ό. π.
374. Η παρατήρηση του αφηγητή στροβιλίζεται γύρω από τα βήματα του χορού, που με νέα παραγγέλματα αναζωπυρώνει ολοένα τον κυματισμό της αλυσίδας και τη φαντασία του παρατηρητή, ο οποίος άλλοτε την φαντάζεται «σαν άνθινο όνειρο που δεν σβήνει, σαν άρωμα που όλο φεύγει κι όλο μένει» (ό. π., 68) και, τελικά, σαν φτιαγμένη από κόμπους – «αφροσταλίδες απ' την ατέρμονη θάλασσα της πλάσης» (ό. π.).
375. Κ. Χρηστομάνος, *Η κερένια κούκλα*, ό. π., 69.
376. Ό. π., 68.
377. Ό. π., 69.
378. Ό. π., 67.

Είμαστε νέοι, νέοι, νέοι και γεροί και ωραίοι! Και δε μας μέλει γιατί γυρίζομε και πού πάμε και πού πάμε. Και δε μας μέλει αν πέθαναν εκείνοι που μας γέννησαν και τα μικρά τ' αδερφάκια μας αν έσβησαν. Εμείς πάντα θα γυρνούμε, θα γυρνούμε, γιατ' είμαστε όμορφοι και νέοι και δε μας μέλει, δε μας μέλει, δε μας μέλει που κ' εμείς θε να πεθάνομε – γιατί δεν το πιστεύομε![379]

Η γνωστή νιτσεϊκή σκληρότητα ως αντίδραση στη διάβρωση της ασθένειας ορθώνει και πάλι το απαιτητικό ανάστημά της, που συνωθεί στην ίδια παράταξη νεότητα, ομορφιά και ηδονή. Η διονυσιακή διάσταση εδώ εκφράζεται μόνο μέσα από τον άοκνο ρυθμό· όπως θα δούμε, ο Σωτήρης Σκίπης σε ένα παρισινό «Σκίτσο» του (1908) με τίτλο «Η τρελή»[380] θα απαλύνει το διονυσιασμό, διαχέοντάς τον στη φύση, η οποία σχεδιάζεται ως εικαστική δημιουργία.

Ένα άλλο περιστατικό της Αποκριάς προχωρεί πιο βαθιά στην ουσία του αισθητισμού, με επίκεντρο πάντα τις έννοιες της αρρώστιας, του θανάτου, της υγείας και της νιότης. Η αντιπαράθεση χαράς και πόνου αρχίζει να σκληραίνει σε κακόγουστο αστείο, όταν την Κυριακή της Τυρινής ο Νίκος πασπαλίζει την κατάκοιτη Βεργινία με πολύχρωμα χαρτάκια (κομφετί) ντύνοντας έτσι τη χλωμή άρρωστη σαν άχαρο σκιάχτρο και πλάσμα καρναβαλιού. Η αρρώστια φαντάζει ακόμη πιο αμείλικτη, καθώς το θύμα της μετατρέπεται σε «λείψανο μασκαρεμένο»[381], ενσαρκώνοντας στη μορφή της μαριονέτας μια άποψη αλλοτρίωσης. Τον πιερότο τον είδαμε στο βρετανικό αισθητισμό και θα τον ξαναβρούμε ως ανδρείκελο στην Γ. Καζαντζάκη, εδώ όμως ανακαλούνται μνήμες και από τον Felicien Ropps, τον Βέλγο ζωγράφο της παρακμής, ο οποίος συνήθιζε να απεικονίζει σκελετούς ντυμένους με πολυτελή φορέματα και καπέλα· στα Φιλολογικά απομνημονεύματα του Νιρβάνα θα συναντήσουμε ολόκληρο κεφάλαιο αφιερωμένο στον συγκεκριμένο ζωγράφο. Ο Καρυωτάκης, προς τα τέλη της δεκαετίας του 1920 θα γράψει το λυρικό-σατιρικό αφήγημα «Ο κήπος της αχαριστίας», όπου ένας χορός μεταμφιεσμένων παίρνει υπαρξιακές προεκτάσεις· τέσσερα ζευγάρια σκελετών πραγματοποιούν κομψές χορευτικές κινήσεις κάτω από τα ηλεκτρικά φώτα της αποκριάς του 2027· αυτή η αποκριά του μέλλοντος θα μπορούσε να ανά-

---
379. Κ. Χρηστομάνος, ό. π., 69.
380. Το αφήγημα θα το εξετάσουμε αναλυτικά στο τελευταίο κεφάλαιο του βιβλίου.
381. Κ. Χρηστομάνος, ό. π., 33.

γεται στην παρακαταθήκη του αισθητισμού, η οποία διευρύνεται μέσα σε μοντερνιστικά συμφραζόμενα.

Επιστρέφοντας στην αμφίεση της Βεργινίας με κομφετί, θα δούμε την πλημμύρα από χαρτάκια να μετατρέπεται σε πλημμύρα από λουλούδια, τη μέρα που ο Νίκος με την Λιόλια πηγαίνουν εκδρομή στον κάμπο, εκεί όπου «η Μοίρα πήρε τους δυο ανθρώπους στην αγκαλιά της»[382]. Μόλις τα μυρωμένα νιάτα των ερωτευμένων γυρίζουν στην καταθλιπτική, σκοτεινή κάμαρα και βλέπουν την άρρωστη να μαραζώνει μέσα στη σκιά, ο Νίκος παίρνει τα λουλούδια από τα χέρια της Λιόλιας και τα σκορπά πάνω στο κρεβάτι της Βεργινίας. Η ενστικτώδης κίνηση είναι οιωνός θανατικού, αφού τα μαραμένα πια λουλούδια σκεπάζουν μια ζωντανή νεκρή· το κρεβάτι της αρρώστιας, που την ερείπωσε, μοιάζει ξαφνικά με νεκροκρέβατο, όπου σύντομα θα την ζώσει ο θάνατος, ένας θάνατος που τη γρηγοράδα του την αρχιτεκτόνησαν τα νιάτα και ο έρωτας.

Το νεκροστόλισμα ζωντανού ανθρώπου το είδαμε ήδη στον παλαμικό «Θάνατο παλικαριού» και θα το ξαναδούμε στο Όφις και κρίνο και σε παρόμοια αισθητιστικά αφηγήματα, όπως «Τα ρόδα του Ηλιογάβαλου» του Καμπύση. Στο Όφις και κρίνο το έργο του θανάτου οφείλεται σε ανθρώπινη προμελέτη· ο πρωταγωνιστής θα προκαλέσει στο τέλος το θάνατο της αγαπημένης του μέσα σε δωμάτιο πνιγμένο στα λουλούδια· ήδη όμως από τις πρώτες στιγμές έκστασης που πέρασε μαζί της φαντασιωνόταν το κορμί της πάνω στο κρεβάτι σαν άψυχο κρίνο. Ο Νίκος και η Λιόλια δεν έχουν σκοπό το θάνατο της Βεργινίας, όπως ο ζωγράφος του Όφις και κρίνο ή ο Ηλιογάβαλος του Καμπύση, είναι όμως αυτουργοί της τραγικότητας και της γρήγορης έλευσής του.

Η ίδια η Βεργινία νιώθει το μακάβριο αστείο της ζωής της, που την μεταβάλλει από γυναίκα σε καρνάβαλο και, ύστερα, σε ελεεινό λείψανο και δεν μπορεί να το αντέξει. Η αντίδρασή της στραγγίζει όσες δυνάμεις τής απόμειναν, είναι όμως κοφτή και απότομη· με το «σκελεθρωμένο και διάφανό της χέρι που οι γαλάζιες φλέβες του φεγγίζανε σαν κάτω από κιτρινισμένο τσιγαρόχαρτο και με μια δύναμη, αφάνταστη για το σύντριμμα που ήτον, τον έσπρωξε κατάστηθα και του 'πε με κακία: "Φύγε από 'δώ, μυρίζεις ήλιο! Αυτά να μου τα βάλεις όταν θα με θάψεις"»[383]. Έχουμε πάλι μια κραυγαλέα διακήρυξη αισθητισμού, με το αντίστροφο μοτίβο: της βέβηλης ευτυχίας που αποτελεί ενοχλητικό πείραγμα για τη δυστυχία και διαταράσσει την ησυχία της απελπισίας.

---

382. Κ. Χρηστομάνος, ό. π., 100.
383. Ό. π., 105.

Το δίπολο ασθένειας-ευεξίας βρίσκεται στην κορύφωσή του, οι όροι όμως σύντομα θα αναστραφούν· βουβός είναι ο πόνος που επιβάλλει η δύναμη στην αδυναμία, όπως βουβή θα είναι η εκδίκηση που θα πάρει η πίκρα από τη γλύκα της ζωής, η στέρηση από την απόλαυση και η Βεργινία από την Λιόλια. Η Βεργινία μέσα από τον τάφο θα διεκδικήσει ξανά τον άντρα της και το χαμένο της παιδί. Ήδη το παιδί, με τη γέννησή του, έχει πάνω του το στίγμα της αρρώστιας, αφού μοιάζει στη νεκρή και όχι στη μητέρα του. Πρόκειται ουσιαστικά για μια νεκρογένεση, αφού η πραγματική μητέρα του παιδιού το μοίρανε απ' τον τάφο της και ήδη απ' την αρχή της ζωής του το καλεί στα έγκατα μαζί της. Η χλωμάδα, το πρόωρο της γέννησης του μικρού κοριτσιού και η αδυναμία να κρατηθεί στη ζωή συμπληρώνουν άλλο ένα στάδιο στην προϊούσα εξέλιξη της ασθένειας που λυμαίνεται την πλοκή του έργου.

Όλο αυτό το μακάβριο σκηνικό με υπάρξεις πέρα απ' τον κόσμο, που παίρνουν ζωή σε σάρκα ανθρώπινη χωρίς ποτέ να ξεχνούν την αλλόκοσμη καταγωγή τους, φέρει έντονη την απήχηση του Poe. Το χλωμό πρόσωπο του νεογέννητου και το μικροσκοπικό του σώμα το κάνουν να μοιάζει με κερένια κούκλα, εικόνα που ανακαλεί στο μυαλό –όπως και η εικόνα της κατάχλωμης και κατάκοιτης Βεργινίας– τις φασματικές γυναικείες μορφές του Poe και, γενικότερα, τις σαρακοφαγωμένες γυναίκες της παρακμής, για τις οποίες θα μιλήσει και ο Καζαντζάκης επηρεασμένος και από τη διαμονή του στο Παρίσι.

Τελικά, αν αναζητήσουμε μηχανισμούς βάθους που προσηλώνονται στο ασυνείδητο του Χρηστομάνου, θα μπορούσαμε ίσως να ερμηνεύσουμε την παθολογία του αφηγήματος ως εξομολόγηση εκ βαθέων. Σύμφωνα με τους παραπάνω μηχανισμούς θα μπορούσε κανείς να δει στο έργο όχι απλώς μια ομολογία πόνου αλλά και την ομοιοπαθητική θεραπεία του πόνου με νέα υποβολή στη δοκιμασία. Είδαμε τα γελαστά πρόσωπα του αποκριάτικου γλεντιού της *Κερένιας κούκλας* να σκληραίνουν παίρνοντας την έκφραση του πόνου. Μια διαφορετική διατύπωση του ίδιου μοτίβου συναντούμε με αφορμή την ίδια νύχτα: «Τι γελοίοι που ήταν όλοι τους με την ευτυχία τους σαν σορόπι πασαλειμμένη στα μούτρα τους, που αποθέωνε ακόμα και την ανοστιά τους! Του 'ρχόταν του Νίκου να τους δείρει απ' το θυμό του»[384]. Η «πασαλειμμένη ευτυχία» φέρνει σε σύζευξη δύο αντιφατικές έννοιες κάτω από την παρακμιακή αιγίδα αμαύρωσης του αμιγούς. Τίποτε δεν είναι καθαρό στην ουσία του· την ευτυχία την

---

384. Ό. π., 73.

έχουμε συνηθίσει να συνοδεύεται από λάμψη και καθαριότητα, ενώ εδώ πασαλείβεται σαν να 'ναι βρομιά.

Έπειτα, ακόμη και το σιρόπι, που γενικά το συνηθίζουμε μέσα σε συμφραζόμενα απόλαυσης, εδώ ευτελίζεται σε πράγμα γλοιώδες και αηδιαστικό. Η σκέψη πως το πρόσωπο μαγαρίζεται από τη χαρά, σαν να λερώνεται, μοιάζει με καρικατούρα, βρίσκεται όμως σε αρμονία με την πίκρα ενός σημαδεμένου ανθρώπου, ενός διαψευσμένου από την ελπίδα του κόσμου, ενός παρακμιακού. Ίσως να πρόκειται για πόζα, κάτω όμως από τη μανιέρα του κινήματος δεν παύουμε ν' αναζητούμε αλήθειες της ζωής, όπως εξάγονται από το μίσος-αντίδραση, που προδίδει απόγνωση.

Αυτό το εύρημα, οι λεκέδες από ευτυχία, συνιστά αισθητισμό, όπως και η ευωδιασμένη λέπρα στο διήγημα «Οι κακές μυροφόρες» του Νιρβάνα, που είδαμε παραπάνω· και αυτό είναι τελικά που ξεχωρίζει τα αφηγήματα του αισθητισμού, ένα ιδιόμορφο ύφος που από μόνο του γίνεται κυρίαρχο θέμα. Ο Θεοτόκης, για παράδειγμα, είχε γράψει την ίδια εποχή αφηγήματα για παράνομους έρωτες (*Αγάπη παράνομη*, ανέκδοτο που χρονολογείται πριν από το 1900 αλλά εκδόθηκε το 1935 στις *Κορφιάτικες Ιστορίες*). Όμως *Η κερένια κούκλα* διαφέρει, επειδή στα κρίσιμα σημεία της αφήγησης δεν έχουμε κοινωνικό ρεαλιστικό μυθιστόρημα, μα πεζά ποιήματα όπου ο συγγραφέας επενδύει ποιητική δύναμη στη διέγερση των αισθήσεων.

Ανακεφαλαιώνοντας, θα λέγαμε ότι ο Χρηστομάνος διαλέχθηκε κυρίως με το θέμα της ασθένειας στο οποίο έδωσε πολυεπίπεδη μορφή:

Τη μορφή της μοιραίας γυναίκας του αισθητισμού, που η βιολογική της εξάντληση συνδέθηκε με τον πεσσιμισμό και αποδόθηκε άλλοτε ως εσωστρεφής ναρκισσισμός (αυτοκράτειρα Ελισάβετ) και άλλοτε ως αυτοκαταστροφική νεύρωση (Βεργινία). Σ' αυτό το επίπεδο εκφράζεται το αδιέξοδο του παρακμιακού ανθρώπου, καθώς η υπερεκλέπτυνση γίνεται δείκτης νευρωτικής υπερευαισθησίας και ευτελισμού της ανθρώπινης ουσίας.

Τη μορφή της υφολογικής ανίας, όπου η κατάπτωση είναι μια κατάσταση σε εξέλιξη, καθώς προχωρεί με βραδείς ρυθμούς από τον οργανικό στον εσώτερο χώρο της ανθρώπινης ύπαρξης. Η πορεία συντελείται μέσω μιας διαβρωτικής περισυλλογής, η οποία διεγείρει αισθήσεις και ενδίδει συχνά σε παραισθήσεις τεχνητών παραδείσων ή προμοντερνιστικών συλλήψεων.

Τη μορφή της ηδονής, όπου το απαγορευμένο ενσωμάτωσε ιδιότητες βιολογικής ασθένειας και ψυχικής αλλοίωσης. Σ' αυτό το επίπεδο ο συγγραφέας αρθρώνει λόγο του αυτούσιου ελλαδικού αισθητισμού παρουσιάζοντας τη νοσηρότητα ως εναλλακτική όψη της υγείας με καταλύτη την ηδονή. Η έντονη σαρκική υπόσταση του αισθησιασμού φέρεται εδώ ως αναπόσπαστη πτυχή της νεότητας και της σφριγηλής ομορφιάς, απόψεις πάνω στις οποίες δομούνται διονυσιακά τραγούδια νιτσεϊκής υφής.

Τελικά συμπεραίνουμε ότι ο Χρηστομάνος δεν υπήρξε ο τυπικός παρακμιακός δημιουργός. Η σχέση του με το δυτικοευρωπαϊκό αισθητισμό δεν θυμίζει Επισκοπόπουλο, επειδή οι εκλεκτικές συγγένειές του προέρχονται από την Κεντρική Ευρώπη· ούτε θυμίζει τους κατεξοχήν Ελλαδίτες αισθητιστές με την αισθητική του ανοιχτού χώρου και το οργανικό δέσιμο με την προαιώνια γη ως αναπαραγωγική δύναμη. Αποτελεί μια ξεχωριστή περίπτωση που κατορθώνει μεταξύ συμβολιστικών εκλεκτικών συγγενειών να αρθρώσει αυτοφυή αισθητιστικό λόγο, τον παρακμιακό λόγο της ασθένειας, στον οποίο μάλλον αναδεικνύεται αυθεντικότερος από τους υπόλοιπους. Η εισαγωγή, όμως, και διονυσιακών στοιχείων σ' αυτό τον παρακμιακό λόγο, μας πείθει ότι ο Χρηστομάνος μετέχει επίσης στην πρωτοπορία του ελλαδικού αισθητισμού, ο οποίος έδωσε στην παρακμή μια ιδιαίτερη όψη υγείας.

8. Περικλής Γιαννόπουλος

Ο Γιαννόπουλος (1869-1910) αποτελεί ξεχωριστή περίπτωση μέσα στην ομάδα των Ελλαδιτών αισθητιστών· ενώ στους υπόλοιπους αφετηρία είναι ένας πεσσιμισμός δυτικού τύπου που ανοίγεται έπειτα σε πανθεϊστική ηδονολατρεία της οικείας γης, στον Γιαννόπουλο η αισθησιακή αναγεννητική αντίληψη του ελληνικού τόπου είναι παρούσα μέσα στο έργο του από την αρχή και σ' όλη τη διάρκειά του, για να αφομοιώσει τελικά έναν πολύ ισχυρό χαρακτήρα νοσηρότητας, ακόμη και με την αυτοκτονία που ανήγαγε τη ζωή του σε έργο τέχνης. Μια άλλη ιδιαιτερότητα του Γιαννόπουλου είναι ότι το κυρίως έργο του, αυτό στο οποίο εντοπίζουμε αισθητισμό, απαρτίζεται όχι από συμβατικά λογοτεχνήματα αλλά από άρθρα· και αυτό, όμως, το δοκιμιακό είδος, ο Γιαννόπουλος το ανάγει σε λογοτεχνικό κείμενο, γράφοντας άρθρα που μοιάζουν με πεζά ποιήματα, γεγονός που μας επιτρέπει να τα εντάξουμε στο πλαίσιο αυτού του βιβλίου.

Όσον αφορά την κριτική της εποχής του παρατηρούμε ότι τον αντιμετώπισε μονόπλευρα, σαν ιδεολόγο (Παλαμάς) ή σαν αισθητικό (Ξενόπουλος). Ο Παλαμάς στο άρθρο του «Λίγα λόγια για τον Περικλή Γιαννόπουλο» (1906) με αφορμή την κυκλοφορία του βιβλίου του *Νέον πνεύμα* (1906) επισημαίνει: «Άλλο πράμα ο φραγκισμός, ο ξεφυλιστικός και εξευτελιστικός, που είναι πληγή για μας, και άλλο ο Ευρωπαϊσμός. Σήμερα Ελληνισμός χωρίς Ευρωπαϊσμό είναι κάτι τι μισό και άπλερο. Αδύνατο να μας ξανάρθει της ομορφιάς το θάμα, η Ελένη, παρά με το καινούριο της το ταίρι, από τα μεσαιωνικά τα χρόνια, παρά με τον ξένο, το Φάουστο»[385]. Είδαμε ότι ο Παλαμάς δίνει στον δεύτε-

---
385. Κ. Παλαμάς, *Άπαντα*, τ. 6, Αθήνα, Μπίρης, χ. χ. έ., 445-446.

ρο Φάουστ του Goethe τη δική του ερμηνεία, διαβάζοντας στην ένωση του Φάουστ με την Ελένη την υπέρβαση του δυτικοευρωπαϊκού εκφυλισμού και την ενδυνάμωση της ελληνικότητας. Δεν είναι τυχαίο ότι ο συγκερασμός ελληνικής και ευρωπαϊκής δύναμης συντελείται πάνω στη μορφή του σατύρου ούτε είναι τυχαίο ότι αυτό το συνδυασμό εντοπίζει ο Παλαμάς μέσα στην κοσμοθεωρία του Γιαννόπουλου, όπου οι έννοιες του ελληνισμού και του ευρωπαϊσμού δεν είναι πια θέμα πολιτικής αλλά αισθητικής.

Με αφορμή το ίδιο βιβλίο ο Ξενόπουλος στο άρθρο του «Το βιβλίον της ημέρας» αντιμετωπίζει το θέμα πιο ανώδυνα προσανατολίζοντας την ερμηνεία του στον τομέα της αισθητικής:

> Αδιστάκτως δύναταί τις να είπει ότι ο Γιαννόπουλος είναι ο πρώτος Έλλην αισθητικός... διότι ο Γιαννόπουλος είναι πρώτον και κύριον -ίσως δεν είναι τίποτε άλλο- ΑΙΣΘΗΤΙΚΟΣ[386].

Παρακάτω συνδέει το επιχείρημά του με την Ομορφιά[387], όταν μιλά για «εμπαθή αισθητικό ο οποίος περισσότερο απ' τη ζωή του αγαπά την ωραιότητα»[388]. Άλλωστε, ο Ξενόπουλος, όταν μιλά για «αισθητικούς», αναφέρεται στην ικανότητα «να κρίνουν το κάθε τι από αισθητική άποψη... γιατί εκεί καταστάλαξε η σοφία τους»[389].

---

386. Γρ. Ξενόπουλος, «Το βιβλίο της ημέρας», *Νέα Ζωή* (Αλεξάνδρειας) 3 (1906-7) 450.
387. Σχετικά με την παραγωγή του Γιαννόπουλου, ο Ξενόπουλος (ό. π.) αρθρώνει μια ολόκληρη ιδεολογία την οποία περιστρέφει γύρω από την επιδίωξη της ομορφιάς:
> έβλεπε γύρω του όλα μας τα πράγματα (εκτός της Φύσεως) άσχημα και κατόπιν εξετάζων την αιτίαν, εύρε ότι ήσαν και παράλογα. Εσκέφθη λοιπόν έπειτα ότι ημπορούσαν να γίνουν ωραία με το να γίνουν λογικά. Την ιδίαν αιτίαν της ασχημίας, την οποίαν ανεύρεν εις το εν -διότι ήτον ολοφάνερην- την εζήτησε και εις το άλλο και είδε μ' έκπληξίν του ότι ήτο κρυμμένη κι εκεί. Έπειτα και εις το άλλο, έπειτα και εις όλα. Ούτω, βαθμηδόν και κατ' ολίγον, χωρίς να το εννοήσει και ο ίδιος, ευρέθη μ' ένα σύστημα. Διά ν' ανακαινίσει την Τέχνην, διά να την κάμει δηλαδή ελληνικήν -διότι διαφορετική δεν θα τω ήρεσεν- είδεν ότι έπρεπε κατά τον ίδιον τρόπον ν' ανακαινίσει και την κοινωνίαν. Και η ανακαινισμένη Κοινωνία θα έδιδε κατ' ανάγκην ανακαινισμένη Πολιτείαν, νέον Κράτος Ελληνικόν και όλ' αυτά μαζί: νέον ελληνικόν Πολιτισμόν. Τότε, αλλά μόνον τότε, τα πράγματα όλα γύρω του θα ήσαν ωραία [...]

388. Ό. π.
389. Ό. π.

Και οι δύο κριτικές κρύβουν μέρος της αλήθειας, δεν μπορούν όμως να αποδώσουν τον εκφραστικό τρόπο με τον οποίο ο Γιαννόπουλος μπόρεσε να συγχωνεύσει αισθητική και ελληνικότητα· εδώ στάθηκε πιο εύστοχος ο Σικελιανός: όταν στο ομώνυμο φυλλάδιό του (*Περικλής Γιαννόπουλος*, 1919) έγραφε για τον Γιαννόπουλο ότι «η νιότη του έπαιξε παράφορα τον αυλό, για να χορέψουν μύριοι Σάτυροι, που εξέβγαιναν μπροστά του, μεθυσμένοι από τη ζέστα του ήλιου»[390], έδινε αυτομάτως και το στίγμα της τέχνης του. Όπως φαίνεται από τη μαρτυρία του Σικελιανού, ο οίστρος ενός Διονύσου ζωντάνεψε μέσα στη βιοθεωρία του Γιαννόπουλου με τρόπο που επρόκειτο να σημαδέψει τις έννοιες Ελλάδα, Έλληνας και ελληνικότητα για τα κατοπινά χρόνια. Το συγγραφικό του έργο θα μπορούσαμε να το εντάξουμε στην ευρύτερη κατηγορία των καλών τεχνών, γιατί πάντοτε η αισθητική ήταν εκείνη που καθοδήγησε τη συγγραφική του πορεία, εμπλουτίστηκε όμως με τρόπο που να μπορεί να αποδοθεί και ως «ελληνικός ηδονισμός». Στο ελληνικό όραμα του Γιαννόπουλου μπορούμε να δούμε ένα θρίαμβο καταρχήν αισθητικής και κατόπιν αισθησιακής τάξεως.

Η έννοια του Ωραίου αποκτά για τον Γιαννόπουλο κοσμοθεωρητική ισχύ, ήδη από το άρθρο του «Η ελληνική γραμμή», που δημοσιεύτηκε το Μάιο του 1901 στο περιοδικό *Ανατολή*· εκεί υποστηρίζει ότι «βάσις της ελληνικής αισθητικής είναι η ελληνική γη»[391]. Σε απόδειξη αυτής της αρχικής του σκέψης, που έχει, βέβαια, πιθανή θετικιστική καταγωγή από τις απόψεις του Taine, σημειώνει ότι κάθε γη πλάθει τον άνθρωπο κατ' εικόνα και ομοίωσή της, επομένως ότι κάθε άνθρωπος είναι όργανο της εκδήλωσής της[392]· κατά συνέπεια, όλη η ευγένεια και η ωραιότητα, που υπάρχουν στην ελληνική γη, ενυπάρχουν και στους Έλληνες, που ομοούσιοι ζωγραφίζουν στην ανθρωπότητα τα ειδοποιά γνωρίσματά τους[393]. Ο Δ. Τζιόβας επισημαίνει ότι η απαρχή της ιδέας δεν είναι αισθητιστική αλλά θετικιστική (H. Taine)[394], εντοπίζοντας το καινούριο στη σύνδεσή

---

390. Π. Γιαννόπουλος, *Άπαντα* (επιμ. Δ. Λαζογιώργος-Ελληνικός), Αθήνα, Νέα Θέσις, 1963, κβ΄.
391. Ό. π., 16.
392. Ό. π.
393. Ό. π.
394. Ο Δ. Τζιόβας, (*Οι μεταμορφώσεις του εθνισμού και το ιδεολόγημα της ελληνικότητας στο μεσοπόλεμο*, Αθήνα, Οδυσσέας, 1989, 85), αναφερόμενος στο άρθρο του Ά. Προκοπίου «Η αισθησιοκρατία του Περ. Γιαννόπουλου», παρατηρεί:
  επιχειρεί να δει το έργο του ιστορικά και σε συνδυασμό με ευρωπαϊκά ρεύματα. Ο Γιαννόπουλος εδώ αναγνωρίζεται, γιατί κατόρθωσε να συνδυάσει

της με το ιδανικό του Ωραίου· κάνει επίσης λόγο για «ιθαγενές αντι-
στάθμισμα απέναντι στον ευρωπαϊσμό»[395] ή βλέπει στον εθνοκεντρισμό
του Γιαννόπουλου την «αισθητική της ιθαγένειας»[396] σε αντιπαραβολή
με την παλαμική «αισθητική της φαντασίας»[397], που ο ίδιος μελετη-
τής την μεταφράζει ως διεθνισμό. Βασισμένοι, βέβαια, στην εικαστική
πραγμάτωση της συγγραφικής παραγωγής του, θα μπορούσαμε ίσως
να αποδώσουμε και στον Γιαννόπουλο τον όρο «αισθητική της φαντα-
σίας». Όσον αφορά τον «αντιευρωπαϊσμό», που αποδίδει ο Τζιόβας
στον Γιαννόπουλο, αντίθετος εμφανίζεται ο Δ. Φωτιάδης, ο οποίος σε
κείμενό του στο αφιέρωμα των *Νεοελληνικών Γραμμάτων* (1938) «αντι-
μετωπίζει τον Περικλή Γιαννόπουλο, παρ' όλη την ελληνολατρεία του, ως
έναν Ευρωπαίο της παρακμής, πληθωρικά ρητορικό και αντίθετο προς

επιτυχημένα τα συνθήματα του ελληνικού διαφωτισμού και του γαλλικού νατουραλισμού χτυπώντας κατακέφαλα το βαυαρισμό και τη σχολή του Μονάχου, που η αχίλλεια πτέρνα της στην τέχνη ήταν το χρώμα. Παρά τον αντιευρωπαϊσμό του, ο Γιαννόπουλος θήτευσε στον υλισμό του Καμπανές και στη φυσιοκρατία του Ταιν, που το φιλοσοφικό του δοκίμιο για την ελληνική τέχνη παρουσιάζει, κατά τον Προκοπίου, πολλές ομοιότητες με την αισθητική του Γιαννόπουλου, με τη διαφορά ότι ο πρώτος είδε την ελληνική φύση ως αιτιολογικό παράγοντα ενώ ο δεύτερος την ένιωσε και δεοντολογικά για να αναπλάσει τη νεοελληνική τέχνη.

Ενδιαφέρον παρουσιάζει η κριτική του Βλ. Γαβριηλίδη στην εφ. *Ακρόπολις* της 18.8.1903 με αφορμή τη δημοσίευση της *Ελληνικής Γραμμής* του Γιαννόπουλου· η κριτική μιλά για χρώμα εντοπίζοντας εικαστικές συνάφειες:

Και ο Περικλής Γιαννόπουλος μεταβαλλόμενος εις Έλληνα Ράσκιν, δημιουργεί μίαν νέαν αισθητικήν, δύο έχουσαν πόλους, την γραμμήν και το χρώμα, διά δυνάμεως δε πρωτοφανούς εις την ελληνικήν λαογραφίαν και διά γλώσσης υπενθυμιζούσης τα όργια των χρωμάτων της βενετικής Σχολής, επιβάλλει εις τους μύστας της τέχνης ως διά τοπουζίου την μελέτην της ελληνικής φύσεως και εντός της μελέτης αυτής Ιωάννης της Τέχνης εννοεί να βαπτίσει και να μεταβαπτίσει τον νέον ποιητήν, τον νέον αρχιτέκτονα, τον νέον ζωγράφον, τον νέον Έλληνα.

Σ' αυτή την απόπειρα καλλιτεχνικής ένταξης του Γιαννόπουλου αποκτά ιδιαίτερη σημασία η παράλληλη αναφορά ενός προδρόμου του αισθητισμού, του Ruskin καθώς και η παρουσία της βενετικής σχολής της Αναγέννησης ως αισθητικού προσανατολισμού. Η βενετική σχολή ως εικαστικός τρόπος εμφανίζεται στο «Ερυθρούν κρίνον» του Επισκοπόπουλου και στο αντίστοιχο διήγημα του Παπαντωνίου «Η θεία τιμωρία». Η σύνδεση εικαστικής τεχνογνωσίας και πεζογραφίας καθιερώνει για τον Γαβριηλίδη μια τέχνη που απευθύνεται σε μύστες, έμμεσα μια τέχνη αισθητιστική.

395. Δ. Τζιόβας, ό. π., 38.
396. Ό. π., 74.
397. Ό. π.

την αρχαία ελληνική λιτότητα και σαφήνεια»[398] · η παραπάνω άποψη διατηρεί βέβαια την παραδοσιακή σύνδεση του αρχαίου ελληνικού με τη λιτότητα αλλά ευαισθητοποιείται προς την κατεύθυνση της παρακμής που ενυπάρχει στον Γιαννόπουλο. Θα λέγαμε ότι πληθωρικότητα στον Γιαννόπουλο αποτελεί η εκφορά διονυσιακού ύφους, πάνω στη βάση του οποίου συνδέονται η αντίληψή του για την αρχαία Ελλάδα και η ευρωπαϊκή παρακμή.

Στην «Ελληνική γραμμή» του Γιαννόπουλου ο αισθησιασμός ξεκινά από μια κατάσταση εξερεύνησης των αισθήσεων και καταλήγει σε ηδονική λατρεία της γης. Ο ομιλητής του κειμένου μελετά την ελληνική γη από κοντά, σαν να είναι ο ίδιος κομμάτι της, σαν να τον απορροφά μέσα στην έλξη της. Σκυμμένος πάνω της αφουγκράζεται το χώμα και, καθώς η ύπαρξή του αφαιρείται μεταξύ φωτός, αέρος και γήινης ύλης, νιώθει το χώμα στο «είναι» του με ανοιχτές τις αισθήσεις. Ένας ολόκληρος κόσμος αποτελείται γι' αυτόν από καθετί λεπτό, ξηρό και χρωματιστό[399], ποιότητες που αφορούν την αίσθηση. Το προσεκτικό κοίταγμα της φύσης, που τον περιβάλλει, ισοδυναμεί για τον Γιαννόπουλο με περιπλάνηση στην αίσθηση. Τα δάχτυλα χαϊδεύουν το ξερό, ελαφρό και τριμμένο χώμα και, ενδιάμεσα, τα τρίμματα από πολύχρωμα πετράδια, «συχνά και τρίμματα αγγείων του τριμμένου κόσμου»[400]· το άγγιγμα του χώματος, ο θρυμματισμός του, η ψηλάφηση της ιδιοσυστασίας του και το χάιδεμα της πέτρας μέσα στα δάχτυλα ικανοποιούν την αίσθηση της αφής. Ο αφηγητής βρίσκει μέσα από το άγγιγμα τη θύμηση του χοϊκού εαυτού του, είναι το γνήσιο παιδί της μάνας γης που τον γέννησε· η απόσταση από εδώ ως τη *Συνείδηση της γης μου* (1915) του Σικελιανού δεν είναι μεγάλη.

Στα *Άπαντα* του Γιαννόπουλου διαβάζουμε την πληροφορία ότι τον είχαν ονομάσει «Επιθεωρητή του Υμηττού», εξαιτίας της λατρείας του για την αττική φύση[401]:

> Τον βλέπανε να βαδίζει βιαστικός, τρέχοντας να προλάβει ένα ραντεβού που είχε δώσει, από την προηγούμενη, με μια ανεμώνη ή για να μελετήσει τις αποχρώσεις που έπαιρνε μια ελιά, την ώρα του δειλινού.

---

398. Δ. Τζιόβας, ό. π., 84.
399. Π. Γιαννόπουλος, «Η ελληνική γραμμή», *Άπαντα*, ό. π., 18.
400. Ό. π.
401. Π. Γιαννόπουλος, *Άπαντα*, ό. π., 14.

Άλλοτε πάλι τον έβρισκαν μες στο μισοσκόταδο του δωματίου του με κλειστά παντζούρια να παρακολουθεί τους χρωματισμούς που παίρνανε, με το αργό τους σάπισμα, μερικά χρυσάνθεμα, που 'χε σε μια σκάφη[402].

Είναι ενδιαφέρουσα η επιστημονική διάσταση με την οποία οι αισθητές εμπλουτίζουν τη ζωή, ενώ ταυτόχρονα ασκούν τα αισθητήριά τους στο να ανταποκρίνονται και στις πιο λεπτές αισθήσεις. Η καλλιέργεια, στην οποία υποβάλλουν τον εαυτό τους, διακλαδώνεται μέσα από την πειθαρχία στην αίσθηση, ακόμη και αν αυτό συνεπάγεται κάποιες εκδηλώσεις ακρότητας. Έχουμε μιλήσει για τους λογοτεχνικούς θύλακες του Επισκοπόπουλου που θυμίζουν μπουκαλάκια πειραμάτων, όπως αυτά του Des Esseintes· τον ίδιο Δυτικοευρωπαίο ήρωα θυμίζει και η μόνωση του Γιαννόπουλου μέσα στο σκοτάδι του δωματίου του, στο τεχνητό περιβάλλον που η συσκότιση το κάνει να μοιάζει με εργαστήριο θετικών επιστημών. Ένα τέτοιο περιβάλλον είναι πρόσφορο για τα ειδικά λεξιλόγια των επιμέρους επιστημών που αρέσκονταν να χρησιμοποιούν οι αισθητιστές. Η εικόνα του μοναχικού ανθρώπου που, αποτραβηγμένος μέσα στο σκοτάδι του δωματίου του, παρακολουθεί τα στάδια της σήψης ενός λουλουδιού είναι βγαλμένη κατευθείαν από την παρακμή. Έτσι κάπως θα ένιωθε και ο καζαντζακικός Όφις παρακολουθώντας το μαρασμό του Κρίνου ή ο Baudelaire ως ανατόμος της σαπίλας των εθνών.

Παρακολουθώντας στη συνέχεια την αισθησιακή περιπέτεια του αφηγητή του Γιαννόπουλου έντονη είναι η αναφορά στην όσφρηση, όταν, για παράδειγμα, εκτείνει το βλέμμα του στους ανθισμένους ασφόδελους «με τα ροδαλά των δονούμενα φώτα τα εκπνέοντα αβράν ηδυπάθειαν»[403]. Το χρώμα αποπνέει αρωματικές αύρες και η οσμή από μόνη της προαναγγέλλει τη γεύση, κρατά μάλιστα μέσα της κάτι από αυτήν. Ωστόσο βρισκόμαστε πια σε άλλο επίπεδο, στη γεύση της ηδονικής πατρίδας.

Έπειτα έρχεται η αίσθηση της όρασης, που κι αυτή την ασκεί ο συγγραφέας με επιμέλεια και προσοχή, παρατηρώντας τη βλάστηση, τις πέτρες και τα χορτάρια, ακόμα κι αυτά που μόλις διακρίνονται· τα βλέπει να διαγράφονται σαν ξεχωριστή οντότητα το καθένα με την ατομικότητά του· τα βλέπει σαν ανθρώπους, παρατηρεί τις εκδηλώσεις τους, κοιτάζει

---

402. Ό. π.
403. Π. Γιαννόπουλος, Άπαντα, ό. π., 19.

κάθε εξόγκωμα της γης και κάθε βράχο, κάθε πέτρα· εντοπίζει τις φλέβες τους σε διάφορες αποχρώσεις και τα νερά τους, σχεδόν λεπτουργημένα.

Όλα γι' αυτόν μοιάζουν «αραβουργήματα της φύσεως που κάμνει παίζουσα με την ύλην, όπως εάν κρατείτε εις τα χέρια σας θήκην από σκαλισμένον ξύλον σαντάλ»[404]. Με άλλα λόγια, η φύση αντικρίζεται σαν πολύτιμο έργο τέχνης ή το φυσικό είναι τόσο λεπταίσθητα τεχνουργημένο, ώστε θυμίζει λεπτοδουλεμένο χειροτέχνημα· η φύση δεν περιγράφεται αλλά αναδημιουργείται, κατασκευάζεται από την αρχή σαν έργο τέχνης· στο πεζό ποίημα «Η τρελή» του Σκίπη, που θα εξετάσουμε στο τελευταίο κεφάλαιο, συναντούμε κάτι παρόμοιο, αλλά σε μικρότερη κλίμακα.

Αν ένας Δυτικοευρωπαίος αισθητιστής διάβαζε την αναπαράσταση της Φύσης ως ανθρώπινου χειροτεχνήματος, θα την έβρισκε απόλυτα σύμφωνη με τα κηρύγματα του κινήματος που θέλουν τη Φύση να ακολουθεί την Τέχνη, την Τέχνη να δημιουργεί και τη Φύση να αντιγράφει. Οι δυτικοί συγγραφείς έφτασαν σ' αυτή την παραδοξολογία μάλλον για να δώσουν έμφαση στη δημιουργία των ανθρώπινων χεριών ως υπόσχεση ενός παρόντος που θα μπορούσαν να ελέγχουν, σε αντίθεση με τις αναντίρρητες επιταγές της φύσης που τις ένιωθαν ως εχθρική επιβουλή πάνω στο φθαρτό ανθρώπινο σώμα τους.

Στους Ελλαδίτες αισθητιστές δεν υπάρχει αυτή η εμπάθεια· το Τεχνητό στην περίπτωσή τους εντοπίζεται ως προβολή της καλλιτεχνικής δημιουργίας πάνω στη Φύση, ως αναμόρφωση του υπάρχοντος τοπίου. Η εικαστική μεταμόρφωση της Φύσης είναι, επιπλέον, γι' αυτούς μια εμπειρία αναζήτησης εκφραστικών τρόπων. Για τον Γιαννόπουλο όλα αυτά είναι μια ανάγνωση· διαβάζει τη «διαυγεστάτη Γραφή της Γραμμής»[405] και αφήνεται να παρασυρθεί μέσα στο τρέξιμο αυτού του γραψίματος. Όπως βαθαίνει ηδονικά ο σχεδιασμός των γραμμών, συμπαρασύρει και το αισθητήριο του παρατηρητή-αφηγητή ή ομιλητή, ο οποίος κάνει τεχνικές παρατηρήσεις που θα λειτουργήσουν και ως υποδείξεις για δημιουργήματα των καλών τεχνών· σ' αυτό το πλαίσιο εμπίπτουν οι λεπτομέρειες που αφορούν τα γνωρίσματα της γραμμής.

Πρώτα απ' όλα, η γραμμή είναι λεπτή και μπορεί να «λεπτυνθεί επ' άπειρον»[406], έτσι ώστε να αποτινάξει και την υποψία ακόμη υπερβολικού φορτώματος ή εξόγκωσης[407]. Οι ελαφρές κυμάνσεις της γραμμής

---

404. Ό. π.
405. Π. Γιαννόπουλος, Άπαντα, ό. π., 20-21.
406. Ό. π., 21.
407. Ό. π.

δίνουν μια ποιότητα που εναρμονίζεται με την ευγένεια, θυμίζοντας ότι για τους αρχαίους Έλληνες κόσμος ήταν η τάξη: «ιδού το δυνατόν της εντελούς ευγενείας δι' ελαχίστων αιθερίων γραμμών»[408]. Η κοσμιότητα με εγγενές το στοιχείο του μέτρου έχει μια απολλώνια διάσταση, η οποία θα εμπλουτιστεί στη συνέχεια με την ηδονή που θα φέρει την αίσθηση στο διονυσιακό επίπεδο.

Η ελληνική γραμμή, η μία και μόνη γραμμή, εκτός από ωραία είναι ηδονική και καμπύλη· γίνεται πληθωρική, ανεβαίνει απαλά και κατεβαίνει με αβρούς κυματισμούς, γράφει καμπυλώματα «κάποτε με νευρωδεστάτην εφηβικήν λιγυρότητα προς εν φίλημα υψηλού αέρος και με ελαφρότητα γλάρου επανερχομένη πάλιν εις ένα μαλακόν της ρυθμό»[409]. Το εφηβικό λυγερό κορμί θυμίζει τις σφριγηλές νεανικές παρουσίες που συναντήσαμε σε ηδονικά συμφραζόμενα αισθητισμού από τον Καβάφη[410] ως τον Σπ. Πασαγιάννη· ακόμη περισσότερο στον Γιαννόπουλο, όπου η αισθησιακή φαντασίωση καλλιεργείται μέσα από τη γραμμή. Η «νευρώδης αλκιμότης αρκαδικού εφήβου»[411] παίρνει σάρκα στα βουνά που περιβάλλουν την Αθήνα, που «όλα ωραία στολισμένα λέγουν απλώς σαν αγάλματα, σαν επιτύμβιοι μορφαί: είμεθα ωραία»[412]. Έχουμε και πάλι το μοτίβο της Φύσης που, στα μάτια του αισθητιστή πεζογράφου, μετουσιώνεται σε τέχνη, αυτή τη φορά σε γλυπτική. Η ύπαρξη του αγάλματος θα μπορούσε βέβαια να παραπέμπει στον παρνασισμό, εδώ όμως υπάρχει σαφώς μια σαρκική υπόσταση.

Η ηδονή γεννιέται αυθόρμητα μέσα στο συνδυασμό τέτοιων γραμμών: «παντού ίμερος, πόθος άσματος, φιλήματος· παντού πόθος ύλης, ύλης, ύλης· παντού ηδονή Διονύσου, πόθος φωτομέθης, δίψα ωραιότητος [...]»[413]. Μέσα σε λίγες γραμμές σχηματίζει ο Γιαννόπουλος το διονυσιακό πλάνο, όπου εγγράφει τον αισθητισμό του· είναι μια ατμό-

---

408. Ό. π.
409. Π. Γιαννόπουλος, Άπαντα, ό. π., 23.
410. Η σχέση ελληνικότητας και ερωτικής επιθυμίας είναι εμφανής και στο καβαφικό «Ιωνικόν» (1911) αλλά σε πιο παρνασιστική τροπή· το πνεύμα ενός αρχαίου θεού, που δεν πέθανε αλλά περιφέρεται ανάλαφρο στη γη της Ιωνίας (σε αρχική μορφή του ποιήματος: στη Θεσσαλία), ενσαρκώνει το σφρίγος της πρωινής ατμόσφαιρας και αισθητοποιείται σε αιθέρια εφηβική μορφή. Ο παγανισμός της ελληνικότητας, που δεν έσβησε, είναι αξιοπρόσεχτος ως θέμα αλλά η πραγμάτευση υπολείπεται σε αισθησιασμό, καθώς η νεανική μορφή μοιάζει περισσότερο με τα αγάλματα των παρνασιστών παρά με τους χοϊκούς ερωτικούς ανθρώπους του ελληνικού αισθητισμού.
411. Π. Γιαννόπουλος, Άπαντα, ό. π., 22.
412. Ό. π.
413. Ό. π.

σφαιρα από ομορφιά και πόθο· η ερωτική σχέση με τη Φύση και η ερωτική διάταξη της κοσμικής ύλης κατέχονται από το διονυσιακό πνεύμα και έχουν ως αρχικά κύτταρα τη γραμμή και το χρώμα.

Διότι εκτός από την ελληνική γραμμή, ο Γιαννόπουλος λατρεύει και το ελληνικό χρώμα, που και αυτό αποτελεί βάση της αισθητικής του. Το 1904 δημοσιεύει στην εφημερίδα *Το Άστυ* μελέτη με τίτλο «Το ελληνικόν χρώμα». Εκεί εκθέτει περιεκτικά τα αισθητικά του πιστεύω σε μια εύγλωττη περιγραφή:

> Όλη η γύρωθέν μας Φύσις, η γηίνη ύλη, χρωμάτων, πετρών, λόφων, βουνών, είναι τόσον λεπτόγραμμος και λεπτόχρους σαν εάν Αριστοτέχνης Ζωγράφος εξήγεν από ένα φυσικόν τελειότατον τοπίον το ουσιώδες του γραμμικόν και χροϊκόν κάλλος και συνέθετεν ένα μουσικόγραμμον και ηδονόχρουν αερογράφημα. Είναι μία εικών Ιδανική σαν ετοίμη να εξαφανισθεί· ένα ίνδαλμα σαν τα ζωγραφικά και γλυπτικά ινδάλματα, τα οποία δημιουργεί ο ενθουσιών νους των Ποιητών και τα πετά απέναντί των και τα βλέπουν, τα ζωγραφίζουν, τους ομιλούν και τα υμνούν. Υπάρχουν και δεν υπάρχουν. Είναι και δεν είναι. Δεν είναι και τα βλέπουν[414].

Η εικόνα που μας δίνεται σ' αυτό το απόσπασμα είναι πλούσια σε αισθήσεις και αναφορές. Αρχικά επιβεβαιώνει την καλλιτεχνική αναπαράσταση της φύσης μέσα στο μυαλό του λογοτέχνη. Έπειτα δείχνει την τεχνοτροπία που εφαρμόζει ο λογοτέχνης-καλλιτέχνης για την αναπαράσταση, αναμιγνύοντας τη γραμμή με το χρώμα. Σ' αυτό το ζωγραφικό δημιούργημα καταλύτης είναι ο ενθουσιασμός, μάλλον παγανιστικής υφής, που δένει τα στοιχεία της γραμμής και του χρώματος σε αποτελεσματικό συνδυασμό.

Ο Γιαννόπουλος βρίσκεται σε αντίθεση με τη βαυαρική σχολή (Σχολή του Μονάχου, μέσα του 19ου αι.) και τους Έλληνες μαθητές της, αντίθεση που εντοπίζεται κατεξοχήν στο χρώμα· το γερμανικό, κεντροευρωπαϊκό καλύτερα, χρώμα ο Γιαννόπουλος το θεωρεί άξεστο, μουντό και στεγνό, χρώμα που κλείνει τη διάθεση. Το ελληνικό χρώμα, αντίθετα, είναι γι' αυτόν τόσο γεμάτο από φως, ώστε απαλλάσσει από «την

---

414. Π. Γιαννόπουλος, «Το ελληνικόν χρώμα», *Άπαντα*, ό. π.

υλικήν αίσθησιν εμποδίου. Είναι μόνο Ηδονικόν Φως»[415]. Το χρώμα μετέχει στην «πραγματική ωραιότητα»[416], στην «ουσία της Καλλονής της γης»[417], επομένως στην ηδυπάθειά της. Η αυτονόητη εξίσωση ωραιότητας και ηδυπάθειας, που δικαιώνει αισθητιστικά το έργο του Γιαννόπουλου, αποκτά μια επιπλέον καταξίωση μέσα στο κίνημα χάρη στην αισθητική λεπτομέρεια. Μιλώντας για το χρώμα, ο Γιαννόπουλος, το επιθυμεί ηδονικό σαν αέρα, απαλό και μουσικό. Από τη χρωματογραφία εξαρτά και τη συγκινησιακή απόλαυση, αφού η μέθεξη των αισθήσεων κλιμακώνεται από την «ανάγκη της λειοτάτης ζωγραφικής επιφανείας»[418] μέχρι την «Ανάγκη του αραιοτάτου, αιθεριωτάτου, αϋλοτάτου ζωγραφικού χρώματος»[419].

Η θεωρία του για το χρώμα συνοψίζεται σε συγκεκριμένες αρχές:
- Ανάγκη της υψίστης φωτεινής χροϊκής κλίμακος.
- Ανάγκη του φωτεινοτάτου χρώματος.
- Ανάγκη της ενότητος του χρώματος.
- Ανάγκη των ολίγων χρωμάτων.
- Ανάγκη του σχεδόν ενός χρώματος.
- Ανάγκη της ελαφροτάτης διαφοράς μεταξύ φωτός και σκιάς.
- Το δυνατόν της ελαφροτάτης διαφοράς μεταξύ δύο χρωμάτων.
- Το δυνατόν της εντελούς Ευγενείας δι' ολίγων, ουρανικοτάτης αϋλότητος και ηδονικότητος, χρωματισμών[420].

Πρόκειται για μια εικαστική θεωρία που κατακυρώνει την ταυτότητα του Γιαννόπουλου ως αισθητικού. Ιδιαίτερα επεξεργάζεται την ποιότητα του κυανού, ως πιο κοντινού στο ιδανικό, αλλά και του χρυσού και του αργυρού· τα αναλύει, τα εξαερώνει και τα αναμιγνύει μεταξύ τους, βιώνοντας την «Χροϊκήν αίσθησιν»[421] και «Χροϊκήν Ηδονήν»[422] μέσα σ' ένα «υέλινον πολυήδονον αερόχρωμα»[423]. Αξιοπρόσεκτη είναι η ορολογία που χρησιμοποιεί ο Γιαννόπουλος, όταν αναπτύσσει τη θεωρία του· επανέρχονται πολλές φορές τα επίθετα «χροϊκός» και «γραμμικός» σε διάφορους συνδυασμούς, όπως και οι λέξεις «αίσθηση», «φως», «ηδο-

---

415. Ό. π., 35.
416. Ό. π., 40.
417. Π. Γιαννόπουλος, Άπαντα, ό. π.
418. Ό. π., 36.
419. Ό. π.
420. Ό. π., 36.
421. Ό. π., 40.
422. Ό. π.
423. Ό. π.

νή» και «καλλονή»· υπάρχουν επίσης σύνθετες λέξεις, όπως τα «αερογράφημα» ή «ιχνογράφημα», που υποδηλώνουν κάτι περισσότερο από τη συμβατική ζωγραφιά. Όλα αυτά εμπεδώνουν την αισθητιστική θέαση της φύσης αλλά και της ζωής ως έργου τέχνης.

Τις θεωρητικές αρχές του ο Γιαννόπουλος τις θέτει σε πράξη ακριβώς την ώρα κατά την οποία μιλά γι' αυτές προσαρμόζοντας ανάλογα την εκφραστικότητά του. Δίνει όμως και συγκεκριμένο παράδειγμα μέσα στο «Ελληνικόν χρώμα», όταν γράφει το «χροϊκόν ιχνογράφημα»[424] που τιτλοφορείται «Αιγαίου εσπερινός». Πρόκειται για μια παρένθεση μέσα στο δοκιμιακό άρθρο, που με ασφάλεια θα την ονομάζαμε πεζό ποίημα· στην πραγματικότητα είναι ένας ζωγραφικός πίνακας που αποτυπώνει την ατμόσφαιρα των Κυκλάδων, σαν να τις κοιτά από ψηλά, σαν να τις ταξιδεύει από ψηλά, έτσι όπως βρίσκονται ριγμένες μέσα στη θάλασσα. Αν μπορούσαμε να μιλήσουμε για εικαστικό ύφος στην πεζογραφία, θα το ορίζαμε εδώ, όπου δεν μιλούν πια τα λόγια αλλά οι αισθήσεις, αφού οι λέξεις έχουν γίνει χρώματα και γραμμές. Ο Γιαννόπουλος ουσιαστικά κατεργάζεται μια νέα οντογένεση, διασπώντας τη συμπαντική ύλη μέσα στο χρώμα και στο φως. Έτσι ολοκληρώνεται άλλη μια προσπάθεια στον αγώνα του για την κατάκτηση της ομορφιάς.

Τη ζωγραφική ως μοτίβο της αισθητιστικής λογοτεχνίας την συναντήσαμε στον Επισκοπόπουλο με το «Ερυθρούν κρίνον» και θα την ξανασυναντήσουμε στη «Θεία τιμωρία» του Παπαντωνίου· στον Γιαννόπουλο η ζωγραφική γίνεται έργο της λογοτεχνίας: η αντίληψη της λογοτεχνίας, που περνά από εικαστικές πραγματώσεις είναι αυτούσιος αισθητισμός, αφού η λογοτεχνία μετατρέπεται σε έργο τέχνης. Και στους τρεις αυτούς πεζογράφους είναι εμφανής η γνώση εικαστικών μεθόδων, ιδιαίτερα η ενασχόληση με το χρώμα· η εξοικείωσή τους με τεχνοτροπίες και σχολές της ζωγραφικής έχει σημασία για τη διαμόρφωση συγκεκριμένου ύφους, ύφους μάλιστα που ανάγει τα έργα τους σε κείμενα αισθητισμού. Αυτό που ξεχωρίζει, όμως, τον Γιαννόπουλο από τους υπόλοιπους είναι ότι δεν εφαρμόζει τεχνικές που ήδη υπάρχουν αλλά επινοεί τη δική του εικαστική θεωρία, όπου ως ακρογωνιαίοι λίθοι ορίζονται η ειδική αντίληψη της γραμμής και του χρώματος.

Έχοντας παρουσιάσει αυτές τις αντιλήψεις, το επόμενο στάδιο είναι να μελετήσουμε την εφαρμογή τους.

---

424. Π. Γιαννόπουλος, «Το Ελληνικόν Χρώμα», Άπαντα, ό. π., 42.

Ο Κ. Μητσάκης, μιλώντας για το «Αιγαίου εσπερινός», θεωρεί ότι «ο πραγματικός χαρακτήρας του είναι ενός ζωντανού πίνακα (tableau vivant) στην πληρέστερη και αρτιότερη, δηλαδή οριστική, διατύπωσή του»[425]. Άλλα πεζά ποιήματα με παρόμοιο θέμα και ύφος αποδεικνύονται ατελή σε σχέση με την πληρότητα του συγκεκριμένου κειμένου· αναφέρουμε εδώ τα «Νύκτωμα» και «Μάιος», που ο Γιαννόπουλος δημοσίευσε με το ψευδώνυμο Λίνος στα *Παναθήναια* του 1901, το «Αι Νύμφαι του Αιγαίου», που δημοσίευσε επίσης στα *Παναθήναια* του 1901 με το ψευδώνυμο Μαίανδρος, και το «Λόγια του αέρος... Του αττικού αέρος λόγια...», που δημοσίευσε στα *Παναθήναια* του 1904 με το ψευδώνυμο Θ. Θάνατος. Γενικά, στα κείμενα αυτά παρατηρούμε ρομαντικά ή παρνασιστικά κατάλοιπα[426], που δεν επιτρέπουν την αναγωγή τους στο επίπεδο του αισθητιστικού· η αποστασιοποίηση από την αίσθηση, που προσδιορίζεται ως απουσία του σαρκικού στοιχείου, έχει ως αποτέλεσμα την έλλειψη συμπαγούς εικαστικότητας από τα τοπία. Όλα τα παραπάνω κείμενα περιέχουν την πρώτη ύλη, η οποία θα γίνει αντικείμενο πιο προσεγμένης και συνειδητής κατεργασίας στο «Αιγαίου εσπερινός»· από αυτά πιο κοντά στο τελευταίο βρίσκεται το «Αι Νύμφαι του Αιγαίου», όπου ο ομιλητής υμνεί και πάλι τα νησιά του Αιγαίου. Το κείμενο αυτό έχει σαφώς μικρότερη έκταση και θα το λέγαμε μάλλον παρνασιστικό, καθώς η εκφραστικότητά του είναι κάπως σφιγμένη και βγάζει προς τα έξω απλώς μια πλαστικότητα των μορφών. Υπάρχει εδώ η μονοπύρηνη απόδοση των νησιών ως Νυμφών· τα νησιά μετατρέπονται σε γυναίκες, που η γλώσσα του κειμένου τις παγιώνει σε αγάλματα, δίνοντας ίσως και έναν τόνο νεοκλασικιστικής αρχαιολατρείας.

Με το «Αιγαίου Εσπερινός», το γλυπτό ξεφεύγει από το στιλιζάρισμα και παίρνει χρώμα, μεταμορφώνεται σε ζωντανό ζωγραφικό πίνα-

---

425. Κ. Μητσάκης, «Το χροϊκόν ιχνογράφημα, "Αιγαίου Εσπερινός" του Περικλή Γιαννόπουλου», *Του κύκλου τα γυρίσματα. Επτά μελετήματα για τη νεοελληνική φιλολογία*, Αθήνα, Πατάκης, 1991, 43.
426. Μυρωμένο σκοτάδι, ακίνητα νερά που τρεμουλιάζουν, απαλές αύρες, υποτυπώδης ηδονισμός που ανατέλλει από απαλές γραμμές, υγρά και μαλακά σχήματα θηλέων που σμίγουν ή διαλύονται («Νύκτωμα»)· ανίσχυρος έρωτας Άδωνη και Αφροδίτης, ελλειπτικοί πόθοι που εξατμίζονται μέσα σε ιώδη χρώματα («Μάιος»)· λόγια που πετούν σαν άνθη, σαν ερωτικά φιλιά, σαν ανοιχτά χείλη, ωραίοι πόθοι μέσα στο φως, αιθέρια ηδυπάθεια, άνθη που διαπλέκονται με ρεύματα αέρα της αυγής και της δύσης, κοινότυπες παρομοιώσεις με χρωματιστά φορέματα («Λόγια του αέρος»).

κα, διεγερτικό των αισθήσεων. Στο «Νύμφες του Αιγαίου», αντίθετα, η γλώσσα ήταν συγκρατημένη, ακόμη και στην επαινετική της φορά· στο «Αιγαίου Εσπερινός» έχουμε περάσει πια σ' έναν ώριμο λυρισμό εικαστικής αισθητικής με πολλαπλά σημεία αναφοράς. Η φαντασία συνυπάρχει με την αισθητική και την αισθησιακή συγκίνηση, η οποία λειτουργεί μέσα από τη δυναμική της εντύπωσης.

Υπάρχει αρχικά ένα σχέδιο από διαυγή χρώματα και, στην επόμενη σκηνή, οι γραμμές έχουν μετακινηθεί και τα χρώματα έχουν μεταλλαχθεί μέσα από ωσμώσεις άλλων χρωμάτων, ενώ ένα καινούριο σκηνικό έχει στηθεί μπροστά στα μάτια του αναγνώστη. Φυσικά, αυτές οι αλλαγές καθοδηγούνται από το αλάνθαστο αρχαιολατρικό κριτήριο του Γιαννόπουλου. Δεν είναι τυχαίο το ότι ο Κ. Μητσάκης μιλά για «λυρική μέθη, λατρεία του ωραίου, πίστη στην αιώνια αξία του αρχαίου ελληνικού κόσμου, το μυστικό βύθισμα μέσα στη φύση και την αναζήτηση της πρώτης αρχής»[427]. Ο Τζιόβας μιλά για «τη μυστηριακή ιδεοποίηση της φύσης και την ειδωλολατρική λατρεία του αιγαιοπελαγίτικου τοπίου και του ελληνικού φωτός»[428]. Ο ίδιος ο Γιαννόπουλος, άλλωστε, έχει πει για τη φύση: «παρατηρούντες την φύσιν είναι σαν να βλέπετε ένα ζωντανόν θερμόν σώμα ωραίας γυναικός»[429]· με τον τρόπο αυτό εγγράφεται στον ελλαδικό αισθητισμό, ο οποίος είδε τη φύση ως ηδονικό ανθρώπινο σώμα προδιαγράφοντας έτσι και το πλαίσιο μέσα στο οποίο λειτούργησε ο συγγραφέας του κινήματος· στον Καζαντζάκη οι παρομοιώσεις της φύσης με ζεστό σώμα γυναίκας εκπέμπουν έναν τολμηρό ερωτισμό, στον οποίο ο Γιαννόπουλος ποτέ δεν θα ενδώσει, παρά την προκλητικότητα με την οποία συχνά διεκπεραιώνει τις εμπνεύσεις του.

Το ηδονικό σώμα το βλέπουμε να αναλύεται από συμπαγής σάρκα σε βροχή από φιλήματα και χάδια, σε συνδέσμους από χρώματα, σε «στέφανο ανθισμένης ηδυπαθείας»[430]:

> Η Τήνος, σωρός ίων θερμοτάτων μιμουμένη τον αμίμητον Υμηττόν κατά τας στιγμάς της εντονωτάτης του ζωής, των υστάτων θωπειών του Ηλίου. Μία ενωτική γραμμή θαλάσσης μελανή ενώνει την Τήνον με την Μύκονον. Η Μύκονος απαλώτατα ροδίνη, τρι-

---

427. Μητσάκης, ό. π., 47.
428. Τζιόβας, ό. π., 85.
429. Π. Γιαννόπουλος, Άπαντα, ό.π., 49.
430. Ό. π., 42.

αντάφυλλον Απριλίου μαραινόμενον. Άλλη ενωτική γραμμή θαλάσσης ανοικτοτέρα και έπειτα η Νάξος βελούδινον, βυσσινόχρουν ρόδον διαπύρως ακμαίον. Η ιερά Δήλος κολυμβώσα εις το σταματημένον ύδωρ. Ένα θαυμάσιον περιδέραιον ανθέων κυκλώνον τον ουρανόν, έχων άνθος μεσαίον το νησίδιον του Φάρου, χρυσοβόλον δέσμην γαζιών[431].

Η θέρμη έχει αρχίσει να απλώνεται κάνοντας τις μορφές να ροδίζουν σε μια σαρκώδη μεταμόρφωση, που απομακρύνει οριστικά από οποιαδήποτε νύξη αγαλματένιας ομορφιάς· πρόκειται για μια συγκροτημένη άποψη ηδονής, η οποία προκύπτει και από σαρκικούς πειραματισμούς. Βρισκόμαστε σ' έναν κύκλο όπου το απτό στοιχείο κρατά τη συνοχή του, η οποία θα διατηρηθεί ακόμη και όταν η μετατόπιση χρωμάτων και γραμμών θα απορρυθμίσει τα αρχικά όρια των περιγραμμάτων. Τα «ιορρόδινα άνθη»[432] κυκλώνουν τον ουρανό, όταν πέφτει πάνω τους μια βροχή από νερό σκουρογάλαζο, που έχει τη λάμψη ασημιού και δείχνει τα νησιά σαν λουλούδια βουτηγμένα στο νερό, ενώ από το σμαραγδένιο ουρανό κατεβαίνει χαμηλά ένα φωτεινό χρυσοκίτρινο στεφάνι· ακόμη και οι λεπτόρρευστες αέριες μάζες γίνονται στα χέρια του αφηγητή απτό υλικό προς επεξεργασία· ο ζωγράφος έχει γίνει πια τεχνίτης που κατεργάζεται πολύτιμους λίθους και μέταλλα, σαν να δημιουργεί κοσμήματα. Η έννοια του πολύτιμου κρατά εδώ την υλική διάσταση που της έδωσε ο αισθητισμός, ενώ το χτύπημα της γαλάζιας βροχής πάνω σ' ένα ακατέργαστο υλικό ισοδυναμεί με σφυρηλάτηση που απεικονίζει τη δουλειά των χεριών του τεχνίτη κατά την ώρα του έργου του.

Ο λυρισμός και ο ρυθμός της ποίησης γίνεται σαφέστατα το χαρακτηριστικό γνώρισμα ενός πεζογραφικού λόγου ερωτικού και ιμπρεσιονιστικού. Ο εικαστικός ιμπρεσιονισμός βρίσκεται στις διάφορες εντυπώσεις που δημιουργεί το φως. Οι εικόνες περνούν μέσα από διαφορετικές ποιότητες χρώματος, μέσα από ζώνες όπου το φως αλληλοεπικαλύπτεται με τη σκιά και τα χρώματα μεταξύ τους. Οι σκιές και οι αντανακλάσεις πέφτουν ανάλαφρα πάνω σε κάθε σκηνικό, ώστε αλλάζουν ανεπαίσθητα την αίσθηση που αποκομίζει ο αναγνώστης.

Βρισκόμαστε ακόμη μέσα στο αχανές που ορίζεται από «φωτεινές θωπείες, ηδύτατα φιλήματα αιθεριότητος και διαρκείας ασυλλήπτου,

---

431. Ό. π.
432. Π. Γιαννόπουλος, Άπαντα, ό. π., 42.

αλλ' εκπληκτικής διαυγείας»[433]. Αλλεπάλληλες διεισδύσεις ουσίας μεταβάλλουν την υφή της διάχυτης ύλης μέσα στα συμφραζόμενα των αισθήσεων· μια σκόνη ρόδινη πέφτει από το χρυσό στεφάνι και χύνεται γύρω, στην ξηρά και στη θάλασσα· η θάλασσα έλκει, πίνει τα χρώματα, φωτίζεται, λευκαίνεται, γίνεται γάλα που πηχτώνει και κυλάει στην επιφάνειά του χρυσό[434]· ένα ρόδινο στεφάνι κρεμιέται απ' τα ουράνια και ακολουθεί άλλο στεφάνι πιο αραιό, με χρώμα προς το κίτρινο, ενώ το γαλάζιο έχει αρχίσει κιόλας να ξεθωριάζει[435]. Η σκηνή ποτέ δεν μένει στατική, αλλάζει διαρκώς εν τω γίγνεσθαι.

Πρόκειται σαφώς για το ηλιοβασίλεμα μέσα στη διαύγεια της ελληνικής ατμόσφαιρας, που συντελεί στην τελειότερη απόδοση των χρωμάτων: «και αι νύμφαι συναλλάζουν και ανταλλάζουν τα ρόδινα και ιώδη και ιορρόδινα και χρυσοκίτρινα αιθέρια ενδύματα, ωσάν αυτή η συνοδεία των Ερώτων και των Χαρίτων της Αφροδίτης ανεκίνει και εδοκίμαζεν αιθερίων πέπλων αρμονίας, διά την περιβολήν τής εκεί που εις τα βάθη του Αιγαίου ευρισκομένης θεάς»[436]. Η γυναικεία θελκτική ύπαρξη προβάλλει μέσα από τη συνένωση των αναλαμπών στον αιθέρα, αποτελώντας και αυτή με τη σειρά της ένα ιμπρεσιονιστικό πορτρέτο, όπου τα υλικά περιθώρια έχουν βουλιάξει μέσα σε χρωματικές ανάσες. Σχεδόν ταυτόσημη είναι η γυναικεία προσωπογραφία στο «Ελιξίριον της ζωής» του Επισκοπόπουλου, όπου τα χρώματα ανασυντίθενται με ανάλογο τρόπο· επίσης, διαβάζοντας τον Γιαννόπουλο είναι σαν να ξαναδιαβάζουμε μία από τις πολλές σκηνές ηλιοβασιλέματος που απαντούν στον Επισκοπόπουλο.

Η συνέχεια του πεζού ποιήματος του Γιαννόπουλου προσφέρει «φωτεινά φιλήματα [...] υπό την λάμψιν του θερμού νωχελούς ρευστού»[437], ενώ «τα ιώδη άνθη των νήσων εν αρρήτω ηδυπαθεία μαραίνονται, ναρκούνται, νεκρούνται και είναι λευκοκίτριναι και ανθορρόδιναι προβολαί ερχόμεναι με την γλυκύτητα φιλήματος και αφήνουσαι μειδιάματα, αποσυρόμεναι και αφήνουσαι χροϊκόν λυγμόν»[438]. Το ηλιοβασίλεμα φτάνει προς τη μεγαλειώδη στιγμή του τέλους του, όπου η θάλασσα μοιάζει από γάλα και χρυσό, όπου όλα μέσα της ζουν στη

---

433. Ό. π., 43
434. Ό. π.
435. Π. Γιαννόπουλος, Άπαντα, ό. π., 43.
436. Ό. π.
437. Ό. π., 45.
438. Ό. π.

θέρμη και στην έκσταση, η μοσχοβολιά σμίγει με την ηδυπάθεια και όλα συνθέτουν ένα μυστηριακό νυχτερινό τοπίο.

Ο αφηγητής παρακολουθεί τα διαδοχικά στάδια ενός φαινομένου που παίρνει διαρκώς νέες μορφές μέσα από ζέστη, δροσιά, διογκώσεις και συρρικνώσεις. Πρόκειται για το φαινόμενο της συναισθησίας, που εκτός από την ώσμωση των αισθήσεων περικλείει μέσα του και μια μεταφορική ανθρώπινη ποιότητα, αφού στον πυρήνα της ο Γιαννόπουλος αναγνωρίζει τη γέννηση ενός ορισμένου ανθρώπου, του Έλληνα. Η πραγματική έξαρση έρχεται με τη συνειδητοποίηση ότι μέσα απ' όλες αυτές τις ενώσεις συντελείται η δημιουργία ενός πλάσματος που ο κόσμος του το αγγίζει αισθητικά, η δημιουργία του Έλληνα, πλάσματος αισθαντικού και ομοούσιου με τον Γιαννόπουλο, του οποίου «ο νους φλογίζεται από ενθουσιασμόν και η ψυχή από υπερηφάνειαν, ενώπιον του ελληνικού πανοράματος που ζωγραφίζεται εις τα βάθη του Όντος»[439]:

> Από των μυχιαιτάτων του όντος όπου ζει η λατρεία, ανέρχεται η ζωή τηκομένη και καιομένη ως πυρ βωμού και ως κυάνεον θυμίαμα διαλύεται εις τα μαγικά χρώματα και οράματα τα οποία όλα δονούντα την διάνοιαν εν ηδονή κάμνουν αισθητή την ευδαιμονίαν του διανοείσθαι[440].

Από τα βάθη των στοχασμών και της αισθαντικότητας ανεβαίνει η λατρεία σαν τη ζωή που λιώνει και που καίγεται ως ευωδιαστό θυμίαμα, ως δοξολογία η οποία διασκορπίζεται μέσα στην ομίχλη του καπνού. Εκεί είναι το πρόσφορο έδαφος της δημιουργικής διάνοιας, εκεί ο καλλιτέχνης, ο Έλληνας, θα εκστασιαστεί με το να απορροφηθεί μέσα στα χρώματα, εκεί θα ακολουθήσει τα κελεύσματα της ηδονής. Διαπεραστικά αρώματα, χρώματα λεπτά αλλά δυνατά εξασφαλίζουν την ανακούφιση των αισθήσεων, που χαλαρώνουν ηδονικά στην έκφραση μιας διαρκώς ανήσυχης διάνοιας. Συνείρονται στο σημείο αυτό μνήμες από το βιβλικό *Άσμα Ασμάτων*, μνήμες που θα υπαγορεύσουν και ολόκληρα τμήματα του καζαντζακικού *Όφις και κρίνο*, όπου η ζωή γίνεται μέθεξη στη θεία λατρεία· η μετάληψη της θείας ουσίας ιερουργείται μέσα σε δυνατές ευωδιές από θυμίαμα,

---

439. Ό. π., 45.
440. Ό. π., 44.

ατμόσφαιρα όπου ο συγκερασμός κατάνυξης και ανατολίτικης ησυχίας φέρει εγγενή την έννοια του μυστικισμού. Στο *Φλογισμένο ράσο* του Ροδοκανάκη η ίδια ατμόσφαιρα καταλαμβάνει μεγαλύτερη έκταση και εμπεδώνεται ως συνείδηση προγονικής διάρκειας.

Το 1906 ο Γιαννόπουλος δημοσιεύει τη μελέτη του *Νέον Πνεύμα*· αν και το κείμενο δομείται γύρω από την επιδίωξη του καινούριου, δεν μπορεί να θεωρηθεί αισθητιστικό πεζογράφημα, επειδή το ύφος του διέπεται από τη λογική της αρθρογραφίας και της χρονογραφίας. Το κείμενο δεν έχει λογοτεχνική υπόσταση, αποτελεί όμως την πρώτη συνολική μορφή μιας αναγεννητικής θεωρίας, την οποία ο Γιαννόπουλος θα κατοχυρώσει ως σύστημα αισθητικής και λυρικής μέθης και θα την πολιτογραφήσει το 1907 στο λογοτεχνικό χώρο ως νέα μελέτη, με τίτλο *Έκκλησις προς το πανελλήνιον κοινόν*. Αυτό το κείμενο θα το μελετήσουμε, επειδή θεματικά αλλά, κυρίως, υφολογικά εντάσσεται στο κίνημα του αισθητισμού.

Η αφετηρία των πάντων είναι, κατά την άποψη του Γιαννόπουλου, η ευλογία της ελληνικής γης που γέννησε τον «άνθρωπο»[441]. Μέσα από το ελληνικό χώμα, που με ηδονικό ρίγος το χαϊδεύουν τα δάχτυλα[442] και οι σκέψεις του συγγραφέα, βγήκε «ο Τύπος του Ανθρώπου»[443] για όλη την οικουμένη. Ως τέλειος τύπος ανθρώπου[444] ορίζεται ο Έλληνας: «εμείς οι Ωραιότατοι Ιδανισταί»[445] αυτοαποκαλείται ο αφηγητής χρησιμοποιώντας ένα μικτό όρο που σηματοδοτεί εξέλιξη από τον ιδεαλιστικό ρομαντισμό τύπου Επτανησιακής σχολής σε αισθητισμό και οριοθετεί την έννοια του Έλληνα στο χώρο των αισθητών· αλλού θα δώσει εξηγήσεις για «το Σώμα και το Ωραίον Σώμα, που η λατρεία του αποτελεί την υπόστασίν μας καθ' όλους τους αιώνας»[446]. Η προσφώνηση «Ωραιότατοι Ιδανισταί» θυμίζει τους «Εκλεκτούς Ηδονιστές», έναν υποτιθέμενο σύλλογο αλλά στην πραγματικότητα την ομάδα των αισθητιστών, για την οποία γίνεται νύξη στους *Στοχασμούς* του Wilde.

Τελείωση του ανθρώπου για τον Γιαννόπουλο είναι η πραγμάτωση της ανθρώπινης ουσίας, που επιμερίζεται σε ομορφιά και δεκτικότητα καλαισθητικών ερεθισμάτων. Για τον Γιαννόπουλο φυσιολογικός πόθος

---

441. Ό. π., 155.
442. Ό. π., 159.
443. Ό. π., 158.
444. Ό. π., 155.
445. Ό. π., 180.
446. Ό. π., 188.

κάθε Έλληνα είναι η ωραία μορφή⁴⁴⁷, αφού πατρίδα του είναι η Αφροδίτη⁴⁴⁸. Το να γίνει κανείς ένα με την ομορφιά σημαίνει ότι γίνεται εργάτης της ιδέας, και ο εργάτης της ιδέας εργάζεται από έρωτα: «Έρως Έλληνος τελείου. Έρως Ελλάδος Ωραίας και Ρωμαλέας. Έρως ελληνισμού Φωταγωγού και Κραταιού, Έρως Νέου Ελληνικού πνεύματος και Νέου Ελληνικού Πολιτισμού. Έρως Παγκάλου Ελληνικής Ανθρωπότητος, τολμών να επιχειρήσει την προς αυτά όλα στροφήν με μίαν κυρίως βαθυτάτην ηδονικήν επανάστασιν του ωραίου κατά του άσχημου»⁴⁴⁹.

Με τον τρόπο αυτό περνούμε στον άλλο πόλο της κοσμοθεωρίας του Γιαννόπουλου, στην ηδονή· όπως σημειώσαμε, το έργο του δεν διέπεται μόνο από ιδεολογία καλλιτεχνική αλλά και από θεωρία αισθησιακή. Ο λόγος αφορά τη γονιμότητα που μεταβιβάζεται από το έδαφος και ολοκληρώνει το ον. Ο Γιαννόπουλος είναι αισθησιακός· τη διονυσιακή θέρμη που νιώθει στο «είναι» του την αντλεί από τη μητέρα του, την ελληνική φύση που τον περιβάλλει:

> και τότε η Μητέρα Ελληνική Γη, αγαλλομένη έως τα βάθη των σπλάχνων της αισθάνεται τα στήθη της πρησκόμενα από τας ηδονάς της συλλήψεως, τότε από του σαν ορθού μαστού Αρτέμιδος Πεντελικού της, ένα αφροδίσειον αφρόν, μαρμαρόεν γάλα αναβλύζει, γάλα πηγνυόμενον εις τον αέρα και το φως, κρυσταλλιαζόμενον εις ανονείρευτα Παλάτια [...] και η Νεφέλη, αυτή η διαμένουσα αιώνια, η καταυγάζουσα με τα ηδονικότερα φώτα την Οικουμένην [...] είναι το αποθέωμα Ελληνικής Γης και φυλής και είναι το ένα και μοναδικόν ιδανικόν [...] είναι ο μοναδικός Αισθητικός και Πνευματικός Ήλιος της Οικουμένης, ολόκληρος χαρά και Ηδονή Ζωής και η μόνη της Δόξα, Παρηγορία και Ελπίς, είναι το: ελληνικόν ιδανικόν⁴⁵⁰.

Η παράγραφος αυτή συνοψίζει την πολυπρισματική οπτική του Γιαννόπουλου και το σύστημα των αρχών του. Εκφέρει «εθνικό» λόγο,

---

447. Π. Γιαννόπουλος, Άπαντα, ό. π., 233.
448. Ό. π., 234.
449. Ό. π., 241.
450. Π. Γιαννόπουλος, «Έκκλησις προς το πανελλήνιον κοινόν», Άπαντα, ό. π., 161.

τον οποίο ανάγει σε πολυδύναμη οντότητα γενεσιουργού ηδονής, εικαστικού λυρισμού και οικουμενικού ιδανισμού. Σαρκώδης αίσθηση είναι αυτό που αποκομίζει κανείς από τη μεγαλοπρεπή εθιμοτυπία της γονιμότητας, όταν οι εκχύσεις από τις ρωγμές της μητέρας ελληνικής γης ρέουν σαν γάλα και πηχτώνουν μέσα στον αέρα και το φως ή εξατμίζονται σε γαλακτώδεις αποχρώσεις, για να φτιάξουν το σύννεφο που συνοψίζει την ελληνική ουσία.

Η αναπαράσταση της γης ως σαρκικής γυναίκας, η αποτύπωση ηδονικότητας στις κινήσεις της και η έκλυση ερωτισμού κατά τη λειτουργία των βιολογικών ενεργειών της φύσης είναι αποκλειστικό γνώρισμα του ελλαδικού αισθητισμού με κυριότερους εκφραστές τον Καζαντζάκη και τον Ροδοκανάκη. Αν στους υπόλοιπους το θέμα βρίσκεται σε εμβρυακή διαμόρφωση, σ' αυτούς η πραγμάτευση γίνεται με τη δύναμη της συνειδητοποίησης· στον Καζαντζάκη το θέμα παραλλάσσεται μέσα από διαφορετικές διατυπώσεις, γεγονός που σχετίζεται με την επαναληπτική εμφάνισή του και δικαιολογεί την εκτεταμένη παρουσία του· στον Ροδοκανάκη το θέμα αναπτύσσεται κυρίως στο *Φλογισμένο ράσο* και με τρόπο που παρουσιάζει πολλές ομοιότητες με τον αντίστοιχο καζαντζακικό. Σχετικό λεξιλόγιο και παρόμοιες σκηνές απαντούν στο διεθνή αισθητισμό (στον Pierre Louÿs, για παράδειγμα) αλλά εκεί αναφέρονται σε ανθρώπους. Η σαρκική όψη της φύσης, όμως, είναι το πρωτοφανές με το οποίο σημειώνει την παρουσία του ο ελλαδικός αισθητισμός· είναι η δική του άποψη για το τεχνητό και η δική του ανάγνωση πάνω στην αντίθεση Φύσης–Τέχνης.

Ο Γιαννόπουλος οραματίζεται τη δική του Ελλάδα, στη δημιουργία της οποίας κάνει έκκληση να συμβάλουν όλοι, έκκληση που απευθύνει προς το «πανελλήνιο κοινό». Το ικετήριο κάλεσμά του κατά το μεγαλύτερο μέρος προτρέπει τη νεότητα να στραφεί προς τη ζωή της ηδονής με τα γέλια, τα τραγούδια και τα κρασιά, ανάμεσα σε κλώνους ελιάς, ροδοδάφνες και αγκαλιές από τριαντάφυλλα. Τα δεδομένα συνθέτουν μια διονυσιακή τελετή όπου οι βακχικοί τόνοι συναρμόζονται σ' ένα διθύραμβο, όπως αυτός που έψαλλαν τα νιάτα στην *Κερένια κούκλα* του Χρηστομάνου ή όπως αυτοί που θα ακουστούν αρκετές φορές στα καζαντζακικά κείμενα.

Ο λόγος της ηδονής είναι χυμώδης μέσα στο θριαμβικό τραγούδι με το οποίο ο Γιαννόπουλος προτρέπει τη νεολαία, όπως είναι και ο τρόπος της ηδονής μέσα από τον οποίο περνά τους δρόμους της αισθητικής του. Ο αισθησιασμός είναι η προέκταση της λαχτάρας για ομορφιά και το απαραίτητο συμπλήρωμά της, είναι το ξεχείλισμα της νεανικής ορμής που αναβλύζει από τα χώματα της πανέμορφης, ηδονικής πατρίδας. Ήδη ο Μέγας Αλέξανδρος, ως ηδονική δύναμη της φυλής, λάμπει ωραίος σαν Έλληνας και φωτεινός σαν Απόλλωνας ανάμεσα στους βαρβάρους. Αναδεικνύεται έτσι γνήσιο παιδί της ελληνικής γης, κεντρικό θέμα από όπου ο Γιαννόπουλος ξεκινά την έκκλησή του στη νεολαία: «Σώμα Λυσιππείου Αλκής και Ευμορφιάς, Σώμα φύσει ευωδιάζον σαν άνοιξις, τρομερά Ωραίος και τρομερά Νέος πεθαίνει ο μόνος άξιος του ονόματος Κοσμοκράτωρ που είδεν η Γη. Ο Παρθενώνειος Τύπος του Κοσμοκράτορος. Και πεθαίνει Παιδί»[451]. Δεν είναι τυχαίο ότι η αναφορά στον Αλέξανδρο γίνεται μέσα στο υποκεφάλαιο με τίτλο «Η ιστορία του εξανθρωπισμού της οικουμένης», οπότε ανακαλούνται μέσα στο ίδιο σύνολο έννοιες όπως ανθρωπότητα, ανθρωπιά, καλλιέργεια, καλαισθησία, ομορφιά, Έλληνας. Δεν είναι επίσης τυχαίο ότι η απολλώνια μορφή του Αλέξανδρου θυμίζει τους καβαφικούς εφήβους με το σφριγηλό κορμί της νιότης και της ηδονής, ενώ τα ίδια συμφραζόμενα λειτουργούν άμεσα και στο διονυσιακό πόλο του θέματος. Ο κύκλος του ηδονισμού έχει μέσα «τον Έφηβο, τον όλο Φως, Χαρά, Ορμή, Έρωτα, Φίλημα […]»[452] αλλά και τον διονυσιακό ύμνο: «Νέοι και Νέαι, αγαπήσετε με πάθος πύρινον τη Μητέρα Γη. Θ' αναστηθείτε στην αληθινή Ηδονική Ζωή»[453]. Η διάκριση των φύλων στην προσφώνηση («Αρσενική και Θηλυκή Νεότητα»[454]) ακούγεται σαν κάλεσμα αναπαραγωγής, αποτελεί όμως και μέλος ενός ευρύτερου αισθητικού –όχι μανιχαϊστικού– διπολισμού: «ο πρώτος αγών πρέπει να είναι Φωτός κατά Σκότους, Ωραίου κατά Άσχημου, της Νεότητος κατά του Γεροντισμού της φυλής»[455].

---

451. Ό. π., 168.
452. Ό. π.
453. Ό. π. Παρόμοιο απόσπασμα βρίσκουμε και στον Ί. Δραγούμη, του οποίου τα έργα είναι, βέβαια, κατά κύριο λόγο προσωπικά ημερολόγια (χρήσιμα για τις αισθητιστικές αποχρώσεις τους) αλλά η έλλειψη του λυρισμού και η ψυχρότητα στο ύφος περιορίζουν τη σύγκλιση του συγγραφέα με τους ελλαδικούς αισθητιστές σε ελάχιστα κοινά θέματα ιδεολογίας (βασικά στο νιτσεϊσμό). Ο Δραγούμης (Ί. Δραγούμης, Έργα. Σειρά Β΄: Κοινωνικά-Πολιτικά 1. Ο Ελληνισμός μου και οι Έλληνες (1903-9). Ελληνικός Πολιτισμός (1913), Αθήνα 1927, 213:

> Οι νέοι διονυσιακοί και απολλώνιοι, οι γέροι ολύμπιοι, οι γυναίκες ερωμένες και μητέρες και αδελφές, των αντρών τόνωση και όχι αδυνάτισμα και τα παιδιά θεότρελα και γερά και χαριτωμένα, προμηνύματα του ξετελειωμένου ανθρώπου, ελπίδα ανώτερου ανθρωπισμού.

454. Π. Γιαννόπουλος, Άπαντα, ό. π., 242.
455. Ό. π., 243.

Στο ίδιο κείμενο της έκκλησης διαβάζουμε την ιστορία ενός

> Πραγματικού Παιδιού του οποίου οι γονείς αγαπούσαν την Ελληνική Γη και την Ευμορφιά κι έτρεχεν με τ' άλογα στα βουνά και τους κάμπους κι όπως εκ των υστέρων φαίνεται έκανεν αταξίες, αφοσιωμένον εις τα βαρύτατα Έργα της Νεότητος, πίνων το Κρασί του, το φιλί του, το Στίχο του, τον Ήλιο του, στους αφρούς των θαλασσών και τις πέτρες των βουνών [...] και στις μαρμάρινες θεές Τριαντάφυλλα, ευρέθη, χωρίς να ξέρει πώς, ότι είχε καταπιεί όλα, νερά, βουνά, κάμπους, ουρανούς, εκκλησίες, δέντρα, ζώα και ανθρώπους και μάρμαρα και από τότε πάει καιρός, πολύς καιρός, του 'στριψε και νομίζει ότι είναι Έγκυος απ' όλα αυτά, απαράλλαχτα όπως ο κύριος Παρασκευάς, με μόνη τη διαφορά ότι του κυρίου Παρασκευά η φαντασία τού εκατέβη στην κοιλιά κι έγινε παιδί, ενώ του εδώ Παρασκευά έμεινε στο κεφάλι κι έγινε Κόσμος[456].

Το παιδί, που τρέχει στα βουνά άτακτο και ατίθασο, θυμίζει τον σάτυρο του Παλαμά· το παιδί, όμως, που τα τολμηρά παιχνίδια του κυοφορούν έναν άλλο κόσμο είναι το «Πραγματικό Παιδί», το οποίο ταυτίζεται με τον Γιαννόπουλο, και ο κόσμος, που αυτό εγκυμονεί μέσα στο κεφάλι του, είναι η δική του Ελλάδα. Η παράδοξη αυτή εγκεφαλική σύλληψη, όμοια με το μύθο της γέννησης της Αθηνάς, περιέχει τη γένεση μιας κοσμοαντίληψης. Κάθε γωνιά της ελληνικότητας γίνεται αισθητιστική φαντασία, καθώς τοποθετείται στο κέντρο του Ωραίου.

Η σύλληψη του καινούριου κόσμου έχει προβλέψει για την κάθε κώχη της πατρίδας του αφηγητή. Εκεί μέσα υπάρχει χώρος για τα ερημοκκλήσια με τις ευωδιασμένες Παναγίες τους, «τις Γλυκύτατες Προστατευτικές Παναγίες»[457], στις οποίες ανατίθενται μενεξέδες και δάφνες. Μέσα σ' αυτό το πλαίσιο εντάσσεται και η θεώρηση του Γιαννόπουλου για την ορθοδοξία. Στο διεθνή αισθητισμό το θρησκευτικό στοιχείο υπήρξε είτε ως δίλημμα είτε ως αμφισβήτηση είτε ως άρνηση είτε, το πολύ, ως πολυτελής διάκοσμος· εκεί η θρησκευτικότητα συνδέθηκε κυρίως με τον καθολικισμό και, ενμέρει, με τον εξωτερικά όμοιό της αγγλικανισμό (επισκοπισμό). Στον Επισκοπόπουλο, ο καθολικι-

---

456. Ό. π., 229.
457. Π. Γιαννόπουλος, Άπαντα, ό. π., 229.

σμός ως τρόπος τέχνης αναιρέθηκε προς θρίαμβο του αρχαιοελληνικού παγανισμού· το ίδιο θα συμβεί και στο *Θρίαμβο* του Ροδοκανάκη, στο *Φλογισμένο ράσο* του οποίου ο καθολικισμός με τον πλούσιο εκκλησιαστικό διάκοσμο εμπνέει σ' ένα μικρό παιδί τη μοναστική επιθυμία, ενώ η ορθοδοξία βιώνεται με την κατάνυξη ενός ηδυπαθούς, ο οποίος προσλαμβάνει τη θρησκεία με τον αυτάρεσκο τρόπο του αισθητή. Στον Καβάφη θα μπορούσαμε να μιλήσουμε για εκκοσμίκευση της ορθοδοξίας, που προσηλώνει την προσοχή στην υλική χλιδή της επιφάνειας, αν και η ειδική αναφορά στον «ένδοξο βυζαντινισμό» δίνει μια χροιά δόξας και στον απόγονο.

Σύμφωνα με τον Γιαννόπουλο, η ορθοδοξία είναι επιβεβαίωση ανθρώπινης ποιότητας. Μέσα στον «τύπον του ανθρωπισμού»[458] η νόηση της φυλής αλλά και η αίσθηση (σημειώνουμε την έντονη παρουσία της) «συνθέτει, εκδηλώνει και τελειώνει τον Ανθρωπισμόν, ιδεολογικώς και Πραγματικώς, δημιουργεί, τελειώνει και εκφράζει ιδεολογικώς και Πραγματικώς την υπερτάτην θρησκείαν της οικουμένης»[459]. Το Βυζάντιο γίνεται κιβωτός αυτού του ανθρωπισμού, όταν όλοι πιστεύουν ότι «ελληνική φύση, πνεύμα, ωραίο και Έλληνες μαζί χάθηκαν κατά τους μακεδονικούς χρόνους [...] για να αποτελέσουν [...] εκτρωματικόν θέαμα ανθρωπίνου σαπισμού»[460]. Η διάψευση έρχεται με την άντληση νέων δυνάμεων και τη συγκρότησή τους στο «Ορθόδοξον Ελληνικόν Πνεύμα το αναισταινόμενον από των εγκάτων της Μητρός Γης, το προσπαθούν να σπάσει κάθε αλυσίδες και προχωρήσει ελεύθερα φωτεινόν και καταλάμπον τον δρόμον της φυλής»[461]. Η «τελειωτική αυτοσυνείδησις της φυλής»[462] αναγνωρίζει την ορθοδοξία ως «λεπτότερον και βαθύτερον ψυχολογικόν Κέντρον του Ελλ. Οργανισμού»[463].

Από αισθητική άποψη η Ορθοδοξία είναι η επιβίωση του Ωραίου, ένας «νέος αρχιτεκτονικός ρυθμός ελληνικότατος από τα θεμέλια έως τους ακροτάτους Σταυρούς των θόλων»[464]. Το ίδιο ισχύει και για τη ζωγραφική, η οποία φέρει τον «πραγματικό ρυθμό»[465] που έρχεται από

---

458. Ό. π., 159.
459. Ό. π.
460. Ό. π., 179.
461. Ό. π., 183.
462. Ό. π., 185.
463. Ό. π.
464. Ό. π., 179.
465. Ό. π.

το Βυζάντιο και «βροντοφωνάζει Ακμή»[466]· και δεν μιλά μόνο για αισθητική, μιλά για αίσθηση· έχοντας ενσωματώσει αρχαία δραματικά δρώμενα έδειξε το νέο κόσμο «κατάλαμπρο από Δύναμη και Νεότητα και Λαμπρότητα»[467]:

> όταν εν μέσω της καταλάμπρου νέας ζωγραφικής που καταστολίζει τα πάντα από τα βάθρα έως τους θόλους και καταθέλγει τας αισθήσεις του αισθάνεται ότι δεν του στερούν τίποτε από την Ζωήν και την Χαράν και την Ευμορφιάν που είναι συνηθισμένος να έχει και να λατρεύει, όταν οι Χοροί τραγουδούν και οι φωτοχυσίαι και τα θυμιάματα και οι λαμπροστόλιστοι *νέοι ιερείς παίζουν* το Θείον Δράμα [...] και όταν οι Ρήτορες από τον Άμβωνα τώρα του δίδουν την υπερτάτην απόλαυσιν παντός Έλληνος, πάσης εποχής: Το λόγο! Αισθάνεται τον εαυτόν του, εννοεί ότι δεν έχασε τίποτε, ότι είναι όλα τα ίδια[468].

Η θρησκευτικότητα του Γιαννόπουλου είναι η δικαίωση της προσδοκίας του αισθητή για ανθρωπιά και ομορφιά. Το ανθρώπινο ως λεπταίσθητη ποιότητα έχει βρει στην Ορθοδοξία την απόλυτη έκφρασή του. Ο Έλληνας, που τελειοποίησε την έννοια του ανθρώπου, την απόθεσε κατόπιν στην οικουμενική διάσταση μιας οριστικής μορφής, της θρησκείας. Στην Ορθοδοξία ο Γιαννόπουλος συγκλονίζεται από το αισθητικό θαύμα του Ωραίου και από τις συγκινήσεις των αισθήσεων που προσφέρει η λατρευτική ζωή.

Το Ωραίο ως σταθερή επιδίωξη του αισθητισμού δικαιώνεται διπλά, σε πρώτο επίπεδο ως έννοια αδιαχώριστη από τον ανθρωπισμό και σε δεύτερο επίπεδο ως καλαισθησία, την ανεξίτηλη σφραγίδα της οποίας ο συγγραφέας την βλέπει στη βυζαντινή ζωγραφική και μάλιστα σε μία συγκεκριμένη πτυχή της βυζαντινής τέχνης και γραμμής (τον τρούλο), η οποία σχετίζεται με την προτίμησή του στην κυκλική γραμμή και για την οποία κάναμε λόγο παραπάνω. Το Βυζάντιο θεωρείται η ζωντανή παρουσία της Ομορφιάς στη θρησκεία και ο Γιαννόπουλος θεωρεί ότι αυτό το ιστορικό κομμάτι πρέπει να μνημονεύεται ιδιαίτερα,

---

466. Ό. π.
467. Ό. π.
468. Ό. π., 192.

επειδή διέσωσε την ελληνική οντότητα, όταν όλοι είχαν πιστέψει πως ο ελληνισμός είχε λήξει ως έννοια μέσα στα ανατολικά κράματα της ελληνιστικής εποχής ή τις ρωμαϊκές απομιμήσεις. Ο τρόπος με τον οποίο ο Γιαννόπουλος προσεγγίζει το Βυζάντιο και το μεταβυζαντινό κόσμο επικεντρώνεται στο στοιχείο της προγονικής αίγλης.

Το Βυζάντιο εξασφάλισε την οργανικότητα του Ωραίου στον κορμό του ελληνισμού, εγκαινιάζοντας νέο αρχιτεκτονικό ρυθμό, φέρει όμως για τον Γιαννόπουλο και μια επίγνωση αρχαιοελληνικής επιβίωσης· τις υψηλές συγκινήσεις των αισθήσεων, που βιώνει ο Γιαννόπουλος μέσα στην ελληνική ορθόδοξη λατρεία, δεν τις νιώθει ξένες προς τη δύναμη της αρχαίας δραματουργίας. Στο σημείο αυτό δεν διστάζει να παρουσιάσει παράλληλα δύο τελετουργίες: την ορθόδοξη και την ειδωλολατρική. Μιλά για τον ορθόδοξο ναό με τον τρούλο, για τους ιερείς που ιερουργούν με σεπτό τρόπο και λεπτό λόγο, και την ίδια στιγμή αντιπαραβάλλει τη διονυσιακή θυμέλη με τους ιερείς της αρχαιότητας και τα αισθησιακά δρώμενα· ο Γιαννόπουλος δεν μιλά απλώς για χριστιανισμό και παγανισμό αλλά τα φέρνει τόσο κοντά, που αποκομίζει κανείς την εντύπωση ενός συγκρητισμού, μιας εναλλαγής που μπορεί εύκολα να συμβεί. Πρόκειται για μια ανάγνωση που εντάσσεται αναμφίβολα στον αισθητισμό και θυμίζει το «Ερυθρούν κρίνον» του Επισκοπόπουλου· μόνο που στον Επισκοπόπουλο διεξάγεται αγώνας με τελικό νικητή, ενώ στον Γιαννόπουλο πρόκειται για μια παρένθεση, η οποία δεν αναιρεί την αρχική πεποίθησή του για την υψηλή αισθητική αξία και συγκινησιακή δύναμη της Ορθοδοξίας.

Συνοψίζοντας, διαπιστώνουμε ότι η «Έκκληση» του Γιαννόπουλου, ως πρόσκληση που περιλαμβάνει την ηδονή της ζωής, την οικουμενικότητα και την αισθητική, είναι λογοτεχνικό δημιούργημα που εγγράφεται στο ρεύμα του αισθητισμού. Η αισθητική, ο αισθησιασμός και ο κοσμοπολιτισμός, πάντα σε χοϊκή σχέση με τη γενέτειρα, συνιστούν ένα πανόραμα αισθητιστικών θέσεων. Η αντίληψη της αισθητικής του συγγραφέα για τον κόσμο, που τον περιβάλλει, εντρυφά στην ομορφιά ως έκφραση τέχνης και βλέπει πάντα σε προοπτική την ηδονική της καταξίωση. Χωνεύοντας έναν ολόκληρο κόσμο στο μυαλό του, έχει την ευκαιρία να συνδυάσει την αρχαιολατρεία του με το επίκαιρο παρόν της ζέσης του φιλιού, του κρασιού, του ήλιου και της νιότης –διονυσιακών μοτίβων που είδαμε και σε άλλους. Η τέχνη επανακάμπτει ως στόχος και ως έργο νεότητας.

Αισθητισμός. Η νεοελληνική εκδοχή του κινήματος

Το τελευταίο «έργο» του Γιαννόπουλου, στο οποίο θα αναφερθούμε, είναι ο θάνατός του, ένας θάνατος που σχεδιάστηκε θεατρικά· γιατί ο Γιαννόπουλος ως πραγματικός αισθητής έπλασε και το τέλος της ζωής του σαν έργο τέχνης. Το τέλος του ακολούθησε πιστά τα πρότυπά του· δεν άφησε τη φύση να επιλέξει γι' αυτόν αλλά επέλεξε ο ίδιος την ώρα της βιολογικής αποκοπής του από τη ζωή. Η αυτοκτονία του ήταν το τεχνητό που επεξεργάστηκε μέσα στο μυαλό του, η νόηση του ανθρώπου που υπερίσχυσε απέναντι στο πρόσταγμα της φύσης. Έπειτα έδωσε τόση προσοχή στη λεπτομέρεια, ώστε σ' αυτή την αυτοκτονία να ενωθούν η ηδονική φόρτιση με τον εκλεκτικισμό και την κομψότητα της ζωής· ένα κομψοτέχνημα, όχι ζωής αλλά θανάτου, εκτυλίχθηκε κατά φάσεις την άνοιξη του 1910:

> 1. Φορώντας ένα κοστούμι από άσπρη φανέλα, κάλτσες σε αγγλικό σχέδιο καμωμένες στη Θεσσαλία και γάντια γκλασέ έφτασε με ένα αμάξι στην ακτή του Σκαραμαγκά. Μεσημέριαζε. Έφαγε σ' ένα χάνι, εκεί κοντά, και ήπιε μπίρα. Ύστερα ζήτησε από τον αμαξά να ξεζέψει ένα άλογο. Όταν εκείνος δίστασε –ίσως γιατί είχε κακοβάλει,– ο Γιαννόπουλος του έδωσε γραπτή βεβαίωση πως δεν είχε γίνει κανένα έγκλημα. Τέλος, πήρε το άλογο, το καβάλησε και προχώρησε στην ακτή. Εκεί αλείφτηκε με αρώματα, στεφάνωσε με αγριολούλουδα το κεφάλι και κάλπασε προς τα κύματα, μέσα στην ανοιξιάτικη νεροποντή, έχοντας πάνω του ένα κομψό σακουλάκι με βαρίδια. Άμα έφτασε, καβάλα πάντα, στα βαθιά νερά, σήκωσε το χέρι, πυροβόλησε στον κρόταφό του και χάθηκε μέσα στα αφρισμένα κύματα, ενώ το άλογο, αγριεμένο και ρουθουνίζοντας, ξαναγύριζε στην ακτή [...][469]

> 2. Ύστερα από δεκαπέντε μέρες, χωρικοί της Ελευσίνας βρήκαν το πτώμα ξεβρασμένο σε μιαν άκρη της ακτής. Στην αρχή, το πήραν για κανέναν αρχαίο κούρο, που ξαναγύριζε στο φως ύστερα από αιώνες λήθαρ-

---

469. Τ. Αθανασιάδης, «Περικλής Γιαννόπουλος: ο "απροσάρμοστος του 20ού αιώνος"», στον τόμο *Περικλή Γιαννόπουλου Άπαντα*, Αθήνα, Νέα Θέσις, 1963, 283.

γου μέσα στη θάλασσα. Το σώμα είχε αποκτήσει μιαν αγαλματένια ακαμψία. Τα μάτια είχαν φαγωθεί από τα ψάρια, μα οι άδειες κόγχες σκεπάζονταν από τ' αναδιπλωμένα βλέφαρα. Στον κρόταφο και στην άκρη του ματιού είχε το σημάδι του όπλου. Το ρολόι του έδειχνε 11.3΄. Στο πορτοφολάκι του βρέθηκε ο οβολός, που σαν αρχαίος Έλληνας θα 'δινε στον πορθμέα Χάρο για να τον περάσει από την Αχερουσία Λίμνη στα Ηλύσια, όπου αναπαύονταν οι ψυχές των εκλεκτών[470].

3. Όταν, το μεσημέρι της επομένης, συγγενείς και φίλοι φτάσανε εκεί με το τρένο, βρήκανε το νεκρό αλειμμένο με μύρα και στεφανωμένο με άνθη σπάνια, που τ' αγαπούσε πολύ στη ζωή. Ο αστυνόμος τούς εξήγησε πως δυο κυρίες που φαίνονταν απ' την καλή αθηναϊκή κοινωνία είχαν κατεβεί το πρωί, περιποιήθηκαν το νεκρό και φύγανε κρατώντας την ανωνυμία τους. (Τώρα, απ' τις αποκαλύψεις που έκαμε η ζωγράφος Σοφία Λασκαρίδου, ξέρομε ποια ήταν η μοιραία του μυροφόρα.) Ένας παπάς έψαλε τη νεκρώσιμη ακολουθία λίγο πιο πέρα απ' το νεκρό που τον σκεπάζανε αγκαλιές από άνθη. Κόρες της Ελευσίνας με τις εγχώριες στολές τους, συνεχίζοντας το πανάρχαιο έθιμο της πατρίδας τους, ακούμπησαν πλάι στο νεκρό μια γεμάτη υδρία. Κάποια αρχόντισσα του τόπου τύλιξε το σώμα με λινομέταξο σεντόνι. Ο ήλιος έβαφε χρυσοκόκκινο τον ορίζοντα ενώ κατέβαζαν στον τάφο το νεκρό και οι κόρες της Ελευσίνας χύσανε στο νιόσκαφτο χώμα νερό απ' την υδρία. Τότε, από μακριά φάνηκαν, ακίνητες σαν οπτασίες, οι δυο πρωινές μυροφόρες. Ο Περικλής Γιαννόπουλος γύριζε στο χώμα της Αττικής, για να γίνει σύμβολο, ιδέα [...][471].

Η περιγραφή του Αθανασιάδη ολοκληρώνει την αισθητιστική «κατασκευή». Από τον κόσμο της αρχαιότητας έρχεται το κορμί του αιώνιου

---

470. Ό. π.
471. Ό. π., 284.

Έλληνα, του αισθητή Γιαννόπουλου, ενσάρκωση τόσο του καβαφικού Φαέθοντα που αγέρωχος καλπάζει προς το θάνατο[472] όσο και του καβαφικού Σαρπηδόνα που κείτεται με το αγαλματένιο κορμί του λουσμένο στ' αρώματα[473], ήσυχο και αυτό, λαμπερό ύστερα από κουραστικό αγώνα με άλογα. Ο Γιαννόπουλος θυμίζει καβαφικό νέο· έχει την αισθαντικότητα που του επιτρέπει να ντυθεί εκλεκτικά –πάντα η επιλογή της ενδυμασίας ήταν κεντρική στις περιγραφές των αισθητών ως δείκτης αισθητικής αγωγής– έχει το υπόβαθρο της λεπτότητας και της διαχρονικής αισθητικής γνώσης που του επιβάλλει να αλειφτεί με αρώματα και να στεφανωθεί μ' αγριολούλουδα σαν αρχαίος μύστης· και έχει το αγέρωχο παράστημα των αισθητικών καβαφικών ηρώων ή των ομηρικών ημίθεων, καθώς ηδονικά χιμάει στον αφρό της θάλασσας.

Μετά το θάνατό του, η τύχη ή μια προσχεδιασμένη «πρόνοια» του επιτρέπει να κρατήσει τον «ελληνισμό» του, δηλαδή την ωραιότητα που επιδίωξε πάντα: το κορμί του είναι σφιχτό κι ανέγγιχτο σαν άγαλμα – ένα καλλιτέχνημα και μια συνέχεια αρχαίου νεκρού με τον οβολό ως κτέρισμα. Σ' αυτό το κορμί αποδίδονται όλες οι τιμές: αρώματα, αγκαλιές από λουλούδια και λεπτοΰφαντο σάβανο μέσα στην καθαρή ατμόσφαιρα της ελληνικής φύσης που τόσο λάτρεψε. Όλα σμίγουν στην ευωδιασμένη ταφή του την ελληνορθοδοξία με τη μακρινή ελληνική αρχαιότητα, έτσι ακριβώς όπως ο ίδιος φαντάστηκε τους δύο άξονες του σύγχρονου ελληνισμού: «δημιουργός τέχνης και μορφής ελληνικής. Μορφής, η οποία δεν πηγάζει ούτε εκ της στενής μιμήσεως της αρχαίας ούτε εκ της στενής αντιγραφής της τωρινής πραγματικότητας. Πηγάζουσα από την τωρινήν υλικήν πραγματικότητα, οδηγουμένη από την αρχαίαν διδάσκαλον ανευρίσκει την καλλιτεχνικήν έκφρασιν εις την τωρινήν ζωήν την οποίαν εκδηλώνει καλλιτεχνικώς»[474].

Ο καλπασμός του Γιαννόπουλου μέσα στα αφρισμένα κύματα είναι θέμα ζωής ενός αισθητή· ο καλπασμός στην αφρισμένη θάλασσα των δύο ερωτευμένων στο *Βυσσινί τριαντάφυλλο* είναι θέμα τέχνης για τον αισθητιστή Ροδοκανάκη. Ο θάνατος μέσα σε λουλούδια είναι σταθερός δείκτης αισθητισμού στη θεματολογία των κειμένων· το θέμα απαντά, όπως είδαμε, ήδη στον παλαμικό «Θάνατο παλικαριού», στην

---

472. Πρβ. το αποκηρυγμένο καβαφικό ποίημα «Τα δάκρυα των αδελφών του Φαέθοντος» (1897).
473. Πρβ. το καβαφικό ποίημα «Η Κηδεία του Σαρπηδόνος» (1908).
474. Π. Γιαννόπουλος, *Η ελληνική γραμμή και το ελληνικόν χρώμα*, Αθήνα, Νέα Σύνορα-Λιβάνης, 1992, 24.

Κερένια κούκλα του Χρηστομάνου, στα «Ρόδα του Ηλιογάβαλου» του Καμπύση και στο καζαντζακικό *Όφις και κρίνο*. Ο Γιαννόπουλος ανάγοντας τα θέματα αυτά σε μοτίβα της ζωής του αναλαμβάνει ένα ρόλο, αν όχι ως ηθοποιός, πάντως ως μορφή που πέρασε στη σφαίρα του λογοτεχνήματος· αν στη συγγραφική του παραγωγή δεν υπάρχουν πρόσωπα, ο θάνατός του υποκαθιστά την έλλειψη, εγγράφοντας τον ίδιο στη χορεία των ηρώων του κινήματος.

Σε μια συνολική αποτίμηση της παραγωγής του Γιαννόπουλου, παρατηρούμε ότι η κριτική της εποχής του είχε ήδη επισημάνει το Ωραίο ως πυρήνα της λογοτεχνικής παρουσίας του και ως επιδίωξη υπαρξιακής υφής. Η παρακαταθήκη, που πέρασε αφανής, ήταν η αισθησιακή αντίληψή του για την ομορφιά, αντίληψη όπου έπαιξε ρόλο ο οντολογικός σύνδεσμος του ανθρώπου με τη γενέτειρά του. Αυτό το τμήμα της προβληματικής του Γιαννόπουλου θα αναγνωριστεί αργότερα, κυρίως μέσα από την πνευματική συγγένεια με τον Σικελιανό, ο οποίος θα αφιερώσει στη μνήμη του Γιαννόπουλου το πολύστροφο ποίημα «Απολλώνιος Θρήνος» (εφ. *Ακρόπολις*, 15.4.1910)· προεκτάσεις αυτής της εκλεκτικής συγγένειας θα μπορούσαμε να ανιχνεύσουμε σ' όλη την κοσμοθεωρία του Σικελιανού από τον *Αλαφροΐσκιωτο* (1907) μέχρι τις δελφικές γιορτές.

Τέλος, είναι απαραίτητη η διευκρίνιση ότι η σύνδεση του Γιαννόπουλου μόνο με τους όρους «ελληνοκεντρισμός» ή «εθνοκεντρισμός» αποτελεί πλάνη· αν ο κοσμοπολιτισμός είναι έννοια που συναρτάται με την οικουμενικότητα της παιδείας και της αίσθησης και όχι με τις χώρες όπου τοποθετείται η λογοτεχνική δράση, τότε ο Γιαννόπουλος σίγουρα εκφέρει λόγο κοσμοπολιτισμού. Ο Έλληνας, όπως τον συλλαμβάνει ο Γιαννόπουλος, είναι πολίτης του κόσμου για δύο λόγους: πρώτα επειδή στην αισθητική καλλιέργειά του συνένωσε πανανθρώπινες προσδοκίες και κατόπιν επειδή η κατάβασή του στο πρωτογενές ανθρώπινο επίπεδο μέσω του διονυσιασμού τον έκανε συμμέτοχο στις χώρες του κόσμου.

9. Απόστολος Μελαχρινός

Ο Μελαχρινός (1880-1952), που αρχικά, όπως και ο Καβάφης, ανήκει στην περιφέρεια του ελληνισμού (Κωνσταντινούπολη) και όχι στο ελλαδικό κράτος, μας απασχολεί εδώ, επειδή υιοθέτησε μέρος της ευαισθησίας του αισθητισμού στα πρώιμα γραπτά του· ωστόσο, καθώς είναι νεότερος από τους προηγούμενους, ήδη από την αρχή του έργου του η ροπή του προς το συμβολισμό ήταν εμφανής και ο αισθητισμός του συμπτωματικός, γι' αυτό και δεν αποτέλεσε ποτέ συγκροτημένο σύστημα αναφοράς του έργου του. Υπάρχουν όμως σημεία, ακόμη και στα τελευταία έργα του ποιητή, όπου είναι ευδιάκριτη η παρουσία του αισθητισμού, και αυτά χρειάζεται να σχολιαστούν.

Αν και η ποίηση δεν αποτελεί αντικείμενο του βιβλίου, θα αναφερθούμε στα πρώτα ποιήματα του Μελαχρινού, παράλληλα με κάποια μεταγενέστερα πεζά του, για να κάνουμε μια αναγκαία αντίστιξη: ενώ στα πρώτα ποιήματα κυριαρχεί η θεματολογία του αισθητισμού, στα πεζά ποιήματα που γράφει λίγο αργότερα και μέχρι το 1909 έχει ήδη επικρατήσει η τεχνοτροπία του συμβολισμού. Το γεγονός αποκτά ιδιαίτερη σημασία, αν λάβουμε υπόψη ότι το πεζό ποίημα στάθηκε το κύριο εκφραστικό μέσο του αισθητισμού.

Αναφερόμαστε καταρχήν στα ποιήματα της ενότητας *Φθινοπωρινές πεταλούδες*, που γράφτηκαν από το 1902 μέχρι το 1903: «Η ζωή εν τάφω», «Η ζωή πώς θνήσκεις», «Αλληλούια», «Αιωνία η μνήμη», «Τα μάτια στα δειλινά», «Ο ήλιος βασιλεύει». Οι τέσσερις πρώτοι τίτλοι προέρχονται από τη χριστιανική-εκκλησιαστική υμνογραφία, κάτι που μας θυμίζει την επιθυμία του αισθητισμού να αντλεί από θρησκευτικά συμφραζόμενα. Κανένα όμως από τα τέσσερα ποιήματα δεν έχει θρησκευτικό θέμα ούτε πραγματεύεται κάποιο κύριο θέμα του αισθητισμού· η παρουσία του αισθητισμού εδώ δεν εντοπίζεται σε θέματα αλλά σε μοτίβα.

Στο «Η ζωή εν τάφω», απαντά το μοτίβο των εραστών, που, αγκαλιασμένοι μέσα σε μια βάρκα, αφήνονται να τους παρασύρει το ρεύμα ενός ποταμού· η βάρκα, που γίνεται μνήμα εραστών, είναι βασικό μοτίβο του *Όφις και κρίνο* (1906). Η βάρκα, στο ποίημα του Μελαχρινού, παίρνει επίσης τη μορφή λειψάνου, τη στιγμή που περνά μπροστά από τις κλαίουσες ιτιές, και τα σύννεφα φαίνονται σαν φέρετρο, μέσα στο οποίο δύει ο ήλιος· η νύχτα δίνει το νεκροφίλημά της στη Φύση. Η ηδονή με τη σαρκική της έννοια δεν υπάρχει στο ποίημα αλλά τα υπόλοιπα συμφραζόμενα θυμίζουν αισθητισμό, όπου η πραγμάτωση της ηδονής συνδέεται με το θάνατο, επομένως με έννοιες όπως το λείψανο, το φέρετρο, το νεκροφίλημα της Φύσης (ο όρος θα μπορούσε να αποδοθεί και στον πνιγμό της κοπέλας μέσα στα λουλούδια του καζαντζακικού *Όφις και κρίνο*).

Στο «Η ζωή πώς θνήσκεις», το χτύπημα ενός ξυλοκόπου στο δέντρο το ακούει η γύρω φύση, σαν να καρφώνεται κάποιο φέρετρο. Η όλη μουντή ατμόσφαιρα του ποιήματος παραπέμπει μάλλον σε τοπία του συμβολισμού. Το κεντρικό θέμα, όμως, με την απρόβλεπτη τροπή του αλλά και οι ζωντανοί σκελετοί των δέντρων, που κοιτάζουν γεμάτοι ρίγος, θυμίζουν αισθητισμό. Το μοτίβο των σκελετών, που κοιτάζουν κάτω από τη γη, απαντά στο *Όφις και κρίνο*· σε άλλο σημείο του κειμένου του Καζαντζάκη, σκελετοί είναι τα σφιχταγκαλιασμένα κορμιά των εραστών, εικόνα που απαντά απαράλλαχτα, όπως θα δούμε, και στον «Ερωτικό εσπερινό», ένα πεζό ποίημα από τα *De Profundis* του Ροδοκανάκη. Τέλος, ο Χρηστομάνος έχει στο *Βιβλίο της αυτοκράτειρας Ελισάβετ* μια εικόνα λειψάνου που επιπλέει και γυάλινων ματιών που κοιτάζουν προς το μέλλον, μάλλον εικόνα του «παραλόγου».

Το «Αλληλούια», το «Αιωνία η μνήμη» και το «Μάτια στα δειλινά» είναι καθαρά συμβολιστικά· στο «Ο ήλιος βασιλεύει», όμως, ο συμβολισμός της ομιχλώδους ατμόσφαιρας και της διάχυτης θλίψης σπάζει από το δυνατό λεξιλόγιο αισθητιστικών μοτίβων. Υπάρχει το ονειρικό περιβάλλον του συμβολισμού, υπάρχουν όμως και σαφείς αναφορές που παραπέμπουν στον αισθητισμό· το πολύτιμο στοιχείο, αγαπητό στον αισθητισμό, εισάγεται με τη μορφή της πορφύρας, από την οποία αποτελούνται τα παλάτια της Δύσης του ήλιου· ο βασιλιάς του ονείρου δεν είναι άλλος από τον Ηλιογάβαλο, μορφή προσφιλής στους αισθητιστές λόγω του «εκλεκτού» θανάτου –με λουλούδια– που προξενούσε· η αναφορά του ονόματός του προαναγγέλλει τη ροδοποντή, που θα σαβανώσει τα όνειρα και τα κουφάρια του Έρωτα, τα οποία θα θυμίσουν και πάλι όσα προαναφέραμε σε διάφορα σημεία της εργασίας για τη μακάβρια διάσταση της ηδονής. Και μέσα στα όνειρα, όμως, όπου διαδραματίζεται το ποίημα, γίνεται λόγος για δείπνο, μεθύσι και ξεφάντωμα, επομένως πρόσκληση στην αίσθηση· τα προσδιοριστικά επίθετα «ρόδινο» και «λουλουδένιο» προετοιμάζουν για τη λύση του θανάτου. Πάντως, ο χειρισμός των μοτίβων είναι συμβολιστικός, αφού δεν υπάρχουν πραγματικά, ανθρώπινα κουφάρια αλλά ο θάνατος αφορά τις ψυχές· γίνονται πάλι αναφορές σε θλιμμένα λείψανα και μνήματα, αναφορές όμως όπου η σάρκα δεν παίζει κανένα ρόλο· τέλος, η σκηνή του θανάτου μέσα σε βαριά μύρα, που λιγώνουν, ή του ύπνου, που τυλίγει μέσα στους τάφους, έχει ως πρωταγωνιστές τους στοχασμούς, κάτι που επίσης απέχει από τον αισθητισμό.

Το 1905 ο Μελαχρινός γράφει τρία πεζά ποιήματα με τον ενιαίο τίτλο «Οι μίμοι της σιωπής» και επιμέρους τίτλους: «Χαιρετίσματα», «Ο ψαράς», «Το χαμόγελο της Τζιοκόντας», τα οποία δημοσιεύτηκαν στο περιοδικό Ζωή της Κωνσταντινούπολης πολύ αργότερα (τα δύο πρώτα το 1920 και το τρίτο το 1921). Στη Ζωή επίσης δημοσιεύει τα πεζά ποιήματα «Παλιά ζουγραφιά» (Φεβρ. 1909) και «Χάρισμα για θύμηση» (Μάρτ.-Απρ. 1909). Αυτά μόνο θα μας απασχολήσουν εδώ, γιατί όλα τα υπόλοιπα είναι μεταγενέστερα και ξεφεύγουν από τα χρονικά όρια αυτού του βιβλίου.

Βλέποντας συνολικά αυτά τα πεζά, τα εντάσσουμε ανεπιφύλακτα στο κίνημα του συμβολισμού. Έχοντας δει προηγουμένως ποιήματα του Μελαχρινού με αισθητιστικές συνάφειες, θα περιμέναμε μεγαλύτερη ανάπτυξή τους στα πεζά ποιήματά του, λαμβάνοντας υπόψη ότι το πεζό ποίημα υπήρξε κατεξοχήν μορφή του αισθητισμού. Ο Μελαχρινός, αντίθετα, εμπεδώνει με τα πεζά του ποιήματα τη στροφή προς το συμβολισμό. Βέβαια, η παρουσία του πολύτιμου στοιχείου θα μπορούσε να θεωρηθεί μακρινός αισθητιστικός απόηχος, γίνεται όμως μέσα στο ονειρικό κλίμα του παραμυθιού, που δίνει τους τόνους σ' αυτά τα πεζά. Σμαράγδια, κοράλλια, μύρα ή θησαυροί, όλα αποτελούν μέρος ενός πλέγματος όπου συνυφαίνονται θρύλοι, ξόρκια και μαντείες μέσα στην ακατάλυτη γοητεία των συμβόλων· ακόμη και αν υποθέσουμε ότι μιλούμε για κατάλοιπα ενός προγενέστερου αισθητισμού, στον οποίο ενδεχομένως δοκιμάστηκε ο ποιητής σε άφαντα πρωτόλειά του, η παρουσία του είναι υποτονική και ασθενής. Ο Καίσαρ Εμμανουήλ, αντίθετα, για να φέρουμε ένα παράδειγμα της νεοσυμβολιστικής ή μετασυμβολιστικής σχολής της δεκαετίας του '20, θα δώσει πιο ισχυρό παράδειγμα αποτελεσματικής αξιοποίησης του αισθητισμού μέσα σε συμφραζόμενα συμβολισμού.

Στα πεζά του Μελαχρινού, που προαναφέρθηκαν, η ατμόσφαιρα έχει κάτι από την τεχνοτροπία των βόρειων συμβολιστών –του M. Maeterlinck, για παράδειγμα– και θυμίζει δυτικότροπο παραμύθι με νεράιδες, δάση, νερά και ξωτικά· κάτι ανάλογο θα δούμε στο *Θρίαμβο* του Ροδοκανάκη (1912), όπου το πρώτο μέρος αντιπροσωπεύει αυτή την παράδοση. Μόνο που ο Ροδοκανάκης στο δεύτερο, εκτενέστερο μέρος του πεζού ποιήματός του αποτινάσσει το βάρος του ονειρώδους προς χάρη της νιτσεϊκής (ζωτικής και ζωικής) ορμής και της θερμής ελληνικής γης.

Μ' αυτή την πλευρά του αισθητισμού σχετίζεται ένα πολύ μεταγενέστερο έργο του Μελαχρινού, ο *Απολλώνιος*, μεγάλη ποιητική σύνθεση επικής πνοής, που θα θύμιζε την «Ταϋγέτα» του Σπ. Πασαγιάννη ή το «Πώς μεταμορφώθηκε ο σάτυρος» του Παλαμά. Αλλά, αφού το κείμενο ξεφεύγει από τα χρονικά όρια και το λογοτεχνικό είδος (πεζογραφία) με το οποίο ασχολείται το βιβλίο αυτό, το μόνο που μπορούμε να κάνουμε είναι να θέσουμε απλώς τον προβληματισμό, που θα μπορούσε να αποτελέσει εναρκτήριο ερέθισμα μιας πιο ενδελεχούς μελέτης.

Από το 1909 μέχρι το 1949 ο ποιητής δουλεύει πάνω στον Απολλώνιο, ένα μεγάλο ποίημα σε ενότητες, όπου πραγματεύεται θέματα, όπως οι γάμοι του Ήλιου με τη Σελήνη, η γέννηση του παιδιού τους (που ονομάζεται Ηλιοπαίδι) και η αναμόρφωση του κόσμου μέσα από τη μαγική επίδραση («γητειά») του ποιητή. Ο Μελαχρινός φέρνει σε πέρας ιδέες, τις οποίες είχαν πραγματευτεί νωρίτερα και αισθητιστές: την κοσμική ένωση των όντων ή την οικουμενική γονιμότητα σε σχέση πάντα με τελετουργίες που τελεί το σύμπαν. Τα θέματα φαίνεται να προδιαγράφονται ήδη στα ποιήματα «Ο Χρυσορρόης» (χαρακτηριστικό επίθετο του Απόλλωνα) και «Επιθαλάμιο για τον Ήλιο» της πρώτης γνωστής ποιητικής συλλογής του με τίτλο *Ο δρόμος φέρνει...* (1905).

Η ποιητική, ωστόσο, του κειμένου, έτσι όπως το ξέρουμε στο σύνολό του, έχει εξελιχθεί, εδραιώνοντάς το μέσα στο κίνημα του συμβολισμού· ο νεανικός υποτυπώδης αισθητισμός του Μελαχρινού έχει αφήσει μόνο κάποια κατάλοιπα, τα οποία όμως διαλύονται μέσα στους συμβολιστικούς πυρήνες, ενδυναμώνοντάς τους. Αυτό που θυμίζει ελλαδικό αισθητισμό είναι το δίπτυχο διονυσιακό–απολλώνιο πάνω στο οποίο οργανώνεται ο ονειρικός πια (μυθολογικός ή παραμυθένιος) κόσμος του· η παρουσία του δίπτυχου φέρνει στο μυαλό του αναγνώστη προγενέστερα κείμενα του αισθητισμού, όπως πεζά ποιήματα του Καζαντζάκη («Τι μου λένε οι παπαρούνες»), του Επισκοπόπουλου («Το φιλί του ήλιου») και του Ροδοκανάκη (*Ο Θρίαμβος*). Τα θέματα αυτά υπήρχαν και στην ποιητική σύνθεση *Αλαφροΐσκιωτος* του Σικελιανού, όπου επίσης είναι εμφανής ο διάλογος με τον παλιότερο αισθητισμό –κυρίως με τον Π. Γιαννόπουλο– και όπου η λατρεία της ελληνικής γης περνά μέσα από την ηδονική αρχαιότητα και τη διαύγεια της ατμόσφαιράς της.

Αναφερόμαστε στον *Απολλώνιο* του Μελαχρινού και στον *Αλαφροΐσκιωτο* του Σικελιανού, επειδή ο επικός, λυρικός και μεσσιανικός χαρακτήρας τους σχετίζεται με την παρακαταθήκη, που άφησε ο αισθητισμός της περιόδου που εξετάζουμε· δεν θα δούμε, ωστόσο, αναλυτικότερα τα δύο έργα, επειδή, ως ποιητικές συνθέσεις, δεν εμπίπτουν στο πλαίσιο αυτού του βιβλίου, που εστιάζει στην πεζογραφία. Το ζήτημα θα μπορούσε, πάντως, να αποτελέσει ενδιαφέρον θέμα μιας άλλης μελέτης: πώς συμβαίνει η μεταλλαγή θεμάτων και μοτίβων της παλιότερης λυρικής πεζογραφίας του αισθητισμού σε νεότερα, ποιητικά αυτή τη φορά, κείμενα.

10. Νίκος Καζαντζάκης

Αν για τους περισσότερους λογοτέχνες του αισθητισμού η θητεία τους στο κίνημα επισφράγισε συνολικά το έργο τους ή, σε άλλους, ταυτίστηκε με δοκιμές ύφους που τους προετοίμασαν για μια ώριμη, διαφορετική δημιουργία, η αισθητιστική πρώιμη περίοδος του Καζαντζάκη (1883-1957) είναι οργανικά αναπόσπαστη από την υπόλοιπη, πολύ συνθετότερη και ποικιλότροπη παραγωγή του. Σε αυτή την πρώιμη περίοδο μορφώνονται θέματα που θα τον συνοδέψουν σε όλη την υπόλοιπη λογοτεχνική του πορεία. Στο σημείο αυτό εντοπίζουμε την κυριότερη ομοιότητα του συγγραφέα με μια άλλη ισχυρή φωνή του αισθητισμού, τον Καβάφη, όπου ο αισθητισμός έχει διάρκεια ακόμη και μέσα στη ρεαλιστική φάση του έργου του.

Η παρουσία του Καζαντζάκη στον αισθητισμό σημαδεύεται σε μεγάλο βαθμό από δύο εκτεταμένα πεζά, το *Όφις και κρίνο* και το *Σπασμένες Ψυχές*. Το *Όφις και κρίνο*, αν και προγενέστερο, είναι πιο ώριμο λυρικά και πιο στέρεα δομημένο σε σχέση με το μεταγενέστερο *Σπασμένες Ψυχές*, που δεν καταφέρνει να κρατήσει ποσοτικές και ποιοτικές ισορροπίες. Έπειτα, το *Όφις και κρίνο* έχει πιο έντονες συνάφειες με το δυτικοευρωπαϊκό αισθητισμό, ενώ οι *Σπασμένες Ψυχές* κινούνται εμφανώς πια μέσα στη νιτσεϊκή ιδεολογία. Με αφορμή τις νιτσεϊκές συγγένειες του συγγραφέα θα κάνουμε ξεχωριστή αναφορά στη διδακτορική διατριβή του για τον Nietzsche και στο δοκίμιό του «Η αρρώστεια του αιώνος». Πέρα από τα δύο παραπάνω λογοτεχνικά πεζά, ιδιαίτερη λογοτεχνική αξία παρουσιάζουν τα πεζά ποιήματα που ο Καζαντζάκης δημοσίευσε το 1906 και 1907, τα οποία ανήκουν στον αισθητισμό τόσο θεματικά όσο και υφολογικά. Σημειώνουμε στο σημείο αυτό ότι την ίδια περίοδο ο συγγραφέας γράφει και θεατρικά έργα (*Ξημερώνει* (1907), *Φασγά* (1907), *Κωμωδία-Τραγωδία μονόπραχτη* (1909) και *Η Θυσία* (1910) που αμέσως μετονομάστηκε σε *Πρωτομάστορας*), τα οποία έχουν τη θεματική του αισθητισμού αλλά λόγω του είδους τους δεν θα μας απασχολήσουν στην παρούσα πραγμάτευση.

Το πρώτο αυτοτελές βιβλίο, που δημοσίευσε ο Καζαντζάκης (τέλη του 1905)[475], έχει τον τίτλο *Όφις και κρίνο*. Αν και εμφανίζεται ως πρωτόλειο, μπορεί να θεωρηθεί κορυφαίο έργο του νεοελληνικού αισθητισμού, καθώς παρουσιάζει πληρότητα στη συγκέντρωση αισθητιστικών θεμάτων και εκφραστικών τρόπων. Βλέποντάς το συνολικά μέσα στην καζαντζακική παραγωγή, κατέχει σημαντική ποιητολογική θέση, αφού θέματα που ανιχνεύονται εδώ θα συνοδέψουν μέχρι τέλος το έργο του Καζαντζάκη.

Μέσα στην καζαντζακική ποιητική το μοτίβο του φιδιού και του κρίνου, που εισάγει ο τίτλος, κατακτά την αισθητιστική του ταυτότητα. Ήδη από τη συνδετική μορφολογία του τίτλου, υπονοείται ότι ο όφις έρπει δίπλα στο κρίνο, για να διαβρώσει την έκφραση του αμόλυντου με το δηλητηριώδες. Με τον τρόπο αυτό, το ερπετό καθίσταται η διαφθορά της μορφής του ευαίσθητου λουλουδιού, καθώς συντελείται η μεταμόρφωση του ρομαντισμού σε αισθητισμό. Ο όφις είναι το alter ego του κρίνου (δισύλλαβες λέξεις και οι δύο, που το άκουσμά τους ενδέχεται να προκαλεί ερεθισμούς ισόποσης έντασης). Γίνονται μαζί ένα πρόσωπο, μία προμετωπίδα στην οποία καταρρίπτονται με τη συνύπαρξή τους τα όρια όμορφου και άσχημου, ελκυστικού και απωθητικού, καλού και κακού. Στην οπτική αυτού του τίτλου παρακολουθεί κανείς πώς λειτουργεί ο αισθητισμός καταργώντας τα όρια ανάμεσα σε ετερογενείς οντότητες και καθιερώνοντας το χώρο του ως χώρο ετερογένειας, ένα χώρο παρακμής της ομοιογένειας. Αυτή είναι η νέα τέχνη που δομεί τον προθάλαμο του μοντερνισμού φέρνοντας σε διάλογο τις ετερότητες και αναδεικνύοντας την έννοια της διαφορετικότητας. Ο A. Symons αναφέρεται σε αυτή τη διαβρωτική δράση που επιτελεί η τέχνη του αισθητισμού, η οποία αντλεί δύναμη από το νοσηρό και θέτει σε δοκιμασία το κλασικό[476].

Πέρα από την κατάρρευση του κλασικιστικού ιδεώδους, μέσα από τις γραμμές της καινούριας ποιητικής μπορούμε να δούμε και την υπέρβαση του ρομαντισμού, αφού το κίνημα του αισθητισμού έχει, σύμφωνα με αρκετούς μελετητές, τις ρίζες του σε μεταρομαντικά φανερώματα. Φέρνουμε ως παράδειγμα το ποίημα του προρομαντικού W. Blake «Το άρρωστο ρόδο» («The sick rose») από τα *Τραγούδια της Εμπειρίας* (*Songs of Experience*):

---

475. Ακριβής ημερομηνία δημοσίευσης δεν αναφέρεται αλλά εικάζουμε ότι πρόκειται για τα τέλη του 1905, επειδή η πρώτη κριτική του έργου από τον Σαμπρόλ [=Ανδρέα Χρυσάνθη] εμφανίζεται στις 13.1.1906 στην εφ. *Εστία*.
476. Πρβ. σημ. 8 του κεφαλαίου της εισαγωγής στον αισθητισμό.

Ω ρόδο, είσαι άρρωστο!
Το αόρατο σκουλήκι
που πετάει τη νύχτα,
στη θύελλα που βρυχάται,

Ανακάλυψε το λίκνο σου
της άλικης χαράς
και η σκοτεινή μυστική του αγάπη
καταστρέφει τη δική σου ζωή.[477]

Ο Johnson χρησιμοποιεί το ποίημα ζητώντας μέσα από την έννοια των συμβόλων να ενισχύσει την άποψη των Pater και Poe ότι η λυρική ποίηση «ακριβώς επειδή δεν μπορούμε σ' αυτήν ν' αποσπάσουμε το περιεχόμενο από τη μορφή, δίχως να αφαιρέσουμε κάτι από το ίδιο το περιεχόμενο, είναι, τουλάχιστον από καλλιτεχνική άποψη, η υψηλότερη και πληρέστερη μορφή ποίησης»[478]. Αφήνοντας κατά μέρος αυτή την ερμηνεία θα εστιάσουμε την προσοχή μας στις έννοιες αυτές καθαυτές. Συμβολική ή μη, η σκηνή που περιγράφεται βασίζεται στην προφανή σύγκρουση δύο καταστάσεων: της ευτυχίας και της δυστυχίας. Το ρόδο είναι η ευχάριστη πλευρά και το λίκνο της άλικης χαράς, ενώ το σκουλήκι είναι το σκοτεινό στοιχείο που διεισδύει και καταστρέφει. Αυτή η διείσδυση αρρωσταίνει το τριαντάφυλλο και η απειλή ή η απώλεια της χαράς αποτελούν αιτία θλίψης.

Βρισκόμαστε στο κέντρο της ρομαντικής κοσμοθεωρίας, όπου ο ιδεαλισμός ορίζει αντίπαλες κατηγορίες, γύρω από τις οποίες αρθρώνεται η προσδοκία και η απογοήτευση. Όλα περιστρέφονται γύρω από την επιδίωξη του ιδανικού, που η δικαίωσή του με κοσμική αναγωγή αποκτά για το ρομαντισμό προγραμματικό χαρακτήρα. Ενώ, όμως, ο ρομαντισμός διατηρεί την πίστη στο ιδανικό, ακόμη και μέσα στην απογοήτευση, ο αισθητισμός είναι τόσο διαποτισμένος από τη διάβρωση και το κενό, ώστε όχι μόνο έχει χάσει την πίστη σε κάθε ιδανικό αλλά έχει και την αυτογνωσία της υπαρξιακής του καταδίκης.

Ο παρακμιακός νους γυρεύει την εξιλέωση από τη φθορά επιδεινώνοντας τη βίωσή της. Έτσι, για παράδειγμα, η εικόνα του Blake θα εισπράττονταν από τον αισθητιστή Καζαντζάκη με ζητωκραυγές για την πικρή τυραννία, για τη χαρά της μόλυνσης που αξιώθηκε το ρόδο, για το

---

477. R. V. Johnson, *Αισθητισμός* (μτφρ. Ε. Μοσχονά), Αθήνα, Ερμής, 1984, 94.
478. Ό. π.

δηλητήριο της υποψίας που μπολιάζει με γνώση μιας άλλης ζωής. Το ξεπέρασμα του ιδεαλισμού ήταν πια γεγονός στην εποχή του Καζαντζάκη και η άρση των μανιχαϊστικών διακρίσεων του απόλυτου πραγματώνεται, καθώς οι έννοιες συγχωνεύονται σε ένα νέο ύφος και ήθος.

Στη νέα οντότητα που μορφώνεται, τα άκρα αναμιγνύονται πέρα από στεγανές αξιολογήσεις ηθικής. Η νέα αισθητική τονώνει την κατεστημένη έννοια του καλού, που φαινόταν να έχει εξαντλήσει τη βιωσιμότητά της, αναγνωρίζοντας σε αυτήν μια βάση για την ανάπτυξη του διεφθαρμένου και του αμαρτωλού. Σύμφωνα με τη νέα συλλογιστική, το καλό και το κακό, το ωραίο και το άσχημο, το ηθικό και το ανήθικο δεν είναι αμιγείς ποιότητες, που μπορούν να υπάρξουν αυτούσιες, αλλά μπορούν να υπάρξουν μόνο ανάμικτες.

Ο Baudelaire στα *Άνθη του Κακού* είχε αναδείξει το Ωραίο μέσα από το Κακό, καθιερώνοντας έναν καινούριο τύπο ομορφιάς. Όπως θα δούμε παρακάτω, ο Καζαντζάκης στο «Τι μου λένε οι παπαρούνες», θα θεωρήσει τη βδελυρή όψη του κόσμου ως πλάσμα και αυτό του σύμπαντος. Ο Baudelaire μιλά επίσης για «φωσφορισμό της σήψης» («la phosphorescence de la pourriture»)[479], εμφαίνοντας την αντίφαση που ενυπάρχει στη συνύπαρξη των αντιθέτων· θα λέγαμε, χρησιμοποιώντας τη διατύπωση του Gautier (στον «Πρόλογό» του για τα *Άνθη του Κακού* το 1868), ότι το καινούριο νόημα που αποκτούν τώρα οι υπερφυσικές έννοιες είναι «διάστικτο με το πράσινο χρώμα της αποσύνθεσης και αποπνέει τη μυρωδιά σάπιου κυνηγιού»[480].

Το κρίνο υπάρχει, για να δώσει αξία στο σύρσιμο του φιδιού, αλλά και ο όφις μπορεί να λερώσει την εικόνα, ακριβώς επειδή το κρίνο αντιπροσωπεύει όλη εκείνη την καθαρότητα και την ενσάρκωση της υγείας. Η αμοιβαία αυτή δοκιμασία διενεργεί μια ανταλλαγή ουσίας, η οποία μεταρσιώνει το βδελυρό και παράλληλα προικίζει το άχραντο με τη γοητεία της πρόκλησης. Αυτό το στίγμα είναι καθοριστικό για την ταυτότητα του αισθητισμού· εδώ το βλέπουμε να προβάλλει επιτακτικά και ως διεκδίκηση των Νεοελλήνων αισθητιστών.

Δύο χρόνια αργότερα (25.10.1907), ο Καζαντζάκης με το ψευδώνυμο Ακρίτας, δημοσιεύει στην εφημερίδα *Νέον Άστυ* ένα άρθρο με

---

479. R. K. R. Thornton, «Decadence as a critical term in England», *The Decadent Dilemma*, London, Edward Arnold, 1983, 39.
480. Το παράθεμα από τον *Εκφυλισμό* [*Die Entartung*] του M. Nordau· βλ. στου R. K. R. Thornton, «The idea of decadence in France to 1900», *The Decadent Dilemma*, London, Edward Arnold, 1983, 19.

τίτλο «Η ποικιλία παντού»⁴⁸¹, στο πλαίσιο των ανταποκρίσεων που έστελνε με παρισινές εντυπώσεις του. Εκεί φωτογραφίζει μια συμπεριφορά του M. Barrès, που δηλώνει την ιδεολογική αλλαγή στάσης του πολυκύμαντου Γάλλου στοχαστή και συγγραφέα: «Αυτός που μιλεί και που τον βλέπεις ήδη να πηγαίνει μ' ένα αναμμένο κερί, σκυφτός στη λιτανεία και να γονατίζει στους σταυρούς κάτω από τα κυπαρίσσια δεν είναι ο συγγραφεύς του κατακόκκινου βιβλίου *Θάνατος, αίμα και ηδονή*, που τόσο τέλεια περιγράφει τις φλογερές εκστάσεις που δίνει στη σάρκα η ηδυπαθής και "καλλιγύναικος" χώρα της Ισπανίας;»⁴⁸²

Το παραπάνω απόσπασμα του Καζαντζάκη μιλά ξεκάθαρα πρώτα για τη γνωριμία του με έργα και συγγραφείς της παρακμής και ύστερα για τον ακριβή χαρακτήρα που έχει πάρει στη συνείδησή του το ύφος του αισθητισμού. Το νέο ιδεώδες είναι αισθησιακό και ηδυπαθές αλλά δεν διστάζει να διασταυρωθεί με το ασελγές και το βέβηλο. Επιδιώκει το αισθησιακό αλλά ταυτόχρονα επιβάλλεται με τη δυναμική της πρόκλησης.

Στο πλαίσιο αυτής της παραγωγής με τους ιδιαίτερους τρόπους αναγνωρίζουμε ως χαρακτηριστικό παράδειγμα το πρωτόλειο αφήγημα του Καζαντζάκη *Όφις και κρίνο*, όπου παρακολουθούμε τα θεματικά μοτίβα του αισθητισμού σε πλήρη ανάπτυξη:

Η Τέχνη είναι και εδώ παρούσα, αφού ο πρωταγωνιστής είναι ζωγράφος και η αγαπημένη του είναι η όμορφη και ξέγνοιαστη γυναίκα, που δέχεται την πρότασή του να την ζωγραφίσει. Η καλλιτεχνική δημιουργία θα επισφραγίσει τελικά την ανεξαρτησία της μέσα από το πρόσχημα του διπλού εγκλήματος.

Ο εκλεκτικισμός του πρωταγωνιστή καθορίζεται από την προτίμησή του να αποτραβηχτεί με την αγαπημένη του σε έναν πύργο, όπου θα εκτυλιχτεί η ερωτική και καλλιτεχνική σχέση τους, και προσδιορίζει μια τέχνη ερμητικά κλειστή από τον έξω κόσμο.

Ο ερωτικός σύνδεσμος, που αναπτύσσεται ανάμεσά τους, παρακολουθεί τα πρότυπα των παράξενων ερώτων του αισθητισμού: αποτυπώνεται αποκλειστικά μέσα από τον αισθησιακό λόγο του άντρα, ενώ στη γυναίκα δεν παραχωρείται φωνή σε όλη τη διάρκεια του έργου. Παράλληλα η διαστροφή σε επίπεδο θέματος ως κυρίαρχο στοιχείο πόθου, που τελικά θα οδηγήσει τον πρωταγωνιστή στο βίαιο θάνατο της αγαπημένης του και στην αυτοκτονία, τρέπεται σε κυρίαρχο στοιχείο ύφους με την αναστροφή ρόλων μεταξύ των πρωταγωνιστών.

---

481. Γραμμένο στο Παρίσι στις 19.10.1907.
482. Γ. Κατσίμπαλης, «Ο άγνωστος Καζαντζάκης», *Νέα Εστία* 64 (1958) 1211-1212.

Το ύφος του κειμένου είναι λυρικό, έτσι ώστε επιτρέπει να το θεωρήσουμε «λυρικό πεζογράφημα»[483] ή εκτεταμένο πεζό ποίημα. Παράλληλα συνδυάζει το χαρακτήρα ημερολογίου εμπεδώνοντας μια υβριδική ταυτότητα, ένα επιπλέον χαρακτηριστικό που το εντάσσει στον κανόνα των κειμένων του αισθητισμού. Η μορφή ημερολογίου, με την οποία είναι γραμμένο το κείμενο, αποδίδεται και οπτικά από τις ημερομηνίες που αναγράφονται ως επικεφαλίδες των επιμέρους κομματιών. Άλλωστε, το κείμενο είναι γραμμένο σε πρώτο πρόσωπο και η αφήγηση αναπαρίσταται ως ανάγνωση του προσωπικού ημερολογίου που κρατούσε ο πρωταγωνιστής. Απευθύνεται πάντα στην αγαπημένη του, με τρόπο που να αναδεικνύεται ως βασικό πρότυπό του το βιβλικό *Άσμα Ασμάτων*.

Το αφήγημα χωρίζεται σε τέσσερα μέρη, καθένα από τα οποία αντιπροσωπεύει και μία εποχή, αρχίζοντας από την Άνοιξη, συνεχίζοντας με το Καλοκαίρι, περνώντας κατόπιν στο Φθινόπωρο και καταλήγοντας στο Χειμώνα. Ο Α. Κ. Πουλακίδας παρατηρεί ότι: «αυτή η οργάνωση του μυθιστορήματος φέρνει στο μυαλό τα [γραφικά] έργα του Alphonso Mucha, *Οι Εποχές* (1896), που απεικονίζουν σε πανί ή καμβά τέσσερις νέες κοπέλες, οι οποίες αντιπροσωπεύουν μία εποχή η καθεμιά μέσα στο αντίστοιχο περιβάλλον βλάστησης»[484]. Οι τέσσερις εποχές του καζαντζακικού έργου θα μπορούσαν να θυμίζουν περισσότερο τις *Τέσσερις Εποχές* του Μιλανέζου ζωγράφου Arcimboldo, ο οποίος θεωρήθηκε «πρόδρομος των σουρρεαλιστών για τα φανταστικά του κεφάλια που σχηματίζονται από φρούτα, λαχανικά, λουλούδια, κομμάτια τοπίου, πουλιά, ζώα, ανθρώπινα σώματα, εργαλεία, όπλα, κλπ.»[485]. Θα μπορούσαν, επίσης, να θυμίζουν και άλλα έργα τέχνης, όπως στη μουσική τις *Τέσσερις Εποχές* του Vivaldi, ιδίως αν λάβουμε υπόψη ότι οι κλυδωνισμοί του νευρικού συστήματος του πρωταγωνιστή, που διατρέχουν το κείμενο, προσομοιάζουν τις διακυμάνσεις μουσικού έργου. Η μουσική διάσταση του λογοτεχνικού κειμένου υπάρχει και στον Καζαντζάκη, ο οποίος δομεί τα έργα του με αυτή τη λογική. Το *Όφις και κρίνο* εκτυλίσσεται μέσα στις τέσσερις συγχορδίες των τεσσάρων εποχών του έτους, σαν τις *Τέσσερις εποχές* του Vivaldi· αργότερα θα δούμε την πλοκή στις *Σπασμένες Ψυχές* να κυλά μέσα από τέσσερα μέρη: «triomfale», «vibrato», «fouetté», «marche funè-

---

483. Γ. Κατσίμπαλης, «Ο άγνωστος Καζαντζάκης», ό. π., 1021.
484. A. K. Poulakidas, «Kazantzakis' *Serpent and Lily* and Symbolism: Text and Texture», *Σύγκριση* 8 (1997) 7.
485. H. Read, *Λεξικό εικαστικών τεχνών* (μτφρ. Α. Παππάς), Αθήνα, Υποδομή, 1986, 27.

bre». Ο Καζαντζάκης κατακυρώνει τη δική του μουσική ορολογία με λέξεις, που είναι επίθετα στα ιταλικά και στα γαλλικά και χαρακτηρίζουν μουσικούς τόνους ή είδη, ενώ στην πραγματικότητα χαρακτηρίζουν την περιπέτεια των ηρώων του. Έτσι, από τους θριαμβικούς και ζωηρούς τόνους διαγράφεται μια απόλυτη πτώση στους τόνους που χαμηλώνουν σε πένθιμο εμβατήριο.

Στον Καζαντζάκη, οι εικαστικές συνάφειες είναι τόσο έντονες, ώστε προσδίδουν στο έργο τη μορφή της διαδοχής ζωγραφικών πινάκων. Το ρολόι των τεσσάρων εποχών δουλεύει μέσα στο μυθιστόρημα και ως αλληγορία ψυχοσύνθεσης, μετατρέπεται δηλαδή σε ρολόι των τεσσάρων εποχών ενός ψυχισμού, που κυμαίνεται ανάλογα με τα συμφραζόμενα κάθε εποχής του έτους. Οι νευρώσεις του καλλιτέχνη-αφηγητή πάλλουν σε τέσσερις χρόνους, που κλιμακώνονται από τον ενθουσιώδη διονυσιασμό της Άνοιξης (2 Μαΐου-15 Ιουλίου) ως το λιγωμένο αμφίσημο αποκάρωμα του Καλοκαιριού (20 Ιουλίου-11 Οκτωβρίου) και από το ξύπνημα της παρακμής του Φθινοπώρου (12 Οκτωβρίου-20 Νοεμβρίου) ως την αυτοκαταστροφική παγωνιά της οδύνης και της νέκρας του Χειμώνα (28 Νοεμβρίου-25 Μαρτίου).

Κάτι που φαίνεται εξωτερικά να αποτελεί στοιχείο απειρίας του κειμένου είναι ότι στην άνοιξη και το καλοκαίρι υπάρχουν αναφορές που εκφράζουν πικρία, ενώ στο φθινόπωρο και το χειμώνα υπάρχουν εκδηλώσεις λατρείας, στοιχείο που θα μπορούσε να είναι και το πιο ισχυρό επιχείρημα που εντάσσει το κείμενο στον αισθητισμό, ο οποίος απεχθάνεται τις αμιγείς ποιότητες. Αν και δεν κρατά αμιγή την αισιοδοξία ή την απαισιοδοξία κάθε εποχής, ο αφηγητής επιχειρεί να δώσει την εντύπωση ότι η κάθε εποχή μοιραίνει με την κυρίαρχη ιδιότητά της την αντίστοιχη φάση των αισθήσεων του πρωταγωνιστή.

Η R.-P. Debaisieux μιλά για το έργο με πιο απλουστευτικό τρόπο σκέψης: «Με τη μορφή ημερολογίου, αυτό το ποιητικό κείμενο, φορτωμένο με μπωντλαιρικές αναμνήσεις, διαιρείται σε τέσσερις εποχές· της καθεμιάς ο συμβολισμός είναι προφανής»[486]. Γι' αυτήν, η Άνοιξη είναι η γέννηση του έρωτα, το Καλοκαίρι είναι η παρακμή του, το Φθινόπωρο ο θάνατός του και ο Χειμώνας είναι μια περίοδος εγκλεισμού, που επισφραγίζεται με τη θυσία της γυναίκας και την αυτοκτονία του καλλιτέχνη.

Αυτή η θεώρηση έχει βέβαια την αλήθεια της σε πρώτο, σχηματικό επίπεδο, με την έννοια ότι η περιπέτεια της ερωτικής αίσθησης κρατά

---

486. R.-P. Debaisieux, *Le Soupçon et l'Amertume dans le roman grec moderne 1880-1922*, Paris, L'Harmattan, 1992, 117-118.

τρεις εποχές και στο τέλος, τη βαριά εποχή του χειμώνα, έρχεται ο θάνατος. Αν κοιτάξουμε όμως πιο προσεκτικά, διαπιστώνουμε ότι η ερωτική σχέση του ζευγαριού δεν έχει στάδια εξέλιξης. Δεν ξεκινά δηλαδή από το ευχάριστο, για να καταλήξει στο δυσάρεστο, ούτε υπάρχει πληθώρα ερωτικών αισθήσεων σε αυτό το ερωτικό ταξίδι. Η αίσθηση είναι μία από την πρώτη ως την τελευταία μέρα: ο πόθος του άντρα που συνυπάρχει με την απέχθεια, και η έλξη με την απώθηση· την ίδια στιγμή που το γυναικείο σώμα είναι τρυφερό σαν λουλούδι, είναι και γλοιώδες ερπετό· ο χρόνος, που κυλά, δεν φέρνει στην ουσία αλλαγές, παρά μόνο την υλοποίηση ενός σχεδίου εξόντωσης, το οποίο άλλωστε είναι στο προσκήνιο από την αρχή της άνοιξης.

Θυμίζουμε πως ο Επισκοπόπουλος δημοσίευσε δύο αφηγήματα –που θεωρούμε ότι δεν ανήκουν στον αισθητισμό και γι' αυτό το λόγο δεν μας απασχόλησαν εδώ– με τίτλους «Ο νεκρός» στο περιοδικό *Εστία* το 1895 και «Ο ήλιος στα χιόνια» στο *Περιοδικόν μας* το 1900, όπου η αρχική λατρεία του άντρα για τη γυναίκα μεταστρέφεται σταδιακά σε μίσος, χωρίς μάλιστα προφανή αιτιολογία. Στο *Όφις και κρίνο* δεν συμβαίνει αυτό. Ο πρωταγωνιστής του είναι συνειδητοποιημένος αισθητής και βιώνει την παρακμή μαζί με την άνθιση από την αρχή μέχρι την εκπνοή του χρόνου. Ωστόσο, οι κλυδωνισμοί των νεύρων του θυμίζουν τις μουσικές κλίμακες που ακολουθούν οι νευρωτικές διαταραχές του πρωταγωνιστή στο «Ut dièse mineur» του Επισκοπόπουλου. Και πάλι εντοπίζουμε την ίδια διαφορά, ότι στον Επισκοπόπουλο οι αισθήσεις εξελίσσονται σταδιακά από τη μελωδία μέχρι την κραυγή, ενώ στον Καζαντζάκη οι ήπιοι και οι οξείς τόνοι συνυπάρχουν από την αρχή.

Ο Παλαμάς σε κριτική του στο περιοδικό *Παναθήναια* (1906) βλέπει το έργο με συμπάθεια, αν και αναγνωρίζει το μειονέκτημα της ανωριμότητας. Ο Παλαμάς –σε αντίθεση με τον Διαβάτη [=Ι. Κονδυλάκη] που υπήρξε κατάφωρα αρνητικός απέναντι στο έργο του συντοπίτη του (εφημερίδα *Εμπρός*, 18.1.1906)– αντιμετωπίζει το πρωτόλειο με θετικό πνεύμα· το οριοθετεί ανενδοίαστα στην περιοχή της παρακμής, που δεν την ορίζει με το όνομά της αλλά την φωτογραφίζει, όταν μιλά για τη συνάντηση του νοσηρού με το ωραίο· δράττεται, μάλιστα, της ευκαιρίας να εντρυφήσει πάνω σ' αυτή την πρωτόγνωρη υφή λογοτεχνικής δημιουργικότητας:

> Ποίημα νεανικό και νοσηρό και ωραίο και θανάσιμο συμπλέκον αστόχαστα ομού και βαθύγνωμα τας εκστάσεις

του μυστικισμού με του πριαπισμού την λύσσαν [...]
εικών ενός σατύρου και μιάς ψυχής εις σύμπλεγμα αδι-
άρρηκτον, εφιάλτης και παραλήρημα, έργον ανήθικον
[...] και ομού ενθυμίζον όλην την ηθικήν αντινομίαν του
αθλίου ανθρώπου, φυλακή μέσα εις την οποίαν αλληλο-
σπαράσσονται αδιάκοπα η σαρξ και το πνεύμα. Σελίδες
όπου σφύζει αίμα δημιουργικόν και παραληρεί πυρετός
καλλιτεχνικού ονείρου[487].

Η Έ. Αλεξίου αποκαλεί το *Όφις και κρίνο* «ποίημα του έρωτα και
του θανάτου»[488]. Ο εσωτερικός διάλογος του αφηγητή με την αίσθηση
υπαγορεύει, κατά την Αλεξίου, τη συμπεριφορά του, η οποία είναι ισο-
δύναμη με διακήρυξη της κοσμοαντίληψης του συγγραφέα και στην
οποία συνωθούνται «οι απόψεις του για τη ζωή και το θάνατο, για τις
γήινες απολαύσεις, για την από αριστοκρατική θέση θεώρηση των μα-
ζών και την περιφρόνηση για τα πλήθη, την υποτίμηση για τη γυναίκα
και τη δική του τοποθέτηση σε θέση ισχύος, για τη μαγική σημασία
που δίνει στο μάτι και στην κατόπτευση του σύμπαντος»[489].

Η Αλεξίου βλέπει το πρωτόλειο του Καζαντζάκη να εγγράφεται στο
τότε αλλά και στο κατοπινό φιλοσοφικό του σύστημα:

Όπως ξέρουμε, ο Καζαντζάκης πιστεύει και κηρύττει με
τη φιλοσοφία του πως στη ζωή στόχος πρέπει να είναι ένας
συνεχιζόμενος αγώνας ανόδου από βαθμίδα σε βαθμίδα.
Ο αγώνας για τον αγώνα. Η ευτυχία έγκειται στον αγώ-
να. Τον χωρίς τέρμα και χωρίς αμοιβή». Επομένως και μια
«κατάληξη που την καθορίζουν άλλες δυνάμεις» είναι έξω
από τη θεωρία του για την ασυμβίβαστη πάλη με τη ζωή.
Αλλά και τις δυνάμεις που στέκονται εμπόδιο «κι αυτές
θέλει να τις κατανικήσει [...] Πηγαίνει κόντρα τους και,
για ν' αποδείξει κι απέναντί τους την παντοδυναμία του,
να αποδείξει πως μπορεί να τις χαλιναγωγήσει και να τις
κατευθύνει, αποφασίζει την αυτοκτονία[490].

---

487. Διαγόρας [=Κ. Παλαμάς], «Απολογισμός ποιητικού αγώνος. Κάρμα Νιρβαμή Όφις
και κρίνο», *Παναθήναια* 11 (1906) 281 και *Άπαντα*, τ. 16, Αθήνα, Μπίρης, χ. χ. έ., 302-303.
488. Ν. Καζαντζάκης, *Όφις και κρίνο* (επιμ. Έ. Αλεξίου), Αθήνα, Γλάρος, 1974, 28.
489. Ό. π., 24.
490. Ό. π., 20.

Η κριτική της Αλεξίου, που δικαιολογείται από τις ανάγκες και τους αγώνες της εποχής της αλλά και από το προσωπικό της πιστεύω, εξάγει το κοινωνικό στοιχείο ως κύριο χαρακτηριστικό του *Όφις και κρίνο*. Έμφαση ωστόσο θα έπρεπε να δοθεί στην υπαρξιακή θεματική και το αντίστοιχο ύφος του έργου, όπου εντοπίζεται ο αισθητιστικός παράγοντας (έρωτας πέρα από τα καθιερωμένα, ηδονή και έγκλημα, η τέχνη και ο τεχνίτης υπεράνω της ανθρωπότητας και της πραγματικότητας, φορμαλιστική και θεματική επικράτηση του τεχνητού, λυρικοί πυρήνες έκστασης, αισθησιασμός και διάχυτα αρώματα της Ανατολής).

Προχωρώντας στην ερμηνεία του κειμένου, πρώτα εξετάζουμε το θέμα της σαρκικής ομορφιάς, στο πλαίσιο του οποίου γίνεται η αποκωδικοποίηση των μοτίβων του φιδιού και του κρίνου. Κεντρική θέση στο δίπολο κατέχει η παρουσία της γυναίκας, την οποία μελετούμε στη συνέχεια.

Στο πρόσωπο της αγαπημένης ο αφηγητής εξυμνεί το Ωραίο και με τον τρόπο αυτό πραγματεύεται ένα κεντρικό θέμα του αισθητισμού. Καταρχήν η ομορφιά αποτελεί δικαίωση της Τέχνης, κάτι που θα δούμε αργότερα πιο αναλυτικά· το σώμα της αγαπημένης γίνεται έργο τέχνης, καθώς γλιστρά ανάλαφρα σε πίνακες ζωγραφικής «με το γλυκό χαμόγελο και τ' άφθαστα κάλλη [...] με μάτια λουλουδιών» ή σε μαρμαρένιους όγκους, όπου οραματικά λαξεύει κάποια σμίλη «μυστική» και «ζωντανεύουν όνειρα σαρκών κι έρωτες γεννιούνται και η Κνιδία Αφροδίτη σαν λουλούδι σάρκινο ομορφύτερων κόσμων ανατέλλει»[491]. Αν η αποτύπωση της ομορφιάς σε γλυπτό αποκρύπτει τον κίνδυνο της ψυχρότητας, ο Καζαντζάκης τον παρακάμπτει με το να μην προσκολλάται σε αυτή τη σύνδεση αλλά με το να την υπερβαίνει αποδίδοντας στο σώμα της αγαπημένης τη σάρκα λουλουδιού. Ήδη εμφανίζεται στο προσκήνιο η σάρκινη ομορφιά, που παρομοιάζεται με λουλούδι – όχι ακόμα με κρίνο. Αργότερα θα γίνει και αυτό, αισθητοποιώντας έτσι μια έμμονη ιδέα, που ως Leitmotiv θα διατρέξει με τον υπνωτικό αισθησιασμό της όλο το αφήγημα μέχρι τέλους.

Κατά δεύτερο λόγο, η εικόνα της γυναίκας ως λουλουδιού από σάρκα προωθείται και μέσα από την αισθησιακή περιγραφή της φύσης. Η θέρμη της φύσης, σε συνάρτηση με την πληθώρα των λουλουδιών, δεν πολιορκεί μόνο τις αισθήσεις του αφηγητή αλλά και την αντίληψή του για το αγαπημένο σώμα. Τα λουλούδια θα αποδώσουν στο σώμα της γυναίκας όχι μόνο την εύθραυστη ιδιότητά τους αλλά και το

---

491. Ν. Καζαντζάκης, *Όφις και κρίνο*, Αθήνα, Ε. Καζαντζάκη, χ. χ. έ., 19.

άρωμά τους. Και είναι ειδοποιό γνώρισμα του αισθητισμού η εξίσωση που θέλει το ερωτικό σώμα αρωματισμένο[492].

Τα πιο ξεχωριστά λουλούδια συνθέτουν ένα μπουκέτο με ευωδιές, που διεγείρουν τις αισθήσεις, καθώς το καθένα φέρει τη δική του οσμή ιδιοσυγκρασίας, που μετατρέπεται αμέσως σε οσμή ανθρώπινης σάρκας. Το κάθε άνθος γίνεται κομμάτι του ανθρώπινου κορμιού και ενοποιείται μαζί του προωθώντας μια αρωματική αίσθηση του ερωτικού σώματος και του ερωτικού πνεύματος του αγαπημένου προσώπου· όλα αργά, νωχελικά ανακινούνται μέσα από τη γη, για να ξαναφτιάξουν από το χώμα ένα σάρκινο πλάσμα που αναδεύει τους πόθους του, ακριβώς όπως η κοσμογονία φαντάστηκε τον άνθρωπο μετά την έξωσή του από τον παράδεισο. Η συγκίνηση διεισδύει αργά στο σώμα σαν άρωμα λουλουδιού, σαν φιλί που απλώνεται τρέμοντας και που τελικά θα απορροφήσει στην ανυπαρξία τους δυο εραστές και μάλιστα τη γυναίκα, η οποία την τελευταία στιγμή της ζωής της, ξαπλωμένη στο κρεβάτι με τα λουλούδια, γίνεται ένα μ' αυτά. Ο σαρκικός άνθρωπος και η διέγερση της φύσης που τον συνεπαίρνει μαζί με τα υπόλοιπα όντα αποδεικνύονται αμιγή στοιχεία ελλαδικού αισθητισμού.

Σε πρώτο επίπεδο, παγιώνεται ένα μήνυμα πανθεϊστικής ισχύος, το οποίο ιερουργείται ως μυστήριο της αγάπης στο σύμπαν και βιώνεται ως ηδονή και πόθος· σε επίπεδο βάθους η σχέση γίνεται πιο προσωπική, πιο ιδιαίτερη σε οικειότητα, όταν το λουλούδι ταυτίζεται με το γυναικείο κορμί στην ενωμένη έκφραση αρώματος, δύναμης και σάρκινης ευρωστίας. Η «Ιέρεια της Ηδονής και της Αγάπης», η «Δημιουργός των στιγμιαίων Αιωνιοτήτων»[493], η κοινωνός και αυτουργός της αργής και τελετουργικής μύησης, μετέχει ολόκληρη σε μια φαντασίωση των αισθήσεων, όπου το ερωτικό σώμα παίζει κυρίαρχο ρόλο με τις αλλεπάλληλες στιγμές του. Μια μεταμόρφωση βρίσκεται εν τω γίγνεσθαι, καθώς «το ακίνητο σώμα», «το χυμένο στα λευκά σεντόνια»[494], εκτινάσσεται με ελαστικότητα σαν «λουλούδι εξωτικό κάποιας πανώριας σάρκινης άνθισης»[495], σαν «φοίνικας θρεμμένος από τη θερμότητα των επιθυμιών»[496]. Ο φοίνικας εγγράφεται πιο ομαλά στον

---

492. Πρβ. και την εργασία του Θ. Παπαγγελή «Spiritus in toto corpore surgit. Μια λειτουργία του ερωτικού σώματος στον Προπέρτιο, στον Μπωντλαίρ και στον Καβάφη», *Ελληνικά* 37 (1986) 280-305.
493. Ν. Καζαντζάκης, *Όφις και κρίνο*, ό. π., 17.
494. Ό. π., 16.
495. Ό. π., 21.
496. Ό. π., 22.

παραλληλισμό της γυναίκας με την Λητώ, ιδιαίτερα με την ανατολίτισσα Αστάρτη, την οποία θα αναπαραστήσει ως εναλλακτικό αρχέτυπο αργότερα.

Προς το παρόν, στο καζαντζακικό κείμενο διενεργείται η αναπαράσταση της γυναίκας ως κρίνου. Στις 22 Αυγούστου, οι σκέψεις της ηρωίδας «σαν ήρεμα κρίνα γέρνουν και συλλογούνται στις ατάραχτες λίμνες των ματιών» της[497]· ο αφηγητής αντικρίζει στα μάτια της γυναίκας να «πλένε μεγάλα καράβια ξεκινημένα από άλλους κόσμους φορτωμένα με φως και με λευκά τραγούδια και με κρίνα μυστικά»[498]. Υπάρχει επίσης η θεώρηση του κρίνου πάνω στο κρεβάτι του έρωτα ή του θανάτου: «Το σώμα σου πέφτει με την ωχρότητα των κρίνων και με τη χάρη της νυμφαίας απάνω στο κρεβάτι» (10 Οκτωβρίου) [...] Και σε νιώθω κρίνο πελώριο να γέρνεις απάνω μου και να θρηνείς – δύστυχο κρίνο πληγωμένο από τ' αγκάθια των ρόδων» (18 Νοεμβρίου)[499]· η περιγραφή του κρίνου προοιωνίζεται εδώ το αιματηρό τέλος του αφηγήματος. Η μεταφορά της τσακισμένης γυναίκας, που πέφτει αδύναμη και μαραμένη σαν θερισμένο κρίνο πάνω στο κρεβάτι της αλλοτινής ηδονής, είναι αγαπημένο μοτίβο στον Καζαντζάκη, καθώς αντιπροσωπεύει την αισθητιστική σύνδεση ηδονής και πόνου. Τα ίδια περίπου λόγια χρησιμοποιεί και στις Σπασμένες Ψυχές, κείμενο που θα εξεταστεί παρακάτω, για να αποδώσει την εντύπωση της ευαίσθητης Χρυσούλας πάνω στο κρεβάτι της αρρώστιας, όταν ο σπαραγμός της για την ερωτική απιστία του Ορέστη την διαλύει, προετοιμάζοντας αργά και βασανιστικά το θάνατό της:

> απάνω στο λευκό κρεβάτι ξαπλωμένη η Χρυσούλα σαν κρίνο. Σαν κρίνο θερισμένο. Τα μάτια της είναι κλειστά και τα βλέφαρά της μπλάβα. Το πρόσωπό της σκιασμένο από την τριανταφυλλένια αντιφεγγιά της λάμπας. Οι ταντέλες γύρω στο λαιμό της την πνίγουνε. Το χέρι της έχει βγει όξω από τα σεντόνια και σκύφτει κάτω σαν κύκνος που γέρνει το λαιμό του και κοιτάζει στα βύθη των νερών τις απαίσιες μέδουσες.

---

497. Ό. π., 38.
498. Ό. π., 39. Πρβ. και ένα κείμενο που προσεγγίσαμε σε προηγούμενο κεφάλαιο, «Τα Πλοία» (1895-1896;) του Καβάφη, με τις εκλεκτές πραμάτειες τους, τις απαγορευμένες για τους πολλούς και προορισμένες για τους λίγους.
499. Ό. π., 56, 68.

Όλα όσα της αγγίζανε πεθάνανε. Πέθανε το φως και γίνηκε ίσκιος μέσα στα μαλλιά της. Πεθάνανε τα κρίνα που κρατούσε το πρωί στα χέρια της[500].

Το μυθιστόρημα βασίζεται στον κώδικα που μεταφράζει την Χρυσούλα σε λουλούδι, μάλιστα κρίνο. Όλα εναρμονίζονται σε μια άνθινη –κυρίως κρινένια– ομοφωνία. Το λυγερό κορμί της έχει σπάσει και «δίπλα της ένα μπουκέτο κρίνα πεθαίνουνε κι αυτά»[501], μια ρεαλιστική λεπτομέρεια που ενισχύει τον αρχικό συσχετισμό. Τέλος, ο κύκνος, με τον οποίο μοιάζει το άψυχο χέρι, γίνεται κρίνος κι αυτός με τη λευκότητά του, αφού ο μακρύς και κομψός λαιμός του λίγο διαφέρει από μίσχο κρίνου που λυγίζει.

Επανερχόμαστε στο Όφις και κρίνο και στην περιγραφή της γυναικείας ομορφιάς, στην οποία πρέπει να τονιστεί ότι ο Καζαντζάκης αποδίδει δύο όψεις: την ευεργετική και την καταστρεπτική. Στην πρώτη όψη της ομορφιάς, που εκπέμπει αγνότητα και παρομοιάζεται με κρίνο, ο Καζαντζάκης αφιερώνει αυτούσιο ένα απόσπασμα από το βιβλικό Άσμα Ασμάτων (στ. 5, 6, 10, 11, 12, 13 και 14 του τέταρτου κεφαλαίου):

> Δύο μαστοί Σου ως δύο νεβροί δίδυμοι δορκάδος οι νεμόμενοι εν κρίνοις έως αν διαπνεύσει η ημέρα και κινηθώσιν αι σκιαί [...] Τι εκαλλιώθησαν μαστοί Σου, αδελφή μου, τι εκαλλιώθησαν μαστοί Σου από οίνου και οσμή ιματίων Σου υπέρ πάντα τα αρώματα; Κηρίον αποστάζουσι χείλη Σου, νύμφη, μέλι και γάλα υπό την γλώσσαν σου και οσμή ιματίων σου ως οσμή Λιβάνου. Κήπος κεκλεισμένος, αδελφή μου νύμφη, κήπος κεκλεισμένος, πηγή εσφραγισμένη. Αποστολαί σου παράδεισος ροών μετά καρπού ακροδρύων, κύπρος μετά νάρδων, νάρδος και κρόκος, κάλαμος και κινάμωμον μετά πάντων ξύλων του Λιβάνου, σμύρνα Αλώθ μετά πάντων πρώτων μύρων[502].

---

500. Π. Ψηλορείτης [=Ν. Καζαντζάκης], «Σπασμένες Ψυχές», Ο Νουμάς 8, 377 (1910) 4.
501. Ό. π., 8.
502. Ν. Καζαντζάκης, Όφις και κρίνο, ό. π., 18.

Το απόσπασμα αναφέρεται στην «ωραιότητα της νύμφης»[503]. Είναι διάχυτη η ατμόσφαιρα ευωχίας, καθώς η πλημμύρα από εκλεκτές οσμές σημαίνει την υπέρτατη αγαλλίαση, ενώ η επιλογή των ουσιαστικών, των επιθέτων και των γενικών προσδιοριστικών, που χαρακτηρίζουν το αγαπημένο πρόσωπο, ρέει τόσο εύγλωττα, που κοινωνεί την ησυχία του μυστικισμού. Λέξεις βιβλικές όπως «Λίβανος» και «σμύρνα Αλώθ» συνθέτουν το πλαίσιο μιας μυστηριακής μέθεξης, ενώ η κατοπινή αναφορά στη «φλεγόμενη βάτο του Χωρήβ»[504] (εγγραφή της 11ης Ιουνίου) αποδίδει την υπερκόσμια ενέργεια που ακτινοβολεί η αγαπημένη.

Γνωρίζοντας ότι η κεντρική γυναικεία μορφή που εγκωμιάζεται εκστατικά στο *Άσμα Ασμάτων* είναι, κατά την παράδοση, η Σουλαμίτις, ένα επιπλέον στοιχείο που εμπεδώνει τη συγγένεια του καζαντζακικού *Όφις και κρίνο* με το βιβλικό κείμενο είναι ότι ο αφηγητής αποκαλεί ανάλογα την αγαπημένη του («ω Σουναμίτις», εγγραφή της 2ης Ιανουαρίου)[505]. Σ' αυτή τη μορφή κυριαρχεί η απολλώνια ηρεμία, όπου η γλυκύτητα και οι απαλές γραμμές στοιχειοθετούν τη σεπτή και ευγενική περιβολή μιας αγάπης ευεργετικής και μιας ομορφιάς εξαγνιστικής. Με τον τρόπο αυτό φαίνεται να δίνεται στον Καζαντζάκη η ευκαιρία να λειτουργήσει και μέσα στο νιτσεϊκό δίπολο «διονυσιακό–απολλώνιο».

Στον ένα πόλο, η αγνή Σουλαμίτις αντιπροσωπεύει το απολλώνιο, με τον ευάλωτο συνδυασμό ψυχικής ηρεμίας και σωματικής λεπτότητας, ενώ, στον αντίθετο πόλο, η ηδυπαθής και καταστροφική Αστάρτη γίνεται η ενσάρκωση του διονυσιακού. Η Αστάρτη ήταν σημιτική θεά του έρωτα και της γονιμότητας με το κεντρικό ιερό της στη Σιδώνα, ήταν όμως γνωστή και στους Ασσύριους και Βαβυλώνιους ως «Ιστάρ», στους Χουρρίτες και τους Χεττίτες ως «Ασερτού» και η λατρεία της είχε ευρεία διάδοση στην Αίγυπτο και σε άλλες χώρες της Μεσογείου. Η καταχώριση της 20ής Ιουνίου, απεικονίζοντας την άγρια και οργιαστική όψη της αρχαίας, βαβυλωνιακής και συροφοινικικής θεάς Αστάρτης, περιγράφει τη σκοτεινή πλευρά της γυναίκας, την αισθησιακή και ελκυστική αλλά συνάμα επικίνδυνη. Το «μεθυσμένο κι ακόλαστο»[506] άρωμα που πετιέται από το κορμί της είναι η ουσία που εισάγει σε τεχνητούς παραδείσους εξωτικής αίσθησης καταλύοντας την αιχμαλωσία της σκέψης.

---

503. Π. Ν. Τρεμπέλας, *Υπόμνημα εις το Άσμα Ασμάτων*, Αθήνα, Ο Σωτήρ, 1995, 52. Οι στίχοι που παραθέτει ο Καζαντζάκης βρίσκονται στις σσ. 55, 59-61.
504. Ν. Καζαντζάκης, *Όφις και κρίνο*, ό. π., 20.
505. Ό. π., 78.
506. Ν. Καζαντζάκης, *Όφις και κρίνο*, ό. π., 22.

Ο κορεσμός όλων των αισθήσεων, στο μήκος του παράξενου και του σπάνιου μιας αρχαίας Ανατολής, κάνει τους ήχους, τα αρώματα και τα θεάματα να πάλλουν στους ρυθμούς παγανιστικών τυμπάνων:

> Και περπατώ σε αρωματώδη φυτά και χάνομαι σε άλση κέδρων και κισσών κι ακούω το γογγυτό των ιερών πουλιών της Μεγάλης Θεάς – και παντού βλέπουν τα μάτια της ψυχής μου [...] ιέρειες ηλιοκαμμένες κι όμορφες με εξογκωμένα, βαμμένα χείλη[507].

Οι πιο απόκρυφες επιθυμίες του αφηγητή στήνουν ένα σκηνικό αποπλάνησης, όπου διαχέεται το «μυστικό των παραληρημάτων»[508] και το οποίο καλεί στη συμμετοχή της σάρκας. Η περιπλάνηση γίνεται ουσιαστικά μέσα σ' έναν κόσμο παραίσθησης, όπου «θυμιάματα καίνε στους βωμούς κι αρώματα φιλούνε το άσεμνο άγαλμα με το πλήθος των μαστών»[509].

Ένα ταξίδι στη μεσογειακή Ανατολή με τη μεθυστική της βλάστηση και όλα τα παράξενα, αρωματικά φυτά της συνιστά την παρουσίαση, σε δύο φάσεις, της σάρκινης ομορφιάς της αγαπημένης, με ανάλογη προσαρμογή του ύφους. Την ίδια στιγμή που ένας ύμνος τρυφερότητας αποσπάται αυτούσιος από το βιβλικό *Άσμα Ασμάτων*, ο βιβλικός τρόπος γραφής μεταλλάσσεται στο διονυσιακό ξεφάντωμα του περιβάλλοντος της Αστάρτης. Εδώ ακριβώς καταδεικνύεται η εξαιρετική τεχνική του νεαρού, ακόμα, συγγραφέα που παίζει με τα υλικά του, δοκιμάζοντας με τις διαφορετικές ρυθμίσεις τους και διαφορετικά υφολογικά αποτελέσματα. Ενώ δηλαδή και στις δύο περιγραφές ο χώρος είναι ο ίδιος, η Εγγύς ή Μέση Ανατολή με την αρωματώδη βλάστησή της, το ύφος της περιγραφής προκαλεί δύο διαφορετικά αισθητικά αποτελέσματα, αποδίδοντας από τη μια την αισθαντική και από την άλλη τη σαρκική όψη της ομορφιάς.

---

507. Ό. π., 23.
508. Ό. π., 22.
509. Ν. Καζαντζάκης, *Όφις και κρίνο*, ό. π., 22-23. Βλ. και μεταγενέστερο, αποκαλυπτικό για τον ενυπάρχοντα αισθητισμό, κείμενό του «Το νησί της Αφροδίτης», *Ταξιδεύοντας... Ιταλία*, Αθήνα 1961, 183-188, όπου μιλά για τις δύο αντιμαχόμενες δυνάμεις του ψυχισμού, που θα πάρουν τη μορφή της διαπάλης αρσενικού–θηλυκού, μιλά για το θάνατο πάνω στην ώρα της ηδονής και για τη δυσοίωνη γυναίκα, η οποία ωστόσο δεν ονομάζεται ως Αστάρτη.

Αυτή η αντιφατική αίσθηση θα καταδιώκει τον αφηγητή μέχρι το τέλος. Η υπόσταση της αγαπημένης διέπεται από αντινομία, καθώς μετασχηματίζεται ως φαντασίωση ανάλογα με τη διάθεση του αφηγητή. Η δισυπόστατη γυναίκα του Όφις και κρίνο οφείλεται στη διπλή κύμανση της αίσθησης, στην ταυτόχρονη στερέωση λατρείας και μίσους του άντρα. Ο αφηγητής νιώθει ότι μόνο η γυναίκα μπορεί να παρηγορήσει αλλά και μόνο αυτή μπορεί να θανατώσει την ψυχή του.

Η συνύπαρξη θετικής και αρνητικής πλευράς στη γυναίκα, που φαντασιώνεται ο καζαντζακικός αφηγητής, θυμίζει το μπωντλαιρικό αντίκρισμα της γυναίκας: «είδωλο και σκύλα» κατά τον Decaunes, που φωτίζει «μ' ένα εξαιρετικά διεισδυτικό φως τη θεμελιακή στάση του ποιητή μπροστά στη γυναίκα»[510]. Παραθέτουμε επακριβώς το σχόλιο του Decaunes, που καταδεικνύει το ομοούσιο των εμπνεύσεων των δύο δημιουργών:

> [Ο Baudelaire] απευθύνεται είτε στο Είδωλο είτε στη Σκύλα [...], ποτέ στην ερωμένη, με πρόσμιξη πόθου και πνευματικότητας. Δεν αντιλαμβάνεται τον έρωτα-συναίσθημα παρά μόνο ως λατρεία, ζυμωμένη από αγνότητα και ταπείνωση [...] Για τον έρωτα-πάθος χρειάζεται ένα επαρκές περιθώριο απαγορευμένου χώρου, ένα είδος ουδέτερης ζώνης, που να περικλείει το Βωμό. Μακρινή, απρόσιτη, η γυναίκα έχει όλες τις εξουσίες. Είναι, ταυτόχρονα, Θεά και Ηγερία, απαστράπτει όπως το Ιδεώδες, με το οποίο ταυτίζεται[511].
>
> Αν την πάρει όμως στην αγκαλιά του, αυτή υποτιμάται αμέσως, χάνει τον ιερό της χαρακτήρα. Ο άντρας το μόνο που σκέφτεται είναι να την ταπεινώσει με τη σειρά του[512].

---

510. Μπωντλαίρ (επιμ. L. Decaunes, μτφρ. Γ. Σπανός), Αθήνα, Πλέθρον, 1991, 35.
511. Πρβ. και το μπωντλαιρικό ποίημα «Απόψε τι θα πεις» (Μπωντλαίρ, ό. π., 107): «Θα βάλουμε τη δύναμή μας όλην, αίνους πια γι' αυτήν να ψάλλουμε / της αυθεντίας της η γλύκα, ταίρι ούτ' ένα. / Η σάρκα της, πνευματική, Αγγέλων άρωμα αποπνέει, / και μ' ένδυμα φωτός μας ντύνει η ματιά της».
512. Το ποίημα «Σε μια Μαντόνα» είναι από την άποψη αυτή σαφέστατο (Μπωντλαίρ, ό. π., 113-114):
«Θε να χτίσω για σένα, Μαντόνα, ω ερωμένη, [...] / μια φωλιά σμαλτωμένο γαλάζιο χρυσάφι / και θα ορθώνεσαι, Άγαλμα, έκθαμβο [...] / κι απ' τη ζήλια μου μέσα, ω Μαντόνα θανάσιμη, / θε να σου πελεκήσω Μανδύα, με τρόπο / τραχύ, βαρύ και βάρβαρο και

Οι δυο αντιφατικές στάσεις του Μπωντλαίρ απέναντι στη γυναίκα επιβεβαιώνονται διαδοχικά με την ίδια δριμύτητα. Γονατιστός ή με το μαστίγιο στο χέρι – δεν υπάρχει γι' αυτόν άλλη δυνατότητα συμφωνίας[513].

Είναι αλήθεια ότι στον Γάλλο ποιητή προβάλλεται έντονα η διχασμένη προσωπικότητα της γυναίκας, μία γυναίκα με δύο μορφές: η γλυκιά και η πανούργα. Το ίδιο συναντούμε και στον πεζογράφο Καζαντζάκη, όπου η δισυπόστατη φύση της γυναίκας βρίσκεται σε σφιχτό κλοιό εξάρτησης από τις ερωτικές αισθήσεις που διαπερνούν τη φαντασίωση του αφηγητή. Η λατρεία –διαβάσαμε στο παραπάνω απόσπασμα– ζυμώνεται με αγνότητα και ταπείνωση. Αυτό ακριβώς συμβαίνει και εδώ, αφού η λατρεία του αφηγητή προς τη γυναίκα τρέφεται μέσα από την αγνότητά της, όταν όμως την υποτάξει στο ανίερο ένστικτό του, την αντιμετωπίζει σαν βδέλυγμα και στόχο εκδίκησης. Η εκδίκηση, που παίρνει με το βασανισμό της, είναι τα αντίποινα για τον πόθο που του προκάλεσε.

Ωστόσο, για τον Baudelaire πόθος είναι το ανικανοποίητο του έρωτα που τον κατατρύχει, ενώ για τον αφηγητή του Καζαντζάκη πόθος είναι η αδυναμία του να ελέγξει μόνος του τις δυνάμεις του σύμπαντος και της ζωής. Ο ετεροκαθορισμός του ανθρώπου από εξωγενείς παράγοντες έκανε τους αισθητιστές ανά την Ευρώπη να νιώθουν παγιδευμένοι στο ανεξέλεγκτο. Η ίδια αυτή θέληση να ελέγξει την τύχη του στη ζωή κάνει και τον αφηγητή του Όφις και κρίνο να επιδιώκει την ταπείνωση της γυναίκας που ενέδωσε στη λαγνεία του, καταργώντας τον αυτοέλεγχό του και εμπνέοντάς του άγνωρες αισθήσεις. Τον έλεγχο της ζωής του τον ανακτά επιβάλλοντας το θάνατο τόσο στο αντικείμενο του πόθου του όσο και στον ίδιο τον εαυτό του. Πρόκειται για μια οξύμωρη δικαίωση, που διαστρέφει τη φυσιολογική και καθημερινή αντίληψη των πραγμάτων δίνοντας κεντρική θέση στο αφύσικο, στο γκροτέσκο, άρα στο αισθητιστικό[514]. Ουσιαστικά, ο τρόμος των συγκεκριμένων πρωταγωνιστών εί-

---

μ' υποψίας φόδρα [...] / μειγνύοντας τον έρωτα με βάρβαρες συνήθειες / ω ποια μαύρη Ηδονή! απ' τα εφτά τα θανάσιμα πια τ' Αμαρτήματα, / δήμιος τύψεις γεμάτος, εφτά θε να φτιάξω Μαχαίρια / τεχνικά ακονισμένα κι εγώ, σαλπιμπάγκος αναίσθητος, / σημαδεύοντας πια τον βαθύτατον έρωτα / στην Καρδιά τη σπαράσσουσα θα τα καρφώσω σου / στην Καρδιά σου την κλαίουσα, στην Καρδιά σου τη ρέουσα!».
513. Ό. π., 35-36.
514. Κάτι ανάλογο ως θέμα, από τη γυναικεία όμως πλευρά, θα δούμε παρακάτω στο *Ridi Pagliazzo* της Γ. Καζαντζάκη, όπου η πρωταγωνίστρια ρίχνει τον αγαπημένο της στην αγκαλιά μιας άλλης γυναίκας, από φόβο για το συναίσθημα.

ναι μήπως υποχωρήσει η αίσθηση αφήνοντας στη θέση της το αίσθημα, γεγονός που σε θεωρητικό επίπεδο μπορεί να διαβαστεί ως αίτημα του αισθητισμού: προσήλωση στην αίσθηση και τίποτε παραπάνω· προπάντων μακριά από το συναίσθημα, που θυμίζει ρομαντισμό, συλλογιστική που εξέφραζε και τον Καβάφη, ο οποίος θεωρούσε τους σύγχρονούς του ποιητές της Αθήνας ρομαντικούς.

Το πιο βασικό στοιχείο ομοιότητας Baudelaire-Καζαντζάκη είναι η διπλοπροσωπία, με την οποία η γυναικεία παρουσία ταράζει την ανδρική προσδοκία. Θα μπορούσαμε, ίσως, να δούμε μια συνέχεια αυτού του δυαδιστικού προβληματισμού σε μια ομολογία των γηρατειών του Καζαντζάκη:

> Από τη νεότητά μου, η θεμελιακή αγωνία μου, απ' όπου πήγασαν όλες οι χαρές κι όλες οι πίκρες ήταν τούτη: η ακατάπαυτη, ανήλεη, εντός μου πάλη ανάμεσα στο πνεύμα και τη σάρκα. Μέσα μου παμπάλαιες ανθρώπινες και προανθρώπινες σκοτεινές δυνάμεις· κι η ψυχή μου ήταν η παλαίστρα όπου οι δυο τούτοι στρατοί χτυπιούνταν κι έσμιγαν. Ένιωθα πως αν ένας μονάχα απ' τους δυο νικούσε κι εξόντωνε τον άλλον ήμουν χαμένος· γιατί αγαπούσα το σώμα μου και δεν ήθελα να χαθεί· αγαπούσα την ψυχή μου και δεν ήθελα να ξεπέσει. Μάχουμουν λοιπόν να φιλιώσω τις δυο αυτές αντίδρομες κοσμογονικές δυνάμεις, να νιώσουν πως δεν είναι οχτροί, είναι συνεργάτες και να χαρούν, να χαρώ κι εγώ μαζί τους την αρμονία[515].

Είναι ενδιαφέρουσα η παρατήρηση που κάνει με αφορμή το απόσπασμα ο Μ. Vitti:

> Ο διχασμός, που βρίσκεται στη βάση αυτής της κοσμοθεωρίας και που εδώ εντοπίζεται στην αντίθεση

---

515. Το παράθεμα στον Vitti (Μ. Vitti, *Ιστορία της Νεοελληνικής Λογοτεχνίας*, Αθήνα, Οδυσσέας, ²1987, 342). Το απόσπασμα, κατά τον Vitti, «ανήκει σε ένα κείμενο του Καζαντζάκη που πρωτοδημοσιεύτηκε στην εισαγωγή του Κ. Friar η οποία συνοδεύει τη μετάφραση του ίδιου: *The Odyssey. A Modern Sequel*, Νέα Υόρκη, 1958, XXXIII. Αντλώ το ελληνικό κείμενο από την *Καινούρια Εποχή*, Φθινόπωρο 1958, 62».

διονυσιακού και απολλώνιου, υπήρξε και ο άξονας γύρω από τον οποίο περιστράφηκε ολόκληρη η εσωτερική ζωή του Καζαντζάκη. Από τον ένα πόλεμο στον άλλο σέρνει μια κληρονομιά νιτσεϊκή και παρακμιακή που δεν αφήνει να φανεί αν η όραση του κόσμου και του ανθρώπου σαν σύζευξη αντιθέτων (πράξη–έκσταση, ηρωικό–picaresque, απόλαυση–ασκητισμός) οφείλεται σε παλιές διανοητικές αγκιστρώσεις ή σε μια ψυχική τάση μανιχαϊσμού[516].

Ο Vitti προεκτείνει το δίλημμα στην υπαρξιακή διάσταση όπου διεξάγεται ο προσωπικός αγώνας του ίδιου του συγγραφέα· εκεί ο Καζαντζάκης καταδύεται στην αμφιβολία και ταλανίζεται στο αμφίρροπο, συμμορφώνοντας τους βηματισμούς του με μιαν αγχωμένη προσπάθεια συνειδητοποίησης. Πάντως, το σημαντικότερο είναι πως ο Vitti, μιλώντας για τη συμφωνία και την ασυμφωνία των αντιθέτων στη συνείδηση του Καζαντζάκη, βρίσκει ορθά τη σύνδεσή της με την αισθητιστική και τη νιτσεϊκή επήρεια, όπου ο διχασμός διονυσιακού–απολλώνιου λειτουργεί ως γενικότερο χνάρι.

Αυτός ο διχασμός προσωπικότητας παύει να υπάρχει στις Σπασμένες Ψυχές, όπου οι γυναίκες της ζωής του πρωταγωνιστή γίνονται δύο, ενσαρκώνοντας η καθεμιά αμιγώς το ρόλο της: η Χρυσούλα είναι ένα τρυφερό λουλούδι –πράγμα για το οποίο συνηγορεί όχι μόνο το ηθογραφικής, ενδεχομένως, καταγωγής όνομά της μα και το κομψό ντύσιμό της–, ένα ευαίσθητο πλάσμα που αφήνεται να το τσακίσει η άπληστη και εγωιστική θέληση του Ορέστη, ένας άγγελος· η Νόρα, από την άλλη –με απήχηση, ίσως, της ισχυρής γυναικείας προσωπικότητας της σοφιστευμένης ιψενικής Νόρας (Το Κουκλόσπιτο)– είναι η γυναίκα που καταδυναστεύει τον Ορέστη με τη μοιραία σαγήνη της, τον κρατά μαγνητισμένο σ' έναν αδιέξοδο πόθο που πρέπει να τον μοιραστεί με άλλους, μία γυναίκα με έκφυλη γοητεία, σίγουρη για την έλξη που ασκεί, αινιγματική και μυστηριώδης, μια Σφίγγα.

Ύστερα από όσα προηγήθηκαν, καταλήγουμε στο συμπέρασμα ότι ο τίτλος θα μπορούσε να διαβαστεί ως αποτύπωση της αντίληψης του αφηγητή για τη διπλή όψη της γυναίκας-ειδώλου και σκύλας, κατά τον Baudelaire, ή ακόμη ότι όφις και κρίνο θα μπορούσαν να είναι οι δύο όψεις του ίδιου του αφηγητή που μεταλλάσσεται μέσα από τις αντιδρά-

---

516. Ό.π., 304-305.

σεις των νεύρων του ή τέλος ότι ο τίτλος φέρνει αντιμέτωπες δυο αντίπαλες αναπαραστάσεις του ίδιου του Καζαντζάκη. Ήδη από την αρχή ο όφις υφέρπει και μεταλλάσσεται. Αυτές τις παράλληλες μεταμορφώσεις αξίζει να τις παρακολουθήσουμε, προς απόδειξη του εσωτερικού καζαντζακικού διαλόγου, που αρθρώνεται μανιχαϊστικά και αγωνίζεται σπαραχτικά ανάμεσα στα αντίπαλα στρατόπεδα.

Στην αρχή του Όφις και κρίνο διαβάζουμε: «Το κορμί Σου είναι φιλντίσι και χαμογελά μέσα στη νύχτα. Και κάτω στα πόδια Σου σωριάζεται ο μεγάλος όφις – ο υποχθόνιος Θεός που σκορπίζει τ' αγαθά από τα βάθη της γης»[517]. Μέσα στη λευκότητα του ελεφαντοκόκαλου, που υπαινίσσεται συνάμα τη λεπτή κατεργασία ενός έργου τέχνης, έρχεται χοϊκή η αμφισημία της αφθονίας που ξεχειλίζει παράλληλα από τρόμο. Το μεγάλο φίδι ως προστάτης αρωγός αλλά και βουβός κίνδυνος έρπει νωχελικά από τα βάθη κάποιας πρωτόγονης δοξασίας, έτοιμο να σπαράξει ή να εξευμενιστεί. Αυτή είναι η πιο ευνοϊκή όψη του μοτίβου, αν λάβουμε υπόψη ότι στη συνέχεια θα ξεσπάσει η πιο δυσοίωνη και καταθλιπτική πλευρά του.

Το φίδι είναι ο χαμός που πλησιάζει, κυριολεκτικά ως μονοπάτι που μικραίνει ή, μεταφορικά, ως το αρσενικό μέρος του Ανδρόγυνου που θα πνίξει το θηλυκό. Το Φίδι, ο Άντρας που θα κατασπαράξει τη Γυναίκα μέσα στο πάθος της παράνοιας, είναι το ίδιο που ηδονικά την έσυρε σαν το ανυποψίαστο πουλί στη φαρμακερή σαγήνη του: «Είχε συρθεί όμορφη και διψασμένη στα χείλη μου. Καθώς τ' αηδόνι σέρνεται στα μάτια του όφι»[518]. Αυτή είναι μία εκδοχή ερμηνείας, η οποία διατυπώθηκε από την Ε. Αλεξίου· η Αλεξίου θεωρεί πως όφις είναι ο άντρας και κρίνο είναι η γυναίκα, βλέπει δηλαδή στον τίτλο μια διχαστική κατανομή των ρόλων του αφηγήματος: ο όφις πνίγει το κρίνο, αφού έχει συρθεί πάνω του και το έχει μολύνει:

> Και το Κρίνο δεν είναι στα χέρια του η ισοδύναμη της αγάπης Σουλαμίτιδα. Είναι το άθυρμα, το εξάρτημα, το άβουλο πλάσμα, που μόνο λόγω των αυτοδύναμων αναγκών του φιδιού αποκτά ύπαρξη και υπόσταση. Και που αυτό μόνο κανονίζει και προσδιορίζει την τύχη του σε όλα τα βιβλία του Καζαντζάκη και στο πρωτόλειό του. Παντού το φίδι αποφασίζει και αυτό

---

517. Ν. Καζαντζάκης, Όφις και κρίνο, ό. π., 13.
518. Ν. Καζαντζάκης, Όφις και κρίνο, ό. π., 80.

δίνει λύση στο πάθος των πυκνογραμμένων με μικροσκοπικά γραμματάκια ενενήντα πέντε σελίδων⁵¹⁹.

Η αναδίπλωση του φιδιού είναι, για την Αλεξίου, προσωποποιημένη και κρύβει πίσω από το φίδι τον αφηγητή· το κρίνο, από την άλλη, είναι το αναλώσιμο σκεύος αποδοχής, όπου το φίδι επιβάλλει τη θέληση της διαστροφής και του θανάτου.

Η έννοια του ερπετού στο κείμενο δεν αφήνει άθικτο το θηλυκό μέρος του Ανδρόγυνου. Η γυναικεία εκδοχή του φιδιού αποτελεί το γκροτέσκο, που θα δικαιώσει την αισθητιστική υπόσταση του *Όφις και κρίνο*. Όταν η λαγνεία γοητεύεται από την αθωότητα, ο αφηγητής φαντασιώνεται την κρινένια και αγγελική γυναίκα, τον κρίνο. Όταν όμως η λαγνεία του μολύνει και τη δική της αίσθηση, η ατίθαση γυναίκα των παθών, που ξυπνά διεγείροντας περισσότερο τον πόθο του, ορθώνεται μπροστά του απειλητική, ένας όφις. Έτσι, μπορούμε να διαβάσουμε τον τίτλο του ποιήματος και ως αποκρυπτογράφηση της διπλής, δισυπόστατης ή δίσημης γυναίκας, στο βαθμό που το λουλούδι μετασχηματίζεται σε ερπετό μέσα στις φαντασιώσεις του αφηγητή.

Η φράση «ακούω σαν πυρωμένο σίδερο τα χείλη της να κολλούνται στα μαλλιά μου»⁵²⁰ παραπέμπει στην εγγραφή της 3ης Αυγούστου, όπου τα βελούδινα χείλη μεταμορφώνονται σε «δυο παράξενες κι αιματωμένες βδέλες που πιπιλίζουν τις ψυχές»⁵²¹. Ο ερωτικός πόθος γίνεται ορατός από το ζωγράφο ως απειλή, που διαστρέφει τη γυναίκα σε καυτό σίδερο ή βδέλα· το ότι η βδέλα, αυτό το συγκεκριμένο είδος σκουληκιού, αποδίδεται στο γυναικείο στοιχείο, ως απειλητικό για τον άντρα, αποτελεί το προστάδιο της σύνδεσης γυναίκας-φιδιού.

Το φιδίσιο κορμί της γυναίκας, όπως το φαντασιώνεται ο άντρας, δεν είναι μόνο λεπτοχυμένο, ευέλικτο και ερωτικό στις κινήσεις του· είναι, επίσης, παγερό και βλαβερό στο άγγιγμά του· το σφίξιμό του προκαλεί το θάνατο: «Θα Σε σφίξω με τα δυο μου χέρια απάνω στο εξόγκωμα του λαιμού σου που ανεβοκατεβαίνει και θα ιδώ πόσο όμορφα θα κυρτωθεί και θα τυλιχτεί απάνω μου ο όφις του κορμιού Σου»⁵²². Ο συντονισμός βίας και ηδονής συνιστά ειδοποιό στοιχείο αισθητισμού

---

519. Ν. Καζαντζάκης (Κάρμα Νιρβαμή), *Όφις και κρίνο* (επιμ. Έ. Αλεξίου), Αθήνα, Γλάρος, 1974, 21.
520. Ν. Καζαντζάκης, *Όφις και κρίνο*, ό. π., 25-26.
521. Ό. π., 31.
522. Ό. π., 34.

και συμβαίνει εδώ τη στιγμή που κουλουριάζεται το φίδι. Το μοτίβο θα κυριαρχήσει στις Σπασμένες Ψυχές, βρίσκοντας έκφραση στο πρόσωπο της Νόρας, της μοιραίας γυναίκας, ενώ το έχουμε ήδη συναντήσει στο «Ut dièse mineur» (1893) του Επισκοπόπουλου· ο Επισκοπόπουλος θα το αναπτύξει περισσότερο στο «Αιωνία γυνή» (1895) με την εικόνα της γυναίκας-θηρίου, που θυμίζει την εικόνα της γυναίκας-παμφάγου όντος στον Baudelaire:

> Και ησθανόμην τας χείρας της ως όνυχας θηρίου επί του σώματός μου και τα φιλήματα της μετανοίας της ως γλείψιμον τίγρεως και του προσώπου της, της κόμης της την επαφήν ως γλίστρημα σκορπίων, ως μύζημα όφεων, και μου έδιδε τοιουτοτρόπως τας τελευταίας φρικιάσεις, τα τελευταία ρίγη του μαρτυρίου[523].

Άλλες παραλλαγές του μοτίβου, που συναντούμε διατρέχοντας το κείμενο, είναι οι εξής: Στις 25 Οκτωβρίου, η μικροκοσμική παρατήρηση του μικρού και όμορφου εντόμου που βγαίνει σιγά σιγά στο πρωινό από τα μισοκλεισμένα φύλλα του κρίνου, μέσα στο οποίο είχε ξενυχτήσει, αποτελεί την αισθητιστική απόδοση μιας εικόνας αρχικά αντλημένης από τον Σολωμό. Η προσθήκη μιας μικρής λεπτομέρειας, όμως, λειτουργεί διεγερτικά και γι' αυτό το λόγο καταλυτικά προς την αισθητιστική κατεύθυνση: «κι άνοιγε με κόπο τα φτερά του λες κι ήσαν φορτωμένα από γύριν ίσως, ίσως από ηδονή»[524].

Φεύγοντας από τις σαρκικές μεταμορφώσεις βλέπουμε μια διανοητική μετάλλαξη του μοτίβου του όφι, όταν διαβάζουμε για «το λευκό αχάραχτο μέτωπο που δεν το φίλησε και δεν το λέρωσεν η κάμπια της σκέψης». Εδώ ερπετό είναι η σκέψη που λυμαίνεται τον εγκέφαλο του ανθρώπου, άποψη που απηχούν και τα παρακάτω λόγια: «Κάποτε μ' έρχεται να ζωγραφίσω την ψυχή μου. Το σύμπλεγμα το αιώνιο του Λαοκόοντα. Τους όφεις της Γνώσης και τους συσπασμούς του Πόνου. Και το στραγγάλισμα το σιγανό κι ατέλειωτο των ονείρων παιδιών μου»[525]. Στο δοκίμιό του «Η αρρώστεια του αιώνος», που δημοσιεύει την επόμενη χρονιά (1906) στο περιοδικό Πινακοθήκη, ο Καζαντζάκης θα

---

523. (επιμ.) Στ. Ξεφλούδας, Νιρβάνας, Χρηστομάνος, Ροδοκανάκης και άλλοι [Βασική Βιβλιοθήκη, 30] Αθήνα, Ζαχαρόπουλος, 1957, 304.
524. Ν. Καζαντζάκης, Όφις και κρίνο, ό. π., 61.
525. Ό. π., 71.

δώσει φιλοσοφικό έρεισμα σ' αυτή τη σκέψη αλλά θα την αναπτύξει πληρέστερα, μέσα και σε ηδονικά συμφραζόμενα, στις *Σπασμένες Ψυχές* (1909-1910).

Σε συνέχεια των παραλλαγών, μέσα από τις οποίες ελίσσεται το μοτίβο του ερπετού, βλέπουμε «[...] το μονοπάτι που θα την φέρει [την αγαπημένη] μέσα στη νύχτα· μοιάζει με όφι που τρέχει μ' ελιγμούς κι έρχεται και σταματά μπροστά μου»[526]. Το φίδι, ως μονοπάτι της απώλειας, είναι απλώς το ψήγμα που θα πλατύνει στο πανί εκτυπώνοντας τη φρικιαστική ζωγραφιά του τέλους. Εκεί, στο φως της μεταθανάτιας ημέρας που ξημέρωσε, φανερώνεται στα μάτια όσων παραστέκονται στο νεκρικό θέαμα «μια αλλόκοτη εικόνα που έδειχνε το θλιβερό δρόμο που 'χε πάρει τελευταία η σκέψη του δυστυχή και μεγάλου καλλιτέχνη»[527]:

> Μια μεγάλη έρημος κι ο ήλιος εβασίλευεν ολοκόκκινος κι αιμάτωνε τον ουρανό. Κι ένας όφις πελώριος ξετυλισσόταν κι έτρεχεν απάνω στην άμμο. Και στο στόμα του που έτρεχεν φαρμάκι κρατούσε κι εχάιδευε κι εδάγκωνε ένα μικρό, κάτασπρο και μαραμένο κρίνο[528].

Τη ζωγραφιά αυτή, που βρίσκουν κρεμασμένη πάνω από τους δύο νεκρούς εραστές, την είχε φιλοτεχνήσει ο ίδιος ο ζωγράφος στις 10 Αυγούστου:

> Είχα ζωγραφίσει ένα πελώριο κρίνο κομμένο και ριμένο άσπλαχνα σ' ένα παράξενο με μύριους ελιγμούς ποτάμι. Και σήμερα βλέπω – δεν είναι ποτάμι, αλλά ένας όφις πελώριος που τρέχει κάπου εκεί πέρα, με μύριους ελιγμούς και κρατεί στο στόμα του ένα όμορφο, πελώριο κρίνο[529].

Πρόκειται για την κατάληξη άλλης μιας ζωγραφικής απόπειρας του αφηγητή, που μεταστρέφει αλλιώς την εικόνα, αποδεικνύοντας ότι αισθητισμός είναι η παρακμή αλλά σε επίπεδο τεχνικής αυτή τη φορά.

---

526. Ν. Καζαντζάκης, *Όφις και κρίνο*, ό. π., 96.
527. Ό. π., 99.
528. Ό. π.
529. Ό. π., 32-33.

Ενώ δηλαδή αφηγείται την ιστορία της μόλυνσης που λυμαίνεται την αθωότητα, δεν καθηλώνει το θέμα του σε μια μονόδρομη εικαστική εξεικόνιση αλλά την ελίσσει μέσα από ετερότροπους συνδυασμούς, τόσο που τελικά να μη θεωρηθεί σύμβολο αλλά έντεχνη καταγραφή της αισθησιακής του τρικυμίας ανά στάδιο εξέλιξης. Η σκέψη, που καθοδηγεί τη φιλοτέχνηση αυτού του πίνακα, είναι πολύ πρωτότυπη και δίκαια ο συγγραφέας την επέλεξε ως συνταρακτική απόληξη του έργου.

Συνοψίζοντας, παρατηρούμε ότι η φρονιμότερη και γνωστική ερμηνεία είναι να πούμε ότι δεν υπάρχουν στεγανά στο τι αναπαριστά το φίδι και τι το λουλούδι ούτε στο ποιο είναι το φύλο του φιδιού· άλλοτε είναι ο άντρας και άλλοτε η γυναίκα. Η πλήρης αντιστροφή των ρόλων επιβεβαιώνει ότι οι δύο έννοιες υπάρχουν και αντιμάχονται αδιάκοπα, όποιος κι αν είναι ο φορέας τους. Δεν είναι τυχαίο ότι συχνά προβάλλονται πάνω στο ίδιο υποκείμενο, που φέρει εναλλακτικά την παρουσία τους. Αυτή η κατάργηση των ορίων, με τις συνακόλουθες δυνατότητες υφολογικής αξιοποίησης που προσφέρει, είναι σε τελική ανάλυση η πεμπτουσία του αισθητισμού.

Όσον αφορά ταυτίσεις, διακειμενικές, μυθολογικές ή άλλες, που αφορούν την πρωταγωνίστρια του Όφις και κρίνο, έχουμε ήδη αναφερθεί στην μυθική-ιστορική Αστάρτη και στην βιβλική Σουλαμίτιδα. Υπάρχει, όμως, και η αρχαιοελληνική Γαλάτεια μέσα από το μύθο του Πυγμαλίωνα και της Γαλάτειας. Η Αλεξίου δίνει τη δική της, βιογραφική, εξήγηση:

> Στον Καζαντζάκη, τα πραγματικά πρόσωπα, Νίκος Καζαντζάκης και Γαλάτεια Αλεξίου, καλύπτονται κάτω από τους συμβολικούς μανδύες του Φιδιού και του Κρίνου. Ευτυχώς η αφιέρωση «Στη Τοτώ μου», που είναι το χαιδευτικό της Γαλάτειας Αλεξίου, μας ανοίγει ένα παράθυρο για να δούμε την αληθινή μορφή του «Κρίνου», με τα βαθύσκιωτα μάτια –που τόσο βασανίζουν το Φίδι– και το περίλαμπρο φημισμένο γυναικείο σώμα. Η αφιέρωση μας δίνει στα χέρια το μίτο, που θα συνοδεύει τη σκέψη μας και θα ζωντανεύει τις εικόνες κατά τη βασανιστική εξιστόρηση των συναισθηματικών καταστάσεων του Φιδιού. Εκτός από την αφιέρωση έχουμε μέσα στο βιβλίο και δεύτερη ένδειξη που πιστοποιεί την ταυτότητα

του Κρίνου. Στη σελίδα 41 διαβάζουμε: «Αφότου σε γνώρισα μια μυστική λειτουργία τελείται ολημερίς κι οληνυχτίς μες στην καρδιά μου». Και στη σελίδα 42: «Ω Γαλάτεια! Γονατίζουν όλες οι σκέψεις μου κι όλα μου τα όνειρα κι όλες οι ανατριχίλες του κορμιού μου μπροστά στο είδωλό σου». Μόνο σ' αυτές τις δύο σελίδες ο Καζαντζάκης απολυτρώνεται από τα σύμβολα. Αλλά φτάνουν. Βέβαια και στις περιπτώσεις αυτές αφήνει κάπως να φανεί πως αποτείνεται στο άγαλμα της Γαλάτειας αλλά ο μανδύας της κάλυψης είναι εδώ πολύ διαφανής[530].

Η Αλεξίου –συγγενής και συμπάσχουσα με την Γ. Αλεξίου-Καζαντζάκη– αναζητά και βρίσκει ρεαλιστικές ταυτίσεις, του όφι με τον ίδιο τον Καζαντζάκη και του κρίνου με την αδελφή της Γαλάτεια, την οποία ωστόσο ο Καζαντζάκης παντρεύτηκε μόλις στα 1911. Η αφιέρωση του έργου –που γίνεται στην Γαλάτεια με το υποκοριστικό της Τοτώ– συνηγορεί, κατά την άποψη της Αλεξίου, γι' αυτή την ερμηνεία, όπως συνηγορούν και κάποια χαρακτηριστικά σώματος και προσώπου, που θα μπορούσαν να θεωρηθούν σε άλλη περίπτωση ως αόριστα και γενικά. Το μόνο σίγουρο ωστόσο είναι ότι πρόκειται για ερμηνεία, της οποίας η ανιδιοτέλεια ελέγχεται.

Μια άλλη άποψη έχει διατυπωθεί από τον Κ. Μητσάκη για το πρόσωπο που απηχείται στο αιθέριο και μαζί υποχθόνιο πλάσμα, το οποίο συνεπαίρνει το μυαλό του αφηγητή· ήταν, υποτίθεται, μια Ιρλανδέζα που γνώρισε ο Καζαντζάκης στην Κρήτη το καλοκαίρι που προηγήθηκε από την κάθοδό του στην Αθήνα, για να γραφτεί στο Πανεπιστήμιο: «για την κοπέλα αυτή ο Καζαντζάκης ένιωσε μια δυνατή φυσική έλξη και σε μια αποχαιρετιστήρια εκδρομή στον Ψηλορείτη έκανε έρωτα μαζί της. Τέσσερα ολόκληρα χρόνια κατόπιν ζούσε ο Καζαντζάκης κάτω από τη γοητεία και συνάμα από τη φρίκη του περιστατικού αυτού, το οποίο σαν αρρώστια που υποτροπιάζει τον παίδεψε το τελευταίο καλοκαίρι που πέρασε ο Καζαντζάκης στην Κρήτη ως φοιτητής»[531].

Την εξέλιξη αυτής της εμμονής την αφηγείται ο Καζαντζάκης, κατά τον ίδιο πάντα μελετητή, στην Αναφορά στον Γκρέκο:

---

530. Ν. Καζαντζάκης, Όφις και κρίνο (επιμ. Έ. Αλεξίου), ό. π., 19-22.
531. Κ. Μητσάκης, Σημεία αναφοράς. Μελέτες Νεοελληνικής Φιλολογίας, Αθήνα, Καρδαμίτσα, χ. χ. έ., 200.

> Ανέβηκα ακράνυχα τη σκάλα να μην τρίξει κι ακούσει ο πατέρας μου κι έπεσα στο κρεβάτι· έτρεμα, πότε πετούσα φλόγες, πότε τουρτούριζα· θα 'χα πυρετό κι ήρθε ο ύπνος, σαν αράχνη φαρμακούσα και με τύλιξε· την άλλη μέρα, κατά το μεσημέρι που ξύπνησα, έτρεμα ακόμα.
> Τρεις μέρες βάσταξε η αγωνία ετούτη· δεν ήταν αγωνία, ήταν ένας κόμπος βαρύς στη μέση της καρδιάς και το στόμα ήταν πικρό, φαρμάκι [...] Την τέταρτη μέρα, χωρίς να 'χω καθαρά σκοπό κανένα στο νου μου, τινάχτηκα από το κρεβάτι πρωί–πρωί και, χωρίς να ξέρω τι θα 'κανα, πήρα την πένα κι άρχισα να γράφω [...]
> Ύστερα από λίγες μέρες τελείωσα· έκλεισα το χειρόγραφο, έγραψα απάνω με κόκκινα βυζαντινά γράμματα Όφις και κρίνο και σηκώθηκα, πήγα κατά το παράθυρο, πήρα βαθιά αναπνοή. Η Ιρλανδέζα δε με τυραννούσε πια, είχε φύγει από μένα, είχε ξαπλώσει στο χαρτί, δεν μπορούσε πια να ξεκολλήσει από κει· γλίτωσα[532].

Ο Μητσάκης στοιχειοθετεί μια συγγραφική οντότητα πλασμένη από μεταφυσική ανησυχία, κατειλημμένη από το άγχος της σε βαθμό έμμονης ιδέας. Αυτή η ανάσυρση από το ανθρώπινο βάθος του Καζαντζάκη είναι, για το μελετητή, μια αποκάλυψη του ιστού της δημιουργικότητάς του: «Ο Καζαντζάκης υπήρξε σε όλη του τη ζωή ένας αθεράπευτος possédé, δηλαδή ένας άνθρωπος που δυναστευόταν από έναν έρωτα, πολύ σπάνια για μια γυναίκα ή πολύ πιο συχνά για μιαν ιδέα, την οποία ενσάρκωνε επάνω στη γη ένας μεγάλος ήρωας, μύστης, προφήτης ή άγιος και σφάδαζε κάτω από το βάρος και την πίεση αυτής της possession»[533].

Η θεωρία, που δημιουργεί ο Μητσάκης, βασίζεται, βέβαια, σε μια ανεπιβεβαίωτη πληροφορία, που την αντλεί από το κείμενο του Καζαντζάκη. Το γεγονός ότι δεν επιχειρεί να εξακριβώνει από αλλού την αλήθεια –βιογραφική, έστω– των λόγων του συγγραφέα αποδυναμώνει τις θεωρητικές απόψεις του και τις υπάγει μάλλον σε επίπεδο ει-

---
532. Ό. π., 201.
533. Ό. π., 200.

κασίας. Από την άλλη, υπάρχει η ισχυρή εξωκειμενική μαρτυρία της προσωπικής ζωής του Καζαντζάκη, η οποία ευνοούσε την ανάπτυξη της διεγερτικής ερωτικής σκηνοθεσίας, τουλάχιστον μέσα στα κειμενικά του συμφραζόμενα· κάτι ανάλογο συνέβαινε και με τον Baudelaire, ο οποίος επινοούσε ηδονικές σκηνοθεσίες επιχειρώντας την τεχνητή πρόκληση διέγερσης. Συνεπώς, η ιστορία με την Ιρλανδέζα συνιστά κατά πάσα πιθανότητα κατασκεύασμα της φαντασίας του συγγραφέα, ο οποίος αλλού θα δώσει στη διέγερση τη μορφή του ανόσιου έρωτα, όπως επισημαίνει η Α. Καστρινάκη στην εργασία της για τον Καζαντζάκη[534].

Μπορούμε να πούμε πως, πέρα από τις ερμηνείες που θέλουν να αποκωδικοποιήσουν την αισθησιακή σχέση του αφηγήματος *Όφις και κρίνο* με βάση προσωπικούς κώδικες συμπεριφοράς και πραγματικά βιογραφικά περιστατικά του συγγραφέα, υπάρχει πάντα και η δυνατότητα μιας μεταφορικής ερμηνείας· σ' αυτήν η πρωταγωνίστρια είναι και Αστάρτη και Σουλαμίτις και Γαλάτεια και σειρήνα Λορελάη («ω Λορελάη των ψυχών!»)[535] – που τόσο μας θυμίζει τη Ραουτεντελάιν του «Τι μου λένε οι παπαρούνες» (βλ. παρακάτω).

Αν μείνουμε στη Γαλάτεια: Είναι μια γυναικεία μορφή της αρχαιοελληνικής μυθολογίας, αλλά και γραμματειακό πρόσωπο, σε δύο –και πάλι– εκδοχές:

α. Η πρώτη την παρουσιάζει ως Νηρηίδα, για την οποία αναπτύχθηκε ολόκληρος κλάδος παραδόσεων σε διθυράμβους, κωμωδίες, ειδύλλια, κτλ., με πολλές επινοήσεις των ποιητών. Αυτοί ενσάρκωσαν στην

---

534. Α. Καστρινάκη, «Ο Νίκος Καζαντζάκης και ο αισθητισμός. Έλξη και άπωση», ανάτυπο από τα πεπραγμένα επιστημονικού διημέρου *Ν. Καζαντζάκης. Σαράντα χρόνια από το θάνατό του* (1-2 Νοεμβρίου 1997), Χανιά, Δημοτική Πολιτιστική Επιχείρηση Χανίων, 1998, 127-153.

535. Γύρω από το μύθο της σειρήνας Λορελάης, της προδομένης γυναίκας που εκδικείται τους άντρες με το να τους αιχμαλωτίζει στη σαγήνη της και μετά να τους σκοτώνει, περιστράφηκε μια ολόκληρη γραμματεία, της γερμανόφωνης κυρίως Ευρώπης (με βασικό εκπρόσωπο τον Heine ύστερα από τον εισηγητή του θέματος Clemens Brentano)· την πορεία και τις παραλλαγές του μύθου μπορούμε να παρακολουθήσουμε μέσα από σχετική βιβλιογραφία: R. Derche, *Lorelei in Quatre mythes poétiques*, Paris, Sedes, 1962· E. Tuner, *L'imagination et le sentiment religieux chez Clemens Brentano*, Paris, διδακτορική διατριβή, Paris X, 1976 και *Dictionnaire des Mythes Littéraires* (επιμ. J. P. Bertrand–P. Brunel), Monaco, Rocher, 1988, 952· P. Brunel, «Le mythe de Lorelei», *Dictionnaire des Mythes Littéraires* (επιμ. J. P. Bertrand–P. Brunel), Monaco, Rocher, 1988, 942-952· Λ. Παπαλεοντίου, *Στοχαστικές προσαρμογές. Για την Ιστορία της ευρύτερης Νεοελληνικής λογοτεχνίας*, Αθήνα, Γαβριηλίδης, 2000.

Γαλάτεια ιδίως το ασύλληπτο πρότυπο της γυναικείας ερωτικής χάρης, του υπερήφανου, θαρραλέου και φιλάρεσκου κοριτσιού, το οποίο μόνο σκώμματα αποτείνει στους εραστές, που μάταια επιδιώκουν την κατάκτησή της, άρα μια μορφή Άρτεμης ή αμάλαχτης ποιμενικής ηρωίδας.

β. Η δεύτερη την παρουσιάζει ως το άγαλμα, που κατά παράκληση του Πυγμαλίωνα, βασιλιά της Κύπρου, ζωογόνησε η Αφροδίτη μεταβάλλοντάς το σε γυναίκα, την οποία παντρεύτηκε ο Πυγμαλίων αποκτώντας το γιο του Πάφο.

Και οι δύο εκδοχές ταιριάζουν με το νόημα που θέλει ν' αποδώσει ο αφηγητής-πρωταγωνιστής στο αντικείμενο του πόθου του. Η ερωτική χάρη του κοριτσιού ως αέρας και αθέρας συμβαδίζει στα μάτια του με την πρώτη εκδοχή: το μικρό κορίτσι τού εμπνέει έναν ερωτισμό που θα του διαφεύγει στο διηνεκές, ενώ στο χρονικά πεπερασμένο αυθυποβάλλεται σκωπτικά με την επίγνωση ότι ποτέ δεν θα την κατακτήσει. Αυτή την αυθυποβολή προβάλλει πάνω της· η εικόνα του παμφάγου όντος, που σχηματίζει στο μυαλό του, δεν απέχει από την εικόνα της άκαρδης σκληρότητας, με την οποία το νέο κορίτσι της μυθολογικής αρχαιότητας αποκρούει περιφρονητικά τους εραστές.

Η δεύτερη εκδοχή (μύθος που διασκευάστηκε επανειλημμένα από καλλιτέχνες και συγγραφείς, με κυριότερους τον Οβίδιο, που τον περιέλαβε στις *Μεταμορφώσεις* του, και τον G. B. Shaw, που του έδωσε, πολύ αργότερα, νέα πνοή στο θεατρικό του έργο *Πυγμαλίων*) ξεκινά από την αρχική ιδέα ότι το άψυχο άγαλμα αποκτά σάρκα και οστά· μετά προστέθηκε το στοιχείο του καλλιτέχνη, που το μεράκι του για τη δουλειά του ζωοποιεί τα έργα των χεριών του (στον Οβίδιο καλλιτέχνης είναι γλύπτης), ώσπου η ιδέα απομακρύνεται από την πηγή της και επικρατεί η ιστορία του καλλιεργημένου ή πολιτισμένου άντρα που πλάθει τη γυναίκα, όπως την επιθυμεί, και τότε την ερωτεύεται, κάτι που θα φτάσει ως πολύ νεότερες, κινηματογραφικές τροπές (*My Fair Lady*).

Στο *Όφις και κρίνο* ο πρωταγωνιστής είναι επίσης καλλιεργημένος: καλλιτέχνης, ζωγράφος – αλλά και λογοτέχνης, αφού κρατά λογοτεχνικό journal intime. Με βάση αυτή την ιδιότητά του αρχίζει η ερωτική ιστορία· μόλις αντικρίζει την κοπέλα σε κάποιο περίπατό του, θαμπώνεται από την ομορφιά της και της ζητά να την ζωγραφίσει. Αυτή δέχεται, γίνεται μοντέλο του και ο ζωγράφος με τον εκλεκτικό προορισμό του αποτυπώνει την ομορφιά της στην αιωνιότητα μέσω της τέχνης της ζωγραφικής, της τέχνης του εγκλήματος και της τέχνης της λογοτεχνικής αναδιήγησης.

Εδώ, βέβαια, ο πρωταγωνιστής δεν φτιάχνει μια γυναίκα σύμφωνα με τις προτιμήσεις του, όπως οι άλλοι ήρωες, αλλά ασκεί πάνω της τον απόλυτο έλεγχο μέχρι την εκμηδένιση. Της υπαγορεύει την αίσθηση, την κατευθύνει στο θέλημά του και, τέλος, αποφασίζει για την τύχη της. Η ψύχωση, που σιγά σιγά ποτίζει το μυαλό του, παίρνει σάρκα και οστά: «[...] ένα κορμί που το διέπλασα εγώ και το διέφθειρα εγώ – όργανο σάρκινο της ανίας μου και της βαθιάς κι αγιάτρευτης διαφθοράς του νου μου. Θα Σε σφίξω όλη γιατί θα 'σαι όλη δική μου και θα νιώσω επί τέλους απάνω Σου το θρίαμβο το μεγάλο που νιώθουν οι μεγάλοι Κατακτηταί και οι μεγάλοι Καταστροφείς και οι Δημιουργοί»[536]. Η ανία και η διαφθορά, βασικά θέματα της δυτικής παρακμής, εγκιβωτίζονται εδώ στο θέμα της τέχνης. Επίσης, το μοτίβο του μεγάλου κατακτητή, καταστροφέα ή δημιουργού, με τη νιτσεϊκή καταγωγή, συμπλέκεται εδώ με το θέμα του τεχνίτη.

Δεν είναι τυχαίο ότι η τελική σφραγίδα της παντελούς νέκρωσης, βιολογικής και νοητικής, μπαίνει όταν ο αφηγητής νιώθει ότι χάνει μέσα στην απόλαυση της σάρκας τη γενετική του ταυτότητα, όταν δηλαδή χάνει την ταυτότητά του ως ζωγράφου. Σπάζει λοιπόν το γόρδιο δεσμό πάλι με θάνατο, με καλοσχεδιασμένο έγκλημα, που θα το συνδυάσει με την αυτοκτονία του, φιλοτεχνώντας με αναθυμιάσεις λουλουδιών ένα τελευταίο έργο τέχνης, την πραγματική ηδονή. Η αναγωγή της ζωής σε έργο τέχνης αποτελεί θέμα του δυτικού αισθητισμού αλλά ο Καζαντζάκης, με τις συνδέσεις που επιχειρεί, καταδεικνύει επιπλέον τον τρόπο με τον οποίο το συγκεκριμένο θέμα αποτελεί μέρος και της νιτσεϊκής κοσμοθεωρίας.

Στο θέμα του τεχνίτη και της τέχνης μπορούμε να εντοπίσουμε κοινά θεματικά μοτίβα τόσο με τον Ροε όσο και με τον Θεοτόκη. Το διήγημα «Το ωοειδές πορτρέτο» του Ροε αφηγείται την ιστορία ενός νιόπαντρου ζωγράφου παθιασμένου με την τέχνη του. Όταν εκφράζει στη γυναίκα του την επιθυμία να της φτιάξει το πορτρέτο, αυτή δέχεται, παρά το γεγονός ότι νιώθει ως αντίζηλη την τέχνη που της κλέβει τον άντρα της. Για πολλές βδομάδες ποζάρει αδιαμαρτύρητα μέσα σ' ένα σκοτεινό δωμάτιο αλλά, όσο δεν την βλέπει το φως, τόσο η υγεία της φθίνει και το πρόσωπό της χλωμιάζει. Παρά το γεγονός ότι κάθε μέρα που περνά την κάνει πιο θλιμμένη και πιο μελαγχολική, αυτή συνεχίζει καρτερικά να χαμογελά, γιατί ο ζωγράφος βάζει στη δουλειά του όλη την ψυχή του και, όσο προχωράει, τόσο χάνεται στο παραλήρημα της

---

536. Ν. Καζαντζάκης, Όφις και κρίνο, ό. π., 60-61.

ονειροπόλησης και στον πυρετό της δημιουργίας. Όσο μάλιστα πλησιάζει προς το τέλος, τόσο η ζωγραφική του γίνεται πιο εκπληκτική και δεν σηκώνει τα μάτια να την κοιτάξει από την αφοσίωσή του: «Και δεν έβλεπε πως τα χρώματα, που άπλωνε πάνω στο μουσαμά, τ' αντλούσε από την όψη εκείνης που καθότανε κοντά του»[537]. Η τελευταία πινελιά, που δίνει την πιο λαμπρή απόχρωση στα μάτια και στο στόμα, είναι και η τελευταία αναλαμπή της κοπέλας, που την συνοδεύει έξω από τη ζωή. Ο ζωγράφος, χωρίς να αντιληφθεί τίποτε, κοιτάζει εκστατικός τον πίνακα και φωνάζει: «Πραγματικά είναι ατόφια η Ζωή!»[538] αλλά, γυρίζοντας να κοιτάξει την αγαπημένη του, την αντικρίζει νεκρή. Η ζωή έχει ήδη περάσει στην τέχνη, τρέφοντάς την με σάρκα και με αίμα σ' αυτή την τόσο εύγλωττη αναπαράσταση του δόγματος των κατοπινών αισθητιστών, το οποίο πιστεύει στην υπεροχή της Τέχνης με κάθε θυσία ως απόδειξη της κυριαρχίας του ανθρώπου πάνω στη Φύση.

Το ίδιο θέμα, όπως είδαμε, έχει και ο Απελλής του Θεοτόκη. Το αφήγημα εμμένει καταρχήν στην ιδέα της αυτεξούσιας τέχνης. Η Τέχνη προηγείται της Ζωής, την οποία έχει το ελεύθερο να υποδουλώνει στα προστάγματά της. Ο Απελλής ευτελίζει την ανθρώπινη υπόσταση, για να την διαιωνίσει, όπως ο ζωγράφος του Ροε παίρνει και την τελευταία πνοή της νεαρής γυναίκας του, για ν' αντλήσει υλικό για την τέχνη του και, όπως ο αφηγητής του Όφις και κρίνο, θα πνίξει την ερωμένη του ανάγοντας κι αυτός το έγκλημα σε μορφή τέχνης. Άλλωστε, το έγκλημα στον αισθητισμό απέχει από αντιλήψεις ρεαλιστικής πραγμάτωσης, καθώς συνοδεύεται από την επίγνωση της διανοητικής υπόστασής του και μπορεί να συνιστά εμπειρία αμιγώς νοητική και να διαδραματίζεται αποκλειστικά στην περιοχή του εγκεφάλου.

Από το βάθος ακούγεται στ' αυτιά μας το ανέκδοτο καβαφικό ποίημα «Σαλώμη», όπου η εταίρα έχει στο πλάι της ένα Ρωμαίο σοφιστή με όλη την απάθεια που προϋποθέτουν οι στοχασμοί του· όταν η Σαλώμη απαιτεί το κεφάλι του Ιωάννη του Βαπτιστή, ο σοφιστής, απορροφημένος στην τέχνη του, ανταπαιτεί το δικό της κεφάλι· και, όταν, προς κατάπληξη του αναγνώστη, το αίτημά του εκπληρώνεται και η Σαλώμη θυσιάζεται στο βωμό της αγάπης του και της τέχνης του, με το όμορφο κεφάλι της να κείτεται στα πόδια του, αυτός ενοχλείται που διέκοψαν την πλατωνική του περισυλλογή και με σιχασιά κλοτσά το ματωμένο κεφάλι παραπέρα. Ο Καβάφης εκφράζει, ίσως με κάποιο

---

537. Ε. Α. Ρoe, τ. 2: Ιστορίες (επιμ.. Στ. Μπεκατώρος), Αθήνα, Πλέθρον, 1991, 47-48.
538. Ό. π., 48.

χιούμορ, ίσως με μια υποψία καβαφικής ειρωνείας, τη χαρακτηριστική αισθητιστική εγκεφαλική θεώρηση των πραγμάτων και την αποστασιοποίηση από το συναίσθημα.

Όσα είδαμε μέχρι στιγμής σε σχέση με την Τέχνη εντάσσονται στο θεματικό πλαίσιο του δυτικού αισθητισμού. Είδαμε το Ωραίο να αποτυπώνεται ως πίνακας ζωγραφικής, να πλάθεται σε γλυπτό και τελικά να καταλήγει σε ηδονική σάρκα· τα περάσματα σηματοδοτούν τη μετάβαση από τον πιο κλασικό αισθητισμό της ωραιολατρείας στον πιο ριζοσπαστικό αισθητισμό του αισθησιασμού. Θα δούμε τώρα εκείνη την πλευρά του θέματος που, χωρίς να απορρίπτει τα ερείσματα του διεθνούς αισθητισμού, σηματοδοτεί το πέρασμα στην ταυτότητα του ελλαδικού αισθητισμού.

Το να νιώθει κανείς τόσο έντονα την ομορφιά είναι κι αυτό από μόνο του ένα έργο τέχνης για τους αισθητιστές, και μάλιστα για τον καλλιτέχνη-αφηγητή, που βιώνει τόσο έντονα το θαύμα της δημιουργίας, ώστε ανυψώνεται πνευματικά μέσα από την αίγλη μιας μυσταγωγίας και αναφωνεί (εγγραφή της 4ης Ιουνίου):

> Νιώθω κατεβαίνει μέσα μου ένας Θεός. Πνεύμα δημιουργίας φυσάει απάν' από τις σκέψεις μου κι ένας δάκτυλος που στάζει φως εγγίζει το μέτωπό μου. Ένας Ραφαήλ κι ένας Πραξιτέλης λειτουργούνε μέσα μου. Κι ακούω το πινέλο απαλό και παντοδύναμο να σέρνεται στην καρδιά μου και νιώθω ν' απλώνονται απάνω της και να ζωντανεύουν οι μεγάλες ζωγραφιές[539].

Στους αισθητιστές αρέσει να παρακολουθούν από κοντά την εργασία του καλλιτέχνη, όταν γίνεται η διάβαση από τον υπαρκτό κόσμο της ζωής στον «Υψηλό της Ποιήσεως Κόσμο»[540], όπως θα έλεγε ο Καβάφης. Ο «Τυανεύς Γλύπτης» από τ' ομώνυμο καβαφικό ποίημα (1911) έχει το άγγιγμα της δημιουργικής πνοής, που νιώθει μέσα του και ο αφηγητής του Καζαντζάκη. Τα λόγια του ποιητή και τα λόγια του συγγραφέα, απομακρυσμένα τοπικά είναι γειτονικά ως προς την αίσθηση που κοινωνούν[541].

---

539. Ν. Καζαντζάκης, Όφις και κρίνο, ό. π., 19.
540. Κ. Π. Καβάφης, Ποιήματα (επιμ. Γ. Π. Σαββίδης), Αθήνα, Ίκαρος, 1989, 88.
541. Ό. π., 44:
> [...] Μα νά το έργον μου το πιο αγαπητό
> που δούλεψα συγκινημένα και το πιο προσεκτικά·
> αυτόν, μια μέρα του καλοκαιριού θερμή

Ο ίδιος ο Καζαντζάκης δημοσιεύει το 1907 στα *Παναθήναια* το πεζό ποίημα «Δυο δάκρυα», όπου ένα γλέντι της σύγχρονης εποχής ξαναζωντανεύει το παρελθόν και η παρέα των νέων γλεντοκόπων γίνεται ομάδα διονυσιακή και εξίσωση έργου τέχνης, αφού θα μπορούσε να αποτελεί περίτεχνη διακόσμηση σε αρχαίο αγγείο. Γενικά, στο συγκεκριμένο πεζό ποίημα, δίνεται έμφαση στη σωματική ζωντάνια του έργου τέχνης και στην ανάγλυφη αποτύπωση της ομορφιάς πάνω στην Τέχνη είτε πρόκειται για διακόσμηση, για αρχαίο λαγήνι, για άγαλμα ή για πίνακα ζωγραφικής. Το μοτίβο φέρει εδώ μεστό τον αρχαιοελληνικό ηδονισμό και η χρήση του γίνεται με περισσότερη ωριμότητα απ' ό,τι στο *Όφις και κρίνο*.

Η άποψη της Τέχνης, που είδαμε, συνδυάζει τον ηδονισμό με τη θερμότητα και την ατμόσφαιρα της ελληνικής φύσης. Μέσα σε τέτοια συμφραζόμενα, που θα δούμε αναλυτικότερα παρακάτω, μορφώνεται το διαφορετικό πρόσωπο του ελλαδικού αισθητισμού· αυτό που τον διαφοροποιεί σε αντίθεση με τη στειρότητα του δυτικού αισθητισμού είναι η αναπαραγωγική δύναμη με την οποία αποτυπώνεται η λειτουργία της φύσης:

> Το νιώθω –είσαι η Άνοιξη Εσύ, ω Εκλεκτή και ω Ευ-
> λογημένη και είμαι εγώ η γη, η μεγάλη και ακόλαστη
> μητέρα– που ανοίγει τις λαγόνες της και περιμένει[542].

Σ' αυτό το απόσπασμα (5 Μαΐου) πάλλει μια υπόσχεση κυοφορίας τόσο με το διάχυτο ηδονισμό όσο και με την αλλαγή των ρόλων στο θέμα της γονιμότητας, μια αλλαγή που δεν χρειάζεται άλλοθι, αφού εκπληρώνεται μέσα στην εικόνα του Ανδρόγυνου· αργότερα, στο «Τι μου λένε οι παπαρούνες», η εναλλαγή ρόλων αρσενικού και θηλυκού θα αποτυπωθεί πάνω στο λουλούδι της παπαρούνας. Η μορφή της αγαπημένης, που προέρχεται από ένα έργο τέχνης, τον πίνακα *Η Άνοιξη* του Botticelli, γίνεται εδώ σύμβολο και λειτουργία αρχετυπική.

Η ημερολογιακή καταχώριση της 10ης Μαΐου είναι ένα οδοιπορικό αισιοδοξίας στον πόθο και το χώρο της Αττικής, όπου ταυτόχρονα προβάλλεται και μια ρωμαλέα γεωγραφία της αρχαίας ελληνικής μυθολογίας και ιστορίας: «είναι τα μεγάλα Παναθήναια της αγάπης

που ο νους μου ανέβαινε στα ιδανικά,
αυτόν εδώ ονειρεύομουν τον νέον Ερμή.
542. Ν. Καζαντζάκης, *Όφις και κρίνο*, ό. π., 11-12.

μου»⁵⁴³, ομολογεί ο αφηγητής στο ξεκίνημα μιας διαδρομής, η οποία παρακολουθεί την επιθυμία του μέσα από την πολιτισμική του ταυτότητα. Η φύση δεν εγκαταλείπεται στο ρομαντικό ιδανισμό αλλά επενδύεται με το καινούριο ενδιαφέρον της γήινης ηδονής, ένα ενδιαφέρον που ξυπνά τώρα και στη μορφοποίηση του αρχαίου ελληνικού κόσμου. Το μπόλιασμα του αισθησιασμού στις εικόνες αναμορφώνει όχι μόνο το φυσικό περιβάλλον αλλά και το περιβάλλον των αρχαίων μνημείων.

Εξάλλου, η προτροπή σ' ένα μεθύσι

> από το ατέλειωτο χαμόγελο του ουρανού μας κι από
> τις ερωτικές ενώσεις των χρωμάτων της γης μας, από
> τα άσματα των αηδονιών του Κολωνού κι από το μέλι
> του Υμηττού μας – το ξανθό «ωσάν αχτίνες ήλιου»
> πηγμένες⁵⁴⁴

μας φέρνει κοντά στον Π. Γιαννόπουλο και τον ελληνοκεντρισμό του, όπως αυτός εκφράζεται στην «Ελληνική Γραμμή» και στο «Ελληνικόν Χρώμα». Δεν έχουμε φτάσει ακόμα στις δελφικές γιορτές του Σικελιανού, όμως βρισκόμαστε ούτως ή άλλως σ' ένα χώρο που αντιμετωπίζεται ως το κέντρο του κόσμου, καθώς ο ελληνοκεντρισμός του αισθητισμού αποτελεί απλώς μια άλλη άποψη κοσμοπολιτισμού, προωθώντας μια σφαιρική αντίληψη των πολιτισμών που ενοποιεί την οικουμενικότητα με την ελληνικότητα.

Μέσα στη συνείδηση του αναγνώστη του Όφις και κρίνο έχει ήδη γραφτεί μια πορεία στο χώρο, από τη Φοινίκη της Αστάρτης σ' όλη

---

543. Ό. π., 12.

Κάποια άλλα Παναθήναια, με την ίδια όμως αίγλη, τελούνται και στις Σπασμένες Ψυχές· εκεί ο Γοργίας –που μόνιμα διερευνά σχέσεις με την αρχαιότητα– εντυπωσιάζεται τόσο από την ομορφιά της Χρυσούλας, που ξαφνικά σ' αυτή την τελετή νιώθει μέσα του την πληρότητα μιας αποκάλυψης (Π. Ψηλορείτης [=Ν. Καζαντζάκης], «Σπασμένες Ψυχές», Ο Νουμάς 7, 356 (1909) 2):

> είναι αδελφή με τις παρθένες εκείνες στ' ανάγλυφα των Παναθηναίων που αργοσαλεύουνε στα ηλιομεστωμένα μάρμαρα και πάνε και πάνε με πανέρια ξέχειλα από ώριμους καρπούς και φτάνουνε στις σκάλες του Παρθενώνα κι ανασηκώνουνε με προσοχή το πόδι κι ανεβαίνουνε σιγά σιγά κι ιερατικά τ' αψηλά μαρμαρένια σκαλοπάτια [...].

Αυτή είναι μία από τις εκλάμψεις που φωτίζουν το μυαλό του Γοργία. Παρόλο που η περιγραφή ανήκει σε διαφορετικό κείμενο απ' αυτό που εξετάζουμε τώρα, υπάρχει τόσο έντονη η οργανική ταυτότητα ύφους, ώστε θα μπορούσε να αποτελεί κομμάτι του Όφις και κρίνο.
544. Ν. Καζαντζάκης, Όφις και κρίνο, ό. π., 15.

τη μεσογειακή παράλια οδό που συνδέει την αρχαία Παλαιστίνη με την αρχαία Ελλάδα, παράλληλα με μια πορεία μέσα στο χρόνο, που σημειώνει διαβάσεις ανάμεσα στην παγανιστική και τη βιβλική αρχαιότητα. Η Ε. Αλεξίου παρατηρεί εύστοχα την «ασυνήθιστη σοφία» που παρουσιάζει το έργο: «είναι γεμάτο από παρομοιώσεις προσώπων και καταστάσεων, που, επιλεγμένες από την Παλαιά Διαθήκη, τη μυθολογία ή την Ελλάδα των κλασσικών χρόνων, προϋποθέτουν μακρόχρονη προεργασία»[545]· εμείς μπορούμε να συμπληρώσουμε ότι όλα αυτά τα στοιχεία συνενώνονται τόσο προσεκτικά, ώστε μεταβάλλονται σε χαρακτηριστικά της «ελληνικής» όψης του αισθητισμού του Καζαντζάκη. Επισημαίνουμε, επίσης, ότι ο Καζαντζάκης δεν πραγματεύεται την παρακμιακή αρχαιότητα των ελληνιστικών ή ρωμαϊκών χρόνων αλλά τη μυθολογική και την κλασική αρχαιότητα, φαινόμενο κοινό στους Ελλαδίτες αισθητιστές, όπου η αφύπνιση του πόθου σηματοδοτεί τον αναπροσδιορισμό της αρχαιοελληνικής τους καταγωγής πέρα από τα νεοκλασικιστικά στερεότυπα, στα οποία την είχαν παγιδεύσει ξενόφερτες αντιλήψεις και η ξενόφερτη εξουσία.

Μέσα σ' ένα κείμενο με πολυσυλλεκτική διαπλάτυνση, όπως το Όφις και κρίνο, η θριαμβολογική αναφορά στην Αστάρτη ενσωματώνει το αεικίνητο δαιμόνιο των Φοινίκων στη σύγχρονη ελληνική σκέψη· επομένως, ο εξωτισμός της Ανατολής, με τις εκλεπτύνσεις του, ως κύριο χαρακτηριστικό του δυτικού αισθητισμού, εμπλουτίζεται εδώ με μια αρχεγονική ελληνικότητα. Όλη η αναδρομή στα αρχαιοελληνικά εδάφη και στα τεκταινόμενα, με τις πομπές και τις ερωτικές συνδηλώσεις των διονυσιακών κισσών, στρέφεται προς το σαρκώδες ίνδαλμα της αρχαιότητας, προς την ηδυπάθεια. Αυτό είναι το πλαίσιο μέσα στο οποίο κινούνται η «Ταϋγέτα» του Σπ. Πασαγιάννη, πεζά ποιήματα του Νιρβάνα και του Π. Γιαννόπουλου, όπως είδαμε, Ο Θρίαμβος και πεζά ποιήματα από το De Profundis του Ροδοκανάκη, όπως θα δούμε στη συνέχεια.

Στο θέμα της Φύσης οι δυτικοί αισθητιστές υπήρξαν αμετακίνητοι· η βιολογική αναγκαιότητα, που την προσωποποιεί η Φύση, είναι γι' αυτούς ανυπόφορη· η προτίμησή τους για τον αστικό χώρο και το τεχνητό είναι το πιο ανώδυνο δείγμα αποστροφής. Ο Baudelaire έχει γράψει ποίημα, όπου ο αφηγητής βρίσκει ικανοποίηση στο να βεβηλώνει τη Φύση και να σκοτώνει με το δικό του δηλητήριο το χαμόγελο

---

545. Ν. Καζαντζάκης, Όφις και κρίνο (επιμ. Ε. Αλεξίου), ό. π., 16.

της πρόσχαρης κοπέλας⁵⁴⁶. Σε αντίθεση με τους ορθόδοξους αισθητές της Δύσης, ο πρωταγωνιστής του Καζαντζάκη δέχεται να απορροφηθεί από τα ερωτικά συνθήματα της Φύσης και, επομένως, να γίνει η Φύση. Εδώ έγκειται η διαφοροποίηση των συλλήψεων στον αισθητιστή Καζαντζάκη, ο οποίος αναζωογονεί τη Φύση μέσα από μνήμες λαγνείας της ελληνικής αρχαιότητας, η οποία ορίζεται μέσα σε παγανιστικά συμφραζόμενα, όπως είδαμε και παραπάνω.

Από την άλλη πλευρά και σε σχέση με το προηγούμενο μπωντλαιρικό ποίημα, είναι φανερή ανάμεσα στον Baudelaire και τον Καζαντζάκη η ομοιότητα της τιμωρίας με την οποία ο πρωταγωνιστής αφαιρεί τη ζωή της γυναίκας που νιώθει ότι τον χειραγωγεί μέσω της αναπότρεπτης λαγνείας. Και στην καζαντζακική συλλογιστική, επομένως, ενυπάρχει η επικίνδυνη πλευρά της φύσης, αυτή που δεν μπορούν να ελέγξουν οι ανθρώπινες δυνάμεις· στις Σπασμένες Ψυχές, μερικά χρόνια αργότερα, ο αφηγητής θα φαντασιωθεί τη Φύση να αρπάζει με τη βία τον άντρα και τη γυναίκα και να τους ζευγαρώνει κάτω από τα «πλέρια μαστάρια» της.

Αυτή η πλευρά της Φύσης αισθητοποιείται στο πρόσωπο της γυναίκας, που γίνεται φορέας και πρόκληση της φυσικής ηδονής. Ύστερα από τα παραπάνω είναι κατανοητή η απέχθεια του καζαντζακικού πρωταγωνιστή για τον εαυτό του που «αφέθηκε κι ενδίδει» – για να χρησιμοποιήσουμε μια καβαφική φράση⁵⁴⁷· και ενώ την Άνοιξη αφήνεται στα ερωτικά καλέσματα της φύσης, στο τέλος της εποχής τα φιλιά παραμορφώνονται σε σταλαγματιές από φαρμάκι, με αποτέλεσμα η επιθυμία του να εξαλείφει από την ύπαρξη το ποθητό αντικείμενο.

Η σχέση άνδρα και γυναίκας στο συγκεκριμένο αφήγημα θα μπορούσε, ίσως πιο έγκυρα, να διαβαστεί σε άλλο επίπεδο ως σχέση αντιπαράθεσης του δυνατού με τον αδύναμο μεταφράζοντας στο επίπεδο αφομοί-

---

546. Μπωντλαίρ, «Σε κάποια πολύ εύθυμη», Τα Άνθη του Κακού (μτφρ. Γ. Σημηριώτης), Αθήνα, Γράμματα, 1991, 135-136:
    κι η άνοιξη, τα πράσινά της πλούτη
    μου ταπεινώσαν τόσο την ψυχή,
    που εκδικήθηκα σ' ένα λουλούδι τούτη
    της φύσης την αυθάδεια τη σκληρή!

    Και –ω γλύκα, που τρομάρας φέρνεις ζάλη!–
    μέσα στα χείλη τα καινούρια αυτά,
    πιο λαμπερά στο χρώμα και στα κάλλη,
    να χύσω το φαρμάκι μου, κυρά!
547. Κ. Π. Καβάφης, «Η Σατραπεία» (1910), Ποιήματα, ό. π., 20.

ωσης της νιτσεϊκής θεωρίας την υποταγή και τελειωτική εξάλειψη του ανίσχυρου από τον ισχυρό και παραπέμποντας στη νιτσεϊκή έννοια του Υπερανθρώπου. Εισερχόμαστε έτσι σε μια περιοχή όπου τα θέματα μπορεί να σχετίζονται με το νιτσεϊσμό αλλά να επικοινωνούν ταυτόχρονα και με τον αισθητισμό της Δύσης. Σ' αυτό το χώρο των αλληλοεπικαλύψεων θα εξετάσουμε δύο θέματα: το θέμα της απομόνωσης από τον κόσμο και το θέμα του θανάτου. Και τα δύο θέματα εντάσσονται στη γεωγραφία της διαστροφής ως ανάστροφης διεργασίας, δηλαδή του εκλεκτού ή του ωραίου, που μορφοποιείται μέσα από το νέο πρίσμα σε ιδιόρρυθμο και άσχημο.

Ο εγκλεισμός του αφηγητή στην απομακρυσμένη βίλα ισοδυναμεί με εγκλεισμό στον εαυτό του, μακριά από τον κόσμο, μέσα στην αριστοκρατική θέαση των ανθρώπων ως όχλου. Η αηδία και η περιφρόνηση που νιώθει στην ψυχή του θα χτίσουν εκεί έναν Πύργο απροσπέλαστο από τη «χυδαία επαφή των όχλων» (εγγραφή της 12ης Ιανουαρίου)[548] και ποτέ δεν θα «λερωθούν τα μάρμαρά του από το βόρβορο των βημάτων»[549] του όχλου. Η απομακρυσμένη από τον κόσμο κατοικία του ζωγράφου είναι εγκατεστημένη στο αισθητιστικό κέντρο της ατομικότητας και της εκλεκτικής αποχής από το συνηθισμένο και το κοινότυπο και θα μπορούσε να αναπαριστά τον πύργο από φίλντισι, που λειτούργησε ως μεταφορά του δόγματος «η τέχνη για την τέχνη».

Κεντρικό μοτίβο στη θεματική του αισθητισμού είναι ο φιλντισένιος πύργος, που κρατά τον καλλιτέχνη απομονωμένο από τον πολύ κόσμο, από τη στιγμή που τα έργα του προορίζονται για τους Εκλεκτούς. Δεν είναι τυχαίο ότι και εδώ ο λόγος είναι για έναν πύργο αριστοκρατικότητας, που θα κλείσει μέσα του απρόσβλητες τις μύχιες αντιλήψεις του δημιουργού του. Εκεί, μακριά από τα βέβηλα μάτια, θα φυλακίσει και τα έργα της τέχνης του, όχι μόνο της ζωγραφικής αλλά και της τέχνης του εγκλήματος, που θα του εξασφαλίσει την πραγμάτωση του αφύσικου. Θυμόμαστε εδώ τον εθελούσιο αποκλεισμό ενός άλλου πρωταγωνιστή της παρακμής, του Des Esseintes από το À rebours του Huysmans· απομονωμένος και εκείνος μέσα σ' έναν πύργο μακριά από τον όχλο του Παρισιού, που τόσο τον ενοχλούσε, επιδίδεται χωρίς περισπασμούς στα πειράματά του, ακόμη και πάνω στον εαυτό του.

Άλλη μία πιθανότητα είναι ότι το θέμα της αποξένωσης από τον κόσμο έλκει την καταγωγή του από τη νιτσεϊκή θεωρία του Υπεραν-

---

548. Ν. Καζαντζάκης, Όφις και κρίνο, ό. π., 86.
549. Ό. π., 86-87.

θρώπου και φτάνει στην καζαντζακική του πραγμάτωση μέσω του D'Annunzio. Στο έργο του τελευταίου *Il Triomfo della morte* ένα ξέφρενο πάθος εκτυλίσσεται σε κάποιο σπίτι στις ακτές της Αδριατικής, όπου ζουν απομονωμένοι για πολύ καιρό ο Giorgio Aurispa και η Ippolita. Η ομοιότητα είναι αναντίρρητη· επιβεβαιώνεται, μάλιστα, από την κατάληξη του σφοδρού πάθους: ο άντρας αγκαλιάζει τη γυναίκα και την κατακρημνίζει από έναν ψηλό βράχο στη θάλασσα. Ο εγωκεντρισμός και η διαστροφή διαπερνούν σταθερά τα έργα του Ιταλού λογοτέχνη συχνά με όχημα μια υπερανθρωπική σχέση εξάρτησης της γυναίκας από τον άντρα, βάση πάνω στην οποία μπορεί να διαβαστεί συγγένεια με την αλγολαγνεία του *Όφις και κρίνο*.

Όπως είχε σημειώσει η Έ. Αλεξίου, η γυναίκα του κειμένου δεν έχει την αυτονομία της Σουλαμίτιδας· είναι παιχνίδι στα χέρια του άντρα και άβουλο πλάσμα:

> Του Κρίνου ίσως μια και μόνη φορά ακούομε τη φωνή του. «Τα μάτια σου δώσε μου να τα κλείσω με τα χείλη μου [...] έλα είμαι εγώ η αγαπημένη σου [...]». Και είναι εντελώς αξιοσημείωτο πως αυτή η μονοπρόσωπη ακατάσχετη ερωτική εξομολόγηση των ενενηνταπέντε σελίδων δεν κουράζει [...] Ξέρει αυτός, εναλλάσσοντας τα συναισθήματά του, να κρατά σε εγρήγορση τον αναγνώστη[550].

Βέβαια, η κατάληξη στο *Όφις και κρίνο* επισφραγίζει το θάνατο της γυναίκας με την αυτοκτονία του άντρα, η οποία όμως δεν θεωρείται ήττα αλλά απελευθέρωση και λύση του μαρτυρίου του.

Ενδιαφέρον παρουσιάζει η προμελέτη της δολοφονίας, καθώς προωθεί τη δόμηση του εγκλήματος ως έργου τέχνης, αποδομεί βεβαιότητες ρεαλιστικής πραγμάτωσης προς χάρη μιας ψυχονευρωτικής αβεβαιότητας και εμπεδώνει την εγκεφαλική υπόσταση της εμπειρίας που αποφασίζεται μέσα σε συνθήκες ψυχικής διαταραχής. Στο πλαίσιο αυτό ο αφηγητής του Καζαντζάκη επινοεί διάφορα αιματηρά σχέδια, που θα γλιτώσουν τον έρωτα και τη ζωή του από το φυσικό θάνατο ως απόρροια φθοράς. Όλες οι διαστάσεις του σχεδίου πρέπει να μετέχουν αισθησιακής πρωτοτυπίας, για να συνταράξουν κάθε έννοια απλού, καθημερινού και, επομένως, επαχθούς ή, ορθότερα, απεχθούς. Το θέμα εντάσσεται στον αισθητισμό, διατηρεί ωστόσο συνδέσεις και με το νιτσεϊσμό, όσον

---

550. Ν. Καζαντζάκης, *Όφις και κρίνο* (επιμ. Έ. Αλεξίου), ό. π., 22.

αφορά την επιβολή της δύναμης· ο ζωγράφος υποβάλλει τη γυναίκα στο βασανιστήριο της φρίκης, επιδεικνύοντας ένα κρανίο μέσα στα σεντόνια, σε μια επίδειξη της ισχύος του δυνατού, για να δει την «εξέλιξη του φόβου» μέσα από τα κλάματα, απ' τους «σπασμούς της φρίκης»[551]· την ίδια στιγμή, μέσα στο αισθητιστικό πλαίσιο όπου τους τόνους δίνει η διαστροφή, εξερευνάται η νεύρωση ενός ανθρώπου που η ψυχική του διάθεση απαιτεί μια νεκροκεφαλή ως διάκοσμο του κρεβατιού, επειδή «είναι το ωραιότερο σύμβολο του Έρωτα το κρανίο του νεκρού και το λαγνότερο στολίδι για κρεβάτια»[552]. Σε άλλη στιγμή ο αφηγητής φαντασιώνεται τους σκελετούς των ερωτευμένων να αγκαλιάζονται, μοτίβο που θα το δούμε να επαναλαμβάνεται στον Ροδοκανάκη. Επίσης, βιάζεται ν' αρπάξει από τη γυναίκα όλα τα φιλιά, ώστε κανένα φιλί να μην της πάρει ο Χάρος, την ίδια στιγμή που αυτός ο ίδιος είναι ο Χάρος.

Σε μια πρώτη ματιά, παρατηρούμε πως ο αισθητισμός βασίζεται στον ύστερο ρομαντισμό της νοσηρότητας, για να δομήσει πάνω στο συνδυασμό νοσηρότητας και ηδονής τη διαστροφή ως ειδοποιό του γνώρισμα. Η νεκροκεφαλή του Άμλετ θα μπορούσε να θεωρηθεί υπέρμετρα ρομαντικό στοιχείο μεσαιωνικής καταγωγής, εγγράφεται ωστόσο στον αισθητισμό, επειδή η παρουσία της αποκωδικοποιείται ως κατάπτωση συναισθηματικών αρχών, ενώ παράλληλα συμφιλιώνεται με το νιτσεϊσμό κωδικοποιώντας την κατάπτωση ανθρωπιστικών αρχών:

> Η χαρά και η αγάπη και η πίστη φαντάσματα της νύχτας του νου εσβήσανε στο πρώτο αιματηρό χαμόγελο της αυγής. Και δεν μας μένει πλειά παρά η κούραση και η κατάρα και η εξάντληση του νου και η οδύνη της Αλήθειας... Καμιά ελπίδα... Ο τάφος είναι η αιώνια νύχτα –το αιώνιο σάπημα των κοκκάλων και των ελπίδων και των σκέψεων[553].

Η αναγωγή αξιών όπως η πίστη, η αγάπη και η ελπίδα σε φαντάσματα του νου συνθέτουν μια διακήρυξη αισθητισμού. Έννοιες όπως η οδύνη της Αλήθειας, η κατάρα, η κούραση και το μεγάλο ανάθεμα διαπλέκονται στο αισθητιστικό επίπεδο της απώλειας των ιδανικών, το οποίο μπορεί να επεκταθεί και μέχρι τις νιτσεϊκές αντιλήψεις της παρακμής. Αυτή τη σύγχυση μπροστά στη συνειδητοποίηση της παρακμής πρέπει

---

551. Ν. Καζαντζάκης, Όφις και κρίνο, ό. π., 81.
552. Ό. π., 82.
553. Ό. π., 85.

να εννοήσουμε μάλλον, όταν ο αφηγητής κάνει λόγο για το «φρικώδες αίνιγμα», που καραδοκεί στις σιαγόνες της νεκροκεφαλής του Άμλετ και που θα ξαναδούμε στα σταυρωτά κόκαλα της νεκροκεφαλής του «Μηδέν και του Απείρου» του Καρυωτάκη και σ' όλη την τρομαχτική ατμόσφαιρα όπου προστίθεται η αιγίδα του τάφου ως αιώνιας νύχτας.

Σ' αυτή τη φάση ο αφηγητής συλλαμβάνει παράλληλα την ιδέα μιας βάρκας μέσα στην οποία οι ερωτευμένοι θα κάνουν το τελικό και αιώνιο ταξίδι τους, εικόνα που θα είναι τόσο ισχυρή μέσα στην καζαντζακική παραγωγή, ώστε να σφραγίσει ακόμη και το τέλος της πολύ μεταγενέστερης Οδύσσειας, έστω και αν η μυθολογική προέλευσή του ενδέχεται να προέρχεται από τη φαραωνική Αίγυπτο. Ο Α. Πουλακίδας πιστεύει πως η συγκεκριμένη σκηνή αποτελεί ακριβή αποτύπωση του πασίγνωστου πίνακα του Boecklin[554] *Toteninsel* (1890)[555]. Πιστεύει επίσης ότι στη νουβέλα του Καζαντζάκη βρίσκει την έκφρασή της και η τέχνη του ζωγράφου Munch μεταξύ άλλων[556]:

> Καθώς η σχέση μεταξύ εραστή κι αγαπημένης γίνεται πιο απελπισμένη και μηδενιστική, μπορούμε να δούμε το *The Death and the Maiden* του Munch (1894) στα λόγια του καλλιτέχνη-εραστή, του απορροφημένου σε σκέψεις θανάτου που καταγράφονται στις 2 Σεπτεμβρίου:
>
> κάτι κλαίει στα φιλιά μας και κάποιο τρίξιμο πεθαμένων κοκάλων γρικιέται στ' αγκαλιάσματά μας κι ένα νεκρώσιμο συντροφιάζει τα χτυποκάρδια της αγάπης μας[557] [...]
>
> Όταν αντιπαραβάλλει κανείς τον ευρέως γνωστό πίνακα του Munch *The Scream* (1895) με την καταχώριση της 15 Νοεμβρίου του διαταραγμένου ζωγράφου: «Και φοβούμαι [...] Αρχίζω να νιώθω [...] Κι

---

554. Ρομαντικός ζωγράφος με αρχική έφεση σε κλασικά τοπία με μεγάλη έκχυση συναισθηματικότητας και κατοπινότερες φανταστικές αναπαραστάσεις με υπερφυσική και συχνά θεατρική ατμόσφαιρα.
555. A. Poulakidas, «Kazantzakis' *Serpent and Lily*», ό. π., 12.
556. Ζωγράφος, ο οποίος, επηρεασμένος από τον κοινωνικό ρεαλισμό, θα περάσει στο νευρωσικό εξπρεσιονισμό, του οποίου θα αναδειχθεί βασικότατος εκπρόσωπος.
557. Το παράθεμα από Ν. Καζαντζάκης, *Όφις και κρίνο*, ό. π., 44.

αμίλητος κάθομαι. –Αδάμ διωγμένος βασιλιάς και θυμούμαι κάποιαν άλλη πατρίδα και κλαίω –κλαίω το απελπισμένο και ολόπικρο κλάψιμο των ορφανών κι εξορισμένων», είναι φανερό ότι ο Καζαντζάκης είχε επίγνωση της διαταραγμένης συνείδησης του Munch, κάτι που μοιράζεται μαζί του και ο πρωταγωνιστής του Καζαντζάκη ο οποίος βιώνει το άγχος ενός προσώπου πάνω στη γέφυρα, ενός ξένου στην εξορία, πολύ πιθανόν σε μια ξένη γη, μόνου, εγκαταλελειμμένου, αγνοημένου από το ζευγάρι που τον προσπερνά και μακριά από τα πλοία που θα μπορούσαν να τον παν πίσω στην πατρίδα[558].

Η κραυγή του ανθρώπου, που αναβιώνει το αμάρτημα της πτώσης του από τον Παράδεισο, ανιχνεύεται, κατά τον Πουλακίδα, ήδη στον πρώτο «Αίνο» της Κυριακής της Τυροφάγου:

> «Οίμοι! Ο Αδάμ εν θρήνω κέκραγεν, ότι όφις και γυνή, θεϊκής παρρησίας με έξωσαν και Παραδείσου της τρυφής ξύλου βρώσις ηλλοτρίωσεν. Οίμοι! Ου φέρω λοιπόν το όνειδος· ο ποτέ βασιλεύς των επιγείων πάντων κτισμάτων Θεού, νυν αιχμάλωτος ώφθην, υπό μιάς αθέσμου συμβουλής· και ο ποτέ δόξαν αθανασίας ημφιεσμένος, της νεκρώσεως την δοράν, ως θνητός ελεεινώς περιφέρω. Αλλά συ Φιλάνθρωπε, ο εκ γης δημιουργήσας με, ευσπλαγχνίαν φορέσας, της δουλείας του εχθρού, ανακάλεσαι και σώσον με».

> Όπως βλέπουμε, η φωνή που κραυγάζει αυτή τη στιγμή δεν είναι απαραίτητα μια ιδιαίτερη φωνή αλλά μια οικουμενική φωνή, η Κραυγή όπως την αντιλήφθηκε ο Bergson […] Είναι οι αναστεναγμοί του Έκπτωτου, του αρχέτυπου, του πρώτου και κατεξοχήν ξένου του δυτικού κόσμου, του Αδάμ…[559]

---

558. A. Poulakidas, «Kazantzakis' *Serpent and Lily*», ό. π., 13-14.
559. Ό. π., 14-15.

Αισθητισμός. Η νεοελληνική εκδοχή του κινήματος

Η προβληματική του έκπτωτου ανθρώπου, όπως την θέτει ο Πουλακίδας, εκφέρεται τόσο με όρους του ρομαντισμού όσο και με όρους του μοντερνισμού, δεν περιορίζεται δηλαδή στο χώρο του αισθητισμού· ωστόσο, η κραυγή του Αδάμ, που βάζει ο Καζαντζάκης στο στόμα του ήρωά του, έρχεται απευθείας από τον πεσσιμισμό του διεθνούς αισθητισμού, που έδωσε στην απώλεια του Παραδείσου μιαν αμετάκλητη χροιά σε σχέση και με τις απόλυτες αντιλήψεις των δυτικών δογμάτων περί αμαρτίας και κόλασης. Η άνετη κίνηση του Καζαντζάκη ανάμεσα στα χρονικά επίπεδα και τη διαφορετικότητα των κειμένων, απ' όπου παίρνει ερεθίσματα, τον φέρνει αβίαστα στην *Παλαιά Διαθήκη* και τη *Γένεση*, για να αντλήσει την απάντηση στο αισθησιακό αδιέξοδο του *Όφις και κρίνο* από τη διήγηση του προπατορικού αμαρτήματος και το διάλογο του πρωτόπλαστου ανθρώπου με τον όφι.

Ο πρωταγωνιστής του Καζαντζάκη μετέχει εδώ στο απαισιόδοξο κοίταγμα των δυτικών αισθητών: η ορθολογική τους πίστη, κραδαίνοντας το φόβο της τιμωρίας, συντείνει στην οριστική απόρριψη κάθε ελπίδας για λύτρωση. Βγάζει, λοιπόν, κι αυτός τη δική του αδαμιαία κραυγή: «Είμαι ήσυχος. Είμαι ήσυχος γιατ' είμαι απελπισμένος» (εγγραφή της 2ης Μαρτίου)[560]· έχει ήδη αρχίσει να μορφώνεται η άρνηση, που θα συνοδεύσει όλη την κατοπινή καζαντζακική πορεία και θα ολοκληρωθεί στην κορύφωση του «δεν φοβούμαι τίποτε, δεν ελπίζω τίποτε, είμαι λέφτερος»· η συμπύκνωση του λόγου στις δυο παραπάνω περιπτώσεις υπογραμμίζει τη συνοχή της αφοριστικής αισθαντικότητας του αφηγητή του *Όφις και κρίνο* με τον δημιουργό του, τον συγγραφέα Καζαντζάκη.

Όσον αφορά την πορεία του συγκεκριμένου έργου, η δήλωση «Είμαι ήσυχος γιατ' είμαι απελπισμένος», συγκλονιστική στην ειλικρίνειά της, σηματοδοτεί την αρχή του τέλους. Η συναίσθηση του εαυτού έχει ολοκληρωθεί και η αποδοχή μιας αλήθειας που ισοδυναμεί με αυτοκτονία γίνεται με απλή συγκατάβαση. Πρόκειται ασφαλώς για μια αντισυμβατική αντίληψη, η οποία, αναστρέφοντας τη φυσιολογική τάξη πραγμάτων, καθιστά το αφήγημα αισθητιστικό. Το ίδιο ισχύει και για την ανορθόδοξη τροπή της πλοκής του έργου. Τα σημαινόμενα αλλάζουν χαρακτήρα και αντιμεταφέρονται στρεβλώνοντας τις έννοιες. Μέσα στην έννοια της διαστροφής σημαίνεται εκ νέου και ο θάνατος:

---

560. Ν. Καζαντζάκης, *Όφις και κρίνο*, ό. π., 94.

Μια χαρά παράξενη ανεβοκατεβαίνει στα στήθη μου... Θα πλεχτώ γύρω της και θα της ζητήσω το αιώνιο φιλί... Ω Δύστυχη!... νιώθω δεν θα μπορούσα ν' αντισταθώ στον πόνο Σου, αν η γλύκα του Θανάτου δεν χυνότανε κυρίαρχη μέσα στην ψυχή μου. Ω το Μεγάλο Ταξίδι!... Αν δεν μπορεί να μας φέρει στην αιώνια γαλήνη η μυρωδιά των λουλουδιών – έχω μαζί μου, στερνή ελπίδα, πολύτιμο δηλητήριο που φέρνει την αιώνια χαρά, τη Μεγάλη Χαρά, χωρίς πόνο[561].

Ο τάφος σημαίνει τη σήψη που δεν επιδέχεται αναστροφή. Μέσα σε μια έξαρση λαγνείας ο αφηγητής του *Όφις και κρίνο* αναφωνεί: «Είσαι όμορφη. Όμορφη σαν την αμαρτία κι ωσάν τον θάνατο όμορφη»[562]. Οι συνάψεις κρατούν σ' ένα δίχτυ την αμαρτία, την ομορφιά, την ηδονή και το θάνατο. Στον αισθητισμό ο θάνατος συνδέεται με την ηδονή, σύνδεση που συνεπάγεται τη σύζευξη θανάτου-ηδονής-εγκλήματος, στο κυνήγι πάντοτε και της εκλεπτυσμένης πρωτοτυπίας. Πρόκειται για τη διαφυγή του αισθητισμού από τα στερεότυπα που του κληροδότησε «εκούσια ή ακούσια» ο ρομαντισμός. Ο θάνατος γίνεται έργο τέχνης και ο τάφος μεταφέρεται στο κρεβάτι της ηδονής ή, αντίστροφα, το κρεβάτι, όπου οι δυο εραστές δοκιμάζουν πόθο και έκσταση, γίνεται ο τάφος που θα τους τυλίξει και θα τους τραβήξει μαζί στη λήθη· στην κόχη του κάποιος ενεδρεύει και «κάποιο προαίσθημα σκορπάται στα σεντόνια που μοιάζουν σάββανα» (εγγραφή της 26ης Σεπτεμβρίου)[563].

Ο θάνατος αποτελεί επιστέγασμα της παράνοιας και των νευρώσεων, που βίωσε ο αφηγητής στη διάρκεια της ερωτικής ιστορίας. Δεν είναι τυχαίο ότι η κατάληξη του δράματος τερατουργείται την 25η Μαρτίου, ημέρα που ο κρίνος[564] ευαγγελίζεται τη σωτηρία του ανθρώπου, ημέρα που φέρει το χαρμόσυνο μήνυμα της ζωής. Η ημέρα που συμβολίζει την υπόσχεση ανάκτησης του χαμένου Παραδείσου γίνεται ημέρα θανάτου για τον ζωγράφο και το ταίρι του. Το θέαμα, που αντικρίζουν ο φίλος του ζωγράφου και ο υπηρέτης του, όταν ανοίγουν την πόρτα του δωματίου, αποκαλύπτει τη διπλή εγκληματική ενέργεια:

---

561. Ν. Καζαντζάκης, *Όφις και κρίνο*, ό. π., 96.
562. Ό. π., 22.
563. Ό. π., 52.
564. Επισημαίνουμε ότι στις καθολικές απεικονίσεις του Ευαγγελισμού ο άγγελος κρατά κρίνο, ενώ στην ορθόδοξη αγιογραφία ο άγγελος κρατά ρομφαία.

Εκείνη είχε συρθεί ίσα με το παράθυρο, για να τ' ανοίξει, φαίνεται. Τα λουλούδια στα πόδια της, κάτω από το παράθυρο ήσαν πατημένα, ζουλισμένα τα δάχτυλά της ήσαν αιματωμένα –όλα έδειχναν πως επάλεψεν απελπισμένα η δύστυχη ν' ανοίξει το παράθυρο και ν' αναπνεύσει –μα εκείνος δεν την αφήκε.

Κι είχε πέσει χλωμή κι εξαντλημένη με τα μάτια μεγαλωμένα από τον τρόμον. Ένας σπασμός φρίκης και φόβου –και μίσους– παραμόρφωνε το όμορφο, το αγνό της πρόσωπο. Και το λυγερό της σώμα είχε ξαπλωθεί απελπισμένο και νεκρό απάνω στα λουλούδια. Εκείνος μ' ένα ήρεμο χαμόγελο είχε ξαπλωθεί χάμαι στο πλάι κι είχε ρίξει τα χέρια του μ' ένα κίνημα ανέκφραστο αγάπης γύρω στο λαιμό της[565].

Η πραγματικότητα, με την ισορροπημένη εκτίμηση των στοιχείων, δείχνει ότι ο ζωγράφος στραγγάλισε τη γυναίκα· ο αναγνώστης, όμως, που πέρασε τη γέεννα του πυρός μαζί με τον αλλόκοτο καθοδηγητή του στο δρόμο της αίσθησης, ο αναγνώστης, που μυήθηκε στην αρρώστια, έχει στο μεταξύ σχηματίσει την εντύπωση ότι η αγαπημένη του ζωγράφου πνίγηκε μέσα στις αναθυμιάσεις των λουλουδιών· γιατί γι' αυτόν τον αναγνώστη, τα λουλούδια έχουν γίνει ένα με την ηδονή και με το θάνατο.

Τα λουλούδια, που σ' όλη τη διάρκεια του έργου στέγασαν έναν έρωτα σφοδρό, τελικά στέγασαν το θάνατο· στόλισαν την ύπαρξη της πρωταγωνίστριας και τώρα γίνονται το στολίδι στο νεκροκρέβατό της. Η ελκυστική ομορφιά της Αγαπημένης δανείστηκε πάντα από τις ευωδιές των λουλουδιών μέρος της υπόστασής της και, ωσμωτικά, προσέλαβε τη σάρκα τους. Τα λουλούδια υπήρξαν το γόνιμο περιβάλλον για τις στιγμές της σαρκικής ένωσης των δύο εραστών και αλληγορία της οργιώδους παράδοσης στη στειρότητα του θανάτου.

Γενικά, στην εργογραφία του αισθητισμού ο θάνατος μέσα σε λουλούδια είναι μοτίβο που επανέρχεται συχνά. Μιλούμε για ένα σταθερό πλαίσιο έργου, πρόσφορο σε δυνατότητες αξιοποίησης όσον αφορά τη διακύμανση της αίσθησης. Δεν είναι τυχαίο το πώς ο Baudelaire οραματίζεται το θάνατο των εραστών στο ομώνυμο ποίημά του:

---

565. Ν. Καζαντζάκης, Όφις και κρίνο, ό. π., 99.

> Κρεβάτια θα 'χουμε άνθινα, γεμάτα αιθέρια μύρα,
> ντιβάνια ολοβελούδινα σαν μνήματα βαθιά,
> στις εταζέρες λούλουδα παράξενα τριγύρα,
> που άνοιξαν μοναχά για μας σε μέρη μαγικά.
>
> Και ποια την άλλη να υπερβεί στην ύστατη φωτιά τους,
> οι δυο καρδιές μας –σαν τρανές λαμπάδες δυο– μαζί
> θα διπλοκαθρεφτίσουνε το διπλοφώτισμά τους
> στα πνεύματά μας που 'ναι δυο καθρέφτες αδερφοί[566].

Το νεκροστόλισμα με λουλούδια ήταν θέμα πολύ προσφιλές στους αισθητιστές, συχνά μάλιστα το στόλισμα των ωραίων και νέων νεκρών. Στο καβαφικό ποίημα «Κηδεία του Σαρπηδόνος» χύνουν αρώματα πάνω στο λευκό σώμα του ήρωα με τα ωραία μέλη[567]· «με ρόδα στο κεφάλι και στα πόδια γιασεμιά – σαν σώματα ωραία νεκρών που δεν εγέρασαν» μοιάζουν οι καβαφικές «Επιθυμίες» που «επέρασαν χωρίς να εκπληρωθούν»[568]· στους «Αλεξανδρινούς βασιλείς», ο Καισαρίων είναι ο τραγικός μελλοθάνατος έφηβος που, χωρίς να υποψιάζεται το θάνατό του, καμαρώνει μέσα στη θεατρικότητα της τελετής και στο επίκεντρο μιας άνθινης, αλλά τεχνητής, πλημμύρας: το μετάξι της φορεσιάς του είναι τριανταφυλλί και «στο στήθος του ανθοδέσμη από υακίνθους [κοσμήματα]», «η ζώνη του διπλή σειρά σαπφείρων κι αμεθύστων, δεμένα τα ποδήματά του μ' άσπρες κορδέλες κεντημένες με ροδόχροα μαργαριτάρια»[569]. Τα λουλούδια τυλίγουν τον ζωντανό νεκρό ως αποχρώσεις ή παγιώνονται σε πολύτιμους λίθους, που και πάλι –με τη χάρη του τεχνητού αυτή τη φορά– γίνονται τιμαλφή μιας νεκρώσιμης τελετής.

Όπως είδαμε, στον παλαμικό «Θάνατο παλικαριού» ο πρωταγωνιστής μετατρέπει από μόνος του το κρεβάτι, όπου κείτεται σακάτης, σε νεκροκρέβατο. Καλεί τους κατοίκους του χωριού να πάνε με λουλούδια να τον στολίσουν και βάζει τη μάνα του να αρχίσει το μοιρολόγι. Και πάλι τα λουλούδια είναι δηλωτικά του θανάτου, της απόφασης δηλαδή που παίρνει ο ήρωας. Μια άλλη ζωντανή νεκρή, που αρνείται όμως να το αποδεχτεί, είναι, όπως επίσης είδαμε, η Βεργινία στην *Κερένια κούκλα*

---

566. Μπωντλαίρ, «Ο θάνατος των εραστών», *Τα Άνθη του Κακού*, μτφρ. Γ. Σημηριώτης, Αθήνα, Γράμματα, 1991, 117.
567. Κ. Π. Καβάφης, *Ποιήματα*, ό. π., 207.
568. Ό. π., 188.
569. Ό. π., 39.

του Χρηστομάνου· όταν, μετά την ερωτική συνάντησή τους, η Λιόλια και ο Νίκος γυρίζουν στο σπίτι, ο Νίκος σκορπά ενθουσιασμένος πάνω στην κατάκοιτη σύζυγό του τα λουλούδια που μάζεψαν. Τότε αυτή αγανακτεί και τα πετά από πάνω της, φωνάζοντας να της τα απλώσουν στην κηδεία της. Η διαμαρτυρία ενάντια στην αρρώστια της έχει αφορμή τα λουλούδια· όσο κι αν τα απομακρύνει από κοντά της, η οδυνηρή αλήθεια του επικείμενου θανάτου της είναι φανερή στα μάτια όλων.

Ο Νιρβάνας στις «Κακές μυροφόρες» δημιουργεί μια έντονα αισθητιστική σκηνή, όταν ανοίγει η πόρτα του σπιτιού, για να βγάλουν έξω το φέρετρο με τον λεπρό. Εκείνη τη στιγμή η μυρωδιά της αρρώστιας αναμιγνύεται με την πνιγηρή ευωδιά των τριαντάφυλλων που περιστοιχίζουν το σπίτι. Αυτή η τελευταία απόπνοια της αρρώστιας, που φιλτράρεται μέσα από την πνοή των λουλουδιών, καθώς συνοδεύει το νεκρό, αποδεσμεύει αισθησιασμό μέσα από τη σύγκρουση και τη συγχώνευση της δυσωδίας με την ευωδία, του θανάτου με τη ζωή, του μαρασμού με την άνθιση. Ο αισθησιασμός, που απελευθερώνεται ως επιτέλεση της μετά θάνατον δικαίωσης, αλλά προπάντων η συναίρεση ετερογενών ιδιοτήτων στην παραγωγή του αισθησιακού αποτελέσματος συνιστά ακριβές παράδειγμα αισθητισμού.

Σε σχέση με το *Όφις και κρίνο* το θέμα αποκτά μεγαλύτερη σημασία, αφού δεν πρόκειται απλώς για θάνατο αλλά για δολοφονία με λουλούδια. Το μοτίβο ανακαλεί τον τρόπο με τον οποίο δολοφονούσε ο Ηλιογάβαλος, ο «παρανοϊκός» ή διεφθαρμένος Ρωμαίος αυτοκράτορας της παρακμής, με έκλυτο βίο, νοσηρή ιδιοσυγκρασία και εγκληματικές ροπές. Ο συγκεκριμένος αυτοκράτορας της ρωμαϊκής παρακμής αποτέλεσε συχνή προτίμηση των αισθητιστών μεταξύ των άλλων αυτοκρατόρων της αυγούστειας εποχής, που συγκέντρωσαν το ενδιαφέρον του αισθητισμού. Παραλλαγές του θέματος μπορούμε να βρούμε σε ομόλογο ποίημα του Γρυπάρη (πιθανότατα το πρώτο ελληνικό κείμενο πάνω στο θέμα[570]) αλλά και στο πεζό ποίημα «Τα ρόδα του Ηλιογάβαλου» του Καμπύση[571].

Η μορφή του αφηγήματος του Καμπύση είναι διάλογος που διαμείβεται μεταξύ δύο φίλων, ουσιαστικά όμως μονόλογος του ενός, που

---

570. Ι. Γρυπάρης, «Τα ρόδα του Ηλιογάβαλου» (*Σκαραβαίοι 1894-1899*), *Άπαντα* (επιμ. Γ. Βαλέτας), Αθήνα, Δωρικός, ²1967, 158 (αυτόγραφο), 160.
571. Πρωτοδημοσιευμένο στη *Φιλολογική Ηχώ* της Κωνσταντινούπολης στις 25.5.1896, 133-134· το παράθεμα στο *Η παλαιότερη πεζογραφία μας. Από τις αρχές της ως τον πρώτο παγκόσμιο πόλεμο 1900-1914*, τ. 9, Αθήνα, Σοκόλης, 1997, 149-151.

αναστατώνεται από το παράδειγμα σπουδαίων ανθρώπων και θέλει με κάποιο τρόπο να πραγματοποιήσει τη φιλοδοξία του για τη διασημότητα. Ο τρόπος, που βρίσκει, είναι να πεθάνει σφιχταγκαλιασμένος με μια ωραία κοπέλα μέσα σε βροχή από ροδοπέταλα. Αντλεί εδώ από την ιστορία του Ηλιογάβαλου και ζητά απεγνωσμένα δύναμη από τον Ρωμαίο αυτοκράτορα, για να αδράξει ικανοποίηση εκτελώντας το σχέδιό του. Το ασύμβατο του σχεδίου του θα θεωρούνταν τρέλα μετά από τόσους αιώνες, αυτός όμως δεν νοιάζεται παρά για τη μεγάλη απόλαυση:

> Στο μυαλό μου αυτή τη στιγμή τα ρόδα πέφτουν και το πλημμυρίζουν. Μα δε μ' αρκεί. Δώσ' μου τη δύναμη να φέρω εδώ μια γυναίκα, όποια, όμορφη να 'ναι και να την αγαπήσω στη στιγμή, να πλέξουμε με φιλήματα στην τριανταφυλλιά θάλασσα που θα μας κουκουλώνει σιγά σιγά από τα ρόδα που θα πέφτουν από το ταβάνι [...] Πλημμύρα τέτοια να μας πνίξει και τους δυο μαζί και ποτές να μην ξαναφανεί πια και το ελάχιστο σημάδι μου [...][572]

Ο πνιγμός των ερωτευμένων μέσα στα λουλούδια συνέχεται με τον κατακλυσμό από τριαντάφυλλα, που πέφτουν μέσα στο μυαλό του πρωταγωνιστή, υπενθυμίζοντας το *Όφις και κρίνο*, με τη διαφορά ότι εδώ λείπει η βία του *Όφις και κρίνο*· υπάρχει όμως η τέλεια στιγμή του έρωτα ή η τέλεια στιγμή λειτουργίας του μυαλού, η οποία ταυτίζεται με τη στιγμή του πνιγμού μέσα στην ευωχία του αρώματος και της βροχής από πέταλα.

Ο Ηλιογάβαλος υπήρξε δολοφόνος στην εποχή του – έστω και με λουλούδια· ο ήρωας, ωστόσο, του ομώνυμου διηγήματος του Καμπύση μεταφέρει την ιδέα του και στο επίπεδο της καλλιτεχνίας βλέποντας ως Ηλιογάβαλους τόσο τον Ολλανδό ζωγράφο Alma Tadema όσο και τον πεζογράφο Παλαμά, που και αυτοί είχαν το τάλαντο να δουν τον πόθο τους να παίρνει παρόμοιο σχήμα[573]. Ζητά, λοιπόν, τουλάχιστον αυτή

---

572. Ό. π., 150.
573. Στο ποίημα του Γρυπάρη «Τα ρόδα του Ηλιογάβαλου» θα μπορούσαμε να ανιχνεύσουμε ίσως το πρώτο ελληνικό έργο όπου εμφανίζεται το θέμα. Λαμβάνουμε επίσης υπόψη ένα σχολιασμό του Γ. Καμπύση στο περ. *Η Τέχνη* όπου ένα τετράστιχο του «Algabal» του Stefan George αξιοποιείται εικαστικά· το τετράστιχο αποδίδει ζωγραφιά της άσπρης αίθουσας του παλατιού του Ηλιογάβαλου και δίνει την αφορμή στον Καμπύση να συνδέσει το ζωγραφικό πίνακα με την «audition colorée», την έγχρωμη ακρόαση, την ένωση δη-

τη μεταφορική δύναμη και γράφει σε μικρό πεζό ποίημα: «Ρόδα θα κατεβάσω, που θα πλημμυρίσει η κάμαρά μας και θα μας κουκουλώσει και τους δυο μας. Εκεί θα πνίξω τον πόθο μου. Τώρα ξεχωρίζω τι θέλω να πω [...] Τα λόγια είναι για μένα το διάδημα του αυτοκράτορα και το πινέλο του καλλιτέχνη»[574]. Εδώ αποδεικνύεται ότι ο αισθητισμός, ακόμη και στην απεικόνιση του εκτρωματικού, είναι θηρευτής του έξοχου, που κατά κανόνα απέχει ανέφικτα από το πραγματικό. Έπειτα, το γεγονός ότι αυτή η «τραγική κωμωδία»[575] είναι μια πόζα που λαμβάνει χώρα μέσα σε κλειστό δωμάτιο και τίποτε δεν την θυμίζει, όταν πια οι δυο φίλοι βγαίνουν στον καθαρό αέρα, καταδεικνύει το τεχνητό ή, ορθότερα, καταδεικνύεται ως τεχνητό, ως άνθος θερμοκηπίου, παραπέμποντας στο χαρακτηρισμό του Παλαμά για το *Βυσσινί τριαντάφυλλο* του Ροδοκανάκη: «Γύρω στο βυσσινί τούτο τριαντάφυλλο, που δεν το χάιδεψε σε κανένα περιβολάκι ο δροσερός αέρας και της μέρας το φως, αλλά πιο πολύ σε θερμοκήπιο μέσα η ζέστα που αγκαλιάζει ηδονικά κάποια σπάνια και ξωτικά λουλούδια [...]»[576].

Παρακολουθώντας τη ροή της καζαντζακικής αφήγησης μέσα στις τέσσερις εποχές του *Όφις και κρίνο*, μπορούμε συνοπτικά να παρατηρήσουμε ότι τα στοιχεία που φέρνουν το αφήγημα κοντά στο διεθνή αισθητισμό είναι τα περισσότερα:

Η εξάπλωση των αισθήσεων στο δίκτυο του κειμένου, που ανάγει τη ρητορική σε ζήτημα θεματικής και το ύφος σε θέμα του αισθητισμού, επικοινωνεί αναμφίβολα με την ευρωπαϊκή ποιητική του κινήματος. Η διάχυση των αισθήσεων, που διαμεσολαβεί το λόγο της ηδυπάθειας μέσα από το βιβλικό λόγο, ιδιαίτερα του *Άσματος Ασμάτων*, σημαίνει την ασφαλή επανάκαμψη στη μεταφυσική ανησυχία, της οποίας η έλλειψη υπήρξε επώδυνο κέντρο αυτοσυνειδησίας του αισθητισμού, ενώ το κενό της θεραπεύθηκε με πλήρωση από αισθησιασμό.

Η επικυριαρχία του αισθησιασμού δεν υπερκαλύπτει την άλλη βασική διάσταση, που εγγράφει το κείμενο στον αισθητισμό και που είναι το τεχνητό. Η προσήλωση στο τεχνητό εκφράζεται καταρχήν μέσα από τη δόμηση της όλης εμπειρίας ως έργου τέχνης. Η τελική αναγωγή της αισθησιακής σχέσης του ζευγαριού σε εικαστική αποτύπωση στο πλαίσιο

λαδή ορισμένων ήχων με ορισμένους χρωματισμούς (Γιάννης Καμπύσης, «Ο Στέφανος Γκεόργε», *Η Τέχνη* 2 (1899) 282).
574. Ό. π.
575. Ό. π., 151.
576. Κωστής Παλαμάς, «Τα έργα της φαντασίας. *Το βυσσινί τριαντάφυλλο*», *Ο Νουμάς* 7, 331 (1909) 1.

ενός ζωγραφικού πίνακα, η απόληξη της σχέσης του όφι με τον κρίνο ως αναπαράσταση ενός έργου τέχνης αποτελεί ευθεία αναφορά του κειμένου στο τεχνητό. Πέρα από τη μεταστοιχείωση της αισθησιακής σαρκικότητας σε έργο τέχνης, ο εγκλεισμός της αισθησιακής εμπειρίας στη σφαίρα του έργου τέχνης προαναγγέλλεται ήδη από τον εγκλεισμό του ζωγράφου και του μοντέλου του μέσα στον απομακρυσμένο πύργο, που ως μεταφορά θερμοκηπίου ευνοεί την ανάπτυξη μιας τεχνητής ιστορίας.

Στο πλαίσιο της πραγμάτωσης του τεχνητού μελετάται η επισφράγιση της ερωτικής ιστορίας με έγκλημα, με την αναγωγή του εγκλήματος σε έργο τέχνης. Η διαστροφή του ωραίου με την υπαγωγή του στο έγκλημα, καθώς η ομορφιά εξυμνείται, για να οδηγηθεί τελικά στο θάνατο, η διαστροφή του πάθους, με άλλα λόγια η σύζευξη του έρωτα με τη βία συναποτελούν πλευρές της καλλιτεχνικής δημιουργίας του ζωγράφου αλλά και μια εναλλακτική εκδήλωση της απόσυρσης του καλλιτέχνη και της δημιουργίας του από τον πολύ κόσμο. Σε όλα τα παραπάνω, που αποτελούν εκφάνσεις της ιδιότητας του αισθητή να αποστασιοποιείται από το αίσθημα, αλλά και του Υπερανθρώπου, από διαφορετική οπτική, μπορεί να προστεθεί το μοτίβο της μοιραίας γυναίκας με το ελκυστικό, ερωτικό και αρωματισμένο σώμα και τις υποχθόνιες διαθέσεις. Στο Όφις και κρίνο καταλαμβάνει τη μισή persona της ηρωίδας, διαφθείροντας την κρινένια ύπαρξη της άλλης μισής. Στις Σπασμένες Ψυχές (1909-1910) το θέμα αποκτά άλλη έκταση και βάθος, καθώς διασπάται σε δυο αντίρροπες προσωπικότητες, που ενσαρκώνουν οι πρωταγωνίστριες του έργου.

Από την άλλη πλευρά υπάρχουν στο Όφις και κρίνο αμιγή στοιχεία που αποδίδουν την ιδιαίτερη ταυτότητα του νεοελληνικού αισθητισμού, όπως η λατρεία για τη σάρκα της ελληνικής γης και η αναπαραγωγική δύναμη που αναδύεται από τα χώματά της ανάγοντας την καταγωγή της στην αρχαιότητα. Τα στοιχεία αυτά δηλώνουν εδώ μια παρουσία σε στάδιο πρώιμης εμφάνισης, ενώ θα βρουν την πληρέστερη έκφρασή τους σε πεζά ποιήματα του 1906-1907 και στις Σπασμένες Ψυχές.

Πολλά θέματα του Όφις και κρίνο θα τα συναντήσουμε σχεδόν αυτούσια και στις Σπασμένες Ψυχές. Ο αγώνας για την κατάκτηση της ζωής –με τελεολογική έννοια–, το φίδι με όλες τις παραλλαγές στη σημασία του, τη γυναίκα-κτητική και μοιραία σαν την Αστάρτη ή εύθραυστη σαν το λουλούδι. Ο διχασμός του πάθους ανάμεσα σε τρία πρόσωπα είναι, επίσης, θέμα που επανέρχεται αισθητιστικά και σε αφηγήματα άλλων, όπως το *Ridi Pagliazzo* της Γ. Καζαντζάκη και *Η* κερένια κούκλα του Χρηστομάνου. Στον κύκλο αυτών των ερώτων σημειώσαμε ήδη συνάφειες με το *Άσμα Ασμάτων* του Επισκοπόπουλου, ο οποίος ωστόσο δίνει στο δικό του ερωτικό ύμνο αίσια κατάληξη.

Είναι αρκετά προφανές ότι τα θέματα του *Όφις και κρίνο* κινούνται μέσα σε χώρους της αισθητιστικής προβληματικής, όπως την γνωρίσαμε στη Δύση αλλά και όπως εκφράστηκε από τους Νεοέλληνες αισθητιστές. Εκτός από την παρακμιακή υφή των θεμάτων άλλωστε, η διαπλοκή τους γίνεται πάνω στη βάση της διαστροφής ή της ανάστροφης διαδικασίας, ειδοποιού γνωρίσματος του αισθητισμού. Είναι ωστόσο χρήσιμο να λαμβάνει κανείς υπόψη, κατά την ανάγνωση του κειμένου, τις ρομαντικές, κατά βάση, καταβολές του, οι οποίες δίνουν στην αφήγηση ένα χαρακτήρα πρωτόλειου. Δεν μπορεί, από την άλλη, ν' αγνοήσει κανείς το γεγονός ότι πολλά από τα θέματα αυτά θα συνεχίσουν να επανέρχονται και στη ρεαλιστική περίοδο του Καζαντζάκη.

Άσχετα, πάντως, από το γεγονός της αισθητιστικής ανάπλασης ρομαντικών θεμάτων, η ουσία παραμένει ότι τα περισσότερα θέματα του *Όφις και κρίνο* τα έχουμε δει και θα τα ξαναδούμε σε κείμενα του αισθητιστικού κινήματος της εποχής, πιστοποίηση που θα μπορούσε να θεωρηθεί επαρκής για την ένταξη του κειμένου στον αισθητισμό. Μπορούμε, μάλιστα, να πούμε ότι η ιδιαίτερη δυναμική του Καζαντζάκη ως λογοτέχνη δεν καθηλώνει το κείμενό του στη μονοδιάστατη κατεύθυνση μιας διαβρωτικής παρακμής αλλά την ενισχύει με τη διάσταση ενός σαρκικού παγανισμού. Σ' αυτό το σημείο εντοπίζεται η καινούρια ταυτότητα του νεοελληνικού αισθητισμού, της οποίας βασικός πρωτεργάτης υπήρξε ο Καζαντζάκης και ο οποίος αναμόρφωσε αργότερα το ίδιο αυτό ανανεωτικό στοιχείο δίνοντάς του καίρια θέση στη λογοτεχνία της ωριμότητάς του.

Επόμενο χρονολογικά κείμενο του Καζαντζάκη είναι το δοκιμιακό άρθρο «Η αρρώστεια του αιώνος» (Μάρτιος-Απρίλιος-Μάιος 1906)[577]. θέμα του είναι η μόλυνση που στιγματίζει την ανύποπτη αφέλεια με την επίγνωση της αδυναμίας, ένας λοιμός που είναι και βάπτισμα πυρός· ο Καζαντζάκης χρησιμοποιεί εδώ, όπως και στο *Όφις και κρίνο*, το ψευδώνυμο Κάρμα Νιρβαμή. Το ψευδώνυμο αυτό έχει αποκαλυφθεί από τον Γ. Κεχαγιόγλου[578] ως ακρωνύμιο που συνενώνει τα ονόματα του Καζαντζά-

---

577. Κάρμα Νιρβαμή [=Ν. Καζαντζάκης], «Η αρρώστεια του αιώνος», *Πινακοθήκη* 6 (1906-1907) 8-11, 26-27, 46-47· αναδημοσίευση στη *Νέα Εστία* 63 (1958) 691-696.
578. Κα(ζαντζάκης), ρμα (από το όνομα της μητέρας του Μαρίας), Νι(κος) (το μικρό του όνομα), ρβα (ανεστραμμένη αναγραφή από το όνομα της γενέτειράς του, το χωριό

κη, της μητέρας, του πατέρα του και του τόπου καταγωγής του, που είναι το χωριό Βαρβάροι στην Κρήτη. Δεν είναι τυχαίο βέβαια ότι επιλέγει ως ομπρέλα, για να στεγάσει αυτό το συνδυασμό, δυο έννοιες κλειδιά της ανατολικής φιλοσοφίας. Η λέξη «κάρμα» και η λέξη «νιρβαμή», με καταγωγή από το «νιρβάνα», δίνουν εκτός από τον εξωτισμό της Ινδίας και το δίδυμο πράξη / δικαιοσύνη-αταραξία μέσα στην ινδουιστική, και κατόπιν στη βουδιστική, θρησκευτική φιλοσοφία. Πρόκειται ίσως για σύμπτωμα μιας ευρύτερης προτίμησης της νεοελληνικής ινδολογίας, που είχε κυρίως επτανησιακή προέλευση και γερμανικές επιδράσεις, πολύ σχετικής με τη γοητεία που ασκούσε τότε ο Νίτσε με τον περσικής καταγωγής Ζαρατούστρα του και που φάνηκε καλύτερα στο αφήγημα του Θεοτόκη «Το πάθος». Η ινδική φιλοσοφική παρουσία δεν περιορίζεται στον Καζαντζάκη ή τον Θεοτόκη· υπάρχει και σε άλλους συγγραφείς, της εποχής, όπως για παράδειγμα στον Παλαμά με το μικρό πεζό του «Τα μάτια του Κουνάλα», που εξετάσαμε σε προηγούμενο κεφάλαιο.

Το δοκίμιο του Καζαντζάκη, σε μια εκ του σύνεγγυς ανάγνωση, φανερώνεται ως οικουμενική ψυχογραφία της ανθρώπινης παρουσίας κατά την πορεία της μέσα στους αιώνες, τελικά όμως ως επώδυνη ανατομία του ανθρώπου, ο οποίος εγκαταλείποντας την αφέλεια του ενστίκτου επιζήτησε τη λογική διαπράττοντας την ύβρη της γνώσης. Έτσι, ουσιαστικά, το δοκίμιο εξετάζει διχοτομικά δύο καταστάσεις: την κατάσταση της απόλυτης ευτυχίας του ανθρώπου –όταν στην αρχή της δημιουργίας συνταιριαζόταν με την παραδείσια αρμονία του σύμπαντος– και την κατάσταση της δυστυχίας, της εκλογίκευσης και του ανθρώπινου ευτελισμού. Η διαφορά στις εικόνες ανάμεσα στο «πριν» και το «μετά» του ανθρώπινου γένους είναι έντονη:

> Οι πρώτοι άνθρωποι ήσαν αφελείς, η καρδιά των ήταν απλή, και ήρεμες, μεγάλες γραμμές ζωγράφιζαν την ψυχήν των. Η φύσις ξεσκεπάζεται σαν θαύμα και σαν χαμόγελο μπροστά των. Όλα γι' αυτούς ήσαν ζωντανά και παρθένα. Η κρίσις δεν είχεν αναπτυχθεί ακόμα και δεν εδηλητηρίαζεν όλες τις χαρές και δεν μπορούσε να βρει κάτω από την λαμπράν επιφάνειαν την μηδαμινότητα και την οδύνη. Ο εσωτερικός άνθρωπος δεν είχε εγγιχθεί ακόμη από τις λεπτόλογες

Βαρβάροι), μή (τα πρώτα γράμματα από το όνομα του πατέρα του Μιχαήλ) (Γ. Μ. Κολιόπουλος, *Ταξιδευτές με τον «Δυσέα» Νίκο Καζαντζάκη*, Αθήνα, Βασιλόπουλος, 2008, 120).

ψυχολογικές παρατηρήσεις από την ανάλυση και από την επιστήμη[579].

Όλα, σ' αυτό το «πριν», είναι απλά, δυνατά, ενστικτώδη και βιώνονται με τον πρωτόγονο, πρωτόγνωρο τρόπο της αμεσότητας και της άνεσης. Σ' αυτό το κλίμα ευφορίας, που έχει ίσως κάποιους μακρινούς απόηχους του ρουσσωικού και γκεσνερικού Διαφωτισμού αλλά κυρίως προσδιορίζεται ως ηδονική και σαρκική ελευθερία, εντάσσεται από τον δοκιμιογράφο ο κόσμος των αρχαίων Ελλήνων, οι οποίοι βρίσκονται σε άνεση με τη φύση, με τη ζωή, με τα συναισθήματά τους που τους φέρνουν στο κάλλος και στο πάθος. Αν ο αρχαιοελληνικός κόσμος προβάλλεται ως πρότυπο ολοκλήρωσης του ανθρώπου, ένας αρχαιοελληνικός μύθος χρησιμοποιείται, ωστόσο, ως παράδειγμα για τη στρέβλωση της αρχικής ανθρώπινης αθωότητας. Πρόκειται για τον τραγικό μύθο του Οιδίποδα. Ο άνθρωπος του fin-de-siècle αντικρίζεται ως αντανάκλαση του Οιδίποδα και το «βασανιστήριο του αιώνα» δεν είναι παρά η ιστορία του αρχαίου τραγικού ήρωα:

> Τίποτα δεν είμαστε παρά πληγωμένα, κουρασμένα ποδάρια. Μια Ειμαρμένη σκληρή κι αμάλαχτη πλακώνει τα μέτωπά μας. Μοιάζει η ψυχή του ανθρώπου με το δυστυχή Οιδίποδα των περασμένων καιρών. Θυμάστε τη λαχτάρα του και την αγωνία του να μάθει – να μάθει ποιος είναι, τι έγκλημα έκαμε, ποια γυναίκα έχει στο κρεβάτι του. Προχωρεί ωχρός κι αμίλητος και ζητά να τα μάθει όλα [...] Όλα. Και τα έμαθε κι ετυφλώθη. Η ψυχή μας μοιάζει με τον Οιδίποδα. Διά μέσου των αιώνων η ψυχή μας τίποτε άλλο δεν έπαιξε παρά την τραγωδία του Σοφοκλέους: τον Οιδίποδα Τύραννον[580].

Η πορεία γίνεται, βαθμιαία και αναπόφευκτα, προς το μοιραίο· από τη χαρά και την ηρεμία μέσα στην αμφιβολία, μέχρι την τελική κατάπτωση με την εγκατάλειψη της ελπίδας. Αυτό μέσα στα σύγχρονα δεδομένα μεταφράζεται ως εξής:

> Κανένα θέλγητρο πλιά. Όλα τα ξέρομε. Ο ήλιος της αληθείας διέλυσεν όλα εκείνα τα φάσματα τα πρωινά,

---

579. Ν. Καζαντζάκης, «Η αρρώστεια του αιώνος», *Νέα Εστία* 63 (1958) 691.
580. Ν. Καζαντζάκης, «Η αρρώστεια του αιώνος», ό. π., 696.

όλη την ομίχλη με τα όμορφα σχήματα, με τις ηδονικές καμπυλώσεις ανυπάρκτων κορμιών [...] Ο άνθρωπος σήμερον αναπτύσσεται τεραστίως [...] κι έχει δηλητηριαστεί με τους μεγάλους πόθους και με τη δίψα τη μεγάλη των νεοτέρων ψυχών [...] Πώς μπορεί να νιώσει κανείς σήμερα την αφελή χαράν των προγόνων;[581]

Ο δοκιμιογράφος βρίσκει ότι στα πρόσωπα των διανοουμένων βαραίνει πια η σκοτεινή περισυλλογή και η θλίψη του Οιδίποδα. Η συνειδητοποίηση του κενού είναι οδυνηρή: «στη διεφθαρμένη από την γνώσιν ψυχή του νεοτέρου ανθρώπου ούτε ηρεμία ούτε ευτυχία θα χαμογελάσουν πλια ποτέ»[582]. Μέσα στη σύγχρονη εκδοχή της τραγωδίας, το πρόσωπο της Αντιγόνης διχάζεται σε μια τριπλή σημασιοδότηση: είναι σύμβολο της Πίστης ή της Αγάπης ή της Επιστήμης. Η απάντηση και στα τρία είναι απογοητευτική, αφού θάνατος, διαφθορά και ασπλαχνία «σβήνουν όλες τις ελπίδες και τα ιδανικά»[583], αφού πια έλειψε η παρηγοριά και το έλεος, ειδικά της Επιστήμης.

Εδώ έρχεται να βρει τη θέση της μια άλλη γραμματεία, της φαντασίωσης, των τεχνητών παραδείσων και της εξάντλησης:

> Ρίχνονται στο μεθύσι οι Edgar Poe και οι Μυσσέ. Και ακολασταίνουν οι Oscar Wilde και παραφέρονται και οργιάζουν οι Baudelaire και οι Huysmans και ρίχνονται στα ταξίδια και στις γυναίκες και πεθαίνουν τρελοί οι Swift και οι Νίτσε και οι Guy de Maupassant και κυλιούνται χάμω χασισοπότται οι Thomas de Quincey[584].

Όλες αυτές οι άρρωστες ιδιοσυγκρασίες –με εξαίρεση τον Swift, ο οποίος δεν φαίνεται να έχει σχέση και επιπλέον ανήκει στον 18ο αι.– έχουν μια συγγένεια ανησυχίας με τον δοκιμιογράφο· την «παρακμή» φέρει και ο ίδιος στην ποιητική, την κοσμοθεωρία ίσως και την ιδιοσυγκρασία του, τουλάχιστον σ' αυτά τα πρώτα βήματά του. Αναζητά και ο ίδιος μια απάντηση σ' αυτή την κούραση από καθετί το υλικό, από την «εξουσία,

---

581. Ό. π., 695.
582. Ν. Καζαντζάκης, «Η αρρώστεια του αιώνος», ό. π., 695.
583. Ό. π., 696.
584. Ό. π., 695.

την Επιστήμη και τη δόξα» που «δεν μας αρκούνε πλια»[585]· την απάντηση αυτή φαίνεται να μας την δίνει στο «Τι μου λένε οι παπαρούνες».

Το «Τι μου λένε οι παπαρούνες» (Αύγουστος 1906)[586], που μπορεί να χαρακτηριστεί πεζό ποίημα, αποκρυπτογραφείται θεματικά ως θρίαμβος της πρωταρχικής ουσίας των πραγμάτων, την οποία ανακαλύπτει κανείς από την αρχή, όταν την κοιτάξει με καινούριο βλέμμα· συνοδεύεται από μια εξωτική αφιέρωση στην Ραουτεντελάιν, όνομα ασυνήθιστο, στα πλαίσια της αισθητιστικής αποεξοικείωσης και της έλξης από το σπάνιο, ενώ ηχητικά θα μπορούσε να παραπέμπει στην Λορελάη του Όφις και κρίνο. Το κείμενο ξεκινά με την εικόνα ενός ζεστού καλοκαιριού· η φύση αναπαύεται μέσα στη μεσημεριανή της χαύνωση, όμως το αποκάρωμα αυτό σύντομα θα μετατραπεί σε νυχτερινό σαρκικό όργιο. Το χρώμα που κυριαρχεί στην περιγραφή αυτής της πρώτης παραγράφου είναι το χρυσό, όπου δένονται το στοιχείο του ήλιου με το στοιχείο του σταριού[587]. Το χρυσό χρώμα αποτελεί καταρχήν δήλωση μιας πολυτέλειας, που συνιστούσε πρωτογενή ποιότητα της «παρακμής» (θυμόμαστε, π. χ., το ποίημα «Langueur» του Verlaine, όπου η παρακμασμένη αυτοκρατορία χορεύει ράθυμα μέσα στο χρυσάφι του ήλιου).

Ο Καζαντζάκης, όμως, ως γνήσιος εκπρόσωπος του ελλαδικού αισθητισμού, θα καινοτομήσει ξεπερνώντας το στάδιο της νωχελικής πολυτέλειας· εισάγει το στοιχείο της παπαρούνας που θα λειτουργήσει ως σύμβολο της αρχέγονης σαρκικής πράξης, δηλαδή της αναγεννητικής ηδονής όπου αναζήτησε την ταυτότητά του ο ελλαδικός αισθητισμός. Η αναφορά της παπαρούνας στο τέλος της παραγράφου διασπά το μεγαλείο του υπερούσιου και προβάλλει ως υπόσχεση γήινης γοητείας που δεν μένει παρά να αναπτυχθεί παρακάτω.

---

585. Ό. π. Το πόσο πολύ απασχολούσαν τον Καζαντζάκη οι έννοιες της Επιστήμης και της Θρησκείας σε σχέση με την ανθρώπινη υπόσταση φαίνεται και στο νεανικό θεατρικό έργο *Φασγά*, όπου ο πρωταγωνιστής διχάζεται μεταξύ δύο γυναικών, της Ελένης και της Μαρίας, που αντιπροσωπεύουν τις παραπάνω έννοιες.

586. Ν. Καζαντζάκης, «Τι μου λένε οι παπαρούνες», *Πινακοθήκη* 6 (1906-1907) 96-98· αναδημοσίευση στη *Νέα Εστία* 64 (1958) 1021-1022.

587. Ν. Καζαντζάκης, «Τι μου λένε οι παπαρούνες», *Νέα Εστία* 64 (1958) 1021: «Μέσα στα ολόχρυσα στάχυα όταν πηγαίνω κάποτε το μεσημέρι και είμαι μόνος και είναι η ψυχή μου θαμπωμένη από τον ήλιον τον πολύ, νιώθω – οι παπαρούνες έχουν μαγνήτη στην καρδιά των και με σέρνουν. Ιδέες τρελές και κόκκινες αναδίδονται από τα φύλλα των και σέρνονται στην ψυχή μου. Και ξαπλώνομαι χάμω κοντά των και τις κοιτάζω – μου φαίνεται κοιτάζω τα χείλη της αγαπημένης μου όταν κινούνται ανάλαφρα από το διάβα της ανάμνησης των όμορφων φιλιών».

Στη δεύτερη παράγραφο του κειμένου διαβάζουμε συνάφειες των φύλλων με ιδέες «τρελές και κόκκινες» και πιο σάρκινες φαντασιώσεις, που τις αναβιώνουν τα χείλη της Αγαπημένης, «όταν κινούνται ανάλαφρα, από το διάβα της ανάμνησης των όμορφων φιλιών»[588]. Η παρουσία του λουλουδιού προωθεί το βηματισμό από τη μια κατάσταση στην άλλη. Μέσα στις τρελές και κόκκινες εμπνεύσεις, που γεννά στην ψυχή του αφηγητή το κοίταγμα των φύλλων, φαίνεται ν' αποσιωπάται μια υποψία από πλατωνικές αντανακλάσεις των αιώνιων ιδεών στα είδωλα αυτού του κόσμου· βρισκόμαστε σε στάδιο ιδεαλιστικό και ταυτόχρονα μεταβατικό για το πέρασμα στον αισθητό χώρο. Οι απτές ενσαρκώσεις του λουλουδιού σε ερωτικό σώμα βρίσκονται, επίσης, στις παρυφές της ρομαντικής ιδεολογίας, ακόμη και τις στιγμές που εμπλέκονται στην οργιαστική μυσταγωγία της νύχτας:

> Εσκεφθήκετε άραγε ποτέ πόσα μυστήρια θα τελούνται στις μεγάλες ερωτικές παστάδες των αγρών τη νύχτα, όταν τα σπαρτά κοιμούνται κουρασμένα τον ήσυχο ύπνο των εργατικών και τιμίων και οι παπαρούνες αγρυπνούν; Ακούσετε ποτέ τα μεσάνυχτα το βουητό της αγάπης απάνω στα χωράφια κι είδετε ποτέ σας τα ξημερώματα τα θύματα της ηδονής απάνω στη γη και την κομάρα της αγάπης απάνω στα φύλλα και τη χαρά της δημιουργίας μέσα στα μπουμπούκια; Ξεφυλλισμένες κείτονται χάμαι από την πολλήν απόλαυση οι παπαρούνες που 'σαν ανοιχτές το δειλινό και όσες ήσαν μισάνοιχτες είναι ανοιγμένες τώρα κι έχουν απάνω στα φύλλα τον ίδρο της ηδονής – ωσάν δροσούλα κι όλες οι κλειστές και παρθένες το βράδυ είναι τα ξημερώματα ανοιγμένες λίγο και κοιτάζουν το φως και κοκκινίζουν[589].

Οι ήπιοι τόνοι της αρχής ενισχύονται σταδιακά, για να αποδώσουν την αισθησιακή διεργασία της ερωτικής αλχημείας, όπου το λουλούδι παραβάλλεται με τη γυναίκα μέσα στις σαρκικές λειτουργίες και σε τολμηρά συμφραζόμενα ηδονής. Δεν υπάρχει πια η ρομαντική προσέγγιση, εκείνη που με ευλαβική σχεδόν αβροφροσύνη θα πραγμα-

---
588. Ν. Καζαντζάκης, «Τι μου λένε οι παπαρούνες», ό. π., 1021.
589. Ό. π.

τοποιούσε την παραβολή παπαρούνας-γυναίκας πάνω στη βάση της εύθραυστης ουσίας του λουλουδιού· έχουμε εδώ μια στάση επιθετική, που όχι μόνο δεν αποστασιοποιείται, για να περιβάλει με σεβασμό το ανέγγιχτο, αλλά τολμά να το αγγίξει χωρίς αιδώ, με στόχο να αποκαλύψει κρυφές πτυχές, μυστικά φυλαγμένες. Αυτό καταξιώνει και την αναζήτηση της αίσθησης, που εντάσσεται πια μέσα στον κύκλο της προκλητικής, αισθησιακής αφύπνισης που επιχείρησε ο αισθητισμός.

Το χρώμα των λουλουδιών γίνεται αίμα που κυλά μέσα στα πέταλά τους, καθώς μέσα σε μια «κόκκινη άνθιση ερωτικών μυστηρίων» ζωντανεύουν «όλα τα ένστικτα τα ταπεινά της αγάπης, όλα τα μυστικά τα ζωώδη που κρύβονται κάτω από το δέρμα»· η μεταμόρφωση έχει πια συντελεστεί και μια μέθεξη φιληδονίας ενσαρκώνει όλες τις «αναμνήσεις των αμαρτωλών νυχτών»[590] του αφηγητή σε ζωντανά, γυναικεία κορμιά που περνούν επάνω του τις αναπνοές τους.

Η σωματική αυτή διάσταση της ηδονής, σε μικρότερη ένταση, θυμίζει το καβαφικό ποίημα «Επέστρεφε», η οριστική γραφή του οποίου (1912) έπεται του καζαντζακικού κειμένου και γι' αυτό το λόγο επιβεβαιώνει απλώς μια συγγένεια λογοτεχνικής ανησυχίας[591]. Το συγκεκριμένο ποίημα του Καβάφη είναι το πιο χαρακτηριστικό στο καβαφικό έργο ως προς τη φύση της επιθυμίας· η επιθυμία παρακολουθείται πάνω στο ανθρώπινο κορμί, με τρόπο που να μελετάται η διέγερση των αισθήσεων ως εξάπλωση της ηδονής. Υπάρχει και εδώ αισθησιασμός, όπως στις περιγραφές του Καζαντζάκη· η κοινή αυτή έννοια διαφοροποιείται σε δύο σημεία, που προσδιορίζουν και γενικότερα τη διαφορά ανάμεσα στο έργο των δύο δημιουργών.

Στο καβαφικό ποίημα, την ηδονή την γεννούν οι αναμνήσεις από το παρελθόν· η αναπόληση αποκτά την ισχύ αισθησιακού αγγίγματος. Συμπεραίνουμε καταρχήν ότι η πρόκληση της ηδονής ελέγχεται εγκεφαλικά, χωρίς δηλαδή τη σωματική παρουσία του αγαπημένου προσώπου, σύμφωνα και με το αίτημα των ξένων αισθητιστών για αποστασιοποίηση κατά τη βίωση των αισθήσεων. Κατά δεύτερο λόγο συμπεραί-

---

590. Ν. Καζαντζάκης, «Τι μου λένε οι παπαρούνες», ό. π., 1021.
591. (Κ. Π. Καβάφης, Ποιήματα (επιμ. Γ. Π. Σαββίδης), Αθήνα, Ίκαρος, 1989, 58):
    όταν ξυπνά του σώματος η μνήμη,
    κ' επιθυμία παληά ξαναπερνά στο αίμα·
    όταν τα χείλη και το δέρμα ενθυμούνται
    κ' αισθάνονται τα χέρια σαν ν'αγγίζουν πάλι.
    Επέστρεφε συχνά και παίρνε με τη νύχτα,
    όταν τα χείλη και το δέρμα ενθυμούνται [...]

νουμε ότι η ηδονή περιορίζεται στο χώρο της εμπειρίας κάθε ατόμου ξεχωριστά, όπως αυτός ορίζεται από τις μνήμες της ζωής του, μακριά από τον υπόλοιπο κόσμο, πάλι κατά τις επιταγές των αισθητών. Αυτό κατ' επέκταση συνεπάγεται ότι η αίσθηση του απαγορευμένου, που είναι αναπόσπαστα δεμένη με την καβαφική ηδονή, αφορά το χώρο της προσωπικής επιλογής του ανθρώπου και περιχαρακώνεται αυστηρά στο ατομικό σύμπαν του αισθητή.

Στον Καζαντζάκη, από την άλλη, η ηδονή είναι το ξέσπασμα του αρχέγονου ενστίκτου της αναπαραγωγής, αφορά δηλαδή την κατάβαση του ατόμου στο επίπεδο μιας κοινής πανανθρώπινης εμπειρίας. Οι μόνες μνήμες, για τις οποίες θα μπορούσαμε να μιλήσουμε εδώ, λανθάνουν μέσα στο υποσυνείδητο της ανθρώπινης φυλής και σχετίζονται με την αφύπνιση του αρχικού εαυτού· αυτή την ενστικτώδη πλευρά του εγώ με τις ανεξέλεγκτες εκδηλώσεις της οι πολιτισμένες κοινωνίες την απώθησαν στο περιθώριο. Το ότι ο Καζαντζάκης επαναφέρει ξανά στην επιφάνεια τον αισθησιακό πρωτογονισμό του ανθρώπου αποτελεί διείσδυση στην περιοχή ενός απωθημένου συλλογικού πόθου· ο Καζαντζάκης, αν και ακολουθεί διαφορετική πορεία, καταλήγει στο ίδιο σημείο με τον Καβάφη. Πέρα από τις επιμέρους διαφορές, η ουσία είναι ότι και οι δύο δημιουργοί επικεντρώνουν το ενδιαφέρον τους στην απελευθέρωση του εγώ από την κοινωνική σύμβαση. Ο Καβάφης διαλέγει να μιλήσει για τον ιδιαίτερο έρωτα, όταν αναφέρεται στο απαγορευμένο, ενώ ο Καζαντζάκης παραβιάζει το απαγορευμένο με την ασέλγεια που προσδίδει στον έρωτα, όταν μιλά για ζωώδη πάθη.

Η επιθυμία, που κυλά σαν αίμα –και στον Καζαντζάκη– και σαν χρώμα λουλουδιού στιγματίζει τον άνθρωπο κάτω από το δέρμα, δείχνει την αποδέσμευση του ταπεινού και του ζωώδους σε μια εξέγερση ενστίκτων διονυσιακή, σε μια κορύφωση νιτσεϊκή:

> Και θυμούμαι όλα τα άσεμνα και γυμνά που είδα, τους κισσούς πέρα στα δάση ν' αγκαλιάζουνε τα δέντρα [...] την ηδονή θυμούμαι της γης, όταν ανοίγεται στα πρωτοβρόχια. Κάποιος Έρως αιώνιος χύνεται από τον ήλιο την ημέρα απάνω στο χώμα κι απάνω στη θάλασσα. Κάποια Ειλικρίνεια άσεμνη και ζωώδης χύνεται από τον ήλιο. Και νιώθω τους σπόρους ν' ανατριχιάζουνε μέσα στη γη. Και νιώθω τις παπαρούνες –σύμβολα της ηδονής και των οργασμών ν'

ανορθώνονται και να κυματίζουν απάνω στα χωράφια –σημαίες μικροσκοπικές της αγάπης– και να κηρύσσουν μια Μεγάλην Αλήθεια [...][592]

Ο ηχηρός τρόπος γραφής, όπου οι μεγάλες πανανθρώπινες έννοιες σμίγουν με τις οργιαστικές προκλήσεις ενός ζωντανού οργανισμού, της Φύσης, γίνεται ασφαλής δείκτης νιτσεϊκής έξαρσης. Γυμνά και βιολογικά ενώνεται όλη η δημιουργία σ' ένα αρχέγονο αγκάλιασμα, που θυμίζει σαφώς την άποψη του Nietzsche ότι «τα διονυσιακά συναισθήματα, καθώς μεγαλώνουν, αναγκάζουν καθετί υποκειμενικό να χαθεί μέσα σε μια πλήρη λήθη του εαυτού του»[593]. Η γέννηση της τραγωδίας εντρυφά γενικά σ' αυτή «τη μαγεία του διονυσιακού», χάρη στην οποία «δεν επαναβεβαιώνεται μόνο η ένωση ανθρώπου με άνθρωπο αλλά ακόμη περισσότερο η ίδια η αποξενωμένη, εχθρική ή υποδουλωμένη φύση γιορτάζει πάλι τη συμφιλίωσή της με τον άσωτο γιο της, τον άνθρωπο»[594], ο οποίος «δεν είναι πια καλλιτέχνης, έχει γίνει έργο τέχνης: σ' αυτούς τους παροξυσμούς της μέθης αποκαλύπτεται η καλλιτεχνική δύναμη όλης της φύσης προς μεγάλη ικανοποίηση της Πρωταρχικής Μονάδας»[595]. Η μετατροπή του ανθρώπου σε έργο τέχνης, που ομολογείται μέσα στο κείμενο, συντελείται ή, ορθότερα, τελετουργείται ως συμπαντική κοσμογονία συνδυάζοντας το αισθητιστικό αίτημα για την πραγμάτωση του τεχνητού με τη νιτσεϊκή εκδοχή δόμησης του εαυτού ως έργου τέχνης.

Η πλήρης κατάδυση στην εκστατική γοητεία των αρχετύπων εμπεδώνεται με έναν ακόμη τολμηρό παραλληλισμό, έναν παραλληλισμό φαλλικής υφής που συνδέει την παπαρούνα με την ανδρική υπόσταση. Το λουλούδι, που στην αρχή του πεζού ποιήματος είχε γίνει σύμβολο της γυναίκας, τώρα γίνεται σύμβολο του άντρα και νιτσεϊκός πυρήνας ανθρώπινης ενότητας. Αυτή η εναλλαγή της γυναικείας και της ανδρικής υπόστασης πάνω στο ίδιο σύμβολο θα μπορούσε να αναγνωσθεί και ως επιβίωση του προτύπου του Ανδρόγυνου, μιας

---

592. Ν. Καζαντζάκης, «Τι μου λένε οι παπαρούνες», ό. π., 1021.
593. Νίτσε, *Η Γέννηση της τραγωδίας* (μτφρ. Ζ. Ζαρίκας), Θεσσαλονίκη, Εκδοτική Θεσσαλονίκης, χ. χ. έ., 33.
594. Ό. π., 34-35.
595. Ο Wellek (R. Wellek, *A History of Modern Criticism 1750–1950*, London, Jonathan Cape, 1966, 338) παρατηρεί σχετικά: «η έκσταση θεμελιώνει την ισότητα ανάμεσα στους ανθρώπους, τους κάνει μέλη μιας υψηλότερης κοινότητας [...] η αρχική ενότητα αποκαθίσταται».

μορφής που, όπως είδαμε, αποτέλεσε συχνά σημείο-αιχμή του διεθνούς δανδισμού.

Πέρα απ' αυτή την ανάγνωση, η παπαρούνα γίνεται σύμβολο γονιμότητας που συνδέει και τα δύο φύλα στην υπέρτατη ιδιότητα του ανθρώπου. Άλλωστε, η όλη περιγραφή γίνεται με τρόπο προκλητικό, ώστε η Φύση να απλώνεται μπροστά στα μάτια του αναγνώστη πρωτόγονα παγανιστική μέσα στις λειτουργίες της, που είναι όλες πλήρεις από το έργο της αναπαραγωγής. Έτσι η Ραουτεντελάιν σαν άλλη παπαρούνα «με την πορφύρα της ηδονής ντυμένη» ανορθώνεται «ως το αιώνιο Σύμβολο της Αγάπης, ως η Κόκκινη Ενσάρκωσις της αληθινής Ζωής και της αληθινής Αλήθειας»[596].

Το πώς αντιλαμβάνεται ο αφηγητής την αληθινή ζωή και την αληθινή αλήθεια το διαβάζουμε αμέσως παρακάτω: «Τα χλωμά κι αρρωστημένα Ιδανικά μου πεθάνανε στα πόδια της»[597]. Η αντίθεση ανάμεσα στην έκρηξη της ζωής και στα υποτονικά ιδανικά είναι μια νύξη που μας συνδέει με το άρθρο του Καζαντζάκη «Η αρρώστεια του αιώνος», στο οποίο αναφερθήκαμε προηγουμένως. Αυτό, που εδώ αναφέρεται ως «χλωμά κι αρρωστημένα Ιδανικά», είναι απλώς η υπαινικτική συνόψιση της διεξοδικής ανάλυσης που έχει γίνει εκεί. Το ιδανικό ως αυταξία ενέχει για τον αφηγητή το στοιχείο της παθητικότητας και της αδυναμίας, σε αντίθεση με την αχαλίνωτη παράδοση στα ένστικτα, που χαρακτηρίζεται από δράση και δύναμη. Έτσι, το αδύναμο σύστημα των ιδανικών καταλύεται μέσα στη θέρμη του αντίπαλου δέους, όταν μια κραυγή θριάμβου καλεί στην καινούρια αρχή της «μεγάλης Ανατολής»:

> Να τρέξομε χέρι χέρι να προσκυνήσομε τον Πατέρα Ήλιο [...] να ανοιχτούνε οι ψυχές μας και να ρίξομε μέσα των τις αχτίνες και την αγάπη που χύνει και τη ζωή και τα γόνιμα φιλιά απάνω στα χείλη και τη δύναμη στα μπράτσα και τις όμορφες ανατριχίλες απάνω στα κορμιά [...][598]

Το φως του ήλιου, καθώς πλημμυρίζει τις παπαρούνες, διαθλάται μέσα από το πορφυρό χρώμα των φύλλων τους σ' ένα ζεστό και λαμπερό προαίσθημα, στην Ανατολή του αθάνατου προγονικού χαμόγελου.

---

596. Ν. Καζαντζάκης, «Τι μου λένε οι παπαρούνες», ό. π., 1022.
597. Ό. π.
598. Ν. Καζαντζάκης, «Τι μου λένε οι παπαρούνες», ό. π., 1022.

Δεν πρόκειται πια για τη χρυσή ή κόκκινη ανατολή του Ήλιου αλλά για την ανατολή του ίδιου του Απόλλωνα, του «Μεγάλου Θεού». Όπως θα έλεγε ο Αιμίλιος Χουρμούζιος, «η ασελγής μάσκα του Διόνυσου παραμερίζει κι αφήνει να φανεί ο μεταμφιεσμένος Απόλλωνας»[599]. Η αναφορά του Χουρμούζιου γίνεται, βέβαια, στον αισθητιστικό παλαμικό «Σάτυρο» ή το «Γυμνό Τραγούδι», την βλέπουμε όμως να ισχύει και εδώ, καθώς το οργιώδες διονυσιακό στοιχείο της αρχής αποκαλύπτει μια λανθάνουσα απολλώνια παρουσία. Ο δυισμός απολλώνιου–διονυσιακού στοιχείου παραπέμπει και πάλι στον Nietzsche, ο οποίος βασίζει σ' αυτή τη διάκριση όλη την ερμηνεία του της αρχαίας ελληνικής τραγωδίας.

Οι αρχαιοελληνικές μυθικές επιβιώσεις και ο αρχετυπικός εδεμικός μύθος της επιστροφής, που ανοίγονται στον ορίζοντα προσδοκιών του αφηγητή, εμπνέονται από παγανιστική λαχτάρα, η οποία εκφράζεται ως κήρυγμα αγάπης στην παραμικρή λεπτομέρεια του Σύμπαντος και κορυφώνεται με την οδυνηρή αγάπη της νοσηρότητας:

> Αγαπώ ακόμη τον όφι που σέρνεται και λερώνει τη γη και το λεοντάρι που σκίζει στα νύχια του τη δορκάδα και την όμορφη δορκάδα με τα μεγάλα μάτια που πεθαίνει στα νύχια του λεονταριού. Αγαπώ το ρόδο που ανοίγει τα φύλλα του σιγά-σιγά και με τη μικρή του αυτή κίνηση συντρέχει στη σκέψη τη μεγάλη κι αγαπώ το σκουλήκι που σέρνεται επάνω του και το μολύνει [...] όλα τα συστατικά των αδελφών μου σπαράζουνε μέσα μου και ζούνε κι αγαπούν[600].

Η τελευταία φράση θυμίζει σε κάποιο βαθμό την αποστροφή του Baudelaire στον αναγνώστη του, στον οποίο απευθύνει το εισαγωγικό ποίημα των Ανθέων του Κακού («Au lecteur»): «αναγνώστη, υποκριτή, αδέρφι, που μου μοιάζεις»[601], φωνάζει ο ποιητής σμίγοντας στην ικανοποίησή του τον πόνο μιας τυραννίας, που ξεδίπλωνε στις τρεις τελευταίες στροφές του ποιήματός του, παρουσιάζοντας το θεριό της Πλήξης. Κάτι παρόμοιο βρίσκουμε και στον Καζαντζάκη. Το

---

599. Α. Χουρμούζιος, «Ο Παλαμάς και η εποχή του», Νέα Εστία 63 (1958) 760.
600. Ν. Καζαντζάκης, «Τι μου λένε οι παπαρούνες», ό. π.
601. Μπωντλαίρ, Τα Άνθη του Κακού (μτφρ. Γ. Σημηριώτης), Αθήνα, Γράμματα, 1991, 14.

φίδι και το σκουλήκι, που έρπουν μέσα στην εικόνα δηλητηριάζοντας την ευδαιμονία με απέχθεια, αποτελούν μέρος της φύσης του αισθητισμού· το μοτίβο το ξαναβλέπουμε στο καζαντζακικό πεζό ποίημα «Τι μου λένε οι παπαρούνες» ως φίδι που σέρνεται και λερώνει τη γη, ως σκουλήκι που μολύνει το ρόδο ή ως σπαραγμό του ανύποπτου στα νύχια του υποψιασμένου.

Απ' όσα είδαμε, μπορούμε να υποστηρίξουμε ότι ολόκληρο το πεζό ποίημα είναι δυνατόν να διαβαστεί ως αυτοαναφορικό σχόλιο πάνω στα χαρακτηριστικά της τάσης της παρακμής ή του αισθητισμού. Ξεκινώντας από τη δομή του, την βλέπουμε να εκτυλίσσεται σε τρεις θεματικές φάσεις: η πρώτη, στις παρυφές του ρομαντισμού, δεν αποδιώχνει την παρουσία του ιδεατού αλλά την καλλιεργεί προς την εκρηκτική έκφραση του ηδονικού αισθησιασμού της δεύτερης φάσης· η τρίτη φάση καταλήγει να μολύνει με ευχαρίστηση την απλότητα της αρχικής σύλληψης. Αυτή είναι η ουσία του αισθητισμού που «λεκιάζει [...] με μια έξοχη και σεπτή αρρώστια», όπως θα έλεγε ο Beardsley[602] ή αποτελεί μια «νέα και ωραία και ενδιαφέρουσα ασθένεια»[603], που ανατρέπει τις τρεις κλασικές ιδιότητες της απλότητας, της υγείας και της αναλογίας, σύμφωνα με τον Symons.

Σ' ένα λιγότερο πετυχημένο πεζό ποίημα του Καζαντζάκη αλλά ενδεικτικό για τη φορά της σκέψης του συγγραφέα, το «Requiem» (Μάρτιος 1907)[604], η πρώτη παράγραφος ξεκινάει με τόνους ρομαντικούς:

> συντρίμμια από βράχους κι από φύκη το πλέξαν το σπιτάκι μας στην άκρη του γιαλού [...] από τα βάθη του πελάγου ανέβαιναν κατρακυλώντας τα όμορφα πετράδια χρόνια και χρόνια τώρα κι απλώθηκαν χάμω στο βράχινο σπιτάκι μας και μας έστρωσαν κρεβάτια πέτρινα[605].

Ο ρομαντισμός αυτός αρχίζει σιγά-σιγά και χάνει το συμπαγές σχήμα του στην επόμενη παράγραφο, όπου η νεράιδα παίρνει το ζευγάρι από το χέρι και το περνά από τους βράχους, μέσα από νερά και από το τριζοβολη-

---

602. R. K. R. Thornton, *The Decadent Dilemma*, London, Edward Arnold, 1983, 181.
603. Βλ. Σημ. 8.
604. Ν. Καζαντζάκης, «Requiem», *Πινακοθήκη* 7 (1907-1908) 3-4· αναδημοσίευση στη *Νέα Εστία* 64 (1958) 1024-1025.
605. Ό. π., 1024.

τό των άμμων, για να το βάλει στο σπιτάκι των βράχων. Καθώς τα υδάτινα και τα σαρκικά περιγράμματα επικαλύπτονται, κυριαρχεί η αισθησιακή υπόσταση της αγαπημένης που απλώνεται στο πέτρινο κρεβάτι:

> Το πόδι της το ένα ήταν πλεγμένο απάνω στο άλλο σε ηδονικότατες καμπυλότητες γραμμών και το ένα χέρι της ήταν προσκεφάλι και το πρόσωπό της το μισό φαινόταν και τα μαλλιά της έπαιζαν απάνω κι από τα κλειστά της τα ωχρότατα χείλη ανέβλυζε κι εχυνόταν αθόρυβα σ' όλο της το πρόσωπο και σ' όλο της το σώμα, θαρρούσες, ένα χαμόγελο[606].

Η διαπλοκή των εικόνων γυναίκας-θάλασσας έχει υφολογική βαρύτητα, αφού εγγράφονται τόσο αδιαχώριστα η μια μέσα στην άλλη, που διασπούν την αυτοσυγκέντρωση του αναγνώστη και προωθούν την αισθησιακή πρόσληψη του κειμένου. Από την άλλη, πρέπει να επισημάνουμε ότι αυτή η εικονοποιία δεν έχει κοινά σημεία με τις θολές αναπαραστάσεις του συμβολισμού, καθώς επιβάλλει έναν δικό της τρόπο με ζοφερή διαύγεια μέσα από τα περιγράμματά της.

Το θέμα που κυριαρχεί, άλλωστε, είναι ο διχασμός ανάμεσα σε δύο δυνάμεις που συνυπάρχουν και αλληλοεμπλέκονται στις αισθήσεις του αφηγητή. Η θάλασσα, που ονοματίζεται ως μοναδική με επίθετα όπως Μεγάλη, Αιώνια, Παρηγορήτρα, Αγαπημένη, Αληθινή, γεννά στον αφηγητή τον έρωτα μέσα από την παρουσία της γυναίκας. Πρόκειται για έναν έρωτα ψυχοφθόρο, που ανακουφίζει όσο και καταβροχθίζει:

> Μια νύχτα ο πόνος εδάγκωσε κι εκομμάτιασε τη ζωή μου. Εκατέβηκα κι απλώθηκα στην αμμουδιά και είπα τον πόνο μου. Πέρα ως πέρα, γιαλό-γιαλό, χυθήκανε σε μουρμουρητό τα παρηγορητά της [...] Σ' ένα σπασμένο βράχο στη μέση-μέση του γιαλού είναι από τότε η ψυχή μου δεμένη. Εκεί τελούνται τα μεσάνυχτα οι μυστικές και περιώδυνες ενώσεις [...] η ζωή μου όλη χύνεται απάνω στα κύματα. Οι νεράιδες θέλουν να με λύσουν και να με σύρουν στον αέρινο χορό των. Μην αλυσοδένεις τη ζωή μου με την αγάπη [...][607]

---

606. Ό. π., 1024.
607. Ν. Καζαντζάκης, «Requiem», *Νέα Εστία* 64 (1958) 1025.

Η σύγκριση ανάμεσα στις δύο παρουσίες συγκλίνει πάνω στις έννοιες του πόθου και της φθοράς· τα λόγια, που απευθύνει ο ομιλητής στην αγαπημένη του, θα μπορούσαν να έχουν αποσχιστεί από το Όφις και κρίνο: «Αν μ' αρέσει η αγάπη Σου και την αφήνω να σαπίζει σιγά-σιγά το κορμί μου όλο και να διαφθείρει την ψυχή μου και να σκάφτει ολονυχτίς τα θεμέλια του νου μου – μ' αρέσει γιατί μοιάζει και στην έκταση και στην ομορφιά και στην ελπίδα που δίνει του θανάτου με την Αγαπημένη μου [...]»[608] Μ' αυτούς τους τόνους κλείνει το κείμενο, μεταξύ λαγνείας και λυγμού, όπου ο στεναγμός της ηδονής και ο ρόγχος του θανάτου σφραγίζουν με το αντάμωμά τους την πεζογραφική αξιοποίηση της μουσικής. Έχουμε εδώ ένα ανεπτυγμένο πεζό ποίημα, που θα μπορούσε να χαρακτηριστεί αλλιώς ως μονωδία. Η μουσικότητα δεν περνάει μέσα από τις λέξεις, όπως στο συμβολισμό, αλλά μέσα από τις αισθήσεις· οι μουσικές κλίμακες είναι θεματικά μοτίβα και το μουσικό αποτέλεσμα δεν έχει σχέση με έναν επιδιωκόμενο ρυθμό ή με υποβλητικούς και αδιόρατους ήχους αλλά με την επίδραση ερεθισμάτων πάνω στην αίσθηση.

Τη βιωματική υπόσταση της μουσικής την είδαμε και στο «Ut dièse mineur» του Επισκοπόπουλου, σε πολύ μεγαλύτερη εμβέλεια· εκεί η θεματική δομή του κειμένου αναπτύχθηκε πάνω σε κλίμακα μουσικών τόνων και αποχρώσεων συνθέτοντας ολόκληρη συμφωνία, ενώ στο καζαντζακικό κείμενο η μονοδιάστατη αντίληψη του τόνου βρίσκεται σε άμεση συνάρτηση με την απόδοση του θέματος, που αποτελεί τμήμα μόνο της παρακμιακής νοσογραφίας· αρκεί, ωστόσο, για να πιστοποιήσει άλλη μία ομοιότητα με τον Επισκοπόπουλο, πάνω στη βάση που επισήμανε ο Α. Σαχίνης:

> Τα αφηγηματικά κείμενά του [του Επισκοπόπουλου] δεν είναι, σύμφωνα με την καθιερωμένη σημασία του όρου, καθαυτό διηγήματα· είναι κυρίως λυρικοί μονόλογοι του αφηγητή: κάτι σαν πεζοτράγουδα, χωρίς δράση και με στοιχειώδη υπόθεση. Σ' αυτά δεν υπάρχει ο διάλογος· υπάρχει ο μονόλογος: μόνο ο αφηγητής μιλά, περιγράφει, ενθουσιάζεται, εκστασιάζεται, υποβάλλει ή προκαλεί τη φρίκη[609].

---

608. Ό.π., 1025.
609. Ν. Επισκοπόπουλος, *Τα διηγήματα του δειλινού και Άσμα Ασμάτων* (επιμ. Α. Σαχίνης), Αθήνα, Εστία, 1992, 20-21.

Αυτό σημαίνει ότι όλα είναι ενδιάθετα και συμβαίνουν μέσα στο μυαλό του αφηγητή, σκέψεις και αισθήσεις αναστάτωσης τις περισσότερες φορές. Η αισθητιστική περιπέτεια συγκροτείται διανοητικά, περνά από εμμονές και ψυχώσεις, ενδίδει στην άκρα ηδονή και την άκρα διαστροφή, και όλα αυτά στο πλαίσιο πάντα της καλλιτεχνικής δημιουργίας. Η ιδιαιτερότητα, επομένως, αυτών των αφηγημάτων είναι ότι, ενώ οι πιθανότητες να συναντήσει κανείς την πραγμάτωση των καταστάσεών τους στην καθημερινή ζωή είναι μηδαμινές, η ύπαρξή τους δικαιώνεται όχι στο ψυχολογικό πεδίο, αφού δεν ασχολούνται με συναισθήματα, αλλά στο διανοητικό πεδίο ή, πιο συγκεκριμένα, στους εσωτερικούς χώρους του εγκεφάλου, όπου οξύνουν τις νευρώσεις των πρωταγωνιστών τους ή τη συνδυαστική τόλμη και την εγρήγορση των συγγραφέων τους.

Το Μάιο του 1907 ο Καζαντζάκης δημοσιεύει ένα πεζό ποίημα με τίτλο «Η επιστροφή του ασώτου», όπου ο λυρικός αφηγητής βγαίνει από τη νύχτα των μακάβριων χορών και το σκοτάδι των «ψεύτικων στοχασμών», για να βρει το φως της οικουμενικότητας του εαυτού: «Εκουράστηκα να ζητιανεύω το φως, από τα κεριά, από τα μάτια, από τους φωσφορισμούς των τάφων»[610]. Παρακολουθούμε την πορεία από τη σκιώδη, την μπωντλαιρική πλευρά του αισθητισμού προς την αστραφτερή λαμπρότητα μιας ζωογόνου πλευράς του.

Η καινούρια προσέγγιση προβάλλει τη διάσταση της μητρότητας, επομένως της γονιμότητας, πάνω στη γη: «Ω πώς κοχλάζει η ζωή απάνω στη θάλασσα και πώς τρέμει η Μάνα-Γη από την επιθυμίαν και πώς κοκκινίζει στ' σεμνά αγκαλιάσματά σας γεμάτο από ρόδα γάμων, το κρεβάτι σας η Ανατολή!»[611]. Προσέχουμε ότι η λέξη «σεμνά» ή «άσεμνα» δεν είναι σαφής, μάλλον όμως τείνουμε στο ότι το κείμενο ευνοεί τη γραφή «στ' άσεμνα», δηλαδή μια ερμηνεία της ηδονής, η οποία αποφεύγει έντεχνα το στίγμα της απόρριψης και προέρχεται από το χώρο της τόλμης του αισθητισμού.

Η γενετήσια ορμή ως κοσμογονική αλήθεια γίνεται ορατή κάτω από νέο φως, καθώς οι ρωγμές του εδάφους βγάζουν αναθυμιάσεις λαγνείας, όπου λαγνεία είναι η έκφραση λατρείας προς το σωματικό άνθρωπο. Ο ήλιος αναθερμαίνει την αρχαία μυθολογία επενδύοντας

---

610. Ν. Καζαντζάκης, «Η επιστροφή του ασώτου», Πινακοθήκη 7 (1907-1908) 55· αναδημοσίευση στη Νέα Εστία 64 (1958) 1079.
611. Ό.π.

με λάμψη τη μορφή του ωραίου, δυνατού Απόλλωνα, στου οποίου τη λύρα οι ψυχές των ανθρώπων γίνονται χορδές, ενώ κατόπιν «το τόξο του απλώνεται απάνω στα μουσκεμένα σύννεφα και η αγάπη του γονιμοποιεί το χώμα και ρίχνει απάνω στα λουλούδια κι απάνω στις γυναίκες τον ίμερο των αμίλητων ενώσεων και χύνεται ξανθή και όμορφη και μεστωμένη απάνω στους θερισμούς»[612].

Στις Σπασμένες Ψυχές του Καζαντζάκη διαβάζουμε κάτι παρόμοιο: «Από τη γης ανέβαινε λαγνότατη και πλαντούσε τον κόσμο κι αναστάτωνε σύντριχα τα πιο κρυφά και πρωτόγονα ένστιχτα της σάρκας η βαριά μυρωδιά, η αβάσταχτη που αναδίνουνε τα χώματα ύστερα από τις μεγάλες μπόρες»[613]. Η γη είναι πια μια σάρκα που πάλλεται από πάθος και μεταδίδει τα πρωτόγονα ένστικτά της κινητοποιώντας καλυμμένους, μέχρι πριν λίγο, αισθητήρες. Ο Καζαντζάκης βγάζει το νέο πρόσωπο της Ελλάδας μέσα από τον ήλιο και τον αέρα της διαρκούς μητρότητας και γονιμότητας, της προαιώνιας γης· μέσα από την επαφή της σάρκας αναζωογονεί μια αίσθηση του παρελθόντος μακριά από κάθε μουσειακή δεοντολογία.

Το Μάιο του 1907 δημοσιεύει στα Παναθήναια το πεζό ποίημα «Δυο δάκρυα»[614], όπου ένα γλέντι της σύγχρονης εποχής ξαναζωντανεύει το παρελθόν και η παρέα των νέων γλεντοκόπων γίνεται ομάδα διονυσιακή και περίτεχνη διακόσμηση σε αρχαίο αγγείο (λαγήνι), μορφώνοντας τον εαυτό σε έργο τέχνης. Η εισαγωγή μιλά για την πρόσκληση, την οποία τοποθετεί χρονικά στις Αποκριές και τοπικά στα πράσινα βάθη κάποιου κήπου, όπου μαζεύτηκαν οι φίλοι και οι φίλες του οικοδεσπότη, για να γιορτάσουν. Τα ποτήρια είναι γεμάτα κρασί, οι καρδιές ξεχειλίζουν από τη χαρά της ζωής και στα μαλλιά τους έχουν πλέξει όλοι μενεξέδες και ρόδα. Η έναρξη της μύησης, της ιεροτελεστίας της άνοιξης, είναι γεγονός· όλα αποτελούν μέρος της διονυσιακής εξέγερσης του μυαλού και της σάρκας· οι μενεξέδες που συχνά εναλλάσσουν ουσία και ευωδιά με την ποθητή γυναίκα στο Όφις και κρίνο, γίνονται εδώ, όπως και εκεί, ασφαλή υποκατάστατα του διονυσιακού κισσού και, μαζί με τα τριαντάφυλλα, το κρασί και τη χαλαρή διάθεση, προαναγγέλλουν το αρχαίο κάλεσμα που θα ξυπνήσει:

---

612. Ό. π.
613. Ν. Καζαντζάκης, «Σπασμένες Ψυχές», Ο Νουμάς 7, 358 (1909) 3.
614. Ν. Καζαντζάκης, «Δυο δάκρυα», Παναθήναια 14 (1907) 111-112·αναδημοσίευση στη Νέα Εστία 64 (1958) 1079-1080.

Γελώντας προσκαλέσαμε με σπονδές στο ξεφάντωμα τους θεούς. Ένα φιλί εχύθηκε γύρω μας. Κι ενιώσαμε, εξύπνησαν από τον πέτρινον ύπνον των οι Μεγάλοι θεοί κι εκατέβηκαν χαρούμενοι από τις μετόπες και τα διαζώματα του Παρθενώνος κι είχαν σταθεί χαμογελώντας αθώρητοι από πάνω μας. Κι έγερναν όμορφες όμορφες οι γυναίκες με βλέφαρα αργοκίνητα από το ανάλαφρο χάδι του Διόνυσου [...] Το τραγούδι άναψε στα χείλη μιας κόρης κι η φλόγα διαδόθηκε σ' όλα τα χείλη κι όλοι σηκώθηκαν κι επλέξανε με τα κορμιά των ένα παναρμόνιο χορό κάτω από τα μεγάλα τα καλοΐσκιωτα δεντρά[615].

Η σκηνή, που ξετυλίγεται ανάμεσα από φύλλα και λουλούδια μενεξεδιά και κόκκινα, είναι μια παθιασμένη επιβίωση της αρχαιοελληνικής ευεξίας:

Κι εμένα ήταν ο νους μου σ' ένα πανώριο αρχαίο λαγήνι που είδα κάμποσα χρόνια τώρα – πώς μου 'ρθε πάλι στο νου!

Απάνω του γύρω-τριγύρω, ντυμένοι μαύρο χρώμα, άντρες όμορφοι και δυνατοί και νέοι τρυφεροί κι ολόγυμνοι και γυναίκες μ' ευλύγιστα κι αρμονικότατα κορμιά – έσερναν γύρω, τριγύρω, απάνω στο λαγήνι το χορό. Τα μαλλιά και τα μέτωπα σφιχτοφιλιούνταν από λουλουδένια στεφάνια –ρόδα και μενεξέδες. Ο θρίαμβος της ζωής λαμποκοπούσεν απάνω στα κορμιά των – σαν ήλιος. Κι εσυλλογούμουν, εσυλλογούμουν: Πόσα χείλη κόκκινα, κατακόκκινα, θα 'πιαν από κείνο το λαγήνι – πόσα χείλη σαπημένα τώρα [...][616].

Οι ενδόμυχοι συλλογισμοί του αφηγητή γίνονται κόγχες, όπου λανθάνουν μοτίβα του αισθητισμού: η Ζωή, που παρακολουθεί την Τέχνη στις εκδηλώσεις της, η οργιώδης και σφριγηλή αρχαιότητα με τα

---

615. Ν. Καζαντζάκης, «Δυο δάκρυα», *Νέα Εστία* 64 (1958) 1080.
616. Ό. π., 1080.

ερωτικά κορμιά σ' έναν αέναο γενετήσιο χορό και, τέλος, η παρουσία του κόκκινου χρώματος, που δένει στην ίδια συνδήλωση το στόμα, το φιλί και το ποτό. Αλλά και εδώ, όπως και στον παλαιότερο απαισιόδοξο αρκαδισμό, καραδοκεί η φθορά· το αισθητιστικό σκουλήκι, ο όφις, η βδελυρή ανάμνηση της σάπιας σάρκας θυμίζει μπωντλαιρικά ότι είμαστε στην παρακμή και ότι η γυναίκα, που ηδονικά ρουφάει τώρα το πιοτό, σύντομα θα φτύσει αίμα στο κομψό μαντιλάκι της (πρβ. σχετική αναφορά παρακάτω όπου γίνεται λόγος για τις Σπασμένες Ψυχές).

Είναι η πραγματική γεύση της παρακμής, που φαίνεται να δοκίμασε –κυριολεκτικά ή αναγνωστικά– ο Καζαντζάκης στο Παρίσι κατά τα δυο περίπου χρόνια που έμεινε εκεί ως φοιτητής[617], κατά τη διάρκεια των οποίων εκπόνησε τη διατριβή του *Ο Φρ. Νίτσε εν τη φιλοσοφία του δικαίου και της πολιτείας* (γράφτηκε στο Παρίσι το 1908 και δημοσιεύτηκε τον επόμενο χρόνο στα ελληνικά, στο Ηράκλειο της Κρήτης) και το θεατρικό έργο του *Πρωτομάστορας*. Τα χρόνια αυτά τροφοδοτούν την περιέργειά του με παραστάσεις καθοριστικές για την εξέλιξή του· αυτές ενέπνευσαν τη διάπλαση του Ορέστη, του πρωταγωνιστή των *Σπασμένων Ψυχών*, αλλά και μικρές λεπτομέρειες του αφηγήματος.

Ο Καζαντζάκης έχει μελετήσει με τόση ενδελέχεια τον Nietzsche, ώστε η θεωρία του Γερμανού φιλοσόφου τον έχει διαποτίσει. Είναι, λοιπόν, φυσικό να κινείται με άνεση μέσα στην κοσμοθεωρία του, από τη στιγμή μάλιστα που σ' ολόκληρη τη ζωή του γοητεύεται και από την αποστολή ενός δευτερογενούς ή «εκλαϊκευτή διανοούμενου» μεγάλων φιλοσόφων, αρχηγών θρησκειών και στοχαστών. Στη διδακτορική του διατριβή αναφέρεται στο ιδανικό του Nietzsche, που είχε ήδη πραγματοποιηθεί από τους Έλληνες των προσωκρατικών χρόνων: «η ηρωική τουτέστιν αποδοχή της ζωής μεθ' όλων των ηδονών και των πόνων της, η απαισιοδοξία υποδουλουμένη τη αισιο-

---

617. Γενικά, φαίνεται να υπάρχει μια ρευστότητα για το συγκεκριμένο χρονικό διάστημα που ο Καζαντζάκης έμεινε στο Παρίσι. Σύμφωνα με τον Κατσίμπαλη (Γ. Κατσίμπαλης, «Ο άγνωστος Καζαντζάκης», *Νέα Εστία* 64 (1958) 1206), ο Καζαντζάκης ισχυριζόταν πως έμεινε στο Παρίσι δυόμιση χρόνια, αν και παραδεχόταν ότι, φεύγοντας από την Ελλάδα, είχε περιηγηθεί την Ιταλία. Σύμφωνα όμως πάλι με τον ίδιο μελετητή, οι φιλολογικές μαρτυρίες (και μάλιστα οι δημοσιεύσεις στον *Νουμά* από τις αρχές του 1907) αποδεικνύουν πως ο Καζαντζάκης έμεινε στο Παρίσι ενάμισι κι όχι δυόμισι χρόνια. Συγκεκριμένα, μετά τις σπουδές του στη Νομική Αθηνών, ο Καζαντζάκης φεύγει για το Παρίσι τον Οκτώβρη του 1907, πηγαίνει στη Φλωρεντία το Μάρτη του 1909 και είναι πίσω στην Ελλάδα το Μάη του 1909. Ο Πολίτης (Λ. Πολίτης, *Ιστορία της Νεοελληνικής Λογοτεχνίας*, Αθήνα, Μ.Ι.Ε.Τ., ³1980, 269) δεν μπαίνει σε λεπτομέρειες: «το 1907-9 (σπουδάζει νομικά) στο Παρίσι»

δοξία και χρησιμεύουσα ως κέντρον προς βαθυτέραν απόλαυσιν της αιωνίας ζωής»⁶¹⁸.

Αυτό το υλικό το αναπλάθουν οι διονυσιακοί διθύραμβοι, που βλέπουμε κυρίως στις *Σπασμένες Ψυχές*· τη συλλογιστική, που οδήγησε σ' αυτό το απόσταγμα, ο Καζαντζάκης την επιμελήθηκε με τη διαίσθηση του λογοτέχνη και όχι του επιστήμονα, ελίσσοντάς την μέσα από την παρακμή και τις νευρώσεις της, μέχρι το αειθαλές ιδεώδες της Ελλάδας. Για τον Καζαντζάκη όλη η νιτσεϊκή πορεία προχωρεί με βάση τη σχέση αιτίου-αιτιατού. Θεωρεί, λοιπόν, ότι καταρχήν υπάρχει η αριστοκρατική και ευαίσθητη φύση του Nietzsche, η οποία υποτροπιάζει με το θόρυβο του δρόμου και τις χυδαίες επαφές της καθημερινής ζωής⁶¹⁹· η ευερέθιστη ψυχή του υφίσταται μια απαισιόδοξη υπερδιέγερση, την οποία οξύνει η γνωριμία με τη μουσική του Wagner: «Απέλαυσε κατά θανασίμους δόσεις το θέλγητρον της μουσικής ταύτης, ήτις υπό εξωτερικόν μεγαλόπνοον και πρωτογόνου ορμής, περικλείει ό,τι νευροπαθές και υστερικόν και παρηκμασμένον κατέχει η νεωτέρα ψυχή [...]»⁶²⁰.

Ο Καζαντζάκης θεωρεί επίσης ότι και ο Nietzsche για ένα τμήμα της ζωής του μετείχε στη νευροπάθεια και την υστερία, που ονομάστηκε παρακμή. Οι περιγραφές τον φέρνουν –αυτόν, έναν πραγματικό άνθρωπο– μέσα στη χορεία των ψυχεδελικών ηρώων, που περιφέρουν τον ταραγμένο ψυχισμό τους στα αφηγήματα του αισθητισμού. Η εικόνα του νευρωτικού Nietzsche φέρνει στο νου τη μητέρα της Βέρας από το *Βυσσινί τριαντάφυλλο* του Ροδοκανάκη, η οποία λιποθυμούσε από νευρική εξάντληση πάνω στα πλήκτρα του πιάνου της παίζοντας Wagner.

Για τον Nietzsche αυτή ήταν η στιγμή της μεγάλης στροφής:

> Άπας αυτού ο ψυχικός οργανισμός εν υπερδιεγέρσει επεπόθει την αποκάλυψιν ενός ιδεώδους, όπερ να δύναται να περιλαμβάνει και να εντείνει εναρμονίως απάσας αυτού τας ιδιότητας και ορμάς [...] Η Ελλάς κατέστη δι' αυτόν το ιδεώδες όπερ ανεζήτει, η αντίληψις η ευρεία ήτις ενέκλειε τον πεσσιμισμόν άμα και την ορμητικήν αγάπην της ζωής και ήτις και μόνη ηδύνατο να οδηγήσει τον άνθρωπον προς τον αληθή αυτού προορισμόν⁶²¹.

---

618. Γ. Κατσίμπαλης, «Ο άγνωστος Καζαντζάκης», *Νέα Εστία* 64 (1958) 1370.
619. Γ. Κατσίμπαλης, «Ο άγνωστος Καζαντζάκης», *Νέα Εστία* 64 (1958) 1372.
620. Ό. π.
621. Ό. π., 1371.

Μ' αυτό τον τρόπο ο Καζαντζάκης αποκρυπτογραφεί τη μυστική αλήθεια της αρρώστιας πίσω από την υγεία, του καχεκτικού πίσω από το στιβαρό, όπου μεταιχμιακά ορίζει την ύπαρξή του ο αισθητισμός. Μιλώντας σήμερα για τον Nietzsche διατηρούμε, βέβαια, επιφυλάξεις ως προς την ανεμελιά της χαράς που εκφράζει· ενώ δηλαδή ο φιλόσοφος επαγγέλλεται τη χαρά, την ίδια στιγμή την φέρνει αντιμέτωπη με το σκοτεινό της πρόσωπο. Ο Καζαντζάκης είχε διαισθανθεί πολύ νωρίς αυτή την πραγματικότητα στο έργο του φιλοσόφου, την εύθραυστη ισορροπία πόνου και θριάμβου, άρνησης και κατάφασης:

> Η ζωή του αύτη η σκληρότατα δεδοκιμασμένη υπό της νόσου και του αγώνος προς την υγείαν και το φως βαθύτατα επέδρασεν επί των έργων του ημετέρου φιλοσόφου [...] αισθάνεταί τις τον απαρηγόρητον πόνον και την περιώδυνον προσπάθειαν του Νίτσε να κατευθύνει όλας τας αρνήσεις εις μίαν θριαμβευτικήν κατάφασιν[622].

Το στήριγμα που ζητά ο Γερμανός στοχαστής, πάντα σύμφωνα με την ερμηνεία του Καζαντζάκη, το βρίσκει στην αρχαία Ελλάδα και συγκεκριμένα στην τραγωδία, η οποία μέσα από τον έλεο και το φόβο κατορθώνει να οδηγήσει το άτομο στη διονυσιακή έκσταση και, ακόμη περισσότερο, να το βγάλει από τον εαυτό του και να το εντάξει μέσω των δρωμένων της στην κοινή ουσία του ανθρώπου. Τη χειραφέτηση από τη στενή, άτονη ζωή και την απελευθέρωση μέσα στην «αιωνίαν και δημιουργόν δύναμιν του ζώντος σύμπαντος»[623] θα την επικαλεστεί ο Καζαντζάκης μέσα στους ολοκόκκινους και ηδονικούς ύμνους των νέων.

Αν και οι νιτσεϊκές συνδέσεις του ελλαδικού αισθητισμού αναπτύσσονται πάνω στην αντίστιξη διονυσιακού–απολλώνιου, οι καζαντζακικές συγγένειες με τον Nietzsche δεν περιορίζονται στην αισθητική αλλά προχωρούν και στη φιλοσοφία· ο Καζαντζάκης δίνει αισθητιστική διάσταση και σε ένα φιλοσοφικό πλάσμα, όπως ο Υπεράνθρωπος. Το μυθιστόρημα που κατεξοχήν αναφέρεται στο θέμα του Υπερανθρώπου, είναι οι *Σπασμένες Ψυχές* (*Ο Νουμάς*, 1909-1910).

Υπάρχουν εδώ τρεις ζωές που απλώς κινούνται παράλληλα, μέσα στα δικά της όνειρα η καθεμιά, χωρίς τελικά να διασταυρώνονται μεταξύ

---

622. Ό. π.
623. Ό. π.

τους. Αρχικά, υπάρχει ο Ορέστης[624], φοιτητής που εκπονεί την αινέσιμη διατριβή του πάνω στην *Καινή Διαθήκη*, ίσως ένα είδος persona του ίδιου του Καζαντζάκη, αν αντί για το *Ευαγγέλιο* σκεφτούμε το δικό του «ευαγγέλιο» της εποχής εκείνης, τα έργα του Nietzsche. Έπειτα, είναι ο φιλόλογος Γοργίας Προγονόπληχτος (το επώνυμό του αποδίδει σαφώς μια ιδιότητα του χαρακτήρα του), που οραματίζεται μια νέα έκδοση του Σοφοκλή· αυτός ήταν καθηγητής στην Ελλάδα και πήγε στο Παρίσι, για να μελετήσει καλύτερα τις αρχαίες ρίζες του· γι' αυτό, άλλωστε, άλλαξε το όνομά του από Γιώργης σε Γοργίας καταδεικνύοντας μια τελικά άγονη προσήλωση προς τους αρχαίους προγόνους. Τέλος, υπάρχει η Χρυσούλα, μια ευαίσθητη κοπέλα, που είναι η ερωμένη του Ορέστη και η κρυφή αγάπη του Γοργία. Αυτές είναι οι τρεις ψυχές του έργου, από τις οποίες προέρχεται και ο τίτλος του, αφού όλες θα σπάσουν τελικά. Οι *Σπασμένες Ψυχές* ασχολούνται με την εξέλιξη των τριών ηρώων μέσα στη ζωή, δεν είναι όμως το μυθιστόρημα που θα χαρακτηριζόταν «Bildungsroman», μυθιστόρημα διαμόρφωσης, αφού η κοσμοθεωρητική διάστασή του το φέρνει πιο κοντά στο νιτσεϊκό *Τάδε έφη Ζαρατούστρα*· μιλούμε για ιδεολογική κατασκευή των ηρώων και όχι για εμπειρική και κοινωνική διάπλαση ή σκιαγράφηση χαρακτήρων.

Ο Ορέστης είναι ένας νέος που ζει μέσα στον πυρετό των ιδανικών του Υπερανθρώπου και οραματίζεται τη βίωσή τους σε καθημερινή βάση, μέσα σε μια άγνωστη και καινούρια γι' αυτόν κοινωνία, με καινούριους νόμους και καινούριους ανθρώπους. Αυτές τις αντιλήψεις του προσπαθεί να τις μεταδώσει στους Έλληνες φοιτητές του Παρισιού με μια φλογερή ομιλία στον τάφο του Κοραή την 25η Μαρτίου αλλά γελοιοποιείται. Τότε αρχίζει η μεγάλη πορεία του στη ζωή, μια παρωδία μεγάλων ιδεών, η οποία θα καταλήξει στη συντριβή του. Δεν είναι τυχαίο ότι οι *Σπασμένες Ψυχές* εκκινούν ουσιαστικά από το σημείο τερματισμού του *Όφις και κρίνο*, που είναι η 25η Μαρτίου και όπου το κρίνο παίζει έναν ιδιαίτερο ρόλο ως ορόσημο της επαγγελίας μιας αναγέννησης. Το διακύβευμα είναι αν η επαγγελία θα δικαιωθεί ή θα διαψευσθεί από την τελική έκβαση του έργου.

Ύστερα από την αποτυχία του, ο Ορέστης ορκίζεται με πείσμα να καταξιώσει τις αντιλήψεις του μέσα στη ζωή, ώστε όσοι τον χλευάζουν να υποκλιθούν τελικά μπροστά του. Έτσι γυρεύει την ενδυνάμωση μακριά από την αγκαλιά της υποτακτικής Χρυσούλας και μέσα στα ανυπότακτα

---

624. Σημειώνουμε ότι ονόματα «μοιραίων» ηρώων, όπως το Ορέστης, έπαιξαν αρκετό ρόλο στον ελλαδικό αισθητισμό (Καζαντζάκης, Βάρναλης με το σονέτο «Ορέστης»).

ενστικτά του, που τον ωθούν στο κρεβάτι της Νόρας, στην ανακούφιση του πολυφιλημένου κορμιού της εμπειρίας και της ηδονής. Η ανάπαυσή του είναι παροδική, αφού η απόλαυση απορροφά όλο του το σθένος με αποτέλεσμα να απεχθάνεται τον εαυτό του. Οι στιγμές που ζει στο ζεστό δωμάτιο της Νόρας με την πηχτή ηδονή είναι τόσο μακριά από τον πολιτισμό, ώστε, όταν βγαίνει από τις αρπάγες της, νιώθει την ανάγκη να τρέχει από μουσείο σε μουσείο ψάχνοντας το χαμένο πολιτισμό ή να γυρνά χωρίς σκοπό στα διάφορα στέκια των γνωστών του στο Παρίσι, αποδοκιμάζοντας όλες τις μορφές της ζωής. Πρώτα, συναναστρέφεται τους φοιτητές που πίνουν, χαρτοπαίζουν και ζουν τη ζωή τους χωρίς έγνοια για το αύριο· έπειτα, συναντά όσους μετεκπαιδεύονται στο Παρίσι, για να φέρουν τα φώτα τους στην Ελλάδα ως επιστήμονες ή πολιτικοί, να γίνουν δηλαδή και αυτοί μέρος της συμβατικής ζωής· τέλος, συναντά όσους παντρεύτηκαν, έκαναν οικογένειες και αποτέλεσαν και αυτοί μέρος μιας σαθρής κοινωνίας.

Όλα αυτά προκαλούν στον Ορέστη την αηδία της σαπίλας, ενώ ο ίδιος νιώθει μέσα του ξεχωριστός και αποδέκτης ενός εξαιρετικού καλέσματος, που θα τον καταστήσει αναμορφωτή της κοινωνίας. Τελικά, το μόνο που καταφέρνει είναι να χτυπά δυνατά τους κοθόρνους του[625]· γιατί, στα μάτια των αναγνωστών και του ίδιου του συγγραφέα, ένα θέατρο του παραλόγου φαίνεται να εκτυλίσσεται πάνω στα σανίδια της σκηνής, που είναι η ζωή· εκεί ο Ορέστης Αστεριάδης παρουσιάζεται ως δραματικός ηθοποιός που παίζει πολύ έντονα το ρόλο του, αποδεικνύοντας τις ιδέες του κούφιες από περιεχόμενο· «οι ανίκανοι καυχιούνται και φωνάζουν, οι δυνατοί σωπαίνουν και προχωρούν»[626], σχολιάζει ο συγγραφέας Καζαντζάκης στην πέμπτη συνέχεια του μυθιστορήματος, θέλοντας να εξηγήσει στους αναγνώστες του τους χαρακτήρες των ηρώων του.

Σ' αυτό το σχολιασμό επισημαίνεται επίσης ότι ο Ορέστης είχε «πόθους αετού, αλλά φτερά πεταλούδας»[627], ενώ δηλαδή ένιωθε πως η ζωή τον είχε μοιράνει με υψηλές φιλοδοξίες, δεν κατάφερε να κάνει τίποτε για να τις πραγματοποιήσει. Σ' όλο το έργο τον παρακολουθούμε να κραυγάζει με οργή ή οίκτο, να περιφρονεί τους πάντες ως «ευκολόσπαστους»[628] και θύματα της «μαγγανοπηγαδίστικης ζωής»[629], ενώ

---

625. Π. Ψηλορείτης [=Ν. Καζαντζάκης], «Σπασμένες Ψυχές», *Ο Νουμάς* 7, 368 (1909) 7.
626. *Ο Νουμάς* 7, 359 (1909) 3.
627. Ό.π.
628. *Ο Νουμάς* 7, 358 (1909) 8, 360 (1909) 3 και 367 (1909) 2.
629. *Ο Νουμάς* 7, 364 (1909) 2.

τελικά ο ίδιος θα αποδειχτεί ο πιο αδύναμος, θα τσακιστεί πολύ μακριά από τα περίφημα ιδανικά του και θα συρθεί κάτω απ' τα πόδια της ζωής. Πολύ συχνά τον ακούμε να λέει για άλλους «δεν είχε θέληση, δεν είχε δύναμη» ή να χρησιμοποιεί για τον εαυτό του το ρήμα «μπορώ», δηλώνοντας τη δυνητική πρόθεση, που στο τέλος του έργου θα διαψευσθεί ολοσχερώς, αφού κανένας από τους τρεις πρωταγωνιστές του κειμένου δεν θα τα καταφέρει.

Ο συγγραφέας, αναλύοντας το χαρακτήρα του πρωταγωνιστή του, ερμηνεύει την αποτυχία του στη ζωή:

> Ρίχτηκε ο Ορέστης εναντίον της Πραγματικότητας πολύ απότομα και δονκιχώτικα κι έσπασε [...] Η Πραγματικότητα είναι σαν τα δυνατά κι άγρια ζώα. Άμα τη χαδέψεις λίγο, άμα την αγαπήσεις, κυλιέται στα πόδια σου και σου γλείφει τα χέρια. Αν αντάρτικα ριχτείς καταπάνω της, το ξύλινο κοντάρι σου σπα [...] Τίποτα από αυτά δεν ήξερε ο Ορέστης κι έσπασε. Αν τα 'ξερε... δε θα φώναζε, δε θα καυχότανε έτσι...»[630]

Σ' όλη τη διάρκεια του έργου το μοτίβο που κυριαρχεί είναι το σπάσιμο, η διάλυση. Όλοι γύρω του φαίνονται στον Ορέστη σακάτηδες· ο Γοργίας τού φαίνεται έτοιμος να σπάσει πάνω στα ντελικάτα πόδια του και στην ντελικάτη ιδιοσυγκρασία του· η Χρυσούλα τού φαίνεται σαν «νευρόσπαστο», μια συρραφή από σπασμένα μέλη, που σε κάθε κίνησή της προσέχει μήπως διαμελιστεί εντελώς. Τα χέρια της του δίνουν την εντύπωση ότι είναι σαν σπασμένα κλαδιά, το σώμα της του δίνει την εντύπωση ενός λουλουδιού που θα τσακιστεί και, όταν σκοντάφτει στο δρόμο, ο Ορέστης νομίζει ότι θα πέσει κάτω και θα συντριφτεί. Το μοτίβο του νευρόσπαστου, του πιερότου, της μαριονέτας, γενικότερα του σώματος που παραπαίει, του ανδρείκελου, δεν θα το ξαναδούμε μόνο στο *Γέλα Παλιάτσο* της Γ. Καζαντζάκη αλλά και στους μετασυμβολιστές της γενιάς του 1920, όπου συνεχίζει αυτή την αρχική παρακαταθήκη. Στις *Σπασμένες Ψυχές* αντιπροσωπεύει την αλλοίωση του όντος μακριά από τα ιδεώδη του Υπερανθρώπου, επομένως συνιστά έμμεσα μια κεντρική σημασία του έργου. Η τελική ανατροπή των ιδεωδών, που τίθενται στην αρχή θα διευρύνει τη νοηματοδότηση του ανδρείκελου, για να περιλάβει

---

630. *Ο Νουμάς* 7, 359 (1909) 3.

και τον Ορέστη· γιατί, πέρα από το αναμενόμενο σπάσιμο της Χρυσούλας, θα επέλθει στο τέλος του έργου και το απρόοπτο σπάσιμο του Ορέστη, που ανοίγει ως μότο το αφήγημα και το κλείνει ως κατακλείδα: «έτσι κάποια κοντάρια όμορφα και ντελικάτα σπουν, όταν η σημαία είναι μεγάλη και φυσήξει βοριάς»[631].

Το ρήμα «σπάζω» και το επίθετο «σπασμένος», σε όλα τα γένη και όλους τους τύπους, καθώς και τα συνώνυμά τους, φαίνεται να έχουν τη μεγαλύτερη συχνότητα απ' όλες τις ενδεικτικές λέξεις μέσα στο έργο. Αυτές οι λέξεις προσδιορίζουν τον ψυχισμό και την τύχη των τριών προσώπων. Ο Γοργίας μοιάζει να να μην έχει σάρκα και αίμα, μοιάζει με κάτι ασπόνδυλο, μια χάρτινη φιγούρα, που την επινοεί ο συγγραφέας χωρίς να ενδιαφέρεται να της δώσει χαρακτήρα, ένα κενό σκεύος που θα γεμίσει μόνο με την ηδονική αποκάλυψη του αρχαίου κόσμου. Χαμένος μέσα στον κόσμο των φαντασιώσεών του χάνει επαφή με την έξω πραγματικότητα· όταν μπαίνει κλέφτης στο δωμάτιό του, ο Γοργίας μόνος του ανοίγει το συρτάρι, για να τον κλέψει ο κλέφτης και έπειτα βγαίνει με μια ομπρέλα και περπατά στους διαδρόμους του ξενοδοχείου· έξω στο δρόμο τον πατάει ένα αυτοκίνητο αφήνοντας μόνο ένα κουβάρι από ζουληγμένες σάρκες και αίμα. Στο τέλος καθαρίζουν το δρόμο και από την ύπαρξη του Γοργία δεν μένει ούτε μια κηλίδα αίμα.

Άλλος αδύναμος άνθρωπος της διήγησης είναι η Χρυσούλα· είναι τόσο ευαίσθητη και λεπτοκαμωμένη, ώστε μοιάζει λιγότερο με άνθρωπο και περισσότερο με ευαίσθητο λουλούδι, πολύτιμο στολίδι ή μπιμπελό. Εντάσσεται έτσι αυτοδίκαια στο πρότυπο των γυναικών του αισθητισμού, όπου η σάρκα φέρει τη λεπτότητα σπάνιου ή εκλεκτού αποκτήματος, σαν να έχει υποστεί τεχνητή κατεργασία· προέκταση αυτού του σταδίου είναι ο ευτελισμός του ανθρώπου, όπου ο ανθρώπινος παράγοντας αδειάζει το κορμί σε έκφραση αλλοτρίωσης και διαστροφής. Η δόμηση του ανθρώπου ως έργου τέχνης από το κέντρο του αισθητισμού προαναγγέλλει την απώλεια του υποκειμένου, που θα εισαγάγει ο μοντερνισμός με την απανθρωποποίηση.

Η Χρυσούλα τσακίζεται σιγά σιγά μέσα στη συνειδητοποίηση της απιστίας του Ορέστη. Όσο ο Ορέστης πηγαίνει στην αγκαλιά της Νόρας, η Χρυσούλα το συναισθάνεται και τον εκλιπαρεί. Ο Ορέστης την μισεί για την αδυναμία της και επιφέρει με σκληρές πράξεις και λόγια την τελική της διάλυση. Η αρρώστια έχει ήδη αρχίσει να υποσκάπτει την υγεία της,

---

631. *Ο Νουμάς* 7, 355 (1909) 2.

γίνεται όμως θανατηφόρα, όταν η ίδια υποχωρεί μπροστά στην Νόρα για χάρη του Ορέστη. Το μίσος του Ορέστη θυμίζει τη σχετική αίσθηση του πρωταγωνιστή στο *Όφις και κρίνο·* εκεί ο ζωγράφος μισεί την αγαπημένη του, επειδή ο ερωτισμός της καταργεί τις αντιστάσεις του· εδώ ο Ορέστης μισεί την Χρυσούλα, την τρυφερή πλευρά της γυναίκας, επειδή την νιώθει εμπόδιο στη σαρκική απόλαυση που του προσφέρει η ερωτική της πλευρά, η Νόρα.

Κάθε φορά που ο Ορέστης πληγώνει την αγάπη της, η αίσθηση που συνταράζει τη Χρυσούλα δίνεται με την ανάλογη ένταση: «τα χέρια της τα φιλντισένια κινηθήκανε σαν λαβωμένες φτερούγες κύκνου»[632]. Όταν πια ο δρόμος δεν έχει αναστροφή, διαβάζουμε: «πως γύρισε απότομα η ψυχούλα της κι ήρθε κι έπεσε σωρός σπασμένα κρίνα μπροστά στα πόδια του Ορέστη»[633]. Το μοτίβο του κρίνου εδώ προσλαμβάνει και μια διάσταση βιολογικής ασθένειας, παράλληλα με τη διάσταση της υπερεκλέπτυνσης, κατά το πρότυπο της οποίας ενσαρκώνονται οι γυναίκες του αισθητισμού και την οποία είδαμε επίσης στο *Όφις και κρίνο*.

Ανάμεσα σε άνθινα συμφραζόμενα η κατεστραμμένη λεπτότητα της κοπέλας απλώνεται σαν φύλλο και σαν ύφασμα από μετάξι, παραπέμποντας σε ανάλογες περιγραφές αισθητιστών όπως ο Beardsley και ο Χρηστομάνος, που είδαμε νωρίτερα. Σύμφωνα με τον καζαντζακικό αφηγητή:

> Το κεφαλάκι της έπεσε κλιτό απάνω στα στήθια. Έτσι κλιτά πέφτουνε και τα λουλούδια όταν δεν μπορεί πια να τα σηκώσει το λίκι τους, γιατί έσπασε. Άνοιξε τα χέρια της για να πάρει την αναπνοή της πιο εύκολα και τα σωθικά της πάλι σκιστήκανε σα μεταξωτό[634].

Αλλά και ο ίδιος ο συγγραφέας, στην πέμπτη «συνέχεια» του μυθιστορήματός του, εκεί που νιώθει την επιτακτική ανάγκη απολογίας για το έργο του, αναφέρεται διεξοδικά στο χαρακτήρα της Χρυσούλας αποδίδοντάς της γνωρίσματα του κρίνου, μεταφορά που παραπέμπει απευθείας στο *Όφις και κρίνο*:

---

632. *Ο Νουμάς* 7, 363 (1909) 7.
633. *Ο Νουμάς* 7, 361 (1909) 8.
634. *Ο Νουμάς* 8, 376 (1910) 8.

είναι ένα κρινάκι της αμμουδιάς που, λίγο να του σιμώσεις, όλα του τα φυλλαράκια αρχίζουνε και τρέμουν, κι άμα το πιάσεις από το λίκι δεν μπορεί να βαστάξει το βάρος του εαυτού του και λυγίζει. Έτσι κι η Χρυσούλα. Λυγίζει σκλάβα της καλοσύνης και της αγάπης. Στριμώνεται σε μια γωνιά της κάμερας, χαμογελά και πεθαίνει[635].

Ό,τι λέει μέσα στο κείμενο ο αφηγητής, το λέει και ο Καζαντζάκης μιλώντας για την ανατομία της ηρωίδας του. Πρόκειται αναμφισβήτητα για μια ενιαία προβληματική, που ζυμώνεται μέσα στη συνείδηση του συγγραφέα σ' αυτή την πρώιμη συγγραφική περίοδό του και έχει κοινούς συγγραφικούς παρονομαστές σ' όλη την παραγωγή του αυτής της περιόδου. Ό,τι παρατηρήσαμε για το μοτίβο του κρίνου ισχύει και για το μοίβο του φιδιού: τα μοτίβα είναι τα ίδια, επανέρχονται με ισχύ, διαστρέφονται και πλέκονται μεταξύ τους σε νέους, ολοένα ανανεωμένους συνδυασμούς, πάντα μέσα στο σφιχτό κλοιό σάρκα-λουλούδι-ερπετό. Στις Σπασμένες Ψυχές, το σώμα της μοιραίας γυναίκας μοιάζει ταυτόχρονα με κρίνο και με φίδι· σημειώνουμε εδώ ότι ο συσχετισμός γίνεται πάνω στη βάση της ερωτικής κίνησης και του ηδονικού ελιγμού· σημειώνουμε επίσης ότι το κρίνο ξεφεύγει από τη γνωστή αναπαράσταση με τις συνδηλώσεις αγνότητας και παίρνει την αισθητιστική μορφή φουντωμένης παπαρούνας ή αγιοκλήματος που τυλίγεται σαν φίδι· η ζέστη του μεσημεριού μέσα στην οποία εγείρεται το αμφιλεγόμενο άνθος και η θημωνιά από τριαντάφυλλα, ως ένδειξη γενικότερης συμμετοχής της φύσης, είναι μοτίβο που έχει επαναληφθεί στο πεζό ποίημα «Τι μου λένε οι παπαρούνες»:

> πάντα μπροστά του, πάντα μπροστά του το κορμί της Νόρας και δεν μπορούσε να ξεφύγει από το άγγιγμά του το ζεστό. Πότε ορθωμένο ήτανε μπροστά του σαν πελώριο ξεφουντωμένο κρίνο που καμπανίζει δεξά και ζερβά στον ορθρινόν αέρα πότε πεσμένο κάτω σε μια θημωνιά ρόδα που αχνίζουνε από την πύρα του μεσημεριού και πότε πάλι πλεγμένο γύρω του σαν αγιόκλημα ολάνθιστο –σαν αγιόκλημα ολάνθιστο ή σα φίδι;[636]

---

635. *Ο Νουμάς* 7, 359 (1909) 3.
636. *Ο Νουμάς* 7, 360 (1909) 7.

Υπάρχει φυσικά και η αμιγής παραλλαγή, που θέτει τη γυναίκα στη θέση του Φιδιού, την ηδονική γυναίκα, που χορταίνει τους πόθους του ανίσχυρου Ορέστη μέσα στην αγκαλιά της. Πρόκειται για την πρόκληση της Νόρας, η οποία τη στιγμή της ερωτικής πράξης ορθώνεται, για να καταβροχθίσει τη λεία της, μια προσωποποίηση φόβου μπροστά στο θανατηφόρο άγγιγμα της ακαταμάχητης ηδονής[637]:

> Και ξαπλώνεται τότε πίστομα κολλημένη απάνω στα σεντόνια η γυναίκα κατάχλωμη κι αγέλαστη κι ανασηκώνει το κεφάλι και κοιτάζει τον άντρα σα φίδι που ανορθώνεται καταμεσίς του δρόμου κι ετοιμάζεται να ορμήσει και να τρυπήσει τα μάτια του ανθρώπου. Κι απλώνει τότε τα μπράτσα του ο άντρας και την αδράχνει από το λαιμό για να την πνίξει και να σωθεί κι εκείνη του χαμογελά και παραλυούν τα δάχτυλά του και σκύφτει απάνω στο στόμα της και κλει τα μάτια και σιγαλορουφά το φαρμάκι που γλυκοστάζουνε τα δόντια της και τα χείλια και η γλώσσα[638].

Η μία πλευρά είναι η αχαλίνωτη ζέστη της πλησμονής και η άλλη είναι η φαντασίωση των δοντιών της Νόρας, που δαγκώνουν, η φαντασίωση της γυναίκας ως θηρίου, ως τίγρης, όπως και στον Επισκοπόπουλο, ως αξεδιάλυτου μυστηρίου: «μια ευτυχία σκληρότατη χορτασμένης τίγρης ενέδρευε μέσα της και λυνότανε και ξεχυνότανε σε κάθε της κίνηση [...] περίμενε με την πεποίθηση των ασάλευτων φιδιών που κείτουνται στον ήλιο και μαγνητοτραβούν με τα νυσταγμένα μάτια τους το δύστυχο πουλί που καμύει τα μάτια και σιμώνει...»[639]. Και πάλι έχουμε το μοτίβο του φιδιού, ανεστραμμένο αυτή τη φορά πάνω στη γυναίκα, ενώ το μοτίβο του πουλιού ταυτίζεται με τον αδύναμο άντρα μέσα στη φθοροποιό επήρειά της.

Η ιδιομορφία των *Σπασμένων Ψυχών* είναι ότι το Φίδι παίρνει περισσότερες και πιο απροσδόκητες τροπές: σχετίζεται, για παράδειγμα, με το δέντρο της γνώσης του Καλού και του Κακού και απαντά

---

637. Πρβ. και Ν. Καζαντζάκης, «Το νησί της Αφροδίτης», *Ταξιδεύοντας... Ιταλία, Κύπρος κτλ.*, Αθήνα 1961, 183-188, όπου το μοτίβο του φιδιού μεταμορφώνεται σε μοτίβο του εντόμου μάντις (αλογάκι της Παναγίας) και όπου το θηλυκό κατατρώει το κεφάλι του αρσενικού ακριβώς πάνω στην ώρα της συνουσίας.
638. *Ο Νουμάς* 7, 362 (1909) 7.
639. *Ο Νουμάς* 8, 374 (1910) 2.

με πόνο στην επιμονή του ανθρώπου να γνωρίσει τα πάντα. Η ακόρεστη πείνα για αίσθηση, η λαχτάρα για το καινούριο που δεν τελειώνει ποτέ είναι το φίδι που τρώει τα σωθικά και με τις απαντήσεις του απογυμνώνει μια αλήθεια που καταργεί το μυστήριο. Αυτή η ενσυνείδητη καταστροφή της ευλογημένης άγνοιας των πρωτοπλάστων είναι η κατάρα της παρακμής, ο μύθος του Οιδίποδα που βγάζει με τα χέρια του τα μάτια του, αυτή είναι η απάντηση στην αιτία της αισθητιστικής κατάπτωσης. Η αλόγιστη δίψα του ανθρώπου του αισθητισμού να τα μάθει όλα είναι το πιο θανάσιμο αμάρτημά του· μοιάζει να διαπράττει ξανά, αλλά τώρα εν πλήρει γνώσει, το αμάρτημα των προπατόρων του, προσπαθώντας να αντλήσει τη γνώση από το απαγορευμένο δέντρο, το δέντρο της γνώσης του καλού και του κακού· και μοιάζει να βεβηλώνει αυτό το ξύλο και να κρατά το ραβδί του Οιδίποδα, κραδαίνοντας την περιέργειά του με μεγαλύτερη ασέβεια και αλαζονεία από τον τραγικό ήρωα[640]. Και εδώ, βέβαια, δεν υπάρχει Αντιγόνη για να τον στηρίξει στην κατάρρευσή του, υπάρχουν μόνο οι αμείλικτες μαινάδες και η Σφίγγα[641], που θα τον ρουφήξει μέσα στις λαγόνες της σαν ηδονική Σαλώμη. Δεν μιλούμε, ωστόσο, μόνο με αλληγορίες που ισχύουν σε κάθε τόπο και εποχή για το διαχρονικό άνθρωπο· μιλούμε πιο συγκεκριμένα για τον άνθρωπο της «παρακμής», του fin-de-siècle, τον σύγχρονο του Ορέστη και του συνομήλικού του, νεαρού Καζαντζάκη. Σ' αυτόν απομένει μόνο να εκστασιαστεί με τη σήψη του, για να μπορέσει να επιβιώσει.

Στο δοκιμιακό άρθρο «Η αρρώστεια του αιώνος», το θέμα απασχολεί έντονα τον συγγραφέα και μάλιστα στη θεωρητική του διάσταση. Στο Όφις και κρίνο δεν δίνονται περισσότερες επεξηγήσεις και το μοτίβο μένει σχεδόν αδιευκρίνιστο. Στις Σπασμένες Ψυχές η εξήγηση δίνεται σ' όλη της την έκταση και την αναλυτικότητα:

> όλες οι σκέψεις των σοφών δεν αξίζουν ένα φιλί πάνω
> στο στόμα! Έτσι τραγουδούσανε στην αρχή τα που-

---

640. Πρβ. και το ομότιτλο καβαφικό ανέκδοτο ποίημα για τον Οιδίποδα, που δεν φαίνεται να ανήκει καθαυτό στον αισθητισμό, έχει όμως μια πολύ ενδιαφέρουσα αντιστροφή των ρόλων· ο Οιδίποδας μπορεί να κατέβαλε τη Σφίγγα και να ορθώνει το ανάστημά του νικητής αλλά μέσα στα σαστισμένα μάτια του θηρίου, που διακρίνουν το αίνιγμα της ζωής του, καθρεφτίζεται ο ίδιος ως ηττημένος.

641. Πρβ. και τη μίξη τους στο Έξι Νύχτες στην Ακρόπολη του Σεφέρη, όπου και το ύφος και τα συμφραζόμενα εντάσσονται πλήρως στη σεφερική παρωδική ή φανταιζίστικη παραγωγή.

λιά απάνω στο δέντρο της Ζωής που φούντωνε κι ανθούσε στα σπλάχνα του Ορέστη ... [642]

Κι ύστερα (ω το φριχτό, το αιώνιο, το ανήλεο παραμύθι!) ένα σκουλήκι ήρθε –τόσο μεγάλο ήτανε που η Εύα μια φορά κι έναν καιρό το θάρρεψε φίδι– το σκουλήκι της γνώσης ήρθε, σφιχτοκουλουριάστηκε στον κορμό του δέντρου και σύρριξε στον Ορέστη: Μην ακούς! Μην ακούς! Για τους δειλούς και σκλάβους τα λόγια των πουλιών! Παραδώσου σε μένα![643]

Έτσι αρχίζει η αναζήτηση του Ορέστη μέσα στη Γνώση και την Ηδονή, μια αναζήτηση ενάντια στους φυσικούς παλμούς της ζωής· στην καρδιά του Ορέστη τα λόγια των πουλιών γίνονται φιλιά και οι έγνοιες γίνονται φίδια που καταπίνουν το ανέμελο κελάηδημα. Όταν πια τελειώσει ο δρόμος του, η γνώση έχει συντελεστεί, η ερήμωση όμως από ελπίδα πλήττει ανελέητα. Έχει πλέον πραγματωθεί η αισθητιστική αποσύνθεση:

με παραλυμένες τις φτερούγες πέσανε [τα λόγια των πουλιών] στο ανοιχτό στόμα του φιδιού και δεν κελαηδήσαν πια [...] Η νιότη του, το αίμα του το ζεστό, τα εικοσιπέντε του τα χρόνια απελπισμένα μέσα εκεί παλεύουνε να πνίξουνε το φίδι. Και το φίδι όλο και θεριεύει, όλο και θεριεύει και του στραγγαλίζει την ψυχή και το μέτωπο και του τρώει την καρδιά[644].

Το «μεγάλο σκουλήκι», που κατατρώει «τη δύναμη του Ορέστη»[645], είναι τα ερωτήματά του για τη ζωή, για τους ανθρώπους, για τη φύση, όλα αντικείμενο μελέτης στο εργαστήριο του μυαλού του, του αγέρωχου –στην αρχή– μυαλού του, του άρρωστου –στο τέλος– μυαλού του· ερπετό είναι, επίσης, το λάγνο σώμα της μοιραίας σαγήνης, που πνίγει την αυτοκυριαρχία μέσα από τα αγκαλιάσματα και τα φιλήματά του.

Η βασική ιδέα είναι πως η ερωτική έκσταση σκοτώνει την ψυχή αφοπλίζοντάς την από αντιστάσεις κατά του έκφυλου στοιχείου. Ο

---

642. *Ο Νουμάς* 7, 362 (1909) 5.
643. *Ο Νουμάς* 7, 362 (1909) 3.
644. *Ο Νουμάς* 7, 362 (1909) 3.
645. *Ο Νουμάς* 7, 368 (1909) 6.

Ορέστης των *Σπασμένων Ψυχών* νιώθει εκφυλισμένος με το να ενδίδει στον έρωτα της Νόρας, δεν μπορεί όμως να ζήσει και χωρίς αυτόν. Η ζέστη από ορμές, που απορροφά τη σάρκα του, είναι η ίδια αρρώστια που απορροφά το εγώ του, τις πεποιθήσεις του, τον οποιονδήποτε, (έστω και υποτιθέμενο) «αγώνα αρχών»:

> το όνειρο της ζωής του τον κυνηγούσε και τον άδραχνε και του έκανε δριμύτερη την ηδονή φέρνοντάς τονε στην πιο αψηλή κορφή της απ' όπου αρχινά ο πόνος, μια μυρωδιά βαριά βιολέτας πλαντούσε την κάμερα, ένας αέρας πηχτός μολεμένος που έπνιγε η σκέψη του μέσα σ' ένα αρωματικό ασάλευτο λουτρό.
>
> Κι υψωνότανε μέσα του εκδικήτρα η έχτρητα της ψυχής που φιδοκουλουριάζεται στο βυθό κάθε αγάπης σαρκικιάς.
>
> Ποτέ του δε μίσησε τόσο πολύ γυναίκα. Μέσα της θαμπόνιωθε το χαμό του...[646]

Η πηχτή ατμόσφαιρα, με τις μυρωδιές σάρκας και αρωμάτων, ζωντανεύει υποδειγματικά μπροστά μας μια αισθητιστική φαντασίωση που θυμίζει θεατρική σκηνοθεσία· το χέρι του Ορέστη μοσχοβολάει από το γάντι της Νόρας, που είναι ποτισμένο από την ευωδιά βιολέτας, και ο ίδιος βλέπει ξαφνικά να υψώνεται μπροστά του το κορμί της με «τα λιγώματα και τις τρομάρες»[647], ενώ όλα μοσχοβολούν από την ίδια, αγαπημένη της ευωδιά. Δεν έχουμε εδώ τη δυναμική κάποιας μπωντλαιρικής σκηνοθεσίας, απ' αυτές που δημιουργούσε ο ποιητής για να διεγείρει μέσα του ερωτικές επιθυμίες· αυτό συμβαίνει αντίθετα στο *Όφις και κρίνο*, όπου ο αφηγητής πολεμά με την αίσθηση και την ωθεί στα άκρα.

Η βαριά ατμόσφαιρα του δωματίου της Νόρας είναι πηχτή και μολυσμένη, καθώς η λαγνεία δεν μπορεί να σβήσει τον πόνο αλλά μόνο τον ανανεώνει μέσα στο λουτρό των αρωμάτων. Πνιγμός από αρώματα μέσα σε μια κλειστή κάμαρα είναι το αισθητιστικό μοτίβο όπου καταλήγει και η υπόθεση του *Όφις και κρίνο*. Από τα έγκατα του πόθου ανεβαίνει ένα μίσος άσχετο με κάθε πολιτισμό, ένα πρωτογενές ξέσπασμα της σάρκας: «κι είναι φαρδιά τότε τα αμαρτωλά κρεβάτια για να μπορέσουν να χω-

---

646. *Ο Νουμάς* 7, 363 (1909) 2.
647. *Ο Νουμάς* 7, 358 (1909) 7.

ρέσουνε το μίσος και την αγάπη και την περιφρόνηση και τη λύσσα και τον άντρα και τη γυναίκα»[648]· είναι ο φόβος του αισθητή να αφεθεί στην προσταγή της Φύσης, να γίνει θύμα του βιολογικού ντετερμινισμού· τίποτε δεν πρέπει να ταράξει τη νηφαλιότητά του· ακόμη και η ηδονή είναι ζήτημα εγκεφαλικότητας. Αυτό που μισεί στον εαυτό του ο Ορέστης είναι η εξάρτησή του και η αδυναμία απαλλαγής από το πάθος του. Ο Pater κήρυττε την αποστασιοποίηση του αισθητή, ενώ ο Wilde ζητούσε να πολεμά κανείς τον πειρασμό ενδίδοντας σ' αυτόν· εδώ έγκειται άλλο ένα δίλημμα του αισθητισμού, από το οποίο υποφέρει και ο Ορέστης. Μέσα σ' όλα αυτά εντάσσεται και η επίδειξη δύναμης, στο πλαίσιο της νιτσεϊκής υπέρβασης, που διέπεται από τις αρχές του Υπερανθρώπου.

Όλη αυτή η αναρχία του έρωτα, που παρατηρείται στην παρακμή δεν είναι παρά η έλξη και απώθηση των εκλεκτικών του αισθητισμού από το ζωώδες ένστικτο, η λατρεία της εξεγερμένης σάρκας και το μίσος της υπακοής σε κάτι χυδαίο και ταπεινό. Η κατάργηση του αυτοελέγχου είναι ο αισθητιστικός φόβος, που κάποτε τον εμπνέει η φύση και κάποτε το άλλο φύλο. Στις Σπασμένες Ψυχές υπάρχουν και τα δύο και μάχονται μέσα στην ψυχή του Ορέστη μέχρι τελικής εξουθενώσεως, μέχρι να τον σπάσουν ολοσχερώς: Από τον κύριο θεματικό κορμό αποσχίζονται μικρότερα θέματα, όπως το μνήμα-κρεβάτι της ηδονής ή η πλανεύτρα γυναίκα που είναι πολύμορφη, κάποτε Σαλώμη και κάποτε Πηνελόπη.

Το μοτίβο «κρεβάτι-μνήμα» υπάρχει στις Σπασμένες Ψυχές, χωρίς όμως να του δίνεται η έκταση που είχε στο Όφις και κρίνο· η σχέση ερωτικής πράξης και θανάτου είναι σαφής, όταν τα φιλιά της Νόρας κατεβαίνουν ως τις ρίζες των μαλλιών και μουσκεύουνε με ιδρώτα τον Ορέστη («[...] την πήγε και την ξάπλωσε στο κρεβάτι – στο κρεβάτι ή στο μνήμα;»[649]) ή λίγο πριν από το τέλος της Χρυσούλας, όταν το κρεβάτι της φαντάζει σαν μνήμα:

> ένα μοιρολόι βαρύ και μονότονο σα σταλαγματιές λιωμένου μολυβιού, σαν αίμα πηχτό και μαύρο έπεφτε από τον ουρανό του κρεβατιού αργά και σταλαχτά κι ισόχρονα και γέμιζε το κρεβάτι και ξεχείλιζε χάμω κι ανέβαινε κι έπνιγε όλη την κάμερα και δε μιλούσε [...] ο αέρας πνιγμένος, οι κουρτίνες βαριές, το κρεβάτι όρθιο και χασκούμενο σα μνήμα[650].

---

648. *Ο Νουμάς* 7, 362 (1909) 7.
649. *Ο Νουμάς* 7, 362 (1909) 2.
650. *Ο Νουμάς* 8, 376 (1910) 6.

Είναι οι τελευταίες στιγμές προτού ξεψυχήσει η Χρυσούλα, όταν πια ήδη έχει πεθάνει μέσα της. Η αναφορά του μνήματος είναι εδώ κυριολεκτική, με όλα τα συμφραζόμενα να συνηγορούν στην κατασκευή ενός πένθιμου πεζού ποιήματος. Τα σκούρα χρώματα και τα μοιρολόγια, που πνίγουν σαν πηχτό αίμα το κρεβάτι, σταλάζουν παντού μέσα στο δωμάτιο, ξεχειλίζουν και ξανανεβαίνουν σε κίνηση παλινδρομική, φτιάχνοντας μια προχωρημένη εικόνα που βρίσκεται στα πρόθυρα της εικαστικής τόλμης του μοντερνισμού. Πρόκειται για το θάνατο της ευαίσθητης γυναίκας και ενός ρομαντικού έρωτα. Το μοιραίο παρακμιακό πάθος, που εμπνέει η Νόρα, δεν θα σβήσει ποτέ αλλά θα αφανίσει μέσα στο λοιμό του τον Ορέστη και όλες τις ψυχές που συνδέονται μαζί του σ' αυτό το μακάβριο γαϊτανάκι του έρωτα. Αν ο θάνατος του ρομαντικού έρωτα, που αναπαριστά η Χρυσούλα, μπορεί να διαβαστεί σε αυτοαναφορικό επίπεδο, τότε ασφαλώς αναπαριστά την υπέρβαση του ρομαντισμού και τη διαφυγή του κειμένου στην παρακμιακή υπόσταση του αισθητισμού.

Σ' όλο το αφήγημα βασικός είναι ο ρόλος που διαδραματίζει η σχέση του πρωταγωνιστή με την αμαρτία, θέμα με γνήσιες αισθητιστικές καταβολές. Ο Ορέστης νιώθει έρμαιο του έκφυλου πόθου, όταν η σάρκα του αναλώνεται μέσα σε πάθη, που σφραγίζουν με το δικό τους τρόπο το κορμί του:

> ένιωθε την ανάγκη την κοσμοκρατόρισσα να τον αδράχνει και να τον ερίχνει σπαρταριστό στη σάρκα... Ω! πού να φύγει κανείς και πού να κρυφτεί και τι μαρτύρια να βρει να σφιχτοτυλίξει το κορμί του και πού να πρωτομπήξει τις εφτά σφραγίδες τις πύρινες και να βουλώσει στη σάρκα του και τα εφτά θανάσιμα αμαρτήματα, για να μπορέσει να υψωθεί χωρίς πυρετό και τρεμούλιασμα και να βροντοφωνήσει: «είμαι κορμί εφηβικό και είμαι αφίλητο και δε σπαρταρώ εγώ μπροστά σου και δε σκύφτω εγώ ως σάρκα»[651].

Ένα ποιητικό πρόσωπο-πρωταγωνιστής του Καβάφη αφήνεται χωρίς τύψεις στην ηδονή, με τη σκέψη ότι μπορεί ανά πάσα στιγμή, όταν θελήσει, να ξαναβρεί «το πνεύμα του σαν πριν, ασκητικό»[652]. Εδώ

---
651. Ο Νουμάς 7, 369 (1909) 4.
652. Κ. Π. Καβάφης, «Τα Επικίνδυνα», Ποιήματα (επιμ. Γ. Π. Σαββίδης), Αθήνα, Ίκαρος, 1989, 48.

βρίσκεται και η θριαμβευτική απόληξη του συλλογισμού του Ορέστη· αφού θα έχει παρακάμψει την εξουθενωτική εμπειρία των παθών, θα έχει πια τον κορεσμό αλλά και την ανοσία, ώστε να μην ξαναγυρίσει σ' αυτά αλλά να τα αντιμετωπίσει χωρίς επιθυμία. Ένα άλλο καβαφικό πρόσωπο πιστεύει ότι θα μπορέσει να νικήσει στον πόλεμο της σάρκας· αλλά, όταν η νύχτα με τις υποσχέσεις της τον ξελογιάζει, τα ξεχνά όλα και ρίχνεται στο μεθύσι των αισθήσεων[653]. Παρόμοιο δίλημμα βιώνει και ο Ορέστης: η σάρκα του, που ζητά τη λύτρωση από τα αμαρτωλά της ένστικτα μέσα στα αρωματισμένα κρεβάτια, νιώθει κατόπιν βρομισμένη από τη χυδαιότητα και τραβιέται από την αρπάγη της δηλητηριώδους αγκαλιάς. Ωστόσο, έχει πια εθιστεί· ο Ορέστης θα γυρνά και θα ξαναγυρνά στην απόλαυση της διαφθοράς, όπου η ικανοποίηση συμβαδίζει με τις τύψεις και η χαλαρωτική ύπνωση συμβαδίζει με τη σκληρότητα στη σχέση έρωτα και μίσους που νιώθει μέσα του, ενώ συνεχίζει να ενδίδει, αηδιάζοντας με τον εαυτό του.

Η παράδοση στην αμαρτία ισοδυναμεί με την παντοκρατορία της αίσθησης, που γίνεται ειδοποιό γνώρισμα της ζωής του αισθητή. Η «παντοκρατόρισσα» ή «αυτοκρατόρισσα» ζωή είναι μια έκφραση που απαντά κατεξοχήν στον Ν. και την Γ. Καζαντζάκη. Για τον Καζαντζάκη η «αυτοκρατόρισσα» ζωή παρουσιάζεται ως τσιγγάνα, σ' ένα απόσπασμα μεγαλύτερου έργου με τον ίδιο τίτλο, που σκόπευε να γράψει αλλά τελικά δεν το ολοκλήρωσε, αφήνοντας γραμμένα μόνο κάποια μέρη:

> Η μεσημεριάτικη ώρα του καλοκαιριού μοιάζει με τζιγγάνα χορεύτρια μαυρομάτα και σφιχτομελάχρινη και με χείλια που καίνε από φλογομανούσες ανιστόρητες δίψες. Τα φουστάνια της είναι κόκκινα σα μια μεγάλη πυρκαγιά κι έχουνε κεντημένα απάνω αστάχια χρυσά και στις άκρες μεγάλα ξόμπλια κίτρινα.
>
> Τους αστραγάλους της γλυκοφιλούνε χαλκάδες χρυσοί και κουδουνάκια και στα μπράτσα της σφιχτοπεριπλέκονται ασημένια φίδια με μάτια από ρουμπίνι και τα χέρια της κρατούνε τέφι και καστανιέτες κι ως αναπηδά, αναπηδούν και τα στήθια της και ντι-

---

653. Κ. Π. Καβάφης, «Ομνύει», ό. π., 60.

ντινίζουνε τα βενέτικα κοσάρια και χορεύει, χορεύει, χορεύει καταμεσίς του δρόμου κι αλαφροζωσμένες, πορφυροχειλάτες αποκρεμούνται ξέπλεκες και τρομαγμένες οι επιθυμίες απ' όλα τα παράθυρα των ανθρώπινων κορμιών για να τη δούνε.

Κι αυτή πηδά τρελή και φεύγει μέσ' από τους δρόμους, απάνω από τις στέγες και χύνεται στα χωράφια, ανεβαίνει στα βουνά, τα τζιτζίκια τρέχουνε και καθίζουνε απάνω στα μαλλιά της και φωνάζουνε, τα ζώα στριγμώνουνται στους ίσκιους φοβισμένα, κανένας στρατολάτης δε φαίνεται στο δρόμο κι αυτή ορμά τρανοδύναμη με τα μπράτσα μπροστά –σαν τρικυμία από ήλιο– ορμά σε πολιτείες και χωριά, και τα καμπαναριά ως τη δούνε από μακριά αρχίζουν και φωνάζουνε και σειούνται συθέμελα, λες και τα γέμισε ξάφνου σύγκορμα όλα, η κολασμένη ψυχή ενός ξεφρενιασμένου από αγάπη Κουαζιμόδου[654].

Στο πεζό ποίημα «Σαλώμη» της Γ. Καζαντζάκη Κοσμοκράτορας είναι ο Πόνος, τον οποίο η τσιγγάνα αντιμάχεται αφήνοντας αχαλίνωτα τα ένστικτά της. Και εκεί, όμως, η περιγραφή είναι ίδια: η τσιγγάνα χορεύει τους διψασμένους πόθους, ενώ το κορμί της, από τα χυτά μαύρα μαλλιά μέχρι τους αστραγάλους, το αγκαλιάζουν πολύτιμα στολίδια, κάνοντάς την έτσι ποθητή με κάθε ίνα του κορμιού της. Ο χορός της τσιγγάνας είναι απλώς παραλλαγή του χορού της Σαλώμης. Ο χορός των εφτά πέπλων της Σαλώμης μεταφράζεται, άλλωστε, πολύ συχνά σε χορό των εφτά θανάσιμων αμαρτημάτων, με τα οποία σφραγίζουν την ύπαρξή τους οι ήρωες του αισθητισμού. Ο προκλητικός χορός της Νόρας είναι επίσης παραλλαγή του χορού της Σαλώμης. Το προπατορικό αμάρτημα είναι το πρώτο από τα εφτά πέπλα που ανεμίζουν στον αέρα της κάμαρας. Ζωντανεύει έτσι η πρώτη σκηνή δράματος που εντυπώθηκε στη μνήμη του ανθρώπινου γένους, η ιστορία του Αδάμ, της Εύας και του «αρχέγονου αμαρτήματος».

---

654. Ν. Καζαντζάκης, «Ένα πορτρέτο από τη Ζωή την αυτοκρατόρισσα», Πινακοθήκη 9 (1909) 181· πρβ. και Γ. Κατσίμπαλης, «Ο άγνωστος Καζαντζάκης», Νέα Εστία 64 (1958) 1144. Πρβ., επίσης, «Το Σπίτι της Ψυχής» του Καβάφη, που συζητήσαμε παραπάνω, σε άλλο κεφάλαιο αυτού του βιβλίου.

Ο Γοργίας, σε μια από τις παρακρούσεις του που σμίγουν το αρχαιοελληνικό με το πανανθρώπινο, βρίσκει την πρώτη αμαρτία του ανθρώπινου γένους να επαναλαμβάνεται στο μύθο του Οιδίποδα:

> το ραβδί που κρατούσε ο Οιδίποδας και σκότωσε τον πατέρα του ήτανε κομμένο από το δέντρο της γνώσης του καλού και του πονηρού και το κρεβάτι που κοιμήθηκε με τη μητέρα του θα 'τανε κι αυτό καμωμένο από το ξύλο του ίδιου δέντρου.
>
> Τι ζευγάρι, τι αντρόγυνο μυστηριώδικο και συμβολικό ο Οιδίποδας και η Εύα![655]

Ο συγκρητισμός *Παλαιάς Διαθήκης* και αρχαίας ελληνικής μυθολογίας φτιάχνει ένα οικουμενικό κοίταγμα συγχρονίας. Η ηδονή της γνώσης μπερδεύεται με την ηδονή του κορμιού και κάνει τον Οιδίποδα να έχει κοιμηθεί με τη μητέρα του, που δεν είναι πια η Ιοκάστη αλλά η Εύα, η πρωτόπλαστη χοϊκή γυναίκα. Η ίδια γυναίκα είναι η Σαλώμη και η Νόρα του Ορέστη, όλες σε μια τυπική και πανομοιότυπη μορφή που διεγείρει και ενσαρκώνει τα εφτά αμαρτήματα του ανθρώπου.

Δεν είναι τυχαίο ότι το πρωί, που ακολουθεί τη νύχτα της κραιπάλης, ο Ορέστης αντικρίζει την ηδονική Σαλώμη στον πίνακα του G. Moreau πάνω από το κρεβάτι της Νόρας. Σε μια επίσκεψή του μαζί με την Νόρα στο παρισινό μουσείο-σπίτι του Moreau είχε δει τον πίνακα της Σαλώμης και τώρα ξαναβλέπει το αντίγραφό της, ύστερα από τη νύχτα που πέρασε στο δωμάτιο της θανατηφόρας ερωμένης του. Δεν βλέπει όμως μόνο αυτόν, βλέπει και τον πίνακα του Moreau που αφηγείται την ιστορία των μνηστήρων της Πηνελόπης· άλλη μια αιώνια γυναίκα υψώνεται μέσα από τα αχνισμένα αίματα της σάρκας που σφαδάζει γύρω της. Το χορτασμένο ύφος του προσώπου της τρέπει την ηδονή σε ένα κεκτημένο, που θα συμπληρώσει τον κύκλο των αμαρτωλών χορών και των μοιραίων γυναικών του αισθητισμού. Ήδη ένας ζωγράφος που συνδέει τόσους μύθους, όπως και το συμβολισμό με τον αισθητισμό, ο Moreau, αποτελεί έναν καταλύτη ή κοινό παρονομαστή των ισχυρότερων φωνών του ελληνικού αισθητισμού: του Καβάφη στην ποίηση, του Καζαντζάκη στην πεζογραφία[656].

---

655. *Ο Νουμάς* 7, 359 (1909) 6.
656. Ο ζωγράφος, χωρίς να θεωρείται αισθητιστής, έπαιξε ουσιαστικό ρόλο στο κίνημα του αισθητισμού, αφού πίνακές του αναφέρονται από τον Huysmans μέχρι τον Καζαντζά-

Μέχρι τώρα είδαμε το θέμα της ηδονής σε σχέση με τα πρόσωπα του έργου· στη συνέχεια θα δούμε πώς το ίδιο θέμα αγκαλιάζει το σύμπαν και ανάγεται στη σφαίρα της κοσμοθεωρίας. Οι ευωδιές, που βαριές και αβάσταχτες αναδίνει η σάρκα, μεθούν προς μια θέληση ζωής:

> θέλω να παλέψω, θέλω ν' ατσαλοβάψω τα νεύρα μου, να τεντωθώ, να υψωθώ και ν' αδράξω από τα μαλλιά τη Νίκη και να τη φιλήσω απάνω στο στόμα! Και να της πω: ο άντρας σου είμαι Εγώ! Θες δε θες θα σπαρταρήσεις και θα μου δοθείς απάνω στα χωματένια κρεβάτια της Ζωής![657]

Μιλά ο Ορέστης, ο πρωταγωνιστής του αφηγήματος, ζώντας στον πυρετό του οράματός του· ουσιαστικά, το σηκώνει μέσα από τα έγκατα της γης και το μορφώνει από τη σάρκα της. Ο αγώνας για τη νίκη της ζωής είναι προαιώνιος και παλεύεται πάνω σε χωμάτινα κρεβάτια. Το χώμα, το πρώτο στοιχείο από το οποίο πλάστηκε ο άνθρωπος, επανέρχεται τώρα, για να του δείξει την αφετηρία των κατακτήσεών του, έχει γίνει πια κομμάτι του εαυτού του και αίσθηση του πεπρωμένου του. Η αποφασιστικότητα, με την οποία, θεληματικά ή όχι, ο πρωτογενής άνθρωπος θα καταβάλει τις αντιστάσεις της ζωής, έχει τον αισθησιασμό της σχέσης άντρα–γυναίκας, γεγονός που δίνει στη σκηνή τέτοια συμπύκνωση, ώστε να αγγίζει τη δύναμη ερωτικής συγκίνησης.

Η ηδονή είναι αναπόσπαστο στοιχείο της πάλης, την οποία επεκτείνει σε διονυσιακό θρίαμβο και διακήρυξη χοϊκής αισθαντικότητας:

> και μοιάζουν ακόμα κάποιες ιερόκλωνες ηλιοστάλαχτες ελιές της αττικής γεμάτες φως και τραγούδια. Έτσι κι ο σπόρος του μύθου πέφτει, φυτρώνει, βγάζει φύλλα, υψώνεται και φουντώνει στο καταπόρφυρο διονυσιακό λουλούδι της τραγωδίας και καμπανίζει μέσα σε φως απολλώνιο σα μαγικό δέντρο θαματουργών φακίρηδων[658].

κη. Μεγάλο ρόλο παίζει η συμβολή του στη διαμόρφωση του ανδρογυνικού προτύπου (πρβ. Ζ. Λιμπίς, *Ο Μύθος του Ανδρογύνου*, μτφρ. Α. Παρίση, Αθήνα, Ολκός, 1989).
657. *Ο Νουμάς* 7, 362 (1909) 3.
658. *Ο Νουμάς* 7, 366 (1909) 5.

Η «ελληνικότητα» μέσα από το μύθο και την τραγωδία γίνεται το συνεκτικό στοιχείο ανάμεσα στη φύση, τα νιάτα και την ηδονή. Το απόσπασμα του Καζαντζάκη θυμίζει Σικελιανό (αν και οι δύο συγγραφείς δεν είχαν γνωριστεί ακόμη), γεγονός που υποδεικνύει ότι μια νέα κοσμοθεωρία φαίνεται να έχει γεννηθεί παράλληλα, σε πολλούς Νεοέλληνες στοχαστές και συγγραφείς. Η ελιά, πανάρχαιο δέντρο της ελληνικής γης, σταλάζει το φως της χώρας και τα διονυσιακά τραγούδια της, διαιωνίζοντας τους σπόρους των μύθων της μέσα από το λουλούδι της τραγωδίας, που ακτινοβολεί διονυσιακή και απολλώνια μαγεία. Η αττική γη ανασαίνει στο παραπάνω απόσπασμα, παίρνοντας τον αρχαίο ρυθμό που ξαναζεί στα χώματά της και φέρνοντας την επιθυμία της κάτω από το ίδιο φως, που αφυπνίζει στον ίδιο χώρο ναρκωμένους διονυσιακούς και απολλώνιους ψιθύρους, για να ζωντανέψει μέσα τους μια καινούρια ορμή· την εξάγει από το έδαφος, μέσω του οποίου είχε διατηρηθεί ένας άρρηκτος οργανικός δεσμός, κάτι ανάλογο με αυτό που ο Δ. Τζιόβας θα ονόμαζε «χοϊκή ελληνικότητα»[659].

Εννοείται πως ήταν φυσικό για τον Καζαντζάκη, ο οποίος έγραψε τη διατριβή του με θέμα τη νιτσεϊκή φιλοσοφία, να εμμένει στο δίπτυχο διονυσιακό–απολλώνιο, που υπήρξε το κέντρο της θεωρίας του Nietzsche όσον αφορά τη γέννηση της αρχαίας ελληνικής τραγωδίας. Η πνοή, που ξαναπερνά από τα ελληνικά χώματα και την οποία ο Καζαντζάκης ζωντανεύει ως πνοή αδάμαστης θέλησης, κρατά μέσα της νιτσεϊκά στοιχεία θριάμβου, όπου η υγεία και η νεότητα προελαύνουν κάτω από τους ήχους ενός εμβατηρίου:

> Είμαστε νέοι και δυνατοί και σπούμε ανάμεσα στα δυο μας τα δάχτυλα το κάθε ακουμπιστήρι που έχουνε τα γέρικα κουφάρια κι οι μαραζάρικες καρδιές. Είμαστε νέοι, είμαστε νέοι. Μέσα στο αίμα μας νιώθομε μερονυχτίς ένα βουητό κι ένα αλαλητό από επιθυμίες και ορμές και νίκες! Αναπνέομε βαθιά ωσάν τα φυτά κι ωσάν τα ζώα κι ορθωνόμαστε κορμοί διψασμένοι και πίνομε στόμα με στόμα νεροποντές και βοριάδες και ήλιους! Αστροπελέκια δεν υπάρχουνε. Αν υπήρχανε θα τα πίναμε κι αυτά! Είμαστε νέοι, είμαστε νέοι. Και γυρνούμε μέσα στις λωτοστεφάνωτες ξενιτιές και στις

---

659. Δ. Τζιόβας, *Οι μεταμορφώσεις του εθνισμού και το ιδεολόγημα της ελληνικότητας στο μεσοπόλεμο*, Αθήνα, Οδυσσέας, 1989, 87.

ξελογιάστρες νύχτες, με θύρσους στα χέρια κι αμπελόφυλλα στα μαλλιά κι αγαπήζομε όποια γυναίκα βρούμε, γιατί το αίμα ωσάν το νέο μούστο βράζει στις φλέβες μέσα και βουά! Κι έπειτα; Έπειτα τις παραιτούμε στους πέντε δρόμους, είμαστε δυνατοί και νέοι και σκληροί και δε μας μέλει! ... και δε μας μέλει![660]

Ο ύμνος αυτός αποτελεί έμπνευση του Γοργία, του αρχαιολάτρη των Σπασμένων Ψυχών, ο οποίος βλέπει μπροστά του τα νιάτα να περνούν και φαντασιώνεται τη ζωή τους μέσα σ' ένα διονυσιακό τραγούδι. Είναι ένα είδος διθύραμβου ή πεζοτράγουδου με διάχυτη ποιητική διάθεση αλλά και ένα άσμα για τον Υπεράνθρωπο· το επιβεβαιώνει η σκληρή κατάληξη. Όλα κραυγάζουν ενάντια στο μαράζι της ζωής με περήφανες ενέργειες, που όμως δεν εξαιρούν τη σκληρότητα και την υπερβολή στην επίτευξη του στόχου. Ανεξάρτητα από τα στοιχεία του Υπερανθρώπου, παρατηρούμε ότι η σκηνή των διονυσιαστών μοιάζει να έχει αποσπαστεί από δρώμενο της αρχαίας Ελλάδας.

Και ο ίδιος, όμως, ο Ορέστης, ως οραματιστής πνιγμένος από την αδυναμία του ν' αντιδράσει στη μηδαμινότητα της σύμβασης, νιώθει μέσα του την ανάγκη να αποτινάξει τη νύστα της αδράνειας των νέων:

> Ήθελε ν' ανοίξει τα χέρια του και να σπρώξει όλα αυτά τα πλήθη σε τρέξιμο διονυσιακό και να φυσήσει μέσα τους δυνατά τους βοριάδες που φυσομανούσαν στην ψυχή του και να τους βροντοφωνάξει: Τρέξετε! Κουνηθείτε! Ζήσετε! Αλλάξετε! Απλώσετε τα χέρια σας, ανοίξετε τις πόρτες και τα παράθυρα της ψυχής σας για να 'μπει ο αέρας ο δριμύς του βουνού με το άγριο θυμάρι και το λιοπύρι το εξωφρενικό με τα φριχτά θεριά και τα λευκά τα κρίνα![661]

Αν εξαιρέσουμε το γεγονός ότι στο τέλος του έργου αυτά τα λόγια θα ηχούν σαν τραγική ειρωνεία, γιατί αυτός ο ίδιος που τα φώναξε θα σταθεί ανίκανος να τα τηρήσει, βλέπουμε με πόσο μεγάλη ελαστικότητα λειτουργεί ο Καζαντζάκης σ' αυτό το πρώιμο κείμενό του. Είναι ο αφηγητής πίσω από κάθε πρόσωπο, αλλάζει συνεχώς τη δραματική του μά-

---
660. *Ο Νουμάς* 7, 373 (1909) 6.
661. *Ο Νουμάς* 7, 371 (1909) 3.

σκα, δοκιμάζει θεωρίες, τις βάζει στο στόμα των πρωταγωνιστών του και υποτίθεται πως τις πιστεύει, ζητά όμως και τη γεύση της αναίρεσής τους με την καταστροφή των ηρώων του. Τελικά, όπως και αλλού στην παραγωγή του, είναι εκφραστής ή θύμα μιας ασυμφιλίωτης διαλεκτικής, μιας διαλεκτικής από την οποία απουσιάζει διαρκώς το τρίτο και κορυφαίο σημείο, η σύνθεση. Ο ίδιος, άλλωστε, δικαιολογώντας στους αναγνώστες του τον αρνητικό χαρακτήρα του κειμένου στην πέμπτη συνέχεια του μυθιστορήματος, ομολογεί ότι το συγκεκριμένο έργο φτιάχτηκε με την πρόθεση να αποτελέσει το πρώτο μέρος μιας τριλογίας, την οποία σκόπευε να δομήσει πάνω στο σχήμα άρνηση-θέση-σύνθεση και η οποία έμεινε τελικά ανολοκλήρωτη.

Η ύβρη και η αλαζονεία του δογματισμού, που καθορίζουν τους κυρίαρχους τόνους του κειμένου, δεν μπορούν ωστόσο να καταστρέψουν τον ανίκητο παλμό της κόκκινης, διονυσιακής νιότης που χαίρεται την υγεία της και δεν φοβάται την αρρώστια, το θάνατο ή την πίκρα. Το σθένος, με το οποίο οι νέοι αντιμετωπίζουν τις δυσκολίες και αρνούνται να υποταχτούν στη νοοτροπία του αδύναμου ή του σακάτη, δημιουργεί άλλη μια συγκινησιακή στιγμή, όπου η ηδονή παιανίζει τα πορφυρά της λόγια σ' ένα κουρσάρικο τραγούδι:

> Ένας ύμνος κόκκινος από αράθυμους και άτσαλους οργασμούς ανέβαινε από τα εφηβικά κορμιά τους με ΒΑΓΝΕΡΕΙΟ κουρσάρικο ρυθμό πνίγοντας καταφρονετικά κι απόκοτα μέσα στα μπρούντζινά του χέρια την αιώνια κλαψιάρικη μπαλάντα του δειλινού[662].

Για δεύτερη φορά στο ίδιο κείμενο ακούγονται οι νότες του «πορφυρότατου, σκληρότατου ύμνου της ζωής»: «είμαστε νέοι και δυνατοί και δεν φοβόμαστε την αρρώστια και δεν φοβόμαστε το χάρο. Είμαστε ανώτεροι από τις χαρές, ανώτεροι κι από τις πίκρες»[663].

Η κυριαρχία του ανθρώπου ορίζεται πάντα σε σχέση με τη Φύση· γιατί σε μακροκοσμικό επίπεδο, όλα τα ανθρώπινα είναι φανερώματα μιας καθολικής επιβολής, στην οποία η Φύση εξαναγκάζει τα όντα της:

> Ένιωθε απάνω του, απάνω σε όλο του το κορμί το χέρι της ανάγκης. Θέ μου! Η φύση τού αποκαλύφτηκε ξάφ-

---

662. *Ο Νουμάς* 7, 371 (1909) 7.
663. *Ο Νουμάς* 7, 359 (1909) 7.

νου ένα τέρας άγριο και παντοδύναμο που με τα χέρια της τα τριχωτά, τα σουβλερονυχάτα βαστά αποκρεμασμένους τον άντρα και τη γυναίκα και τους σμίγει. Αυτοί μισούνται, τα χέρια τους τρομαγμένα σπρώχνουνε μακριά τα κορμιά τους, τα χείλια τους φρίσσουνε από το μίσος και την αμάχη κι η φύση με τη φρικώδικη γαλήνη των παντοδύναμων μπήχνει μέσα στις σάρκες τους τα νύχια της και τους βαστά σα δυο κομμάτια κρέας και τους σμίγει συζυγικά κάτω από τα πολυγάλατα πλέρια μαστάρια της[664].

Η εικόνα είναι πολύ δυνατή και νομοτελειακή, με τη Φύση-Ανάγκη παντοδύναμη και κυρίαρχη της μοίρας των όντων. Το σμίξιμο του άντρα και της γυναίκας παρουσιάζεται ως αναπαραγωγική λειτουργία ανεξάρτητη από το δικό τους θέλημα, μια υποχρεωτική διαδικασία που τους φέρνει κοντά, παρά το μίσος που χωρίζει τα δύο αντίθετα φύλα τους. Η ενδιάθετη μάχη, που δίνει ο αφηγητής, διεξάγεται στην καρδιά της αισθητιστικής προβληματικής, αφού η απέχθεια προς τη Φύση αποτελεί λυδία λίθο μέσα σ' αυτό το κίνημα του τεχνητού.

Το να αγνοήσει ο αισθητιστής τα προστάγματα της Φύσης ισοδυναμεί με διεκδίκηση του εκλεκτού πεπρωμένου του μακριά από τη χυδαιότητα του όχλου. Ο Ορέστης των Σπασμένων Ψυχών είναι αυτός ακριβώς ο αισθητής που, ψάχνοντας το πεπρωμένο του, αναμιγνύεται με τον όχλο χωρίς επιτυχία αλλά και χωρίς φθαρτική γι' αυτόν ώσμωση. Καθώς παρατηρεί τις διάφορες εκδηλώσεις του καθημερινού, συνηθισμένου κόσμου, του γεννιούνται τα μεγαλύτερα αισθήματα αηδίας:

> 14 του Αλωνάρη —εθνική γιορτή της Γαλλίας— οι δρόμοι στενάζανε από το βάρος του κόσμου. Άντρες και γυναίκες αγκαλιασμένοι χοροπηδούσανε και φωνάζανε σα ζώα που ερωτοκυνηγούνται. Πότε-πότε ερχόντανε απάνω του και τονε λούγανε λιπαρές ανάσες σαρκίλας βγαλμένες από ορθάνοιχτους κόρφους κι από ιδρωμένα κορμιά σαπημένα πια από τα πολλά μυρωδικά και τα πολλά φκιασίδια και τ' ακάθαρτα πλερωμένα αντροφιλητά [...] μια αντίληψη της ζωής χαμοσερνάμενη και μπακαλόψυχη ποιος να ζή-

---

664. Ο Νουμάς 7, 369 (1909) 7.

σει πιο πολύ, πιο τεμπέλικα, πιο ακίνδυνα. Πέφτουνε και φιδογλιστρούνε για ν' ανεβούνε κάποια λερωμένα σκαλοπάτια [...]⁶⁶⁵

Ο πόλεμος εναντίον της πεζής ζωής της τακτοποίησης, του νοικοκυρέματος και της αποδοχής έχει κηρυχθεί. Η χαμηλή ή αρνητική δεκτικότητα του Ορέστη έχει να κάνει με τους υψηλούς ή θετικούς τόνους, όπου έθεσε το θέατρο της ζωής του· φεύγοντας από την αυταρέσκεια της μετριότητας, περιφρονεί ως μειονέκτημα καθετί σαρκικό στον άνθρωπο, την ανάσα του σώματος που τον χτυπά σαν μέσα από λίπος και μέσα από σαπίλα, την επιβίωση που βρομίζει το βλέμμα του, το σύρσιμο μέσα στη λάσπη της ευκολίας. Για τον άκαμπτο νιτσεϊκό, αυτή είναι μια πρόκληση που πρέπει να καμφθεί.

Ο πρωταγωνιστής του Καζαντζάκη, πηγαίνοντας κάποια μέρα στο μουσείο, συναντά στο δρόμο την οικογένεια ενός φίλου του με πέντε παιδιά και έγκυο γυναίκα· θα πήγαιναν σε ξενοδοχείο να φάνε και κατόπιν να επισκεφθούν το Λούβρο. Οι εντυπώσεις, που τον καταλαμβάνουν, είναι εντυπώσεις από έναν βούρκο που έχει καταπιεί ανθρώπους, οι οποίοι ανήξεροι και βρόμικοι σαν κηλίδες λερώνουν το φως με την παρουσία τους και μολύνουν την τέχνη:

> Ο Ορέστης δεν μπόρεσε να κρατήσει την αηδία. Ω! Πώς λερώνουνε, πώς λερώνουνε το φως! Ανοίγουνε τρύπες και τις περικυκλώνουνε με πέτρες κι ασβέστη και μπαίνουνε μέσα και γεννοβολούνε. Το πρωί σηκώνουνται ακάθαρτοι αναμαλλιάρηδες και θολώνουνε τα νερά όπου πλύνουνται. Ανοίγουνε τα παράθυρα της κάμερας όπου κοιμηθήκανε κι ο αέρας είναι πηχτός και βρώμικος. Βγαίνουν όξω και κουβαλούν τα κοπέλια τους και χαμογελούνε και τα δόντια τους είναι μαύρα και σαπημένα και τα μάτια τους είναι ηλίθια και αγελαδίσια σαν τα μάτια της γυναίκας αυτής που στέκεται μπροστά μου και μου χαμογελά και μια ανάσα από στεκούμενα πηχτόθολα νερά βγαίνει από την ψυχή της. Τι αηδία! Και τώρα θα πάνε να φάνε και με τα δάχτυλα και με τα χείλια τους τα λαδωμένα θα πάνε ύστερα να καθίσουνε στον ήλιο, φριχτές κηλίδες – να χωνέψου-

---

665. Ό. π.

> νε!... Ω! Δύστυχες γαλερίες του Λούβρου, που είστε ορθάνοιχτες και ανυπεράσπιστες και μπαινοβγαίνουνε τα πλήθη τα ακάθαρτα![666]

Η εχθρότητα του Ορέστη για το πλήθος διογκώνεται, όσο παρακολουθεί τον άνθρωπο να μιλά τη γλώσσα του σώματος, της ύλης και της φύσης. Τον αηδιάζει το στόμα που ανοίγει, για να φάει, σιχαίνεται τα δάχτυλα που έπιασαν το φαγητό και τις ανάσες των πεζών ανθρώπων, που βρομίζουν την ατμόσφαιρα. Γι' αυτόν, που θεωρεί ότι μοιράζεται την ευλογία των Εκλεκτών, όλα αυτά είναι απωθητικά και απειλητικά, όταν πλησιάσουν για να αγγίξουν την τέχνη.

Οι άνθρωποι, που γι' αυτόν γίνονται μίασμα του ήλιου, κηλίδες με ακάθαρτες αναπνοές και ακάθαρτα βλέμματα, για την τέχνη θα γίνουν λεκέδες και βλάβη ανεπανόρθωτη. Οι αισθητιστές υποστήριζαν πάντα μια τέχνη μακριά από την προσέγγιση των πολλών, ενώ ο Nietzsche υποστήριζε πάντα την αποξένωση του Υπερανθρώπου από τα πάθη των ανθρώπων. Και τα δύο οργανώνονται τώρα εγκεφαλικά στη δόμηση μιας τέχνης για μυημένους, στην αριστοκρατική αποξένωση του καλλιτέχνη και στην απομόνωσή του από τον κόσμο και τις απλές και συνηθισμένες καταστάσεις του.

Μια άλλη νιτσεϊκή πτυχή είναι η ειδική πραγμάτευση της ασθένειας, την οποία επίσης συναντούμε στις *Σπασμένες Ψυχές*· η αρρώστια της Χρυσούλας τραβάει σε μάκρος μέσα στο αφήγημα και δίνει στο σωματικό μια πνευματική διάσταση, με τον παράλληλο βασανισμό του Ορέστη από τις τύψεις για την αδυναμία του. Έτσι βλέπουμε πάλι την αρρώστια να ελλοχεύει πίσω από τη νιτσεϊκή χαρά και τα διάφορα οράματα υγείας να αναβοσβήνουν μαζί με ακάθαρτους πόθους. Συναντούμε εδώ μια μεταφορά, που φέρνει τη γυναίκα, τη μοιραία γυναίκα μάλιστα, στην πρόσοψη ενός ολόκληρου πολιτισμού και την καθιστά προσωποποίηση μιας χώρας, μιας κίνησης και μιας εποχής, της «παρακμής»:

> Τόσα χρόνια στο Παρίσι για πρώτη φορά η Γαλλία φάνηκε του Ορέστη τόσο χλωμή κι ετοιμοθάνατη. Του φάνηκε η Γαλλία μια κοκότα διεθνής, μαραμένη, εξυπνότατη με χιλιάδες κομψότατα στολίδια δαχτυλίδια και μπρελόκ και καρφίτσες σαν κανθάροι μ' ανοιγμένα τα φτερά. Όλοι γνωρίσανε τα χείλια

---
666. *Ο Νουμάς* 7, 365 (1909) 2–3.

της τα βαμμένα και το κορμί της το μαραμένο και στείρο και γλυκότατο –κι αυτή γελά και νυχτοπαρωρίζει σε άσεμνα ξεφαντώματα, βήχει κάποτε και σκύφτει στο μεταξωτό της μαντιλάκι και φτει αίμα κι έπειτα πάλι ξανασηκώνει με μια κίνηση χαριτωμένη του κορμιού της το ποτήρι το γεμάτο από πράσινο αψέντι και πίνει κι έπειτα το αφήνει πάλι για να ξαναφτύσει αίμα[667].

Η πρόσληψη της έννοιας της παρακμής γίνεται πιο προσιτή εδώ με την εικονοποίησή της ως γυναίκας, η οποία έχει κουραστεί από την έκλυτη ζωή όμως συνεχίζει να ενδίδει παρά την αρρώστια της. Η εξαντλημένη γυναίκα δεν παύει να γεύεται με ακρότητα τη ζωή, ακόμη και στην έσχατη κατάπτωση· είναι η γυναίκα της λαγνείας, δηλαδή του αισθητισμού, η οποία, αν και έχει υποστεί ανεπανόρθωτη φθορά από την ασωτεία, συνεχίζει παρ' όλα αυτά να αφήνεται στην απώλεια με αυτοκαταστροφική μανία. Εξάντληση, με έφεση προς επιδείνωση και συγχρόνως γεύση ακρότητας, είναι η δυσμενής διάγνωση τόσο για τη γυναίκα των δρόμων ή των καφέ-σαντάν του Παρισιού όσο και για τη γυναίκα του παρακμιακού θέματος.

Την τεχνητή υπόσταση αυτής της γυναίκας την ανακαλύπτει ο αφηγητής τριγυρνώντας στους δρόμους του Παρισιού, όπου συναντά:

γυναίκες ομορφότατες με ψεύτικα δόντια και πρόσθετα μαλλιά, ένα πλατύ γαλάζιο κύκλο από κείνους που αφήνουνε οι νύχτες οι ξεμαλλιάρες της αγρύπνιας και της ντροπής. Άλλες αδύνατες και σκελεθρωμένες που βήχουν και γελούνε τρέχουν απάνω κάτω στα πεζοδρόμια πουντραρισμένες, επιπλωμένες, οπλισμένες για το άγριο κυνήγι των αντρών[668].

Το θέμα του φτιασιδωμένου προσώπου θα βρει στο ίδιο καζαντζακικό κείμενο τη μεταφορική προέκταση μιας μάσκας χρυσής, που κρύβει πίσω της τη βρομερή υπόσταση κάποιας φρίκης· το φεγγάρι, η τραγωδία με τη διονυσιακή της προέλευση και ο ματωμένος από τις αμαρτίες του οίκος των Ατρειδών επιτάσσονται όλα στην έκφραση μιας αντινομίας:

---

667. Ν. Καζαντζάκης, «Σπασμένες Ψυχές», *Ο Νουμάς* 8, 376 (1910) 3-4.
668. Ό. π.

το φεγγάρι μάσκα τραγική κάποιας φρικιαστικής αισχύλειας τραγωδίας σαν τις προσωπίδες τις χρυσές που βρεθήκανε στις Μυκήνες και που σκεπάζανε τον ανόσιο όλο αίματα οίκο των Ατρειδών[669].

Η αλήθεια της παρακμής φεύγει από τα σώματα των ανθρώπων και εξαπλώνεται σαν κηλίδα, που σηκώνεται από τις μολυσμένες ψυχές και ξεχύνεται στους δρόμους:

> Ένα βουητό σαν ανάσα αναμμένου καμινιού έβγαινε λαχανιασμένο από τα στόματα τα φεγγερά των καφεσαντάν που μόνο αυτά ζούσανε κι αναπνέανε έτσι ξεχάσκιωτα μέσα στη νύχτα. Νέοι μαραζάρηδες κι ανίκανοι μπαινοβγαίνανε, γυναίκες ορθωνόντανε μέσα σαν Αστάρτες[670].

Ασθενικά σώματα, ανυπόφορες θερμοκρασίες (ίσως των «ανδρείων της ηδονής» του Καβάφη) και ανάσες από φιλήδονα κορμιά ανακατεύονται παρακμιακά μεταξύ φθοράς και αφθαρσίας· έπειτα η μορφή της Αστάρτης, την οποία είδαμε στο *Όφις και κρίνο*, επανέρχεται, για να στοιχειώσει με την εμμονή της την καζαντζακική φαντασία. Η Αστάρτη, επιθετική, ορθόστηθη και ηδονική είναι η κατακτητική γυναίκα της παρακμής, που δεν έχει καμιά σχέση με την εξοντωμένη γυναίκα του Ρόε, τη ζωντανή νεκρή.

Όσον αφορά την αρρώστια που διαβρώνει το σώμα της Χρυσούλας, μπορούμε να εντοπίσουμε ομοιότητες με την *Κερένια κούκλα* του Χρηστομάνου· όσον αφορά την αρρώστια του Ορέστη, που θα τον αφήσει ανήμπορο, σε πρώτο επίπεδο την έχουμε δει ως νιτσεϊκή επιδίωξη του Υπερανθρώπου, με την οποία γυρεύει να πλάσει νέους ανθρώπους, όπως ο καλλιτέχνης που χειρίζεται την εύπλαστη μάζα του υλικού του:

> Σκλαβωμένα κορμιά εφήβων και στήθια ορθά γυναικών αναταράζουνται και σαλεύουν και λαχταρώντας περιμένουν τα δάχτυλα τα θαματουργά να 'ρθουν να τα λυτρώσουν[671].

---

669. Ό. π.
670. Ό. π.
671. *Ο Νουμάς* 7, 355 (1909) 7.

Ένας τέτοιος καλλιτέχνης υπήρξε και ο Απελλής του Θεοτόκη στο ομώνυμο μυθιστόρημα. Ο εγωισμός, που του δίνει η τέχνη του, λυγίζει την αντίσταση του μεγαλειώδους κατακτητή, του Αλέξανδρου. Άλλα δύο αφηγήματα βρίσκονται μέσα σ' αυτόν τον κύκλο των οραμάτων του Υπερανθρώπου, χωρίς όμως να προσφέρουν δυνατές φωνές και εξάρσεις· το πρώτο είναι το *Σταμάτημα* (πρωτοδημοσιευμένο στα 1927) του Ί. Δραγούμη και το δεύτερο είναι ένα διήγημα του Ζ. Παπαντωνίου με τίτλο «Ανακάλυψε την ψυχή του» (πρωτοδημοσιευμένο στα 1927), που θα τα συζητήσουμε στο κεφάλαιο για τους υπόλοιπους Νεοέλληνες του αισθητισμού.

Θεωρώντας συνολικά την καζαντζακική αισθητιστική δημιουργία, μπορούμε να μιλήσουμε για ένα εύρος που εκτείνεται από θέματα νοσηρότητας και εκλεκτικότητας του δυτικοευρωπαϊκού αισθητισμού μέχρι τις νιτσεϊκές εξάρσεις του ενθουσιασμού και της ατομικότητας. Τελικά, ο Καζαντζάκης κατορθώνει να φέρει κάτω από την ίδια αιγίδα δύο διαφορετικές αντιλήψεις για τον κόσμο και τον πολιτισμό, αποδίδοντάς τους κοινή ουσία· μιλούμε για την αιγίδα του παρακμιακού και συνάμα ισχυρού ελληνισμού ή, με άλλα λόγια, ενός νέου ελληνικού αισθητισμού.

11. Πλάτων Ροδοκανάκης

Ο Ροδοκανάκης (1883-1919) θα μπορούσαμε να ισχυριστούμε ότι υπήρξε ο πιο συνειδητοποιημένος λογοτέχνης από τους Ελλαδίτες του αισθητισμού. Αυτό σημαίνει ότι μέσα από το έργο του ο αισθητισμός, και μόνο, διαμορφώνεται ως κοσμοθεωρία και ότι ο Ροδοκανάκης έχει συναίσθηση αυτής της πραγματικότητας. Η ανάδειξη του ελληνικού προσώπου μέσα από τον αρχέγονο παγανισμό είναι συναίσθηση που την έχει εμπεδώσει περισσότερο ακόμη και από τον Καζαντζάκη. Ο επιθετικός λυρισμός είναι το ύφος που δικαιώνει την ηδονιστική συνείδηση του λογοτεχνικού του έργου, τον καταξιώνει ωστόσο και ως καλό τεχνίτη του λόγου. Η δύναμη, με την οποία ο Ροδοκανάκης ισορροπεί τα λυρικά με τα εικαστικά στοιχεία των κειμένων του, είναι ο κυριότερος λόγος, για τον οποίο υποστηρίζουμε ότι πρόκειται για τον πιο πετυχημένο Νεοέλληνα αισθητιστή στην επεξεργασία ενός καθαρόαιμου ύφους.

Το πρώτο δημοσιευμένο έργο του είναι το *De Profundis* (1908), μια συλλογή από πεζά ποιήματα. Η πρώτη εκλεκτική συγγένεια αισθητισμού σ' αυτή τη συλλογή είναι ο τίτλος της, που παραπέμπει απευθείας στο ομώνυμο έργο του Wilde. Η δεύτερη συνάφεια αισθητισμού είναι η διαίρεση των ποιημάτων της συλλογής σε πέντε αισθητηριακές ενότητες, που η καθεμιά τους έχει ως τίτλο ένα είδος πολύτιμου ή ημιπολύτιμου, πάντως τεχνικά κατεργασμένου, λίθου: χρυσόλιθοι, αμέθυστοι, τοπάζιοι, σαρδόνυχες και συντρίμματα, λέξη που μπορεί να σημαίνει θραύσματα πολύτιμων λίθων ή και συντρίμμια προωθώντας την έννοια της διαστροφής του πολύτιμου. Αυτό που παρατηρούμε μέσα στις πέντε ενότητες είναι μια κοσμοπολίτικη περιδιάβαση στον οικουμενικό χωροχρόνο. Η αρχαία Ελλάδα (στη μυθολογία και την ιστορία), η Αίγυπτος, η Ιουδαία, οι προελληνικοί και ελληνιστικοί πολιτισμοί, η Εγγύς, Μέση και Άπω Ανατολή, η Ινδία και η Ιαπωνία στο παρελθόν και το παρόν τους, η ρωμαϊκή εποχή, το Βυζάντιο, οι Σταυροφορίες, η Δύση του Μεσαίωνα και της Αναγέννησης, οι μεγάλες βασίλισσες της Δυτικής Ευρώπης, το τσαρικό Κρεμλίνο και η αυτοκρατορική Γερμανία, μαζί με θραύσματα υπαρξιακών αναζητήσεων, αποτελούν σταθμούς, στους οποίους κρυσταλλώνονται με τη μορφή πεζών ποιημάτων οι σκέψεις του ομιλητή. Το εκλεκτό ενυπάρχει καταρχήν στην ονοματοθεσία των ενοτήτων, γίνεται όμως πιο απτή πραγματικότητα με τη συναίσθηση ότι οι ενότητες αυτές αποτελούν δέσμες πολύτιμων λίθων ή κοσμημάτων.

Το αισθησιακό γίγνεσθαι του ομιλητή συμβαδίζει με αυτό του αναγνώστη, καθώς η ποικιλία, που συναντά ο τελευταίος στον οικουμενικό περίπατό του, εξάπτει μέσα του αισθήσεις όλου του φάσματος και την περιέργεια να καταβυθιστεί ακόμη περισσότερο στα άδυτα αυτού του κόσμου. Χαρακτηριστικό της πληθωρικότητας, που διέπει τη σύνθεση αυτού του μωσαϊκού, είναι η εισαγωγή που παραθέτει στη συλλογή ο συγγραφέας και την οποία ονομάζει «Προανάκρουσμα», για να προετοιμάσει τον αναγνώστη του γι' αυτό που θα ακολουθήσει:

> Κεντήσατε τους ίππους, ακολουθείτε με, γενναίαι εμπνεύσεις, λάβετε μετ' εμού το κυανόλευκον των μεγάλων αποφάσεων βάπτισμα. Χωρείτε νυν ακατάσχετοι, πεποιθυίαι εις τον αστέρα σας. Τώρα, ότε ο Ρουβίκων παφλάζει υπό τας οπλάς του Πηγάσου μου, η πρώτη σας επίκλησις ας αποταθεί προς τους πατρικίους του πνεύματος, οίτινες, αν δεν έχω την απαίτησιν να σας προϋπαντήσουν ούτε να σας ανοίξουσιν αυθορμήτως τας πύλας, δύνανται να ώσιν όμως βέβαιοι ότι δι' εμέ δεν θα ευρεθώσι χήνες επί του Καπιτωλίου. Ότε δε στεφανοφόρος καθεσθώ επί των μαρμαρίνων αναβαθμών, θα βυθίσω την χείρα μου εις τας φλόγας του ιερού της Εστίας πυρός, θα αρπάσω αίμα και νύκτα εκ του φωτός του, και θα εκσφενδονίσω την φρίκην των χρωμάτων του επί της λευκής τηβέννου, την οποίαν αι Σιβύλλαι θα εκτυλίσσουν προ του νέου Ρωμαίου. Οιαδήποτε δε και αν προκύψει επ' αυτής μορφή, ήρεμος ή εκφοβιστική, δαίμων ή σεραφείμ, δεν θα δειλιάσω να σύρω επί της γωνίας το μονόγραμμά μου[672].

---

672. Πλ. Σουλιώτης-Ροδοκανάκης, *De Profundis*, Αθήνα, Εστία, 1908, σελίδα εισαγωγής χωρίς αρίθμηση.

Ο υλικός πλούτος είναι η άλλη όψη των διανοητικών εμπνεύσεων που τοποθετούνται στο κέντρο μιας ρωμαϊκής τελετουργίας. Το πιο λυρικό τμήμα είναι εκείνο όπου ο αφηγητής βυθίζει τα χέρια του μέσα στη φωτιά και βγάζει μέσα από το φως αίμα και νύχτα. Προϊδεάζει έτσι ο Ροδοκανάκης για την αμφισημία που ενδέχεται να προκύψει στους καρπούς της πνευματικής του παραγωγής –στοιχείο αισθητισμού και αυτό, αφού αντίθετες ποιότητες συγκλίνουν στην ίδια ουσία. Γενικά παρατηρούμε ότι στα πεζά ποιήματα του *De Profundis* ο λυρισμός παραγκωνίζεται και ότι τη θέση του την παίρνει ένας προβληματισμός ύφους, εκκεντρικός έως προμοντερνιστικός. Αυτή τη μετάβαση στο ύφος μπορούμε να την δούμε και σε μια κριτική που αφορά το βιβλίο.

Ο Ν. Βαγενάς διαπιστώνει, από μια πολύ μεταγενέστερη και πληροφορημένη σκοπιά φυσικά, την υφολογική αλλαγή που πραγματοποιεί το *De Profundis*. «Το έντονο αισθησιακό του όραμα, όπως καταγράφεται με μιαν αλληλουχία τολμηρών εικόνων [...] η αναζήτηση της εμπειρίας, των ορίων και της απόλυτης ελευθερίας, η ισχυρή αντιρρεαλιστική του διάθεση συνεκβάλλουν στην έκφραση πολλών κομματιών του *De Profundis* δίνοντάς μας μια γεύση παραπλήσια μ' εκείνη των ποιημάτων του Εμπειρίκου»[673].

Ως κύριο αισθητιστικό κομμάτι των *De Profundis* θεωρούμε τον «Ερωτικό Εσπερινό», ο οποίος σχετίζεται και με *Το βυσσινί τριαντάφυλλο*, μυθιστόρημα του Ροδοκανάκη που θα δημοσιευτεί το 1912. Στον «Ερωτικό Εσπερινό», η αφήγηση της πρώτης περιόδου πλάθει τη σάρκα μέσα σε «θυμίαμα της ύλης εύοσμον», που αναλύεται ως «ο κατακλυσμός των λάγνων επιθυμιών, όταν ιερουργεί οργώσα η νεότης τας ηδυπαθείς μυσταγωγίας τής σαρκός»[674]. Η ερωτική συνομιλία των δύο ερωτευμένων αρχίζει διονυσιακά και καζαντζακικά μέσα στο άλσος, όπου αθέατος παρακολουθεί ο αφηγητής ή, καλύτερα, λυρικός παρατηρητής. Οι ηδονικοί σπασμοί του σώματός τους «υπό το μέθυ των υγρών εναγκαλισμών»[675] δίνουν στον ομιλητή το έναυσμα για μια φαντασίωση άλλου κόσμου, όπου μπορεί άνετα να σφραγίσει την εικόνα με τη δική του δηκτική διάνοια, που είναι, όμως, μεστή από ακραίο ερωτισμό. Εκεί που παρακολουθεί, βλέπει από το ημίγυμνο σύμπλεγμα να απομακρύνονται τα φορέματα, και οι σάρκες

---
673. Πλ. Ροδοκανάκης, *De Profundis* (επιμ. Ν. Βαγενάς), Αθήνα, Στιγμή, 1987, 66.
674. Πλ. Σουλιώτης-Ροδοκανάκης, *De Profundis*, Αθήνα, Εστία, 1908, 29.
675. Ό. π., 30.

των μελών να αφαιρούνται σαν να εξατμίζονται· ό,τι απομένει από τις προηγούμενες ειδυλλιακές στιγμές είναι σωρός από λευκά κόκαλα, λεία και στιλπνά, «δύο λεπτοί σκελετοί συνεσφιγμένοι εις περιπαθή εναγκαλισμόν»[676]. Τα ξεδοντιασμένα στόματα των κρανίων μισανοίγουν, κινούνται ρυθμικά και εξακολουθούν να ψιθυρίζουν ερωτικές υποσχέσεις και όρκους: «Θα σε αγαπώ αιώνια... αιώνια»[677]. Η φριχτή παραμόρφωση του θανάτου, που θα έρθει αναπόφευκτα και που ο ομιλητής την φαντασιώνεται τη στιγμή που ακόμα ρέει ζεστό το αίμα των πρωταγωνιστών, κάνει τα λόγια της αγάπης να φαντάζουν κούφια. Το «αιώνια», που τονίζεται μάλιστα με διπλή επανάληψη, μένει χωρίς περιεχόμενο, αφού υπονοείται ότι δεν υπάρχει αιωνιότητα αγάπης ή πόθου. Η αναίρεση του ιδανικού της αγάπης ή του έρωτα εντάσσεται στην απόρριψη ελπίδας, που βιώνει γενικά η παρακμή. Σκελετούς παράφορων εραστών είδαμε αγκαλιασμένους και στο κρεβάτι του καζαντζακικού *Όφις και κρίνο*· εκεί είδαμε επίσης το συγκλονισμό του αφηγητή, όταν αναλογιζόταν κατά τις ερωτικές του συναντήσεις ότι περπατούσε πάνω σε παλιά πτώματα και ένιωθε επισφαλής πάνω στο χώμα, επειδή αυτό απειλούσε να καταπιεί και τη δική του παράφορη λαγνεία.

Ο «Ερωτικός Εσπερινός» είναι μια νεκρώσιμη ακολουθία, όπου πνέουν τρία πνεύματα. Στον πρώτο «ανασασμό», το απόγευμα πνέει μέσα από τα λουλούδια της ακακίας, τα αγγίζει απαλά και σκορπά το άρωμά τους· οσμή κατακρημνίζεται πάνω στους σκελετούς και αυτοί από το βάρος της διαλύονται σε σκόνη[678]. Το γύρισμα της φαντασίας αυτού του ανήσυχου δημιουργού είναι απροσδόκητο, όσο και ενδεικτικό για μια συνολικότερη θεώρηση: μια απειροελάχιστη βαρύτητα, όχι των λουλουδιών αλλά της μυρωδιάς τους και μόνο, αρκεί, για να καταρρεύσουν οι δομές των σκληρών οστών. Ο δεύτερος «ανασασμός» είναι το πρώτο κλάμα της νύχτας. Κατεβαίνει από την κορυφή κυπαρισσιών, προσκυνά, σηκώνει τη σκόνη και την σαβανώνει στη ρίζα ενός θάμνου[679]. Ένα ενεργό πνεύμα έχει ήδη δραστηριοποιηθεί και στροβιλίζεται. Στον τρίτο «άνεμο», η μετουσίωση ξυπνά μαζί με τη μέρα· το φωτεινό χαμόγελο της αναγνωρίζει «εις τα αιματοκυλισμένα πέταλα δύο κοκκίνων κρίνων, οι οποίοι ήναπτον αδελφωμένοι επί του

---

676. Πλ. Σουλιώτης-Ροδοκανάκης, *De Profundis*, ό. π., 30.
677. Ό.π.
678. Ό.π.
679. Πλ. Σουλιώτης-Ροδοκανάκης, *De Profundis*, ό. π., 30.

ιδίου μίσχου, να οργιάζει η κόνις εκείνη, με την οποίαν η ρίζα είχε μεθυσθεί κατά την νύκτα»[680].

Το κλείσιμο απογειώνει αισθησιακά το πεζό ποίημα μέσα στο κόκκινο χρώμα του κρίνου, που υπονοεί ηδονή και αίμα –συμφραζόμενα και τα δύο της αισθητιστικής διαστροφής. Ματωμένα πέταλα θα δούμε και στο *Βυσσινί τριαντάφυλλο* να κινητοποιούν τη θύμηση μιας νεκρής κατά την ερωτική συνάντηση των εραστών· στον «Ερωτικό Εσπερινό» ο ομιλητής, με το να βάφει κόκκινα τα κρίνα που ξεπετάγονται από τη δική του Φύση, τη Φύση που αυτός κατασκεύασε, επιδίδεται σε αισθητιστική ζωγραφική, όπου δεσπόζει η έννοια του τεχνητού, καθώς η λογοτεχνία μετατρέπεται σε μόρφωμα τέχνης. Το κόκκινο κρίνο το είδαμε και στον Επισκοπόπουλο αλλά σε εντελώς διαφορετικά συμφραζόμενα, θρησκευτικού προβληματισμού και αισθητικής αναζήτησης· στον Ροδοκανάκη το κόκκινο αναιρεί απλώς τον παραδοσιακό λευκό συμβολισμό του κρίνου ως ένδειξης του έρωτα.

Σε αντιπαράθεση, μπορούμε να θυμίσουμε ένα άλλο κείμενο: ο Ξενόπουλος έγραψε το γοτθικό αφήγημα «Ο τρελός με τους κόκκινους κρίνους», όπου η απόρριψη μιας ερωτευμένης κοπέλας από τον πρωταγωνιστή συνδέεται με την προσφορά κόκκινων κρίνων· όταν η απόρριψη οδηγεί την κοπέλα στην αυτοκτονία, ο πρωταγωνιστής συνειδητοποιεί το λάθος του και απομονώνεται φτάνοντας στα όρια της τρέλας. Ένας φίλος του τον επισκέπτεται, για ν' αντικρίσει μέσα στον κατά τα άλλα ρημαγμένο κήπο του μια πανδαισία κόκκινων κρίνων, που κάτω από το θόλο τους κρύβουν έναν τάφο, όχι κενοτάφιο αλλά πραγματικό τάφο, όπου αναπαύεται το κλεμμένο σώμα της αγαπημένης. Η αποκάλυψη που κάνει ο αφηγητής στο φίλο του έχει έντονα μεταρομαντικά στοιχεία και το σκηνικό παραπέμπει στον Ροε· εδώ ο αισθητισμός δεν φαίνεται να διεκδικεί κάποια παρουσία.

Ένα τελευταίο σχόλιο για τον «Ερωτικό Εσπερινό» αφορά το στριφογύρισμα της ζωογόνου σκόνης σε νυχτερινές διεργασίες της γυμνής από προσχήματα φύσης. Πιο εκτεταμένα έχουμε δει το θέμα στο «Τι μου λένε οι παπαρούνες» αλλά η εικόνα εκείνη που μοιάζει περισσότερο με την εικόνα του Ροδοκανάκη βρίσκεται στο *Όφις και κρίνο* του Καζαντζάκη: είναι η μικροκοσμική εικόνα του ζωυφίου, του εντόμου, που το ξημέρωμα βγαίνει μεθυσμένο από το λουλούδι, όπου μεθούσε ηδονικά όλη τη νύχτα. Οι παραλληλισμοί με το κείμενο του Καζαντζάκη θα συνεχιστούν και στο *Βυσσινί τριαντάφυλλο·* εκεί μια βροχή από

---

680. Ό. π.

ροδοπέταλα προαναγγέλλει το αιματοκύλισμα του ζευγαριού, όπως στο *Όφις και κρίνο* ο θάνατος της Αγαπημένης Γαλάτειας επέρχεται μέσα στα λουλούδια, σύμφωνα και με τη σκηνοθεσία του μπωντλαιρικού ποιήματος «Ο θάνατος των εραστών», που είδαμε στο κεφάλαιο για τον Καζαντζάκη.

Φεύγοντας από το λυρικό προσανατολισμό του «Ερωτικού Εσπερινού» περνούμε στο πεζό ποίημα με τίτλο «Νυκτερίδες», όπου η κυριολεξία αφήνει τη θέση της στη μεταφορά. Οι εικόνες έρχονται χωρίς να καταργούν τα στέρεα χρώματα, τις στέρεες γραμμές και τα συγκεκριμένα περιγράμματα. Οι νυχτερίδες:

> Μια, δυο, τρεις· λιτανεία ολόκληρος από μαύρας μεμβράνας, μετακινουμένας σπασμωδικώς εις το κυανόφαιον σκότος. Ποντικοί ειδεχθείς, εξελθόντες από την ιλύν των οχετών, διά να υψωθόσι εις την αμφιβολίαν της στιγμής και εκληφθούν ως πτηνά. Πόθοι, ελπίδες και υποσχέσεις –χελιδόνες προσμειδιώσης ανοίξεως από μακράν· αρουραίοι πτερωτοί εκ του πλησίον– Υποκρισία και ψεύδος –Νυκτερίδες[681].

Ένα μάθημα φυσιολογίας μετατρέπει το φαινομενικά στείρο θέμα του μεταιχμιακού όντος σε πηγή πλούτου για τη φαντασία. Ο Ροδοκανάκης προκαλεί τις φαντασιακές του δυνατότητες να επεκταθούν πέρα από τους λυρικούς ορίζοντες προσδοκίας. Το γκροτέσκο ως εύρημα ενός αισθητή έρχεται σκιώδες πάνω στον αναγνώστη με μεμβράνες φτιαγμένες από σκοτάδι, καταιγιστικά και σπασμωδικά.

Στη συνέχεια, η υβριδική κατάσταση του είδους ανάμεσα στο ποντίκι και στο χελιδόνι, ανάμεσα στη λάσπη του υπονόμου και τα ανοιξιάτικα χαμόγελα του ουρανού, διαμελίζεται εξεταστικά. Η ειδολογική εξέταση αποβαίνει αρνητική πρόγνωση· τα φτερά δεν αλλοιώνουν τον αρουραίο, ούτε αντέχουν στο ψέμα του οι ελπίδες, οι πόθοι ή οι υποσχέσεις. Τελικά, δεν ξέρουμε αν η απογοήτευση για την υποκρισία αφορά τη νυχτερίδα είτε, γενικά, κάθε νυχτερινό ον της ζωής, που μοιάζει να πετά αλλά ουσιαστικά έρπει, ή αν η απογοήτευση είναι υπαρξιακής υφής και μιλά για τη μεταφυσική ελπίδα ανάτασης του αισθητιστή, που καταβαραθρώνεται μέσα σε ρύπους, κοινωνικούς ή άλλους. Αυτή η ερμηνεία εναρμονίζεται με τις αιτίες της «παρακμής» στην απελπισμένη

---

681. Πλ. Σουλιώτης-Ροδοκανάκης, *De Profundis*, ό. π., 13.

Δύση και μάλιστα στη Γαλλία. Ο Baudelaire, στα *Άνθη του Κακού*, έχει περιλάβει ένα ποίημα, όπου η κατεστραμμένη πια ελπίδα παρομοιάζεται με νυχτερίδα που χτυπάει τυφλά πάνω στο ταβάνι ενός δωματίου[682]. Βασισμένοι στην αμφισημία του θέματος, στον πεσσιμισμό και στην αίσθηση αδιεξόδου, που αυτό κοινωνεί, αλλά ακόμη περισσότερο στην υβριδικότητα του υπαρξιακού είδους θα θεωρούσαμε το πεζό ποίημα του Ροδοκανάκη δείγμα νεοτερικότητας.

Άλλα παραδείγματα νεοτερικού ύφους είναι τα πεζά ποιήματα «Αράχνη» και «Ανάγκη»:

> Απλώνει η ανήσυχος διάνοια το δίκτυόν της το τεράστιον επάνω εις τα αντικείμενα. Εκεί θα συλληφθούν, θα γίνουν κτήσεις του ιστού αιώνιοι, όλα τα έντομα τα άσημα και τα μικρά. Όσαι εμπνεύσεις είναι χωρίς δύναμιν, ταράσσουν, συγκλονίζουν το υφαντουργείον. Αλλά του νου τα όρνεα τα σαρκοβόρα διασχίζουν τας κλωστάς και φεύγουν εις το άπειρον. Πετούν, και μένουν ξένα από την κοινήν αντίληψιν, εκείνα τα οποία έχουν κτίσει εις τους βράχους φωλέαν[683].
> («Αράχνη»)

Η θεματική σύλληψη του ποιήματος, που βασίζεται στην αλληγορία, θυμίζει τα «Πλοία» του Καβάφη· αν στο καβαφικό πεζό ποίημα η έννοια του εκλεκτού μπορεί να διαβαστεί μέσα σε συμφραζόμενα παρακμιακής νωχέλειας, η «Αράχνη» του Ροδοκανάκη είναι η ανάγνωση της παρακμής ως νοσηρότητας. Η διαστροφή είναι το ύφος, με το οποίο εκφράζεται άλλη μια αλληγορία στο πεζό ποίημα «Ανάγκη»:

> Η κεφαλή μου φλέγεται. Φαεινός στέφανος δάφνης περιλούει με έμπνευσιν το πυρέσσον μου μέτωπον. Η ροδίνη μαγεία της Παραδείσου εκδιπλούται προ των

---

682. Μπωντλαίρ, «Spleen III», *Τα Άνθη του Κακού* (μτφρ. Γ. Σημηριώτης), Αθήνα, Γράμματα, 100:
«όταν η γη μια φυλακή λες κι είναι, μουσκεμένη, / όπου η Ελπίδα, φεύγοντας, σαν νυχτερίδα πάει / κι αγγίζει τη φτερούγα της στους τοίχους φοβισμένη / κι απά' σε σαπιοτάβανα την κεφαλή χτυπάει // όταν τ' ατέλειωτο η βροχή κλωστόνερό της χύνει, / που σιδερόφραχτη τη γη σαν κάτεργο την δείχτει, / και πλήθος άτιμες, βουβές αράχνες πάει και στήνει / βαθιά μες στο κεφάλι μας το δολερό του δίχτυ...»
683. Πλ. Σουλιώτης-Ροδοκανάκης, *De Profundis*, ό. π., 14.

οφθαλμών μου ως ταινία κινηματογράφου, και φεύγει. –Ω, δότε μοι καιρόν· μερικάς μόνον ημέρας, μίαν γραφίδα, μελάνην και χάρτην. Αλλά φευ! Επί μήνας, έτη ολόκληρα, μία γραία κωφή, βωβή και ρακένδυτος, απαισία την όψιν, εξηγριωμένον και επιτακτικόν βλέμμα εκτοξεύουσα επ' εμού (το αισθάνομαι χωρίς να το βλέπω), βαρύνει επί των ώμων μου τας οστεώδεις αυτής χείρας. Και με κρατεί εκεί ακίνητον, προ του εμπορικού βιβλίου, όπου βλακωδώς απαριθμώ, την μονότονον μυρμηκιάν του Δούναι και Λαβείν[684].

Ο συγγραφέας αγκυλώνει το μάτι του αναγνώστη με το να διαστρέφει συχνά προς το τέλος τους πολλές λυρικές εικόνες. Θα μπορούσαμε να μιλήσουμε για την αισθητιστική αίρεση του αμιγούς ή για την ειδική πραγματικότητα του Ροδοκανάκη που ο Τ. Άγρας την ονόμασε, με την ενδεχόμενη επιφύλαξη του όψιμου συμβολιστή, «κακό γούστο»[685]. Θα λέγαμε ότι δεν πρόκειται για «κακό γούστο» αλλά για το γνωστό οπλοστάσιο του αμφίσημου όσο και σκοτεινού «morbide». Στη συλλογή De Profundis αυτή η αισθητική του νοσηρού καταλαμβάνει πολλές φορές την κεντρική ιδέα των επιμέρους κομματιών με ιπτάμενα τρωκτικά, νυχτερίδες και, γενικά, με μελανά τερατουργήματα ως προϊόντα αναστροφής του αντικειμενικού ή αποτελεσματικές αναπαραστάσεις μιας διαστροφικής πραγματικότητας.

Πρέπει να επισημάνουμε ότι νεοτερικά δείγματα μοτίβων και γραφής απαντούν και στον Χρηστομάνο. Έχουμε δει τη σελήνη σαν το δίσκο που σκότωσε τον Υάκινθο με λεκέδες από μελανιασμένο αίμα. Είδαμε την αυτοκράτειρα να μιλά για τα τελευταία ανθρώπινα πλάσματα μέσα σε μιαν ερημιά από γυαλί και τους κήπους της σελήνης να μπαίνουν μέσα στα γυάλινα –νεκρά– μάτια τους. Η αντιπαραβολή του ύφους Χρηστομάνου–Ροδοκανάκη θα μας απασχολήσει παρακάτω· εδώ επισημαίνουμε απλώς ότι η δημιουργική σκέψη του Ροδοκανάκη φτάνει συχνά σε ακραίες πραγματώσεις. Αυτές οι συλλήψεις των αισθητιστών, που τις θεωρούμε προδρομικές του μοντερνισμού, αφορούν συμπαντικές προεκτάσεις, μια ένωση της ουσίας των όντων. Παρόμοιες φράσεις συναντούμε, άλλωστε, σε πολλούς Νεοέλληνες αισθητιστές:

---

684. Ό. π., 27-28.
685. Τ. Άγρας, «Πλάτων Ροδοκανάκης, ένας μικρός αποστάτης», Νέα Εστία 32 (1942) 77-81.

«Η μικρή φλόγα του κεριού μες τον ήλιο έδειχνε
σα βαθύχρωμος λεκές»⁶⁸⁶.

(Χρηστομάνος)

«Ο άσπιλος ελέφας της σαρκός σου σκορπίζει λιποθυμίας υπό το ακτινοβόλον χρυσάφι της αισθήτος [...] Ο ελέφας της γυμνότητός σου σκορπά λιποθυμίας εις τον βραδινόν αέρα»⁶⁸⁷.

(Νιρβάνας)

«Η θάλασσα πνιγμένη αδρανεί»⁶⁸⁸.

(Π. Γιαννόπουλος)

Όλα τα παραπάνω και πολλά παρόμοια βεβαιώνουν μια προμοντερνιστική λειτουργία ή τις προμοντερνιστικές δυνατότητες του αισθητισμού και εμπεδώνουν την πεποίθηση ότι το ρεύμα κρύβει μέσα του τους σπόρους μιας νέας αρχής. Ορθά ο Χ.-Δ. Γουνελάς παρατηρούσε πριν από χρόνια τα εξής, επικεντρώνοντας το ενδιαφέρον του στις ειδολογικές καινοτομίες και στις καινοτομίες της μορφής:

> Με αυτό το πνεύμα της άρνησης, η τέχνη κατέληξε σε μια επιθετική δύναμη που φτάνει την αυτο-άρνηση – ένα παρόμοιο φαινόμενο με αυτό που συναντάμε στην αντίστοιχη δυτική λογοτεχνία. Ένας σημαντικός αριθμός ποιημάτων, παραδείγματος χάρη, στην Ελλάδα του 1900 είναι σε πρόζα. Προς χάρη της ίδιας αιτίας, της ελευθερίας που ένιωθε ο ποιητής ν' αρνηθεί την παραδοσιακή ποιητική έκφραση, βρίσκουμε παραδείγματα διασταύρωσης σε λογοτεχνικές μορφές και καλλιτεχνικές εκφράσεις (ακόμη και στη μουσική και στη ζωγραφική). Η υποκειμενικότητα της έκφρασης [...] και η ποικιλία των εκφραστικών μορφών είναι καταφανής σε όλους τους τύπους λογοτεχνίας (ποίηση, πεζογραφία και θέατρο) με απο-

---

686. Κ. Χρηστομάνος, *Το βιβλίο της αυτοκράτειρας Ελισάβετ*, Αθήνα, Ερμείας, χ. χ. έ., 153.
687. Π. Νιρβάνας, «Ακρόπολις», *Άπαντα*, τ. 3, Αθήνα, Γιοβάνης, 1968, 15-16.
688. Π. Γιαννόπουλος, «Το ελληνικόν χρώμα», *Άπαντα*, Αθήνα, Νέα Θέσις, 1963, 42.

τέλεσμα συχνά να παραβιάζονται και οι κανόνες της επικοινωνίας – μια μοντερνιστική τάση που κάπως προειδοποιεί τον αναγνώστη για τους επικείμενους πειραματισμούς της έκφρασης που συναντάμε μερικά χρόνια αργότερα[689].

Συνοψίζοντας, στη συλλογή *De Profundis* εντοπίζουμε την ιδιαίτερη ποιότητα του λυρισμού αλλά και της πρωτοποριακής σκέψης, δύο στοιχεία που ο Ροδοκανάκης συνένωσε με επιτυχία σ' ένα δυνατό αισθητικό αποτέλεσμα. Παρόμοιο συνδυασμό θα βρούμε στο *Φλογισμένο ράσο* με ενισχυμένο το λυρικό στοιχείο. Πέρα από το ότι στον Ροδοκανάκη βρίσκουμε την υψηλότερη ίσως λυρική ποιότητα όλου του νεοελληνικού αισθητισμού, αυτό που τον διακρίνει ανάμεσα στους υπόλοιπους είναι η συνείδηση της οικουμενικότητας με την οποία συνδέει την έννοια του ελληνισμού. Στο *De Profundis* βρισκόμαστε ακόμη σε μια έξαρση κοσμοπολιτισμού, η οποία μπορεί να γίνει ορατή και ως περιήγηση του αισθητή στις χώρες και τις εμπειρίες του κόσμου. Στο *Θρίαμβο* οι τόνοι του κοσμοπολιτισμού προσγειώνονται, για να εκφράσουν τη χοϊκή ελληνικότητα, άποψη που αποτέλεσε το κέντρο του ελλαδικού αισθητισμού και εκφράστηκε στην πληρότητά της σ' αυτό το τελευταίο κείμενο του Ροδοκανάκη.

Το επόμενο κείμενο που θα εξετάσουμε είναι το *Φλογισμένο ράσο*, το οποίο πρωτοδημοσιεύτηκε σε συνέχειες στην εφημερίδα *Ακρόπολις* το Φεβρουάριο (17-24) του 1908, αλλά πήρε την οριστική του μορφή το 1911, οπότε και εκδόθηκε σε ξεχωριστό τόμο. Ο διχασμός ανάμεσα στη γη και στον ουρανό, που είδαμε να συντρίβει τον μοναχό Αγγελικό στο «Ερυθρούν κρίνον» του Επισκοπόπουλου, συνεχίζεται και εδώ, στο πρόσωπο του κεντρικού ήρωα, που είναι επίσης μοναχός. Παράδεισος και Κόλαση είναι καταστάσεις που ο πρωταγωνιστής τις ζει πάνω στη γη και με βάση αυτές αυτοπροσδιορίζεται ανάμεσα στις επίγειες και τις επουράνιες κλίσεις του. Το έργο έχει τη μορφή προσωπικού ημερολογίου, όπου γίνεται η αφήγηση μιας εσωτερικής περιπέτειας του πρωταγωνιστή και όπου η εμπειρία της αίσθησης μεταλλάσσεται ανάμεσα στην ουράνια γαλήνη και τη γήινη σαρκική πρόκληση. Ο αφηγητής-ομιλητής, που εδώ ταυτίζεται με τον συγγραφέα, εξιστορεί την προσωπική του ιστορία και προσφέρει μια απολογία ζωής. Η εξομολόγησή του γίνεται

---

689. Χ.-Δ. Γουνελάς, *Η σοσιαλιστική συνείδηση στην ελληνική λογοτεχνία 1897-1912*, Αθήνα, Κέδρος, 1984, 203.

εκ βαθέων, φέρνοντας στη σκέψη μας το έργο του Wilde *De Profundis* και την ομώνυμη συλλογή πεζών ποιημάτων του ίδιου του Ροδοκανάκη, που είδαμε παραπάνω.

Με αφορμή *Το φλογισμένο ράσο* του Ροδοκανάκη[690] η Α. Καστρινάκη μεταχειρίστηκε πρόσφατα τον όρο «Bildungsroman»· ο όρος σημαίνει «μυθιστόρημα της διαμόρφωσης του νεαρού ανθρώπου», είδος πολύ διαδεδομένο από παλιότερα στις δυτικοευρωπαϊκές λογοτεχνίες[691], χάρη στην προσπάθεια των συγγραφέων να αναδείξουν το πνεύμα του ατομισμού, κάποτε σε αντιπαλότητα με ισχυρούς κοινωνικούς θεσμούς. Το γεγονός ότι στην Ελλάδα απουσίαζε η καταπίεση από οργανωμένους θεσμούς δεν ευνόησε, κατά την άποψη της Καστρινάκη, την ανάπτυξη του είδους, με ελάχιστες εξαιρέσεις, στις οποίες εντάσσει και *Το φλογισμένο ράσο* του Ροδοκανάκη. Η συναρμογή του όρου «Bildungsroman» με το συγκεκριμένο μυθιστόρημα του Ροδοκανάκη καθιστά απαραίτητο να ληφθεί υπόψη η συνθήκη ότι ο αφηγητής του Ροδοκανάκη παρουσιάζει αποκλειστικά το τμήμα της ζωής του που σχετίζεται με τη μοναστική του εμπειρία.

Το μυθιστόρημα αφηγείται τη διαπάλη ανάμεσα σε δύο πραγματικότητες, που συνυπάρχουν στις εσώτερες δομές ψυχοσύνθεσης και όπου ο αφηγητής προσπαθεί να προσδιορίσει τη θέση του. Μ' αυτό το στόχο κάνει, συνειδητά ή ασυνείδητα, μια επιλεκτική αναδρομή στην παιδική του ηλικία και τις στιγμές που ίσως σημάδεψαν τις επιλογές του. Έπειτα, το κεφάλαιο όπου περιγράφει το ταξίδι του στην Πόλη, προτού φτάσει στη μονή-Σχολή της Χάλκης, αποτελεί σταθμό στις καλαισθητικές του ανησυχίες και επομένως απόσπασμα της όλης εμπειρίας. Οι αναφορές του αφηγητή στην παιδική ηλικία του ή στο Βυζάντιο, με αφορμή το πέρασμά του από την Κωνσταντινούπολη, δεν αφορούν την εξέλιξή του μέσα στη ζωή αλλά τη διαλεκτική μεταφυσικής και σαρκικής ανησυχίας, που θα στιγματίσει αργότερα τη μοναστική του παρουσία. Επομένως ο αφηγητής δεν αναφέρεται αδιάκριτα στα περιστατικά της υπόλοιπης ζωής του· επιλέγει αυτά που επηρέασαν τη συγκεκριμένη απόφασή του για τη μοναστική ζωή, ορίζοντας ως χώρο του μυθιστορήματος μία μόνο περιοχή του ανθρώπινου ψυχισμού, τη

---

690. Α. Καστρινάκη, *Νεαροί καλλιτέχνες στην ελληνική πεζογραφία. Η κουλτούρα του εγωτισμού και κάποιες «ελλείψεις»*, ανάτυπο από τα πρακτικά του διεθνούς Συμποσίου *Οι χρόνοι της ιστορίας για μια ιστορία της παιδικής ηλικίας και της νεότητας*, Αθήνα, 1998, 253-263.

691. Ό. π., 253.

θρησκευτικότητα. Θα λέγαμε, λοιπόν, ότι το μυθιστόρημα αφηγείται μια προσωπική εμπειρία που εκτείνεται σε συγκεκριμένη χρονική περίοδο της ζωής του αφηγητή και δεν παρακολουθεί ολόκληρη ηλικία ούτε την πορεία του μέσα στο χρόνο· αυτό, άλλωστε, θα απαιτούσε επέκταση της αφήγησης σε μεγαλύτερο χρονικό διάστημα. Με την προϋπόθεση ταύτισης αφηγητή-συγγραφέα και δεδομένου του ώριμου λυρισμού της περιγραφής, θα μπορούσε να ισχύσει ενμέρει ως χαρακτηρισμός του έργου και ο όρος «λυρική αυτοβιογραφία» ή, καλύτερα, «σελίδες λυρικής αυτοβιογραφίας»· οι λόγοι που αποτρέπουν τη βεβαιότητα αυτού του χαρακτηρισμού είναι ότι η αφήγηση αφορά μόνο μια περίοδο της ζωής και ότι ο λυρισμός δεν έχει διάρκεια αλλά, όσο προχωρεί η αφήγηση, εκτρέπεται σε οξεία κραυγή.

Ο χώρος όπου πιο άνετα θα μπορούσαμε να εντάξουμε το κείμενο είναι η εξομολογητική πεζογραφία, η οποία σχετίζεται και με το είδος του ημερολογίου, είδος που προτιμήθηκε ιδιαίτερα από τον αισθητισμό, όπως είδαμε στην εισαγωγή. Ο Τ. Άγρας σωστά μιλά για «ένα ψυχολογικό βιογράφημα ή κάτι ολιγότερο: ένα ημερολόγιο εντυπώσεων νεαρού ιεροσπουδαστού»[692]. Η διαμονή του δόκιμου μοναχού στο μοναστήρι-σχολή θυμίζει καταγραφή ημερολογίου, με την εναλλαγή των ενασχολήσεων και των λειτουργιών, κάτι που γίνεται κυρίως φανερό κατά τις ακολουθίες της Μεγάλης Εβδομάδας. Ο τρόπος της ημερολογιακής καταγραφής θα θεωρούσαμε ότι εφαρμόζεται ήδη από την επίσκεψή του στην Πόλη συνδυάζοντας και ένα ταξιδιωτικό ύφος. Συμπερασματικά, επαναλαμβάνουμε την αρχική διαπίστωση ότι πρόκειται και εδώ για μια εξομολόγηση εκ βαθέων, που της ταιριάζει ο τίτλος De Profundis, κατά το ομώνυμο έργο του Wilde. Η διαφορά στο ύφος των δύο κειμένων είναι ουσιαστική, αφού η συντριβή του Wilde (παρά το γεγονός ότι κάποιοι την αμφισβήτησαν ως πόζα του γνωστού εκκεντρικού) έρχεται σε αντίθεση με τον ανυπότακτο νιτσεϊσμό του Ροδοκανάκη.

Η εξομολόγηση περιστρέφεται γύρω από ένα και μόνο θέμα: την ιερατική κλίση του αφηγητή, που τον φέρνει στη θεολογική σχολή της Χάλκης· η εκ των υστέρων συνειδητοποίηση ότι αυτή η επιλογή δεν τον εκφράζει, γεγονός που επισφραγίζεται με την παραίτηση και την επιστροφή του στον κόσμο, συνδέεται με ένα ενδιάμεσο διάστημα ζυμώσεων και μυστικών διεργασιών· αυτές είναι το θεματικό αντικείμενο του μυθιστορήματος, οι συνάφειες διανόησης και αίσθησης,

---

692. Τ. Άγρας, «Πλάτων Ροδοκανάκης, ένας μικρός αποστάτης», ό. π., 75.

οι οποίες ανασύρουν ένα περιστατικό από τους πιο προσωπικούς χώρους της ανθρώπινης οντότητας. Από τη μια υπάρχει η θεία κλήση ή έστω η ψευδαίσθηση της θείας κλήσης και από την άλλη βλέπουμε να υπεισέρχονται σκέψεις νιτσεϊκής καταγωγής και σαρκικά δελέατα. Η έλξη του αισθητή από το μυστήριο και τον περίτεχνο εκκλησιαστικό διάκοσμο τον κάνει να παρερμηνεύσει τις τάσεις του και να αναζητήσει το μυστικισμό μέσα στην κατάνυξη της θρησκείας. Ο γλυκασμός της ψυχής, που εμβαπτίζεται μέσα στα νάματα της πίστης, φαίνεται να εξασθενεί κατά την παραμονή του νεαρού δόκιμου στο μοναστήρι, καθώς η κοσμική πλευρά του αρχίζει να υπερισχύει, εγείροντας ηδονικούς στοχασμούς.

Όπως εύκολα διαπιστώνουμε, η υποτιθέμενη κλήση που νιώθει από τα παιδικά του χρόνια ο αφηγητής δεν είναι παρά διέξοδος καλαισθητικών απωθημένων:

> Κ' εγώ κάθε απόγευμα εδιάλεγα από το περιβόλι μας λουλούδια για να στολίσω με αυτά τα εικονίσματα, μια Ζωοδόχο Πηγή ολόχρυση γεμάτη ζωηρές μορφές, έτσι σα θέατρο· μα προ πάντων μιαν Ελεούσα, γιατί ήταν μικρούλα και το προσωπάκι της ωχρό και συμπαθητικό όλο και μου χαμογέλαε μέσα από το ασημένιο του το δέσιμο. Πολλές φορές αισθανόμουνα κάτι τι στην καρδιά μου βαθύ κι αδειανό, ένα πιθάρι Δαναΐδας κάτω από τη βρύση, όταν ορμούσαν τα ονείρατα να το γεμίσουν από έκσταση. Κλεινόμουν τότε στο δωμάτιό μου, άναβα μικρά κεράκια, κρέμαγα τριγύρω στο εικόνισμα κορδέλες ξηλωμένες από τα καπέλα της μαμάς, έπαιρνα κ' ένα παλαιό εκκλησιαστικό βιβλίο και προσπάθαγα ν' αποκοιμίσω κάτι τι το τραγικό και το θλιμμένο, που ένιωθα αν και πολύ παιδί ακόμη, σα Σφίγγα να παραμονεύει πότε θα περάσει απ' εκεί η διαβατάρισσα ψυχή μου. Διωγμένο βασιλόπουλο γυρίζοντας τις στράτες με ηρωικήν αρματωσιά, και σταματώντας στο καθένα μονοπάτι για να πληροφορηθεί τον τόπο όπου γιγαντώνεται το κάστρο του[693].

---

693. Πλ. Ροδοκανάκης, *Το φλογισμένο ράσο* (επιμ. Α. Σαχίνης), Αθήνα, Εστία, 1988, 11-12.

Η μεταφορική-παραμυθική τροπή στο τέλος του αποσπάσματος βρίσκεται σε συμμετρία με το εκτεταμένο πεζό ποίημα του Ροδοκανάκη *Ο Θρίαμβος* (1912), όπου χαράζεται μια αγέρωχη πορεία ζωής· η υπενθύμιση της αρχαιοελληνικής μυθικής συνέχειας, πάλι, με την αναφορά της Σφίγγας και του πίθου των Δαναΐδων δίνει στο κείμενο έναν πρώτο τόνο συγκρητισμού. Μέσα από τις περιφερειακές αυτές πλαισιώσεις, ενδόμυχα κλεισμένη αποκαλύπτεται μια διακοσμητική θρησκευτικότητα. Αν κοιτάξουμε πιο προσεκτικά, το κυρίαρχο στοιχείο δεν είναι το θρησκευτικό αίσθημα αλλά το πόσο εύκολα η κατανυκτική ατμόσφαιρα λύνει τις γήινες δεσμεύσεις· η φαντασία λυτρώνεται από τα δεσμά της πραγματικότητας και αποσύρεται στα κρυφά περιβάλλοντα που ευνοούν την εκδήλωση της ευαισθησίας.

Αυτή την αίσθηση την γεννά αλλού η λειτουργία των Χριστουγέννων, κατά τη διάρκεια της οποίας η φαντασία του αφηγητή μετακινείται και βρίσκεται μπροστά σ' ένα «έπιπλο μεγάλο, μια πανοραμική αναπαράσταση της Γέννησης κάτω από τη θήκη της τη γυάλινη, που κάπου όταν ήμουνα παιδί θυμάμαι να τη θαύμαζα»[694]. Η ονειροπόλα διάθεση του μικρού παιδιού που τον ωθούσε να στολίζει τις εικόνες και να χάνεται στους κόσμους του ξυπνά και πάλι μέσα του με την ίδια λεπτότητα, επαυξημένη κατά ένα στοιχείο, το στοιχείο του τεχνητού. Η γυάλα, μέσα στην οποία η αναπαράσταση της Γέννησης γίνεται διάκοσμος αρχαϊκής σαγήνης, μοιράζεται πολλά με τις διακοσμήσεις των παιδικών χρόνων του αφηγητή. Είναι, όμως, το φάσμα του δικού του κόσμου, ενός κόσμου ραφινάτου, εκλεκτικού.

Η καλαισθησία παίζει κυρίαρχο ρόλο για τον αισθητή· μέσα από αυτήν περνάει και εδώ πρισματικά η θεώρηση της θρησκευτικής ζωής, όπως και στο καβαφικό ποίημα «Στην Εκκλησία» (1912). Δεν υπαινισσόμαστε διακειμενική εξάρτηση αλλά πνευματική συγγένεια κατευθύνσεων. Στον Καβάφη, η περιγραφή της διακοσμητικής λεπτομέρειας είναι γλαφυρή· το περίτεχνο και λεπτουργημένο στην αμφίεση των ιερέων και στα ιερά σκεύη συντείνει στη λαμπρότητα των πολύτιμων μετάλλων, για να δέσει έπειτα με τις διαπεραστικές ευωδίες και τις εύτακτες μελωδίες σε μια κομψότατη και θεατρική ιερουργία θείου μυστηρίου. Στο *Φλογισμένο ράσο*, η λατρεία των εικόνων είναι απλώς ένα σκηνικό που εγγράφεται στην ολικότητα του δανδισμού. Υπάρχει βέβαια και στον Καβάφη μια εξωστρέφεια, που επικεντρώνεται στην εξωτερική μορφή της λειτουργικής ορθοδοξίας, στη μεγαλοπρέπεια και τη λαμπρότητα, προφανώς με-

---

694. Ό. π., 74.

γάλου ή πατριαρχικού ναού του λεγόμενου «έξω» ελληνισμού, κατά την υπόθεση του Γ. Κεχαγιόγλου, όμως η εικόνα εκφράζεται μέσα από ανατάσεις που προωθούν την πιθανότητα ανάγνωσης μιας δυνατής πνευματικότητας. Εδώ ο ομιλητής ενδέχεται να βρίσκεται «σε απόσταση», ενώ στη σκηνή του Ροδοκανάκη ο αφηγητής-συγγραφέας βρίσκεται ο ίδιος μέσα στο σύμπαν που δημιουργεί.

Η εκλεκτική φύση του δανδή έχει αρχίσει να εκδηλώνεται και στα πρώτα στάδια διαμόρφωσής της ζητά να αγκαλιάσει όλες τις πλευρές της ζωής. Ο αφηγητής φτιάχνει το δικό του κόσμο, για να βιώσει τις φαντασιώσεις του και τον φτιάχνει «σαν θέατρο»[695], όπως ομολογεί ο ίδιος. Όλα γύρω του, όπως τα τοποθετεί, είναι ένα σκηνικό μεταφυσικής εξερεύνησης και μέσα σ' αυτό το σκηνικό βρίσκει τη θέση της μια άλλου τύπου θρησκευτική προσήλωση: νυσταγμένη, νωχελική και κοσμική, με άλλα λόγια παρακμιακή.

Ο Κ. Χατζόπουλος νιώθει στο *Φλογισμένο ράσο* να «ανασαίνει μια ευαίσθητη μυστικόπαθη ψυχή, η ίδια που ψιθυρίζει μια γλώσσα τόσο πρωτόγνωρα απαλή σε μερικές σελίδες του *Φλογισμένου ράσου*, σελίδες από τις ωραιότερες που ξέρω [...] που χύνονται ίσια από το αίσθημα»[696]. Ο Χατζόπουλος δεν συνειδητοποιεί ότι μιλά για παρακμή, εκεί όμως συγκλίνει ο συνδυασμός μυστικισμού και λυρισμού, για τον οποίο κάνει λόγο· γιατί, όταν ο Χατζόπουλος μιλά για αίσθημα, υπονοεί την αίσθηση και ο λόγος του επισημαίνει την αισθησιακή / αισθητιστική διάσταση στο έργο του Ροδοκανάκη.

Πιο συνειδητοποιημένος προς αυτή την κατεύθυνση είναι ο Τ. Άγρας, ο οποίος, ως μεταγενέστερος του Χατζόπουλου αλλά και ως πιο εύστοχος κριτικός, βλέπει την αισθαντικότητα του Ροδοκανάκη να αρθρώνεται γύρω από δύο πόλους, προσδίδοντας στα λόγια του μιαν ανάμνηση από τον Baudelaire: «η ηδυπάθεια είναι ο ένας πόλος του μαγνήτη· ο άλλος είναι η μυστικοπάθεια»[697]. Επίσης, διακρίνει σωστά πως μέσα στη λατινική (ρωμαιοκαθολική) εκκλησία των παιδικών του χρόνων ο Ροδοκανάκης «έχει την προέκταση –βυθισμένη στο άπειρο- του αρχοντικού του οικογενειακού χώρου»[698]. Η ενηλικίωση συνεχίζει την παιδική ηλικία μέσα πια στη Φαναριώτικη ορθοδοξία, όπου το χριστιανικό πνεύμα του συγγραφέα «δεν είναι

---

695. Πλ. Ροδοκανάκης, *Το φλογισμένο ράσο*, ό. π., 11-12.
696. Κ. Χατζόπουλος, «Ροδοκανάκης», *Νέα Ζωή* (Αλεξάνδρειας) 4, 9 (1914) 72-73.
697. Τ. Άγρας, ό. π., 75.
698. Ό. π., 72.

παρά η ιδανική αφαίρεση του φθαρτού πλούτου που τον περιζώνει: η ηδονή των αισθήσεων -συγκερασμένη με μιαν άλλη πέρα από τις αισθήσεις, που είναι η *ηδονή της αιωνιότητος*...»[699]. Την κοσμική χλιδή, ως απόσπασμα μιας ευρύτερης ενότητας με προσανατολισμό την αίσθηση, την εντοπίσαμε πολλές φορές στο κέντρο του αισθητισμού. Ο Άγρας διαθέτει την κριτική ικανότητα που του επιτρέπει να διαβάσει το θρησκευτικό αίσθημα του Ροδοκανάκη ως υπέρβαση του πλούτου στα όρια της χλιδής και ως υπέρβαση της αίσθησης στα όρια της ηδονής. Μέσα σ' αυτό το πλαίσιο χαρακτηρίζει τον Ροδοκανάκη «θηρευτή θρησκευτικής ηδονής»[700], αποσαφηνίζοντας έτσι την κλίση του Ροδοκανάκη προς την Εκκλησία ως «ένα θρησκευτικόν intermezzo»[701], ως «το χριστιανικό διάλειμμα»[702] ενός ωραιοπαθούς[703]. Η οξυδέρκεια του κριτικού έγκειται στο ότι διαβλέπει πίσω από τον θρησκευόμενο αφηγητή τον αισθητή, τον Νάρκισσο,

---

699. Ό. π.
700. Ό. π., 75.
701. Ό. π., 72.
702. Ό. π.
703. Η Debaisieux (R.-P. Debaisieux, *Le Soupcon et l'Amertume dans le roman grec moderne, 1880-1922*, L'Harmattan, Paris, 1992, 119) παρατηρεί σχετικά:
   Αναπτύσσεται μέσα σ' αυτόν μια φαντασία μυστικιστική, ανεβαίνει ένας εσώτερος ψαλμός που του εμπνέει τη θέληση να ανυψωθεί και να ακτινοβολήσει. Συγχέοντας αυτή την έκλαμψη με θρησκευτική κλήση, συλλαμβάνει τη θέληση να γίνει μοναχός.
Ο Παναγιωτόπουλος (Ι. Μ. Παναγιωτόπουλος «Νέα Ελληνική πεζογραφία και θρησκευτικό συναίσθημα», *Τα γράμματα και η τέχνη. Μελετήματα και προσωπογραφίες*, Αθήνα, Αστήρ, 1967, 190-191) βρίσκεται κριτικά στο ίδιο μήκος κύματος:
   Ο σπουδαστής της Χάλκης πέταξε τα ράσα, για να ζήσει την ανήσυχη νύχτα της αθηναϊκής δημοσιογραφίας και να καλλιεργήσει τη λογοτεχνική του ροπή που την αισθανόταν μέσα του σαν αβάσταχτο κέντρισμα. Μα διατήρησε πάντα και στην έκφρασή του και στην ψυχή τη ζεστή λαχτάρα του βυζαντινού κόσμου που γι' αυτόν αποτελούσε την ωραιότερη εκδήλωση της αμάλαγης πίστης και συχνά έπαιρνε η στάση του τη μορφή της μυστικοπάθειας και της κατανυκτικής προσευχής [...] Τέσσερα από τα βιβλία του [*Το φλογισμένο ράσο, Η βασίλισσα και αι βυζαντιναί αρχόντισσαι, Βυζαντινά πολύπτυχα, Ο Άγιος Δημήτριος*] είναι τα χαρακτηριστικότερα της ιδιοσυγκρασίας του. Μα και τούτα καθώς και το καθαρόγλωσσο εκείνο *De Profundis* κι ό,τι άλλο σύνθεσε ο Ροδοκανάκης μάς φανερώνουν ένα διακοσμητικό ένστικτο, μια ακάματη διάθεση ωραιολογίας και μια πίστη που μήτε σε πνευματική ωριμότητα μήτε σε ψυχική αγωνία μήτε σε ανυποψίαστη μακαριότητα στηρίζεται· είναι, στο βάθος της μονάχα ένα κομμάτι από την ηδυπάθειά του – ένας ερωτισμός που παίρνει το σχήμα της κατάνυξης.

τον Άδωνη: «Εξεκίνησε για Χριστός και ωσότου να φθάσει τον ιερό τόπο έγινε Άδωνις· ο Άδωνις εξύπνησε μέσα του, μέσα στο σφρίγος της φύσεως που την οδοιπορούσε»[704]. Εδώ διατυπώνεται μια αλήθεια που θα αναπτύξουμε περισσότερο παρακάτω, ότι δηλαδή στον Ροδοκανάκη ο ναρκισσισμός σημαίνει κυρίως τις ανίερες εκστάσεις και τις ηδονικές κατανύξεις ενός κοσμικού θρησκευόμενου.

Αν η θρησκευτικότητα του Ροδοκανάκη παρουσιάζεται πλούσια σε αισθητισμό χάρη στη συνάντησή της με την ηδυπάθεια, υπάρχει επιπλέον και η εκπλήρωση της Δόξας. Μια δεύτερη διάσταση, που προσθέτει ο Άγρας στο πορτρέτο του θρησκευόμενου αφηγητή-συγγραφέα, είναι η επιθυμία του απογόνου για διαιώνιση της δόξας των προγόνων του, των βυζαντινών ορθόδοξων προγόνων στην προκειμένη περίπτωση. Η μυστικοπάθεια εδώ οριοθετείται μέσα στις προγονικές απηχήσεις ενός εθνισμού που, κατά τον Άγρα, κρατάει από τα βυζαντινά χρόνια και σχετίζεται με το ποίημα του Καβάφη που είδαμε παραπάνω. «Ο Ροδοκανάκης από την Εκκλησία γυρεύει την Ποίηση, την Ηδονή, τη Δόξα»[705], αποφαίνεται ο Άγρας συνοψίζοντας μέσα στις τρεις αυτές λέξεις μια φιλοσοφία ζωής:

> Για έναν Έλληνα αριστοκράτη, έναν βυζαντινόν απόγονο, αυτό το επικό θρησκευτικό στοιχείο είναι φυσικό. Το ίδιο συναρπάζει και τον Καβάφη, όταν θαυμάζει «*τις μεγαλοπρεπείς των ιερέων παρουσίες*» και προσθέτει «*ο νους μου πηγαίνει σε τιμές μεγάλες της φυλής μας, στον ένδοξό μας Βυζαντινισμό*» [...]

Ο ίδιος μελετητής, μιλώντας για τον Καβάφη και τα «βυζαντινά κατάλοιπα» της ποιήσής του τονίζει, υπέρ το δέον νομίζω, το «διακοσμητικό, επιβοηθητικό, ποτέ γενεσιουργό ή αυθύπαρκτο χαρακτήρα» τους, αφού ο Καβάφης, κατά τη γνώμη του, δείχνεται «λιγότερο εξουσιασμένος από το μεταφυσικό πρόβλημα». Επίσης, κάνει λόγο για «δράμα πρακτικής εφαρμογής, δράμα που ξεκινάει από τη συνείδηση μιας ηθικής τάξης και που δεν ανακυκλώνεται σε κοσμοθεωρία με μεταφυσικά αιτήματα μα σε ηθικό «τρόπο» και σε αισθητιστική αγωγή» (ό. π., 186-188).

Ανεξάρτητα από τις επιμέρους αποχρώσεις που παίρνουν οι απόψεις των ερευνητών, είναι γεγονός –κατά τη ρήση του Δ. Χατζόπουλου (Μποέμ, «Σκέψεις εκ του λήξαντος αιώνος. Η γλώσσα του μέλλοντος», *Το περιοδικόν μας* 2, 21 (1901), 275)– πως «η «ντεκαντέντσα» αναγέννησε τας φιλολογικάς ιδέας. Ο μυστικισμός εγκλείει αλήθειαν, αρκεί να προέρχεται από αληθές τάλαντον».

704. Τ. Άγρας, ό. π., 78.
705. Ό. π., 73.

Τ' όνειρο της Δόξας είναι μετουσιωμένη η τελευταία απήχηση ζωής μέσα στη μαραμένην ιδιοσυγκρασία του απογόνου. Μια δόξα άκοπη, ακίνδυνη, αναίμακτη –σχεδόν μεταφυσική [...] Ιδού ο Ροδοκανάκης – ο esthète της Δόξας, όχι ο δημιουργός της[706].

Η συναίσθηση του απογόνου έχει ήδη νωχελικά ξυπνήσει μέσα στις αισθήσεις του αφηγητή, όταν πατάει το πόδι του στην Κωνσταντινούπολη, προτού φτάσει στο μοναστήρι-σχολή. Η δόξα ανασύρεται κι αυτή –ένας ιδιόρρυθμος ελληνοχριστιανοκεντρισμός– μέσα στο αισθησιακό ανακάτεμα των ήχων και της μυρωδιάς στον προθάλαμο της Μεγάλης Πόλης. Στο κείμενο διαχέεται ένας προγονικός σεβασμός σαν κι αυτόν που συχνά βλέπουμε στην καβαφική ποίηση, που ισοδυναμεί όμως με ουσιαστικό κοσμοπολιτισμό. Οι κινήσεις της φαντασίας αναμιγνύουν τόσο δυνατά τις μνήμες από το Βυζάντιο, από την Ανατολή και τη Δύση, ώστε η βυζαντινή, μεταβυζαντινή και νεότερη πόλη να γίνεται ένα είδος ελληνιστικής πόλης, με το πολυεθνικό μωσαϊκό της.

Στον Π. Γιαννόπουλο η Δόξα υπάρχει μαζί με την Ηδονή της Ζωής μέσα στο ελληνικό ιδανικό, που πηχτώνει το ηδονικό γάλα της πατρίδας μέσα στον αέρα και το φως της και το ανεβάζει σαν ένα πελώριο σύννεφο, για να καταυγάσει με τα φώτα του την οικουμένη[707]. Όταν ο Γιαννόπουλος μιλά για τη θεατρικότητα των αρχαίων δρώμενων στέκεται στην επιβλητικότητα και την υποβλητικότητα του διακόσμου, όπως ο Καβάφης και ο Ροδοκανάκης, και εκκοσμικεύει την εκκλησιαστική ατμόσφαιρα. Ενώ, όμως, ο Ροδοκανάκης διαγράφει ηδονικές κινήσεις της φαντασίας του μέσα στο μυστικισμό και ο Καβάφης θέτει σε πρώτο πλάνο τη θρησκευτική νοσταλγία και έπαρση ενός απογόνου που ζει στη διασπορά, ο Γιαννόπουλος ζει το ρίγος μιας αποκάλυψης και το παρόν μιας επαγγελίας, όπου η δύναμη και η νεότητα γίνονται παράμετροι της λαμπρότητας. Κοινός παρονομαστής πάντως και των τριών είναι η πλήρωση της αίσθησης σε όλα τα επίπεδα, μια αρμονία τεχνουργημένη τόσο σοφά, που μεστώνει την οντότητα του ελληνισμού.

Ο Ροδοκανάκης έχει το χρόνο και την επιθυμία να εντρυφήσει διεξοδικά στο θέμα, από τη στιγμή που μεταρσίωση της ψυχής σημαίνει γι' αυτόν πλήρωση των αισθήσεων. Η όραση, η ακοή, η όσφρηση γε-

---
706. Ό. π., 73-75.
707. Π. Γιαννόπουλος, Άπαντα (πρόλ.-επιμ. Δ. Λαζογιώργος-Ελληνικός), Αθήνα, Νέα Θέσις, 1963, 161.

μίζουν όλες αυτοσυνείδητα, πραγματώνοντας το όνειρο του αισθητή που, κατά τον Wilde, είναι να γίνει ο ίδιος «μια άρπα που να ανταποκρίνεται πληθωρικά στην κάθε αίσθηση»[708]. Ταυτόσημη, σχεδόν, έρχεται η αναφορά από *Το φλογισμένο ράσο*:

> σα να 'χα γίνει μια φλογέρα, και στις πέντε μου αισθήσεις, ανοίγματα ισάριθμα στο φίλντισι του οργάνου λεπτουργημένα, ένιωθα να τρεμοστάζουνε τα άκρα των δαχτύλων ενός μουσικού ουράνιου[709].

Αυτό δεν σημαίνει ότι τα λόγια αποτυπώνουν ακριβώς την έκφραση του Wilde που προαναφέραμε· σημαίνει ότι το ύφος δίνει και πάλι την παρουσία του αισθητισμού, ανάγεται το ίδιο σε θέμα, με το πολύτιμο και επιδέξια κατεργασμένο φίλντισι και τις χυμώδεις λειτουργίες (ήχους) που σταλάζουν σαν από σάρκα. Το σημαντικό είναι ότι οι απόψεις αυτές δημιουργούνται στο μυαλό του αφηγητή κατά την παραμονή του στη Σχολή. Γενικά η γραφή του μυθιστορήματος ακολουθεί το ρυθμό του πεζού ποιήματος αλλά, και ειδικότερα, το σύνολο των ενδόμυχων σκέψεων του μοναχού εκφέρεται λυρικά συνθέτοντας ένα πεζό ποίημα στο κέντρο του μυθιστορήματος.

Αυτό το ένθετο πεζό ποίημα μοιάζει με κλίμακα, όπου οι τόνοι ξεκινούν μαλακοί και θελκτικοί, για να καταλήξουν οξείς και απωθητικοί. Η κλιμάκωση του μουσικού μέλους βρίσκει το παράλληλό της στη θεματική εναλλαγή, όπου θα βλέπαμε μια κλίμακα αμαρτίας να ξεδιπλώνεται από τις ανεπαίσθητες αμφιβολίες της αρχής μέχρι την κατάφωρη άρνηση του τέλους. Αρχικά η θρησκευτικότητα, στην οποία αφήνεται ο αφηγητής, έχει τη χαλαρωτική επενέργεια του μυστικισμού· μέσα στη βαθιά ησυχία και τον καπνό από το θυμίαμα του λιβανωτού φαντάζουν εντυπωσιακοί οι διάκοσμοι, που είναι σαν να φτάνουν ως το παρόν από τα βάθη του Βυζαντίου. Σιγά σιγά η εκκοσμίκευση του μεταφυσικού, που βιώνεται μέσα σ' ένα περιβάλλον ιερό, τον συναρπάζει σε αρκετές στιγμές, αποσπώντας την αυτοσυγκέντρωσή του και καταστρέφοντας την ευλάβεια που θα απαιτούσε η στιγμή. Κοιτάζοντας μακροκοσμικά, θα μιλούσαμε για διαδοχικά στάδια στη διάπραξη ενός νέου προπατορικού αμαρτήματος, με

---

708. H. Jackson, «Oscar Wilde: The last phase», *The Eighteen Nineties*, New York, Capricorn, 1966, 87.
709. Πλ. Ροδοκανάκης, *Το φλογισμένο ράσο*, ό. π., 74.

όποιους συνειρμούς παράβασης μπορεί να συνεπάγεται αυτό, θυμίζοντας κυρίως το «Ερυθρούν κρίνον» του Επισκοπόπουλου. Αυτή τη διαδρομή θα παρακολουθήσουμε στη συνέχεια μέσα από τις επιμέρους ενότητες, που απαρτίζουν το πεζό ποίημα και που δομούνται ακριβώς με τον ίδιο τρόπο.

Την έννοια της σκάλας (με αφετηρία το βιβλικό θέμα της κλίμακας του Ιακώβ) την υποβάλλει η ίδια η εξομολόγηση του αφηγητή, όταν σπάζει τα δεσμά της γης και καταδύεται στα βάθη του εγώ:

> Σιγά σιγά έρχονταν άλλες και απάνω απ' αυτές ιδέες νέες εστοιβάζονταν, άυλα σκαλοπάτια, ίδια η σκάλα της Γραφής ενώνοντας τον ουρανό με την ψυχή μου, για ν' ανεβοκατεβαίνουν σκέψεις τόσο μυστικές που δε μπορούν ούτε τα γράμματα τα χαραγμένα κάτω από τους σκαραβαίους ν' αποδώσουνε τα φρικιάσματα της θεοκρατικής των έννοιας[710].

Από τα έγκατα της άγνωστης ψυχής του τραβά προς τα έξω αμαλγάματα ανεξέλεγκτης λυρικής φαντασίωσης και ευσεβούς ανάγκης:

> Μέσα στην εκκλησιάν αυτή όπου εμύριζε εικόνισμα λιβανισμένο, λάδι χλιαρό και φυτίλι καντήλας καμένο, στεκόμουνα ορθός στο στασίδι το γέρικο με το ξύλο το γλυμμένο όχι από κανένα εργαλείο, μα απ' το πετσί της φούχτας τόσων ψυχών απελπισμένων, όσες ολόκληροι αιώνες είδανε να στέκονται εκεί ίδιες κολόνες, φέρνοντας η κάθε μια για κιονόκρανο την άκανθα βαθιά στο κούτελο μπηγμένη κάποιας απογοήτευσης. Και εκοκκίνιζαν οι κόρες των ματιών μου κάποτε απ' το σουρούπωμα μιανής εικόνας, πόδειχνε μια μαύρην όσια γυναίκα φεύγοντας μέσα σ' ένα δειλινό αιματωμένο. Και το αυτί μου άρπαγε κανένα στεναγμό της λύρας του Δαυίδ, γεμάτο ποίηση εβραϊκή παραπονιάρα που μ' αλόη με περίχυνε και έπειτα με βούταγε σε έναν Ιορδάνη από νάρδο. Όταν αυτό το βάφτισμα τελείωνε έβγαινα φωτεινός σαν άστρο.
> ΠΟΙΜΑΝΕΙC ΑΥΤΟΥC
> ΕΝ ΡΑΒΔΩ CΙΔΗΡΑ ΩC CΚΕΥΗ ΚΕΡΑΜΕΩC
> CΥΝΤΡΙΨHC ΑΥΤΟΥC

---

710. Πλ. Ροδοκανάκης, *Το φλογισμένο ράσο*, ό. π., 49.

έψελναν οι χοροί των καλογέρων σ' έναν ήχο με ορμή τραβώντας προς τα μισοουράνια σαν πυροτέχνημα φωνών. Έπαιρν' εκεί φωτιά και ξεχυνότανε σε αρμονίες πολυχρώματες[711].

Η συνειδητοποίηση έχει ήδη αρχίσει, ένα βάπτισμα φωτός για τον αφηγητή, που τον λυμαίνεται με παρακμιακή φλόγωση· το πιστοποιεί μια σειρά από επεισόδια που διαδραματίζονται στις κόχες του μοναστηριού και της καρδιάς του, όπου η μοναστική ησυχία δίνει εξόδους διαφυγής στη λαχτάρα ενός πολίτη του κόσμου. Σμίγει εκεί τις μυρωδιές από λιβάνι και από λάδι, που τον περιβάλλουν, με φαντασίες από αλόη και από νάρδο, τα ανατολίτικα εξωτικά φυτά, σε ένα λουτρό αρωμάτων που τον περιχύνει, ίδιο με λουτρό από ψαλμωδίες, που και αυτό κατόπιν μεταμορφώνεται συναισθητικά σε χρώματα και φλόγες· μια αναγεννητική φωτιά τον βυθίζει στην έκστασή της ενώνοντας μνήμες συντριβής αιώνων, που αποτυπώνονται στο ξύλο των στασιδιών, με το ματωμένο δειλινό της όσιας γυναίκας και με αναμνήσεις από την Παλαιά Διαθήκη, που κλείνουν με την κατακλείδα του ψαλμού. Το Άσμα Ασμάτων ξαναζωντανεύει μέσα από τις γραμμές αυτές σε περιβάλλον όχι εμφανώς ερωτικό αλλά θρησκευτικό αυτή τη φορά, κάτι που σημαίνει ότι το απαγορευμένο έπεται και θα το δούμε ως υπέρβαση ευλάβειας στη συνέχεια. Η αρχή έχει ήδη γίνει μέσα από τις αμφίσημες μνήμες και θα συνεχιστεί μέσα στην πανθεϊστική ανάγνωση του κόσμου.

Το επόμενο επεισόδιο, με την ίδια πάλι δομή, δίνει συνέχεια στα λυρικά αποσπάσματα του ένθετου πεζού ποιήματος, μπορεί όμως να διαβαστεί και ως προχωρημένη ερμηνεία του σύμπαντος που αφορμάται από την εκκλησιαστική ζωή:

ΟΡΙΟΝ ΕΘΟΥ Ο ΟΥ ΠΑΡΕΛΕΥϹΟΝΤΑΙ
έψελναν οι χοροί των καλογέρων σ' έναν ήχο με ορμή τραβώντας προς τα μισοουράνια σαν πυροτέχνημα φωνών. Έπαιρν' εκεί φωτιά και ξεχυνότανε σε αρμονίες πολυχρώματες[712].

Το μοτίβο επανέρχεται ταυτόσημο ύστερα από το δεύτερο ψαλμό, όπως και ύστερα από τον τρίτο, παίρνοντας όμως κάθε φορά δια-

---
711. Ό. π., 47.
712. Πλ. Ροδοκανάκης, Το φλογισμένο ράσο, ό. π., 48.

φορετικό νόημα ανάλογα με το τι έχει προηγηθεί. Εδώ ακούγεται πιο ασθενές από το αρχικό και σαφώς υπονομευτικό, ύστερα από τον ψαλμό της δεύτερης δεσμίδας σκέψεων, που πια εισδύουν στην αμφιβολία ταράζοντας τον αφηγητή μέσα σε συμφραζόμενα κοσμογονίας:

> Ο κόσμος γύρω, Σούδραι και Παρίαι, ράχες για να φορτωθούν σκυμμένες, μάτσοι από κόκαλα μέσα σε νεύρα τυλιγμένοι, για να φτιάνουν με αυτούς προχώματα οι διαλεχτοί, και να κυλάνε όπως τους αρέσει έπειτα μέσα στην τεχνητή τους κοίτη, το ποτάμι του μεγάλου των ιδανικού. Η διαφορά σε σχήμα και χρώμα, σε ουσία και σε αντοχή της κάθε κόρδας όπου η Δημιουργία παίζει τη σονάτα της ζωής, δείχνει τα αντικείμενα βγαλμένα έτσι απ' τη φούχτα του Θεού [...]
>
> Η μαύρη μάζα των κοινών ανθρώπων από τότε περιορισμένη σε χαράδρες ανυπέρβλητες όπου τη σπρώχνουν τα τρομαχτικά μπουμπουνητά εγδικητών δαιμόνων, χτίζει κάτω από την ηλιακήν αντιφεγγιά των διαλεγμένων το μεγάλο πύργο της Βαβέλ, χώρια η μια, χώρια η άλλη τάξη, σε σκαλωσιά ετούτοι πιο κοντά στη γη, σε σκαλωσιά εκείνοι πιο ψηλότερα, και πάλι πιο επάνω άλλοι χτίστες φορτωμένοι χώματα. ΠΕΡΙΖΩΣΕ ΤΗΝ ΣΠΑΘΗΝ ΣΟΥ ΠΕΡΙ ΤΟΝ ΜΗΡΟΝ ΣΟΥ
> ΩΡΑΙΕ ΤΗ ΙΣΧΥΙ ΚΑΙ ΤΩ ΚΑΛΛΕΙ ΣΟΥ
> ΚΑΙ ΕΝΤΕΙΝΕ ΚΑΙ ΚΑΤΕΥΟΔΟΥ ΚΑΙ ΒΑΣΙΛΕΥΕ
> έψελναν οι χοροί των καλογέρων σ' έναν ήχο με ορμή τραβώντας προς τα μισοουράνια σαν πυροτέχνημα φωνών. Έπαιρν' εκεί φωτιά και ξεχυνότανε σε αρμονίες πολυχρώματες.

Η κλιμάκωση είναι τόσο αμείλικτη, ώστε στον τελευταίο ήχο της ψαλμωδίας η λέξη «ορμή» θα μπορούσε να διαβαστεί ως «οργή», ύστερα από τη φθοροποιό δράση του νοητικού στο θυμικό του αφηγητή. Η ιδέα του Υπερανθρώπου έρχεται σαρωτική να κλονίσει την πίστη του· οι απαισιόδοξοι συλλογισμοί του αποτελούν στην αρχή αμφισβήτηση της τάξης των πραγμάτων του κόσμου με την αδικία που τον διέπει· αργότερα, αποδέχεται τον κόσμο με νιτσεϊκή απόλαυση:

> Φορώντας τις ποντιφικές ντυσιές επιστατούνε οι προορισμένοι αρχιτέκτονες, δείχνοντας το ζενίθ για τέρμα της ιδανικής οικοδομής τής πάντα ατελείωτης. Αυτοί είναι οι διαλεγμένοι, όσοι σημειωμένοι νιώθουνε πως είναι από κάποια δύναμη υπέρτερη ανάμεσα στα φρύδια, με το μυστικό των φακιρώνε τρίγωνο. Ένας λωτός γαλάζιος τατουαρισμένος άυλα απλώνει κει την ιερότητα του μπουμπουκιού του, που αντιφεγγίζει μες στις κόρες των ματιώ τους όλες του Γάγγη τις παγόδες [...] σταλαγματιές ιδρώτα θεϊκού σαϊτεμένες σαν κομήτης μες στη σκοτεινιά της ύλης, έχουνε γλιστρήσει απ' τα τόξα, όσα τεντώνουνε στο μέτωπο του Πλάστη, οι ρυτίδες της βαθιάς του συλλογής[713].

Η προηγούμενη «οργή» καταλύεται και υπαναχωρεί ηδονικά προς τις Ινδίες μέσα από τ' ατλάζια του λουλουδιού, που καθρεφτίζει από μακριά τοπία του Γάγγη με παγόδες, σύμβολα όλα των δυνατών ανθρώπων. Βουδιστικά και ινδουιστικά συμφραζόμενα συνεργούν στη δημιουργία μιας ατμόσφαιρας, που θυμίζει το εξωτικό σκηνικό του *Τάδε έφη Ζαρατούστρα* αλλά και έναν αυστηρά ιεραρχημένο κόσμο που γοητεύει μα και καταπνίγει χωρίς διέξοδο. Η ποιητικότητα των τελευταίων περιόδων του αποσπάσματος είναι πολύ εκφραστική· φέρνει, μάλιστα, στα όρια της νεοτερικής πρωτοπορίας, καθώς οι σταλαγματιές του θεϊκού ιδρώτα γλιστρούν μέσα στη σκοτεινιά της ύλης, για να σημαδέψουν τη μοίρα των εκλεκτών. Η παρουσίαση είναι συγκλονιστική στη σύλληψή της, αν προσπαθήσει κανείς ν' απεικονίσει στο μυαλό του το κοσμικό χάος της ανυπαρξίας να σαρκώνεται σε ύλη με την αστραπιαία αχτίδα αστρικού φωτός, που σταλάζει σαν ιδρώτας από το πρόσωπο του Πλάστη.

Το υπαρξιακό αδιέξοδο συνεχίζεται, παγιδεύοντας το νεαρό μαθητευόμενο στο ναρκισσισμό:

> Μα σε μια πύλη του εικονοστάσιου μικρή, μόνο για να 'βγουν τα μυστήρια ανοιγάμενη, μέσα σε έναν ουρανό μαλαματένιο, έβλεπα με ενθουσιασμό να ξεπροβάλλουν έφηβοι άγγελοι που χαμογελάγανε τα ροδινά τους πρόσωπα και είχανε στα καστανά μαλλιά τους περασμένες πορφυρές κορδέλες παιγνιδιάρικες από κοράλλι μαλα-

---

713. Πλ. Ροδοκανάκης, *Το φλογισμένο ράσο*, ό. π., 48-49.

κό, σαν την ίδια τους την ύπαρξη [...] και στα γαλάζια μάτια τους, λίμνες που θα δροσίζουν τον Παράδεισο, σαν κύκνος η ψυχή μου κάτασπρος βουτούσε για να πλέξει και να πει το υστερνό τραγούδι της[714].

Αν ο Νάρκισσος του αρχαίου μύθου πνίγηκε κοιτάζοντας τον εαυτό του στα νερά της λίμνης, το θέμα ανασκευάζεται τώρα με απόλυτη πειστικότητα· στα νερά της λίμνης πνίγεται η αφοσίωση του δόκιμου μοναχού. Η αποβολή της προπαρασκευαστικής ιδιότητάς του γίνεται μέσα στη ματαιοδοξία του δανδή, που αυτάρεσκα συνεχίζει τις παιδικές του προτιμήσεις. Οι πορφυρές κορδέλες, που στολίζουν τα μαλλιά των έφηβων αγγέλων, θυμίζουν τις κορδέλες, με τις οποίες στόλιζε τις εικόνες στα παιδικά του χρόνια· επιπλέον, η «ηλικία» των αγγέλων θυμίζει τα εφηβικά και νεκρά εφηβικά κορμιά πολλών καβαφικών ηρώων, μόνο που εδώ δεν τονίζεται το καλοσχηματισμένο και σφιχτοδεμένο, όπως στον Καβάφη, αλλά η ντελικάτη και ρόδινη ύπαρξη, σαν από μαλακό κοράλλι. Φυσικά, έλκει την προσοχή η εκζήτηση που θέλει τις κορδέλες να είναι φτιαγμένες όχι από ύφασμα αλλά από σπάνιο υλικό, το κοράλλι, που είναι οργανισμός μαζί και κόσμημα· και μάλιστα όχι το σκληρό κοράλλι αλλά το μαλακό, ως δήλωση συνέχισης του ζωικού ρίγους και ως συνδήλωση της απαλής ουσίας των σωμάτων, που αποκτούν έτσι σαρκική υπόσταση.

Η μεταστροφή έχει ήδη συντελεστεί, όπως αποδεικνύει η εισαγωγή του σαρκικού στοιχείου· η πορεία, που ακολουθεί, ορίζεται απλώς από τις κραυγές της σάρκας απ' όπου και αν προέρχονται:

> Πολλές φορές έφευγ' απ' τον εαυτό μου, άφην' ακίνητο στη θέση του όπως καθόταν το κορμί μου και σαν πνεύμα στο χωριό πετούσα, έμπαινα μέσα στις βίλες, πέρναγα τις κλειδωμένες πόρτες και παραστεκόμουν σε αμαρτωλά οράματα, σώματα μισοπεταμέν' ανάσκελα κάτω από τα χαμηλά κρεβάτια τους τα κέδρινα, στεφάνια μαδημένα και ποτήρια κατά γης αδειάζοντας του σταφυλιού το αίμα, συμπόσια απόκρυφα, όργια που διαβάζομε σε κώδικες αραχνιασμένους από μαλακή μεμβράνη, στολισμένη με στοιχεία πλουμισμένα, όπου χρυσοφτέρουδα φωλιάζουνε παγώνια[715]

---

714. Πλ. Ροδοκανάκης, *Το φλογισμένο ράσο*, ό. π., 49.
715. Ό. π., 61.

Στο παραπάνω απόσπασμα κυριαρχεί το θέμα της αισθητιστικής ηδονής, όπου επιβεβαιώνεται η ταυτόχρονη παρουσία διονυσιασμού και νοσηρότητας. Η γνωστή πια παρακμιακή εικόνα του συμποσίου, που τελείωσε, διατηρεί το χαρακτήρα της νωχελικής χαλάρωσης με την αναφορά σε κορμιά εξουθενωμένα από την ηδονή· διατηρεί, επίσης, το χαρακτήρα του εκλεκτού με την αναφορά της προσεκτικά κατεργασμένης μεμβράνης και των σπάνιων παγωνιών με τα χρυσά φτερά· προσλαμβάνει, όμως, και το χαρακτήρα του απαγορευμένου ή απόκρυφου, το χαρακτήρα ασέλγειας με την αναφορά σε όργια και τη διαστροφή του κρασιού σε αίμα. Πρέπει να τονιστεί εδώ ότι ο λυρισμός της περιγραφής αποτρέπει την αρνητική φόρτιση των σημαινομένων και προωθεί την ελκυστική παρουσίαση της αμαρτίας.

Όταν μιλούμε για νιτσεϊκή πραγματικότητα, εννοούμε το θέμα της ηδονιστικής φύσης με το οποίο ιδιαίτερα ασχολήθηκε ο Καζαντζάκης· ο Ροδοκανάκης δεν επεξεργάζεται το θέμα με την ένταση της εμμονής, που του δίνει ο Καζαντζάκης, αλλά το αξιοποιεί τόσο όσο χρειάζεται, για να αποκτήσουν έρεισμα τα υπόλοιπα θέματα και μοτίβα. Όλα ξεκινούν από τη σταδιακή μύηση του αφηγητή στις βιολογικές ανάγκες των έμβιων όντων, που μελετά με την επιμονή του φιλοπερίεργου αισθητή. Τα κρυμμένα αποκαλύπτονται μπροστά στα μάτια του, καθώς η φαντασία του συνεχίζει να δουλεύει πάνω στα ερεθίσματα που προσέλαβε. Το είδος των «οργίων», στα οποία μυστικά γλιστρά το μυαλό του δόκιμου μοναχού, περιλαμβάνει το λάγνο στεναγμό της φύσης, τη στιγμή που επιδίδεται σ' ένα όργιο απρόσκοπτων πόθων, ερωτικής ολοκλήρωσης και αναπαραγωγής:

> Τις καλοκαιρινές βραδιές σαν τρώγαμε, βγαίναμε όλοι στην ταράτσα [...] Από το σκοτεινό μυστήριο έπεφτε λιγωμένος σε χρυσή βροχή ο ουρανός να κοιμηθεί μαζί με τη Δανάη-Γη, θέλοντας τις λαγόνες της να κάνει γόνιμες σε μοσκοστάλαχτων καρπών παραγωγή. Απ' την ατμόσφαιρα που ήτανε αφανισμένη κι αυτή, ακούγονταν αόριστες φωνές και μουρμουρίσματα μισοπνιγμένα, λες και πως ονειρευόταν της ημέρας τους λησμονημένους σπαραγμούς και τώρα μες στον ύπνο της τους παραμίλαγε κατάτρομη[716].

---

716. Πλ. Ροδοκανάκης, *Το φλογισμένο ράσο*, ό. π., 60.

Φαίνεται να λαμβάνει χώρα μια οργιαστική τυμπανοκρουσία ζωής, τόσο ασυγκράτητη όσο και το αχαλίνωτο πανηγύρι στο καζαντζακικό «Τι μου λένε οι παπαρούνες»[717]. Η Φύση, όπως την βλέπει ο αισθητισμός, είναι ένας οργανισμός με όλες τις ανάγκες και όλες τις λειτουργίες του. Ο αισθητισμός όχι μόνο δεν κλείνει τα μάτια του σ' αυτές αλλά τις τονίζει και τις προβάλλει τολμηρά διαγράφοντας το παλιό εξαγνισμένο πρότυπο. Το αισθησιακό ξύπνημα στοιχειοθετεί την ταυτότητα του αισθητισμού μέσα στα ζωικά ξεσπάσματα της υπαίθρου[718]:

> ένα μεσημέρι καλοκαιρινό, ανάμεσα στα πεύκα, όταν θυμιατίζανε οι κουκουνάρες τους βαλσαμικές αναπνοές ρετσίνας κι ο αέρας ίδιο χλιαρό λουτρό άνοιγε κάθε πόρο για να ρουφηχτούν τα σπέρματα του έρωτα μέσα σε κάθε ύπαρξη και να βλαστήσουν την επιθυμία[719].

Η δεκτικότητα στα μηνύματα της φύσης, που ξεχειλίζουν πληθωρικά και απροκάλυπτα, πλημμυρίζει με ζωή την ψυχή ενός άλλου καλόγερου[720] και ξεσηκώνει τη φωνή μιας άγριας χαράς:

> Εγώ νιώθω, μου 'πε με βραχνή φωνή ο μοναχός, νιώθω τη φωνή του Πλάστη να ορμά από τις πέτρες, απ' το φως, τα χόρτα κι από μέσα μου σαν ένας ευαγγελισμός ελευθερίας και χαράς. Ανάθεμα σ' εκείνους όσοι πάντα έχουνε την άρνηση στα χείλη τους, όσοι δημιουργούν ψυχές με το δαιμονικό εγωισμό να ρίχνουν περιφρόνησης ματιά στα αγαθά που μας εχάρισεν Εκείνος... Εγ'αγαπώ, εγώ ζητώ, εγώ 'χω την αρρώστια της ζωής και υποφέρω από πόνο ζωής[721].

Τα λόγια αυτά, λόγια μαρτυρίας και διαμαρτυρίας[722], βρίσκουν έναν καίριο στόχο, καθώς η χαρά, που φαίνεται να διέπει νομοτελειακά την ηδονιστική πολιτεία, δεν είναι και τόσο αυτονόητη. Το δηλητηριώδες

---

717. Πρβ. παραπάνω, στο κεφάλαιο για τον Καζαντζάκη.
718. Όπως γίνεται αργότερα ξεκάθαρα στο τοπίο ποιημάτων και πεζών του Εμπειρίκου.
719. Πλ. Ροδοκανάκης, *Το φλογισμένο ράσο*, ό. π., 61.
720. Ό. π., 61 («επλημμύρισεν ο άνθρωπος αυτός από ζωή»).
721. Ό. π., 62.
722. Ό. π., 61 («υψώσανε τα βύθη της ουσίας του μια διαμαρτυρία»).

δάγκωμα του πόνου υπονοείται μέσα στο όλο σύστημα, που λειτουργεί ανασχετικά προς τη θλίψη και ανοσοποιητικά απέναντι στη σύμβαση. Είμαστε πια στο σημείο όπου ο ελλαδικός αισθητισμός πετυχαίνει τη σύνδεση της παρακμής με τον επίσημο πολέμιό της, τον Nietzsche, για να φτιάξει το ιδιότυπο δικό του κράμα από ζωή και θάνατο. Με τους ίδιους όρους είδαμε να σχεδιάζεται και η καζαντζακική φρίκη που αποστομώνει, στη μεταφορική εικόνα των *Σπασμένων Ψυχών* για παράδειγμα, όπου η γυναίκα η φαγωμένη από τη φυματίωση φτύνει αίμα στο κομψό μαντιλάκι της και, αφού σκουπίσει προσεκτικά το στόμα, σηκώνει το ποτήρι της και συνεχίζει να πίνει το ποτό της, που είναι το αψέντι, το παραισθησιογόνο της εποχής[723].

Πάνω σ' αυτά τα αμφίρροπα όρια έρχεται η αποκάλυψη, που φέρει το νεαρό Νάρκισσο-πρωταγωνιστή του Ροδοκανάκη σε επίγνωση της κάθε άλλο παρά μοναστικής κλίσης του: «Έτσι λοιπόν η απομόνωση της καλογερικής ζωής ξύπνησε μέσα μου μια δύναμη που ίσαμε την ώρα εκείνη φανερά δεν είχε πουθενά εκδηλωθεί»[724]. Το πώς αφήνεται ο αφηγητής στην αυτοσυνειδησία της χαράς αποτελεί τη βαθύτερη απόδειξη μιας φύσης που λατρεύει τον εαυτό της, εκκεντρική και ενδοτική σε όλες τις περιποιήσεις του εγώ. Στο *Φλογισμένο ράσο* η λαγνεία της φύσης είναι μία επιπλέον περιοχή όπου βρίσκει την αποθέωσή του ο ναρκισσισμός του: «Ο Ροδοκανάκης», γράφει ο Άγρας, είχε απατηθεί. Ενόμισε πως τον περιμένουν ανοιχτές οι αγκάλες της Εκκλησίας, τη στιγμή που τον παγίδευαν τα δίχτυα της Φύσεως»[725]. Τελικά, συνειδητοποιούμε ότι ο Ροδοκανάκης γράφει ένα δικό του *Άσμα Ασμάτων*, με κέντρο το είδωλό του, τον Νάρκισσο:

> Όταν συνέρχομαι από τον πυρετό της νοσταλγίας, διαλέγω όλων των ειδών τα λούλουδα όσα μυρώνουνε της φαντασίας μου τον κήπο, πλέκω στεφάνι και μ' αυτό στολίζω το κεφάλι κάποιου εαυτού μου που με φιλαρέσκεια κοιτώ να βγαίνει μέσα από τα μέλλοντα [...] Όταν σκυμμένος πάνω από το χαρτί αφήνω το δεξί μου χέρι να το πιάνουν πάλιν οι σπασμοί της έμπνευσης, όταν στ' αυτιά μου πέ-

---

723. Π. Ψηλορείτης [=Ν. Καζαντζάκης], «Σπασμένες Ψυχές», *Ο Νουμάς* 8, 376 (1910) 4.
724. Πλ. Ροδοκανάκης, *Το φλογισμένο ράσο*, ό. π., 109.
725. Ό. π., 78.

φτουνε δυο φλογισμένα στόματα κι αρχίζουν να ξομολογόνται τα μεγάλα μυστικά της ομορφιάς, που τρομάζω μήπως δεν προφτάξω όπως τα 'παν να τα γράψω, σιγανά τα κρινοδάχτυλα προβάλλουν της δρυάδας, πέφτουν ίδιο άνθος ζωντανό απάνω στο χειρόγραφο, σαλεύουν κι η φωνή της αρχινά να σιγοτραγουδάει με συμπάθεια:

Η ηδονικότητα, νά ο προορισμός του νέου σας κορμιού όπως του μυρωμένου λουλουδιού, που ανοίγει το στήθος του στο μελωμένο φίλημα της μέλισσας. Εγώ θαρρώ πως όλες οι προσπάθειές σας για πολιτισμό και για εξύψωση είναι άδικος κόπος. Σας προσφέρουν τα νιάτα ένα ποτήρι χρυσό για να ρουφήξετ' εκεί μέσα το μεθύσι της ζωής. Στεφανωμένοι με κισσό, έχετε χρέος να το περάσετε αδειανό σε όποιον είναι ξαπλωμένος στο πλευρό σας. Πρέπει να μάθετε πως είναι μεγάλοι όσους ο ηδονισμός σταματά στην ωραιότερην εκδήλωση του εγώ τους, για να το σπαταλήσουνε στους τέσσερις αέρηδες και να μη τους το πάρει ο χρόνος [...]

Η πένα τότε κατεβαίνει απ' τα δάχτυλά μου ίδιο φίδι από σφύριγμα φακίρη πλανταγμένο και μέσα στο κεφάλι μου σαν καταιγίδα αναφλέγονται αρχαϊκές εικόνες, τράγοι καπνίζουν σε βωμούς, κρόταλα, θύρσοι, χάχανα μαινάδων, σειληνών άγρια κυνηγήματα μέσα στις ροδοδάφνες αντηχούν και σβήνουν όλ' αυτά και χάνονται σα να 'χαν μισοφέξει μέσα σ' όνειρο.

Θαρρεί κανείς πως ήμουν έξω απ' τον εαυτό μου. Υπακούοντας σε μιαν ανώτερη απ' τον οργανισμό μου δύναμη, δεν έβλεπα, δεν άκουγα, δεν εδοκίμαζα, δεν οσφραινόμουνα, δεν άγγιζα, παρά αυτή τη φράση: ΠΡΕΠΕΙ ΝΑ ΓΥΡΙCΕΤΕ ΟΠΙCΩ CΤΗ ΖΩΗ
Και μόλις ένιωθαν αυτή τη μαγική διαταγή να τους μεταβιβάζεται, παράλυναν απ' το μεθύσι της υπακοής κι έλεγαν «ναι, θα γίνει» οι αισθήσεις μου[726].

---

726. Πλ. Ροδοκανάκης, *Το φλογισμένο ράσο*, ό. π., 106-113.

Πρόκειται για τη συγκλονιστική απολογία, που συνοδεύει μια επιλογή ζωής και σηματοδοτεί ένα τέλος στις μεταφυσικές-ιερατικές ανησυχίες του αισθητή αφηγητή. Το πέρασμά του στον κόσμο ξεκινά με ναρκισσιστικές καταφάσεις προσωπικότητας και οργανώνεται εν τω γίγνεσθαι σε πραγματική κοσμοθεωρία. Σε πρώτη φάση στολίζει φιλάρεσκα με λουλούδια της φαντασίας έναν μελλοντικό εαυτό· με άλλα λόγια αγγίζει το σώμα και την ψυχή με τις αυτάρεσκες θωπείες ενός αρχαιοέλληνα εφήβου. Το μυρωμένο στεφάνι, που πλέκεται γύρω από μια σωματική εικόνα, επεκτείνεται στη διάνοια, η οποία αποδύεται την αισθητιστική λογοτεχνικότητα και αποδέχεται πια τους τρόπους της.

Όλα από εδώ και στο εξής, κειμενικά και εξωκειμενικά, υπακούουν στη νομοτέλεια της καινούριας κατεύθυνσης· αυτή οδηγεί τους σπασμούς της έμπνευσης και της γραφής, που αρχίζει να ξεφεύγει από τις αύρες της λεπτότητας και να παγιώνεται σε συμπαγή ηδονή. Τα «μεγάλα μυστικά της ομορφιάς»[727] τα ψιθυρίζουν «φλογισμένα στόματα»[728] και η ανάερη γυναικεία παρουσία της δρυάδας αφηγείται την ηδονικότητα ως προορισμό της νιότης. Τα κρινοδάχτυλα πέφτουν σαν άνθος πάνω στο χειρόγραφο· μια εισαγωγή ανάμεσα στο ανθρώπινο και στο άνθινο προλογίζει το κύριο θέμα, που σταδιακά σοβαρεύει με τη βαρύτητα ενός κηρύγματος ηδονής[729].

Οι αβρότητες, που ενοποιούν το μυρωμένο λουλούδι με το μελωμένο φίλημα της μέλισσας και με το νέο κορμί, προεκτείνονται σε διονυσιακές εκδηλώσεις από μεθύσια, με στεφάνια από κισσό και κορμιά ξαπλωμένα, που μαθαίνουν τη ζωή μακριά από τον πολιτισμό και το πνεύμα. Το κάλεσμα αφορά τη συνομιλία των σωμάτων· μετά, αγκομαχώντας ανεβαίνουν στην επιφάνεια παραστάσεις λαγνείας από το υπόστρωμα της ελληνικής, κυρίως, συλλογικής μνήμης: θυσίες σε βωμούς, μαινάδες και σειληνοί σε παροξυσμούς οργίων ανάμεσα σε κροταλίσματα και σε διονυσιακά κλαδιά με κισσούς, όλα μέρη των μυθικών και αρχαϊκών τελετών, που έβγαζαν τον άνθρωπο από τον κατασκευασμένο εαυτό του, τον πολιτισμένο και αβρό και απολλώνιο, για να του αναζωπυρώσουν την άγρια ικανοποίηση του αρχέγονου ενστίκτου.

Τίποτε δεν είναι πιο σαφές από το κάλεσμα των αισθήσεων του αφηγητή, που δεν ζητούν πια αλλά απαιτούν την επιστροφή του

---

727. Ό.π.
728. Ό.π.
729. Επισημαίνουμε εδώ άλλη μια ομοιότητα με τον Εμπειρίκο, που χρειάζεται όμως πολύ χώρο για ν' αναπτυχθεί.

στον κόσμο. Η σαγήνη, που τον τραβούσε προς τα ανθρώπινα, γίνεται τώρα επιβολή, που αναδύεται παρακλητικά και ξεχωριστά από κάθε αίσθηση: «δεν έβλεπα, δεν άκουγα, δεν εδοκίμαζα, δεν οσφραινόμουνα, δεν άγγιζα, παρά αυτή τη φράση: πρέπει να γυρίσετε οπίσω στη ζωή»[730]. Η επιμονή στην απαρίθμηση των πέντε αισθήσεων μέσα από τα πέντε ρήματα, που δηλώνουν τις λειτουργίες τους, δείχνει ότι η επιτακτική ανάγκη που τον σπρώχνει στα εγκόσμια είναι αισθητηριακή και αισθησιακή.

Αισθησιακής φύσης είναι και η τυφλή υπακοή στην εντολή που επιδεικνύει ο οργανισμός του, παραλύοντας μέσα στο μεθύσι της επιστροφής. Η όραση, η ακοή, η γεύση, η όσφρηση και η αφή γίνονται όλες σύγχρονα μεταφράσματα της αρχαίας ανάμνησης του ηδονισμού· το πάθος μεταφέρεται μέσω της νιτσεϊκής διαστρωμάτωσης σ' όλο τον οργανισμό, όπου γίνονται θριαμβευτικά αποδεκτά τα δεσμά που επιβάλλει το σώμα. Ο αφηγητής βρίσκεται πια πέρα από συμβάσεις, *Πέρα από το Καλό και το Κακό*, όπως είχε βρεθεί παλιότερα ο Nietzsche, μ' ένα διαφορετικού τύπου αφήγημα.

Έχοντας πιστοποιήσει τον αισθητισμό του *Φλογισμένου ράσου* μέσα από τα θέματα, θα τον δούμε και μέσα από το ύφος. Αξιολογικά, μιλούμε για την πιο δυνατή εκφραστικότητα μέσα στα έργα του ελλαδικού αισθητισμού, άσχετα αν στο τέλος το παραλήρημα ασέλγειας του αφηγητή ξεφεύγει τόσο από τον έλεγχο, που γίνεται ενδεχομένως απωθητικό για τον αναγνώστη. Ο λόγος έτσι κι αλλιώς είναι μεστός, κάτι που βλέπουμε σε όλη την παραγωγή του Ροδοκανάκη και θα ξαναδούμε παρακάτω στο *Θρίαμβο*, αυτό όμως που ξεχωρίζει εδώ είναι το πόσο αβίαστα συμπτύσσει ο λογοτέχνης τη λυρική με την εικαστική αναζήτηση στην ίδια μορφή. Η αναλογία των δύο μερών επιζητεί την πλήρη αισθησιακή πρόσληψη του έργου από τον αναγνώστη, επιδιώκει δηλαδή να διεγείρει όλο το φάσμα των αισθήσεων που συμμετέχουν στην ανάγνωση ενός λογοτεχνικού έργου. Τα συγκεκριμένα παραδείγματα, στα οποία θα αναφερθούμε, θεωρούμε ότι είναι τα πιο πρόσφορα για την ανάδειξη αυτού του ύφους.

Σύμφωνα με όσα είδαμε νωρίτερα, δύο είναι τα επίπεδα στα οποία κινήθηκε η λογοτεχνία του αισθητισμού στη συνάρτησή της με τις καλές τέχνες. Το πρώτο είναι το εικαστικό και το δεύτερο το μουσικό επίπεδο, δηλαδή η λυρική εκφορά του λόγου, που δεν είναι ο μουσικός λόγος του συμβολισμού με τη μουσική ροή του λόγου μέσα

---

730. Πλ. Ροδοκανάκης, *Το φλογισμένο ράσο*, ό. π., 113.

από μελωδικές λέξεις αλλά ο λόγος της αίσθησης που καταγράφεται με τους τόνους και τις διακυμάνσεις ενός μουσικού έργου· ο λόγος της πεζογραφίας, ακόμη και ο αφηγηματικός, αποκτά χαρακτηριστικά της ποίησης, γίνεται μελωδία. Το μέλος, με την έννοια που του έδιναν οι αρχαίοι, της μουσικής που βγαίνει από λόγια, σχετίζεται περισσότερο με το συμβολισμό και με τη βάση της καθαρής ποίησης αλλά η γραφή που έχει αποβάλει τις αγκυλώσεις του πεζού λόγου και τον αναπαράγει ως ποιητικό λόγο ή η καταγραφή του λογοτεχνικού κειμένου, που προσλαμβάνει τον χαρακτήρα εκτέλεσης μουσικού κειμένου, συνιστά δυνητικό ορισμό του μέλους στο πλαίσιο του αισθητισμού και μπορεί να μεταγράφει ή να συνυπάρχει ταυτόχρονα με τον εικαστικό χαρακτήρα. Μια περιγραφή, που μοιάζει με ζωγραφικό πίνακα, μπορεί συχνά να αρθρώνει λυρικούς φθόγγους, με την έννοια που το ορίσαμε παραπάνω. Παράδειγμα της σύμπτωσης των δύο επιπέδων αποτελεί το ακόλουθο απόσπασμα από το *Φλογισμένο ράσο* του Ροδοκανάκη:

> Νταν-νταν, σε λίγο απ' τον κήπο μάς προσκάλαγε στο εκκλησάκι η καμπάνα, στην κορφή ανεβασμένη δυο τριών σαπόξυλων πόμοιαζαν με κορμό αστροπελεκημένου δέντρου. Και όταν έκανε τα λυγερά κουνήματά της να σημάνει όρθρον ή εσπερινό, φαινότανε σαν ανεμώνη από μέταλλο γιγάντια, σκορπίζοντας το μύρο της σε στεναγμούς βαρύθυμους, κάθε φορά που έβγαινεν ο ήλιος και ανοίγαν γύρω απ' τη ρίζα της την ξύλινη μες στους ανθώνες τα πολύχρωμα των λουλουδιώνε στοματάκια να ρουφήξουν φως, κάθε φορά που εχανότανε ο ήλιος κ' έσβηναν οι φλόγες των πετάλων τους σα μάτια να σφαλήξουν έτοιμα, για να νανουριστούν σε οπτασίες από νυσταγμένες ευωδίες. Πολλά από αυτά τα στόματα τα λουλουδένια είχανε χρώμα πορφυρό, όλο ηδονισμό και σφρίγος, σα να διψάγανε να δώσουνε φιλιά του έρωτα όταν αυτός κατέβαινε από το τουρκουάζ του ουρανού σε σχήμα άσπρης πεταλούδας, ρυθμικά· έδειχναν άλλα κίτρινη θωριά απελπισμένη και θαρρούσες πως του πήρε απ' τα χείλη, διψασμένη μέλισσα, όλη τη γλύκα της ζωής τους· κι' άλλα πάλι μπουμπουκάκια κυανόμαυρα

> ανάμεσα σε δακρυσμένες φυλλωσιές επλάγιαζαν ετοι-
> μοθάνατα, μελανιασμένα, ίσως γιατί το τρομερό της
> νύχτας έντομο που κατοικεί σε μια τρυπίτσα πλάι απ'
> τη ρίζα, με φόρεμα τρομαχτικό βγήκε να κάνει τον
> περίπατό του πάνω στα βελούδα της στεφάνης του,
> που τώρ' αυτή μαδούσ' από τη φρίκη της[731].

Το παράθεμα θα μπορούσε από μόνο του να αποτελεί πεζό ποίημα ή «πεζοτράγουδο». Ο αισθησιακός πλούτος του δεν προέρχεται μόνο από τα μοτίβα των μυρωμένων αναστεναγμών, που πλανιούνται στην ατμόσφαιρα, και της νυσταγμένης ευωδιάς, μοτίβα που ανήκουν στο ευρύτερο θέμα της ηδονής και της χαλάρωσης· ο αναμφισβήτητος λυρισμός, που εκφέρουν τα λεκτικά σύνολα, συντελεί επίσης στην αισθησιακή πρόσληψη του κειμένου, πραγματώνοντας έτσι την ουσία του αισθητισμού. Αυτό συμβαίνει όταν, για παράδειγμα, ακούμε πλάι-πλάι τις λέξεις «χείλη» και «διψασμένη μέλισσα», όπου κάθε λέξη είναι γεμάτη από νόημα και ο αναγνώστης αφήνεται στο θέλγητρο της ακρόασής τους. Δεν προσπαθεί να τις συνδυάσει αλλά τις νιώθει αυτόνομα την καθεμιά κάνοντας μια ανάγνωση του κειμένου μέσα από την αίσθηση.

Εκτός από ακροατής, όμως, ο αναγνώστης γίνεται και θεατής. Ένας πλούσιος ζωγραφικός πίνακας συγκροτείται μπρος στα μάτια του, ένας πίνακας με πολλές στιγμές. Όλες βρίσκονται πάνω στον ίδιο καμβά, όπου τα χρώματα δεν μεταβάλλονται, μόνο συνυπάρχουν. Τα πέταλα αλλού είναι πολύχρωμα και καταυγάζονται από φως, αλλού ανοίγουν σαν πορφυρά στόματα σε διψασμένα ερωτικά φιλιά, αλλού ανοίγουν το γαλάζιο (τιρκουάζ) του ουρανού «σε σχήμα άσπρης πεταλούδας»· υπάρχουν γαλαζόμαυρα μπουμπούκια, που μοιάζουν να έχουν μελανιάσει, και υπάρχει και το σκοτεινό βελούδινο φόρεμα ενός εντόμου, που δεν είναι παρά η νύχτα που κατεβαίνει. Η περιγραφή μεταφέρει μια αίσθηση του ντελικάτου περνώντας από λουλούδι σε λουλούδι· έχει όμως και την πρωτοποριακή εικαστική τόλμη να δει την ανεμώνη με τη σκληρότητα ενός μετάλλου, που είναι η καμπάνα· έχει επίσης την έμπνευση να κατεβάσει τον ουρανό δίνοντάς του πάνω στη γη το σχήμα του λουλουδιού και μετά το σχήμα πεταλούδας, αφήνοντας να αλλοιωθούν τα χρώματα μέσα από τις αλλεπάλληλες παραλλαγές τους· η διαστροφική ενσάρκωση της νύχτας σε τρομαχτικό έντομο είναι

---
731. Ό. π., 42-43.

απλώς μια πιο γκροτέσκα συνέχεια του ουρανού, που έγινε πεταλούδα. Έτσι, ο αισθητισμός που ξεκινά από εικαστικές και λυρικές πυκνώσεις ύφους, καταλήγει, εκφραστικά, σε προοίμιο των πρωτοποριακών τάσεων του 20ού αι.

Το απόσπασμα που διαβάσαμε παραπάνω θα μπορούσε να ανήκει στο *De Profundis* του Ροδοκανάκη. Όλα τα χαρακτηριστικά, που είδαμε στο παραπάνω απόσπασμα, αποτελούν μια μικρογραφία του ύφους που υπάρχει στο *De Profundis*, όπου δίνεται, ωστόσο, ισχυρότερη έμφαση στο πρωτοποριακό στοιχείο. Στο πλαίσιο του νεοτερικού ύφους ο Ροδοκανάκης θα δώσει μια απροσδόκητη μεταφορά και στο *Φλογισμένο ράσο*: «Κάποτε μας δίναν και *χουσάφι,* σταφίδες κόκκινες βραστές σε ζαχαρόνερο που φάνταζε σαν αρχιπέλαγος από πνιγμένες κατσαρίδες φουσκωμένες τούμπανα στην επιφάνεια»[732]. Ο Τ. Άγρας, σχολιάζοντας αυτό ακριβώς το κομμάτι μίλησε για «εκείνο το εθελημένο βέβαια «κακό γούστο» –το mauvais gout– τη λέξη την απειρόκαλη, την πρόστυχη ή την αυθάδη που με παιδιάστικο πείσμα έρχεται να σπάσει την αρμονία μιανής επιβολής ή να σπιλώσει την αγνότητα μιανής ιδέας»[733]. Μιλήσαμε και νωρίτερα για την υποκειμενικότητα της κριτικής του Άγρα· νομίζουμε ότι εδώ η λέξη «κακογουστιά» θα έπρεπε να αντικατασταθεί μάλλον από τη λέξη «νοσηρότητα»· η ουσία είναι ότι, παρόλο που δεν έχουμε εδώ τη ζοφερότητα που στοιχειοθετεί τον εφιαλτικό κόσμο τρόμου του Επισκοπόπουλου, έχουμε πάντως το ανίερο αντίκρισμα της ζωής, το μπωντλαιρικά ασεβές, την ατίθαση αισθητιστική ποιότητα, κάτι που είδαμε καλύτερα κατά τη διεξοδική αναφορά στη νιτσεϊκή πραγματικότητα του μυθιστορήματος.

Συγγενικό με το *Όφις και κρίνο* του Καζαντζάκη είναι *Το βυσσινί τριαντάφυλλο* του Ροδοκανάκη (1912), ενταγμένο, όπως είπαμε πολλές φορές παραπάνω, μέσα στον ίδιο κύκλο έρωτα και αίματος που περιλαμβάνει και την *Κερένια κούκλα* του Χρηστομάνου. *Το βυσσινί τριαντάφυλλο* αρθρώνεται σε τρία μέρη: στο ομώνυμο διήγημα, στις «Παιδιάτικες αγάπες» –ερωτικά επεισόδια από την παιδική ζωή του συγγραφέα– και στις «Ιστορίες» –αποσπάσματα από την πιο ρεαλιστική καθημερινότητα.

Το Βυσσινί τριαντάφυλλο είχε πρωτοδημοσιευτεί σε συνέχειες στην εφημερίδα *Ακρόπολις* (12 και 13.2.1909). Το συγκεκριμένο κείμενο του Ροδοκανάκη έγινε το μήλο της έριδος και προκάλεσε τη δικαστική

---

732. Πλ. Ροδοκανάκης, *Το φλογισμένο ράσο*, ό. π., 53.
733. Τ. Άγρας, ό. π., 77.

διαμάχη Χρηστομάνου–Ροδοκανάκη (1912). Ο Χρηστομάνος κατηγόρησε τον Ροδοκανάκη για λογοκλοπή και δυσφήμηση, κατηγορία από την οποία ο τελευταίος απαλλάχτηκε ύστερα από την παρέμβαση του Παλαμά, αφού ο Παλαμάς δήλωσε ότι, και αν ακόμα υπάρχει κάποια μίμηση, η κατηγορία της λογοκλοπής δεν μπορεί να σταθεί[734]. Τα επιχειρήματα, με τα οποία στήριξε την καταγγελία του ο Χρηστομάνος, είναι ότι στο κείμενο του Ροδοκανάκη ο ήρωας που ερωτεύεται την κοπέλα είναι εύελπις, στοιχείο κοινό με το δικό του θεατρικό έργο *Τα τρία φιλιά*· επίσης, ότι ο Ροδοκανάκης χρησιμοποίησε το δελφίνι της *Αυτοκράτειρας Ελισάβετ*, για να στολίσει την αγγελία του *De Profundis*· τέλος, ότι το εξώφυλλο του *De Profundis* ήταν κίτρινο όπως και *Το βιβλίο της αυτοκράτειρας Ελισάβετ*.

Παρά τη δικαίωσή του από το δικαστήριο ο Ροδοκανάκης τροποποίησε και περιέκοψε το αρχικό κείμενό του, όταν προχώρησε σε πρώτη αυτοτελή έκδοση του έργου του *Το βυσσινί τριαντάφυλλο*, που έγινε το 1912. Το 1909 ο Ροδοκανάκης είχε προλάβει να παρουσιάσει μόνο τα τρία εισαγωγικά κεφάλαιά του με τίτλους «Η κόμησα με τις δαντέλλες», «Τριγύρω στη χλωμάδα ενός λουλουδιού» και «Σπασμένες κόρδες». Αυτά τα κεφάλαια τα παρέλειψε από την οριστική μορφή του έργου, αξίζει όμως να τα μελετήσουμε, επειδή εντοπίζουμε σ' αυτά καίρια θέματα του αισθητισμού, όπως την εκλεκτικότητα, τον παγανισμό, την ηδονολατρεία της φύσης και, μάλλον, τη μοναδική γνωστή αναφορά ομοερωτισμού στον ελλαδικό πεζογραφικό αισθητισμό.

Τα τρία κεφάλαια λειτουργούν προκαταρκτικά όσον αφορά την πλοκή του έργου· ένας διάλογος διαμείβεται ανάμεσα στην κόμησα Κάρνιστ και τον αφηγητή της ιστορίας, ο οποίος είναι φίλος του πρωταγωνιστή. Η πρώτη φάση του διαλόγου αναφέρει αρκετές αδιάφορες γενικότητες, απλώς για να εισαγάγει στο κλίμα· η δεύτερη φάση προετοιμάζει για την αφήγηση της ιστορίας που θα ακολουθήσει: ο αφηγητής μιλά για τη γνωριμία του με τον ήρωα της ιστορίας και ξετυλίγει τις πρώτες πράξεις της ερωτικής ιστορίας του φίλου του. Γι' αυτό το τμήμα της αφήγησης, που αποκόπηκε τελικά, ο Σαχίνης υποστηρίζει ότι περιέχει «ωραιολογικές περιγραφές, καθώς και μια μακρά ωραιολογική συζήτηση με άχαρους διαλόγους»[735]. Η αποτίμηση αυτή είναι αυστηρή και μάλλον ανακριβής, αν λάβουμε υπόψη ότι στοιχεία του

---

734. Πρβ. Π. Νιρβάνας, «Κωνσταντίνος Χρηστομάνος», *Άπαντα*, τ. 3, Αθήνα, Γιοβάνης, 1968, 394.
735. Α. Σαχίνης, *Η πεζογραφία του αισθητισμού*, Αθήνα, Εστία, 1981, 451.

τμήματος αυτού μεταφέρουν αυτούσια τμήματα των αντιλήψεων του Ροδοκανάκη.

Το πρώτο κεφάλαιο ανοίγει με την περιγραφή του αριστοκρατικού σαλονιού της κόμησας. Η περιγραφή του δωματίου εμμένει τόσο σε κάθε μικρή λεπτομέρεια χλιδής, ώστε εμπεδώνει τη λατρεία του τεχνητού με τον πιο εκλεπτυσμένο εξωτισμό· διαβάζοντάς την κανείς μεταφέρεται αυθόρμητα στην ελληνική Ανατολή και συγκεκριμένα στο πατρικό σπίτι του συγγραφέα στη Σμύρνη, όπως ο ίδιος το περιέγραψε στο *Φλογισμένο ράσο*. Ο στολισμός είναι προσεγμένος αλλά πιο προσεγμένη είναι η παρουσίαση μιας σειράς μικροτεχνημάτων που συνθέτουν αυτόν το βαρύ στολισμό του δωματίου[736].

Βασικό σημείο αισθητισμού, που ξεχωρίζει μέσα στη συζήτηση, είναι η αναφορά στον Χριστό και στον Σωκράτη, στην οποία ο αφηγητής δεν στέκεται αλλά την προσπερνά ως νύξη, ενώ ξέρουμε ότι στο *Φλογισμένο ράσο* η αντιπαράθεση χριστιανισμού και παγανισμού υπήρξε κύριος άξονας αναφοράς και διχασμού μέσα στο κοσμοθεωρητικό πλάνο του αφηγητή.

Ένα τρίτο στοιχείο, που δεν περνά απαρατήρητο, είναι ότι η γνωριμία των δύο φίλων γίνεται μέσα σ' ένα μουσείο, αναφορά που ανακαλεί τις *Σπασμένες Ψυχές*, αφού ο Ορέστης και ο Γοργίας δεν σύχναζαν απλώς σε μουσεία αλλά εμπνέονταν για τη ζωή τους και τα σχέδιά τους από την παρουσία τους εκεί. Στο *Βυσσινί τριαντάφυλλο* ο αφηγητής γνωρίζει τον φίλο του μέσα σ' ένα χώρο καλλιτεχνικής δημιουργίας, όπου δημιουργείται μια συγγένεια ψυχών: «Όπως συμβαίνει και στην

---

736. Πλ. Ροδοκανάκης, «Το βυσσινί τριαντάφυλλο», εφ. *Ακρόπολις* (12.2.1909):
Επάνω στους τοίχους, χρωματισμένους με κόκκινο πομπηιανό, σκαρφάλωναν μικρά καδράκια με συγγενικά χαμόγελα, που κάποτε εχάνονταν πίσω από τετράγωνα πανό ιαπωνέζικα, μεταξωτά υφάσματα λευκά και κυανά, με λελέκια χρυσοκέντητα και δελφίνια μαύρα, καρφωμένα από τις τέσσερις γωνιές: Πού και πού, μέσα σε κορνίζες από ξύλο θαμπό, ξεπρόβαλλαν ακουαρέλες και παστέλ, που έδειχναν χωριουδάκια με ουρανούς δοξασμένους, εξοχικά φθινόπωρα με φυλλωσιές ροδακινιές και θαλασσογραφίες γαλαζόφωτες με τρεχαντήρια ξεθυμασμένα στον αβέβαιον ορίζοντα τον αλαργινό. Σιγαληνοί καταρράκτες βελούδινοι, καταπετάσματα χρυσαφιά με φουντάκια στο πλάι εχύνονταν από τις σκαλιστές κορνίζες μπροστά στα παράθυρα και δεν άφηναν να ακουστεί κανένα από τα χυδαία παραληρήματα της ζωής που ξεψυχούσαν έξω με μισοπνιγμένο θόρυβο. Μικρά καναπεδάκια μαλακά και χαμηλά, καθίσματα καρυδένια χαμένα κάτω από μαξιλάρια ελαφρά και ένα σωρό μπιμπελό επάνω στις πηδηχτές εταζέρες, αγαλματάκια του Σοξ από ψημμένη γη και νύφες και συλφίδες από χαλκό πράσινο.

ύλη έτσι και στον κόσμο των ψυχών εκείνες όπου είναι όμοιες τραβούν η μια την άλλη με τόσο πιο υπνωτισμένον έρωτα, όσο οι μενεξέδες που βαραίνουνε τα μέτωπά των χύνουν αφθονότερες τριγύρω μυρωδιές»[737].

Στο λυρικό τρόπο, με τον οποίο εκφράζεται αυτή η συγγένεια των ψυχών, εντοπίζουμε ομοιότητα με την καζαντζακική ρητορική των *Σπασμένων Ψυχών* που αναφέρεται στη Χρυσούλα, όπου ο ερωτισμός αναλύεται μέσα σε αρώματα και λεπτότητες· ανιχνεύουμε, επίσης, ομοιότητες με τον Χρηστομάνο και το ύφος του *Βιβλίου της αυτοκράτειρας Ελισάβετ*, στο βαθμό που η αισθησιακή διάσταση παίρνει τη μορφή στοχαστικής ενδοστρέφειας· δεν θα μιλήσουμε για αλληγορία που αναφέρεται στη σχέση των δύο δημιουργών, μπορούμε όμως ασφαλώς να μιλήσουμε για αλληγορία ναρκισσισμού ή ομοερωτισμού, ίσως τη μόνη σ' όλη την παραγωγή του ελλαδικού πεζογραφικού αισθητισμού. Η τρυφερότητα, με την οποία περιγράφεται και ονοματίζεται ο έρωτας των δύο ψυχών, μάλλον καθαρογράφει παρά σβήνει τις φιγούρες των δύο ανδρών που κρύβονται από πίσω.

Ξεπερνώντας το επίπεδο του αμφίσημου ερωτισμού περνούμε στον καθαρό ηδονισμό του ελλαδικού αισθητισμού, που έχει και εδώ το ψήγμα του:

> Η ηδονικότης, νά ο προορισμός του νέου κορμιού όπως του μυρωμένου λουλουδιού, που ανοίγει το στήθος του στο μελωμένο φίλημα της μέλισσας. Εγώ θαρρώ, επρόσθεσε έπειτα από μια πόζα [...] όλες οι άλλες προσπάθειές μας για πολιτισμό και για εξύψωση είναι άδικος κόπος. Μας προσφέρουν τα νιάτα ένα ποτήρι χρυσό, για να πιούμε το μεθύσι της ζωής. Στεφανωμένοι με κισσό, έχομε χρέος να το περάσουμε αδειανό σ' εκείνον που είναι ξαπλωμένος στο πλευρό μας. Πρέπει να ξέρετε πως είναι μεγάλοι όσους ο ηδονισμός σταματά στην ωραιότερη εκδήλωση του εγώ των, για να το σπαταλήσουνε στους τέσσερις αέρηδες και να μη τους το πάρει ο χρόνος[738].

Το κήρυγμα του ηδονισμού θυμίζει τις επικούρειες αναβιώσεις στον Pater και την άνευ όρων παράδοση στις ηδονές, που πρέσβευε ο Wil-

---

737. Εφ. *Ακρόπολις* (13.2.1909).
738. Εφ. *Ακρόπολις* (13.2.1909).

de· θυμίζει, επίσης, το καβαφικό «Σύνταγμα της Ηδονής» με τα ηδονικά εφηβικά-νεανικά κορμιά και τη στράτευση στην υπηρεσία της αίσθησης. Το διακειμενικό τοπίο συμπληρώνεται με τα ελλαδικά συμφραζόμενά του: το «νέο κορμί» παραπέμπει και στον Π. Γιαννόπουλο, που επαγγέλθηκε το ξύπνημα των νιάτων μέσα σε ηδονικά κορμιά, σε νέα κορμιά – τους νέους Έλληνες. Οι αναφορές στον κισσό, σε χρυσά ποτήρια και στο μεθύσι της ζωής συνθέτουν έναν ακόμη διονυσιακό διθύραμβο καζαντζακικού τύπου, μεταφέροντας την ορμή της νιότης στην αχρονία του γενετήσιου υποσυνείδητου. Αυτή ήταν μία από τις πραγματικότητες του *Φλογισμένου ράσου*, όπως και το ηδονικό κοίταγμα της φύσης, το οποίο εδώ απαντά συρρικνωμένο στο μοτίβο του εντόμου που βαραίνει από δοκιμασμένες ηδονές μέσα στα πέταλα – μοτίβο που απαντά πολύ συχνά στον Καζαντζάκη:

> Ένα μικρό βαζάκι από τυρκουάζ γεμάτο ανθισμένες μυγδαλιές ήταν ακουμπισμένο στη γωνιά του πλαϊνού παραθύρου. Βαριά ξεπρόβαλε μέσα από ένα ρόδινο μπουμπούκι μια χρυσόμαυρη μέλισσα, περπάτησε με τα βελουδωτά της πόδια στο ολόδροσο μεταξωτό των πετάλων που φρικίασαν από ηδονή και ρουφήχτηκε σιγά σιγά μες στα αφρόπλεχτα κλαδάκια[739].

Έχοντας δει τα θέματα και τα μοτίβα στο αποκομμένο από την οριστική έκδοση τμήμα του κειμένου, περνούμε στο οριστικό κείμενο, όπου η αφήγηση γίνεται με τη μορφή ανάγνωσης από τις σελίδες του ημερολογίου που κρατούσε ο πρωταγωνιστής. Αν το *Όφις και κρίνο* είναι «ημερολόγιο της καρδιάς»[740], το ίδιο ισχύει και για *Το βυσσινί τριαντάφυλλο*. Άλλη ομοιότητα είναι ότι και εδώ η υπόθεση περιστρέφεται γύρω από μια ερωτική ιστορία, τον έρωτα ενός αρχιτέκτονα –που αντικατέστησε τον αρχικό εύελπι– και μιας κοπέλας που έχει το κληρονομικό βάρος της πνευματικής διαταραχής. *Το βυσσινί τριαντάφυλλο* ως ημερολόγιο του «εσωτερικού είναι»[741] μοιάζει με φωτογραφικό άλμπουμ μιας ιστορίας έρωτα και νεύρωσης. Κάθε καταχώριση μοιάζει με μια φωτογραφία, που την ζωντανεύει μπρος στα μάτια μας εκείνη τη στιγμή η αφήγηση του

---
739. Ό. π.
740. Ν. Καζαντζάκης, *Όφις και κρίνο*, Αθήνα, Ε. Καζαντζάκη, χ. χ. έ., 98.
741. Πλ. Ροδοκανάκης, *Το φλογισμένο ράσο*, ό. π., 19.

ενός πρωταγωνιστή. Οι σελίδες του ημερολογίου γυρίζουν σαν τις σελίδες του άλμπουμ και ο αφηγητής με τα λόγια του μπαίνει μέσα σε κάθε φωτογραφία, για να δώσει σάρκα και οστά στη στιγμή που αποτυπώθηκε εκεί.

Η αίσθηση του αφηγητή στέκεται, σαν να ακούει τις στιγμές, καθώς εξιστορεί πάνω στην έκφραση του προσώπου της Βέρας, της πρωταγωνίστριας, τα στάδια ενός έρωτα. Διαβάζοντας το *Όφις και κρίνο*, ο αναγνώστης αποκόμιζε την εντύπωση ότι ο αφηγητής σκηνοθετεί την αγαπημένη του πάνω σε μια σκηνή, αποδίδοντάς της διάφορες μορφές ανάλογα με τη διάθεσή του. Το ίδιο ερωτικό παιχνίδι των μεταμορφώσεων απαντά –σε μικρότερη όμως κλίμακα– και στο *Βυσσινί τριαντάφυλλο* του Ροδοκανάκη. Ενδιαφέρουσες στιγμές στη διαδοχή αυτών των πρωτεϊκών εναλλαγών είναι η εικόνα της Βέρας που καθαρίζει κεράσια και με τον αυθορμητισμό μικρού παιδιού ξυπνά τον έρωτα του Γιώργου ή η εικόνα της σαν ιδρωμένου λουλουδιού, που αναδίδει ευωδίες μεστή από ερωτισμό, ή η φρικιαστική εικόνα της ταραγμένης γυναίκας πάνω στο μαύρο άλογο, που αποτελεί προανάκρουσμα μιας ατυχούς κατάληξης. Θα αναφερθούμε αναλυτικά στις συγκεκριμένες σκηνές, επειδή συνιστούν διαφορετικές πτυχές του θέματος της παρακμιακής γυναίκας και επειδή βρίσκουμε συσχετισμούς με θεματικές παραλλαγές άλλων αισθητιστών.

Η σκηνή, όπου η Βέρα παρουσιάζεται ιδρωμένη ύστερα από το καβούρντισμα των αμυγδάλων, με τον ιδρώτα της να αναδίδει ηδονή στη φαντασίωση του ερωτευμένου άντρα, υποδεικνύει τον ερωτισμό ως απαραίτητο γνώρισμα της μοιραίας γυναίκας, της ηρωίδας του αισθητισμού αλλά και της λογοτεχνικής υπόστασης του κινήματος:

> Ω, εκείνη η ευωδία που αναδίνεται από το γυναίκειο λαιμό, όπως από το βερίκοκο το καμωμένο, σταλαγματιά σταλαγματιά, η γλύκα πάνω στα κλαδιά λαμποκοπά... όταν η Βέρα γλυκοδρωμένη ανεβάζει από το χυτό κορμί της παρθενικές ευωδίες, φαντάζομαι πως μεθώ με το άρωμα που εσκόρπιζε σε τόπο και καιρούς λησμονημένους, όταν ανοιγότανε η ύπαρξή της σε μια μεγάλη μαγνόλια ρόδινη...[742]

---

742. Πλ. Ροδοκανάκης, *Το βυσσινί τριαντάφυλλο και άλλα διηγήματα* (επιμ. Β. Χ. Μάκης), Αθήνα, Επικαιρότητα, 1982, 13-14.

Ο λυρισμός της περιγραφής είναι σε τέτοιο βαθμό αισθησιακός, ώστε έχει πια αφήσει πίσω κάθε ρομαντική έννοια ταύτισης γυναίκας και λουλουδιού. Στον Καζαντζάκη (*Όφις και κρίνο*, εγγραφή της 12ης Ιουνίου) η γυναίκα είναι άνθος από σάρκα, που πάνω του εκτυλίσσεται μια αναπαραγωγική μυσταγωγία και ένα μυστήριο ηδονικών κόσμων· είναι η τελετουργία της «πανώριας σάρκινης άνθισης»[743]. Ο Επισκοπόπουλος στο «Θρήνο του δειλινού» (1897) βρίσκεται πιο κοντά στον Ροδοκανάκη, αφού η μεταμόρφωση της γυναίκας-άνθους έχει τη διάσταση μεταφυσικής έκστασης που παραφράζει κατά κάποιο τρόπο τη μέθη των τεχνητών παραδείσων:

> Δεν ξεύρω τι μυστική έκανε συμφωνία με την τριανταφυλλιά, επάνω στην οποίαν έσκυφτε και την εφιλούσε –της κρυφομιλούσε ίσως– δεν ξεύρω τι μυστική έκανε συμφωνία. Βέβαια όμως της εχάριζε το τριαντάφυλλο εκείνο το μεσιανό, το φουντωτό, το διάφανο, την λάμψη του, λάμψη κοραλλένιου αυτιού και δι' αυτό το πρόσωπό της ήταν φωτισμένο σαν να έκαιε ροδόχροη καντήλα από μέσα του ακοίμητη και ήτο όλο φρέσκο, λεπτό σαν ροδοπέταλο. Ναι, έχω έκτοτε ασάλευτη τη σκέψη την πανθεϊστική ότι ήσαν από μία ζύμη πλασμένα και τα δύο, το τριαντάφυλλο και εκείνη και ίσως μεταλάβαιναν την στιγμήν εκείνην η μία από την άλλη δυο ψυχές όμοιες, αδελφάδες, αιθεροπλασμένες[744].

Ο ιμπρεσιονιστικός λυρισμός του Επισκοπόπουλου ενδίδει στην αφαίρεση, που πετυχαίνεται μέσα από την απόχρωση. Το χρώμα, που πέφτει πάνω στη σάρκα, παιχνιδίζει γύρω από την αμφιβολία απτού– αιθέριου, προσώπου–ροδοπέταλου. Καθώς, όμως, ένα κομμάτι μιας ουσίας εξατμίζεται, για να μεταστάλαξει στην άλλη, η αισθητιστική πειθαρχία επιβάλλει τον οικουμενικό παλμό της ένωσης των όντων. Η πανθεϊστική αναφορά εδώ βιώνεται ως αμοιβαία ζύμωση γυναίκας και τριαντάφυλλου, ενώ αλλού η μεταμόρφωση γίνεται παραμόρφωση (όπως στην περίπτωση της γυναίκας-θηρίου). Άλλωστε, εικαστι-

---

743. Ν. Καζαντζάκης, *Όφις και κρίνο*, ό. π., 21.
744. Ν. Επισκοπόπουλος, *Τα διηγήματα του δειλινού και Άσμα Ασμάτων*, Αθήνα, Εστία, 1992, 43.

κά η εικόνα, επενδύοντας σε παιχνιδίσματα του φωτός, αντανακλάσεις και εντυπώσεις από τη διάθλαση χρωμάτων και φωτός, μπορεί με ασφάλεια να παραφράζει ιμπρεσιονιστικές τεχνικές.

Προς το παρόν προχωρούμε στη διασταύρωση του Ροδοκανάκη με έναν άλλο Νεοέλληνα αισθητιστή, τον φίλο και κατόπιν ανταγωνιστή του, Χρηστομάνο. Στις 20 Αυγούστου ο Γιώργος βλέπει την Βέρα, που είχε βγει περίπατο με το μαύρο άλογο του πατέρα της:

> ο αέρας στριφογύριζε το βέλο της και κάποτε έπαιρνε την ουρά της αμαζόνας της, την ξεδίπλωνε με ορμή και την πετούσεν απ' εδώ και απ' εκεί σα μια φτερούγα πληγωμένου πουλιού. Ένα σύμπλεγμα περίεργο, με το άλογο σκυμμένο στον έρημο δρόμο του χωριού, όπως έτρεχε, ανεμιζότανε στο φως το ακίνητο κι έμοιαζεν αετό που έπεσεν από τα ύψη και κατρακυλούσε αγριεμένος για να τρυπώσει σε καμιά σπηλιά[745].

Η τεχνική, στην οποία βασίζεται η εικόνα, βρίσκεται μεταξύ πεζού ποιήματος και ανάγνωσης εικαστικού έργου τέχνης· κάτι παρόμοιο απαντά και στο *Βιβλίο της αυτοκράτειρας Ελισάβετ*, όπου η αυτοκράτειρα, όπως έχουμε δει σε προηγούμενο κεφάλαιο, φαντάζει στα μάτια του αφηγητή Χρηστομάνου σαν κάτι μεταξύ ερπετού και πουλιού. Η αυτοκράτειρα κάνει τη γυμναστική της ντυμένη με μαύρα ρούχα και μαύρα φτερά· καθώς κρεμιέται από τους κρίκους και αιωρείται, φορέματα, φτερά και γυναίκα γίνονται ένα πλάσμα αλλόκοτο, κάτι φτιαγμένο από τη φαντασία, το τεχνητό, που περνά από τα στολίδια και τα υφάσματα στη σύνθεση της σάρκας, σ' ένα εξωπραγματικό συνεχές.

Η αφοσίωση του αφηγητή Χρηστομάνου στην αυτοκράτειρα Ελισάβετ θα μπορούσε να ερμηνευθεί ως αυταρέσκεια της θλίψης που διέπει δυο υπάρξεις διαφορετικού φύλου. Ένας ναρκισσισμός αυτοστοχασμού και θλίψης γίνεται ο σύνδεσμος του σημαδεμένου συγγραφέα και της θλιμμένης, πρώην λαμπρής αυτοκράτειρας. Η λατρεία της ομορφιάς του εαυτού εμπλουτίζεται με τη λατρεία του πόνου που προκαλεί ο εαυτός στον άλλο. Το θέμα υπάρχει ρητά στο *Βυσσινί τριαντάφυλλο*, όπου η λατρεία του εαυτού και η ωραιοπάθεια γυρεύουν την ολοκλήρωσή τους μέσα από τον έρωτα για το άλλο πρόσωπο: «Πολλές φορές φοβάμαι μήπως η αφοσίωση που ξεφυλ-

---

745. Πλ. Ροδοκανάκης, ό. π., 14.

λίζω μπρος στα βήματα της Βέρας μου δεν είναι η λατρεία της δικής μου ομορφιάς»[746] (το ίδιο θέμα το είδαμε στο *Όφις και κρίνο*):

> Μου ξεσκίζεται η καρδιά όταν από τα μάτια της κυλιόνται τα δάκρυα. Και κλαίει τόσον όμορφα, τόσο γλυκά. Μπορώ να βεβαιώσω πως αισθάνομαι μιαν ηδονή σαν την κοιτώ να κλαίει[747].

Στη φράση απηχείται είτε η άποψη του Nietzsche και η κυριαρχία του ισχυρού είτε η εκδοχή του D'Annunzio με την κατάργηση του αυτόβουλου της γυναίκας (η θέληση του άντρα αποκτά τον απόλυτο έλεγχο των αισθήσεών της, ακόμη και των πιο δυσάρεστων, όταν η στενοχώρια, ο πόνος και το κλάμα της γίνονται δικό του κτήμα). Ο Baudelaire βρίσκεται ήδη στο προσκήνιο («όλα σου, νοσηρά ή τρελά, μου φέρνουνε ηδονή»[748] και «στην αγκαλιά σου γέρνοντας, ω ρήγισσα στα χάδια, θαρρούσα πως ανάσαινα τα μύρα του αίματός σου»[749]), ενώ υπάρχει επιπλέον και η άποψη του Poe, που θέτει τη μελαγχολία ως απαραίτητο γνώρισμα της ομορφιάς.

Ο πόνος ως διεγερτικό ηδονής ήταν το βασικότερο θέμα στο *Όφις και κρίνο*, θέμα που έχει πια ξεπεράσει τη σχέση των δύο φύλων, όταν το ξαναβρίσκουμε στις *Σπασμένες Ψυχές*: «ο θάνατος του Γοργία γίνηκε διεγερτικό μόνο στον πόνο τον εδικό τους»[750]. Ο ναρκισσισμός του αδύναμου εγώ υπάρχει στον αυτοβασανισμό, που εσωτερικεύει ηδονικά ο παρακμιακός ήρωας, εκθέτοντας έτσι μια παρουσία που του είναι βδελυρή, την παρουσία του εαυτού του.

Πάνω στην έννοια του πόνου και της εξάρτησης η Βέρα, η ηρωίδα του *Βυσσινιού τριαντάφυλλου*, κάνει έναν παραλληλισμό, που θα τον βρούμε και στις *Σπασμένες Ψυχές* του Καζαντζάκη:

> Είναι συλλογή από λουλούδια του κάμπου που τα ξεραίνουν κι έπειτα τα κολλούν στο μεταξωτό χαρτί... Και είναι τόσο παράξενο πράμα. Υπάρχουν λουλούδια που μοιάζουν σαν ξεραθούν με πεταλούδες και άλλα με έντομα περίεργα, όλο πόδια μακριά σαν μαύρες κλωστές, ίδια τα ζωύφια

---

746. Πλ. Ροδοκανάκης, ό. π., 21.
747. Πλ. Ροδοκανάκης, ό. π., 20.
748. Μπωντλαίρ, *Τα Άνθη του Κακού* (μτφρ. Γ. Σημηριώτης), Αθήνα, Γράμματα, 1991, 57.
749. «Το μπαλκόνι», ό. π., 56.
750. Ν. Καζαντζάκης, «Σπασμένες Ψυχές», *Ο Νουμάς* 8, 375 (1910) 2.

που πετούν πάνω από τις λίμνες... Πανσέδες με μικρούλικα μουτράκια, που όταν τους πατούν μέσα στο παμπάκι για να τους αφαιρέσουν τη δροσιά, κάτω από το φως της λάμπας, μου δίνουν τη συναίσθηση του πόνου των... ίσως γι' αυτό να μου φαίνεται πως κι εγώ μικραίνω, στενεύω, μαζώνομαι και γίνομαι ίδιο ανθάκι του αγρού... Έτσι θα ήθελα τότες να με πέρναγε, πέρα ως πέρα, μια χρυσή καρφίτσα και να μ' ακούμπαγε στο στήθος σου... Ποτέ μου δε θα μαραινόμουν... Η πνοή σου θα 'τανε για μένα το μυρωμένο αγεράκι της άνοιξης[751].

Η ερωτική υπόσχεση, που κρύβεται στα λόγια αυτά βρίσκει το δρόμο της μέσα από αναφορές καφκικού τύπου (πρβ. το *Η Μεταμόρφωση* (1912), όπου ο ήρωας ξυπνά δύσθυμα, για να καταλάβει ότι έχει μεταμορφωθεί σε κατσαρίδα), που ο Ροδοκανάκης τις προϊδεάζεται σχεδόν μοντερνιστικά μέσα στον τολμηρό λυρισμό του. Σ' αυτόν έχουμε ένα αντιπροσωπευτικό δείγμα ενός μικτού λυρικού ύφους, που ελίσσεται μέσα από λουλούδια, έντομα, τρυφερές υπάρξεις που τσακίζονται, ενώ μέσα από τα εύθραυστα φτερά και πέταλα αναδύεται (όπως, αργότερα, σε υπερρεαλιστικά κείμενα του Εμπειρίκου) η γυναίκα. Χωρίς άλλα σχόλια, την ομόδοξη οντότητά του θα επέβαλλε ένα καζαντζακικό απόσπασμα:

> ένα παιχνιδάκι ντελικάτο κι ευκολόσπαστο είμαι μέσα στα χέρια σου. Εγώ είμαι ένα πράμα που κλαίει, γελά, σωπαίνει και δίνεται. Πόσο ηδονικό είναι το τρίξιμο των ψυχών που γκρεμίζονται και σπούνε όταν καταδεχτούμε ν' απλώσομε το χέρι μας και να τις σπρώξομε λίγο. Θυμάσαι εκεί πέρα στην πατρίδα μας που πηγαίναμε στην εξοχή ολομόναχοι και κοιτάζαμε θαμπωμένοι από τον ήλιο την πόλη και την πολλή ευτυχία, τα βουνά και τη θάλασσα και τα σπαρτά και την αγάπη κι έτρεχες εσύ μπροστά μου κι έπιανες τις μοβ πεταλουδίτσες για να τις καρφώσεις στη συλλογή σου; Κι εγώ τις λυπόμουνα κατάκαρδα. Σου το 'λεγα κι εσύ γελούσες. Θυμάσαι; Θυμάσαι; Η ψυχή μου Ορέστη είναι και μένα μια πεταλουδίτσα μοβ που την τρυπά πέρα και πέρα –σαν καρφίτσα– η αγάπη σου...[752]

---

751. Πλ. Ροδοκανάκης, ό. π., 11-12.
752. Ν. Καζαντζάκης, «Σπασμένες Ψυχές», *Ο Νουμάς* 7, 365 (1909) 7.

Είναι τα απογοητευμένα λόγια της Χρυσούλας των *Σπασμένων Ψυχών*, η οποία «πέθαινε αθόρυβα, αθόρυβα. Σα μια δύση πέθαινε. Σα μια πεταλουδίτσα μωβ»[753]. ο Ορέστης έχει ήδη χαθεί μέσα στην αλλοφροσύνη του πάθους του για την Νόρα και οι αναμνήσεις έρχονται να ξαναθυμίσουν τον αγέρωχο νιτσεϊσμό του παρελθόντος.

Διότι εκεί έγκειται μεγάλο μέρος της διαφοράς ανάμεσα στα δύο ομόλογα κείμενα: στην εκφορά της αίσθησης και όχι πια του λόγου. Στο *Βυσσινί τριαντάφυλλο* η απόκοσμη εκφορά της αίσθησης προλέγει το υπερρεαλιστικό, ενώ στις *Σπασμένες Ψυχές* η έμφαση πέφτει στο βασανισμό και στην επίδειξη υπεροχής. Ίσως αυτό ανάγεται σε μια ευρύτερη αντίστιξη έργου και ιδιοσυγκρασίας ανάμεσα στον Ροδοκανάκη και στον Καζαντζάκη· λαμβάνουμε εδώ υπόψη ότι το *Όφις και κρίνο* είναι ένα έργο ολοκληρωμένο ως κοσμοθεωρία, ως αντίληψη πόθου και ως συνέχεια ύφους. *Το βυσσινί τριαντάφυλλο*, ως αποσπασματική ημερολογιακή καταγραφή, δεν εμφανίζεται συμπαγές στη δομή του· είναι μια δοκιμή ύφους, που πειραματίζεται πάνω στην αναζήτηση ταυτότητας, κάνοντας τελικά ταυτότητά της την ίδια την αναζήτηση. Εδώ, η σημειολογική διαφοροποίηση των δύο αφηγημάτων που επιχειρεί ο Α. Σαχίνης είναι ατελής:

> *Το βυσσινί τριαντάφυλλο* παρουσιάζει πολλές εξωτερικές ομοιότητες προς το *Όφις και Κρίνο* (1906) του Καζαντζάκη: και τα δυο είναι ερωτικά αφηγήματα· και στα δυο υπάρχει ένας ζωγράφος που κρατά ημερολόγιο· και στα δυο οι ερωτευμένοι πεθαίνουν στο τέλος με εντυπωσιακό τρόπο. Αλλά, ενώ στον Καζαντζάκη η ερωτική σχέση που περιγράφεται ήταν σαρκική, έντονα αισθησιακή, εδώ είναι ρομαντική, απαλή, πλατωνική, ως το τέλος περίπου της ιστορίας· ακόμα και τη μοναδική και παροδική σαρκική ένωση των δυο ερωτευμένων στο δάσος του Δαφνιού, λίγο πριν από την αυτοκτονία τους, ο Ροδοκανάκης την παραλείπει: δεν την εξεικονίζει ούτε καν την αναφέρει – μας αφήνει μόνο να την υπονοήσουμε, με αποσιωπητικά[754].

---

753. *Ο Νουμάς* 8, 376 (1910) 3.
754. Α. Σαχίνης, ό. π., 452-453.

Ο «εντυπωσιακός τρόπος» θανάτου διαφέρει στα δύο αφηγήματα· στο *Όφις και κρίνο* η απόφαση και η προμελέτη του θανάτου ανήκουν στον άντρα που υποτάσσει τη γυναίκα χωρίς τη θέλησή της, ενώ στο *Βυσσινί τριαντάφυλλο* η αυτοκτονία γίνεται με τη συναίνεση και των δύο εραστών. Οι αισθησιακές απεικονίσεις της Βέρας και οι ερωτικές φαντασιώσεις, που εγείρει, μάλλον αναιρούν τους ισχυρισμούς του Σαχίνη για πλατωνική αγάπη, όπως επίσης και η τελευταία ένωση των εραστών πριν από το θάνατο, που μπορεί να μην περιγράφεται αλλά επιβάλλει μια διαστροφική παρουσία μέσα από τον ανόσιο χαρακτήρα της.

Το βασικότερο θέμα αισθητισμού στο *Βυσσινί τριαντάφυλλο* είναι η νοσηρότητα. Η ασθένεια διαποτίζει όλα τα επίπεδα του αφηγήματος· ξεκινά από το βιολογικό επίπεδο, όπου η σάρκα μεταδίδει μια κληρονομιά νεύρωσης, και καταλήγει στο νοητικό επίπεδο με τη σύλληψη και εκτέλεση του τεχνητού θανάτου.

Κάπου ανάμεσα στις ερωτικές στιγμές παρεμβάλλεται η ιστορία της μητέρας της Βέρας, που είχε ξεκινήσει ως διαπρεπής πριγκίπισσα, για να καταλήξει σκελετωμένο φάσμα «μέσα στο γλυκό σκοτάδι, που σαν έτσι να χυνότανε από τα νυσταγμένα βύθη των κρυστάλλων»[755]. Η βιολογική φθορά του σώματος αποκαλύπτεται ως αποτέλεσμα της πνευματικής φθοράς. Η χτυπημένη από παράνοια γυναίκα παρουσιάζεται να παίζει στο πιάνο τραγικές νότες μέσα στην υποβλητική ατμόσφαιρα της νύχτας, ενώ οι όπερες του Wagner σηκώνουν πλήθος από αλλόκοτες φαντασιώσεις· παρουσιάζεται να λιποθυμά και να την μεταφέρουν αναίσθητη στο κρεβάτι της και, τέλος, παρουσιάζεται να ξεψυχά πάνω στα κοκάλινα πλήκτρα του πιάνου ύστερα από το γαμήλιο εμβατήριο του Λόεγκριν. Όλα αυτά έχουν κάτι το κοινό με το «Ut dièse mineur» του Επισκοπόπουλου αλλά και με τα απόκοσμα διηγήματα των αλλοπαρμένων γυναικών του Poe. Ακόμη και αν η αισθητική των παραπάνω σκηνών μπορούσε να θεωρηθεί ρομαντική ή μεταρομαντική, η διαιώνιση του νοσηρού αίματος της μητέρας μέσα από την κόρη εγγράφεται πλήρως στον αισθητισμό, καθώς η τρέλα μετατρέπεται σε νεύρωση και τελικά σε διαστροφή. Και στην περίπτωση δηλαδή που θα θεωρήσουμε ότι το διήγημα μορφώνεται στις παρυφές του μεταρομαντισμού, σηματοδοτεί πάντως ένα μεταίχμιο στο οποίο συντελείται η μετάβαση προς τον αισθητισμό.

Η κληρονομιά της μητέρας σύντομα αναβιώνει μέσα στην κόρη. Οι ερωτευμένοι βρίσκονται στον κήπο και αφήνονται να απορροφηθούν από τη διάχυτη ηδονικότητα της ζεστής αυγουστιάτικης νύχτας, όταν

---

755. Πλ. Ροδοκανάκης, *Το βυσσινί τριαντάφυλλο*, ό. π., 18.

η έκσταση θολώνει στο πέταγμα μιας μεγάλης νυχτερίδας, της «γεροντότερης ίσως νυχτερίδας της Αττικής που βγήκεν από μια ρωγμή αρχαίας εκκλησιάς τρίζοντας και χτυπώντας τις ξερές μεμβράνες των φτερών της και υψώθηκε στο άσπρο φως [...] σαν εξωτικό πουλί θα γύριζε ποιος ξέρει πόσην ώρα πάνω από τα κεφάλια μας τ' αγκαλιασμένα, γιατί τώρα θυμάμαι πως κάτι έτριζε και θορυβούσε με φτερούγισμα κουφό πριν τιναχτούμε κι οι δυο ολόρθοι»[756]. Η ηδυπάθεια της νύχτας, όπου αφήνονται οι εραστές, αποτελεί μέρος ενός αισθησιασμού της παρακμής, ιδιαίτερα όταν διαστρέφεται από το αρνητικό και το τερατώδες. Εδώ για άλλη μια φορά βλέπουμε τη χαρακτηριστική προτίμηση του Ροδοκανάκη για τη μίξη του τρυφηλού με το γκροτέσκο.

Ξαφνικά, οι εραστές νιώθουν μεγάλες σταλαγματιές να τους αγγίζουν και να πέφτουν μετά κάτω στη γη σε στερεά κομμάτια[757]. Ο λαιμός της Βέρας γίνεται κατακόκκινος και μια ολόμαυρη νυχτερίδα, που ανοιγόκλεινε σπασμωδικά τα φτερά της στο κενό, ρίχνεται με μανία, την χτυπά στο μέτωπο και χάνεται. Κατόπιν διαπιστώνεται ότι οι ματωμένες στάλες είναι «απλώς» τα πέταλα από ένα βυσσινί τριαντάφυλλο που κρεμόταν από ψηλά και μέσα του είχε μπερδευτεί η νυχτερίδα, η οποία τινάζοντας τα φτερά της, το ξεφύλλισε πάνω στη Βέρα. Η νεύρωση, όμως, που ριζώνει στο μυαλό της Βέρας από τη στιγμή εκείνη και που θα την εξουθενώσει, μέχρι να την εκδιώξει από τη ζωή, την ανάγει σε πραγματική ηρωίδα του αισθητισμού: «από τη στιγμή που με άγγιξε στο μέτωπο κείνη η μαύρη φτερούγα, μου ριζώθηκε στο κεφάλι μια ιδέα τρομαχτική που να τη βγάλει δε θα μπορέσει κανείς από κει μέσα. Η νυχτερίδα κείνη λες και πως κάποιος μου σφυρίζει αδιάκοπα πως ήτανε η ψυχή της μητέρας μου»[758].

Από τότε αρχίζει η μεταστροφή της Βέρας προς την ψυχική ασθένεια, της οποίας η προϊούσα πορεία καταλήγει στην αμοιβαία απόφαση των ερωτευμένων να αυτοκτονήσουν. Η αυτοκτονία εκτελείται με τρόπο τελετουργικό και «γιαννοπουλικό»: περνούν πρώτα από τον αρχαίο ναό του Δαφνιού, έπειτα από το παρεκκλήσι του Άη Νικόλα και μετά ξεχύνονται στην οργισμένη θάλασσα μέσα σε κοσμοχαλασιά. Οι δύο ερωτευμένοι, ο Γιώργος και η Βέρα, αυτοκτονούν προμελετημένα στη μέση μιας καταιγίδας που μανιάζει. Η θηριωδία των στοιχείων της φύσης έχει τα παράλληλά της στον Επισκοπόπουλο, στο διήγημα

---

756. Ό. π., 26.
757. Ό. π., 26.
758. Ό. π.

«Η πρώτη καταιγίς» για παράδειγμα, όπου ο αφηγητής ακολουθεί τα πρώτα βήματα των πρωτόπλαστων έξω από τον παράδεισο και μέσα στη δριμύτητα ενός κυκλώνα, ή στο «Η μητέρα γη», όπου διαδραματίζεται μια κοσμογονία ολοσχερούς καταστροφής.

Οι ερωτευμένοι στο *Βυσσινί τριαντάφυλλο* χιμούν έφιπποι μέσα στη μαύρη θάλασσα, υποβάλλοντας, όπως είπαμε, κάποια σχέση του αφηγήματος με την αυτοκτονία του Π. Γιαννόπουλου, ο οποίος –δύο χρόνια νωρίτερα– είχε διαλέξει αυτόν ακριβώς τον τρόπο για να δώσει τέλος στη ζωή του. Δεν ξεχνούμε επίσης ότι η Χρυσούλα των καζαντζακικών *Σπασμένων Ψυχών* βυθίζεται για παρηγοριά στην ιδέα του χάρου-θανάτου ως αρραβωνιαστικού πάνω σε μαύρο άτι, που θα έρθει να την πάρει μες στη νύχτα και αγκαλιασμένοι θα χιμήσουν καβάλα μέσα από τους θρήνους και τ' ανατριχιάσματα της φύσης μέχρι το περιβόλι του, το μακάβριο περιβόλι της χαράς της και μιας σκοτεινής ανακούφισης:

> η ιδέα πάλι του θανάτου χύθηκε μέσα στα σπλάχνα της: ναι, ναι, θα δοθώ, θα με πιάσει από το χέρι και θα του πω: Χρόνια και χρόνια σε περίμενα, τίποτε άλλο· και θα τον αγκαλιάσω σφιχτά, φριχτά. Είναι λεβέντης, όμορφος, απάνω σε μαύρο άτι και θα με βάλει καβάλα πίσω του και θα χυμήσομε μαζί μέσα στη νύχτα και τα πουλιά θα κλαίνε και τα φύλλα των δέντρων θ' ανατριχιάζουνε κι εμείς θα τρέχομε, θα τρέχομε, σφιχταγκαλιασμένοι και θα φτάσω ξημερώματα στο περιβόλι του αρραβωνιαστικού μου όπου φυτρώνουνε σταυροί κι ανθίζουνε καντήλια και μ' ένα χτύπημα τ' αλόγου θα πέσει κάτω η μεγάλη σιδερένια πόρτα και θα μπούμε μέσα, θα πάρομε στρατί στρατί τα κυπαρίσσια και θα με κρατεί χλωμή στην αγκαλιά του και θα του λέω... είσαι καλός εσύ, είσαι καλός[759].

Αν το απόσπασμα του Καζαντζάκη έχει έντονη συνάφεια με τις λαϊκές παραδόσεις για τον Χάρο και το περιβόλι του, καθώς και με το δημοτικό τραγούδι, και μάλιστα την παραλογή «Του νεκρού αδελφού», όπου ο νεκρός Κωνσταντής σηκώνεται από το μνήμα και καβάλα στ' άλογό του φέρνει την αδελφή του από μακριά στη μάνα του τηρώντας έναν όρκο, το ανάλογο απόσπασμα του Ροδοκανάκη έχει στοιχεία δυ-

---
759. Ν. Καζαντζάκης, «Σπασμένες Ψυχές», *Ο Νουμάς* 7, 368 (1909) 5.

τικού παραμυθιού, όπως μάλιστα τα οργάνωνε ο Maeterlinck στα έργα του, «στη δημιουργία μιας ατμόσφαιρας επιβλητικής και μυστηριώδους για το θεατή»[760]. Αυτή την «πεμπτουσία της ποιητικής του μαγικού παραμυθιού»[761] την μεγιστοποιεί ο Ροδοκανάκης στο πεζό ποίημά του *Ο Θρίαμβος* (1912) και θα αναφερθούμε αναλυτικότερα σ' αυτήν, όταν θα το εξετάσουμε παρακάτω.

Η παθολογική κατάσταση της πλοκής στο *Βυσσινί τριαντάφυλλο* ώθησε τον Παλαμά να σχολιάσει τους ήρωες με το γνωστό τρόπο που είδαμε και στην κριτική του για τον Επισκοπόπουλο· επισημαίνει την αντίθεση με τον ρεαλισμό, δεν την βλέπει όμως ως δεοντολογία ενός κινήματος αλλά ως μεμονωμένο σύμπτωμα· επίσης, εισάγει αχρείαστα στην κριτική του την έννοια του ονειρώδους, η οποία αφορά αποκλειστικά το συμβολισμό:

> Γύρω στο βυσσινί τούτο τριαντάφυλλο που δεν το χάιδεψε σε κανένα περιβολάκι ο δροσερός αέρας και της μέρας το φως αλλά πιο πολύ σε θερμοκήπιο μέσα η ζέστα που αγκαλιάζει ηδονικά κάποια σπάνια και ξωτικά λουλούδια, σαν πιο πολύ μιας τέχνης παρά της φύσης βλαστάρια, ζούνε και μιλούνε, αισθάνονται και πάσχουν, αστράφτουνε και σβήνουν τα πρόσωπα που μας τα φέρνει στο είναι ή αν θέλετε τα νευρόσπαστα που παίζει στα χέρια του ο νέος τεχνίτης. Δεν είναι παρμένα από τους μαγικούς κόσμους της παράδοσης ή του παραμυθιού· άνθρωποι της σύγχρονης ζωής, που ανίσως και δε ζούνε σαν κι εμάς, όμως ζούνε στο πλάγι μας· και, μαζί, άνθρωποι που έρχονται στιγμές και μας δείχνονται πιο πολύ μακρυσμένοι από τους ήρωες του μύθου. Δεν πετούνε στα σύνεφα, ούτε γγίζουνε στ' αστέρια με τα μέτωπά τους· όμως ούτε στη γη πατούνε στερεά. Θυμίζουνε κάποιο περπάτημα, που ονειρευόμαστε συχνά στον ύπνο μας, τόσο αλαφρό, που άξαφνα γίνεται αεροπέταμα[762].

---

760. Β. Πούχνερ, *Ο Κωνσταντίνος Χρηστομάνος ως δραματογράφος*, Αθήνα, Καστανιώτης, 1997, 45.
761. Ό. π., 48.
762. Κ. Παλαμάς, «Τα έργα της φαντασίας. *Το βυσσινί τριαντάφυλλο*», *Ο Νουμάς* 7, 331 (1909) 1-2 και στα *Άπαντα* (επιμ. Γ. Κατσίμπαλης), τ. 6, Αθήνα, Μπίρης, χ. χ. έ.,476-477.

Ο Παλαμάς μπορεί να μη συνειδητοποιεί την ακριβή πραγματικότητα του κινήματος του αισθητισμού, έχει ωστόσο συναίσθηση των επιμέρους στοιχείων που τον απαρτίζουν. Αν στους δημιουργούς του αισθητισμού είδαμε την αντιμετάθεση ουσίας ανάμεσα στη γυναίκα και στο λουλούδι, ένας κριτικός σημαντικός σαν κι αυτόν διαισθάνεται την ιδιαιτερότητα του αισθητισμού επιχειρώντας μια παρόμοια μετάθεση ουσίας, μεταξύ βιβλίου και λουλουδιού αυτή τη φορά· είναι σημαντικό το ότι η εναλλαγή γίνεται πάνω στη βάση του τεχνητού, θέματος που αποτέλεσε αιτία ύπαρξης για το κίνημα. Το τεχνητό εκφράζεται μέσα από τη ζέστη και την αποπνικτική ατμόσφαιρα του θερμοκηπίου αλλά προεκτείνεται και ως το νευρόσπαστο, την αναδόμηση δηλαδή της ανθρώπινης ουσίας, που ισοδυναμεί με παραχάραξη και αλλοτρίωση· ο ηδονισμός ως θεμελιώδης πυρήνας, όπου θάλλει το σπάνιο και το εξωτικό στοιχείο, είναι άλλη μία διάσταση που εντοπίζει ο Παλαμάς.

Έχοντας επιβεβαιώσει την ιδιορρυθμία του αφηγήματος μέσα από τους χαρακτήρες που σχολίασε, ο Παλαμάς προχωρεί στο ύφος, όπου κατοχυρώνει τα θέματα με το λυρισμό του ατομικού:

> Μα το ξεδιακριτικό του γνώρισμα είναι το εγώ του συγγραφέα που δεν περιγράφει τη ζωή, πιστά ή άπιστα, μα την ερμηνεύει ντύνοντάς τηνε, μεταμορφώνοντας, σχεδόν παραμορφώνοντας, μέσα στα πλατιά πολύπτυχα, αρχοντικά και κάποτε αποκριάτικα, φορέματα του λυρισμού. Ο λυρισμός, το εγώ, φτερωτό, μεθυσμένο, ονειρόπληχτο, προσφέροντας τα πάντα και τα κοινά της ζωής και τους συνηθισμένους του κόσμου, μέσα σε χρυσοσκαλιστά κυπελλάκια, σαν ακριβά λικέρια[763].

Τα αψιά ποτά είναι γνωστά τόσο από τον Καβάφη, σε σχέση με τη γενναιότητα της ηδονής[764], όσο και από τον Baudelaire που ιστορεί τα κρύφια κρασιά και ποτά, τα λικέρια με τις κρινένιες μυρωδιές της γόησσάς του, όσα περιέχονται μέσα σε ερμάρι ή μέσα σε ωραίο καράβι[765].

---

763. Ό. π.
764. Κ. Π. Καβάφης, *Ποιήματα* (επιμ. Γ. Π. Σαββίδης), Αθήνα, Ίκαρος, 1989, 61, 62 («Επήγα», «Πολυέλαιος»).
765. Μπωντλαίρ, «Τ' ωραίο καράβι», *Τα Άνθη του Κακού* (μτφρ. Γ. Σημηριώτης), Αθήνα, Γράμματα, 1991, 72: «Ω ράθυμή μου γόησσα, θέλω να σου ιστορήσω / τα κάλλη που στολίζουν τη νεότητά σου αυτή. / Μοιάζεις καράβι ωραίο, που μ' όλα τα πανιά κινά, / ερ-

Ο λυρικός λόγος δημιουργεί μια ράθυμη και μεθυστική ατμόσφαιρα, όπου οι αρωματικές αναπνοές χαλκεύουν την απόκρυφη, σχεδόν, ηδονή του πολύτιμου. Γιατί, σύμφωνα πάλι με τον Παλαμά, ο λυρισμός του Ροδοκανάκη «τραβά και ερεθίζει»[766], «λιγώνει και αποκοιμίζει»[767].

Εδώ ο Α. Σαχίνης δεν κάνει τίποτε άλλο παρά να συνοψίζει παλαιότερες παρατηρήσεις της κριτικής:

> Τα γενικά γνωρίσματα της συγγραφικής προσωπικότητας του Ροδοκανάκη –εκτός από την ωραιολατρεία του– που παρατηρούνται επίσης και σε άλλους εκπροσώπους του νεοελληνικού αισθητισμού, είναι ο αισθησιασμός και ο ηδονισμός του (πρβλ. τον Ν. Επισκοπόπουλο, τον Π. Γιαννόπουλο, τον Νιρβάνα, τον Καζαντζάκη)· οι αριστοκρατικές του κλίσεις και πεποιθήσεις, που τον οδήγησαν τελικά στο νιτσεϊσμό (πρβ. τον Καζαντζάκη, ακόμα και τον εγωλάτρη και μαθητή του Barrès Ίωνα Δραγούμη) [...]· η πεισιθάνατη διάθεσή του και η απαισιόδοξη στάση του αντίκρυ στη ζωή (πρβλ. τον Σπ. Πασαγιάννη, τον Καζαντζάκη, τον Χρηστομάνο)· και ο εσωτερισμός του, η εξομολογητική φύση του, η τάση του προς το ξεγύμνωμα της ψυχής (πρβλ. τον Χρηστομάνο, τον Ίωνα Δραγούμη)[768].

Οι συγκρίσεις μεταξύ των λογοτεχνών αποκτούν πιο συγκεκριμένη υπόσταση, όταν μεταφράζονται σε θέματα. Συνοψίζοντας, λοιπόν, μπορούμε να πούμε ότι ο θεαματικός τρόπος θανάτου των δύο ερωτευμένων στο *Βυσσινί τριαντάφυλλο* θυμίζει Π. Γιαννόπουλο και Καζαντζάκη (*Όφις και κρίνο*), ενώ οι νωχελικές αισθήσεις με τις οποίες υποβάλλεται η θελκτική γυναικεία ύπαρξη, όπως και η βιβλική καταιγίδα του τέλους, φαίνεται να έχουν δυνατή αύρα από Επισκοπόπουλο. Ο λυρισμός του Ροδοκανάκη συγγενεύει με το λυρισμό του Καζαντζάκη και του Χρηστομάνου, με τον οποίο υπάρχει και μια κοινή ρίζα πρωτοποριακής εικονοποιίας.

μάρι που κλει μέσα χίλιων λογιών καλά / κρύφια κρασιά, λικέρια και μυρωδιές κρινένιες, / που 'ναι να ξετρελαίνουν το νου και την καρδιά!»
766. Κ. Παλαμάς, ό. π.
767. Ό. π.
768. Α. Σαχίνης, ό. π., 410-411.

Στο σημείο αυτό κρίνουμε σκόπιμη μια συσχέτιση Ροδοκανάκη και Χρηστομάνου, των οποίων τα ονόματα απασχόλησαν από κοινού την κριτική τόσο λόγω του ξεχωριστού χαρακτήρα της λογοτεχνίας τους όσο και λόγω της δικαστικής διαμάχης που ξέσπασε μεταξύ τους. Ο Ροδοκανάκης και ο Χρηστομάνος συνδέθηκαν στενά στη συνείδηση των λογοτεχνικών κύκλων της εποχής τους ίσως και λόγω του προσανατολισμού των έργων τους. Θεωρούμε, ωστόσο, ότι οι ομοιότητες μεταξύ τους δεν δικαιολογούν την ταύτισή τους.

Κοινό στοιχείο του Ροδοκανάκη και του Χρηστομάνου είναι, σύμφωνα με τον Άγρα, το ότι «ύστερ' από τ' όνομα το οικογενειακό κι οι δυο εγνώρισαν το Θεό - έναν Θεό, ομοίωμα της ίδιας των ζωής: ένδοξο, φιλήδονο και πλούσιο»[769]. Βέβαια, αν λάβουμε υπόψη ότι στα έργα του Χρηστομάνου δεν υπάρχει ρητός προβληματισμός σχετικά με το θείο, συμπεραίνουμε ότι εδώ ο Άγρας κάνει μια εντελώς προσωπική ανάγνωση, ίσως βασισμένη σε βιογραφικά δεδομένα για τους δύο αριστοκρατικής καταγωγής συγγραφείς, που δεν μας είναι γνωστά. Ο Άγρας κάνει άλλη μία αντιπαραβολή Ροδοκανάκη–Χρηστομάνου, πάνω στο ύφος αυτή τη φορά:

> Ένας στιλίστας θα έδινε τα πρωτεία στον Χρηστομάνο. Το ύφος είναι αληθινά πιο φροντισμένο· η περίοδος ευσύνοπτη, διαβαθμισμένη επάνω στην κλίμακα της προσοχής, της εσωτερικής, θα έλεγα, αναπνοής. Αντίθετα η φράση του Ροδοκανάκη είναι ασχεδίαστη, αγεωμέτρητη· αρχίζει χωρίς να στοχάζεται το τέλος. Σηκώνεται κατά κύματα – που σέρνουν ξωπίσω τους κι άλλα [...] η αίσθησή του είναι εν πρώτοις θερμότερη – βαθύτερη και πλουσιότερη· η μνήμη του συνδυαστικότερη· η πολυμάθεια, η δρώσα σοφία του μεγαλύτερη· η πείρα του πιο πλατιά. Όπου ο Χρηστομάνος χτυπά μια λυρική χορδή –χρυσή βέβαια χορδή, από καθαρό χρυσάφι– ο Ροδοκανάκης σηκώνει ολόκληρη μουσική συμφωνία [...] ολιγότερο στοχαστικός, περισσότερο Διονυσιακός, ανθρώπινος ο Ροδοκανάκης· υποκειμενικός, παθητικός, εγκεφαλικός ο Χρηστομάνος»[770].

---

769. Τ. Άγρας, ό. π., 71.
770. Ό. π., 77-78.

Στον αντίποδα της κριτικής του βρίσκεται ο Κ. Χατζόπουλος, ο οποίος δίνει το προβάδισμα στον Ροδοκανάκη. Ο Χατζόπουλος κάνει λόγο για «παιγνιδιάρικο και τεχνητό παρά ποιητικό και καλλιτεχνικό ύφος του μακαρίτη Χρηστομάνου»[771], ενώ ομολογεί ότι «βρίσκει γνησιότερο τον ποιητή Ροδοκανάκη, μια απαλή θρησκευτική ψυχή, που η δύναμή της είναι πιο πολύ όπου αισθάνεται παρά όπου στοχάζεται, όχι τόση όπου οπτασιάζεται, όση όπου ονειρεύεται, όχι τόση εκεί που βλέπει, όση όπου θυμάται»[772].

Συμφωνούμε περισσότερο με τον Χατζόπουλο ως προς την υψηλότερη λογοτεχνική ποιότητα του Ροδοκανάκη αλλά δεν θα ορίζαμε τις διαφορές των δύο λογοτεχνών στα σημεία όπου τις ορίζει ο Χατζόπουλος. Θα λέγαμε ότι ο λόγος του Χρηστομάνου ανάγει τη νοσηρότητα και την ανία σε ιδιότητες ύφους, ενώ και στις πιο λυρικές στιγμές το έργο του υστερεί σε δύναμη· ο αισθησιασμός του έχει παρακμιακό έρμα αλλά συχνά είναι ασθενικός, εκτρέπεται προς το συμβολισμό ή διέπεται από μια άκαμπτη λογική νιτσεϊκής υφής. Ο Ροδοκανάκης, αντίθετα, δεν διστάζει να μαλακώνει την εκφραστικότητά του ή να βαθαίνει την αισθαντικότητά του μέσα από τον πλούτο της γλώσσας. Ο λυρισμός, που χαρακτηρίζει τα έργα του, είναι μεστός αλλά συνάμα ευέλικτος, ενσωματώνει εικαστικές ποιότητες, συνδυάζει μελωδικότητα με στέρεα νοήματα και δικαιώνει αισθησιακά τον ορίζοντα προσδοκιών του αναγνώστη.

Τον Ιανουάριο του 1912 (σχεδόν ένα εξάμηνο πριν από την έναρξη του Α΄ Βαλκανικού Πολέμου) ο Ροδοκανάκης δημοσιεύει ένα πεζό ποίημα με τίτλο Ο Θρίαμβος, το οποίο είναι, ουσιαστικά, το τελευταίο ορόσημο του καθαυτό αισθητισμού στη νεοελληνική πεζογραφία. Το «πεζοτράγουδο» (όπως ορίζεται από τον ίδιο τον συγγραφέα) εκτείνεται σε δέκα σελίδες. Εδώ η κοσμογονία υποτάσσεται στην ιδεολογία της ελληνικότητας, που μεταφράζεται ως το Ωραίο και το Ηδονικό. Ο Καβάφης είχε ήδη μιλήσει στην ποίησή του για τον ελληνισμό, μέσα από ειδικούς όρους της ωραιότητας και της αισθητικής συγκίνησης που προσφέρει αυτή η ωραιότητα. Ο Ροδοκανάκης βρίσκει την Ελλάδα μέσα στο σφρίγος ενός νεανικού κορμιού, όπως και ο Καβάφης, αλλά συμπληρωματικά ξυπνά πάνω σ' αυτό το κορμί όλη τη ζωή της ελλαδικής φύσης, της φύσης που λείπει εντελώς από τον Καβάφη, τουλάχιστον ως άμεση εμπειρία, και που εδώ φέρνει μαζί της την αρχαιότητα.

---

771. Κ. Χατζόπουλος, «Ροδοκανάκης», Νέα Ζωή Αλεξάνδρειας 4, 9 (1914) 72-73.
772. Ό. π.

Το «πεζοτράγουδο» ξεκινά παραπέμποντας στο λεξιλόγιο του παραμυθιού. «Οι στρατοκόποι σαν περνάνε κουρασμέν' από το δρόμο»[773], ανοίγουν το βιβλίο του παραμυθιού με τη ματιά που ρίχνουν πάνω στο βουνό και στο μαγικό παλάτι που ορθώνεται εκεί. Τα λόγια, που λένε οι γιαγιάδες στις πολιτείες, μιλούν «για την κοράλλινη κορόνα... και για την πετραδοστόλιστη δαλματική που βρίσκονται μες στο παλάτι, πάνω σ' ένα ωριοθώρητο κουβούκλι»[774]. Τα μικρά παιδιά μιλούν κρυφά για τη λύση του μυστηρίου, που αποκάλυψε «η γοργόνα η παλαιικιά μια νύχτα Χριστουγέννων»[775]:

> Όποιος την κορόνα και τη δαλματική φορέσει... κοσμοκράτορας θα γίνει. Το πρωί ο ήλιος θα τον προσκυνάει και τη νύχτα η σελήνη. Τους ζωντανούς θενά νεκρώσει και τους πεθαμένους από το σταχτί τους ύπνο θα σηκώσει.[776]

Το μυστικό, που κρύβεται στο κέντρο του παραμυθιού, είναι η κατάκτηση της κοσμοκρατορίας· γύρω απ' αυτή την επιδίωξη θα κινηθούν τα αγόρια «τα διαλεγμένα, τα προορισμένα, κείνα πόχουν μάτια πλάνα και ξανθά μαλλιά»[777]. Η έγνοια τους κάνει «τον αυγερινό αγκάθι ασημένιο»[778] και, μπροστά στον πόθο τους για το κατόρθωμα, «περιφρονάνε τα καλά του βασιλιά»[779] και ξεκινούν για «της μοίρας τα γραμμένα μυστικά»[780].

Η πορεία αρχίζει, καθώς οι ξανθοί καβαλάρηδες καλπάζουν σε διάφορα μέρη της γης κάτω από σημαίες με τα εμβλήματά τους. Πρώτα ακούγεται το όνομα της Σιών, που μέσα από το αίμα των σφαγίων οπλίζει ιδέες επαγγελίας. «Ο Ειρηνοποιός, ο Πράος κι ο Αδικημένος, ο Ελεήμονας και ο Διωγμένος»[781] μπορεί να είναι είτε μέλη μιας ομάδας ιπποτών είτε αυτοί που βρίσκονται στην αντίπερα όχθη, οι αδικημένοι και λιγότερο τυχεροί, τους οποίους χιμούν να ελευθερώσουν. Στο

---

773. Πλ. Ροδοκανάκης, *Ο Θρίαμβος. Πεζό τραγούδι*, Αθήνα, «Παναθήναια», 1912, 5.
774. Ό. π.
775. Ό. π.
776. Ό. π.
777. Ό. π.
778. Ό. π.
779. Ό. π.
780. Ό. π.
781. Ό. π., 6.

Αισθητισμός. Η νεοελληνική εκδοχή του κινήματος

δρόμο τους συναντούν το αρχοντικό του Δούκα, την Κυρά του Γερακιού, τροβαδούρους, βάγιες και πριγκίπισσες που ντύθηκαν νύφες· συναντούν όμως και λάμιες, στρίγγλες που χώθηκαν μέσα στις σπηλιές και δράκαινες. Τα χαλιά, που κάποτε στρώθηκαν στο δρόμο τους, ήταν φτιαγμένα από της Πόλης το μετάξι και δουλεμένα από τις καλογριές της Βλαχέρνας.

Όσο ο δρόμος μακραίνει, τόσο μικραίνει ο αριθμός των τρανών καβαλάρηδων· άλλοι μένουν στα παλάτια του Δούκα, άλλοι κατατρώγονται απ' τα φριχτά τέρατα και άλλοι αφήνονται μέσα στο δάσος, στην αγκαλιά των πεντάμορφων· αυτές είναι «απάνω σ' ανεμώνες ξαπλωμένες, όπως είναι και σε τρυφερά κρινάκια. Και βρίσκουντ' οι Πεντάμορφες ανάσκελα ριχμένες, τσίτσιδες και ζεστόκορμες, τα μπράτσ' αγκαλιασμένα έχοντας στον τράχηλό τους και τα χυτά τα γόνατα στη δέηση της Ύλης μισοανοιγμένα»[782]. Όταν οι προσπάθειες των διαλεχτών θα έχουν αποτύχει, τότε ξεχνιέται κάθε τολμηρή φιλοδοξία μπροστά στο «Χρυσό Μοσκάρι του Σινά ή τις γυναίκες της Μωάβ»[783], που βρίσκονται στο τέλος του δρόμου της περιπέτειας.

Εδώ τελειώνει το πρώτο μέρος του πεζού ποιήματος, το οποίο θυμίζει μεσαιωνικό δυτικό παραμύθι ή μυθιστορία μπολιασμένη με βιβλικούς συμβολισμούς και με τη φιλοσοφία του κύκλου του «Γκράαλ». Όλα τα σήματα-ευρήματα, που συνθέτουν την ιστορία, συνηγορούν σ' αυτή την άποψη: το ξανθό χρώμα των αγοριών και των πολεμιστών παραπέμπει σε ανθρώπους των χωρών της Δύσης και του Βορρά. Ο θολωμένος αέρας και ο μαύρος συννεφιασμένος ουρανός, που σκοτεινιάζουν το μακρινό τους δρόμο, ανήκουν σε κλίματα βορινά· οι βάγιες, οι ρήγισσες, οι πριγκίπισσες, οι βαρόνοι, ακόμη και οι λάμιες και οι δράκαινες, γεννιούνται μέσα στη σκοτεινιά των παραμυθιών του μεσαιωνικού Βορρά.

Θα λέγαμε ότι, σε μια αλληγορική ανάγνωση, το παραμύθι αποδίδει την κυριότερη εποποιία της υστερομεσαιωνικής ιστορίας της Δύσης, τις σταυροφορίες. Οι ομάδες των ξανθών καβαλάρηδων, που ξεκινούν ανεμίζοντας τις ιδέες τους σαν σημαίες, φαίνεται να είναι οι σταυροφόροι, που ξεκίνησαν από την ομιχλώδη Δύση του Μεσαίωνα κι έφτασαν ως το Βυζάντιο, την Ανατολική Μεσόγειο και τις χώρες του Ισλάμ. Σημειώνουμε ότι οι ιδέες τους για ειρήνη και καταπολέμηση της αδικίας βαφτίζονται μέσα στο αίμα της σφαγής και της εκ-

---

782. Ό. π., 7.
783. Ό. π.

δίκησης. Σημειώνουμε, επίσης, την αποτυχία τους, που αρχίζει από τους «Λευίτες της Σιών»[784] και τελειώνει στην ειδωλολατρεία και τη σαρκολατρεία του «Χρυσού Μοσκαριού του Σινά» και «των γυναικών της Μωάβ»[785]. Ξεχωριστή θέση μέσα στην αφήγηση κατέχει το πέρασμά τους από το εκλεκτό και πολιτισμένο Βυζάντιο· οι αναφορές στην Πόλη και τη Βλαχέρνα φέρουν την ακινησία μα και τη σταθερότητα του πολύτιμου.

Αυτό που θα κυριαρχήσει τελικά σ' όλο το ταξίδι είναι οι απώλειες και η τελική ήττα των πρωταγωνιστών, που εξαιτίας των αδυναμιών τους κατατρώγονται από τέρατα στο δρόμο τους ή εξουδετερώνονται παραδομένοι σε θέλγητρα. Ο Ροδοκανάκης φαίνεται να δίνει μια απαισιόδοξη τροπή στο «θριαμβικό» θέμα μιας από τις πιο φημισμένες εποποιίες της δυτικής χριστιανοσύνης, της Ελευθερωμένης Ιερουσαλήμ του T. Tasso. Τις δυσκολίες και τους κινδύνους ενός δρόμου περιπετειώδους εμπειρίας τις ήξερε ήδη η νεοελληνική λογοτεχνία στα ποικίλα «τέρατα» της «Ιθάκης» του Καβάφη. Εκεί, όμως, τα τέρατα αντλούνταν από μορφές της αρχαιοελληνικής μυθολογίας, ενώ το τελικό, θετικό, απόσταγμα του ταξιδιού-πηγαιμού ήταν η αισθητιστική πείρα και σοφία. Εδώ, τα τέρατα προέρχονται από τη δυτική λαϊκή παράδοση και το τελικό αποτέλεσμα είναι καταστροφικό: η διάλυση του στόχου και των ιδεών. Ο Κ. Ν. Παππάς σε μια κριτική του για το Θρίαμβο στο περ. Νέα Ζωή της Αλεξάνδρειας σχολιάζει αυτό το πρώτο μέρος του πεζού ποιήματος ως εξής:

> Μας δείχνει στο πρώτο μέρος την αδυναμία που βρίσκουν στο δρόμο τους οι ευαγγελικές ιδέες της παράξενης επαγγελίας για να ανυψώσουν τον άνθρωπο μακριά απ' το Χρυσό Μοσκάρι του Σινά ή τις γυναίκες της Μωάβ μέσα στο σκοτεινό, το χλωμό, το συννεφιασμένο ψυχικόν ορίζοντα της ξανθής Δύσης που μας ζωγραφίζει απαράμιλλα ο ποιητής[786].

Όσον αφορά τη μορφή και το ύφος, ο ίδιος κριτικός μιλά σωστά για «στίχους λαξευτούς, μελετημένους, όπου δεν μπορείς να προσθέσεις

---

784. Ό. π., 6.
785. Ό. π.
786. Κ. Ν. Παππάς, «Τέχνη και Γράμματα–Π. Ροδοκανάκη: Ο Θρίαμβος, πεζό τραγούδι», Νέα Ζωή (Αλεξάνδρειας) 7 (1912) 170.

ούτε να αφαιρέσεις»⁷⁸⁷. Επιβεβαιώνουμε την αναντίρρητη, τη δυνατή έμπνευση που προχωρεί σε προωθημένες συνδέσεις και στηρίζεται σε στέρεο κτίσιμο του λόγου. Προσέχουμε πόσο αισθησιακή είναι, για παράδειγμα, η σκηνή με τις πεντάμορφες ανάμεσα στα κρίνα και την ηδονική τους παράδοση σε μια βιολογική διαδικασία κοσμικής εμβέλειας. Αν και υφολογικά η πραγμάτωση δεν χάνεται μέσα στην καταχνιά άλλων λογοτεχνικών ρευμάτων, θεματικά ωστόσο εντοπίζουμε κοινές –αλλά όχι ταυτόσημες– ρίζες με την τεχνοτροπία του Βέλγου Maeterlinck, για τον οποίο έχει ειπωθεί:

> Οι μορφές είναι, ως επί το πολύ, συμβολικές, φαντασμαγορικές, χωρίς πλαστική υπόσταση, καμωμένες από την εύθραυστη ύλη του λυρικού οίστρου και προορισμένες να υποβάλουν, όχι να πραγματοποιηθούν με την αμεσότητα της σκηνικής τέχνης. Τον ονόμασαν «Αισχύλο των φιλασθένων πλαγγόνων». Όλα μένουν αβέβαια, μετέωρα, ασαφή, ασταθή.⁷⁸⁸

Ενδιαφέρον παρουσιάζει η κριτική του Ηλ. Π. Β.[ουτιερίδη], που συνόδεψε την αναγγελία έκδοσης του έργου του Ροδοκανάκη στα *Παναθήναια* του 1912. Η κριτική αναγνωρίζει το πλούσιο λεξιλόγιο και την ποιητική δύναμη του κειμένου, αν και πρόκειται για αρνητική, στο κύριο μέρος της, προσέγγιση. Η δυσμενής άποψη προέρχεται από την προτίμηση του Βουτιερίδη για εύρυθμα και αυστηρά τεκτονημένα στιχουργήματα τύπου Παπαντωνίου, ενώ ο περίπλοκος λυρισμός του Ροδοκανάκη αντιστέκεται στην ελεγχόμενη ρυθμικότητα και την εύκολη κατανόηση. Έτσι, ο κριτικός δεν κατορθώνει να συλλάβει το συνεκτικό παράγοντα που διασφαλίζει την ενιαία εκφραστικότητα του κειμένου:

> Ο κ. Ροδοκανάκης νομίζει κανείς έγραφε κομμάτια ποιητικά, ανεξάρτητα το ένα από τάλλο και ύστερα θέλησε να τα συνδέσει σ' ένα κυκλικόν σύνολον. Αλλά η εσώτερη ιδέα, που αληθινά θα συνέδεεν αδιάρρηκτα τα κομμάτια αυτά, λείπει. Κι έτσι βλέπει κανείς ωραία δυνατά τεχνουργήματα σαν τις από σμάλτο μινιατούρες, που προσκολλημένες η μια

---

787. Ό. π.
788. Ι. Μ. Παναγιωτόπουλος, «Άνθος της σιωπής, η μνήμη του Μαίτερλινγκ», *Τα γράμματα και η τέχνη. Μελετήματα και προσωπογραφίες*, Αθήνα, Αστήρ, 1967, 308.

στην άλλη εστόλιζαν τις περίφημες βυζαντινές εικόνες των αγίων, μα δεν βλέπει και τεχνουργημένον σύνολον. Υποθέτω ότι όταν ένα έργο δεν έχει αρχιτεκτονικήν απλήν και δεν μας δίνει καθαρά την βαθύτερην έννοιάν του χωρίς πολλά κλώσματα ζωγραφικά, το έργον αυτόν χάνει αρκετόν μέρος από την άλλην αξίαν του[789].

Το δεύτερο μέρος του κειμένου του Ροδοκανάκη δίνει την απάντηση στο ερώτημα της καταγωγής του Προορισμένου[790], που θα αποκτήσει την κοσμοκρατορία. Αυτό το διαλεχτό πλάσμα γεννιέται στην Ελλάδα και είναι το «Αντρογύναικο»[791]. Ο Ανδρόγυνος, που νύξεις του έχουμε συναντήσει μέχρι τώρα και σε άλλους Νεοέλληνες αισθητιστές, αποκτά εδώ την ολοκληρωμένη υπόστασή του. Ο Ερμαφρόδιτος του Πλάτωνα έχει ξανάρθει ως σωματική οντότητα και δηλώνεται ρητά μέσα από τους ελληνικούς τόπους. Τον γέννησε η ελληνική θάλασσα σαν ένα άνθος λωτού, όπως συνέβη και με την Αφροδίτη. Τα μύρα του καλοκαιριού φουσκώνουν, τα κρασιά πλημμυρίζουν σκορπώντας τη μέθη, νέα αγόρια και κορίτσια χαιρετούν το λουλουδιασμένο πέρασμά του. Μόνο αυτό το πλάσμα κατορθώνει να φτάσει αργά ως «το Παλάτι το φανταστικό»[792].

Τριάντα χρόνια αργότερα, ο Ν. Εγγονόπουλος θα περιλάβει στο συνθετικό ποίημά του *Μπολιβάρ· Ένα ελληνικό ποίημα*, τη ζωγραφική αναπαράσταση του Νοτιοαμερικανού ελευθερωτή, που το σώμα του συντίθεται από συστατικά, ανθρώπινα, ζωικά και φυτικά, της νότιας αμερικανικής ηπείρου. Το πεζό ποίημα γεμίζει με την παρουσία του Ανδρόγυνου, που κουβαλάει πάνω στο κορμί του όλη την Ελλάδα: τα χείλη του είναι «πιο κόκκινα από τα πορτοκάλια που το χειμώνα πέφτουν απ' της Σμύρνης τις πορτοκαλιές και τα βρεμένα χώματα ματώνουν»[793]· η Πέργαμος με τα κούμαρά της τεντώνει στο στήθος του τη δύναμη· καθώς η συνοδεία προχωρεί, εμφανίζεται η Σπάρτη με το κριθαρόψωμό της «μαύρο και ζεστό»[794]· στοιχείο του κορμιού είναι και η Λέσβος, με τις πνοές από «άρωμα μυρτιάς, λάδι από δαφνοκούκουτσα και λεπτό στεφάνι λυγα-

---

789. *Παναθήναια* 23 (1912) 183-184.
790. Πλ. Ροδοκανάκης, *Ο Θρίαμβος. Πεζό τραγούδι*, ό. π., 8.
791. Ό. π., 9.
792. Ό. π.
793. Ό. π.
794. Ό. π.

ριάς»⁷⁹⁵. Και πάλι, η ενδεχόμενη ζωγραφική επίδραση του αναγεννησιακού συμβολισμού του Arcimboldo χρειάζεται να διερευνηθεί.

Στον Ροδοκανάκη, η φύση της Ελλάδας, «του Διόνυσου και της μητέρας Δήμητρας»⁷⁹⁶, σκορπίζει ευωδιαστούς ανοιξιάτικους αέρηδες· η Ελλάδα της Αθηνάς εγγυάται το «θρίαμβο τον πορφυρό»⁷⁹⁷. Αλλά στο παγανιστικό στοιχείο προστίθεται και το ελληνοχριστιανικό σε αισθητιστική σύμμιξη· δεν είναι τυχαίο ότι οι πόλεις-Πυθίες, που ακολουθούν, είναι έδρες μητροπόλεων ή επισκοπών του οικουμενικού πατριαρχείου: «Μέσα σε άρματα, ορθόστατες ακολουθάνε οι Πυθίες της ελληνικής ψυχής. Η Έφεσος, η Σμύρνα και η Πέργαμος, αι Σάρδεις, τα Θυάτειρα κ' η Λαοδίκεια. Πανώριες, στιβαρές είναι γυναίκες και φαντάζουνε σαν Ήρες, των θεών μανάδες»⁷⁹⁸.

Το φως στάζει παντού σ' αυτό το δεύτερο μέρος· έχει το σφρίγος του νεανικού κορμιού (του νέου και της νέας), έχει τις γραμμές εναρμονισμένες στο ωραίο σχήμα της δημιουργίας· υπάρχει όμως και η «Μεγάλη Ηδονή»⁷⁹⁹. Η Ελλάδα είναι ο ομφαλός που θα συγκεντρώσει τα εκλεκτά του κόσμου· συμπόσια ασσυριακά, μωσαϊκά ανατολίτικα, ψηφιδωτά απ' την Εδέμ είναι τα άψυχα που συνοδεύουν τις Σαλώμες «στα ασημένια μέσα πέπλα τους»⁸⁰⁰, τις Ίσιδες και τις Αστάρτες, «των φιλισταίων γυναικών τα γαλατένια σώματα»⁸⁰¹ και «τα ποδάρια άσπρων Σεμιράμιδων»⁸⁰² με αργυρούς χαλκάδες. Όλα αυτά τα, φαινομενικά και μόνον, ετερόκλητα στοιχεία συγχρωτίζονται στην αίγλη μιας έννοιας πρωτότυπης, στο «κίτρινο τριαντάφυλλο ενός παγκόσμιου εσπερινού»⁸⁰³.

Οι δρόμοι της Ανατολής και οι δρόμοι της Δύσης έχουν ανοίξει σ' ένα λουλούδι οικουμενικότητας, στην παγκόσμια Ελλάδα. Ο κοσμοπολιτισμός είναι εγγενής στη φιλοπερίεργη, ταξιδιάρικη και προσαρμοστική φύση του ελληνισμού· το κοσμοπολίτικο ταξίδι του αφηγητή και του Αντρογύναικου συνθέτουν μια ενότητα μέσα στην αγκαλιά του ελληνισμού. Παρόμοιο ταξίδι της φαντασίας είχαμε δει και στο *Όφις και κρίνο*

---

795. Ό. π.
796. Ό. π., 12.
797. Ό. π., 14.
798. Ό. π.
799. Ό. π.
800. Ό. π.
801. Ό. π., 9.
802. Ό. π., 11.
803. Ό. π., 14.

του Καζαντζάκη· ήταν και εκεί ταξίδι σε τόπους, σε θεότητες, σε μέρη και σε τρόπους της αρχαίας Ελλάδας, της Ανατολής, της οικουμένης. Σ' αυτό το διακειμενικό ταξίδεμα ο συγγραφέας-ποιητής Καζαντζάκης θα δει στην αγαπημένη του τη Θεά της ομορφιάς, Ελληνίδα, περήφανη και ντροπαλή, να γεννιέται από το άχαρο ξόανο της θεάς της γονιμότητας, το οποίο ήρθε από τη Χαλδαία και τη Συρία· σαν Πραξιτέλης του έρωτα, θέλει να στήσει το άγαλμα της Ουράνιας Αφροδίτης· την βλέπει κατόπιν να στέκεται μπροστά του σε διάφορες στιγμές, ανατολίτισσα, αρωματισμένη και ηδονική, μια κοσμοπολίτισσα.

Ορισμένες παρατηρήσεις του Ι. Μ. Παναγιωτόπουλου και Κ. Ν. Παππά είναι αρκετά διαφωτιστικές:

> Η αχαλίνωτη φαντασία του [Ροδοκανάκη] κάνει μια κολοσσιαία διαδρομή· από τα βάθη των πανάρχαιων Σινικών και Αιγυπτιακών και Ινδικών χρονολογιών μεταφέρεται στα πιο πρόσφατα και τα πιο γνωστά γεγονότα [...] Έξαλλος, αφήνεται στη διάθεση του αισθητικού του Διονυσιασμού με την ίδια χαρά που ο δημιουργός του *Πορτρέτου του Ντόριαν Γκρέυ* εγέμιζεν από τις πηγές των Ανατολικών πολιτισμών τα ωραία του αλαβάστρινα δοχεία της *Αγίας εταίρας* και της *Σαλώμης*...[804]

> Μας σφηνώνει στο κεφάλι ο ποιητής την αλήθεια πως οι δράκαινες κι οι στρίγγλες των θολωμένων ψυχών της Δύσης, της παραδομένης χεροπόδαρα στον καταστροφέα κάθε ομορφιάς του κόσμου των μαρμάρων θα εμποδίσουν την ελεύθερη ανάσα που λαχταρά το ελληνικό πνεύμα, το μαθημένο απ' τα παλιά του χρόνια στη φωτεινή θεωρία της αρμονίας του Πυθαγόρα και του ερμαφρόδιτου του Πλάτωνος. Υψώνει σε ύψη ολυμπιακά την ελληνική φιλοσοφική σκέψη και μέσα στις λαμπρές εικόνες της αλήθειας που πλημμυρίζει την ελληνο-ανατολίτικη ζωή ζητά ν' αποδείξει την ακατανίκητη δύναμη που κρύβει μέσα του το ελληνικό πνεύμα

---

804. Ι. Μ. Παναγιωτόπουλος, «Ο νεοελληνικός ρυθμικός πεζός λόγος», *Νέα Ζωή* (Αλεξάνδρειας) 11 (1922-1923) 469.

μπρος στην σκοτεινή, την πλημμυρισμένη από δράκαινες και στρίγγλες και λάμιες ψυχή της Δύσης[805].

Την αντιπαράθεση Ανατολής–Δύσης με τελική υπεροχή του ελληνικού πνεύματος την είδαμε ως γλυπτική τεχνοτροπία στο «Ερυθρούν κρίνον» του Ν. Επισκοπόπουλου· ο Νιρβάνας, με τον ερχομό του D'Annunzio και της Duse στην Αθήνα δημοσιεύει το 1899 στο Άστυ ένα αφήγημα με τίτλο «Οι βάρβαροι», όπου τελετουργείται μια μετάγγιση του αρχαίου ελληνικού πνεύματος στους δύο ξένους επισκέπτες περιώνυμων τόπων της αρχαίας Ελλάδας. Πουθενά, όμως, η διατύπωση της αντιπαράθεσης δεν φαίνεται να είναι τόσο εύχυμη και τόσο γεμάτη από ηδονή και ομορφιά, όσο σ' αυτό το πεζοτράγουδο του Ροδοκανάκη, που ο Κ. Ν. Παππάς το χαρακτηρίζει «θριαμβευτικό παιάνα»[806], αναγορεύοντας το δημιουργό του σε «δελφικό ποιητή»[807], ο οποίος «καθαρός, αγνός, άσπρος [καλείται] να εξομολογηθεί στα πέρατα την ελληνική του ύπαρξη, την ιδεαλιστική του ειδωλολατρεία, την αγάπη του σ' ό,τι ελληνικό κι ωραίο»[808]· ο Ροδοκανάκης, σύμφωνα με άλλα λόγια του ίδιου μελετητή, γίνεται ο «νέος υμνητής του αρχαίου ελληνικού πνεύματος, που φοβισμένο, κοιμισμένο κουρνιάζει στην εσώτατη συνείδηση του σύγχρονου ελληνικού κόσμου»[809].

Ο Θρίαμβος είναι ένας καινούριος κόσμος, που γεννιέται και οργανώνεται μέσα στο μυαλό του συγγραφέα του. Είναι το αποκύημα μιας σκέψης σε εγρήγορση και μιας φαντασίας με όραμα. Θυμίζει εδώ μια παράλληλη λειτουργία του νου του Γιαννόπουλου, που μέσα στο κεφάλι του αρχιτεκτόνησε την αγάπη του για την Ελλάδα στη νέα της μορφή και παρομοίασε την εγκυμοσύνη αυτού του οράματος μέσα στο μυαλό με την εγκυμοσύνη του παιδιού μέσα στην κοιλιά· είναι το θαύμα ενός άντρα που κυοφορεί, όχι στο σώμα αλλά στη διάνοια και στη σφαίρα της ιδέας.

Συμπυκνώνοντας τα επιμέρους θέματα σε μια κεντρική διατύπωση, θα λέγαμε ότι στο Θρίαμβο του Πλ. Ροδοκανάκη φαίνεται ξεκάθαρα η καινοτομία του ελλαδικού αισθητισμού, η οποία δεν συνίσταται μόνο στην αρχαιολατρεία και την ηδονική ανάδειξη της αρχαιότητας αλλά

---
805. Κ. Ν. Παππάς, «Τέχνη και Γράμματα–Π. Ροδοκανάκη: Ο Θρίαμβος, πεζό τραγούδι», ό. π., 170.
806. Ό. π., 171.
807. Ό. π.
808. Ό. π., 170.
809. Ό. π.

και στο ότι αυτή η καινούρια άποψη ελληνικότητας προσλαμβάνει τη διάσταση κοσμοπολιτισμού. Ο *Θρίαμβος*, το τελευταίο αυθεντικό αφήγημα του ελλαδικού αισθητισμού, πλάθεται σε μια εποχή εθνοτικών και εθνικών ζυμώσεων, που σίγουρα επηρέασαν την εκφορά του· παράλληλα το πεζό ποίημα θα μεταδώσει αργότερα εκλεκτικές συγγένειες σε δεκτικά πνεύματα της δεκαετίας του '20 και της γενιάς του '30.

Ο Ροδοκανάκης, ως ο τελευταίος από τους μεγάλους εκπροσώπους του αισθητισμού, κατακτά την ωριμότητα της προβληματικής του κινήματος. Έτσι το έργο του, ακόμη περισσότερο και από του Καζαντζάκη, κοινωνεί τη συνείδηση μιας ολοκληρωμένης θεωρίας. Με τον Ροδοκανάκη επαληθεύεται καλύτερα η θέση του παρόντος βιβλίου ότι ο αισθητισμός είχε τη δύναμη να μην είναι μόνο κάποια ιδιότροπη άποψη ύφους ή κάποια εκκεντρική πόζα του αριστοκρατικού περιθωρίου αλλά να γίνει μια συγκροτημένη κοσμοθεωρία, που αποτέλεσε στη συνέχεια παρακαταθήκη για οραματιστές, όπως ο Σικελιανός, ή για τα μεγάλα ανοίγματα της γενιάς του '30.

Αισθητισμός. Η νεοελληνική εκδοχή του κινήματος

12. Γαλάτεια Καζαντζάκη

Για την παραγωγή της Γ. Αλεξίου-Καζαντζάκη (1881-1962) ο αισθητισμός είναι ένα διάλειμμα, όπου η συγγραφέας ασκείται σε εκφραστικούς τρόπους· δεν είναι τυχαίο ότι τους ασκεί παράλληλα με τον Ν. Καζαντζάκη. Το μόνο ουσιαστικά αισθητιστικό αφήγημά της είναι το διήγημα «Σαλώμη», που δημοσιεύει το 1909 στον *Νουμά*[810]· άλλο κείμενό της, που δεν εμπίπτει εντελώς στον κύκλο του αισθητισμού αλλά με το οποίο θα ασχοληθούμε, για να δώσουμε μια σφαιρικότερη εικόνα, είναι το *Ridi Pagliazzo*, δημοσιευμένο στον *Νουμά* επίσης στα 1909, σε συνέχειες (τεύχη 340-343), σχεδόν παράλληλα με τις *Σπασμένες Ψυχές* του Καζαντζάκη. Μ' αυτό το δεύτερο κείμενο θα ασχοληθούμε μόνο σε θεματικό επίπεδο, επειδή το ύφος του το εξαιρεί από το κίνημα του αισθητισμού. Το 1912 η συγγραφέας δημοσιεύει στη *Νέα Ζωή* της Αλεξάνδρειας αφήγημα με τίτλο «Κόκκινη Ζωή. Ρομάντζο», όπου αντιγράφει τα δύο προηγούμενα έργα της. Στο «Η άρρωστη πολιτεία. Ρομάντζο» πάλι στη *Νέα Ζωή* της Αλεξάνδρειας (1914), χρησιμοποιεί πια αυτούσιες φράσεις του Καζαντζάκη, εμπεδώνοντας την πεποίθηση ότι κατά την ενασχόλησή της με τον αισθητισμό ακολούθησε τα καζαντζακικά πρότυπα.

Κοιτάζοντας συνολικά το έργο της, θα λέγαμε ότι κύριο θέμα στην αισθητιστική παραγωγή της είναι η απόρριψη της συνηθισμένης ζωής, των συμβάσεων και της καθημερινότητας. Σε αντάλλαγμα ζητά τη ζωή την «αυτοκρατόρισσα», «παντοκρατόρισσα», «κοσμοκρατόρισσα». Οι όροι, απ' όσο ξέρω, απαντούν μόνο στη Γ. Αλεξίου και στον Ν. Καζαντζάκη, κουβαλούν όμως μέσα τους όλο το

---
810. Γ. Αλεξίου, «Σαλώμη», *Ο Νουμάς* 7, 342 (1909) 3.

μπωντλαιρικό «κόκκινο ιδεώδες»[811], που οι άλλοι αισθητιστές δεν το δηλώνουν τόσο ρητά.

Η αφηγήτρια της «Σαλώμης» βάζει την ψυχή της να χορέψει ολόγυμνη το χορό των επτά πέπλων μέσα στο μεγάλο μεθύσι της Ηδονής. Μέσα από το αισθησιακό σύνολο του αφηγήματος, ένα πεζό ποίημα προσαρμόζει ξέφρενους ρυθμούς στο λυρισμό. Το πάθος βρίσκει έξοδο φυγής μέσα στο τσιγγάνικο, απελευθερωμένο σώμα της ψυχής. Το ντύσιμο προδιαθέτει για την ηδονή· τα κατάμαυρα, σγουρά μαλλιά χύνονται ελεύθερα πάνω στις γυμνές πλάτες· το παρδαλό τσιγγάνικο φουστάνι συμπληρώνεται με κόκκινα τριαντάφυλλα στα μαλλιά και στη σφιχτή σάρκα του στήθους· τα απαλά μπράτσα τυλίγονται από μπρούντζινα βραχιόλια και στα χέρια κροταλίζουν καστανιέτες, που έχουν μάθει το ρυθμό του ξεφαντώματος[812].

Το σώμα είναι ένα πλάσμα από αισθήσεις, που ξεσηκώνονται παίρνοντάς το στη δίνη τους. Το ηδονικό ξύπνημα του κορμιού ξεκινά από το κρυστάλλινο γέλιο, που ξεχύνεται παράφορα –μια τρέλα– και φτάνει ως τους πόθους των ματιών και ως τα χάδια και τους λιγωμένους ψιθύρους, που τριγυρίζουν τη «μάισσα μελαχρινή της ομορφάδα»[813]. Τα βλέφαρα κινούνται ελαφρά, καθώς η νωχέλεια της ηδονής βαραίνει πάνω τους και εξαπλώνεται και στα υπόλοιπα μέλη, που σύντομα θα γεμίσουν με ηδονική κίνηση. Ο διονυσιακός ύμνος, που αποπνέει η έκφραση του σώματος, δεν είναι παρά μια αρχέγονη παράδοση στην Ηδονή, η οποία τελετουργείται μέσα από το χορό της Σαλώμης.

Ο χορός των επτά πέπλων ισοδυναμεί με χορό των εφτά θανάσιμων αμαρτημάτων, είναι ο χορός του αισθητισμού, στη διάρκεια του οποίου θα πέσουν ένα ένα τα πέπλα, θα πέσουν μία μία οι αναστολές. Δεν είναι τυχαίο το ότι το παραλήρημα της ηδονής ξεσπά σ' έναν οργιαστικό χορό με επιπτώσεις βιβλικών διαστάσεων· δεν είναι τυχαία η επιλογή του πιο καταστροφικά θελκτικού χορού, του πιο διάσημου γραμματειακού χορού γυναικείας χάρης και αμαρτίας· και δεν είναι τυχαίο το ότι ο αφέντης τον οποίο θα προκαλέσει και θα σαγηνεύσει η νέα μαινάδα είναι ο Πόνος, εύστοχο εύρημα-μεταφορά της αλγολαγνείας του αισθητισμού.

Η ερωτική ατμόσφαιρα παραλύει μέσα σε αργά κινήματα, τα οποία διαδίδουν τη νωθρότητά τους στη μεγάλη αίθουσα του γλεντιού και,

---

811. Μπωντλαίρ, «Το ιδεώδες», *Τα Άνθη του Κακού* (μτφρ. Γ. Σημηριώτης), Αθήνα, Γράμματα, 1991, 36.
812. Γ. Αλεξίου, «Σαλώμη», ό. π., 3.
813. Ό. π.

το βασικότερο, μέσα στο μυαλό, που αφήνεται στη μέθη εγκαταλείποντας τα προπύργιά του. Οι αντιστάσεις εξαφανίζονται μπρος από τις λάγνες επιθυμίες που περνούν στο αίμα· είναι η αντίσταση της «λευτερωμένης σκλάβας»[814] στον παλιό δυνάστη της. Όμως η ατίθαση τσιγγάνα, η Σαλώμη, δεν θα μπορέσει να ρίξει τον τελευταίο πέπλο και, καθώς οι ήχοι ξεψυχούν με τα φώτα «σ' ένα ερωτικό αναστέναγμα»[815] και γίνονται «οι κινήσεις της αργές και κουρασμένες»[816] και η αίθουσα αδειάζει, θα πέσει πάλι λιπόθυμη στην αγκαλιά του Πόνου, που την δέχεται «χαμογελώντας το Μεγάλο του ειρωνικό χαμόγελο»[817].

Θέματα του αισθητισμού, που αναπλάθει το διήγημα, είναι η σαρκική ομορφιά και ο ηδονισμός στη μορφοποίηση του πορτρέτου της μοιραίας γυναίκας· το διχασμό της μοιραίας γυναίκας στη μορφή της τσιγγάνας και στη μορφή της Σαλώμης θα τον εξετάσουμε στη συνέχεια. Προς το παρόν επισημαίνουμε άλλο ένα θέμα, τη διάλυση ενός συμποσίου, το οποίο φέρει όλη τη χαύνωση και τον κορεσμό, που διέπει την εικονοποιία αλλά και την εκφραστικότητα της ελληνορωμαϊκής και της σύγχρονης παρακμής.

Ο ερωτισμός του κειμένου είναι διαβρωτικός, σε βαθμό που ο χορός της Σαλώμης να στρέφεται ενάντια στην ίδια, προσφέροντας μια νέα «παραγωγή» της ιστορίας, ίσως μια νέα ερμηνεία. Δεν θα ήταν, νομίζω, υπερβολή ο ισχυρισμός ότι ο χορός της Σαλώμης είναι εδώ μια πόζα λατρείας του εαυτού. Η αφηγήτρια επιχειρεί να ξεριζώσει την αρνητική εικόνα του θλιμμένου εαυτού της, που την δυναστεύει, με το να τον βγάλει από τη σκιά του πόνου και να τον προβάλει λαμπερό, γερό και χαρούμενο. Προικίζοντάς τον με θηλυκή χάρη και ηδονική σαγήνη εκφέρει μια εκδοχή ναρκισσισμού.

Η αφηγήτρια δεν μεταμορφώνει απλώς τον εαυτό της σε ηδονική και επιθυμητή γυναίκα αλλά και στοχάζεται πάνω του. Αυτή η περισυλλογή αποτελεί ναρκισσισμό, αφού η τσιγγάνα ψυχή είναι το είδωλο που αντικρίζει ο εαυτός στον καθρέφτη. Τσιγγάνα και Σαλώμη ενώνονται πάνω σε μία φιγούρα, τη φιγούρα της γυναίκας του πόθου. Την τσιγγάνα την ξαναείδαμε στον Καζαντζάκη ως «Ζωή κοσμοκρατόρισσα» (απόσπασμα έργου που δεν ολοκληρώθηκε)[818] να τρέχει με ξέφρενη

---

814. Γ. Αλεξίου, «Σαλώμη», ό. π., 4.
815. Ό. π.
816. Ό. π.
817. Ό. π.
818. Πρβ. παραπάνω, στο κεφάλαιο για τον Καζαντζάκη και Γ. Κατσίμπαλης, «Ο άγνωστος Καζαντζάκης», *Νέα Εστία* 64 (1958) 1144.

ορμή μέσα σε μια καλοκαιριάτικη φύση, που φουντώνει από πόθους· η ομοιότητα ανάμεσα στις δυο περιγραφές φτάνει ακόμη και ως το σφιχτό, μελαχρινό κορμί της τσιγγάνας. Κάποιες μικρότερες λεπτομέρειες παρουσιάζουν διαφορές: στην Γ. Αλεξίου το φουστάνι είναι παρδαλό σε χρώματα· στον Καζαντζάκη το φόρεμα γίνεται κατακόκκινη πλημμύρα ως ερωτική συνδήλωση, που μας προετοιμάζει να δούμε αργότερα την τσιγγάνα σαν τρικυμία από ήλιο.

Αυτό που κυρίως διαφέρει στις δύο περιγραφές είναι η ώρα και το περιβάλλον· στην Γ. Αλεξίου η ώρα είναι νυχτερινή και ο χορός πραγματοποιείται κάτω από τεχνητά φώτα μέσα στον εσωτερικό χώρο μιας αίθουσας – παραπέμποντας σε αισθητιστικά περιβάλλοντα αριστοκρατικής ή μεγαλοαστικής απομόνωσης και διακοσμητικού πλούτου. Στον Καζαντζάκη, από την άλλη, ο αισθητισμός έχει τη διευρυμένη μορφή του ανοιχτού χώρου και της ζεστής καλοκαιρινής μέρας. Η αυτοκρατορία της Ζωής καταλαμβάνει το μεσημέρι του καλοκαιριού και το διατρέχει με τέτοια κοσμική δύναμη, ώστε οι επιθυμίες κρέμονται από τα παράθυρα των ανθρώπινων σωμάτων. Η παρομοίωση ξαφνιάζει με τους συνδυασμούς αλλά και με τη θέρμη της. Εδώ υπάρχει μόνο η παντοδύναμη Ζωή, που τρέχει λούζοντας τον κόσμο μέσα στην πύρα της. Εδώ δεν υπάρχει ακόμα Σαλώμη.

Η Σαλώμη του Καζαντζάκη θα εμφανιστεί στις *Σπασμένες Ψυχές* ως Νόρα, που απορροφά στη μοιραία σαγήνη της και την έμπειρη σαρκική της παρουσία τον Ορέστη· αυτή η νέα Σαλώμη θα χορέψει μπροστά στα μάτια του εραστή της το χορό της βιβλικής προγόνου της, που και εδώ θα γίνει οιωνός απωλείας. Μια άλλη Σαλώμη απεικονίζεται στο ζωγραφικό πίνακα του G. Moreau[819], που ήταν γνωστός στον Huysmans, και άλλη[820] στον καζαντζακικό Ορέστη, ο οποίος κατά την επίσκεψή του στο μουσείο του Λούβρου βλέπει τον *Ιωάννη τον Πρόδρομο* του Leonardo da Vinci και αναφωνεί γεμάτος θαυμασμό:

> Ιωχαναάν, φλογισμένος μ' έρωτα είμαι για το κορμί
> σου! Το κορμί σου είναι λευκό σαν τα κρίνα των κοι-
> λάδων που δεν τα θέρισε ποτέ ο θεριστής. Τα ρόδα

---

819. Γνωστό για τις αισθησιακές αλλά και ανδρογυνικές απεικονίσεις του. Πρβ. Ζαν Λιμπίς, *Ο μύθος του Ανδρογύνου* (μτφρ. Α. Παρίση), Αθήνα, Ολκός, 1989, 209: «[...] η όψη του Αδάμ και της Εύας, που τα σώματά τους μπορούν, σε αξιοσημείωτο βαθμό, να αντικαθιστούν το ένα το άλλο».

820. Εντελώς διαφορετικά εμφανίζεται το μοτίβο στο *Έξι νύχτες στην Ακρόπολη* του Σεφέρη.

που ανθούνε στον κήπο της βασίλισσας της Αραβίας
δεν είναι τόσο λευκά σαν το κορμί σου ούτε τα ρόδα
που ανθούνε στον κήπο της βασίλισσας της Αραβί-
ας, το μυρωμένο κήπο με τ' αρώματα της βασίλισ-
σας της Αραβίας, ούτε τα πόδια της χαραυγής, όταν
φεγγοπεζεύουν απάνω στα φύλλα, ούτε το στήθος
της σελήνης, όταν πλαγιάζει απάνω στης θάλασσας
το στήθος. Δεν είναι τίποτα στον κόσμο τόσο λευκό
σαν το κορμί σου. Άσε με ν' αγγίξω το κορμί σου.

Με το χαμόγελο των χειλιών σου είμαι ερωτεμένος
εγώ, Ιωχαναάν. Η σάρκα μου όλη αναταράζεται και
φρίσσει σε χορούς Σαλώμης μυστικούς κι από την
πολλή τη γλύκα κι από το πολύ το σείσμα οι εφτά πέ-
πλοι της ψυχής μου πέσανε, Ιωχαναάν! Ιωχαναάν!
Μέλι άγριο στάζει από τα χείλια σου κι η ψυχή μου
απάνω τους μοιάζει μέλισσα λιγωμένη το μεσημέρι
απάνω στα ρόδα τα ζεστά[821].

Το κείμενο αποτελεί μετάφραση: έχει παρθεί αυτούσιο από τη *Σα-
λώμη* του Wilde, μόνο που εκεί ο έρωτας εκφράζεται από γυναίκα[822],
περιβάλλοντας το σώμα, τα μαλλιά και τέλος το στόμα, το οποίο γεννά
στη Σαλώμη τη ναρκισσιστική επιθυμία να το φιλήσει και την οδηγεί
τελικά στον παραλογισμό του φόνου. Ο Καζαντζάκης φαίνεται να έχει
γνώση του διεθνούς αισθητισμού και να διασταυρώνει μαζί του εκλε-
κτικά τις συγγένειές του. Ο Wilde διαβάζει τη Βίβλο με το δικό του
τρόπο και έτσι διαβάζει τον Wilde ο Καζαντζάκης, επιφέροντας μια
σημαντική ανατροπή των δεδομένων: εδώ ο Ορέστης παίζει το ρόλο
γυναίκας και γίνεται αυτός, ένας άντρας, Σαλώμη. Κάτι τέτοιο μπορεί
να σημαίνει είτε υποβολή του μοντέλου του Ανδρόγυνου, που υπήρξε
αγαπημένο θέμα των αισθητιστών, είτε προβολή της άποψης του ίδιου
του Καζαντζάκη ότι η ζωή του Ορέστη είχε το χαρακτήρα μιας μεγα-
λόφωνης ερμηνείας επί σκηνής: «Ηθοποιός της ζωής μεγαλόστομος
είχε πάρει πολύ τραγικά και πολύ αψηλά το ρόλο που του είχε δώσει η
μοίρα»[823].

---
821. *Ο Νουμάς* 7, 373 (1909) 2.
822. O. Wilde, *Σαλώμη* (μτφρ. Στ. Σπηλιωτόπουλος), Αθήνα, Γκοβόστης, χ. χ. έ., 21-23.
823. *Ο Νουμάς* 7, 368 (1909) 7.

Ακόμη, όμως, βρισκόμαστε, μαζί με τους φλογισμένους ήρωες του αισθητισμού, υπό το κράτος της Ζωής. Αυτή την αίσθηση μεταδίδει ο Καζαντζάκης με την κριτική του για την «Σαλώμη» της Γ. Αλεξίου:

> Μέσα σε μιαν επαρχιακή στενοκέφαλη κοινωνία, η παρουσία της προξενεί σκάνταλο στους αγαθούς αστούς. Την κοιτάζουν με την έκπληξη και την αγανάχτηση που θα κοιτάζουν τ' αγαθά καλόβουλα αστάχια του σταριού τη φουντωμένη παπαρούνα που υψώνεται ανάμεσά τους, ορθόστηθη κι ολάνοιχτη και παραδίνει σ' όλους τους ανέμους τα μυστικά της κι αναταράζει τα χείλια της θέλοντας να πιει στόμα με στόμα τον ήλιο. Είναι μια κατακόκκινη κι αντάρτισσα παραφωνία, μέσα στην ασάλευτη σκλαβοπλανταγμένη ατμόσφαιρα της επαρχιώτικης σταχτοχρώματης ζωής... Θαρρείς κι αιστάνεται κάποια έκφυλη ηδονή να δείχνει πίσω από τα μυρωμένα γάντια τα χέρια τα λερωμένα, πίσω από τα κατακόκκινα χείλια τα σαπημένα μαύρα δόντια, πίσω από τη σεμνή χειρονομία τον άσεμνο στοχασμό και μέσα στα βάθη κάθε όμορφης τάχατε και μεγαλοϊδεάτικης ψυχής το ένστιχτο το σιχαμερό... [824]

Η κριτική γίνεται με τον χαρακτηριστικό καζαντζακικό τρόπο της εποχής, που μετατρέπει και την ίδια από μόνη της σε κείμενο του αισθητισμού, πλούσιο σε ιδεολογική φόρτιση. Προσδίδει όμως και στο έργο της Γ. Αλεξίου τη σφραγίδα δωρεάς του αισθητισμού, εγγράφοντάς το στο κίνημα, χωρίς άμεσους χαρακτηρισμούς αλλά μεταδίδοντας την ατμόσφαιρα του κειμένου. Το άσεμνο που κρύβεται πίσω από το σεμνό, το όμορφο όπου ελλοχεύει το σιχαμερό, το αριστοκρατικό που παραχαράσσει το ταπεινό και η καθαριότητα ως πρόφαση βρομιάς είναι θέματα που ορίζουν τον αισθητισμό, όπως έχουμε δει σε προηγούμενα κεφάλαια.

Οι «αγαθοί αστοί», προς τους οποίους στρέφεται η πρόκληση του κειμένου, δεν είναι παρά οι απλοϊκοί «φιλισταίοι» της Ελλάδας και, ίσως και της Κρήτης, απορροφημένοι στην «τακτοποιημένη και πεζή» ζωή τους, που εξωραΐζεται φαινομενικά και μόνο από την ηθι-

---

824. Κάρμα Νιρβαμή [=Ν. Καζαντζάκης], «Γαλάτεια Αλεξίου, Αφορμή από το Ridi Pagliacio της», *Ο Νουμάς* 7, 348 (1909) 1-3.

κή και το μεγαλοϊδεατικό όραμα της εποχής. Επιπλέον, η εικόνα της προκλητικά θηλυκής και αντάρτισσας παπαρούνας θυμίζει σκηνές από το καζαντζακικό «Τι μου λένε οι παπαρούνες». Το λιβάδι, που είναι γεμάτο με στάχυα κι ανάμεσά τους υψώνεται μία μόνο παπαρούνα απογυμνωμένη από μυστικά και παραδομένη στο πιοτό του ήλιου, μας πηγαίνει στα μυστήρια μιας διαφορετικής λογοτεχνικής αισθητικής, όπου τον κύριο λόγο έχει ο αισθησιασμός.

Αυτή την έννοια της αντάρτισσας ζωής, που δεν υποτάσσεται αλλά κυριεύει κάτω από την αιγίδα του πάθους της, θέλει να μεταδώσει η Γ. Αλεξίου με άλλο ένα αφήγημα αδιέξοδου έρωτα, το *Γέλα Παλιάτσο* (*Ridi Pagliazzo*). Θα λέγαμε ότι εδώ δεν τα καταφέρνει, καθώς απουσιάζει εντελώς το λυρικό ύφος, που θα ήταν το καταλληλότερο, για να κοινωνήσει στον αναγνώστη το θέμα της. Η συγγραφέας μετεωρίζεται ανάμεσα σε θέματα που ανήκουν στον αισθητισμό και στον υφολογικό προβληματισμό του ρεαλισμού. Η Α. Καστρινάκη δίνει μια πολύ ενδιαφέρουσα δική της ερμηνεία, η οποία διακρίνει δυσαρμονία ακόμη και στο θεματικό επίπεδο: «Το *Γέλα Παλιάτσο* φαίνεται πως είναι τελικά το αποτέλεσμα της διαπάλης ανάμεσα στη γοητεία του λογοτεχνικού ρεύματος και στην προσπάθεια να αρθρώσει ένα δικό της λόγο, κριτικό και διαφοροποιημένο ιδεολογικά»[825]. Η Α. Καστρινάκη πολύ εύστοχα προσλαμβάνει ένα διχασμό της Καζαντζάκη ανάμεσα στη γοητεία του λογοτεχνικού ρεύματος του αισθητισμού και έναν αντίρροπο λόγο κριτικό και διαφοροποιημένο ιδεολογικά, με τον οποίο μάλλον γίνεται νύξη στον κοινωνικό προβληματισμό (φεμινισμός) που εξέφρασε η Καζαντζάκη.

Σχετική είναι και η διαπίστωση ότι η Καζαντζάκη, αν και έχει περάσει υφολογικά στο χώρο του ρεαλισμού, παρουσιάζεται αναποφάσιστη, αφού η τεχνική του κειμένου της είναι αφαιρετική, σε βαθμό που να θυμίζει κάποιες φορές το συμβολιστικό *Φθινόπωρο* του Κ. Χατζόπουλου. Σ' αυτό συντείνει και η αρχιτεκτονική θεατρικού έργου, που υιοθετεί η συγγραφέας, δομώντας το κείμενο κυρίως πάνω σε διαλόγους. Τα περιγράμματα γύρω από τα πρόσωπα δεν είναι απόλυτα σαφή· τα πρόσωπα δεν σκιαγραφούνται ως χαρακτήρες αλλά χρησιμεύουν ως σκιώδεις ενσαρκώσεις θεωρίας. Αυτό το έχουμε δει να γίνεται με επιτυχία στον Καζαντζάκη και στον Σπ. Πασαγιάννη, οι οποίοι και μέσα στο λυρισμό διατήρησαν πλήρη έλεγχο του λογοτεχνικού υλικού και των σκοπών τους.

---

825. *Η παλαιότερη πεζογραφία μας. Από τις αρχές της ως τον πρώτο παγκόσμιο πόλεμο 1900-1914*, τ. 10, Αθήνα, Σοκόλης, 1997, 427.

Η συγγραφέας δεν επείγεται να μας μυήσει στο δράμα ούτε και να μας συστήσει από την αρχή τους ήρωές της. Σαν ζύμωση που βρίσκεται εν τω γίγνεσθαι, το έργο αναφέρεται στα πρόσωπα μέσα από τις ενέργειές τους, οι οποίες απαριθμούνται σαν γεγονότα. Επομένως, αυτό που εντάσσει το αφήγημα στον αισθητισμό είναι η θεματική της νοσηρότητας, με την οποία συλλαμβάνει η ηρωίδα το σχέδιό της, και της ηδονικής παρακμής, με την οποία το εκτελεί. Η εκλεκτική της συγγένεια με τον αισθητισμό είναι καθαρά θεματικής υφής και δεν έχει σχέση με το ύφος, αντίθετα με άλλους Νεοέλληνες πεζογράφους του αισθητισμού.

Η ηρωίδα του έργου γράφει από τις 3 Αυγούστου ως τις 4 Νοεμβρίου ένα ημερολόγιο –είδος κατεξοχήν αισθητιστικό την εποχή αυτή– με προελάσεις και οπισθοχωρήσεις γύρω από την έννοια του έρωτα. Μια περίεργη διελκυστίνδα δείχνει να διεξάγεται σ' όλη τη διάρκεια του έργου ανάμεσα στην πρωταγωνίστρια και την αίσθηση, ένας αγώνας στον οποίο η ακρότητα δίνει τους τόνους. Υπάρχουν τρεις πρωταγωνιστές, ένα ερωτικό τρίγωνο, που το καλλιεργεί η ίδια η πρωταγωνίστρια και, σαν άλλος Υπεράνθρωπος, θηλυκού γένους αυτή τη φορά, κάνει τον έρωτά της υποβολείο απιστίας, υπαγορεύοντας εκ προμελέτης κινήσεις σκακιού στους δύο χάρτινους συμπρωταγωνιστές της. Ο ένας είναι ο Λώρης[826], ο εραστής της· το τρίτο πρόσωπο της μακάβριας φάρσας –θα έλεγε κανείς– είναι η δεύτερη γυναίκα, που η πρωταγωνίστρια την αναζητά απεγνωσμένα αρχικά στην Μαίρη, παλιά φίλη του Λώρη, και, τελικά, στην ξαδέλφη της, την Σάσα.

Το σχέδιο, που αρχιτεκτονεί συμμετρικά μες στο μυαλό της, το φλογισμένο από έρωτα, είναι να ρίξει τον Λώρη στην αγκαλιά μιας άλλης γυναίκας, για να αποφύγει την εξάρτηση από το συναίσθημα, από τον έρωτα. Όταν πια το πετυχαίνει, τον αναζητεί ξανά, από πόνο για το συμβιβασμό που δέχτηκε να κάνει. Οι δύο εραστές παλινδρομούν στην αρχική τους φλόγα και το παιχνίδι επαναλαμβάνεται, με δικαίωση της σκληρής πια πρωταγωνίστριας, η οποία κίνησε σαν μαριονέτες απλές φιγούρες ανθρώπων δίπλα της, υποβάλλοντάς τους λόγια, πράξεις ενός θεάτρου της ζωής, όπως αυτή το φαντάστηκε. Στη διάρκεια του έργου η αφηγήτρια βρίσκεται σε εγρήγορση, μια εγρήγορση που θα την λέγαμε και επαγρύπνηση αίσθησης. Εκεί σφυρηλατούνται αντοχές κατά το πρότυπο του Υπερανθρώπου, καθώς η ίδια η πρωταγωνίστρια καλλιεργεί εσωτερικές διαθέσεις και πυρετικές φαντασιώσεις χαλκεύοντας τη ζωή της στην αυτονομία.

---

826. Ίσως το όνομα να σχετίζεται απόμακρα με την Lor(ele)i του Καζαντζάκη.

Δύο είναι τα αισθητιστικά θέματα, γύρω από τα οποία περιστρέφεται το αφήγημα. Το πρώτο είναι η επιθυμία της ανυπότακτης ζωής, η οποία ορίζεται ως παντοκρατορία της αίσθησης και ως τσιγγάνικη ελευθερία στην απόλαυση του πάθους. Το δεύτερο είναι το θέμα του Υπερανθρώπου, της χειραγώγησης του αντιπάλου, που εδώ είναι το άλλο φύλο. Η αισθησιακή διάσταση του Υπερανθρώπου δεν αποτρέπει τον εκφυλισμό του ανθρώπινου προσώπου σε μαριονέτα ή πιερότο, σε κενό σκεύος τελικά, ενώ προμηνύει μέσα από την παρακμιακή αλλοτρίωση την απανθρωποποίηση της μοντέρνας τέχνης.

Η ατίθαση διεκδίκηση της ζωής τονίζεται ήδη από την εισαγωγή του έργου, όταν η πρωταγωνίστρια κοιτάζει έξω από τα κάγκελα της φυλακής της και αντικρίζει μια «ζωή πολυσύνθετη και παντοκρατόρισσα»[827]. Αδίστακτα θα μπει μέσα στη φλόγα αυτής της άγνωστης γης και θα την διανύσει χωρίς φόβο. Η δύναμη, με την οποία εξαπλώνεται κτητικά η κοσμοαντίληψη της αφηγήτριας, προοιωνίζεται το κύριο θέμα. Μιλά για την ανάγκη της πρωταγωνίστριας να δημιουργήσει ένα θόρυβο γύρω της, να διακόψει την ασάλευτη σιωπή που την κατατρύχει με μιζέρια· η ίδια δηλώνει ότι βαρέθηκε να είναι κλεισμένη στο νεκροταφείο της ψυχής της, περιμένοντας να θάψει ολοένα και καινούριους νεκρούς που φεύγουν από τον κόσμο της ζωής της[828].

Βλέπει τη ζωή των άλλων σαν «αλυσίδα ασύντριφτη κι ατέλειωτη»[829], που την ξεκουφαίνει με δαιμονισμένο κρότο και παίρνει την απόφαση να πάει και αυτή εκεί, να ενώσει το χαλκά της ζωής της με τους χαλκάδες που αποτελούν όλη την αλυσίδα, ώστε να βγάλει και η δική της ζωή κάποιους ήχους αγγίζοντας τις ζωές των άλλων, αν και συναισθάνεται πως οι ήχοι θα είναι άσχημοι και αταίριαστοι[830]:

> Ο σκοπός είναι να γενεί θόρυβος. Μια παράξενη και πρωτόφαντη βουή, που να μη μ' αφήνει ν' ακούω πια το αδιάκοπο αναστέναγμα των κυπαρισσιών. Θέλω να ξεχάσω για πάντα, ω για πάντα, το μέρος π' αφήκα. Αυτό το θέλω. Να βάλω γύρω μου έναν κόσμο να κινιέται και να φωνάζει και να οργιάζει με ξεφρενιασμένη όρεξη [...] Θα δώσω το σημείο εγώ ν' αρχίσει

---

827. Γ. Καζαντζάκη, *Γέλα Παλιάτσο*, Θεσσαλονίκη, Μπαρμπουνάκης, 1984, 32.
828. Ό. π.
829. Ό. π.
830. Ό. π.

μια ορχήστρα από χίλια όργανα για τον πιο αλλόκοτο, τον πιο μακάβριο χορό. Όλα ξεκουρντισμένα και παράταιρα, μια βάρβαρη και πρωτάκουστη μουσική και μέσα στο πανδαιμόνιο, που θα βγάζουν όλες αυτές οι παραφωνίες, εγώ να σέρνω το χορό ξεκαρδισμένη στα γέλια, σιγοτραγουδώντας δίχως ν' ακούγομαι ένα μονόσυρτο σκοπό σα μοιρολόι[831].

Η αλυσίδα της ζωής θυμίζει την ανθρώπινη αλυσίδα της *Κερένιας κούκλας*, που αποπνέει σαρκικές αναθυμιάσεις, καθώς εκστασιάζεται μέσα στο διονυσιασμό της Αποκριάς. Στην Καζαντζάκη, οι ήχοι της αλυσίδας θα μπορούσαν να είναι διονυσιακές τυμπανοκρουσίες. Εδώ, όμως, η εισαγωγή του γκροτέσκου, μέσα από τον παράταιρο, εκκωφαντικό κρότο των χαλκάδων, πείθει ότι πρόκειται για διαστροφή του διθυράμβου. Η πικρία, με την οποία η αφηγήτρια υπονομεύει τη θριαμβολογική επιδίωξη της χαράς, είναι μοτίβο αισθητιστικής νοσηρότητας.

Άλλο σημείο, όπου εμφαίνεται η διακήρυξη της ανεξάρτητης ζωής, είναι τα λόγια του Λώρη, ο οποίος ως ανυπότακτος μποέμ αποκηρύσσει τις συμβάσεις της τακτοποιημένης ζωής, ακόμη και του έρωτα, όταν προδιαγράφει το πώς ποθεί τη γυναίκα:

> βαθιά, ζωντανή, ανθρώπινη, που να με κυριαρχήσουνε οι στιγμές της όλο, τα μπράτσα της τα θέλω να μ' αγκαλιάζουνε σφιχτά και τα χείλια της τα θέλω να καίνε. Μα μόνο για λίγο· το αιώνιο, το σίγουρο, το συνηθισμένο το σιχαίνουμαι και το βαριούμαι. Η γυναίκα που με καρτερεί με πάθηση κι υπομονή και λατρεία με κουράζει. Διαβατάρικη και τσιγγάνικη όπως μου τη δίνεις εσύ!

> Όπως του τη δίδω εγώ, διαβατάρικη και τσιγγάνικη! Ας είναι· κάλλιο να μην ξέρει την ψυχή μου, να μην την μάθει ποτέ του, για να μην την ταπεινώσει ποτέ με τον οίχτο του. Διαβατάρικη και τσιγγάνικη, όπως του τη δίνω εγώ![832]

---

831. Ό. π., 32-33.
832. Ό. π., 44.

Το θέμα της τσιγγάνας και του μποέμ, που είδαμε στον Καζαντζάκη και στην Γ. Αλεξίου, θυμίζει την εκφραστικότητα των καζαντζακικών *Σπασμένων Ψυχών* πιο πολύ στα σημεία, όπου ο Ορέστης απορρίπτει τη ζωή της καθημερινότητας. Στο κείμενο της Γ. Καζαντζάκη, το πώς η αφηγήτρια συμπληρώνει με δικές της σκέψεις τα λόγια του Λώρη συνιστά, με όρους της δραματικής τέχνης, στροφή και αντιστροφή πάνω στο ίδιο θέμα.

Οι δύο παραλλαγές του θέματος της τσιγγάνικης ελευθερίας στον έρωτα θα γίνουν αργότερα μία μόνο, και βαθιά ριζωμένη, πεποίθηση της πρωταγωνίστριας:

> Αρχίζω να φοβούμαι. Φοβούμαι μην είναι αγάπη όλα εκείνα τα λόγια που μου λέει κι ό,τι μ' αφήνει και μαντεύω. Ω, πώς φοβούμαι! Και δεν πηγαίνω κοντά του και δε γονατίζω πια, όπως έκανα πρώτα, μπροστά του, σαν ήθελα ν' ακουμπήσω στα γόνατά του, γιατί φοβούμαι μη τον ιδώ να σκύψει να με φιλήσει και συλλάβω στα μάτια μου ότι δεν τολμώ να το πιστέψω [...] Θαρρώ δε θα ξέρω τι να την κάμω την άγνωστη αυτή περαστική, που σταμάτησε στην πόρτα μου ξαφνικά και απροσκάλεστη. Τη φοβούμαι την Ευτυχία [...] Δε θέλω να το πιστέψω κι αποφεύγω να τονε ρωτήσω μην τύχει και μ' αποκριθεί: «Ναι, σ' αγαπώ!»[833]

Είναι έντονο το στοιχείο μιας έλξης, που διέπεται από την απώθηση και το φόβο, κάτι που έχουμε δει στην ανδρική του έκδοση στο *Όφις και κρίνο* και κάτι που ξαναβλέπουμε στις *Σπασμένες Ψυχές*. Η ίδια άποψη για τον έρωτα, που διατυπώθηκε από την πλευρά του άντρα στο *Όφις και κρίνο*, διατυπώνεται τώρα από την πλευρά της γυναίκας, κάτι φυσικό για μια φεμινίστρια και αντίπαλον δέος του συζύγου της. Εδώ υπάρχει η ανεξαρτησία της γυναίκας από το αίσθημα, ακόμη και όταν αυτό την πληγώνει θανάσιμα. Προέχει η επιδίωξη της Υπερανθρώπου, μιας ανθρώπινης ύπαρξης που νιώθει σαν να μη νιώθει και είναι άνθρωπος σαν να μη μετέχει της ανθρώπινης ιδιότητας. Είναι ένα ον υπεράνω αισθήματος, είτε το αίσθημα λέγεται αγάπη, είτε ευτυχία, είτε θλίψη, γιατί και τη θλίψη την επιβάλλει στον εαυτό της με την εκβιαστική εκχώρηση του αγαπημένου της.

---

833. Ό.π., 78-79.

Ενώ η αίσθηση της απώλειας την καταρρακώνει, πολεμά την αποδοχή της αλήθειας και αγωνίζεται ενάντια στον ανθρώπινο εαυτό της: «Κι αγανάχτησα και σιχάθηκα τον εαυτό μου και μια αηδία ακατάσχετη ανέβηκε από την ψυχή μου για όλη την Αγάπη που είχα γι' αυτόν τον άνθρωπο»[834]. Η υποταγή την τρομάζει και της φέρνει αηδία, καθιερώνοντας ένα ιδανικό Υπερανθρώπου, στο οποίο υπακούουν οι μυστικές φωνές της ύπαρξής της. Η απέχθεια, που αισθάνεται η πρωταγωνίστρια, δεν έχει σχέση με το συγκεκριμένο άτομο που έχει απέναντί της· το αντίθετο μάλιστα, ο εραστής της είναι δεσμευμένος στον έρωτά της, ακόμη και όταν η ίδια προσπαθεί να απομακρυνθεί. Τίποτε άλλο όμως δεν μετρά μπροστά στο ανώτερο όραμα, στο οποίο υπακούει αυτή· το όραμα αυτό είναι μονάχα ο εαυτός της, με τον οποίο έρχεται αντιμέτωπη, για να ταξινομήσει με τρόπο δριμύ όσα διεργάζεται το εσώτερο «είναι» της.

Στο μυθιστόρημα της Γ. Καζαντζάκη ο τρόμος μέσα στη σχέση άνδρα-γυναίκας έχει φιλοσοφικό και υπαρξιακό χαρακτήρα, κρύβει μέσα του έμφυτο το αντίκρισμα του χρόνου, τη φθορά του πόθου σε αγάπη. Δεν έχει σχέση με άτομα αλλά με προαιώνια καλέσματα ένωσης και διατήρησης του δεσμού, τα οποία μπλέκονται απειλητικά, μέσα σ' έναν ψυχισμό που προσπαθεί ανάμεσά τους να κρατήσει μια σταθερότητα αλλά και μια αυτοβεβαίωση ανεξαρτησίας. Η ανεξαρτησία δεν εννοείται ως ανεξαρτησία από το αντίθετο φύλο αλλά από τον κανόνα του αισθήματος.

Παρόμοια αίσθηση αηδίας νιώθουν ο Ορέστης των *Σπασμένων Ψυχών* του Καζαντζάκη και οι άντρες πρωταγωνιστές του Επισκοπόπουλου. Στις *Σπασμένες Ψυχές* υπάρχει μια λυρική και αισθησιακή σκηνή, όπου η Φύση σαν παντοκράτειρα των επιθυμιών σμίγει τον άντρα και τη γυναίκα κάτω από τους πλούσιους μαστούς της, που συμβολίζουν τη γονιμότητα. Στον Επισκοπόπουλο, όμως, η παγίδα σαγήνης–μίσους, όπου νιώθει πιασμένος ο άντρας, σχετίζεται με την υπαρξιακή ιδέα του φόβου του απέναντι στην ανεξαρτησία της θέλησής του.

Η «Κόκκινη Ζωή» της Γ. Καζαντζάκη (1912) είναι ένα πεζό, όπου διασταυρώνονται η «Σαλώμη», το *Γέλα Παλιάτσο* και οι *Σπασμένες Ψυχές*. Θα λέγαμε ότι πρόκειται για μιμητική αναπαραγωγή, που επαναλαμβάνει χωρίς πρωτοτυπία όσα έχουν ειπωθεί παραπάνω. Η έννοια της αρρώστιας, που κατατρύχει τις σκέψεις της πρωταγωνίστριας, μένει αδιευκρίνιστη μέχρι το τέλος· ο αναγνώστης δεν γνωρίζει αν

---

834. Ό. π., 80.

επίκειται, αν υφίσταται σε οργανικό επίπεδο και αν είναι το αίτιο ή το αιτιατό της νεύρωσης που την διακατέχει. Η υπόθεση του έργου είναι μια προβληματική ερωτική σχέση έλξης και απώθησης των δύο φύλων, που καταλήγει στη δολοφονία του άντρα από τη γυναίκα. Μέσα σ' αυτά τα γνωστά θέματα ιδιαίτερη θέση κατέχει η λαχτάρα για ζωή, που εγείρει μέσα στην πρωταγωνίστρια ένα διθυραμβικό ξέσπασμα για τους νέους και το θρίαμβο της ζωής. Η απέχθεια για τη νοικοκυρίστικη ζωή εκφέρεται για άλλη μια φορά ως αισθητιστικό επιχείρημα, ενώ ιδιαίτερο ενδιαφέρον παρουσιάζει η σκηνή του αποκριάτικου χορού, που θυμίζει τα γνωστά συμπόσια του αισθητισμού αλλά και αποκριάτικες σκηνές από τον Παλαμά, τον Χρηστομάνο και τα μικρά πεζά του Καρυωτάκη. Το εύρημα του μασκαρέματος της πρωταγωνίστριας σε ταυρομάχο είναι ιδιαίτερα τολμηρό, αφού πέρα από τις αισθησιακές συνδηλώσεις του διαλέγεται και με το μοτίβο του Ανδρόγυνου. Το πιο δυνατό αισθητιστικά σημείο του έργου είναι εκείνο που εξαίρει την πολυτέλεια και την εκζήτηση μιας ζωής που έχει αφεθεί στις απολαύσεις:

> Ήσαν τα θεωρεία, όλο γκιρλάντες λουλουδένιες κι ηλεκτρικούς και πολύχρωμους γλόμπους κι όπως όλα γύρω ήσαν γεμάτα από γυναίκες φορτωμένες διαμαντικά και χρυσάφια με τους ώμους και τα μπράτσα γυμνά δεν ξέρω πώς μου φάνηκαν σαν βαγόνια φανταστικού τρένου που ξεκινούσε για καμμία πολιτεία ωραίων οργίων... και κάτι τι σαν ανατρίχιασμα ηδονής μ' έλουσεν όλη [...] Κι είπα πως τίποτα δεν αξίζει τόσο στη ζωή όσο οι ώρες που περνούμε στολισμένες λουλούδια, διαμάντια και αρώματα κι είμαστε νέοι και όμορφοι και είμαστε τρελαμένοι από τη χαρά[835].

Στοιχείο επανάληψης είναι η εμμονή με το όνομα Λώρης, που είδαμε στο *Γέλα Παλιάτσο* (το βλέπουμε και στον πρωταγωνιστή του καζαντζακικού θεατρικού *Φασγά* το 1907). Εδώ ο πρωταγωνιστής ονομάζεται Λώρης[836] αλλά και η πρωταγωνίστρια σε κάποια σημεία παρομοιάζεται με την Χρυσούλα, η οποία αναφέρεται ως πρωταγωνί-

---

835. *Νέα Ζωή* (Αλεξάνδρειας) 8, 1-3 (1912) 14.
836. Θα μπορούσαμε ίσως να υποθέσουμε ενδεχόμενη σχέση με το θηλυκό Λώρα (Laura), με όλες τις συνδηλώσεις του, από την πετραρχική ηρωίδα κ. ε. (υπάρχει και ένα ψευδώνυμο Κύπριου συγγραφέα του μεσοπολέμου: Λώρος Φαντάζης).

στρια του έργου που γράφει ο πρωταγωνιστής-συγγραφέας. Αυτή η ανακύκλωση βιογραφικών και εργογραφικών στοιχείων και μοτίβων, που επανέρχονται απαράλλαχτα, θα συνεχιστεί και το 1914, οπότε η αφηγήτρια του ρεαλιστικού αφηγήματος *Η άρρωστη πολιτεία* θα εκφράσει την αποστροφή της για τους αρρώστους με τα ακριβή λόγια του Ορέστη Αστεριάδη των *Σπασμένων Ψυχών*: «Πώς μπορείτε και ζείτε και λερώνετε τον ήλιο με τα σάπια κορμιά σας και βρομίζετε τη μυρισμένη αύρα με την ανάσα σας;»[837]

Συνοψίζοντας, θα λέγαμε ότι η παρουσία της Γ. Καζαντζάκη στον αισθητισμό είναι περιστασιακή· η συγγραφέας δεν αρθρώνει έναν ευδιάκριτο δικό της λόγο μέσα στο κοσμοθεωρητικό πλαίσιο του αισθητισμού αλλά μάλλον προβληματίζεται πάνω σ' ένα ήδη προδιαγεγραμμένο σχέδιο, που απηχεί κυρίαρχα τις απόψεις του Ν. Καζαντζάκη.

---

837. *Νέα Ζωή* (Αλεξάνδρειας) 9, 2 (1814) 110-111.

Αισθητισμός. Η νεοελληνική εκδοχή του κινήματος

13. Σωτήρης Σκίπης

Στην ποιητική παραγωγή του Σκίπη (1881-1952), κατά τα χρόνια του αισθητισμού, ανιχνεύουμε κάποιον εκλεκτικό αισθητισμό καβαφικού τύπου· στο πεζό του όμως, που θα εξετάσουμε εδώ, ο αισθητισμός έχει καθαρά τη μορφή του ελλαδικού αισθητισμού. Η παρουσίαση είναι ενδεικτική και αποδεικνύει τη διεισδυτική δύναμη του κινήματος, που διαπότισε ακόμη και έργα λογοτεχνών που δεν ανήκουν στον αισθητισμό.

Το συγκεκριμένο πεζό έχει τίτλο «Η τρελή»[838]. Όλο το κείμενο είναι ένα πεζοτράγουδο ή πεζό ποίημα, που ο ομιλητής το απευθύνει στην καλή του, με την οποία περπατούν, μέσα σ' έναν ενδιάθετο ηδονισμό, στη γαλλική μεσογειακή ύπαιθρο. Καθώς το βάδισμά τους περνά ανάμεσα από χωριά της Ν. Γαλλίας την εποχή του τρύγου, ο ομιλητής βρίσκει την αφορμή να ανατρέξει νοερά στη φύση της πατρίδας του:

> Ριζόλοφοι πλάι μας και κάτου η Μεσόγειος. Διάφανοι οι λόφοι σαν της Πατρίδας μου, καλή. Γραμμές που πάσκουν εντατικά της Τέχνης το σκήμα να πάρουν. Ώρες την αγωνία τους γρικάς προς τον ορίζοντα να χάνεται. Ώρες παράκληση να κάνουν προς κάποιον τεχνίτη που προσδοκιέται μοναχά και δεν έρχεται, προς κάποιον παραμυθένιο Φειδία ανεπάντεχο. Ευεργετικός ο ήλιος σήμερα για μας και να τον γλεντήσουμε θα πρέπει μας. Ωραία είναι τ' αμπέλια ζερβόδεξα και πιο ωραίες ακόμα οι χωριάτισσες που τρυγούν

---

838. *Ο Νουμάς* 7, 339 (1909) 4-5.

τα σταφύλια. Διονυσιακά όνειρα πετούνε γύρωθέ μας σαν τα πουλιά. Τα ξανοίγεις τα όνειρα από κλαρί σε κλαρί, να πουρπουλίζουν των άγρελων; Αμίλητη τράβα και κρύψε τη συγκίνησή σου. Κάπου εδώ σήμερα θεοί παλιοί κρυφά μας ευλογάνε! [...] Μην τρέμεις κοντά μου σαν είσαι ποτές, Δαναΐδα, και θα σου χαρίσω τις ηδονές εγώ τις πιο σπάνιες [...][839]

Αυτό είναι το μόνο απόσπασμα του κειμένου που θα μας απασχολήσει, λόγω του διονυσιασμού που χύνεται στη φύση, λόγω της εξωτερίκευσης των αισθήσεων του πρωταγωνιστή και λόγω του μακρινού απόηχου κάποιων διατυπώσεων του Π. Γιαννόπουλου. Τα ερωτικά του όνειρα ο πρωταγωνιστής τα βλέπει σαν διονυσιακά αμπελόφυλλα πάνω στα κλήματα και η συγκίνηση από την ανάμνηση των αρχαίων θεοτήτων δένει με την επιθυμία του γλεντιού και την ικανοποίηση των σπάνιων ηδονών. Αυτό που δίνει περισσότερη σημασία στη σκηνή είναι το ότι η φύση δεν αντικρίζεται μόνο μέσα στα γνωστά πια ηδονικά συμφραζόμενα της μεθυστικής, γόνιμης γης· εδώ η θεώρηση της φύσης προχωρεί ένα βήμα πιο πέρα, ως θεώρηση καινούριου πλάσματος τέχνης. Η αντιμετώπισή της ως έργου τέχνης αποτελεί απόλυτη έκφραση του αισθητισμού, τόσο γιατί η φύση γίνεται έτσι τεχνητό κατασκεύασμα, όσο και γιατί γίνεται ωραίο κατασκεύασμα, καλλιτέχνημα.

Η διάφανη ποιότητα των λόφων, οι φυσικές γραμμές που πασχίζουν να πάρουν το σχήμα της τέχνης και αναζητούν απεγνωσμένα τον τεχνίτη τους, όλα, κατευθύνουν προς μια έκφραση της φύσης με όρους της τέχνης. Αυτό που ζητά η φύση –κατά βάση ο αισθητής που την παρατηρεί– είναι να δίνει την εντύπωση έργου τέχνης, να γίνει ένα μ' αυτό και να πάρει το σχήμα του. Δεν ξεχνούμε ότι, κατά τον Wilde, το πρώτο καθήκον του αισθητή είναι να είναι τεχνητός. Ο Wilde είχε πει, επίσης, ότι «οι τέχνες δανείζονται όχι από τη ζωή αλλά η μια από την άλλη»[840] και πως «η αντίληψη του να κάνει κανείς ένα πεζό ποίημα από μια ζωγραφιά είναι θαυμάσια»[841]. Αν αντιστρέψουμε τη φορά της παραπάνω ρήσης, τότε έχουμε αυτό που διαβάσαμε, αφού ο Σκίπης φτιάχνει μια ζωγραφιά από ένα πεζό ποίημα. Οι εικαστικές ποιότητες της περιγραφής, με έμφαση στη γραμμή και στο διαυγές χρώμα μέσα στο οποίο εξαλεί-

---

839. Ό. π.
840. Α. Σαχίνης, *Η πεζογραφία του αισθητισμού*, Αθήνα, Εστία, 1981, 107.
841. Ό. π.

φονται τα σκληρά περιγράμματα, καθοδηγούν το χέρι μάλλον ενός ζωγράφου παρά ενός συγγραφέα. Με τον τρόπο αυτό ενισχύεται η ιδέα της ανταλλαγής μεταξύ των τεχνών, ιδέα που συντείνει στην πληρότητα της καλλιτεχνικής δημιουργίας και η οποία υπήρξε μία από τις βασικότερες πραγματώσεις του ελλαδικού πεζογραφικού αισθητισμού. Όλα τα παραπάνω στοιχεία τα συναντήσαμε ήδη στον Π. Γιαννόπουλο, οργανωμένα σε κοσμοθεωρία αισθητικής. Εδώ αποκτούν απλώς το χαρακτήρα επιβεβαίωσης ενός ισχυρού ύφους, μέσα από εξακτινώσεις του σε κείμενα ελασσόνων, σε δυνατότητες και εμβέλεια, λογοτεχνών.

14. Κώστας Ουράνης

Ο Ουράνης (1890-1953) περιλήφθηκε στο βιβλίο, επειδή το 1909 δημοσίευσε τρία πεζά, με θέματα που εφάπτονται στον αισθητισμό. Τα πεζά αυτά, με τα οποία θα ασχοληθούμε, είναι τα ακόλουθα: «Θάνατος μέσα σε λουλούδια»[842],«Ο Χριστός και η Αφροδίτη»[843] και «Δύο αδελφές»[844]. Την πραγμάτευση των θεμάτων θα την δούμε στη συνέχεια. Στο σημείο αυτό όμως, έχει σημασία να επισημάνουμε ότι η σαρκική ηδυπάθεια και η ερωτική αποθέωση σε συνδυασμό με την ανδρογυνική μορφή απαντά στον Ουράνη πολύ αργότερα, κατά τη δεκαετία του '20, σε ταξιδιωτικό του κείμενο, που αφορά την Ιταλία και τα δημιουργήματα του Μιχαήλ Άγγελου[845]. Στο κείμενο αυτό, που έχει τον τίτλο «Φρέσκο Μιχαηλαγγελικό», παρατηρούμε ότι ακόμη και οι πιο περίτεχνες περιγραφές του Ουράνη δεν έχουν σχέση με τη χλιδή του περιττού, που τίμησε ο αισθητισμός· μόνον ο λόγος του για «σφιγγώδεις Σίβυλλες και Νέους αινιγματικούς»[846]

---

842. *Ελλάς* 2, 73 (1909) 4.
843. *Δάφνη* 16 (1909) 2.
844. *Δάφνη* 18 (1909) 2.
845. Κ. Ουράνης, *Ταξίδια. Ιταλία*, Αθήνα, Εστία, χ.χ.έ., 190:
Μα το Νέο της Καπέλα Σιστίνα που μέσα στα αθλητικά μέλη του περνάει ένας γυναίκειος ηδονισμός που γεννάει έναν απραγματοποίητο πόθο στον παρατηρητή μόνο ο Μιχαήλ Άγγελος ήταν δυνατό να τον φανταστεί. Αναγνωρίζω στο γυναικωτό αυτόν Αντίνοο το ερμαφρόδιτο όνειρο του μεγάλου καλλιτέχνη του κουατροτσέντο, το αδύνατο όνειρο του Μιχαήλ Αγγέλου: την ένωση των δύο φύλων σ' ένα πλάσμα εξαίσιο. Την ένωση των δύο του μεγάλων ερώτων, του Καβαλιέρι και της Βιττόρια Κολόννα σε μιαν ερωτική αποθέωση.
846. Ό. π., 189-190.

παραπέμπει στην αισθητιστική λατρεία για το παράξενο και το μυστηριώδες.

Το πεζό ποίημα «Θάνατος μέσα σε λουλούδια» απαρτίζεται από έξι παραγράφους. Μέρος της επιτυχίας του κειμένου έγκειται στην περιεκτικότητά του, χάρη στην οποία ο αφηγητής μεταδίδει στον αναγνώστη την αισθητική του χωρίς αστάθειες ή κενά. Πρόκειται για την αισθητική ενός συμποσίου που έφτασε στο τέλος του· αυτό παραπέμπει στους Δυτικοευρωπαίους αισθητιστές –όπου η λήξη των αυτοκρατορικών ή άλλων συμποσίων παρουσιάζεται και ως αλληγορία της παρακμής– αλλά και στην «Σαλώμη» της Γ. Αλεξίου – όπου η παρακμή του συμποσίου προσφέρεται για αξιοποίηση του θέματος του Υπερανθρώπου.

Στο πεζό ποίημα του Ουράνη η υπόθεση δεν είναι καινούρια: δύο εραστές πεθαίνουν πάνω σε ένα κρεβάτι λουλουδένιο:

> Και τα λουλούδια τα άσπρα, τα κόκκινα, τα κίτρινα, ακόμα και κίτρινα λουλούδια, λουλούδια με χίλια χρώματα, με χίλια δυο αρώματα, με χίλια δυο σχήματα να μας σφίγγουνε την αναπνοή... που να βγαίνει σιγά και γλυκά και πολύ γλυκά· ν' ανασαίνουμε τη θανατερή τους αναπνοή μόνοι... εμείς οι δυο... αγκαλιασμένοι σφιχτά σφιχτά... Και να πεθαίνουμε...[847]

Το θέμα του θανάτου μέσα σε λουλούδια το έχουμε ξανασυναντήσει σε αρκετούς Νεοέλληνες λογοτέχνες· αναφερθήκαμε εκτενέστερα σ' αυτό, όταν συζητήσαμε το καζαντζακικό Όφις και κρίνο. Το ξεχωριστό στοιχείο, που εισάγει ο Ουράνης, είναι η απουσία βιαιότητας και η αντιμετώπιση του όλου θέματος ως συμμετοχής σε συμπόσιο. Εδώ ακριβώς εντάσσεται η εντυπωσιακή περιγραφή των λουλουδιών, που φέρει έναν μάλλον αισιόδοξο αέρα· σ' αυτήν έρχεται να προστεθεί η εικόνα της γυναίκας που, κρατώντας σφιχτά στη χούφτα τα λουλούδια και ανασαίνοντας το άρωμά τους, ψάλλει τραγούδια του Ανακρέοντα υμνώντας την ευτυχία και την ηδονή· την ανακρεόντεια ή διονυσιακή ευωχία την συμπληρώνει το κόκκινο αφρώδες κρασί στα κρυστάλλινα ποτήρια. Αυτό το ηδονιστικό άνοιγμα του τοπίου το έχουμε δει στον Καζαντζάκη και στον Π. Γιαννόπουλο να απλώνεται στη φύση· ο Ουράνης, όμως, κατορθώ-

---

847. Ό. π., 4.

νει να μεταδώσει τον αρχαίο ελληνικό ηδονισμό, ακόμη και κλείνοντάς τον μέσα σ' ένα δωμάτιο.

Όταν ο Ουράνης παρομοιάζει το γυναικείο στήθος, που νεκρώνεται, με τα μαραμένα λουλούδια, σαφώς υπολείπεται του Καζαντζάκη σε λυρισμό – ίσως και λόγω της περιορισμένης έκτασης του κειμένου του. Αυτό, όμως, που δικαιώνει την παρακμιακή υφή του κειμένου είναι η τελική πράξη του επιθανάτιου σπασμού, όταν το φως της καντήλας πεθαίνει και τα χέρια λύνονται αφήνοντας να πέσουν κάτω λουλούδια και ποτήρια ανάμικτα. Έτσι, η «ροδοποντή» του Γιάννη Καμπύση («Τα ρόδα του Ηλιογάβαλου»), που αναφέραμε στο κεφάλαιο για τον Καζαντζάκη, έχει τώρα μέσα της, εκτός από λουλούδια, κομμάτια από κρύσταλλο και σταλαγματιές κόκκινου κρασιού.

Σημεία, που αναγγέλλουν τη συμβολιστική κατοπινή πορεία του Ουράνη, είναι η βροχερή μέρα, το αμυδρό φως της καντήλας που φωτίζει μέρος του δρόμου έξω από το σπίτι –«όπως μια ευτυχία φωτίζει ένα πέλαγο, ατελείωτο πέλαγο πίκρας»– και η πένθιμη καμπάνα που ηχεί στο τέλος.

Στο πεζό «Ο Χριστός και η Αφροδίτη», που θυμίζει την «απλή μορφή» του διδακτικού απόλογου, ένας πατέρας εξομολογείται μάλλον, παρά αφηγείται, ότι μεγάλωσε το παιδί του μακριά από την κοσμική πλάνη των ηδονών και της ψεύτικης χαράς και ότι προσπάθησε να του εμπνεύσει ευαισθησίες. Όταν ήρθε η στιγμή να το στείλει στον κόσμο, του έδειξε δύο εικόνες: του Χριστού και της Αφροδίτης. Όταν, όμως, ρώτησε το παιδί ποια του αρέσει περισσότερο, το παιδί έδειξε την Αφροδίτη προς απογοήτευση του πατέρα του. Χρόνια ύστερα από τη στιγμή αυτή, το παιδί γυρίζει άρρωστο και χλωμό από το ταξίδι του στον κόσμο· τώρα πια γαληνεύει κοιτάζοντας την εικόνα του Χριστού.

Το θέμα είναι ήδη γνωστό από το διεθνή αισθητισμό· η άνοδος στο Venusberg απαντά στον Swinburne και στον Louÿs· η είσοδος στη σπηλιά της Αφροδίτης σημαίνει γι' αυτούς αποδοχή του παγανισμού, ενώ πάντα υπάρχει το αντίπαλον δέος του χριστιανισμού. Και σ' αυτά τα κείμενα, όπως και στον Ουράνη, ο Χριστός σημαίνει την ενάρετη ζωή, ενώ η Αφροδίτη σημαίνει την προτίμηση της αμαρτίας. Η επιλογή που γίνεται τελικά είναι αυτή που καθορίζει αν το κείμενο είναι αισθητιστικό ή όχι.

Αυτό που κατακυρώνει ως αισθητιστικά τα κείμενα του διεθνούς αισθητισμού, που αναφέραμε, είναι ότι βρίσκουν το θέμα πρόσφορο, για να αναθερμάνουν την ηδονιστική ειδωλολατρεία ως επιλογή της τέχνης τους· επίσης, επιζητώντας την αντιστροφή των όρων του καλού και του κακού, πάντοτε μέσα στο πλαίσιο της αναμονής της επόμενης αίσθησης, προσχωρούν εκούσια στην ασυδοσία, επειδή θεωρούν πληκτική την αρετή. Ο Ουράνης, αντίθετα, με ερείσματα στη θρησκευτική γραμματεία, πραγματεύεται το θέμα κρατώντας τη διάκριση του ενάρετου και του αμαρτωλού στα επίπεδα του ορθού και του λάθους, κάτι που αποκλείει το κείμενο από τον αισθητισμό. Το κείμενό του, άλλωστε, είναι μάλλον ρεαλιστικό στον τρόπο γραφής· απουσιάζουν οι λυρικοί τόνοι ή η εκζήτηση που επιλέγει ο αισθητισμός, για να περιγράψει αμαρτωλές εξάρσεις ή τα ελκυστικά πάθη. Στον Ουράνη το ύφος είναι λιτό, ώστε να εμπεδώνει σε νοηματικό επίπεδο έννοιες της ταπείνωσης και της σεμνότητας· από αυτή την άποψη δεν θα ήταν, νομίζω, υπερβολικό να χαρακτηριστεί το κείμενο και ως ηθικοδιδακτικό exemplum. Αυτή η χροιά, που εκ προοιμίου ζήτησαν να την αποτινάξουν από τα έργα τους οι αισθητιστές, επιβεβαιώνει ότι το κείμενο δεν ανήκει στον αισθητισμό.

Κάτι ανάλογο συμβαίνει και με ένα άλλο πεζό ποίημα που δημοσίευσε ο Ουράνης την ίδια χρονιά, με τίτλο «Δύο αδελφές». Οι δύο δρόμοι –της αρετής και της κακίας–, που είδαμε στο «Ο Χριστός και η Αφροδίτη», αισθητοποιούνται εδώ με τη μορφή δύο γυναικών, και μάλιστα αδελφών. Η μία αδελφή αφέθηκε στην έκδοτη ζωή, ενώ η άλλη έζησε ζωή στέρησης. Όταν τις βρίσκει ο θάνατος, η πρώτη κείτεται μέσα στο φέρετρο ντυμένη στα μετάξια, στα διαμαντικά και στα άνθη, ενώ η δεύτερη φορά μόνον ένα φτωχικό, κουρελιασμένο ρούχο. Η νεκροφόρα της πρώτης είναι ολόχρυση και η πομπή που την συνοδεύει μεγαλόπρεπη, πολυπληθής· το νεκροκρέβατο της δεύτερης είναι ξύλινο, και λιγοστοί οι άνθρωποι που την συνοδεύουν. Όταν μετά από τρία χρόνια ανοίγουν τους τάφους, το θέαμα που αντικρίζουν δείχνει ότι τα πράγματα έχουν αντιστραφεί· τα διαμαντικά της μεγάλης αδελφής έχουν πέσει στο χώμα, καθώς άσπρα παχιά σκουλήκια την έχουν καταφάει· στον τάφο της μικρής αδελφής, αντίθετα, δεν βρίσκουν τίποτε άλλο παρά ένα κρίνο στη θέση της καρδιάς της.

Το κείμενο λειτουργεί με βάση ηθικές κατηγορίες και προωθεί αξίες, όπως η σεμνότητα και η ταπείνωση, τις οποίες ορίζει ως επιθυμητές και, επομένως, τις θέτει ως ιδανικό. Αυτό αυτομάτως οριοθετεί το κείμενο έξω από το χώρο του αισθητισμού, ο οποίος επένδυσε στην απόρριψη του ιδανισμού. Σ' αυτή τη διαπίστωση συνηγορεί και ο τρόπος με τον οποίο χρησιμοποιούνται τα μοτίβα του σκουληκιού και του κρίνου.

Έχουμε δει τη διαπλοκή τους στο καζαντζακικό *Όφις και κρίνο* προς τη δημιουργία ενός αμφίσημου όντος, το οποίο γενικά χαρακτηρίζει τις συλλήψεις των αισθητιστών. Αντίθετα, η θέση που καταλαμβάνουν τα δύο μοτίβα στο κείμενο του Ουράνη είναι η αναμενόμενη με βάση και την κοινή λογική, την οποία ένας αισθητιστής θα χαρακτήριζε συμβατική. Αν θέλαμε να μιλήσουμε για αισθητιστική πραγμάτωση ενός παρόμοιου μοτίβου, θα μπορούσαμε να ανατρέξουμε στο καβαφικό ποίημα «Στο Σπίτι της Ψυχής», κείμενο που συζητήσαμε και σε άλλα σημεία της εργασίας αυτής. Εκεί τα Πάθη παρουσιάζονται ως γυναίκες ντυμένες με μετάξια και διαμαντικά να διασκεδάζουν ανέμελες με τραγούδια και χορούς μέσα στο σπίτι της Ψυχής, ενώ οι Αρετές κοιτάζουν απέξω κακοντυμένες και αξιολύπητες. Αν ο αισθητισμός εγκατέλειψε την πίστη στα λευκά ή άχρωμα ιδανικά, για να βάλει στη θέση τους το «κόκκινο» ιδεώδες, το παραπάνω καβαφικό ποίημα αποτελεί σίγουρα την καλύτερη έκφρασή του.

Τελικά, θα λέγαμε ότι είναι εμφανής στον Ουράνη κάποιος προβληματισμός πάνω στο κλίμα του αισθητισμού αλλά ότι ο προβληματισμός αυτός καρποφορεί πολύ πενιχρή δημιουργία, ενώ οι μετέπειτα καλαισθητικές πραγματώσεις των ταξιδιωτικών του εντυπώσεων μάλλον σχετίζονται με την ιδιοσυγκρασία του συγγραφέα παρά με θητεία του στον αισθητισμό.

15. Ναπολέων Λαπαθιώτης

Ο Λαπαθιώτης (1888-1944) βρίσκεται στο οριακό σημείο που χωρίζει τον αισθητισμό από τη νεορομαντική ή νεοσυμβολιστική / μετασυμβολιστική «σχολή» των Καρυωτάκη, Παπανικολάου, Άγρα, Πολυδούρη, Παπανικολάου κτλ. Το κυρίαρχο ρεύμα στη δημιουργία του Λαπαθιώτη είναι ο συμβολισμός· ωστόσο, ο συγγραφέας φαίνεται να θήτευσε ως ένα βαθμό και στον αισθητισμό, με βάση κάποια από τα πρώτα πεζά που δημοσίευσε. Αλλά και σ' αυτές τις πρώτες δημοσιεύσεις, ο αισθητισμός δεν είναι αμιγής: η ηδυπάθεια έχει αποβάλει τη σαρκική της υπόσταση, παρόλο που διατηρείται ένας αισθησιασμός, ο οποίος δεν έχει ακόμα διαλυθεί μέσα στην υποβλητικότητα του συμβολισμού. Αυτός είναι ο λόγος, για τον οποίο κρίνουμε σκόπιμη την παρουσίαση των σημαντικότερων πεζών κειμένων αυτής της περιόδου του Λαπαθιώτη.

Πρόκειται για τα χρόνια από το 1908 ως το 1912· από εκεί και ύστερα υπερισχύει στα έργα του η συμβολιστική τεχνοτροπία, που τα καθαίρει από αισθητιστικά θέματα και τρόπους και τους δίνει σταθερό προσανατολισμό προς την «καθαρή ποίηση» των νεοσυμβολιστών. Ο αισθητισμός, όμως, θα συνεχίσει να προσδιορίζει υπόγεια την καλαισθητική τροπή των συλλήψεών του σ' όλη τη διάρκεια της συμβολιστικής του δημιουργίας. Και αυτό, γιατί ο αισθητισμός καθόρισε τον Λαπαθιώτη σε επίπεδο ιδιοσυγκρασίας· όπως δηλώνει ο Τ. Παπατσώνης: «μεταφυτεύτηκε στον τόπο μας ένας καινούριος Ντόριαν Γκρέυ σε τόπους ξένους...»[848], ενώ η πρώτη κριτική που δημοσιεύτηκε για

---

848. Τ. Παπατσώνης, «Ο Λαπαθιώτης μετέωρο και σκιά», *Νέα Εστία* 35 (1944) 86.

τον Λαπαθιώτη, από τον Χαρίλαο Παπαντωνίου στο «Ημερολόγιο» του *Μπουκέτου* το 1928, έχει τον υπότιτλο «ωραιογραφία, ενδογραφία, ηδονογραφία»[849].

Δύο πεζά ποιήματα, που δημοσίευσε ο Λαπαθιώτης στο περιοδικό *Ελλάς*, ορίζουν, θα λέγαμε, με τους τίτλους τους ένα δίπτυχο αισθητισμού: «Ωραιοπάθεια» (1908) και «Ηδυπάθεια» (1909). Στο περιβάλλον της «Ωραιοπάθειας», η «πνιγηρή ηδυπάθεια των νυχτερινών μύρων, η πασχαλιά με τα γιασεμιά και ο ετοιμοθάνατος κρίνος»[850] συνθέτουν την πιο αισθητιστική φράση του κειμένου. Οι υπόλοιπες, ωστόσο, εκφράσεις του κειμένου μεταφέρουν στο κλίμα της αμφίσημης συμβολιστικής έκφρασης, το οποίο δεν διασπάται ούτε από το γκροτέσκο: το πράσινο φάντασμα ή το φίδι, που πικραίνει το ποτήρι της ηδονής, δεν μιαίνει την αγνότητα, αφού αποτελεί απλώς συμβολισμό της κοινωνίας.

Το πεζό ποίημα «Ηδυπάθεια»[851] έχει ως μότο τις λέξεις «sensations étranges» («παράξενες αισθήσεις»), που σημαίνουν μια αισθητιστική προαναγγελία προσήλωσης στις αισθήσεις, προπάντων στις περίεργες («των ανωμάλων έλξεων», όπως θα έλεγε ο Καβάφης). Το θέμα της «Ηδυπάθειας» είναι στον Λαπαθιώτη αυστηρά καβαφικό, ένας κοινωνικά απαγορευμένος έρωτας, που πραγματώνεται με κρυφά αγγίγματα σε μεταιχμιακό χώρο. Μια τελετουργία λαγνείας συντελείται, ενώ γύρω ο κόσμος ανυποψίαστος αναλώνεται σε κουβέντες και ομιλίες. Η παράδοση στους πόθους γίνεται κρυφά, κατά τον καβαφικό τρόπο που αντισταθμίζει το κρυμμένο με την ένταση της ηδονής. Η αισθησιακή φόρτιση αναπτύσσεται μέσα στη χαύνωση αναδεικνύοντάς την σε παράγοντα ηδονικής επιθυμίας, κατά τα πρότυπα των Δυτικοευρωπαίων αισθητιστών και του Καβάφη, οι οποίοι έδωσαν ηδονική χροιά στην παρακμιακή διάθεση της νάρκωσης και της χαλάρωσης. Η ζωτική ορμή του ελλαδικού διονυσιασμού απουσιάζει από το κείμενο[852], ο συμβολισμός όμως έχει αρχίσει να διαφαίνεται, όταν η ατμόσφαιρα θολώνει επιτρέποντας να αναλυθεί ο ηδονισμός σε ατμούς και σε φευγαλέες αισθήσεις.

Τα κείμενα «Μαλλιά, ωραία μαλλιά», «Τραγούδι αγνό και λάγνο», το «Κόκκινο φεγγάρι» και «Το τραγούδι της μορφίνας» δη-

---

849. Τ. Σπετσιώτης, *Χαίρε Ναπολέων*, Αθήνα, Άγρα, 1999, 375.
850. *Ελλάς* 2, 32 (1908) 7.
851. *Ελλάς* 2, 65 (1909) 3.
852. Εδώ θυμίζουμε πως ο Λαπαθιώτης έχει κυπριακή και όχι ελλαδική καταγωγή.

μοσιεύτηκαν όλα στο περ. *Δάφνη* του 1909[853]. Το γνωστό αισθητιστικό θέμα της πλούσιας κόμης το πραγματεύτηκε και ο Λαπαθιώτης στο πρώτο από τα πεζά αυτά ποιήματα, που περιέχει το μοτίβο του φιδιού, όπως στον Επισκοπόπουλο: εδώ, όμως, η διάχυτη τρυφερότητα και η νύξη της εύθραυστης ύπαρξης δεν έχει τίποτε κοινό με τα σαρκικά αγγίγματα των αισθητιστών αλλά παραπέμπει μάλλον σε μεταρομαντικές ή και πρώιμες συμβολιστικές πραγματώσεις.

Το «Κόκκινο φεγγάρι», που ξεφυλλίζεται σαν παπαρούνα ή σαν νεκροκεφαλή, θα μπορούσε να συνδέεται ακόμη και με τη μοντερνιστική πλευρά του αισθητισμού, αν η εικόνα ερχόταν σε συνέχεια κάποιας ηδονιστικής σκηνής, ενώ «Το τραγούδι της μορφίνας» πραγματεύεται το θέμα των τεχνητών παραδείσων με μια δεξιοτεχνία, που μπορεί να ποικίλλει το ύφος από την απόδοση του αρωματισμένου εξωτισμού των σπάνιων φυτών ως την ενστάλαξη της ηδυπάθειας των μαδημένων λουλουδιών, που κολυμπούν σε βαριά αρώματα, και ως την τελική διαστροφή του πόθου σε ψυχρά ρίγη, που μοιάζουν με σύρσιμο φιδιών.

Στο «Τραγούδι αγνό και λάγνο», όπου η αισθητιστική συνύπαρξη αγνότητας–λαγνείας στον τίτλο συνοδεύεται από παρήχηση, κυριαρχεί το μοτίβο του κρίνου· εδώ, όμως, διαγράφεται η αντίθετη πορεία από αυτήν που διέγραψε ο αισθητισμός. Ο αισθητισμός αποσπά το λουλούδι από τη λεπτότητα και το αποδέχεται ως σάρκα μέσα στον κύκλο της ηδονολατρείας, με την οποία περιβάλλει τη φύση. Ο Λαπαθιώτης κρατά την ηδυπάθεια που περιβάλλει το κρίνο, τα πέταλα όμως, που κολυμπούν στο γάλα ή χάνονται μέσα σε σιωπές, δεν έχουν σάρκα αλλά μετεωρίζονται μεταξύ ρομαντισμού και συμβολισμού.

Αναφέρουμε κατ' εξαίρεση και το ποίημά του «Spleen» (δημοσιευμένο στο περιοδικό *Ελλάς*, το 1909[854]), το οποίο δεν έχει λογοτεχνική υπόσταση και χρησιμοποιεί ευτελές λεξιλόγιο –θα το ονομάζαμε μάλλον στιχούργημα–, αν και πρωτοτυπεί, επειδή προσδίδει στην ανία τόνους κατάκρισης και οργής ενάντια στην κοινωνία, ένα δριμύ κατηγορώ, στο οποίο δεν μας συνήθισε ούτε η καβαφική μετάφραση της πλήξης σε δυσθυμία ούτε η μπωντλαιρική της μετάφραση σε θηριωδία.

---

853. Οι πρώτες δημοσιεύσεις των συγκεκριμένων τεσσάρων πεζών είναι απρόσιτες στην Εθνική Βιβλιοθήκη της Ελλάδος και στο Ε. Λ. Ι. Α., λόγος για τον οποίο στάθηκε αδύνατος ο έλεγχος της πιστής αναδημοσίευσής τους από τον Σπετσιώτη (Τ. Σπετσιώτης, ό. π.).
854. *Ελλάς* 2, 76 (1909) 7.

Το πιο αισθητιστικό πεζό της πρώιμης αυτής περιόδου του Λαπαθιώτη είναι «Ο επαναπαυόμενος αθλητής» (πρωτοδημοσιευμένο στο *Ημερολόγιον της Ελλάδος*, του 1910[855]), όπου αναβιώνει η λαγνεία, που εμπνέει το εφηβικό σώμα στην καβαφική ποίηση. Το ηδονικό άγγιγμα του αρχαίου αγάλματος μέσα στο μουσείο ανακαλεί καβαφικές αναμνήσεις, η έξοδος όμως στον ανοιχτό χώρο της παλαίστρας, όπου η φαντασίωση πλάθει ελεφαντένια κορμιά, δεν ενδυναμώνεται από τη μετουσίωση σε σφριγηλή και διονυσιακή σάρκα που πετύχαινε ο ελλαδικός αισθητισμός. Τελικά, ο αισθησιασμός μένει στην παθητική ταύτιση με τις μορφές του Νάρκισσου, του Υάκινθου και του Άδωνη, εμπεδώνοντας την εντύπωση ενός αδύναμου και ανολοκλήρωτου ύφους.

Συνοψίζοντας, θα λέγαμε ότι ο Λαπαθιώτης έχει αισθητιστικές ανησυχίες, το ανίσχυρο όμως ύφος, με το οποίο τις πραγματώνει, τον φέρνει μακριά από την αισθητική και ιδίως την πρακτική που υιοθέτησαν οι εκπρόσωποι του κινήματος στην Ελλάδα.

---

855. *Ημερολόγιον της Ελλάδος* 2 (1910) 49-50.

16. Μιχαήλ Μητσάκης, Ζαχαρίας Παπαντωνίου, Ίων Δραγούμης, Άγγελος Σικελιανός, Κώστας Βάρναλης: λογοτέχνες που συνδέθηκαν «οριακά» με τον αισθητισμό.

Στους εκπροσώπους του ελλαδικού αισθητισμού πιστώνεται κάποτε από την κριτική και ο Μητσάκης (1868-1916)[856], χάρη στον εσωστρεφή λυρισμό του. Όμως, αν τον μελετήσουμε πιο προσεκτικά, θα συμφωνήσουμε με την εξής άποψη του Άλκη Θρύλου, που ερμηνεύει την παρανόηση πάνω στη βάση της οπτικής και ιδιόρρυθμης φύσης που είχε η πεζογραφία του Μητσάκη:

> δεν έβλεπε πέρα από την επιφάνεια, το πεδίο ορατότητάς του ήταν στενό αλλ' ό,τι έβλεπε το έβλεπε μ' έναν τρόπο ιδιόρρυθμο, αποκλειστικά δικό του, και μετέδινε σ' όλες τις αναπαραστάσεις του τον παλμό της μεγάλης οπτικής του ευαισθησίας[857].

Θα αναφέρουμε ενδεικτικά δύο πολύ γνωστά πεζά του Μητσάκη, για τα οποία θα μπορούσε κανείς να ισχυριστεί ότι είναι αισθητιστικά: το «Η θλίψις του μαρμάρου» (πρωτοδημοσιευμένο στο *Αττικόν Μουσείον* του 1890) και η δημωδέστερη εκφορά του, «Το παράπονο του μαρμάρου» (δημοσιευμένο στο *Εικονογραφημένον Ημερολόγιον* του 1893)[858]. Ο συγγραφέας περιγράφει ένα άγαλμα ξεφεύγοντας από

---

856. Γ. Δάλλας, *Η παλαιότερη πεζογραφία μας. Από τις αρχές της ως τον πρώτο παγκόσμιο πόλεμο 1900-1914*, τ. 10, Αθήνα, Σοκόλης, 1997, 17.
857. (επιμ.) Ά. Θρύλος, *Ξενόπουλος, Μητσάκης, Καμπύσης* [Βασική Βιβλιοθήκη, 27], Αθήνα, Ζαχαρόπουλος, 1960, 26.
858. Μ. Μητσάκης, «Η θλίψις του μαρμάρου», *Αττικόν Μουσείον* 3, 5 (1890) 34 και «Το παράπονον του μαρμάρου», *Εικονογραφημένον Ημερολόγιον* 3 (1893) 127-130.

την ύλη του μαρμάρου και δίνοντας στο αντικείμενο της περιγραφής την υπόσταση ανθρώπινου σώματος. Όταν, για παράδειγμα, στέκεται στις γραμμώσεις των μυών και διατρέχει με το μάτι όλα τα μέλη του σώματος, θα μπορούσε να υποθέσει κανείς ότι κινείται μέσα στον αισθητισμό, για τον οποίο η σάρκα έπαιξε βασικό ρόλο.

Αυτό που διαφοροποιεί τον Μητσάκη από τον αισθητισμό είναι ότι ο αισθητισμός ανακαλύπτει στο ανθρώπινο σώμα ένα πεδίο διέγερσης αισθήσεων, μια περιοχή λατρείας και ηδυπάθειας, ενώ οι σωματικές διαδρομές του Μητσάκη, με τον αυστηρό και κοφτό λόγο, αποτρέπουν κάθε πιθανότητα αισθησιασμού. Στο σημείο μάλιστα, όπου περιγράφεται το ακρωτηριασμένο μέλος του αγάλματος, η γραφή γίνεται νατουραλιστική και απωθητική στο ρεαλισμό της.

Ο Ζαχαρίας Παπαντωνίου (1877-1940) αξίζει επίσης να μελετηθεί, επειδή θα μπορούσε λανθασμένα να θεωρηθεί αισθητιστής με βάση το βιογραφικό προφίλ του ως αισθητή και με βάση τις εικαστικές συνάφειες του έργου του και την παιδεία του. Ο Παπαντωνίου υπήρξε γνωστός αισθητικός της εποχής του με εικαστικές γνώσεις και ανησυχίες. Ο Π. Σπάλας αναφέρει ένα γεγονός που πιστοποιεί την πνευματική επικοινωνία του Παπαντωνίου με τον Καζαντζάκη σε επίπεδο εικαστικό και καλαισθητικό, αυτό όμως δεν αποδεικνύει και αισθητιστική ροπή του Παπαντωνίου:

> Ταξιδιάρηδες κι οι δυο τους -με τα «Παρισινά του Γράμματα», όπως είναι γνωστό, είχε πρωτοφανερωθεί ο Παπαντωνίου -είχαν πολλά κοινά σημεία ψυχικής επαφής μεταξύ τους. Πολλές ομοιότητες πάνω στο κάπως αυστηρό και εκλεπτυσμένο τους γούστο κι ακόμα πολλές αντιλήψεις ταυτόσημες πάνω στα πνευματικά και ιδίως στα αισθητικά ρεύματα του καιρού τους [..][859]

Αντίθετα, ο Ξενόπουλος, κρίνοντας τον Παπαντωνίου, διαπιστώνει ότι από το έργο του απουσιάζουν οι εξάρσεις και ορθά ίσως αποδίδει το γεγονός στην καλαισθητική αντίληψή του: «η φυσική σου καλαισθησία σε οδήγησε ν' αποφεύγεις τ' απροσδιόνυσα και να διατηρείς το ύφος σου μουσικό και γοητευτικό, σα μεγάλος στιλίστας που

---

859. Π. Σπάλας, «Καζαντζάκης και Παπαντωνίου. Μια άγνωστη κάρτα από το Τολέδο», *Νέα Εστία* 63 (1958) 51.

είσαι»[860]. Εδώ βρίσκεται η ουσιαστικότερη διαφορά του Παπαντωνίου με τον αισθητισμό, στο ότι δηλαδή έλειψαν από την πεζογραφία του οι διονυσιακές εξάρσεις και οι ηδονικές εκστάσεις, με τις οποίες κατοχύρωσαν τον αισθησιασμό τους οι πεζογράφοι της παρακμής. Για παράδειγμα, το μεταγενέστερο βιβλίο, που γράφει ο Παπαντωνίου για το *Άγιον Όρος* (δημοσιεύτηκε το 1934), διέπεται από το ευσεβές αντίκρισμα του μοναχισμού και δεν έχει καμία σχέση με το *Φλογισμένο ράσο* του Ροδοκανάκη. Την ίδια διαφορά εντοπίζουμε ανάμεσα στο «Ερυθρούν κρίνον» του Επισκοπόπουλου και στο πολύ μεταγενέστερο διήγημα του Παπαντωνίου «Θεία Τιμωρία» (δημοσιεύτηκε το 1927), το οποίο πραγματεύεται το ίδιο θέμα. Θα ασχοληθούμε εκτενέστερα με τη σύγκριση αυτή, όπου αποδεικνύεται η αποστασιοποίηση του Παπαντωνίου από το κίνημα του αισθητισμού.

Καταρχήν, υπάρχει διαφορά στην πραγμάτευση του θέματος. Στον Παπαντωνίου, η αφήγηση είναι εγκιβωτισμένη και η ιστορία των δύο Ιταλών ζωγράφων είναι ένα επεισόδιο, που απευθύνει ως παραδειγματική νουθεσία (exemplum) ο γέρος ελληνορθόδοξος μοναχός Σεραφείμ προς τον Αγιορείτη καλόγερο Ιωνά. Το σκηνικό, όπου διαδραματίζεται όλη η υπόθεση του διηγήματος, είναι το κελί του Αγιορείτη καλόγερου Ιωνά, όπου ο μοναχός ζωγραφίζει τη Γέννηση του Κυρίου. Μέσα στην ησυχία ακούγεται μόνο το κομπολόι δύο άλλων καλογέρων που τον παραστέκουν στο έργο του.

Καθώς φιλοτεχνεί την αγιογραφία, ο Ιωνάς διακατέχεται από μια άγρια κατάσταση οργής ενάντια στον Καυσοκαλυβίτη αγιογράφο Αμβρόσιο, με πρόσχημα την ποιότητα της αγιογραφίας του, ουσιαστικά, όμως, επειδή του έπαιρνε τις καλύτερες παραγγελίες. Η οργή αυτή, που εκτρέπεται σε κακεντρέχεια και μίσος, βρίσκει μικρές αφορμές στις ασυνήθιστες και αποκρυφικής προέλευσης λεπτομέρειες της αγιογράφησης, για να ξεσπάσει:

> Τα πατροπαράδοτα [...] εμείς οι εικονογράφοι έχομε καθήκον να τα κρατούμε, επειδή από μας οι πιστοί βλέπουν τα μυστήρια της ορθοδοξίας. Μολαταύτα επούλησε προχτές ο Αμβρόσιος διά την Τήνο μια Γέννησι με δυο τσοπάνους που παίζουν όργανα με ασκιά! Ακούτε; Με τρεις σκύλους εις το ποίμνιο! Και κοντά

---

860. Γρ. Ξενόπουλος, «Ζαχαρίας Παπαντωνίου», *Άπαντα*, τ. 11, Αθήνα, Μπίρης, 1971, 243.

στ' άλλα κι ένα μαύρο κατσίκι που πηγαίνει και τρώγει κλαράκι απ' το χέρι του Ιωσήφ. Αν γίνεται αυτό ποτέ! Κι έπειτα προς τι το λουτρόν του βρέφους; Τι πράγματα είν' αυτά; Πώς βρέθηκεν εκεί η γυναίκα που το βυθίζει στο νερό; Ο Χριστός εγεννήθη εις τον αχυρώνα και ως μόνην περιποίησιν έλαβε τα χνώτα των ζώων που έσκυβαν και τον εζέσταιναν. Τούτο πρέπει να παραστήσει ο άξιος ορθόδοξος ζωγράφος! Όχι τους ξενισμούς των Ιταλών και των Ρούσων [...][861]

Περνούμε έπειτα στην αφήγηση του γέροντα Σεραφείμ, ο οποίος μας μεταφέρει στην Ιταλία του 15ου-16ου αι., για να μας εξιστορήσει τα περιστατικά μιας παλιάς αλλά ανεξίτηλης καλλιτεχνικής αντίθεσης. Φέρνει, λοιπόν, καταρχήν στο προσκήνιο τον ζωγράφο Αντρέα Καστάνιο [=Andrea del Castagno] και ξετυλίγει το έργο του, «το κράμα τούτο της σαρκικής αθλιότητας και της αγιοσύνης»[862]. Οι περιγραφές που ακολουθούν είναι μεστές από ωμότητα και σάρκινες αναθυμιάσεις, όχι πάντως ηδονής αλλά σήψης:

> Έγδερνε πτώματα ζώων και ανθρώπων, για να μάθει την ανατομία. Όπου στεκόταν και βρισκόταν παραμόνευε τον άνθρωπο και το ζώο, για να τα συλλάβει στην εκτέλεση των κακών ή αγαθών, κρυφών ή ολοφάνερων σκοπών των, αδιάφορο. Δεν τον ενδιέφεραν οι πράξεις αλλά τα σχήματα. Μελετούσε γυμνούς ζητιάνους, φορτωμένους αχθοφόρους, μεθυσμένους των καπηλιών, καθώς και σακάτηδες των ασύλων. Κι όταν του ζητούσαν να ιστορήσει τα θεία, έβαζε κάποτε στην εικόνα τέτοιους ανθρώπους μεταμορφωμένους σε αγίους[863].

Ξαφνικά, στην ένθετη αφήγηση του Σεραφείμ, εμφανίζεται ο Ντομένικος Βενετζιάνος [=Domenico Veneziano], ένας άλλος ζωγράφος, που αρχίζει να παίρνει σημαντικές παραγγελίες. Αυτός, αντίθετα, ιστορούσε

---

861. Ζ. Παπαντωνίου, *Τα διηγήματα* (επιμ. Μ. Αναγνωστάκης), Αθήνα, Νεφέλη, 1990, 20.
862. Ό. π., 22.
863. Ό. π.

με γλυκύτητα και σέβας ουράνιες σκηνές, κρατώντας πολλούς αγγέλους στον αέρα έτσι σαν ν' αργοπλέουν με τα λευκά φτερά των εις δόξαν του Κυρίου και Θεού. Τα ουράνια επεισόδια μπορούν και τα παριστάνουν μόνο ζωγράφοι αγνοί και ανυστερόβουλοι. Αυτοί τα βρίσκουν στην ψυχήν των πριν τα μεταφέρουν στην εικόνα [...] Καλότυχοι οι τεχνίτες που βλέπουν επάνω από τα σύννεφα! Ευλογημένη η φαντασία των που μας φέρνει μηνύματα απ' το θείο! Χάρις σ'εκείνους τα νοητά γίνονται ορατά! Ευρέθησαν στην Ιταλία άνθρωποι κουρασμένοι απ' την απόλαυση κι απ' το έγκλημα που βλέποντας τη σεραφική τέχνη του Βενετζιάνου αισθάνθηκαν να λυτρώνονται απ' τα δεσμά της γης[864].

Η παράγραφος, που ακολουθεί, μιλά για τις ραδιουργίες και τις λοιδωρίες, με τις οποίες ο Καστάνιο διατηρούσε τη φήμη του, σε συνδυασμό με ύποπτες ενέργειες και αμφίβολες ενασχολήσεις. Ξαφνικά προκύπτει «το μυστικό», η κρυφή δύναμη του Βενετζιάνου σε σχέση με τη μίξη των χρωμάτων, που γίνεται το βασανιστικό μαρτύριο του μυαλού του Καστάνιο αλλά και καταλύτης στην εξέλιξη της πλοκής, αφού αυτή η περιέργεια φέρνει τον μνησίκακο ζωγράφο στο ναό της Αγίας Μαρίας των Χαρίτων [=Santa Maria delle Grazie], όπου ο Βενετζιάνος φιλοτεχνούσε την εικόνα της Γέννησης του Χριστού.

Εκεί ο Καστάνιο εκφράζει αυθόρμητο θαυμασμό για την υπέροχη τέχνη αλλά, όπως σκύβει ο Βενετζιάνος, τον καρφώνει μ' ένα μαχαίρι στη ράχη. Ο ανυποψίαστος ζωγράφος πέφτει αμέσως χωρίς πνοή, ενώ «οι άγγελοι οι ίδιοι που είχε ζωγραφίσει πήραν την ψυχήν του και ψάλλοντας μελωδίες θαυμάσιες την οδήγησαν στον Κύριο ν' ανταμειφθεί»[865]. Η τιμωρία του Καστάνιο είναι η ανήσυχη ποιότητα της τέχνης του:

Θα πεις: Πώς τιμωρήθηκε; Με παραλυσία μήπως; Όχι. Με την ίδια τη ζωγραφική και με τον ίδιο το χαρακτήρα του. Τρικυμισμένη ανατομία και δυστυχισμένη αλήθεια που δεν μπορεί να φτάσει λιγάκι απά-

---
864. Ό. π., 22-23.
865. Ό. π., 26-27.

νω από τη γη! Ούτε μια αχτίδα γαλήνης και προσευχής σ' αυτό το έργο! Τίποτα! Μόνο σπασμοί[866].

Ο Καστάνιο, λίγο προτού πεθάνει, ομολογεί τη δολοφονία που διέπραξε. Ο Ιωνάς, όμως, μόλις τελειώνει η διήγηση του Σεραφείμ, παρατάει το πινέλο.

Ομοιότητα του Παπαντωνίου και του Επισκοπόπουλου είναι ότι οι δύο πεζογράφοι κινούνται άνετα μέσα στην ιστορία της τέχνης και στην τεχνογνωσία της ζωγραφικής, των εκπροσώπων και των σχολών της[867]. Ομοιότητά τους επίσης είναι ο διχασμός ανάμεσα σε δύο τεχνοτροπίες· η μια εμπνέεται από το αγνό, το ουράνιο και το υπερφυσικό, που εκφράζεται με απαλές γραμμές και γλυκύτητα, ενώ η άλλη ενδίδει στο γήινο και το ταπεινό με τραχιά έκφραση και με σκληρές γραμμές. Η διαφορά στα ονόματα των πρωταγωνιστών δεν παίζει ουσιαστικό ρόλο για την τροπή του θέματος[868]. Μέσα στο όλο κλίμα εντάσσεται η εξωτερική εμφάνιση και ο τρόπος συμπεριφοράς των εκπροσώπων κάθε τεχνοτροπίας, όπου η σαρκική υπόσταση έρχεται σε αντίθεση με την ήρεμη πνευματικότητα.

Η διαφορά, όμως, είναι ότι η αισθητική αντίληψη του Παπαντωνίου ανήκει στο ρεαλισμό, ενώ του Επισκοπόπουλου ανήκει στον αισθητισμό. Ο λόγος του Παπαντωνίου είναι απλός και το ύφος του στεγνό, ενώ στον Επισκοπόπουλο ο λόγος είναι αισθησιακός, με την έννοια ότι

---

866. Ό. π., 27.
867. Στον Παπαντωνίου (ό. π., 24) διαβάζουμε τα εξής για τα χρώματα του Καστάνιο: «το αυγό και η κόλλα που μεταχειρίζεται αυτός είναι ξερά και σκοτεινά μπροστά στο θαυμαστό βερνίκι του Βενετζιάνου», ενώ για το ίδιο ακριβώς δημιουργικό σημείο ο Μαζάτσιο στο διήγημα του Επισκοπόπουλου λέει ότι το μίγμα από λάδι και αποξηραντικό δίνει λάμψη και γλυκύτητα (*Παναθήναια* 4 (1902) 298). Το πόσο καλός γνώστης των εικαστικών τεχνών είναι ο Επισκοπόπουλος το είδαμε στην πραγμάτευση του σχετικού διηγήματος. Εδώ το διαπιστώνουμε και στον Παπαντωνίου, που επιχειρεί και μια συνοπτική διατριβή πάνω στα χρώματα (ό. π., 24):
Ένα πρωτόβγαλτο υγρό που κάνει τα χρώματα λαμπρά σαν πολύτιμες πέτρες, τα διατηρεί σ' αιώνα τον άπαντα κι επιτρέπει στην εικόνα πολλές φαντασίες. Τα χρώματα του Βενετζιάνου ζυμώνονται, λέει, με το λάδι. Γίνονται στέρεα σαν το ατσάλι. Λάμπουν σαν το ζαφείρι και το ρουμπίνι. Το μυστικό το πήρεν από τη Φλάντρα ο ζωγράφος Αντωνέλο ντι Μεσσίνα και γυρίζοντας στην Ιταλία το εμπιστεύθηκε στον αγαπημένο του μαθητή Βενετζιάνο.
868. Ο Παπαντωνίου θέτει ως πρωταγωνιστές τον Αντρέα Καστάνιο και τον Ντομένικο Βενετζιάνο, ενώ ο Επισκοπόπουλος έχει ως πρωταγωνιστές το Μαζάτσιο και τον Φρα Αντζέλικο. Και στον Επισκοπόπουλο, όμως, ακούγεται από το βάθος το όνομα του Καστάνιο, όταν ο Μαζάτσιο τον αναγνωρίζει ως δάσκαλό του.

διεγείρει αισθήσεις· στο λόγο του Επισκοπόπουλου, που αρθρώνεται ως δέλεαρ, υφέρπει η γοητεία της αμαρτίας, ενώ στον Παπαντωνίου ο λόγος είναι απλώς το μέσον που αφηγείται γεγονότα. Εδώ επιβεβαιώνεται για άλλη μία φορά ότι θέμα και ύφος είναι αλληλένδετα, στην προσπάθειά μας για τεχνοτροπικό προσδιορισμό των κειμένων.

Αξίζει να αναφέρουμε εδώ ότι ο Επισκοπόπουλος δημοσιεύει το 1904 στο περιοδικό *Παναθήναια* εικαστικό δοκίμιο με τίτλο «Αλέξανδρος Φιλιπέπι-Μποττιτσέλι»[869], όπου η τεχνοκριτική του προσοχή συνοψίζεται στην «αγάπη της αρχαιότητας μέχρι μανίας και μέχρις ειδωλολατρισμού»[870], η οποία ερμηνεύεται ως «θαυμασία αναβλάστησις του αρχαίου ελληνικού και ρωμαϊκού πολιτισμού εν τη Ιταλία, η ανάστασις των αρχαίων θεών και των αρχαίων ιδανικών»[871]. Αποδεικνύεται με τον τρόπο αυτό η κυριότερη διαφορά ανάμεσα στους δύο συγγραφείς· ο Επισκοπόπουλος βλέπει στην αντίθεση των δύο ζωγράφων την κυριαρχία του αρχαιοελληνικού παγανισμού και της σαρκικής Αναγέννησης εγγράφοντας το διήγημά του στην κοσμοθεωρία του αισθητισμού, ενώ ο Παπαντωνίου δίνει με την ιστορία του ένα ηθικό δίδαγμα προς την κατεύθυνση της κλασικής λιτότητας και της βυζαντινής αφαίρεσης.

Στον Επισκοπόπουλο, ο πειρασμός καταφέρνει να δηλητηριάσει την απλότητα και την αγνότητα με το μίασμα· γίνεται έτσι μία μίξη του καλού και του κακού αναιρώντας αμιγείς ποιότητες, σύμφωνα με το ζητούμενο του αισθητισμού. Στον Παπαντωνίου, από την αρχή μέχρι το τέλος η ομορφιά ταυτίζεται με την αρετή και την ευγένεια, ενώ η ασχήμια ταυτίζεται με την πονηριά και την κακία, διατηρείται δηλαδή η διάκριση ανάμεσα στις ηθικές κατηγορίες του καλού και του κακού. Το «κράμα σαρκικής αθλιότητας και αγιοσύνης»[872] στους πίνακες του Καστάνιο, για το οποίο μιλά ο Παπαντωνίου, θυμίζει τη λάμψη της απεχθούς πραγματικότητας που αποτυπώνεται στα έργα του Μασάκιο (Μαζάτσιο)· στον Παπαντωνίου, όμως, δεν υπάρχει το ανίερο και προκλητικό, που απαντά στον Επισκοπόπουλο· ακόμη και όταν περιγράφει τα έργα της απεχθούς τέχνης, ο Παπαντωνίου θυμίζει νατουραλισμό, σε αντίθεση με τον Επισκοπόπουλο, όπου η διάπραξη της αμαρτίας ενσωματώνει αισθητιστικά μια έννοια ηδονικής απόλαυσης.

---

869. Ν. Επισκόπουλος, «Αλέξανδρος Φιλιπέπι-Μποττιτσέλι», *Παναθήναια* 7 (1904) 321-328.
870. Ό. π., 322.
871. Ό. π., 321.
872. Ζ. Παπαντωνίου, ό. π., 22.

Νωρίτερα, το 1901 και 1902, ο Παπαντωνίου είχε δημοσιεύσει στο περιοδικό *Παναθήναια* δύο αφηγήματα με κεντρικό θέμα τη σχέση της τέχνης με τον δημιουργό της, θέμα κατεξοχήν αισθητιστικό. Ωστόσο, ο Παπαντωνίου το πραγματεύεται με το δικό του ρεαλιστικό τρόπο. Τα διηγήματα είναι το «Οι λυτρωταί»[873] και το «Μια σπαθιά εις τα σπλάχνα των θεών»[874], όπου δύο μουσικοί αγωνίζονται να φτάσουν στο υψηλότερο επίπεδο της τέχνης τους, χωρίς να το καταφέρουν τελικά. Τα κείμενα είναι άνισα, καθώς το ύφος τους άλλοτε καταλήγει μελοδραματικό και άλλοτε αδιάφορο. Αυτό που θα ενδιέφερε είναι τα σημεία εκείνα, όπου οι δύο πρωταγωνιστές επιδίδονται στην τέχνη τους, εκτελώντας μουσικά κομμάτια. Εδώ φαίνεται καθαρά ο ρεαλιστικός χαρακτήρας των αφηγημάτων, όχι μόνο στο διδακτισμό και στην απουσία λυρισμού αλλά και στο ότι τα αφηγήματα υστερούν σε αισθησιακή δύναμη. Αν ο ήρωας του αισθητισμού διακατέχεται από μια ψυχοφθόρα ποιότητα και μια πυρετική ανησυχία, που τον κρατούν διαρκώς σε σπασμωδική κατάσταση, οι ήρωες του Παπαντωνίου είναι κενοί από αισθητιστική υπόσταση. Ο Παπαντωνίου δεν αποτυπώνει τις διαταράξεις του νευρικού συστήματος ούτε μεταγγίζει στον αναγνώστη του αισθησιακούς παλμούς. Τέλος, επισημαίνουμε ότι ο Παπαντωνίου περιγράφει τις μουσικές εκτελέσεις χαρακτηρίζοντάς τες με επίθετα, ενώ οι αισθητιστές φροντίζουν να δημιουργούν εντυπώσεις και να κινητοποιούν αισθήσεις παρακολουθώντας με το λεξιλόγιό τους τους μουσικούς τόνους.

Ο Παπαντωνίου έχει αρχίσει ήδη από το 1915 να γράφει τα πεζά ποιήματα, που θα περιλάβει αργότερα (1923) στη συλλογή του με τίτλο *Πεζοί ρυθμοί*. Το γεγονός ότι η συλλογή απαρτίζεται μόνο από «πεζοτράγουδα» και το γεγονός ότι ο αισθητισμός έδειξε προτίμηση σ' αυτό το είδος θα μπορούσε να οδηγήσει εύκολα στο συμπέρασμα ότι ο Παπαντωνίου είναι αισθητιστής. Η υπόθεση φυσικά απορρίπτεται, αν λάβουμε υπόψη τόσο τις θεματικές πραγματεύσεις όσο και το ύφος της συλλογής. Η «ρυθμική γλώσσα», η «ρυθμική σκέψη» και η σύνδεση μορφής («ωραίας φράσης») και ιδέας[875], χάρη στα οποία ο Η. Βουτιερίδης, στο γνωστό λόγο του στον «Παρνασσό», εκθείασε τον Παπαντωνίου ως τον καλύτερο στιλίστα και χειριστή

---

873. *Παναθήναια* 2 (1901) 218-221.
874. *Παναθήναια* 5 (1902) 139-142.
875. Η. Βουτιερίδης, *Ο ρυθμικός λόγος στη νεοελληνική λογοτεχνία*, Αθήνα 1911, 13, 15-16, 26, 77.

του πεζογραφικού λόγου, είναι ακριβώς τα επιχειρήματα που τον αποκλείουν από τον αισθητισμό.

Βασικότερος, όμως, λόγος αποκλεισμού του Παπαντωνίου από τον αισθητισμό είναι ότι όλα τα πεζά ποιήματα της συλλογής έχουν κάποια κεντρική ιδέα, απευθύνονται στη λογική του αναγνώστη και όχι στην αίσθησή του, ενώ ο αισθητισμός, ακόμη και όταν κοινωνεί κάποιο νόημα, το πετυχαίνει μέσα από τη μέθεξη στην αίσθηση. Ο Παπαντωνίου έχει, επίσης, «εύρυθμη» φράση, ο λόγος του δηλαδή ελέγχεται από ρυθμό, στοιχείο που του προσδίδει αρμονία, ενώ ο αισθητισμός επενδύει στην άρρυθμη, καταρχήν, φράση, επειδή οι απροσδόκητες τροπές της μπορούν να αφυπνίσουν διαφορετική κάθε φορά αίσθηση. Τέλος, ο αισθητισμός προτιμά να επιλέγει τα θέματά του από την κατηγορία του ηδονικού και του απαγορευμένου, ενώ ο Παπαντωνίου δεν σχετίζεται πουθενά με παρόμοια θέματα.

Το τελικό συμπέρασμα είναι ότι οποιαδήποτε συσχέτιση του Παπαντωνίου με τον αισθητισμό θα αποτελούσε κριτική και γραμματολογική πλάνη.

Άλλος λογοτέχνης, του οποίου η σύνδεση με τον αισθητισμό θα αποδεικνυόταν προβληματική, είναι ο Ί. Δραγούμης (1878-1920). Πεζά έργα που γράφει στα χρόνια ακμής του ελλαδικού αισθητισμού είναι το *Μονοπάτι* (1902), η *Σαμοθράκη* (1909-10[876]), ο *Ελληνικός Πολιτισμός* (1914) και το *Σταμάτημα* (1917). Πέρα από το γεγονός ότι η γραφή του Δραγούμη δεν προσφέρει, γενικά, δυνατές φωνές και εξάρσεις, επισημαίνουμε ότι το ύφος των τριών πρώτων είναι ψυχρό και χωρίς έμπνευση, κάτι που τον αποξενώνει απόλυτα από την αισθησιακή υπόσταση του αισθητισμού. Η συγκρατημένη γλώσσα του και το πειθαρχημένο ύφος προωθούν μια τυπικότητα που συμβαδίζει με πενιχρό λεξιλόγιο.

Αφήγημα –πολύ μεταγενέστερο, βέβαια, του χρονολογικού ορίου αυτού του βιβλίου– που θα μπορούσε να λειτουργεί μέσα στον κύκλο των οραμάτων του Υπερανθρώπου και του αισθητή, ο οποίος συνθέτει τη ζωή των εμπειριών μέσα από αδιάκοπες αναζητήσεις, είναι το *Σταμάτημα*· παρόλα αυτά και το κείμενο αυτό δεν τα καταφέρνει, γιατί ο στερημένος λόγος και το σφιχτό ύφος δεν του επιτρέπουν να απαλλαγεί από την πεζότητα και να αφεθεί στη σύνθεση ενός αισθησιακού αποτελέσματος.

---

876. Το δημοσιεύει με το ψευδώνυμο Ίδας σε συνέχειες στον *Νουμά*, από το τεύχος 356 του έτους 7 (1909) ως το τεύχος 376 του έτους 8 (1910).

Λένα Αραμπατζίδου

Στο Σταμάτημα, ο πρωταγωνιστής γνωρίζει διάφορους ενοίκους ενός ξενοδοχείου της Κεντρικής Ευρώπης, όπου κατοικεί, κρατώντας πάντα εσωτερικές αποστάσεις από αυτούς, ενώ στη συνέχεια γνωρίζει σποραδικά εμπειρίες του έξω κόσμου, με τελική κατάληξη τη μοναξιά:

> Έξαφνα η μοναξιά του έλαμψε σαν κάποιο απόκοσμο φως που τον συνέπαιρνε ενθουσιαστικά. Κάθισε κι έγραψε· «Σήμερα η αδελφή μου είναι πεθαμένη, ακούτε; πεθαμένη. Σύντομη η ζωή και θα πεθάνω. Ας χάνεται από μπρος μου ό,τι αγαπώ... Ένα απομένει για μένα· όσος καιρός μού μένεται ακόμα να ζήσω θα τον περάσω πέρα από λύπες και χαρές χωρίς να καρτερώ αγάπη ή τρυφερότητα από κανένα και γυρεύοντας τη γνώση. Ό,τι μου συμβαίνει κάθε μέρα με κάνει και γίνομαι σκληρότερος και πιο ατάραχος και βλέπω καθαρότερα το σκοπό μου»[877].

Το απόσταγμα του έργου συμπτύσσει δύο αρχές σε μία φιλοσοφία. Η σκλήρυνση στους ανθρώπινους τύπους και η ανεξαρτησία από το συναίσθημα ανεβάζει την προσδοκία του μέλλοντος σε επίπεδο Υπερανθρώπου, ενώ από την άλλη η συλλογή της γνώσης είναι ο σκοπός του αισθητή διαμέσου όλων των κειμένων του δυτικού αισθητισμού. Και εδώ ο πρωταγωνιστής έχει ταξιδέψει πολύ μέσα του και ανάμεσα στους ανθρώπους, μαζεύοντας πείρα, προτού αποσυρθεί για πάντα μέσα στο εγώ του.

Ως εδώ, φαίνεται ότι ο πρωταγωνιστής πληρεί τα εχέγγυα του αισθητισμού. Ωστόσο, αυτό που λείπει είναι η αισθησιακή αξιοποίηση των θεμάτων. Θα μπορούσε, για παράδειγμα, ο συγγραφέας να μιλήσει για το πώς ενδίδει στην αίσθηση ο ήρωάς του ή για το πώς ο ψυχισμός του προσλαμβάνει τα βιώματα στειρότητας, που αποκομίζει από τη ζωή, αλλά δεν το κάνει. Τέλος, το μοτίβο του Υπερανθρώπου μένει και αυτό ελλιπές, γιατί δεν σχετίζεται με νευρωτικές καταστάσεις στην παθολογία και τη νόηση του πρωταγωνιστή αλλά αφήνεται να σβήσει μέσα σε μια αδιάφορη ηρεμία.

Ούτε απ' όσα γνωρίζουμε για την άποψη του Δραγούμη πάνω στην αντίθεση Φύσης–Τέχνης και την αντίληψή του για το έργο τέχνης αποδεικνύεται πως είναι αισθητιστής. Αυτή τη φορά αντλούμε ως πα-

---

877. Ί. Δραγούμης, *Σταμάτημα*, Αθήνα, Νεφέλη, 1991, 123-124.

ράδειγμα απόσπασμα από *Το Μονοπάτι* του 1902. Ο Δραγούμης γράφει εκεί τα εξής, όσον αφορά την εικαστική διάσταση της πεζογραφίας:

> Τη φύση [...] ποθώ να τη δημιουργήσω αυτήν ή να την καταστρέψω [...] επειδή είναι αλλιώτικα πλασμένη από κάθε ανθρώπινο έργο, θέλω να τη δημιουργήσω και δεν ξανακάνω καμωμένα πράματα. Μα θέλω να την πλάσω με δικό μου τρόπο. Όταν έχω ένα μάτσο γαρίφαλα μπροστά μου στο τραπέζι κι ο ήλιος χύνεται επάνω σε μερικά και τ' ανάβει και δε φωτίζει τ' άλλα, που μένουν βαθιά, πρώτα πρώτα μ' αρέσουν πολύ, έπειτα, έξαφνα, θέλω να τα ζωγραφίσω [...] Και τότε ποθώ να παραστήσω κάτι που ν' αντιπροσωπεύει την καλλονή των αναμμένων λουλουδιών, κάτι πιο σύνθετο παρά την όψη τους μόνο, τον κόσμο που ξύπνησε η όψη των λουλουδιών. Τότε έμμεσα θα είχα δημιουργήσει και τα λουλούδια[878].

Τα λόγια αυτά βεβαιώνουν ότι οι αρχές του αισθητισμού ακούγονταν πολύ καλά στην Ελλάδα της εποχής εκείνης. Το παράθεμα αποτελεί μια αυτούσια θεωρία του αισθητισμού. Ξεκινά με την ιδέα της Φύσης, που είτε την καταστρέφει κανείς είτε την αναδημιουργεί μέσα από την Τέχνη. Το ερέθισμα αυτό ξυπνά τον αισθητή μέσα στον λογοτέχνη και τον μετατρέπει σε καλλιτέχνη. Συνειδητοποιώντας το τετελεσμένο της φύσης που είναι «καμωμένο πράμα»[879], ζητά να αναπλάσει τη Φύση με το δικό του τρόπο· μετατρέπει έτσι την αλλιώτικη κατασκευή της σε κάτι ανθρώπινο, σ' ένα έργο της ανθρώπινης φαντασίας και, σε τελικό στάδιο, σε έργο των ανθρώπινων χεριών.

Η αντιπαλότητα με τη Φύση, που επιχωριάζει στο διεθνή αισθητισμό και διακρίνεται από καταστροφικές προθέσεις, στον ελλαδικό αισθητισμό έχει πάρει περισσότερο την έκφραση της αναμόρφωσης μέσω της τέχνης. Η Φύση παρακολουθεί την Τέχνη, αφού αυτή της δίνει τη νέα της μορφή: στην περίπτωση των λουλουδιών, δεν είναι η όψη τους, όπως την αντικρίζει κανείς, αλλά μια όψη τους μέσα από φωτοσκιάσεις. Καθώς ο ήλιος χτυπά με φλόγες και σκιές από διαφορετική πλευρά τα λουλούδια, ο καλλιτέχνης, που έχει καλλιεργήσει μιαν άλλου

---

878. Ί. Δραγούμης, «Δημιουργίας πόθος», *Το μονοπάτι*, Αθήνα, Νέα Θέσις, 1992, 158.
879. Ό. π.

τύπου δεκτικότητα, απορροφά μέσα στα αισθητήριά του όλες αυτές τις φευγαλέες εντυπώσεις και μέσα απ' αυτά τα ερεθίσματα αποδίδει κατόπιν μια φαντασιακή, αντιρεαλιστική εικόνα της φύσης.

Ο λογοτέχνης, που στοχάζεται κοιτάζοντας τις εναλλαγές των χρωμάτων πάνω στα γαρίφαλα, εκεί όπου παιχνιδίζουν φώτα και σκιές, έχει τη δύναμη να φτιάξει με το λόγο ένα δικό του έργο τέχνης. Η λογοτεχνία μπορεί να λειτουργήσει ως πίνακας ζωγραφικής. Είδαμε τον Π. Γιαννόπουλο να κλείνεται στο δωμάτιό του και να παρακολουθεί επιστημονικά τις αργές μεταβολές που παθαίνουν τα χρυσάνθεμα κατά τη σήψη τους. Βιώνοντας τέτοιου τύπου εμπειρίες, καταφέρνει τελικά να ζωγραφίσει ένα ηλιοβασίλεμα, μέσα από τα λόγια του, στο πεζό ποίημά του «Αιγαίου Εσπερινός».

Ενώ όμως ο Π. Γιαννόπουλος φτιάχνει ένα «χροϊκόν ιχνογράφημα» μέσα στην πεζογραφία του, ο Δραγούμης διατυπώνει απλώς τη θεωρία του εγχειρήματος. Η αντισυμβατική αναπαράσταση της Φύσης από την Τέχνη σημαίνει μια δεύτερη γέννηση της Φύσης και, αυτή η καινούρια ζωή, που αποκτά η φύση μέσα στα χέρια του ανθρώπου, δικαιώνει την αισθητιστική επιδίωξη για το τεχνητό.

Το συμπέρασμά μας είναι ότι ο Δραγούμης γνωρίζει προφανώς τις θεωρητικές αρχές του αισθητισμού, την αγάπη για το τεχνητό και τις εικαστικές πραγματώσεις της λογοτεχνίας αλλά στην πράξη δεν τις εφαρμόζει στα έργα του. Αυτό είναι που αποτρέπει την ένταξή του στο κίνημα του νεοελληνικού αισθητισμού ή έστω στο «κύριο ρεύμα» του. Από τον Δραγούμη απουσιάζουν οι αισθητιστικές δοκιμές θεμάτων και ύφους. Ενώ γνωρίζει και, πιθανόν, εκτιμά τον αισθητισμό, δεν πειραματίζεται με τη θεματική του και με το ύφος του, δεν είναι έμπρακτος αισθητιστής.

Στο κεφάλαιο, στο οποίο ασχοληθήκαμε με τον Π. Γιαννόπουλο, είδαμε ότι ο Σικελιανός (1884-1951) θα ενεργοποιήσει δημιουργικές δυνάμεις του μέσα από την παρακαταθήκη του αισθητισμού· κάτω από αυτό το φως μπορεί να ιδωθεί, για παράδειγμα, ο *Αλαφροΐσκιωτος*, ποιητική σύνθεση που γράφεται το 1907 και που λόγω του ποιητικού είδους του δεν θα μας απασχολήσει εδώ. Η συνέχιση αυτή αποτελεί την πιο ισχυρή απόδειξη της κοσμοθεωρητικής διάστασης του αισθητισμού. Ο ίδιος ο Σικελιανός, όμως, στα μαθητικά του χρόνια (1899-1900) δημοσιεύει εικοσιένα πεζά, όπου ο παρακμιακός ρομαντισμός δεν αναιρεί το γεγονός ότι κύριο μέρος των εγγραφών αναπλάθει το *Άσμα Ασμάτων* τόσο λεκτικά όσο και νοηματικά. Παραθέτουμε εδώ ενδεικτικά δύο από αυτές τις εγγραφές:

Τις εν τη ψυχή μου εξεγείρει την ευδαιμονίαν; Του βλέμματός σου το φως επιχέεται εν εμοί... Και επί των ευρειών ιδεών μου πεφωτισμένον υπό του βλέμματός σου η πίπτουσα της ευδαιμονίας σκιά είναι η θλίψις... Ανεύρον της λήθης τον ποταμόν αλλ' αι όχθαι του εισί πλήρεις εκ των ανθέων της αναμνήσεως...

Άσμα του έρωτος, εκδηλούμενον υπό των ανθέων διά του μύρου, υπό των ουρανών διά της αρμονίας, υπό των χειλέων διά του «σ' αγαπώ»[880].

Η συνέχιση του ποιητικού, κριτικού και θεατρικού έργου του Σικελιανού δεν είναι απαλλαγμένη από ορισμένα μοτίβα γνώριμα και από τον αισθητισμό. Το θέμα, όμως, είναι πολύ ευρύτερο και ξεφεύγει από τα όρια αυτού του βιβλίου.

Ο τελευταίος, στον οποίο θα αναφερθούμε, είναι ο Βάρναλης (1884-1974), ο οποίος κατά την περίοδο της ακμής του αισθητισμού γράφει ποιήματα μέσα στο κλίμα του κινήματος (ασελγή θέματα με σατύρους και νύμφες μέσα στην ηδονολατρική φύση της Ελλάδας ή μια αισθητιστική ανάγνωση του τραγικού θέματος του Ορέστη στο ομώνυμο σονέτο), που λόγω είδους δεν μας απασχολούν εδώ. Αυτό που θα σχολιάσουμε είναι ο εκ των υστέρων χαρακτηρισμός ενός τέτοιου ποιήματος από τον ίδιο τον ποιητή:

«Ένα ρεαλιστικό ποίημα»
Από την Αμαλιάδα έστειλα στα Γράμματα της Αλεξανδρείας το ποίημά μου «Θυσία»... Σ' αυτό το ποίημα παρουσιάζω έναν αρχαίο Έλληνα που θυσιάζει την ημέρα των γάμων ένα γαϊδούρι στον Πρίαπο. Για κείνη την εποχή του ολοφυρομένου ρομαντισμού, αυτό το ρεαλιστικό ποίημα ξάφνισε με την τολμηρότητά του. Επηρεασμένος από την αρχαία φιλολογία κι από την ψευτοκλασική ποίηση του Ντ' Ανούντζιο με τον έντονο βιταλισμό του ήμουνα λάτρης της νιότης και της αισθητικής ζωής. Μισούσα κι απόφευγα από σύστημα τις λέξεις ψυχή, όνειρο, θάνατος. Ήτανε πολύ τριμμέ-

---

880. Ά. Σικελιανός, *Ανέκδοτα ποιήματα και πεζά* (επιμ. Β. Τσαρλαμπά-Κακλαμάνη), Αθήνα, Εστία, 1989, 113-114.

νες, δεν είχανε κανένα ουσιαστικό νόημα: απλό πρόσχημα για να σκεπάζουν οι άνθρωποι της ρουτίνας τη φτώχεια της προσωπικότητάς τους[881].

Ο Βάρναλης αναφέρει επίσης ότι το περιστατικό έγινε αφορμή να παραιτηθούν από τη διευθύνουσα επιτροπή του περιοδικού «οι πιο "ευ ηγμένοι" λόγιοι της Αλεξάνδρειας. Και ιδρύσανε δικό τους περιοδικό των καλών τρόπων, τη *Νέα Ζωή*»[882]. Αυτό που ξαφνιάζει είναι ότι, ενώ η περιγραφή του ποιήματος δείχνει καθαρά προς την κατεύθυνση του αισθητισμού, ο ποιητής το χαρακτηρίζει εκ των υστέρων και, αφού ο ίδιος έχει περάσει στη μαρξιστική φάση του, «ρεαλιστικό», καταχωρίζοντας στο ρεαλισμό ποιότητες όπως η τολμηρότητα και η καταγγελία των προσχημάτων, ο αποκλεισμός της ψυχής και του ονείρου, ο βιταλισμός και η λατρεία της νιότης, η λαγνεία, η αρχαιολατρεία και ο ντανουντσιανισμός. Ο Βάρναλης έχει σωστή συνείδηση των πραγμάτων, ακόμη και αν η ορολογία που χρησιμοποιεί είναι παραπλανητική ή εσκεμμένη. Δεν ξεχνούμε ότι ήξερε να ξεχωρίσει την καλαισθητική ποιότητα του Χρηστομάνου εστιάζοντας την προσοχή στο σωστό σημείο, έστω και αν η γλώσσα του δεν ακριβολογούσε: «Ο αριστοκράτης αυτός ... ουκ ην εκ του τόπου τούτου»[883].

---

881. Κ. Βάρναλης, *Φιλολογικά Απομνημονεύματα* (επιμ. Κ. Παπαγεωργίου), Αθήνα, Κέδρος, 1981, 108-109.
882. Ό. π.
883. *Γράμματα* (Αλεξάνδρεας) 1, 11 (1911) 335.

Επίλογος

Συνοψίζοντας, θα λέγαμε ότι ο αισθητισμός στη Δυτική Ευρώπη, όπως και στην Ελλάδα, υπήρξε συγκεκριμένο κίνημα, που αναπτύχθηκε στο δεύτερο μισό του 19ου και στις αρχές του 20ού αι., με συγκεκριμένους εκπροσώπους και συγκεκριμένα αίτια. Ξεκινώντας από τη Γαλλία και επεκτεινόμενος στη Βρετανία και αλλού, εκδήλωσε την προτίμησή του για ορισμένα είδη και ύφη κειμένων και εκφράστηκε μέσα από ορισμένες κατηγορίες θεμάτων και μοτίβων, που δικαιώνουν και τις άλλες ονομασίες του ως «παρακμή» και «fin-de-siècle».

Κεντρική ομοιότητα του νεοελληνικού με το διεθνή αισθητισμό είναι ότι η νοσηρότητα ως έκφραση αλλοτρίωσης του ατόμου αποτελεί το προοίμιο της απανθρωποποίησης, η οποία θα χαρακτηρίσει τη μοντέρνα τέχνη. Κεντρική διαφορά του νεοελληνικού, κυρίως του ελλαδικού, από το διεθνή αισθητισμό είναι ότι κατάφερε να συγκεράσει μπωντλαιρικές με νιτσεϊκές και, εν μέρει, βαγκνερικές εκλεκτικές συγγένειες, αναδεικνύοντας μέσα από τη νοσηρότητα μια αισθησιακή δύναμη, η οποία αναγέννησε το πρότυπο της πανθεϊστικής φύσης και της σημασίας της προαιώνιας και, συνεκδοχικά, της αρχαιοελληνικής γης. Αποτελεί με τον τρόπο αυτό μια κοσμοθεωρία, που μέσα από τον πανθεϊσμό της ανάγει τον εθνοκεντρισμό σε κοσμοπολιτισμό.

Είδαμε αναλυτικά ποιοι λογοτέχνες έδρασαν μέσα στην πολυδύναμη κινητικότητα που ονομάζουμε κίνημα του νεοελληνικού αισθητισμού στην πεζογραφία. Σχεδόν κανένας από τους σημαντικούς Νεοέλληνες λογοτέχνες της εποχής, από τις αρχές της δεκαετίας του 1890 ως τους Βαλκανικούς πολέμους (1912-1913), δεν έμεινε ανεπηρέαστος από τη διάχυτη προβληματική του κινήματος, ανεξάρτητα με το αν και με το πώς εντάχθηκε σ' αυτό. Υπήρξαν μεγάλοι συγγραφείς που αναγέννησαν το δυτικότροπο αισθητισμό της στειρότητας δίνοντάς του τη μορφή σφριγηλής κοσμοθεωρίας. Υπήρξαν συγγραφείς που απλώς ακολούθησαν τα πρότυπα των υπολοίπων. Τέλος υπήρξαν και εκείνοι που απλώς πειραματίστηκαν μέσα στο ύφος του κινήματος επιβεβαιώνοντας την εμβέλειά του.

Βιβλιογραφία

α. Ελληνόγλωσση

Τ. Άγρας, «Πλάτων Ροδοκανάκης. Ένας μικρός αποστάτης», *Νέα Εστία* 32 (1942) 77-81.

Β. Αθανασόπουλος, «Ζαχαρίας Λ. Παπαντωνίου», στον τόμο *Η παλαιότερη πεζογραφία μας. Από τις αρχές της ως τον πρώτο παγκόσμιο πόλεμο 1900-1914*, τ. 11, Αθήνα, Σοκόλης, 1998, 240-261.

Α. Αργυρίου, «Κωνσταντίνος Χρηστομάνος», στον τόμο *Η παλαιότερη πεζογραφία μας. Από τις αρχές της ως τον πρώτο παγκόσμιο πόλεμο 1900-1914*, τ. 11, Αθήνα, Σοκόλης, 1998, 136-157.

Μ. Αρτάκης [=Μ. Βατάλας], «Π. Νιρβάνα "Το Χελιδόνι"», *Νέα Ζωή* (Αλεξάνδρειας) 5, 55 (1909) 233-234.

Ν. Βαγενάς, *Για έναν ορισμό του μοντέρνου στην ποίηση*, Αθήνα, Στιγμή, 1984.

– *Η εσθήτα της θεάς. Σημειώσεις για την ποίηση και την κριτική*, Αθήνα, Στιγμή, 1988.

Β. Βαρίκας, *Κ. Βάρναλης. Κ. Καρυωτάκης*, Αθήνα, Πλέθρον, 1978.

– *Συγγραφείς και κείμενα, Α΄, 1961-5*, Αθήνα, Ερμής, 1975.

Κ. Βάρναλης, *Φιλολογικά Απομνημονεύματα* (επιμ. Κ. Παπαγεωργίου), Αθήνα, Κέδρος, 1981.

– «Τραγούδι των νέων», *Νέα Ζωή* (Αλεξάνδρειας) 6, 1-2 (1909) 204-206.

– *Ποιητικά*, Αθήνα, Κέδρος, 1956.

Τ. Βουρνάς, *Ιστορία της Νεώτερης Ελλάδας. Από την Επανάσταση του 1821 ως το κίνημα του Γουδί (1909)*, Αθήνα, Τολίδης, 1974.

Η. Βουτιερίδης, «Πλ. Ροδοκανάκη, Ο Θρίαμβος. Πεζό τραγούδι», *Παναθήναια* 23 (1911-1912) 183-184.

– *Ο ρυθμικός λόγος στη νεοελληνική λογοτεχνία*, Αθήνα 1911 και Αθήνα, Ζηκάκης, 1931.

Γ. Βώκος, «Πλάτωνος Ροδοκανάκη, Το φλογισμένο ράσο», *Ο Καλλιτέχνης* 2 (1911) 156-157.

Μ. Γαλήνιος, «Φιλολογικά μνημόσυνα. Περικλής Γιαννόπουλος», *Παναθήναια* 23 (1911-1912) 22.

Ε. Γαραντούδης–Δ. Μέντη, «Κώστας Πασαγιάννης», στον τόμο *Η παλαιότερη πεζογραφία μας. Από τις αρχές της ως τον πρώτο παγκόσμιο πόλεμο 1900-1914*, τ. 9, Αθήνα, Σοκόλης, 1997, 192-201.

– «Πλάτων Ροδοκανάκης», στον τόμο *Η παλαιότερη πεζογραφία μας. Από τις αρχές της ως τον

πρώτο παγκόσμιο πόλεμο 1900-1914, τ. 11, Αθήνα, Σοκόλης, 1998, 194-207.
Δ. Γιάκος, «Η πρόζα του Λαπαθιώτη», Νέα Εστία 75 (1964) 556-557.
Π. Γιαννόπουλος, «Η ελληνική γραμμή», Ανατολή 2, 1 (1903) 416-422.
- Νέον πνεύμα, Αθήνα 1906.
- Έκκλησις προς το πανελλήνιον κοινόν, Αθήνα, Ι. Δ. Κολλάρος, 1907.
- («Θάνατος»), «Λόγια του αέρος... του Αττικού αέρος λόγια...», Παναθήναια 8 (1904) 295-297.
- («Λίνος»), «Μάιος», Παναθήναια 2 (1901) 41.
- («Μαίανδρος»), «Αι νύμφαι του Αιγαίου», Παναθήναια 2 (1901) 58-59.
- («Λίνος»), «Νύκτωμα», Παναθήναια 2 (1901) 181.
- Άπαντα (επιμ. Δ. Λαζογιώργος-Ελληνικός), Αθήνα, Νέα Θέσις, 1963.
- Η Ελληνική Γραμμή και το ελληνικόν χρώμα, Αθήνα, Νέα Σύνορα-Λιβάνης, 1992.
- «Περικλής Γιαννόπουλος. Αφιέρωμα», Τα Νέα Γράμματα 4, 1-3 (1938).
- «Περικλής Γιαννόπουλος. Αφιέρωμα», Νεοελληνικά Γράμματα 77 (1938).
- «Περικλής Γιαννόπουλος. Αφιέρωμα», Μακεδονικές Ημέρες 6, 5-7 (1937).
Μ. Ε. Γιαννοπούλου, «Nicolas Ségur», Νέα Εστία 39, 447 (1946) 209-214.
Γκαίτε, Φάουστ, Α΄ (μτφρ. Ι. Παυλάκης), Αθήνα, Αστήρ, 1982.
- Φάουστ, Β΄ (μτφρ. Ι. Παυλάκης), Αθήνα, Αστήρ, 1983.
Α. Γκρέκου, Απόστολος Μελαχρινός. Τα ποιήματα, Αθήνα, Εστία, 1994.
- Η «καθαρή ποίηση» στην Ελλάδα. Από τον Σολωμό ως τον Σεφέρη: 1833-1933, Αθήνα, Αλεξάνδρεια, 2000.
Χ.-Δ. Γουνελάς, Η σοσιαλιστική συνείδηση στην ελληνική λογοτεχνία 1897-1912, Αθήνα, Κέδρος, 1984.
- «Ιδεαλισμός και στράτευση. Μια αντίφαση στη θεωρία της λογοτεχνίας», Επιστημονική σκέψη 34 (1987) 49-59.
Ι. Ν. Γρυπάρης, Άπαντα (επιμ. Γ. Βαλέτας), Αθήνα, Δωρικός, ²1967.
Γ. Δάλλας, «Εισαγωγή», στον τόμο Η παλαιότερη πεζογραφία μας. Από τις αρχές της ως τον πρώτο Παγκόσμιο πόλεμο 1900-1914, τ. 9, Αθήνα, Σοκόλης, 1997, 11-23.
- «Νικόλαος Επισκοπόπουλος», στον τόμο Η παλαιότερη Πεζογραφία μας. Από τις αρχές της ως τον πρώτο παγκόσμιο πόλεμο 1900-1914, τ. 9, Αθήνα, Σοκόλης, 1997, 24-43.
- «Κ. Θεοτόκης», στον τόμο Η παλαιότερη πεζογραφία μας. Από τις αρχές της ως τον πρώτο παγκόσμιο πόλεμο 1900-1914, τ. 10, Αθήνα, Σοκόλης, 1997, 182-220.
- «Το πρόβλημα της εντοπιότητας στην πεζογραφία του Θεοτόκη», Κορφιάτικες ιστορίες, Αθήνα, Κείμενα, 1982, 7-21.
- Εισαγωγή στην ποιητική του Μίλτου Σαχτούρη, Αθήνα, Κείμενα, 1979.
Κ. Ι. Δεδόπουλος, «Η αυστηρότητα και η παρακμή», Νέα Εστία 63 (1958) 15-17.
Κ. Θ. Δημαράς, Ιστορία της Νεοελληνικής Λογοτεχνίας, Αθήνα, Ίκαρος, ⁸1987.
- Ελληνικός Ρωμαντισμός, Αθήνα, Ερμής, ⁷1994.
Μ. Δήτσα, «Παύλος Νιρβάνας», στον τόμο Η παλαιότερη πεζογραφία μας. Από τις αρχές της ως τον πρώτο παγκόσμιο πόλεμο 1900-1914, τ. 9, Αθήνα, Σοκόλης, 1997, 224-252.
Δοκίμια για τη λογοτεχνία και την κριτική (μτφρ. Σπ. Τσακνιάς), Αθήνα, Καστανιώτης, 1984.
Ί. Δραγούμης, Έργα. Σειρά Β΄: Κοινωνικά-Πολιτικά 1. Ο Ελληνισμός μου και οι Έλληνες (1903-9) 2. Ελληνικός Πολιτισμός (1913), Αθήνα 1927.
- Σαμοθράκη (επιμ. Γ. Σχοινάς), Αθήνα, Νέα Θέσις, 1991.
- Σταμάτημα (επιμ. Μ. Αναγνωστάκης), Αθήνα, Νεφέλη, 1991.
- Το μονοπάτι (επιμ. Γ. Φατούρος–Γ. Σχοινάς), Αθήνα, Νέα Θέσις, 1992.

- *Όσοι Ζωντανοί* (επιμ. Θ. Καλαφάτης), Αθήνα, Φιλόμυθος, 1993.
- *Ελληνικός πολιτισμός* (επιμ. Θ. Καλαφάτης), Αθήνα, Φιλόμυθος, 1993.
- *Αισθητικά κείμενα*, Αθήνα, Δωδώνη, 1992.

Ν. Εγγονόπουλος, «Μπολιβάρ, ένα ελληνικό ποίημα», *Ποιήματα Β΄*, Αθήνα, Ίκαρος, 1985, 9-18.

Ν. Επισκοπόπουλος, *Τα διηγήματα του δειλινού και Άσμα Ασμάτων* (επιμ. Α. Σαχίνης), Αθήνα, Εστία, 1992.
- *Τα διηγήματα του δειλινού*, Αθήνα, Κωνσταντινίδης, 1898.
- *Διηγήματα*, (επιμ. Β. Αθανασόπουλος), Αθήνα, Ίδρυμα Κώστα και Ελένης Ουράνη, 2002.
- «Ο νεκρός» *Εστία* 38 (1895) 170-172.
- «Ο ήλιος στα χιόνια» *Το περιοδικόν μας* 1 (1900) 101-107.
- «Ανατόλ Φρανς», *Η Τέχνη* 1 (1899) 118-119 (ανατύπ. Αθήνα, Ε. Λ. Ι. Α., 1980).
- «Η πρώτη καταιγίς», *Εθνικόν Ημερολόγιον... Σκόκου* 16 (1901) 412-416.
- «Καλιγόλας», *Εστία* 37 (1894) 417-421, 444-447.
- «Το ερυθρούν κρίνον», *Παναθήναια* 4 (1902) 297-300.
- «Αλέξανδρος Φιλιπέπι-Μποττιτσέλι», *Παναθήναια* 7 (1904) 321-328.
- «Στον θάνατον», *Εθνικόν Ημερολόγιον... Σκόκου* 15 (1900) 147-151.
- «Αιωνία γυνή», *Εθνικόν Ημερολόγιον... Σκόκου* 10 (1895) 91-98.
- «Τα μαλλιά», *Η Τέχνη* 1 (1899) 8-9 (ανατύπ. Αθήνα, Ε. Λ. Ι. Α., 1980).
- «Το φίλημα του Ασσούρ», *Η Τέχνη* 1 (1899) 63-64 (ανατύπ. Αθήνα, Ε. Λ. Ι. Α., 1980).
- *Τρελλά διηγήματα* (επιμ. Μ. Αναγνωστάκης), Αθήνα, Νεφέλη, 1989.

Α. Ζήρας, «Η κόμη», *Ποίηση και μουσική*, Αθήνα, Πλέθρον, 1983, 51-161.

Α. Ζιντ, *Ο Όσκαρ Ουάιλντ και εγώ* (απόδοση Ν. Λαπαθιώτης), Αθήνα, Στοχαστής, 1997.

Η παλαιότερη πεζογραφία μας. Από τις αρχές της ως τον πρώτο παγκόσμιο πόλεμο 1900-1914, τ. 9-11, Αθήνα, Σοκόλης, 1997-1998.

Γ. Θέμελης (επιμ.), *Νεοέλληνες λυρικοί* [Βασική Βιβλιοθήκη, 29], Αθήνα, Ζαχαρόπουλος, 1959.

Κ. Θεοτόκης, *Αντιφεγγίδες*, Κέρκυρα 1895.
- *Απελλής*, Αθήνα, Άγρα, 1991.
- «Το βιο της Κυράς Κερκύρας», *Η Τέχνη* 1 (1898) 10-14 (ανατύπ. Αθήνα, Ε. Λ. Ι. Α., 1980 και *Το βιο της Κυράς Κερκύρας*, Αθήνα, Κείμενα, 1982).
- *Κορφιάτικες ιστορίες* (επιμ. Ε. Δενδρινού), Κέρκυρα, Εταιρεία προς ενίσχυσιν των Επτανησιακών Μελετών, 1935.
- *Διηγήματα. Κορφιάτικες ιστορίες* (επιμ. Γ. Δάλλας), Αθήνα, Κείμενα, 1982.
- *Η χάση του κόσμου. Το όνειρο του Σατνή. Κέρκυρα, ανέγδοτα διηγήματα* (επιμ. Γ. Δάλλας), Αθήνα, Κείμενα, 1981.
- *Αγάπη παράνομη: διήγημα ανέκδοτο* (επιμ. Φ. Βλάχος), Αθήνα, Καστανιώτης, 1977.
- «Κωνσταντίνος Θεοτόκης. Αφιέρωμα», *Πόρφυρας* 57-58 (1991).

Θεωρία λογοτεχνίας, Αθήνα, IMAGO, 1983.

Ά. Θρύλος (επιμ.), *Γρηγόριος Ξενόπουλος, Μιχαήλ Μητσάκης, Γιάννης Καμπύσης* [Βασική Βιβλιοθήκη, 27], Αθήνα, Ζαχαρόπουλος, 1960.

Σ. Ιλίνσκαγια, *Κ. Π. Καβάφης. Οι δρόμοι προς το ρεαλισμό στην ποίηση του 20ού αι.*, Αθήνα, Κέδρος, [3]1988.

C. Kavafis, *Εις το φως της Ημέρας* (επιμ. R. Lavagnini), Palermo, Università di Palermo, 1979.

Κ. Π. Καβάφης, *Ποιήματα (1897-1933)* (επιμ. Γ. Π. Σαββίδης), Αθήνα, Ίκαρος, [2]1989.
- *Ανέκδοτα ποιήματα (1882-1923)* (επιμ. Γ. Π. Σαββίδης), Αθήνα, Ίκαρος, 1968.
- *Αποκηρυγμένα ποιήματα και μεταφράσεις (1886-1898)* (επιμ. Γ. Π. Σαββίδης), Αθήνα, Ίκαρος, 1983.

- *Κρυμμένα Ποιήματα (1877;-1923)* (επιμ. Γ. Π. Σαββίδης), Αθήνα, Ίκαρος, 1993.
- *Ατελή ποιήματα 1918-1932* (επιμ. R. Lavagnini), Αθήνα, Ίκαρος, 1994.
- *Ανέκδοτα πεζά κείμενα* (επιμ. Μ. Περίδης), Αθήνα, Φέξης, 1968.
- *Πεζά* (επιμ. Γ. Παπουτσάκης), Αθήνα, Φέξης, 1963.

Γ. Καζαντζάκη, «Ridi Pagliacio», *Ο Νουμάς* 7, 340-343 (1909) 2-8.
- *Γέλα Παλιάτσο (Ridi Pagliazzo)*, Θεσσαλονίκη, Μπαρμπουνάκης, 1984.
- «Σαλώμη», *Ο Νουμάς* 7, 342 (1909) 3-4.
- («Πετρούλα Ψηλορείτη»), «Κόκκινη Ζωή. Ρομάντζο», *Νέα Ζωή* (Αλεξάνδρειας) 8, 1-3 (1912) 12-32.
- («Πετρούλα Ψηλορείτη»), «Η άρρωστη πολιτεία. Ρομάντζο», *Νέα Ζωή* (Αλεξάνδρειας) 9, 2 (1914) 104-142.

Ν. Καζαντζάκης, («Κάρμα Νιρβαμή»), *Όφις και Κρίνο* (επιμ. Ε. Αλεξίου), Αθήνα, Γλάρος, 1974.
- («Κάρμα Νιρβαμή»), *Όφις και Κρίνο*, Αθήνα, Ελ. Καζαντζάκη, χ. χ. έ.
- («Κάρμα Νιρβαμή»), «Γαλάτεια Αλεξίου. Αφορμή από το Ridi Pagliacio της», *Ο Νουμάς* 7, 348 (1909) 1-3.
- («Πέτρος Ψηλορείτης»), «Σπασμένες Ψυχές», *Ο Νουμάς* 7, 355 (1909) 2-8 έως 8, 378 (1910) 2-7.
- («Πέτρος Ψηλορείτης»), «Ένα πορτραίτο από τη Ζωή την αυτοκρατόρισσα», *Πινακοθήκη* 9 (1909) 181 και *Νέα Εστία* 64 (1958) 1144.
- «Η αρρώστεια του αιώνος», *Πινακοθήκη* 6 (1906) 8-11, 26-27, 46-47.
- «Τι μου λένε οι παπαρούνες», *Πινακοθήκη*, 6 (1906) 96-98 και *Νέα Εστία* 64 (1958) 1021-1022.
- «Δυο δάκρυα», *Παναθήναια* 14 (1907) 111-112 και *Νέα Εστία* 64 (1958) 1079-1080.
- «Requiem», *Πινακοθήκη* 7 (1907) 3-4 και *Νέα Εστία* 64 (1958) 1024-1025.
- «Η επιστροφή του ασώτου», *Πινακοθήκη* 7 (1907) 55 και *Νέα Εστία* 64 (1958) 1079.
- («Κάρμα Νιρβαμή»), «Φασγά», *Πινακοθήκη* 7 (1907) 165-168 και *Νέα Εστία* 63 (1958) 902-905.
- *Ο Φρ. Νίτσε εν τη φιλοσοφία του δικαίου και της πολιτείας. Παρίσιοι 1908*, Ηράκλειο Κρήτης 1909.
- («Ακρίτας»), «Η ποικιλία παντού», *Νέον Άστυ* (25.10.1907).
- «Π. Νιρβάνα: Μαρία Πενταγιώτισσα. Αφορμή από την έκδοσή της στη Ν. Ζωή», *Νέα Ζωή* (Αλεξάνδρειας) 6, 1-2 (1909) 51-55.
- («Πέτρος Ψηλορείτης»), «Για τους νέους μας. Αφορμή από την Σαμοθράκη του Ίδα», *Νέα Ζωή* (Αλεξάνδρειας) 6, 1-2 (1909), 232-239.
- *Ταξιδεύοντας... Ιταλία, Κύπρος κτλ.*, Αθήνα, Ε. Καζαντζάκη, 1961.

Δ. Κακλαμάνος, «Η αυτοκράτειρα Ελισάβετ», *Παναθήναια* 1 (1901) 241-242.
- «Ο νεοϊδανισμός εις την τέχνην», *Παναθήναια* 2 (1901) 59-62.

Γ. Καμπύσης, *Άπαντα* (επιμ. Γ. Βαλέτας), Αθήνα, Πηγή, 1972.
- «Ο Προμηθέας του Γκαίτε», *Ο Διόνυσος* 1 (1901) 4-11 και *Άπαντα* (επιμ. Γ. Βαλέτας), Αθήνα, Πηγή, 1972, 499-506.
- «Ο Στέφανος Γκεόργκε», *Η Τέχνη* 1 (1899) 281-283 (ανατύπ. Αθήνα, Ε. Λ. Ι. Α., 1980) και *Άπαντα* (επιμ. Γ. Βαλέτας), Αθήνα, Πηγή, 1972, 456-459.
- «Friedrich Nietzsche», *Το περιοδικόν μας* 2 (1900) 75-82.

Α. Καραντώνης, «Σπήλιος Πασαγιάννης», *Ελληνική Δημιουργία* 8 (1951) 338-341.
- «Το τεύχος μας για τον Περικλή Γιαννόπουλο», *Τα Νέα Γράμματα* 4, 1-3 (1938) 292.

Χ.-Λ. Καράογλου, *Ο Διόνυσος (1901-1902)*, Αθήνα, Διάττων, 1991.

Αισθητισμός. Η νεοελληνική εκδοχή του κινήματος

- *Το Περιοδικό «Μούσα» (1920-1923). Ζητήματα ιστορίας της νεοελληνικής λογοτεχνίας*, Αθήνα, Νεφέλη, 1991.
- (επιμ.), *Περιοδικά λόγου και τέχνης (1901-1940). Τόμος πρώτος: Αθηναϊκά περιοδικά (1901-1925)*, Θεσσαλονίκη, University Studio Press, 1996.

Κ. Γ. Καρυωτάκης, *Ποιήματα και πεζά* (επιμ. Γ. Π. Σαββίδης), Αθήνα, Ερμής, 1975.

- *Άπαντα τα ευρισκόμενα* (επιμ. Γ. Π. Σαββίδης), Αθήνα, Ερμής, 1979.

Κ. Γ. Κασίνης, «Γ. Καμπύσης», στον τόμο *Η παλαιότερη πεζογραφία μας. Από τις αρχές της ως τον πρώτο παγκόσμιο πόλεμο 1900-1914*, τ. 9, Αθήνα, Σοκόλης, 1997, 110-126.

Α. Καστρινάκη, *Η φωνή του γενέθλιου τόπου. Μελέτη για την ελληνική πεζογραφία του 20ού αιώνα*, Αθήνα, Πόλις, 1997.

- «Γαλάτεια Καζαντζάκη», στον τόμο *Η παλαιότερη πεζογραφία μας. Από τις αρχές της ως τον πρώτο παγκόσμιο πόλεμο 1900-1914*, τ. 10, Αθήνα, Σοκόλης, 1997, 422-441.

Ά. Κατσιγιάννη, *Το πεζό ποίημα στη νεοελληνική γραμματεία. Γενεαλογία, διαμόρφωση και εξέλιξη του είδους (από τις αρχές ως το 1930)*, αδημοσίευτη διδακτορική διατριβή, Θεσσαλονίκη, Α. Π. Θ., 2001.

- «Για τις αρχές του ελληνικού πεζοτράγουδου», *Ο Πολίτης* 64-65 (1983) 99-101.
- «Μορφικές μεταρρυθμίσεις στην ελληνική ποίηση του τέλους του 19ου και των αρχών του 20ού αιώνα», *Παλίμψηστον* 5 (1987) 159-175.
- «Κωνσταντίνος Θεοτόκης. Ανέκδοτα πεζά ποιήματα από τις Αντιφεγγίδες», *Πόρφυρας* 57-58 (1991) 390-395.
- «Πτυχές του καβαφικού μοντερνισμού. Τα αποσιωπημένα πεζά ποιήματα», *Σύγκριση / Comparaison* 9 (1998) 92-109.

Γ. Κατσίμπαλης, «Ο άγνωστος Καζαντζάκης», *Νέα Εστία* 63-64 (1958) 613-615, 745-756, 848-856, 902-905, 1021-1025, 1079-1083, 1142-1144, 1207-1215, 1284-1292, 1370-1378, 1498-1503, 1558-1565, 1616-1617.

- *Βιβλιογραφία Κωνσταντίνου Θεοτόκη*, Αθήνα, Σεργιάδης, 1942.
- *Βιβλιογραφία Περικλή Γιαννόπουλου*, Αθήνα ²1960.
- *Βιβλιογραφία Άγγελου Σικελιανού*, Αθήνα, Ελληνική Εκδοτική Εταιρεία, 1946.
- *Βιβλιογραφία Νίκου Καζαντζάκη*, Αθήνα 1958.
- *Βιβλιογραφία Γιάννη Γρυπάρη*, Αθήνα 1942.
- *Βιβλιογραφία Μιχαήλ Μητσάκη*, Αθήνα 1942.
- *Βιβλιογραφία Κωνσταντίνου Καβάφη*, Αθήνα 1943.
- *Βιβλιογραφικά συμπληρώματα: Ι. Γρυπάρη, Μ. Μητσάκη, Κ. Θεοτόκη, Κ. Καβάφη*, Αθήνα, Σεργιάδης, 1944.
- *Ελληνική βιβλιογραφία Αρθούρου Ρεμπώ (Arthur Rimbaud)*, Αθήνα, Σεργιάδης, 1955.
- *Ελληνική βιβλιογραφία Έδγαρ Πόε (Edgar Allan Poe)*, Αθήνα, Σεργιάδης, 1955.
- *Ελληνική βιβλιογραφία Κάρολου Μπωντλαίρ (Charles Baudelaire)*, Αθήνα, Σεργιάδης, 1956.
- *Ελληνική βιβλιογραφία Παύλου Βερλαίν (Paul Verlaine)*, Αθήνα, Σεργιάδης, 1956.
- *Ελληνική βιβλιογραφία Μωρίς Μέτερλινκ (Maurice Maeterlinck)*, Αθήνα 1962.

Φρ. Κάφκα, *Η μεταμόρφωση* (μτφρ. Β. Τομανάς), Θεσσαλονίκη, Πασχάλη, 1986.

Φ. Κεραμάρη, *Ο Ζαχαρίας Παπαντωνίου ως πεζογράφος: διήγημα, χρονογράφημα, ταξιδιωτικά κείμενα, λογοτεχνική κριτική, τεχνοκριτικό δοκίμιο*, Αθήνα, Εστία, 2001.

Γ. Κεχαγιόγλου, «Μαβής ουρανός, μαβιά θάλασσα, μαβιά μάτια... Η «ανακάλυψη» του ιώδους ή Περί της αχρωματοψίας σύγχρονων λεξικών στο γαλανό-γαλάζιο», *Μικροφιλολογικά* (Λάρνακας) 7 (2000) 5-9.

Γ. Μ. Κολιόπουλος, *Ταξιδευτές με τον «Δυσέα» Νίκο Καζαντζάκη*, Αθήνα, Βασιλόπουλος, 2008.

Τ. Κόρφης, *Ρώμος Φιλύρας: συμβολή στη ζωή και το έργο του*, Αθήνα, Πρόσπερος, 1974.
Ε. Κοτζιά, «Σπήλιος Πασαγιάννης», στον τόμο *Η παλαιότερη πεζογραφία μας. Από τις αρχές της ως τον πρώτο παγκόσμιο πόλεμο 1900-1914*, τ. 9, Αθήνα, Σοκόλης, 1997, 152-161.
Αικ. Κουμαριανού, «Ίων Δραγούμης», στον τόμο *Η παλαιότερη πεζογραφία μας. Από τις αρχές της ως τον πρώτο παγκόσμιο πόλεμο 1900-1914*, τ. 11, Αθήνα, Σοκόλης, 1998, 8-44.
Δ. Λαμπρέλλης, *Η συνειδητοποίηση του ελληνισμού ως νιτσεϊσμός. Τα περιοδικά Τέχνη και Διόνυσος*, Αθήνα, Νέα Πορεία, 1993.
Μ. Λαμπρίδης, *Il gran rifiuto. Καβάφης, Βάρναλης, Καρυωτάκης και η παρακμή*, Αθήνα, Έρασμος, 1979.
Ν. Λαπαθιώτης, «Ωραιοπάθεια», *Ελλάς* 2, 32 (1908) 7.
- «Ηδυπάθεια», *Ελλάς* 2, 65 (1909) 3.
- «Spleen», *Ελλάς* 2, 76 (1909) 7.
- «Ο επαναπαυόμενος αθλητής», *Ημερολόγιον της Ελλάδος* 2 (1910) 49-50.
- *Η ζωή μου. Απόπειρα συνοπτικής αυτοβιογραφίας* (επιμ. Γ. Παπακώστας), Αθήνα, Στιγμή, 1986.
Ζ. Λιμπίς, *Ο Μύθος του Ανδρογύνου* (μτφρ. Α. Παρίση), Αθήνα, Ολκός, 1989.
Μ. Μαίτερλινκ, *Το γαλάζιο πουλί. Ονειροφαντασία σε έξι πράξεις* (μτφρ. Π. Χάρης), Αθήνα, Εταιρεία Σπουδών Νεοελληνικού Πολιτισμού και Γενικής Παιδείας-Ίδρυμα Σχολής Μωραΐτη, 1982.
Π. Μαρκάκης, *Κώστας Ουράνης Ι. Βιβλιογραφία (1908-1961)*, Αθήνα, Εστία, 1962.
Λ. Μαρκεζέλι-Λούκα, *Συμβολή στην εργογραφία του Κώστα Βάρναλη. Αισθητικά-Κριτικά 1911-1944*, Αθήνα, Κέδρος, 1985.
Κ. Μαρτζώκης, «Ο Νάρκισσος», *Νέα Ζωή* (Αλεξάνδρειας) 1 (1905) 447.
Π. Δ. Μαστροδημήτρης, *Εισαγωγή στη νεοελληνική φιλολογία*, Αθήνα, Δόμος, ⁶1996.
- *Η νεοελληνική σύνθεση. Θέματα και κατευθύνσεις της νεοελληνικής λογοτεχνίας*, Αθήνα, Νεφέλη, 1999.
- *Νεοελληνικά. Μελέτες και άρθρα, Α'*, Θεσσαλονίκη, Νέα Πορεία, 1975.
- *Νεοελληνικά. Μελέτες και άρθρα*, τ. Α'-Β', Αθήνα, Γνώση, 1984.
Ν. Μαυρέλος, «Η Μαύρα, ένα αθησαύριστο διήγημα του Ν. Επισκοπόπουλου (εφ. *Άστυ*, 19 Δεκ.1893)», *Μικροφιλολογικά* (Λάρνακας) 1 (1997) 13-16.
Α. Μελαχρινός, *Τα ποιήματα* (επιμ. Α. Γκρέκου), Αθήνα, Εστία, 1994.
- («Ροδόφιλος»), «Τα μαλλιά», *Ο Νουμάς* 2, 99 (1904) 7.
Κ. Μητσάκης, *Σημεία αναφοράς. Μελέτες Νεοελληνικής Φιλολογίας*, Αθήνα, Καρδαμίτσα, χ. χ. έ.
- *Του κύκλου τα γυρίσματα. Επτά μελετήματα για τη νεοελληνική φιλολογία*, Αθήνα, Πατάκης, 1991.
Μ. Μητσάκης, *Το έργο του* (επιμ. Μ. Περάνθης), Αθήνα, Εστία, 1956.
- «Η θλίψις του μαρμάρου», *Αττικόν Μουσείον* 3, 5 (1890) 34.
- «Το παράπονο του μαρμάρου», *Εικονογραφημένον Ημερολόγιον* 3 (1893) 127-130.
- «Ένα γράμμα και μία μετάφρασις (4.10.1892)», *Εικονογραφημένον Ημερολόγιον* 3 (1893) 121-127.
- «Ο Αόρατος» (επιμ. Δ. Δρακοπούλου), *Μολυβδοκονδυλοπελεκητής* 1 (1989) 96-105.
Μνήμη Ανδρέα Εμπειρίκου. Εκδηλώσεις στην Άνδρο για τα δέκα χρόνια από το θάνατό του (10-11.8.1985), Αθήνα, Ύψιλον, 1987.
Π. Μουλλάς, «Εισαγωγή», στον τόμο *Η μεσοπολεμική πεζογραφία. Από τον πρώτο ως το δεύτερο παγκόσμιο πόλεμο (1914-1939)*, τ. 1, Αθήνα, Σοκόλης, 1993, 17-157.
- *Ο λόγος της απουσίας. Δοκίμιο για την επιστολογραφία με σαράντα ανέκδοτα γράμματα του*

Φώτου Πολίτη 1908-1910, Αθήνα, Μ. Ι. Ε. Τ., 1992.

Κ. Μπαρούτας, *Η εικαστική ζωή και η αισθητική παιδεία στην Αθήνα του 19ου αιώνα*, Αθήνα, Σμίλη, 1990.

Στ. Μπεκατώρος (επιμ.), *Poe Ε. Α.*, Α΄: Ποιήματα-Κριτική-Επιστολές Β΄: Ιστορίες, Αθήνα, Πλέθρον, 1991.

Μποέμ [=Δ. Χατζόπουλος], «Σκέψεις εκ του λήξαντος αιώνος. Η γλώσσα του μέλλοντος», *Το περιοδικόν μας* 2, 21 (1901) 275.

- «Παλιές αγάπες "παρά του Ανδρέα Καρκαβίτσα"», *Ο Διόνυσος* 1 (1901) 71-73

Ν. Ι. Μπούσουλας, *Σύμπαν καβαφικό της ηδονής και σύμπαν τρόμου απόκοσμου στον Πόε*, Αθήνα, Δωρικός, 1978.

Α. Μπρετόν, *Ανθολογία του μαύρου χιούμορ*, τ. 2-3, Αθήνα, Αιγόκερως, 1985.

Μπωντλαίρ, *Τα Άνθη του Κακού* (μτφρ. Γ. Σημηριώτης), Αθήνα, Γράμματα, 1991.

- *Μπωντλαίρ* (επιμ. L. Decaunes, μτφρ. Γ. Σπανός), Αθήνα, Πλέθρον, 1985.

Π. Νιρβάνας, *Άπαντα* (επιμ. Γ. Βαλέτας), Αθήνα, Γιοβάνης, 1968.

- *Από την φύσιν και την ζωήν*, Αθήνα, Κωνσταντινίδης, 1898.
- *Η βοσκοπούλα με τα μαργαριτάρια και άλλες μικρές ιστορίες*, Αθήνα, Φέξης, 1914.
- *Η φιλοσοφία του Νίτσε*, Αθήνα, «Τέχνη», 1898.
- *Φιλολογικά απομνημονεύματα* (επιμ. Κ. Καφαντάρης), Αθήνα, Οδυσσέας, 1988.
- «Φελικιανός Ρωψ», *Το περιοδικόν μας* 1 (1900) 81-84.
- «Ν. Επισκοπόπουλου Άσμα Ασμάτων», *Το περιοδικόν μας* 2 (1900-1901) 166-167.
- «Οι νέοι», *Νέα Ζωή* (Αλεξάνδρειας) 9, 2 (1914) 215-216.
- «Κωνσταντίνος Χρηστομάνος», *Νέα Ζωή* (Αλεξάνδρειας) 7 (1911-1912) 139-151.
- «Κωνσταντίνος Χρηστομάνος», *Παναθήναια* 3, 34 (1901-1902) 331-332.
- «Γράμματα. Τέχναι. Επιστήμαι. Π. Νιρβάνας» (ανώνυμη βιβλιοκριτική), *Νέα Ζωή* (Αλεξάνδρειας) 4, 40-41 (1908) 752.
- «Παύλος Νιρβάνας. Αφιέρωμα», *Ελληνική Δημιουργία* 12, 134 (1953).
- «Παύλος Νιρβάνας. Αφιέρωμα», *Νέα Εστία* 23, 208 (1938).
- «Παύλος Νιρβάνας. Αφιέρωμα», *Νεοελληνικά Γράμματα* 53 (1937).

Κ. Ντελόπουλος, *Νεοελληνικά φιλολογικά ψευδώνυμα (1800-1981)*, Αθήνα, Ε.Λ.Ι.Α., 1983.

Γρ. Ξενόπουλος, «Το βιβλίον της ημέρας», *Νέα Ζωή* (Αλεξάνδρειας) 3 (1906) 448-451.

- *Άπαντα*, τ. 1-11, Αθήνα, Μπίρης, [1]1958.
- «Ζωή μετά θάνατον», *Εθνικόν Ημερολόγιον... Σκόκου* 9 (1894) 314-319.
- «Νικόλαος Επισκοπόπουλος», *Εθνικόν ημερολόγιον... Σκόκου* 10 (1895) 81-90.
- «Ο Νικόλαος Επισκοπόπουλος», *Άπαντα*, τ. 1: *Στέλλα Βιολάντη, Μαργαρίτα Στέφα, Αυτοβιογραφία*, Αθήνα, Μπίρης, [2]1972, 268-271.
- «Το πέρασμα της Ντούζε», *Η Τέχνη* 1 (1899) 94 (ανατύπ. Αθήνα, Ε. Λ. Ι. Α., 1980).
- «Πλάτωνος Σουλιώτη-Ροδοκανάκη, *De Profundis*», *Παναθήναια* 15 (1908) 282.

Στ. Ξεφλούδας (επιμ.), *Νιρβάνας, Χρηστομάνος, Ροδοκανάκης και άλλοι* [Βασική Βιβλιοθήκη, 30], Αθήνα, Ζαχαρόπουλος, 1957.

Κ. Ουράνης, «Θάνατος μέσα σε λουλούδια», *Ελλάς* 2, 73 (1909) 4.

- «Ο Χριστός και η Αφροδίτη», *Δάφνη* 16 (1909) 2.
- «Δύο αδελφές», *Δάφνη* 18 (1909) 2.
- *Ταξίδια. Ιταλία*, Αθήνα, Εστία, χ. χ. έ.
- «Κώστας Ουράνης. Αφιέρωμα», *Ελληνική Δημιουργία* 12, 132 (1953).

Κ. Παλαμάς, *Άπαντα*, τ. 1-16 (επιμ. Γ. Κ. Κατσίμπαλης), Αθήνα, Γκοβόστης-Μπίρης, χ. χ. έ.

- *Άπαντα. Ευρετήρια*, τ. 17 (επιμ. Γ. Κεχαγιόγλου-Γ. Π. Σαββίδης), Αθήνα, Ίδρυμα Κωστή

Παλαμά, 1984.
- «Swinburne», *Ο Νουμάς* 7, 342 (1909) 1-2.
- «Κωστής Παλαμάς. Αφιέρωμα», *Ελληνική Δημιουργία* 10, 114 (1952) 511-568.

Ι. Μ. Παναγιωτόπουλος, «Ο νεοελληνικός ρυθμικός πεζός λόγος (Μερικοί χαρακτηρισμοί)», *Νέα Ζωή* (Αλεξάνδρειας) 11 (1922-1923) 467-470.
- *Τα γράμματα και η τέχνη. Μελετήματα και προσωπογραφίες*, Αθήνα, Αστήρ, 1967.
- *Τα πρόσωπα και τα κείμενα, Α΄: Δρόμοι παράλληλοι*, Αθήνα, Οι εκδόσεις των Φίλων, 1977.

Θ. Παπαγγελής, «Spiritus in toto corpore surgit. Μια λειτουργία του ερωτικού σώματος στον Προπέρτιο, στον Μπωντλαίρ και στον Καβάφη», *Ελληνικά* 37 (1986) 280-305.

Λ. Παπαλεοντίου, *Τα πρώτα βήματα της κυπριακής λογοτεχνικής κριτικής 1880-1930*, Λευκωσία, Πολιτιστικές Υπηρεσίες Υπουργείου Παιδείας και Πολιτισμού, 1997.

Ν. Παπανδρέου, *Ο Ίψεν στην Ελλάδα. Από την πρώτη γνωριμία στην καθιέρωση 1890-1910*, Αθήνα, Κέδρος, 1983.

Ζ. Λ. Παπαντωνίου, *Πεζοί ρυθμοί*, Αθήνα, Εστία, χ.χ.έ.
- «Οι λυτρωταί», *Παναθήναια* 2 (1901) 218-221.
- «Μια σπαθιά εις τα σπλάχνα των θεών», *Παναθήναια* 5 (1902) 139-142.
- *Διηγήματα* (επιμ. Ι. Μ. Παναγιωτόπουλος), Αθήνα, Εστία, 1954.
- *Τα διηγήματα* (επιμ. Μ. Αναγνωστάκης), Αθήνα, Νεφέλη, 1990.
- «Ζαχαρίας Παπαντωνίου. Αφιέρωμα», *Ελληνική Δημιουργία* 12, 40 (1953).

Τ. Κ. Παπατσώνης, «Ο Λαπαθιώτης μετέωρο και σκιά», *Νέα Εστία* 35 (1944) 86-95.

Κ. Ν. Παππάς, «Τέχνη και Γράμματα. Π. Ροδοκανάκη, Ο Θρίαμβος πεζό τραγούδι», *Νέα Ζωή* (Αλεξάνδρειας) 7 (1911-1912) 170-172.
- «Ίδα, Ελληνικός πολιτισμός», *Νέα Ζωή* (Αλεξάνδρειας) 9, 2 (1914) 195-199.
- «Ροδοκανάκης Πλάτων. Η Αυγούστα και αι Βυζαντιναί αρχόντισσαι. Ανέκδοτο έργο», *Νέα Ζωή* (Αλεξάνδρειας) 9, 3-4 (1914) 370-382.

Κλ. Παράσχος, *Μορφές και ιδέες*, Αθήνα 1955.

Σπ. Πασαγιάννης, *Άπαντα* (επιμ. Γ. Βαλέτας), Αθήνα, Πηγή, 1965.
- «Λησμονημένες μορφές, Σπήλιος Πασαγιάννης», *Ελληνικά Γράμματα* 5 (1929) 390-391 και *Ελληνική Δημιουργία* 8 (1951) 310-311.
- «Σπήλιος Πασαγιάννης. Αφιέρωμα», *Αι Μούσαι* (Ζακύνθου) 18 (1910) 413-414.

Μ. Πιερής (επιμ.), *Η ποίηση του κράματος. Μοντερνισμός και διαπολιτισμικότητα στο έργο του Καβάφη*, Ηράκλειο, Πανεπιστημιακές Εκδόσεις Κρήτης, 2000.
- *Χώρος, Φως και Λόγος. Η διαλεκτική του «μέσα-έξω» στην ποίηση του Καβάφη*, Αθήνα, Καστανιώτης, 1992.

Έ. Ά. Πόε–Τζ. Τομάζι ντι Λαμπεντούζα, *Λιγεία* (πρόλ. Φρ. Κάφκα, μτφρ. Τζ. Μαστοράκη–Ν. Βαγενάς), Αθήνα, Στιγμή, 1991.

Λ. Πολίτης, *Ιστορία της Νεοελληνικής Λογοτεχνίας*, Αθήνα, Μ. Ι. Ε. Τ., ³1980.

Ε. Πολίτου-Μαρμαρινού, *Ο Κωστής Παλαμάς και ο γαλλικός παρνασσισμός*, Αθήνα 1976.

Β. Πούχνερ, *Ο Κωνσταντίνος Χρηστομάνος ως δραματογράφος. Ο αισθητισμός και ο αισθησιασμός στο νεοελληνικό θέατρο των αρχών του αιώνα μας*, Αθήνα, Καστανιώτης, 1997.

Πλ. Ροδοκανάκης, (Σουλιώτης-Ροδοκανάκης Πλ.) *De Profundis*, Αθήνα, «Εστία», 1908.
- *Ο Θρίαμβος. Πεζό τραγούδι*, Αθήνα, «Παναθήναια», 1912.
- «Το βυσσινί τριαντάφυλλο», *Ο Νουμάς* 7, 332 (1909) 5.
- *Το φλογισμένο ράσο*, Αθήνα, Εστία, 1988.
- *De Profundis (επιλογή)* (επιμ. Ν. Βαγενάς), Αθήνα, Στιγμή, 1987.
- *Το βυσσινί τριαντάφυλλο*, Αθήνα, Νεφέλη, 1988.

- *Το βυσσινί τριαντάφυλλο και άλλα διηγήματα* (επιμ. Β. Χ. Μάκης), Αθήνα, Επικαιρότητα, 1982.
- *Μέσα στα γιασεμιά* (επιμ. Ά. Κατσιγιάννη), Αθήνα, Νεφέλη, 1995.
- Το βυσσινί τριαντάφυλλο: «Η κόμησσα με τις δαντέλλες», «Τριγύρω στη χλωμάδα ενός λουλουδιού», «Σπασμένες κόρδες», *Ακρόπολις* 12-13.2.1909.

Ε. Ροΐδης, *Άπαντα* (επιμ. Ά. Αγγέλου), Αθήνα, Ερμής, 1978.

Γ. Π. Σαββίδης, *Μικρά Καβαφικά*, τ. 1-2, Αθήνα, Ερμής, 1985-87.

Α. Σαμουήλ, *Ο βυθός του καθρέφτη. Ο André Gide και η ημερολογιακή μυθοπλασία στην Ελλάδα*, Ηράκλειο, Πανεπιστημιακές Εκδόσεις Κρήτης, 1998.

Α. Σαχίνης, *Η πεζογραφία του αισθητισμού*, Αθήνα, Εστία, 1981.

Μ. Σαχτούρης, *Ποιήματα (1945-1971)*, Αθήνα, Κέδρος, 1988.

Ν. Σβορώνος, *Επισκόπηση της νεοελληνικής ιστορίας*, Αθήνα, Θεμέλιο, 1976.

Ά. Σικελιανός, *Περικλής Γιαννόπουλος*, Αθήνα 1919.

- *Ανέκδοτα ποιήματα και πεζά* (επιμ. Β. Τσαρλαμπά-Κακλαμάνη, πρόλ. Ν. Βρεττάκος), Αθήνα, Εστία, 1989.
- *Τριαντατρία και Τρία Ανέκδοτα Κείμενα (1902-1950)* (επιμ. Γ. Π. Σαββίδης), Αθήνα, Ε.Λ.Ι.Α., 1981.
- «Το νέον έργον του Γαβριήλ Δ' Αννούντσιο. Ίσως ναι, ίσως όχι», *Παναθήναια* 19 (1910) 271.
- *Πεζός λόγος* (επιμ. Γ. Π. Σαββίδης), Αθήνα, Ίκαρος, 1985.

Σ. Σκίπης, «Από τον "Αλήτη" σκίτσα. Η τρελή», *Ο Νουμάς* 7, 339 (1909) 5.
- «Απολλώνιον άσμα (Παρίσι 1908)», *Νέα Ζωή* (Αλεξάνδρειας) 6, 1-2 (1909) 106-111.
- «Σωτήρης Σκίπης. Αφιέρωμα», *Ελληνική Δημιουργία* 10, 113 (1952).

Σοπενάουερ, *Επιλογή από το έργο του* (μτφρ. Ν. Μ. Σκουτερόπουλος-Κλ. Μπέτσεν), Αθήνα, Στιγμή, 1993.

Π. Σπάλας, «Καζαντζάκης και Παπαντωνίου (Μια άγνωστη κάρτα απ' το Τολέδο)», *Νέα Εστία* 63 (1958) 51.

Τ. Σπετσιώτης, *Χαίρε Ναπολέων. Δοκίμιο για την τέχνη του Ναπολέοντα Λαπαθιώτη. 63 πεζά ποιήματά του και εικόνες του Άγγελου Παπαδημητρίου*, Αθήνα, Άγρα, 1999.

Κ. Στεργιόπουλος, *Από το συμβολισμό στη «Νέα Ποίηση»*, Αθήνα, Βάκων, 1967.
- *Περιδιαβάζοντας, Α΄: Από τον Κάλβο στον Παπατσώνη*, Αθήνα, Κέδρος, 1982.
- *Περιδιαβάζοντας, Β΄: Στο χώρο της παλιάς πεζογραφίας μας*, Αθήνα, Κέδρος, 1986.

Δ. Ταγκόπουλος, *Φιλολογικά πορτρέτα* (επιμ. Κ. Καφαντάρης), Αθήνα, Οδυσσέας, 1988.

Ά. Τερζάκης (επιμ.), *Θεοτόκης Κωνσταντίνος* [Βασική Βιβλιοθήκη, 31], Αθήνα, Ζαχαρόπουλος, 1955.

Δ. Τζιόβας, *Οι μεταμορφώσεις του εθνισμού και το ιδεολόγημα της ελληνικότητας στο μεσοπόλεμο*, Αθήνα, Οδυσσέας, 1989.

† Π. Ν. Τρεμπέλας, *Υπόμνημα εις το Άσμα Ασμάτων*, Αθήνα, «Ο Σωτήρ», 1995.

Λ. Τσιριμώκου, *Εσωτερική ταχύτητα. Δοκίμια για τη λογοτεχνία*, Αθήνα, Άγρα, 1993.

Σ. Ν. Φιλιππίδης, *Τόποι. Μελετήματα για τον αφηγηματικό λόγο επτά νεοελλήνων πεζογράφων*, Αθήνα, Καστανιώτης, 1997.

Π. Χάρης (επιμ.), *Κ. Χατζόπουλος, Σπ. Πασαγιάννης και άλλοι* [Βασική Βιβλιοθήκη, 32], Αθήνα, Ζαχαρόπουλος, 1963.

Γ. Χασιακός, *Ερμηνευτικό λεξικό των -ισμών*, Αθήνα, Επικαιρότητα, 1989.

Κ. Χατζόπουλος, «Ροδοκανάκης», *Νέα Ζωή* (Αλεξάνδρειας) 9, 2 (1914) 72-73.
- («Πέτρος Βασιλικός»), «Σοσιαλισμός και τέχνη», *Ο Νουμάς* 7, 340 (1909) 2-5 και 7, 341 (1909) 2-5.
- («Πέτρος Βασιλικός»), «Σοσιαλισμός και γλώσσα», *Ο Νουμάς* 7, 339 (1909) 1-3.

- *Φθινόπωρο*, Αθήνα, Πέλλα, χ. χ. έ.
- *Ο πύργος του ακροπόταμου* (επιμ. Γ. Βελουδής), Αθήνα, Οδυσσέας, 1986.

Αιμ. Χουρμούζιος, «Ο Παλαμάς και η εποχή του», *Νέα Εστία* 63-64 (1958) 760, 1341-1346, 1480-1485, 1571-1576, 1635-1640, 1261-1266.

Λ. Χρηστάκης, *Ναπολέων Λαπαθιώτης. Ωραιοποίηση των πάντων κι ας βουρλίζεται η ιστορία*, Αθήνα, Χάος και Κουλτούρα, 1992.

Κ. Χρηστομάνος, *Το βιβλίο της αυτοκράτειρας Ελισάβετ. Φύλλα ημερολογίου*, Αθήνα, Νεφέλη, 1987.
- *Το βιβλίο της αυτοκράτειρας Ελισάβετ. Φύλλα ημερολογίου*, [Βιβλιοθήκη Ελλήνων και ξένων συγγραφέων, 401-2], Αθήνα, Ερμείας, Γαλαξίας, χ. χ. έ..
- *Η κερένια κούκλα. Αθηναϊκό μυθιστόρημα* (επιμ. Μ. Αναγνωστάκης), Αθήνα, Νεφέλη, 1988.

W. Benjamin, *Σαρλ Μπωντλαίρ. Ένας λυρικός στην ακμή του καπιταλισμού* (μτφρ. Γ. Γκουζούλης), Αθήνα, Αλεξάνδρεια, 1994.

C. W. E. Bigsby, *Νταντά και Σουρρεαλισμός* [Η Γλώσσα της Κριτικής, 12] (μτφρ. Ε. Μοσχονά), Αθήνα, Ερμής, 1984.

R. L. Brett, *Φαντασίωση και Φαντασία* [Η Γλώσσα της Κριτικής, 7] (μτφρ. Ι. Ράλλη–Κ. Χατζηδήμου), Αθήνα, Ερμής, 1986.

Ch. Chadwick, *Συμβολισμός* [Η Γλώσσα της Κριτικής, 16] (μτφρ. Στ. Αλεξοπούλου), Αθήνα, Ερμής, 1981.

G. D'Annunzio, *Η κοντέσσα ντ' Αμάλφι και άλλες νουβέλες (Ιστορίες της Πεσκάρας)* (μτφρ. Γ. Σπαταλάς), Αθήνα, Χαραυγή, 1957.
- *Επίσκοπο και Σία* (μτφρ. Π. Πικρός), Αθήνα, Gutenberg, 1991.
- *Η γυναικαδέλφη* (μτφρ. Π. Πικρός), Αθήνα, Gutenberg, 1991.
- *Δυο ιστορίες από την Πεσκάρα* (μτφρ. Η. Τσέτσου), Αθήνα, Γνώση, 1991.

P. Faulkner, *Μοντερνισμός* [Η Γλώσσα της Κριτικής, 22] (μτφρ. Ι. Ράλλη–Κ. Χατζηδήμου), Αθήνα, Ερμής, 1982.

A. France–J. Moréas–P. Bourde, *Τα πρώτα όπλα του συμβολισμού*, (μτφρ. Έ. Πανταζής), Αθήνα, Γνώση, 1983.

R. S. Furness, *Εξπρεσσιονισμός* [Η Γλώσσα της Κριτικής, 20] (μτφρ. Ι. Ράλλη–Κ. Χατζηδήμου), Αθήνα, Ερμής, 1988.

R. L. Furst–N. P. Skrine, *Νατουραλισμός* [Η Γλώσσα της Κριτικής, 6] (μτφρ. Λ. Μεγάλου), Αθήνα, Ερμής, 1981.

R. L. Furst, *Ρομαντισμός* [Η Γλώσσα της Κριτικής, 11] (μτφρ. Ι. Ράλλη–Κ. Χατζηδήμου), Αθήνα, Ερμής, 1988.

Goethe, *Φάουστ*, Β΄ (μτφρ. Ι. Παυλάκης), Αθήνα, Αστήρ, 1983.

D. Grant, *Ρεαλισμός* [Η Γλώσσα της Κριτικής, 1], μτφρ. Ι. Ράλλη–Κ. Χατζηδήμου, Αθήνα, Ερμής, 1988.

M.-Fr. Guyard, *Συγκριτική Γραμματολογία* [Que sais-je? 150] (μτφρ. Ζ. Σιαφλέκης), Αθήνα, Ζαχαρόπουλος, 1988.

P. A. Hinchliffe, *Το Παράλογο* [Η Γλώσσα της Κριτικής, 3] (μτφρ. Ε. Μοσχονά), Αθήνα, Ερμής, 1988.

R. V. Johnson, *Αισθητισμός* [Η Γλώσσα της Κριτικής, 9] (μτφρ. Ε. Μοσχονά), Αθήνα, Ερμής, 1984.

I. Kant, *Κριτική της κριτικής ικανότητας* (μτφρ. Χ. Τασάκος), Αθήνα, Printa, 2000.
- *Παρατηρήσεις πάνω στο αίσθημα του Ωραίου και του Υπέροχου*, (μτφρ. Χ. Τασάκος), Printa, 2001.

P. Louÿs, *Η Αφροδίτη. Αρχαία Ήθη* (μτφρ. Κ. Ουράνης), Αθήνα, Ι. Βασιλείου, 1923.

- *Εαρινή νύχτα και άλλα διηγήματα* (μτφρ. Στ. Μαράτος), Αθήνα, Ανατολή, 1924.
- *Ανοιξιάτικη νύχτα και άλλα διηγήματα* (μτφρ. Μπέτινα 1927), Αθήνα, Αιγόκερως, 1982.

M. Maeterlinck, *Θερμοκήπια* (μτφρ. Μ. Δημάκη), Αθήνα, Φέξης, 1962.

Fr. W. Nietzsche, *Τάδε έφη Ζαρατούστρα* (μτφρ. Ν. Καζαντζάκης), Αθήνα, Λαδιάς, 1965.

- *Διονύσου Διθύραμβοι. Ποιήματα του Φρειδερίκου Νίτσε. Μεταφρασμένα από τον Γιάννη Καμπύση*, Αθήνα, Κ. Μάισνερ–Ν. Καργαδούρης, 1900 (επανέκδοση Αλεξάνδρεια, «Τα Γράμματα», 1917, πρόλ. Δ. Ζαχαριάδης).
- *Έτσι μίλησεν ο Ζαρατούστρα* (μτφρ. Ά. Δικταίος), Αθήνα, Δωδώνη, 1983.
- *Ανεπίκαιροι στοχασμοί* (μτφρ. Ι. Σ. Χριστοδούλου), Θεσσαλονίκη, Εκδοτική Θεσσαλονίκης, 1996.
- *Η γέννηση της φιλοσοφίας στα χρόνια της ελληνικής τραγωδίας* (μτφρ. Αιμ. Χουρμούζιος), Αθήνα, Κοροντζής, 1990.
- *Η γέννηση της τραγωδίας* (μτφρ. Γ. Λάμψας), Αθήνα, Κάκτος, 1995.
- *Γενεαλογία της ηθικής. Οι Διθύραμβοι του Διονύσου* (μτφρ. Ά. Δικταίος), Αθήνα, Γκοβόστης, χ. χ. έ.
- *Η χαρούμενη γνώση* (μτφρ. Μ. Ζωγράφου), Αθήνα, Δαρεμάς, 1961.
- *Η περίπτωση Βάγκνερ. Νίτσε εναντίον Βάγκνερ* (μτφρ. Ζ. Σαρίκας), Θεσσαλονίκη, Εκδοτική Θεσσαλονίκης, χ. χ. έ..
- *Ίδε ο άνθρωπος* (μτφρ. Ζ. Σαρίκας), Θεσσαλονίκη, Εκδοτική Θεσσαλονίκης, χ. χ. έ.
- *Η γέννηση της τραγωδίας* (μτφρ. Ζ. Σαρίκας), Θεσσαλονίκη, Εκδοτική Θεσσαλονίκης, χ. χ. έ.
- *Χαρούμενη επιστήμη. Ευγένεια και χυδαιότητα* (μτφρ. Ζ. Σαρίκας), Θεσσαλονίκη, Εκδοτική Θεσσαλονίκης, χ. χ. έ..

E. A. Poe, *Ποιήματα, Κριτική, Επιστολές* (επιμ. Στ. Μπεκατώρος), τ. 1, Αθήνα, Πλέθρον, 1991.
- *Ιστορίες* (επιμ. Στ. Μπεκατώρος), τ. 2, Αθήνα, Πλέθρον, 1991.
- *Τα ποιήματα* (μτφρ. Ν. Σημηριώτη), Αθήνα, Ζαχαρόπουλος, 1981.
- *Ποίηση και Φαντασία* (επιμ. Α. Ζήρας), Αθήνα, Γαβριηλίδης, 1992.

H. Read, *Λεξικό Εικαστικών Τεχνών* (μτφρ. Α. Παππάς, επιμ. Ν. Στάγκος-Α. Ξύδης), Αθήνα, Υποδομή, 1986.
- *Η τέχνη σήμερα. Εισαγωγή στη θεωρία της μοντέρνας ζωγραφικής και γλυπτικής* (μτφρ. Δ. Κούρτοβικ), Αθήνα, Κάλβος, 1984.

A. Rimbaud, *Une saison en enfer (Μια εποχή στην κόλαση)* (μτφρ. Ν. Σπανιάς), Αθήνα, Παϊρίδης, 1974.
- *Μια εποχή στην κόλαση* (μτφρ. Ν. Σπανιάς), Αθήνα, Γνώση, 1981.
- *Εκλάμψεις* (μτφρ. Α. Ασλάνογλου), Αθήνα, Ηριδανός, 1981.

D. Secretan, *Κλασικισμός* [Η Γλώσσα της Κριτικής, 26] (μτφρ. Α. Παρίση), Αθήνα, Ερμής, 1983.

N. Ségur [=Ν. Επισκοπόπουλος], *Το κορίτσι της αμαρτίας* (μτφρ. Γ. Τσουκαλάς), Αθήνα, Βιβλιοθήκη για όλους, χ. χ. έ..

Ph. Thomson, *Το Γκροτέσκο* [Η Γλώσσα της Κριτικής, 27] (μτφρ. Ι. Ράλλη–Κ. Χατζηδήμου), Αθήνα, Ερμής, 1984.

M. Vitti, *Ιστορία της Νεοελληνικής Λογοτεχνίας*, Αθήνα, Οδυσσέας, [2]1987.
- *Ιδεολογική λειτουργία της ελληνικής ηθογραφίας*, Αθήνα, Κείμενα, 1974.
- *Η γενιά του τριάντα, ιδεολογία και μορφή*, Αθήνα, Ερμής, [5]1989.

R. Wellek–A. Warren, *Θεωρία Λογοτεχνίας* (μτφρ. Στ. Γ. Δεληγιώργης), Αθήνα, Δίφρος, [5]χ. χ. έ.

O. Wilde, *Το πορτραίτο του Ντόριαν Γκρέι* (μτφρ. Ά. Αλεξάνδρου), Αθήνα, Γκοβόστης, 1990.
- *Σαλώμη* (μτφρ. Δ. Μαυρίκιος), Αθήνα, Καστανιώτης, 1992.
- *Αγία εταίρα. Σαλώμη* (μτφρ. Στ. Σπηλιωτόπουλος), Αθήνα, Γκοβόστης, χ. χ. έ.

- *Στοχασμοί* (μτφρ. Σ. Πρωτόπαπας), Αθήνα, Γκοβόστης, χ. χ. έ.
- *Το μοντέλο εκατομμυριούχος* (μτφρ. Δ. Ανδρέου), Αθήνα, Στοχαστής, 1988.
- *Το έγκλημα του Λόρδου Άρθουρ Σάβιλ* (μτφρ. Δ. Ανδρέου), Αθήνα, Στοχαστής, 1983.
- *Εννέα μαγικά παραμύθια* (μτφρ. Ρ. Χατχούτ), Αθήνα, Γράμματα, 1990.

R.-P. Zémour, «Έθνος και αισθητισμός στα πεζά ποιήματα του Περικλή Γιαννόπουλου», στον τόμο *Έθνος και ποίηση. Πρακτικά Δέκατου Τρίτου Συμποσίου Ποίησης* (επιμ. Σ. Λ. Σκαρτσής), Πάτρα, Αχαϊκές εκδόσεις, 1995, 178-189.

β. Ξενόγλωσση

M. H. Abrams, *The Mirror and the Lamp. Romantic Theory and the Critical Tradition*, Oxford, Oxford University Press, 1971.
- *Natural Supernaturalism. Tradition and Revolution in Romantic Literature*, New York, W. W. Norton, 1973.
- *A glossary of literary terms*, Orlando, Holt-Rinehart-Winston, Cornell University, 1988.

J. H. Alexander, «Romantic Poetry», *Encyclopedia of Literature and Criticism*, London, Routledge, 1991, 265-277.

Th. Anthonay, *Jean Lorrain, barbare et esthète*, Paris, Plon, 1991.

R. Antosh, «Le rôle des peintures dans trois romans de Huysmans», στον τόμο *Huysmans. Une esthétique de la décadence* (επιμ. A. Guyaux - R. Kopp), Genève-Paris, Slatkine, 1987, 302.

I. Armstrong, «Victorian Poetry», *Encyclopedia of Literature and Criticism*, London, Routledge, 1991, 278-294.

Ch. Baldick (επιμ.), *The Concise Oxford Dictionary of Literary Terms*, Oxford, Oxford University Press, 1990.

J.-A. Barbey d'Aurevilly, *Le roman contemporain*, Paris, Charpentier, 1902.

Ch. Baudelaire, *Oeuvres complètes* (επιμ. Cl. Pichois), Paris, Gallimard / Bibliothèque de la Pléiade, 1975.
- *Oeuvres complètes* (επιμ. M. Ruff), Paris, Seuil, 1968.
- *Petits poèmes en prose (Le spleen de Paris)* (επιμ. H. Lemaitre), Paris, Garnier Frères, 1962.
- *Le Spleen de Paris. Petits poèmes en prose* (επιμ. M. Milner), Paris, Imprimerie Nationale, 1979.
- *Les Fleurs du mal. Petits poèmes en prose. Les paradis artificiels* (μτφρ. A. Symons), London, The Casanova Society, 1925.
- *L'Art Romantique*, Paris, Raynand, 1931.
- *Les fleurs du mal. The complete text of the Flowers of Evil* (μτφρ. R. Howard), Brighton, Harvester Press, 1982.
- *Ecrits sur l'art* (επιμ. Fr. Moulinat), Paris, Librairie generale francaise, 1992.

A. Beardsley, *Under the Hill* (επιμ. R. Oresko), London, Academy Editions, 1974.
- *Under the Hill and other essays in prose and verse* (επιμ. E. L. Smith), London, Paddington Press, 1977.
- *Aubrey Beardsley poems* (επιμ. M. Sturgis), Bicester, Eighteen Nineties Society, 1998.
- *The Best of Beardsley* (επιμ. R. A. Walker), London, Spring Books, 1967.
- *The later work of Aubrey Beardsley* (επιμ. J. Lane), London, Bodley Head, 1900.

K. Beckson (επιμ.), *Aesthetes and Decadents of the 1890's. An anthology of British poetry and prose*, New York, Vintage Books, 1966.

M. Beerbohm, *Rossetti and his circle* (επιμ. N. J. Hall), New Haven, Yale University Press, 1987.

G. H. Bell Vilada, *Art for art's sake and literary life. How politics and markets helped shape the ideology and culture of aestheticism 1790-1990*, Lincoln, University of Nebraska Press, 1996.

J. Bem, «Le Sphinx et la Chimère dans À rebours. Mise en scène d' une citation», στον τόμο *Huysmans. Une esthétique de la décadence* (επιμ. A. Guyaux - R. Kopp), Genève-Paris, Slatkine, 1987, 23-29.

W. Benjamin, *Illuminations* (μτφρ. H. Zohn), New York, Schocken Books, 1968.

S. Bernard, *Le poème en prose de Baudelaire jusqu'à nos jours*, Paris, Librairie Nizet, 1959.

J. P. Bertrand–P. Brunel (επιμ.), *Dictionnaire des Mythes Littéraires*, Monaco, Rocher, 1988.

J. Borie, «Esthétique du luxe, esthétique du simulacre: Baudelaire, Huysmans, Larbaud», στον τόμο *Huysmans. Une esthétique de la décadence* (επιμ. A. Guyaux - R. Kopp), Genève-Paris, Slatkine, 1987, 65-71.

H. Bouillier, «Huysmans et les transpositions d'art», στον τόμο *Huysmans. Une esthétique de la décadence* (επιμ. A. Guyaux - R. Kopp), Genève-Paris, Slatkine, 1987, 127-134.

M. Bradbury - J. McFarlane (επιμ.), *Modernism 1890-1930*, Harmondsworth, Penguin, 1976.

M. Bradbury - D. Palmer (επιμ.), *Decadence and the 1890's*, London, Edward Arnold, 1979.

D. Breazeale (επιμ.), *Philosophy and Truth: Selections from Nietzsche's notebooks of the early 1870's*, Atlantic Highlands, N. J., Humanities Books, 1999.

D. Brooks, «Modernism», *Encyclopedia of Literature and Criticism*, London, Routledge, 1991, 119-130.

B. Brophy, *Beardsley and his world*, London, Thames and Hudson, 1976.

J. Pr. Brown, *Cosmopolitan criticism. Oscar Wilde's Philosophy of Art*, Charlottesville, University Press of Virginia, 1997.

P. Brunel, «Le mythe de Loreley», *Dictionnaire des Mythes Littéraires* (επιμ. J. P. Bertrand–P. Brunel), Monaco, Rocher, 1988, 942-952.

— *Le mythe de la métamorphose*, Paris, Armand Colin, 1974.

W. E. Buckler, *Pater Walter: the critic as artist of ideas*, New York, New York University Press, 1987.

O. Burdett, *The Beardsley period: an essay in perspective*, London, John Lane, 1925.

M. Calinescu, *Five Faces of Modernity. Modernism, Avant-Garde, Decadence, Kitsch, Postmodernism*, Durham, Duke University Press, 1987.

St. Calloway, *Aubrey Beardsley*, London, V & A, 1998.

St. Calloway - D. Colvin, *In black and white: the literary remains of Aubrey Beardsley*, London, Cypher, 1998.

A. E. Carter, *The idea of decadence in French literature 1830-1900*, Toronto, University of Toronto Press, 1958.

A. Cassagne, *La théorie de l'art pour l'art en France chez les derniers romantiques*, Seyssel, Champ Vallon, 1997.

G. A. Cevasco, *Three decadent poets. Ernest Dowson, John Gray and Lionel Johnson: an annotated bibliography*, New York, Garland, 1990.

Ch. Chadwick, «The French Symbolists», *Encyclopedia of Literature and Criticism*, London, Routledge, 1991, 295-307.

L. Chai, *Aestheticism. The Religion of Art in Post-Romantic Literature*, New York, Columbia University Press, 1990.

Ph. K. Cohen, *Religion and Ethics. The moral vision of Oscar Wilde*, London, Farleigh Dickinson University Press, 1978.

D. Colvin, *Aubrey Beardsley: a slave to beauty*, London, Orion, 1998.

D. Combe, *Les genres littéraires*, Paris, Hachette Supérieur, 1992.

— *Poésie et récit. Une rhétorique des genres*, Paris, José Corti, 1989.

M. Coyle - P. Garside - M. Kelsall - J. Peck (επιμ.), *Encyclopedia of Literature and Criticism*, London, Routledge, 1991.

M. Cressot, *La Phrase et le Vocabulaire de J.-K. Huysmans*, Genève, Droz, 1938.

R. Cytowic, *The man who tasted shapes*, New York, Putnam, 1993.

— *Synesthesia. A union of the senses*, New York, Springer–Verlag, 1989.

G. D'Annunzio, *Il piacere*, Verona, Arnoldo Mondadori, 1951.
- *The Child of Pleasure (Il piacere)* (μτφρ. G. Harding, εισ. A. Symons), London 1898 και *The Child of Pleasure* (μτφρ. G. Harding), Cambs, Dedalus, 1991.
- *Il trionfo della morte* (επιμ. G. Ferrata), Verona, Arnoldo Mondadori, 1977.
- *Le novelle della Pescara*, Milano, Mondadori, 1976.
- *L'Innocente*, Milano, Mondadori, 1978.
- *La figlia di Iorio*, Milano, Mondadori, 1976.
- *La città morta*, Cles, Mondadori, 1975.
- *The dead city (La città morta)* (μτφρ. A. Symons), London, William Heinemann, 1900.
- *Laudi del cielo, del mare, della terra e degli eroi (Maria laus vitae, Elettra, Alcyone, Merope, Asterope. Canti della guerra latina)* (επιμ. E. Palmieri), Bologna, Zanichelli, 1949-1964.
- *Liriche* (επιμ. Fr. Flora), Verona, Edizioni Scolastiche Mondadori, 1971.
- *Elegie romane poema paradisiaco. Odi navali*, Bologna, Zanichelli, 1959.
- *Il fiore della lirica* (επιμ. Fr. Flora), Verona, Edizioni Scolastiche Mondadori, 1961.
- *L'Isottéo la Chimera* (επιμ. E. Palmieri), Bologna, Zanichelli, 1955.
- *Nocturne and Five Tales of Love and Death*, Raymond Rosenthal, London, Quartet Books, 1993.
- *L'Innocente (The Victim)* (μτφρ. G. Harding), Cambs, Dedalus, 1991.
- *The Flame* (μτφρ. S. Bassnett), London, Quartet Books, 1991.
- *Gioconda* (μτφρ. A. Symons), London 1901.

K. T. Dann, *Bright colors falsely seen. Synaesthesia and the search for transcendental knowledge*, New Haven, Yale University Press, 1998.

R.-P. Débaisieux, *Le décadentisme grec, une esthétique de la deformation*, Paris, L'Harmattan, 1997.
- *Le Soupçon et l'Amertume dans le roman grec moderne 1880-1922*, Paris, L'Harmattan, 1992.

L. Decaunes, *Charles Baudelaire*, Paris, Seghers, 1976.

R. Derche, *Lorelei in Quatre mythes poétiques*, Paris, Sedes, 1962.

L. Dowling, *Language and Decadence in the Victorian Fin de siècle*, Princeton NJ, Princeton University Press, 1986.

E. Dowson, *The poems of Ernest Dowson* (υπομν. Arthur Symons, εικονογρ. Aubrey Beardsley), London, J. Lane, [3]1909.
- *Non sum qualis eram bonae sub regno Cynarae*, London, Cynara Press, 1979.
- *The complete lyrics of Ernest Dowson*, Mount Vernon, New York, Peter Pauper Press, 1942.
- *A comedy of masks* (επιμ. A. Moore), London 1893.
- *Dilemmas*, London 1895.
- *Verses 1896. Decorations 1899*, Oxford, Woodstock Books, 1994.

E. Dujardin, *Mallarmé par un des siens*, Paris, Messein, 1936.

J. Dupont, «La couleur dans (presque) tous ses états», στον τόμο *Huysmans. Une esthétique de la décadence* (επιμ. A. Guyaux - R. Kopp), Genève-Paris, Slatkine, 1987, 155-166.

M. Eigeldinger, «Huysmans interprète de Gustave Moreau», στον τόμο *Huysmans. Une esthétique de la décadence* (επιμ. A. Guyaux - R. Kopp), Genève-Paris, Slatkine, 1987, 203-212.

H. Fierens - Gevaert, *La Tristesse contemporaine*, Paris, Alcan, 1899.

I. Fletcher, «Decadence and the Little Magazines», στον τόμο *Decadence and the 1890's* (επιμ. M. Bradbury - D. Palmer), London, Edward Arnold, 1979, 173-202.

R. Fortassier, «Le Récit de rêve dans "En rade"», στον τόμο *Huysmans. Une esthétique de la décadence* (επιμ. A. Guyaux - R. Kopp), Genève-Paris, Slatkine, 1987, 303-311.

R. Fowler, *A Dictionary of Modern Critical Terms*, London, Routledge & Kegan Paul, 1987.

J. Foyard, «Le système de la description de l'oeuvre dans *L'Art moderne*», στον τόμο *Huysmans. Une esthétique de la décadence* (επιμ. A. Guyaux - R. Kopp), Genève-Paris, Slatkine, 1987, 135-143.

A. France - J. Moréas - P. Bourde, *Les premières armes du Symbolisme*, Paris, Léon Vanier, 1889.

J. L. Freedman, *Professions of taste. Henry James, British aestheticism and commodity culture*, Stanford, Stanford University Press, 1990.

Fr. Gaillard, «Modernité et Huysmans», στον τόμο *Huysmans. Une esthétique de la décadence* (επιμ. A. Guyaux - R. Kopp), Genève-Paris, Slatkine, 1987, 103-112.

R. le Gallienne, *Sleeping beauty and other prose fancies*, London, John Lane, 1900.

Th. Gautier, *Émaux et camées 1852* (επιμ. Cl. Gothot - Mersch), Paris, Gallimard / Poésie, 1999.

Ed. et J. de Goncourt, *Mémoires de la vie littéraire II, 1866-1886*, Paris, Fasquelle - Flammarion, 1956.

J. Goode, «The Decadent Writer as Producer», στον τόμο *Decadence and the 1890's* (επιμ. M. Bradbury - D. Palmer), London, Edward Arnold, 1979, 109-129.

J. B. Gordon, «"Decadent Spaces": Notes for a Phenomenology of the Fin-de-siècle», στον τόμο *Decadence and the 1890's* (επιμ. M. Bradbury - D. Palmer), London, Edward Arnold, 1979, 31-58.

R. de Gourmont, *Promenades littéraires*, 2ème série, Paris 1906.

J. Granier, *Nietzsche: vie et verité*, Paris, Presses universitaires de France, 1996.

A. Guyaux, «Huysmans, Félicien Rops et la théologie de l'antithèse», στον τόμο *Huysmans. Une esthétique de la décadence* (επιμ. A. Guyaux - R. Kopp), Genève-Paris, Slatkine, 1987, 213-226.

D. Haas, *Le problème religieux dans l'oeuvre de Cavafy. Les années de formation (1882-1905)*, Paris, Université Paris IV-Sorbonne, 1987.

Bl. Harold, *Yeats*, New York 1970.

J. Harrison, *Synaesthesia. The strangest thing*, Oxford, Oxford University Press, 2001.

J. Harrison - S. Baron Cohen, *Synaesthesia. Classic and contemporary readings*, Oxford, Blackwell, 1996.

J. A. Hiddleston, *Baudelaire and Le Spleen de Paris*, Oxford, Oxford University Press, 1987.

Gr. Hough, *The Last Romantics*, Oxford, University Paperbacks, 1961.

J. D. Hunt, *The Pre-Raphaelite Imagination 1848-1900*, London, Routledge & Kegan Paul, 1968.

J.-K. Huysmans, *Oeuvres complètes de J.-K. Huysmans*, τ. 1-23, Paris, Crès, 1928-1944.

— *À rebours* (επιμ. R. Fortassier), Paris, Imprimerie Nationale, 1981.

— *Against Nature (À rebours, 1884)* (μτφρ. R. Baldick), Harmondsworth, Penguin, 1959.

— *En rade* (επιμ. J. Borie), Paris, Gallimard, 1984.

— *En ménage. À vau l'eau* (επιμ. H. Juin), Paris, Union Générale d'Éditions, 1975.

W. Iser, *Walter Pater. The Aesthetic Movement* (μτφρ. D. H. Wilson), Cambridge, Cambridge University Press, 1987.

M. Issacharoff, *J.-K. Huysmans devant la critique en France (1874-1960)*, Paris, Klincksieck, 1970.

H. Jackson, *The Eighteen Nineties. A Review of Art and Ideas at the Close of the Nineteenth Century* (επιμ. K. Beckson), New York, Capricorn, 1966.

L. Johnson, *The Complete Poems of Lionel Johnson* (επιμ. I. Fletcher), London, Unicorn Press, 1953.

— *Selections from the poems of Lionel Johnson* (επιμ. Cl. Shorter), London, Vigo Cabinet Series, 1900.

- *Some poems of Lionel Johnson* (επιμ. L. I. Guiney), London, Elkin Matthews, 1912.
- *Some letters to Richard le Gallienne*, Edinburgh, Tragara Press, 1979.

N. W. Jouve, *Baudelaire. A Fire to Conquer Darkness*, London, Macmillan Press, 1980.

J. Jurt, «Huysmans entre le champ littéraire et le champ artistique», στον τόμο *Huysmans. Une esthétique de la décadence* (επιμ. A. Guyaux - R. Kopp), Genève-Paris, Slatkine, 1987, 115-126.

G. Kahn, *Prèmiers poèmes*, Paris 1897.
- *Baudelaire. Son oeuvre*, Paris 1925.
- *Felicien Rops*, Berlin 1912.
- *Symbolists and decadents*, Genève, Slatkine Reprints, 1977.

R. Kempf, *Dandies: Baudelaire et Cie*, Paris, Seuil, 1977.

E. Kuryluk, *Salome and Judas in the cave of sex: The Grotesque: Origins, Iconography, Techniques*, Evanston, Northwestern University Press, 1987.

Ch. de Laclos, *Dangerous acquaintances* (μτφρ. E. Dowson), London, The Nonesuch Press, 1940.

Laffont - Bompiani, *Dictionnaire des personnages*, Paris, Bouquins, 1960.

Fr. Lefèvre, *Entretiens sur J.-K. Huysmans*, Paris, Horizons de France, 1931.

A. G. Lehmann, *The Symbolist Aesthetic in France 1885-1895*, Oxford, Blackwell, 1968.

J. A. Lester, *Journey Through Despair 1880-1914*, Princeton, N. J., Princeton University Press, 1968.

J. Lethève, «Huysmans et les peintres anglais contemporains», στον τόμο *Huysmans. Une esthétique de la décadence* (επιμ. A. Guyaux - R. Kopp), Genève-Paris, Slatkine, 1987, 195-202.

M. Lioure, «Huysmans et Grünewald. Rhétorique, Esthétique, Mystique», στον τόμο *Huysmans. Une esthétique de la décadence* (επιμ. A. Guyaux - R. Kopp), Genève-Paris, Slatkine, 1987, 261-270.

J. Loesberg, *Aestheticism and Deconstruction: Pater, Derrida and De Man*, New Jersey, Princeton University Press, 1991.

P. Lombardo, «Huysmans, Taine et la description coloriste», στον τόμο *Huysmans. Une esthétique de la décadence* (επιμ. A. Guyaux - R. Kopp), Genève-Paris, Slatkine, 1987, 145-153.

P. Louÿs, *Contes choisis*, Paris, Arthème Fayard et Cie, χ. χ. έ.
- *Aphrodite. Moeurs antiques* (επιμ. Eugène Fasquelle), Paris, Charpentier et Fasquelle, 1925.
- *Les chansons de Bilitis* (επιμ. E. Fasquelle), Paris, Charpentier et Fasquelle, 1926.
- *La femme et le pantin*, Paris, Union latin de l'éditions, 1934.
- *L'homme de pourpre*, Paris, Hatier, 1993.

J. Lucas, «From Naturalism to Symbolism», στον τόμο *Decadence and the 1890's* (επιμ. M. Bradbury - D. Palmer), London, Edward Arnold, 1979, 131-148.
- «Modern Poetry», *Encyclopedia of Literature and Criticism*, London, Routledge, 1991, 308-320.

G. MacBeth (επιμ.), *The Penguin book of Victorian Verse. A critical anthology*, Harmondsworth, Penguin, 1969.

Ch. Maignon, *L'Univers artistique de J.-K. Huysmans*, Paris, Nizet, 1977.

St. Mallarmé, *Oeuvres complètes* (επιμ. H. Mondot - G. J. Aubry), Paris, Gallimard / Bibliothèque de la Pléiade, 1979.

P. Martino, *Parnasse et Symbolisme*, Paris, Armand Colin, 1967.

P. L. Mathieu, «Huysmans et l'impressionisme», στον τόμο *Huysmans. Une esthétique de la décadence* (επιμ. A. Guyaux - R. Kopp), Genève-Paris, Slatkine, 1987, 183-194.

P. McGuinness (επιμ.), *Symbolism, Decadence and the Fin-de-siècle. French and European Perspectives*, Exeter, Exeter University Press, 2000.

G. Michaud, *Message poétique du symbolisme*, Paris, Nizet, 1961.

M. Milner, «Huysmans et la monstruosité», στον τόμο *Huysmans. Une esthétique de la décadence* (επιμ. A. Guyaux - R. Kopp), Genève-Paris, Slatkine, 1987, 53-64.

G. Moore, *Confessions of a young man* (επιμ. W. Heinemann), Kingswood, Windmill Press, 1952.

A. Nehamas, *Nietzsche. Life as Literature*, Cambridge Mass., Harvard University Press, 1985.

Fr. W. Nietzsche, *Poèmes 1858-1888 (fragments poétiques) suivis des Dithyrambes pour Dionysos* (μτφρ. M. Haar), Paris, Gallimard / Poésie, 1997.

— *Dithyrambes de Dionysos: poèmes et fragments poétiques posthumes (1882-1888)* (μτφρ. J. Cl. Hemery, επιμ. G. M. Montinari), Paris, Gallimard, 1974.

— *The birth of tragedy and the genealogy of morals* (μτφρ. Fr. Goffling), Garden City, New York, Double Day, 1956.

— *On the genealogy of morality* (μτφρ. C. Diethe, επιμ. K. A. Pearson), New York, Cambridge University Press, 1994.

— *The Birth of Tragedy out of the spirit of music* (μτφρ. Sh. Whiteside, επιμ. M. Tanner), London, Penguin, 1993.

— *Ecce homo: how one becomes what one is* (μτφρ. R. J. Hollingdale, επιμ. M. Tanner), London, Penguin, 1992.

— *Daybreak: thoughts on the prejudices of morality* (μτφρ. R. J. Hollingdale, επιμ. M. Clark - Br. Leiter), Cambridge, Cambridge University Press, 1997.

— *Fragments posthumes, été 1882-printemps 1884* (μτφρ. A. S. Astrup–M. de Launay), Paris, Gallimard, 1997.

— *Beyond good and evil* (μτφρ. R. J. Hollingdale, επιμ. M. Tanner), London, Penguin, 1990.

— *Human, all too human* (μτφρ. και επιμ. M. Faber - St. Lehmann), London, Penguin, 1994.

— *The gay science* (μτφρ. W. Kaufmann), New York, Random House, 1974.

M. Nordau, *Dégénérescence (Entartung)*, Paris, Alcan, 1894.

J. Palmer, «Fierce Midnights: Algolagniac Fantasy and the Literature of the Decadence», στον τόμο *Decadence and the 1890's* (επιμ. M. Bradbury - D. Palmer), London, Edward Arnold, 1979, 89-106.

W. Pater, *Essays on Literature and Art* (επιμ. J. Uglow), London-N. J., Dent, 1973.

— *Appreciations*, London, Macmillan, 1889.

— «Walter, from *Marius the Epicurean* (1885)», *The Aesthetes: A sourcebook* (επιμ. I. Small), London, Routledge & Kegan Paul, 1979, 136-148.

J. Péladan, *Le Vice suprême*, Paris, Librairie moderne, 1884.

L. Person, *Aesthetic headaches: women and a masculine poetics in Poe, Melville and Hawthorne*, Athens, Georgia, University of Georgia Press, 1988.

J. Pierrot, *The Decadent Imagination 1880-1900* (μτφρ. D. Coltman), Chicago, University of Chicago Press, 1981.

E. A. Poe, *Histoires extraordinaires*, Paris, Le livre de poche, 1972.

— *Contes - essais - poèmes* (μτφρ. Ch. Baudelaire - St. Mallarmé - J. M. Maguin - Cl. Richard), Paris, Laffont, 1989.

A. K. Poulakidas, «Kazantzakis' *Serpent and Lily* and Symbolism: Text and Texture», *Σύγκριση / Comparaison* 8 (1997) 7-21.

M. Praz, *The Romantic Agony* (μτφρ. A. Davidson, επιμ. Fr. Kermode), Oxford, Oxford University Press, [3]1970.

A. Preminger (επιμ.), *The Princeton Encyclopedia of Poetry and Poetics*, Princeton, N. J., Princeton University Press, ¹1965.

A. Preminger - T. V. F. Brogan (επιμ.), *The New Princeton Encyclopedia of Poetry and Poetics* Princeton, N. J., Princeton University Press, 1993.

E. Prettejohn, *After the Pre-Raphaelites Art and Aestheticism in Victorian England*, Manchester, Manchester University Press, 1999.

D. Punter, «Romanticism», *Encyclopedia of Literature and Criticism*, London, Routledge, 1991, 106-118.

P. Raby, *Aubrey Beardsley and the Nineties*, London, Collins & Brown, 1998.

M. Raimond, «Huysmans et le discours psychologique», στον τόμο *Huysmans. Une esthétique de la décadence*, (επιμ. A. Guyaux - R. Kopp), Genève-Paris, Slatkine, 1987, 31-37.

— *La Crise du roman, du lendemain du naturalisme aux années vingt*, Paris, José Corti, 1966.

B. R. Ray, «Postmodernism», *Encyclopedia of Literature and Criticism*, London, Routledge, 1991, 131-150.

A. Rimbaud, *Une Saison en Enfer*, Bruxelles, Alliance typographique, 1873.

— *Les Illuminations* (πρόλ. P. Verlaine), Paris, Publication de la Vogue, 1886.

A. Roger, «Huysmans et Schopenhauer», στον τόμο *Huysmans. Une esthétique de la décadence* (επιμ. A. Guyaux - R. Kopp), Genève-Paris, Slatkine, 1987, 83-94.

Ph. Roger, «Huysmans entre Sade et "sadisme"», στον τόμο *Huysmans. Une esthétique de la décadence* (επιμ. A. Guyaux - R. Kopp), Genève-Paris, Slatkine, 1987, 73-81.

M. Rollinat, *Les névroses, les âmes, les luxures, les refuges, les spectres, les ténèbres*, Paris, Charpentier, 1883.

M. A. Ruff, *L'homme et l'oeuvre*, Paris, Hatier, 1955.

G. Sagnes, *L'Ennui dans la littérature française de Flaubert à Laforgue (1848–1884)*, Paris, Colin, 1969.

M. Samuels Lasner, *A selective checklist of the published work of Aubrey Beardsley*, Boston, Thomas G. Boss Fine Books, 1995.

J. P. Sartre, *Baudelaire*, Paris, Gallimard, 1947.

A. Schopenhauer, *Pensées, maximes et fragments de Schopenhauer*, (μτφρ. και επιμ. J. Bourdeau), Paris, Germer-Baillière, 1880.

M. Secker - J. Betjeman (επιμ.), *The Eighteen Nineties. A Period Anthology in Prose and Verse*, London, Richards Press, 1948.

I. Small (επιμ.), *The Aesthetes: A sourcebook*, London, Routledge & Kegan Paul, 1979.

H. Smith (επιμ.), *Columbia Dictionary of Modern European Literature*, New York, Columbia University Press, 1963.

Ch. Snodgrass, «Swinburne's Circle of Desire: a Decadent Theme», στον τόμο *Decadence and the 1890's* (επιμ. M. Bradbury - D. Palmer), London, Edward Arnold, 1979, 61-87.

W. Sollors (επιμ.), *The Return of Thematic Criticism*, Cambridge, Mass., Harvard University Press, 1993.

D. Stanford, *The vision and death of Aubrey Beardsley*, Bristol, Redcliffe, 1985.

J. L. Steinmetz, «L'art et son au–delà», στον τόμο *Huysmans. Une esthétique de la décadence* (επιμ. A. Guyaux - R. Kopp), Genève-Paris, Slatkine, 1987, 285-291.

J. Stokes, «The Legend of Duse», *Decadence and the 1890's* (επιμ. M. Bradbury - D. Palmer), London, Edward Arnold, 1979, 151-171.

— «Aestheticism», *Encyclopedia of Literature and Criticism*, London, Routledge, 1991, 1055-1067.

Symons. A., *Silhouettes*, Portland, T. B. Mosher, 1909.
- *Silhouettes 1896. London Nights 1897*, Oxford, Woodstock Books, 1993.
- *Aubrey Beardsley*, London, At the Sign of the Unicorn, 1948.
- *Images of good and evil 1899*, Oxford, Woodstock Books, 1996.

E. Tardieu, *L'Ennui*, Paris, Alcan, 1903.

R. K. R. Thornton, «"Decadence" in Later Nineteenth-Century England», στον τόμο *Decadence and the 1890's* (επιμ. M. Bradbury - D. Palmer), London, Edward Arnold, 1979, 15-29.
- *The Decadent Dilemma*, London, Edward Arnold, 1983.

H. Trudgian, *L'esthétique de J.-K. Huysmans*, Paris, Conard, 1934.

E. Tuner, *L'imagination et le sentiment religieux chez Clemens Brentano*, Paris, Paris X-Publications de l'Université de Lille, 1976.

P. Valéry, *Oeuvres complètes*, Paris, Gallimard / Bibliothèque de la Pléiade, 1957.
- *Entretiens sur J.-K. Huysmans* (επιμ. Fr. Lefèvre), Paris, 1927.

P. Verlaine, «Les Poètes maudits», *Oeuvres complètes*, τ. 4, Paris, Vanier, 1900.
- *Oeuvres complètes* (επιμ. J. Borel), Paris 1959.

G. Vicaire - H. Beauclair, *Les Déliquescences d'Adoré Floupette*, Paris 1885.

Ph. Ward Jackson, «Les peintres expressionistes allemands devant le Grünewald de Huysmans», στον τόμο *Huysmans. Une esthétique de la décadence* (επιμ. A. Guyaux - R. Kopp), Genève-Paris, Slatkine, 1987, 293-299.

R. Wellek, *A History of Modern Criticism: 1750-1950*, τ. 3: *The Age of Transition*, London, Jonathan Cape, 1966.
- *A History of Modern Criticism: 1750-1950*, τ. 4: *The Later Nineteenth Century*, London, Jonathan Cape, 1966.
- *Concepts of criticism*, New Haven-London, Yale University Press, 1963.

R. Wellek - A. Warren, *Theory of Literature*, New York, Harcourt, Brace, ³1956.

J. A. Whistler - McNeill, *The Gentle Art of Making Enemies*, London 1953.

O. Wilde, *Complete Works of Oscar Wilde* (επιμ. V. Holland), London, Collins, 1966.
- *Selected Essays and Poems* (επιμ. P. Hesketh), Harmondsworth, Penguin, 1954.
- *Dramatic Works* (επιμ. K. Worth), London, Mcmillan Education, 1987.
- *The plays of Oscar Wilde* (επιμ. A. Bird), London, Vision Press, 1977.
- *Complete shorter fiction* (επιμ. I. Murray), Oxford, Oxford University Press, 1980.
- *Lord Arthur Savile's crime and other stories*, Harmondsworth, Penguin, 1954.
- *Plays: Lady Windermere's fan, A woman of no importance, An ideal husband, The importance of being ernest, Salome*, Harmondsworth, Penguin, 1972.
- *Selected Letters of Oscar Wilde* (επιμ. R. H. Davis), Oxford, Oxford University Press, 1979.
- *Salome: a tragedy in one act* (εικονογρ. A. Beardsley), London, Elkin Matthews–John Lane, 1894.

J. Young, *Nietzsche's Philosophy of Art*, Cambridge, Cambridge University Press, 1992.

F. Zayed, *Huysmans peintre de son époque*, Paris, Nizet, 1973.

Ευρετήριο

Κείμενα

Αγία εταίρα 469
Άγιον Όρος 445
"Αιγαίου εσπερινός" 237, 238
"Αι νύμφαι του Αιγαίου" 460
"Αιωνία γυνή" 99, 282, 461
"Αιωνία η μνήμη" 255, 256
Αλαφροΐσκιωτος 36, 259, 454
"Αλεξανδρινοί βασιλείς" 69
"Αλληλούια" 255, 256
Αναφορά στον Γκρέκο 285
Αντιφεγγίδες 127, 128, 130, 159, 461, 463
Απελλής 127, 130, 131, 132, 133, 176, 290, 353, 461
Απολλώνιος 254, 258
"Απολλώνιος θρήνος" 254
"Απ' τες εννιά" 107
"Αράχνη" 361
"Άρρωστοι ανθοί" 160
Άσμα Ασμάτων 38, 39, 46, 50, 58, 59, 81, 83, 86, 95, 98, 100, 108, 109, 111, 112, 123, 145, 152, 177, 185, 242, 266, 273, 274, 275, 309, 322, 375, 381, 393, 454, 461, 465, 467
"Αχτιδόλογα" 159
Γέλα παλιάτσο 381, 421, 423, 426, 427, 462
Γένεση 301
"Δόξα στη δειλινόχαρη" 160
"Δύο αδελφές" 433, 436, 465
"Δυο δάκρυα" 292, 324, 325, 462
"Εις το φως της ημέρας" 77
Έκκλησις προς το πανελλήνιον κοινόν 243, 244, 460
Ελληνικός πολιτισμός 461, 466
"Ένα ρεαλιστικό ποίημα" 455
"Ένα φάντασμα" 202
"Ενδύματα" 39, 74
Έξι νύχτες στην Ακρόπολη 418
"Επέστρεφε" 315
"Επήγα" 69, 72, 117, 402
"Επιθαλάμιο για τον ήλιο" 258
"Επιθυμίες" 69, 304
"Ερωτικός Εσπερινός" 358
"Εύνοια του Αλεξάνδρου Βάλα" 72
"Ευφορίων" 141
"Ζωή κοσμοκρατόρισσα" 417
"Ζωή μετά θάνατον" 92, 465
"Η αρρώστεια του αιώνος" 261, 282, 309, 311, 312, 318, 336, 462
"Η άρρωστη πολιτεία. Ρομάντζο" 415, 462
Η γέννηση της τραγωδίας 317, 469
"Ηδυπάθεια" 440, 464

"Η ελληνική γραμμή" 229, 231, 460
"Η ζωή εν τάφω" 255, 256
"Η ζωή πώς θνήσκεις" 255, 256
"Η θλίψις του μαρμάρου" 443, 464
Η Θυσία 261
Η κερένια κούκλα. Αθηναϊκό μυθιστόρημα 468
"Η κηδεία του Σαρπηδόνος" 253, 304
"Η κόμη" 110, 461
"Η κόμησσα με τις δαντέλλες" 467
Η μεταμόρφωση 176, 463
"Η μητέρα γη" 115, 400
"Η ποικιλία παντού" 265, 462
"Η πρώτη καταιγίς" 110, 113, 114, 400, 461
"Η σατραπεία" 295
Η σταχτιά γυναίκα 188
Η συνείδηση της γης μου 231
"Η τρελή" 221, 233, 429
Η Φλογέρα του Βασιλιά 36
"Θάνατος μέσα σε λουλούδια" 433, 434, 465
"Θάνατος παλικαριού" 27, 135
"Θεία τιμωρία" 122, 237
"Ιθάκη" 71, 72
"Ιωνικόν" 172, 234
"Κάλεσμα σε ταξίδι" 71
"Καλιγόλας. Ψυχογραφία" 87, 461
"Κόκκινη ζωή. Ρομάντζο" 415, 426, 462
"Κόκκινο φεγγάρι" 440, 441
"Λαλιά" 160, 178
"Λόγια του αέρος...Του αττικού αέρος λόγια..." 238, 460
"Μάιος" 238, 460
"Μαλλιά, ωραία μαλλιά" 440
"Μαρμαρωμένη πολιτεία" 159
"Μελαγχολία του Ιάσωνος Κλεάνδρου· ποιητού εν Κομμαγηνή· 595 μ.Χ." 137
"Μέτωπα" 39, 160, 165, 169, 170, 172, 178
"Μια σπαθιά εις τα σπλάχνα των θεών" 450, 466
Μονοπάτι 451, 453
Μπολιβάρ. Ένα ελληνικό ποίημα 410, 461
"Μυκήναι-Ακρόπολις-Ολυμπία" 146, 151, 152
Νέον πνεύμα 227, 460
"Νυκτερίδες" 360
"Νύκτωμα" 238, 460
Ξημερώνει 261
"Ο άνθρωπος με την πορφύρα" 130
Ο Αρχιτέκτονας Μάρθας 157
Οδύσσεια 72
Ο Δωδεκάλογος του Γύφτου 36
"Ο επαναπαυόμενος αθλητής" 442, 464
Ο Ζητιάνος 32
"Ο ήλιος βασιλεύει" 255, 256
"Ο ήλιος στα χιόνια" 268, 461
"Ο θάνατος των εραστών" 304, 360
"Ο θρήνος του δειλινού" 100
Ο Θρίαμβος. Πεζό τραγούδι 406, 410, 459, 466

"Οι βάρβαροι" 47, 151, 413
"Οι κακές μυροφόρες" 156, 224
"Οι λιτανείες του λυκόφωτος" 100
"Οι λυτρωταί" 450, 466
"Οι μίμοι της σιωπής" 257
"Οι ψυχές των γερόντων" 199
"Ο κήπος της αχαριστίας" 221
"Ομνύει" 341
"Ο νεκρός" 268, 461
Ο πρωτομάστορας 261, 326
"Ο τρελός με τους κόκκινους κρίνους" 122, 359
Όφις και κρίνο 38, 39, 40, 44, 55, 58, 59, 61, 80, 81, 86, 106, 107, 108, 109, 110, 111, 121, 129, 132, 138, 154, 177, 185, 199, 201, 215, 222, 242, 254, 256, 261, 262, 265, 266, 268, 269, 270, 271, 273, 274, 275, 276, 277, 280, 281, 282, 283, 284, 285, 286, 287, 288, 289, 290, 291, 292, 293, 294, 296, 297, 298, 299, 301, 302, 303, 305, 306, 307, 308, 309, 313, 322, 324, 329, 333, 334, 336, 338, 339, 352, 359, 360, 387, 391, 392, 393, 395, 397, 398, 403, 412, 425, 434, 437
Ο Φρειδερίκος Νίτσε εν τη φιλοσοφία του δικαίου και της πολιτείας 326, 462, 469
"Ο Χριστός και η Αφροδίτη" 433, 435, 436, 465
"Ο Χρυσορρόης" 258
"Ο ψαράς" 257
"Παιδιάτικες αγάπες" 387
Παλαιά Διαθήκη 294, 301, 375
"Παλιά ζουγραφιά" 257
Πεζοί ρυθμοί 450, 466
Πέρα από το Καλό και το Κακό 384
Πηλέας και Μελισσάνθη 111
"Πολυέλαιος" 402
"Προανάκρουσμα" 356
"Πώς μεταμορφώθηκε ο Σάτυρος" 39
"Σαλώμη" 76, 77, 290, 342, 415, 416, 417, 420, 426, 434, 462
Σαμοθράκη 451, 460, 462
"Σπασμένες κόρδες" 388, 467
Σπασμένες Ψυχές 39, 51, 58, 80, 110, 121, 129, 134, 140, 195, 214, 220, 261, 266, 272, 273, 279, 282, 283, 293, 295, 308, 324, 326, 327, 328, 329, 330, 331, 334, 336, 339, 350, 351, 381, 389, 395, 396, 397, 400, 415, 418, 425, 426, 462
Σταμάτημα 353, 451, 452, 460
"Στην εκκλησία" 368
"Στον θάνατον" 104, 107, 108, 461
"Στο Σπίτι της Ψυχής" 76, 77, 437
Τα Άνθη του Κακού 71, 295, 304, 319, 361, 395, 402, 416, 465
"Τα βήματα" 87
Τάδε έφη Ζαρατούστρα 128, 173, 329, 377, 469

"Τα Επικίνδυνα" 70, 340
"Τα μαλλιά" 110, 111, 461, 464
"Τα μάρμαρα" 141, 146
"Τα μάτια στα δειλινά" 255
"Τα μάτια του Κουνάλα" 140, 310
"Τα Πλοία" 70, 72, 73, 117, 272
"Τα ρόδα του Ηλιογάβαλου" 222, 305, 306, 435
Τα τρία φιλιά 188, 388
"Ταϋγέτα" 39, 143, 160, 172, 173, 174, 177, 178, 258, 294
"Τι μου λένε οι παπαρούνες" 107, 112, 215, 259, 264, 287, 292, 313, 314, 315, 317, 318, 319, 320, 334, 359, 380, 421, 462
Το Αγριολούλουδο 157
"Το άρρωστο ρόδο" 262
Το βιβλίο της αυτοκράτειρας Ελισάβετ: φύλλα ημερολογίου 189, 207
Το βιο της κυράς Κερκύρας 78, 127, 461
Το βυσσινί τριαντάφυλλο 27, 39, 40, 56, 195, 307, 357, 387, 388, 389, 391, 392, 397, 398, 401, 466, 467
"Το ελιξίριον της ζωής" 203, 241
"Το ελληνικόν χρώμα" 235, 363
"Το ερυθρούν κρίνον" 115, 116, 118, 461
"Το κοράλλιον υπό μυθολογικήν έποψιν" 74
"Το μπουκαλάκι" 202
"Το νέον έργον του Γαβριήλ Δ' Αννούντσιο" 47, 467
"Το πάθος" 127, 128, 310
"Το παράπονο του μαρμάρου" 443, 464
"Το πέρασμα της Ντούζε" 46, 465
Το πορτρέτο του Dorian Gray 137, 186
"Το σκάψιμο για το άγαλμα" 141, 145
"Το Σπίτι της Ψυχής" 342
"Το Σύνταγμα της Ηδονής" 67, 68, 69, 70
"Το τραγούδι της μορφίνας" 440, 441
"Του μαγαζιού" 73
"Του νεκρού αδελφού" 400
"Το φιλί του ήλιου" 94, 107, 112, 166, 214, 259
Το φλογισμένο ράσο 365, 367, 369, 370, 373, 374, 375, 377, 378, 379, 380, 381, 382, 384, 387, 391, 459, 466
"Το χαμόγελο της Τζιοκόντας" 257
"Το ωοειδές πορτρέτο" 289
"Τριγύρω στη χλωμάδα ενός λουλουδιού" 388, 467
"Τυανεύς γλύπτης" 291
"Τ' ωραίο καράβι" 71, 402
Φασγά 261, 313, 427, 462
Φθινόπωρο 266, 267, 278, 421, 468
"Φιλήμων και Βαύκις" 139, 140, 219
"Φρέσκο Μιχαλαγγελικό" 433
"Χαιρετίσματα" 257
"Χαιρετισμός προς τον Γαβριήλ Ντανούντσιο" 46
"Χάρισμα για θύμηση" 257
"Ωραιοπάθεια" 440, 464

Á Rebours 21, 45, 85, 93, 137, 296, 471, 474
De Profundis 39, 256, 294, 355, 356, 357, 358, 360, 361, 362, 364, 365, 366, 370, 387, 388, 465, 466
Die Entartung 264
Forse che sí forse che no 28, 44
Η Φόνισσα 32
Il fuoco 44
Il Piacere 44
Il Triomfo della morte 44, 297
"La Chevelure" 110
"Langueur" 75, 313
Les Fleurs du Mal 471
L' Innocente 44, 473
Marius the Epicurean 85, 476
"Requiem" 86, 203, 320, 321, 462
Ridi Pagliazzo 277, 308, 415, 421, 462
"Spleen" 361, 441, 464, 471, 474
"Ut dièse mineur" 53, 80, 99, 121, 123, 124, 129, 167, 268, 282, 322, 398

Ονόματα - Έννοιες

Αβουφέδης 128, 129, 173
αγάπη 81, 132, 133, 181, 263, 298, 318, 319, 321, 322, 324, 329, 333, 339, 342, 396, 398, 413, 425, 426, 449, 452, 454
Άγρας Τ. 362, 366, 369, 370, 371, 381, 387, 404, 459
Αγριπίνα 88
Αδάμ 123, 300, 301, 342, 418
Άδωνις 371
Αθανασιάδης Τ. 251
Αθηνά 118
Αθηναγόρας 131
αίρεση του διδακτισμού 18
αίσθηση 22, 32, 53, 55, 56, 57, 58, 69, 79, 80, 83, 85, 93, 98, 100, 109, 111, 120, 122, 129, 155, 157, 166, 167, 168, 170, 172, 176, 180, 181, 202, 206, 211, 216, 231, 232, 234, 236, 238, 240, 245, 248, 249, 257, 268, 269, 271, 276, 278, 281, 289, 291, 316, 322, 324, 333, 336, 338, 344, 361, 368, 369, 370, 373, 384, 386, 392, 420, 422, 426, 451, 452
αισθησιασμός 20, 56, 69, 98, 107, 128, 134, 153, 157, 164, 183, 214, 231, 245, 250, 270, 305, 315, 403, 405, 421, 439, 442, 466
αισθητής 22, 65, 68, 93, 177, 251, 268, 348, 430
αισθητική 18, 20, 22, 24, 35, 49, 60, 61, 98, 128, 129, 137, 151, 206, 207, 214, 225, 228, 229, 230, 236, 239, 248, 249, 250, 254, 264, 328, 362, 398, 434, 442, 448, 465
αισθητισμός 17, 19, 20, 21, 22, 23, 25, 27, 28, 29, 30, 32, 35, 37, 41, 42, 43, 44, 47, 49, 50, 53, 56, 57, 58, 59, 60, 61, 65, 66, 69, 80, 83, 107, 119, 120, 124, 128, 129, 133, 138, 139, 141, 143, 146, 149, 151, 157, 175, 180, 183, 204, 208, 214, 216, 237, 240, 245, 255, 258, 259, 261, 262, 263, 283, 287, 298, 307, 313, 315, 328, 355, 359, 380, 381, 387, 414, 415, 418, 429, 433, 436, 437, 439, 441, 442, 444, 450, 451, 457, 466, 470
αιώνια επαναφορά 48
Ακρίτας 264, 462
Αλέξανδρος Βάλας 72
Αλέξανδρος (Μέγας) 130, 131, 246
Αλεξίου Γ. 284, 285
Αλεξίου Έ. 76, 77, 269, 270, 280, 281, 294, 297, 415, 416, 417, 418, 420, 421, 425, 434, 462
Αμαδρυάδα 192

Αμάλθεια 174
Αμβρόσιος 445
Άμλετ 298, 299
Αναγνωστάκης Μ. 210, 446, 460, 461, 466, 468
Ανακρέοντας 434
Ανατολή 140, 141, 229, 275, 318, 323, 355, 372, 389, 460, 469
ανδρείκελο 221
Ανδρόγυνος 60, 155, 410
Ανθούλα 160, 163, 164
ανία 19, 26, 55, 66, 189, 200, 202, 208, 289, 405, 441
Αντιγόνη 336
Αντρέα Καστάνιο 446, 448
απανθρωποποίηση 60, 133, 141, 332, 423
Απελλής 127, 130, 131, 132, 133, 176, 290, 353, 461, 479
Απόλλωνας 246, 319
απολλώνιο 49, 144, 178, 259, 274, 344, 345, 383
Αριστοφάνης 155
ασθένεια 55, 119, 140, 217, 320, 398, 399
Αστάρτη 59, 61, 272, 274, 275, 284, 287, 294, 308, 352
αυτοβιογραφία 41, 190, 366
Αφροδίτη 130, 141, 144, 145, 244, 270, 288, 410, 433, 435, 436, 465, 468
Βαγενάς Ν. 357, 459, 466
Βάγκνερ Ρ. 52, 469
Βάθυλλος 155, 156
Βαλέτας Γ. 152, 159, 161, 176, 305, 460, 462, 465, 466
Βάρναλης Κ. 329, 443, 455, 456, 459, 464
Βασιλειάδης Σπ. 193
Βατάλας Μ. 150, 459
βαυαρική σχολή 235
Βαύκις 139, 140, 219, 481
βενετική σχολή 230
Βέρα 392, 394, 395, 399
Βεργινία 188, 209, 212, 217, 218, 221, 222, 223, 224, 304
Βιλλιέρ Δελίλ Αδάμ 123
βιογραφία 41, 190, 191
Βουκεφάλας 131, 132
Βουρνάς Τ. 34, 459
Βουτιερίδης Η. 450, 459
Βυζάντιο 248, 249, 250, 356, 365, 372, 407, 408
Γαβριηλίδης Β. 287, 469
Γαλάτεια 61, 177, 287, 288
Γιαννόπουλος Π. 27, 39, 51, 57, 60, 106, 227, 228, 229, 230, 231, 232, 233, 234, 235, 236, 237, 238, 239, 240, 241, 242, 243, 244, 245, 246, 247, 249, 250, 251, 252, 253, 254, 363, 372, 454, 459, 460, 467
Γκρέκου Α. 52, 460, 464
Γοργίας Προγονόπληχτος 329
Γουνελάς Χ.-Δ. 28, 49, 50, 363, 364, 460
Γρυπάρης Ι. 305, 460
Δ' Αννούντσιο Γκ. 467, 481
Δάλλας Γ. 32, 33, 36, 443, 460, 461
Δαναΐδα 430
δανδής -ισμός 60
Δάφνη 128, 433, 441, 465
Δίας 89
διαστροφή 55, 56, 81, 86, 87, 106, 120, 154, 167, 265, 297, 298, 308, 323, 361, 379, 398, 424, 441
διαφθορά 23, 164, 262, 289, 312
διονυσιακό -σμός 49, 50, 51, 67, 78, 99, 107, 118, 129, 143, 144, 163, 164, 165, 172, 177, 178, 181, 216, 219, 221, 225, 231, 234, 235, 244, 245, 246, 250, 259, 274, 275, 279, 292, 294, 316, 317, 319, 324, 327, 328, 344, 345, 346, 354, 357, 383, 391, 416, 424, 430, 434, 442, 445
Διόνυσος 29, 31, 50, 176, 462, 464, 465
Δονατέλο 118
Δόρα 188
Δραγούμης Ι. 28, 246, 443, 451, 452, 453, 454, 460, 464
Δρουσίλλα 88, 89
Δύση 23, 28, 29, 79, 309, 356, 361, 372, 407
Εγγονόπουλος Ν. 170, 410, 461
Εδέμ 72, 99, 215, 411
εκλεκτικισμός 58, 265
εκλεκτό 19, 32, 57, 74, 170, 171, 208, 356, 408
εκφυλισμός 90, 139, 147, 228, 338, 423
Ελένη 142, 227, 228
ελεφάντινος / φιλντισένιος πύργος 296
Ελίζαμπετ Σίδδαλ 204
Ελισάβετ (Σίσσυ) 40, 51, 55, 61, 109, 184, 185, 186, 189, 190, 191, 192, 194, 195, 196, 197, 198, 199, 206, 207, 208, 209, 210, 213, 217, 224, 256, 363, 388, 390, 394, 462, 468
ελληνισμός 227, 246, 460
Εμπειρίκος Α. 165
ενιαίο έργο τέχνης 52
επικούρειος 390
Επισκοπόπουλος Ν. 27, 29, 38, 50, 57, 66, 79, 80, 81, 83, 86, 87, 89, 91, 92, 93, 95, 98, 99, 100, 103, 104, 107, 108, 109, 113, 114, 115, 116, 118, 124, 125, 126, 150, 167, 268, 282, 322, 393, 448, 449, 460, 461, 465, 469

Αισθητισμός. Η νεοελληνική εκδοχή του κινήματος

επιστήμη 311, 469
Ερμαφρόδιτος 410
Ερμής 31, 69, 263, 459, 460, 463, 467, 468, 469
Εύα 337, 343
ευρωπαϊσμός 228, 230
Ζαρατούστρα 128, 144, 173, 310, 329, 377, 469, 480
Ζωοδόχος Πηγή 367
Ήβη 219
ηδυπάθεια 58, 61, 73, 137, 238, 242, 294, 369, 371, 399, 433, 439, 440, 441
ηθογραφία 30, 31, 32, 122, 126, 127, 210
Ηλιογάβαλος 222, 305, 306
ημερολόγιο εσωτερικής ζωής 109, 191
Ηρακλής 174
η τέχνη για την τέχνη 25, 296
η τέχνη υπέρ / προς χάριν της τέχνης 17, 18, 98
Θεοτόκης Κ. 28, 50, 127, 128, 130, 132, 133, 173, 224, 460, 461, 463, 467
ιδεαλισμός -ιστικός 263
Ιθάκη 71, 72, 479
Ιλίνσκαγια Σ. 65, 461
Ιοκάστη 59, 343
Ίσις 411
Ιωάννης εκ Φιέζολε 115
Ιωάννης ο Βαπτιστής 290
Ιωνάς 445, 448
Καβάφης Κ.Π. 27, 28, 55, 58, 65, 67, 68, 69, 70, 72, 73, 74, 77, 87, 107, 172, 193, 194, 255, 290, 291, 295, 304, 315, 316, 340, 341, 371, 372, 402, 405, 440, 461, 464
Καζαντζάκη Γ. 28, 56, 59, 129, 284, 285, 360, 415, 420, 463
Καζαντζάκης Ν. 28, 47, 50, 86, 89, 106, 118, 119, 120, 126, 134, 138, 140, 157, 181, 195, 223, 261, 262, 264, 265, 266, 267, 269, 270, 271, 273, 274, 275, 279, 280, 281, 282, 283, 284, 285, 286, 287, 289, 291, 292, 293, 294, 296, 297, 298, 299, 300, 301, 302, 303, 309, 311, 312, 313, 314, 315, 316, 317, 318, 319, 320, 321, 323, 324, 325, 326, 327, 328, 329, 330, 334, 335, 342, 345, 346, 351, 353, 379, 381, 391, 393, 395, 396, 400, 412, 417, 419, 420, 444, 462, 463, 467, 469
Καίσαρ Ε. 92, 258
Καισαρίων 304
Κακλαμάνος Δ. 189, 191, 462
Κάλβος Α. 469
Καλιγούλας 89, 90
Καμπάσπη 130, 131, 132
Καμπύσης Γ. 50, 176, 307, 443, 461, 462, 463

Καραντώνης Α. 159, 462
Καράογλου Χ.Λ. 50, 462
Καρκαβίτσας Α. 31, 32
Κάρμα Νιρβαμή 269, 281, 309, 420, 462
Κάρνιστ 388
Καρυωτάκης Κ. 221, 459, 463, 464
Καστρινάκη Α. 287, 365, 421, 463
Κατσιγιάννη Ά. 38, 128, 463, 467
Κατσίμπαλης Γ.Κ. 89, 119, 265, 266, 326, 327, 342, 401, 417, 463, 465
Κεραμάρη Φ. 31, 463
κέρας της Αμάλθειας 174
Κεχαγιόγλου Γ. 309, 369, 463, 465
Κίρκη 71
Κονδυλάκης Ι. 268
Κοραής Α. 329
Κουνάλας 141
Λάκαινα 173
Λαπαθιώτης Ν. 28, 439, 440, 441, 442, 461, 464, 466, 468
Λασκαρίδου Σ. 252
Λεπίδιος 89
Λιβίλλα 88
Λιμπίς Ζ. 344, 418, 464
Λίνος 238, 460
Λιόλια 61, 209, 212, 213, 215, 216, 217, 218, 222, 223, 305
λογοτέχνης-αναμορφωτής 43, 50, 103, 128, 178, 183, 212, 235, 297, 309, 327, 330, 453
Λόεγκριν 398
Λορελάη 287, 313
λυρική πρόζα 38, 159
λυρικό μυθιστόρημα 123
λυρισμός 37, 46, 50, 57, 58, 109, 127, 128, 134, 152, 170, 220, 240, 355, 357, 366, 379, 386, 393, 402, 403, 405, 409
Λώρης 422, 427
Μαζάτσιο Φρ. 116, 117, 118, 121, 448, 449
Μαίανδρος 238, 460
Μαινάδα 178
Μαίρη 422
Μελαχρινός Α. 28, 111, 255, 257, 258, 460, 464
Μήτρος 138
Μητσάκης Κ. 208, 238, 239, 285, 286, 464
Μητσάκης Μ. 443, 444, 461, 463, 464
Μιράντα 152, 154
Μίρζα 99, 100
Μιχαήλ Άγγελος 433
Μοσχονά Ε. 69, 263, 468
Μπαλάσκας Κ. 133
Μπαχτίν Μ. 33

483

Μπενάτσης Α. 133
Μπετόβεν (Ban) Λ. 82, 129
μποέμ 424, 425
Μπωντλαίρ Κ. 21, 119, 120, 198, 271, 276, 277, 295, 304, 319, 361, 395, 402, 416, 463, 465, 466, 468
Μύρρα 82, 99
Νάρκισσος -ισμός 60, 378, 464
νατουραλισμός 30, 32, 133, 230
νεοκλασικισμός -ιστικός 24, 121, 136, 238, 294
Νέρωνας 72, 87
νεύρωση 51, 55, 61, 84, 124, 184, 224, 298, 398, 399
Νηρηίδα 287
Νίκη 156, 219, 220, 344
Νιρβάνας Π. 28, 30, 46, 93, 99, 105, 125, 149, 150, 151, 152, 153, 154, 155, 156, 157, 186, 187, 282, 305, 363, 388, 413, 460, 465
Νίτσε Φρ. 31, 48, 50, 144, 312, 317, 326, 328, 462, 465, 469
νιτσεϊκός 216, 317
Νόρα 279, 333, 340, 343, 397, 418
νοσηρότητα 30, 42, 47, 86, 138, 157, 164, 216, 220, 225, 387, 398, 405, 457
Ντ' Αννούντζιο Γκ. 150
ντετερμινισμός 339
Ντομένικος Βενετζιάνος 446
Ντόριαν Γκρέυ 187, 412, 439
Ντούζε 46, 465
Νύμφη 238, 272, 273, 274, 455, 460, 479
Ξενόπουλος Γρ. 46, 122, 125, 136, 150, 227, 228, 359, 443, 444, 445, 461, 465
Ξεφλούδας Στ. 30, 93, 99, 105, 282, 465
Οβίδιος 288
Οδυσσέας 78, 125, 172, 187, 229, 278, 345, 465, 467, 468, 469
Οιδίποδας 336, 343
ολικό έργο 80
ομορφιά 18, 69, 97, 110, 136, 137, 144, 145, 147, 150, 153, 157, 161, 166, 173, 176, 177, 178, 186, 192, 202, 221, 235, 243, 244, 246, 249, 250, 254, 270, 288, 291, 293, 302, 303, 308, 322, 413, 417, 449
Ορέστης Αστεριάδης 330
Όσκαρ Ουάιλδ 187
Ουράνη Ε. 461
Ουράνης Κ. 28, 433, 434, 435, 436, 437, 464, 465, 468
Οφηλία 192
Παγκάσπη 130, 131
Παλαμάς Κ. 27, 28, 31, 39, 46, 50, 110, 111, 112, 113, 122, 123, 124, 135, 136, 138, 139, 140, 141, 142, 143, 144, 145, 146, 147, 192, 212, 219, 227, 228, 247, 258, 268, 269, 306, 307, 310, 319, 388, 401, 402, 403, 427, 465, 466, 468
Παναγιωτόπουλος Ι.Μ. 30, 119, 212, 370, 409, 412, 466
Παπαγγελής Θ. 466
Παπαδιαμάντης Α. 32, 208
Παπαλεοντίου Λ. 287, 466
Παπανικολάου Μ. 439
Παπαντωνίου Ζ. 28, 31, 34, 122, 230, 237, 353, 409, 443, 444, 445, 446, 448, 449, 450, 451, 459, 463, 466, 467
Παπαντωνίου Χ. 440
Παπαρρηγόπουλος Δ. 193
Παπατσώνης Τ. 467
Παππάς Κ.Ν. 408, 412, 413, 466
Παράδεισος 364
παρακμή 20, 21, 22, 23, 26, 46, 47, 48, 49, 55, 56, 67, 117, 129, 133, 138, 151, 225, 231, 232, 267, 268, 283, 312, 326, 327, 339, 358, 369, 434, 457, 460, 464
παρακμιακός 46, 94, 225, 263, 395, 454
Παράσιος 130
Παράσχος Α. 193
Πασαγιάννης Κ. 160, 459
Πασαγιάννης Σπ. 28, 39, 114, 143, 159, 160, 163, 164, 165, 166, 167, 169, 170, 171, 172, 173, 174, 175, 176, 179, 182, 234, 258, 294, 403, 421, 462, 464, 466, 467
Πάφος 288
πεζό ποίημα 37, 38, 47, 67, 69, 70, 72, 76, 109, 117, 128, 130, 143, 151, 154, 160, 165, 166, 170, 171, 211, 233, 237, 255, 256, 257, 266, 292, 305, 307, 313, 320, 322, 323, 324, 334, 342, 359, 360, 361, 368, 373, 374, 386, 405, 410, 414, 416, 429, 430, 434, 436, 440, 463
πεζοτράγουδο 38, 39, 109, 159, 172, 386, 405, 406, 413, 429
Πηνελόπη 43, 59, 339
πιερότος 60
πίστη 23, 74, 125, 141, 239, 263, 298, 301, 370, 376, 437
πλασματικό ημερολόγιο 190
Πλάτωνας 155, 210
πλήξη 57, 200
Πλίνιος 130
ποιητική βιογραφία 190
ποιητικό διήγημα 39
ποιητικό μυθιστόρημα 190

Πολίτης Λ. 326, 463
Πολυδούρη Μ. 439
Πολυλάς Ι. 127
Πόου Ε.Α. 123
Ποσειδώνας 90
Πουλακίδας Α.Κ. 266, 299, 301
Πούχνερ Β. 183, 188, 401, 466
Πραξιτέλης 155, 291, 412
Προκοπίου Α. 229, 230
Προμηθέας 176, 462
προμοντερνισμός -ιστικός 169, 357
προπατορικό αμάρτημα 144, 215, 342
Προραφαηλίτες -ίτης 204, 207
προς χάριν της τέχνης 18, 21, 26
Πυγμαλίων 288
Πυθαγόρας 412
Ραουτεντελάιν 287, 313, 318
Ραφαήλ 291
ρεαλισμός -ιστικός 150
Ρέμος 174
Ροδοκανάκης Πλ. 27, 30, 39, 40, 51, 56, 57, 58, 60, 67, 93, 99, 101, 105, 118, 126, 146, 154. 166, 170, 181, 183, 192, 195, 197, 214, 215, 243, 245, 248, 253, 256, 259, 282, 294, 298, 307, 327, 355-62, 364-75, 377-82, 384, 385, 387, 388, 389, 391-404, 406, 408-14, 445, 459, 465, 466, 467
Ροΐδης Ε. 31, 95, 467
ρομαντικός -ισμός 448, 263, 302, 320, 454
Ροσσέττη (Ντ. Γκ.) 204
Ρωμύλος 174
Σαββίδης Γ.Π. 68, 69, 87, 107, 172, 194, 291, 315, 340, 402, 461, 462, 463, 465, 467
Σαλώμη 43, 76, 77, 290, 336, 339, 342, 343, 415, 416, 417, 418, 419, 420, 426, 434, 462, 469, 480
Σαμουήλ Α. 40, 189, 190, 191, 467
Σάσα 422
Σάτυρος 39, 163, 164, 480
Σαχίνης Α. 29, 81, 149, 209, 322, 367, 388, 397, 403, 430, 461, 467
Σαχτούρης Μ. 168, 169, 460, 467
Σενέκας 130
Σεραφείμ 445, 446, 448
Σεφέρης Γ. 52, 153, 336, 418, 460
Σημηριώτης Ά. 71, 198, 295, 304, 319, 361, 395, 402, 416, 465, 469
Σικελιανός Ά. 27, 47, 229, 254, 345, 414, 443, 454, 455, 467
Σίσσυ 184
Σκίπης Σ. 221, 223, 429, 430, 467

Σκόκος Κ. 92, 99, 104, 113, 122, 124, 125, 461, 465
Σολομών 109
Σολωμός Δ. 52, 136, 282, 460
Σουλαμίτις 61, 274, 287
Σοφοκλής 329
Σπάλας Π. 444, 467
Στεργιόπουλος Κ. 20, 467
συμβολισμός -ιστικός 150, 256, 267, 439, 440
συναισθησία 51, 53
Σφίγγα 144, 145, 279, 336, 367
Σωκράτης 389
Ταϋγέτα 39, 143, 160, 172, 173, 174, 175, 177, 258, 294
Τέχνη 17, 18, 19, 21, 23, 24, 25, 35, 36, 46, 48, 53, 61, 73, 74, 86, 87, 98, 103, 116, 117, 119, 121, 122, 132, 133, 147, 163, 168, 169, 184, 187, 200, 207, 212, 230, 234, 250, 262, 265, 270, 289, 290, 296, 299, 349, 350, 353, 363, 370, 409, 447, 450, 457, 466, 467, 469
τεχνητό 23, 24, 25, 47, 57, 59, 125, 187, 196, 215, 232, 245, 251, 294, 307, 308, 394, 402, 405, 430, 454
τεχνητοί παράδεισοι 22, 165
τεχνίτης 25, 144, 145, 146, 165, 186, 240, 270, 401
Τζιόβας Δ. 172, 173, 229, 230, 231, 239, 345, 467
Τζοκόντα 166
Τιβέριος 90
Τοντόροφ Τ. 78
Τοτώ 284, 285
Τρεμπέλας Π.Ν. 274, 467
Υάκινθος 198, 362
υγεία 49, 56, 91, 136, 137, 139, 181, 209, 216, 217, 289, 328, 332, 345, 347
Υπεράνθρωπος 50, 132, 346
ύφος 24, 25, 27, 30, 45, 46, 47, 71, 78, 79, 81, 84, 91, 92, 103, 108, 109, 112, 117, 124, 126, 127, 128, 133, 135, 147, 149, 150, 151, 155, 161, 178, 189, 206, 209, 224, 237, 238, 243, 246, 264, 265, 266, 270, 275, 307, 336, 343, 355, 357, 361, 366, 373, 384, 390, 402, 404, 405, 408, 415, 421, 422, 436, 441, 442, 444, 448, 449, 450, 451, 454, 458
Φαέθων 253
Φάουστ 142, 143, 228, 460, 468
Φειδίας 429
Φιλήμων 139, 140, 219, 481
Φιλιπέπι-Μποττιτσέλι Α. 449, 461
Φιλιππίδης Σ.Ν. 133

Φίλιππος 130
φιλισταίοι 420
Φραγκίσκος Ιωσήφ 184, 446
Φρύνη 144, 145
Φύση 24, 45, 58, 59, 60, 61, 93, 95, 112, 114, 160,
    177, 210, 213, 216, 221, 230, 231, 233, 239,
    244, 248, 251, 256, 277, 293, 311, 313, 315,
    317, 327, 337, 339, 345, 347, 348, 369, 403,
    411, 418, 429, 430, 434, 441, 453, 454, 455
φυσικό 24, 35, 166, 187, 233, 293, 297, 326, 345,
    371, 425
Φωτιάδης Δ. 230
Χατζόπουλος Δ. 31, 32, 34, 371, 465
Χατζόπουλος Κ. 35, 46, 50, 110, 157, 173, 212,
    369, 405, 421, 467
χαύνωση 87, 96, 109, 313, 417, 440
χοϊκή ελληνικότητα 172, 345, 364
Χουρμούζιος Αι. 319, 468, 469
Χρηστομάνος Κ. 27, 30, 51, 55, 93, 99, 105, 140,
    183, 184, 185, 187, 188, 189, 192, 194,
    197, 198, 199, 200, 201, 203, 204, 206,
    208, 210, 213, 216, 217, 218, 219, 220,
    221, 222, 224, 225, 256, 282, 333, 363,
    388, 401, 404, 405, 459, 465, 466, 468
χροϊκόν ιχνογράφημα 237, 238, 454
Χρυσάνθης Α. 262
Χρυσούλα 195, 196, 272, 273, 279, 329, 331, 332,
    333, 334, 340, 390, 400, 427
Ψηλορείτης Πέτρος 195, 273, 293, 330, 381, 462
Ψηλορείτη Πετρούλα 462
Ψυχάρης Γ. 30, 150
Ωραίο 71, 122, 139, 142, 143, 248, 264, 268, 402,
    411, 413, 430, 481

Abrams M.H. 17, 471
Alma Tadema L. 306
Amiel H.Fr. 189
Andrea del Castagno 446
Arcimboldo G. 266
Bahr H. 184
Bajou A. 21
Barrès M.H. 89, 119, 184, 265, 403
Baudelaire Ch. 18, 38, 44, 47, 49, 51, 52, 56, 71,
    110, 111, 117, 119, 120, 121, 124, 145, 199,
    202, 206, 232, 264, 276, 277, 278, 279, 282,
    287, 294, 295, 303, 312, 319, 361, 369, 395,
    402, 463, 471, 472, 473, 474, 475, 476, 477
Beardsley A. 21, 108, 156, 320, 333, 471, 472,
    473, 477, 478
Bergson H. 67, 300

Bertrand J.P. 287, 471, 472
bildungsroman 329, 365
Blake W. 262, 263
Boechlin A. 206
Bosch H. 168
Botticelli S. 292
Bourget P. 48
Bradbury M. 23, 472, 473, 474, 475, 476, 477, 478
Brentano Cl. 287, 478
Brunel P. 287, 471, 472
Burne Jones E. 206, 207
Calinescu M. 48, 49, 52, 472
Carter A.E. 75, 472
Combe D. 52, 190, 472
Conder Ch. 200
Constant B. 18
Cousin V. 18
Dalí S. 196
D' Annunzio G. 28, 43, 44, 45, 46, 47, 106, 150,
    151, 297, 395, 468
Da Vinci L. 166, 418
Debaisieux R.-P. 267, 370
décadence 20, 22, 23, 48, 52, 106, 471, 472, 473,
    474, 475, 476, 477, 478
Decaunes L. 119, 120, 276, 465, 473
De Gourmont R. 190, 474
De Quincey Th. 312
Derche R. 287, 473
Domenico Veneziano 446
Dorian Gray 117, 137, 186, 481
Duc Jean Des Esseintes 71, 85, 93, 137, 232, 296
Duse E. 46, 151, 413, 477
ennui 55
fin-de-siècle 23, 26, 183, 311, 336, 457
Fowler R. 19, 474
fra Angelico 115, 118
France A. 103, 115, 264, 468, 472, 474, 475
Gautier Th. 18, 24, 264, 474
George St. 306
Gerber H.E. 22
Giorgio Aurispa 297
Goethe (von) J.W. 142, 143, 228, 468
Haas D. 74, 474
Hegel G.W.Fr. 18
Heine H. 287
Hugo V. 52
Huysmans J.-K. 21, 45, 57, 85, 93, 124, 296, 312,
    343, 418, 471, 472, 473, 474, 475, 476,
    477, 478
Ibsen H. 206
Ippolita 297

Jackson H. 201, 373, 474, 478
Johnson R.V. 69, 263, 468, 472, 474, 475
Jouffroy Th. 18
journal intime 40, 189, 288
Kafka Fr. 198
Kant I. 18, 468
Leconte de Lisle Ch.M.R. 24
Louÿs P. 130, 141, 245, 435, 468, 475
Maeterlinck M. 111, 212, 213, 258, 401, 409, 463, 469
Mallarmé St. 110, 473, 475, 476
Martens L. 40, 189
Masaccio Fr. 116
Mauriac Fr. 119
Michetti Fr. P. 45
Moreau G. 43, 343, 418, 473
Mucha A. 266
Munch E. 299, 300
Munro J.M. 22
nervenkunst 184
Nietzsche Fr.W. 38, 43, 44, 45, 47, 48, 49, 50, 56, 67, 94, 99, 106, 128, 129, 157, 178, 206, 261, 317, 319, 326, 327, 328, 329, 345, 350, 381, 384, 395, 462, 469, 472, 474, 476, 478
Nordau M. 199, 264, 476
Palmer D. 23, 472, 473, 474, 475, 476, 477, 478
Pater W. 21, 69, 85, 166, 176, 263, 339, 390, 472, 474, 475, 476
phosphorescence de la pourriture 117, 264
Poe E.A. 18, 77, 83, 122, 124, 132, 167, 185, 192, 198, 202, 220, 223, 263, 289, 290, 312, 352, 359, 395, 398, 463, 465, 469, 476
Praz M. 201, 476
Raimond M. 190, 477
Read H. 21, 266, 469
Robinson H.Cr. 18
Rodenbach G. 76
Ropps F. 43, 153, 221
Rossetti D.G. 204
Ruskin J. 206, 230
Saint-Beuve Ch. A. 18
Sartre J.P. 119, 477
Schiller Fr. 18
Schopenhauer A. 18, 477
Ségur N. 27, 125, 460, 469
Shakespeare W. 206
Shaw G.B. 288
Smith E.L. 471
Smith H. 46, 477
spleen 55

Swift J. 312
Swinburne A.Ch. 206, 435, 466, 477
Symons A. 23, 46, 262, 320, 471, 473, 478
Taine H. 229, 475
Tannhäuser 108
Tasso T. 408
Thornton R.K.R. 264, 320, 478
Tuner E. 287, 478
Venusberg 108, 435
Verlaine P. 66, 75, 313, 463, 477, 478
verset 38, 129
Villiers de l'Isle Adam A. 124
Vinall Sh.W. 44
Vitti M. 278, 279, 469
Vivaldi A.L. 110, 266
Wagner W.R. 43, 47, 48, 51, 52, 121, 206, 327, 398
Wellek R. 18, 48, 317, 469, 478
Wilde O. 21, 44, 45, 70, 83, 117, 141, 176, 186, 243, 312, 339, 355, 365, 366, 373, 390, 419, 430, 469, 472, 478
Winckelmann J.J. 69
Young E. 42, 415
Young J. 129

www.ingramcontent.com/pod-product-compliance
Lightning Source LLC
Chambersburg PA
CBHW080752300426
44114CB00020B/2712